Elek Magyar

# Kochbuch für Feinschmecker

*Corvina Verlag Budapest*
*Verlag für die Frau Leipzig*

Aus dem Ungarischen
übertragen von
Edit Rédei, Liane Dira,
Veronika Stöckigt und Margot Szepessy

Fotos und Gestaltung: Károly Szelényi
Einband und Schutzumschlag: Mária Keleti
Küchenchefs: Egon Eigen (Oscar-Preis), Gyula Gullner
Fachberatung: Gyula Bandl
Ausserdem wirkten mit die Meisterköche
des Hotels Duna Inter-Continental, Budapest


Gemeinschaftsausgabe
des Corvina Verlages, Budapest
mit dem Verlag für die Frau, Leipzig.
ISBN 963 13 0897 9

Druckgenehmigungsnr. 126/405/12/79

Printed in Hungary 1979
Druckerei Dürer, Békéscsaba
LSV 9229 Best.-Nr. 673 155 4
DDR 28,– M

# *Inhaltsverzeichnis*

# *I. Die ungarische Küche*



# *II. Rezepte*

## *III. Einkochen, Konservieren im Haushalt*

## *IV. Die vier Jahreszeiten*

# I. Die ungarische Küche

# Die Kochkunst

Zu den Anhängern der Kochkunst zählen nicht nur jene, die Speisen und Getränke fachgemäß, ja, sogar kunstvoll zubereiten und neue Gerichte kreieren können, sondern auch die Feinschmecker, die Gaumenfreuden zu schätzen und mit Andacht zu verzehren wissen, also sowohl die „gourmands“ als auch die „gourmets“, zwischen denen die Franzosen sorgfältig unterscheiden.

Die ungarische Kochkunst genoß bereits in vergangenen Jahrhunderten großes Ansehen. Nachdem die Urungarn im Karpatenbecken seßhaft geworden waren, stellten sie höhere Ansprüche an Geschmack und Abwechslung ihrer Speisen. Die Legenden vom unter dem Sattel weichgerittenen Fleisch und der Stutenmilch verblaßten; die ungarischen Frauen tischten ihren von Kriegszügen oder friedlicher Landarbeit heimkehrenden Männern Wildbret, Fisch und andere Leckerbissen in abwechslungsreicher Fülle auf. Interessante, ja sogar bewundernswerte ungarische Kochbücher wurden zusammengestellt, die uns als Vermächtnis vergangener Zeiten erhalten blieben. Sie berichten von der Pracht der Eßgewohnheiten und der Fülle des Speisenangebotes in den Schlössern der ungarischen Adligen. An den Höfen der Fürsten, Palatine und anderer Hochadliger bewiesen „Meister“ und „Obermeister“ ihr gastronomisches Können, wie die Meister Antal und Mihály, die im 16. Jahrhundert gelebt haben.

Oft wird behauptet, daß von den fünf Sinnesorganen der Geschmackssinn eine etwas untergeordnete Funktion erfülle. Das ist ganz sicher ein Irrtum. Essen und Trinken sind lebenswichtige Vorgänge, und wie alle anderen Lebensfunktionen sollten auch sie „künstlerische“ Gestaltung finden. Jeder sollte individuell und sorgfältig auswählen, was er ißt und trinkt, und nicht wie ein Tier alles wahllos in sich hineinstopfen, was ihm vorgesetzt wird. In den Geschmacksarten gibt es ebenso Nuancen wie in den Farben und Lauten, und wer sich um die Fest- und Herstellung dieser Feinheiten bemüht, kann kein Barbar sein.

Dem Feinschmecker geht es nie um Quantität, sondern um Qualität, um die abwechslungsreiche Zusammenstellung der Zutaten. Es wäre jedoch falsch, hieraus die Schlußfolgerung zu ziehen, daß er „nur lebt, um zu essen“. Wer auf bekömmliche Zubereitung der Speisen achtet, wird sicher weniger unter dem lästigen Gefühl des vollen Magens leiden, das ihn in der Arbeit stört, als derjenige, dem es gleichgültig ist, ob er einen in ranzigem Fett zubereiteten Braten oder ungegorenes Brot ißt. Auch das Argument kann nicht akzeptiert werden, daß wohlschmekkende Speisen Luxus sind. Wer sich um eine gute Küche müht, weiß, daß für das gleiche, ja, nicht selten für weniger Geld bessere und abwechslungsreichere Gerichte als die übliche Tageskost zubereitet werden können. „Wer die Blumen liebt, kann ein schlechter Mensch nicht sein", sagt der Dichter; und viele Gastwirte behaupten, wer im Essen und Trinken Feines und Erlesenes sucht, kann nur ein feinfühliger, verständnisvoller Mensch sein.

Zu den gleichen Feststellungen gelangt Brillat-Savarin in seiner „Physiologie du Goût" und vor ihm sogar schon Apicius, der bekannte Feinschmecker, der unter Kaiser Tiberius in Rom lebte.

*Elek Magyar*

# Einführung in die Geheimnisse der ungarischen Küche

Die ungarische Kochkunst, die im Laufe der Zeit zahlreiche Elemente absorbierte, bis sie ihre heute einheitliche Form erreichte, trägt einen spezifischen Charakter. Weder farblos noch eintönig, zeichnet sie sich durch außerordentliche Mannigfaltigkeit in Geschmack und Form aus.

Die prächtigen ungarischen Mastochsen, Kälber und Schweine, der Hammel, die weitbekannte ungarische Pute, die vortrefflichen ungarischen Hühner, Enten und Gänse, das Wild der auch von Ausländern hochgeschätzten ungarischen Reviere, die köstlichen Süßwasserfische, der Plattensee-Zander, der Theiß-Sterlet, der Donauwels, der Hecht und der Karpfen, die auserlesenen Forellen der Gebirgsbäche, die reichhaltigen Milchprodukte, die mannigfachen Gemüse- und Suppengrünarten sowie das schmackhafte Obst bieten auch dem Feinschmecker höchsten Genuß. Aus diesen in Hülle und Fülle vorhandenen Zutaten zaubert die ungarische Küche exquisite Spezialitäten hervor. Längst ist es nicht mehr so, daß man nur Gulasch, Pörkelt und Túróscsusza kennt. Überholt ist auch die Vorstellung, in der ungarischen Küche würden alle Gerichte in Schweinefett schwimmen, sie seien glühend rot vom beißend scharfen Paprika, und schon von weitem steige einem der Geruch von Zwiebeln in die Nase. Gut zubereitet schmecken die genannten Gerichte zweifellos ausgezeichnet, aber es gibt außerdem noch eine breite Skala von Gerichten, die den raffiniertesten Geschmack befriedigen und dabei typisch ungarisch sind.

Das reine, feine, oft aus Räucherspeck gewonnene Schweinefett gereicht – mit Maß gebraucht, das in guten Küchen nicht überschritten wird – den damit zubereiteten Gerichten nur zum Vorteil, da es den Geschmack verbessert. Wer aus Diätgründen kein Schweinefett verwendet, kann Speiseöl nehmen, mit Ausnahme einiger ungarischer Spezialitäten, deren Herstellung Schweinefett erfordert. Meist können auch die feinste Zunge und der empfindlichste Magen den Unterschied zwischen Fett und Speiseöl kaum feststellen. Zur Zubereitung der wirklich schaumleichten Krapfen (Faschings-Pfannkuchen), der knusprigen Chips,

des gebackenen und gebratenen Fisches oder der Langosch-Fladen soll nur Öl verwendet werden. Fett oder Öl darf aber nicht überhitzt werden, sonst erhalten die Speisen einen bitteren Geschmack, und die Röstprodukte sind ungesund.
Die französische Küche verbraucht fast mehr Zwiebeln als die ungarische. Fachkundige Köche und Hausfrauen wissen, daß die geriebene oder feingeschnittene Zwiebel im Pörkelt und Gulasch, in Paprikasoßen oder Mehlschwitzen ebenso verschwinden muß wie die in Suppen oder Beilagen mitgekochte kleine Zwiebel, die vor dem Anrichten entfernt wird, so daß nur ihr Aroma bleibt. Zwiebeln in „sichtbarer Form" sind nur in Ausnahmefällen zu verwenden, z. B. in Ringe geschnitten in Salaten, in Scheiben geschnitten und in heißem Fett geröstet auf Rinderbraten oder kleingeschnitten zur Kartoffelbeilage. Grüne junge Zwiebeln, die Boten des Frühlings, sind eine beliebte Zutat zum Liptauer Käse und sehen auch auf einem Sandwich appetitlich aus.
Auch die Verwendung von Paprika ist bei weitem nicht so abschreckend, wie viele meinen. Dem Geschmack und dem Charakter des Gerichtes entsprechend können wir zwischen ganz milden und mehr oder weniger scharfen Paprikasorten wählen. Wenig Paprika genügt, um dem Gericht die entsprechende Farbe zu geben, und zum Eindicken eignet er sich viel besser als Mehl, das das Aroma unterdrückt. (Die im Ausland unter dem Namen „Gulasch" servierte dicke Suppe schmeckt durch die reichliche Verwendung von Mehl oft recht fremdartig.) Paprika würzt am besten, wenn man ihn gleich zu Beginn des Bratens und Kochens in das heiße Fett gibt und nicht als „Verzierung" auf das fertige Gericht streut. Nur wer größere Mengen von Paprika verwenden will, sollte ihn auch ins fertige Gericht tun. Im heißen Fett löst er sich auf, sein Aroma vermischt sich mit dem Geschmack der Hauptzutaten. Nur anbrennen darf er nicht. Der richtig verwendete Paprika ist das feinste und aromatischste Gewürz. Er gibt dem Gericht Farbe und Wohlgeschmack, ohne unsere Lippen, unseren Gaumen oder Magen zu überreizen. Er ist sicher besser und harmloser als Pfeffer. Das kann jeder bezeugen, der jemals ein echtes Fischpörkelt gegessen hat. Ebenso verhält es sich mit dem Paprikahuhn. Bei der Zubereitung dieser Spezialität wird neben dem Paprika noch ein weiteres geschmackliches Hilfsmittel eingesetzt, die saure Sahne, die – rein und dick – eine wertvolle Stütze der ungarischen Küche ist. Sie wird mit bestem Erfolg anstelle von süßer Sahne in einer Vielzahl von Gerichten verwendet.
Die ungarische Küche kennt übrigens viel mehr Speisen ohne

als mit Paprika. Hier sei auf das mit Recht berühmte Backhühnchen hingewiesen: das junge, zarte Hühnchen wird tranchiert, leicht paniert und goldbraun gebraten. Es gibt kaum jemanden, dem das nicht schmeckt. Zu erwähnen sind ferner das im ganzen knusprig gebratene Spanferkel, dessen Haut in der Ofenröhre glasig wird, oder die gebratene Junggans, dazu Gurkensalat mit saurer Sahne, oder die auch mit Nüssen gemästete, gespickte Pute, die verschiedenen auf dem Rost und am Spieß gebratenen und auch für den schwächeren Magen sehr bekömmlichen Fleisch- und Fischarten, darunter das populäre Rinderfilet (Flecken) – eine alte Spezialität der Siebenbürger Küche.
Einen kräftigeren Magen beanspruchen die Blut-, Leber- und Bratwurst, das im Schweinenetz gebratene Schweinefilet und dazu die köstlichen Kohlrouladen. Sie sind ebenso bekömmlich wie z. B. der geschichtete Kohl oder das Szeklergulasch. Sehr empfehlenswert sind die auf ungarische Art mit saurer Sahne zubereiteten Gemüse sowie die in Tomatensoße gekochten und mit Fleisch gefüllten Paprikaschoten.
Zum Abschluß des Mittag- oder Abendessens wird unter anderem Strudel serviert, eine aus hauchdünn ausgezogenem, gefülltem und eingerolltem Teig gebackene Spezialität. Er kann wirklich gut nur aus Mehl mit hohem Klebergehalt zubereitet werden. Im Frühling und im Frühsommer wird er mit süßen schwarzen Kirschen, in den anderen Jahreszeiten mit Äpfeln, Kohl, Quark mit Zucker oder Dill oder mit Mohn gefüllt. Er gehört auf jeden Fall genauso zu den Spitzenerzeugnissen der ungarischen Küche wie die mannigfaltigen Kuchen, der Siebenbürger „Vargabéles“, der um eine Holzform gewundene und mit Mandeln bestreute Prügelkrapfen und die leckeren Faschingskrapfen, nicht zu vergessen die Torten und das feine Gebäck. Die ungarische Feinbäckerei erfreut sich schon seit langem in ganz Europa größter Beliebtheit; sie verwendet nur erstklassiges Material und kreiert daraus wahre Leckerbissen.
Die mit den besten französischen und italienischen Käsesorten wetteifernden ungarischen Käsesorten und die konkurrenzlosen ungarischen Obstsorten bilden den Abschluß des Menüs. Zu jedem Gericht wird das entsprechende ungarische Getränk serviert, als Aperitif der trockene Szamorodner oder der weitbekannte Aprikosenschnaps, darauf das dem Pilsner oder dem Münchner gleichzustellende ungarische Bier. Danach werden die Weine eingeschenkt: dem vulkanischen Boden entsprossene, feurige, Körper und Geist belebende Weine wie der Somlauer Riesling, der Badacsonyer Blaustengler, das rubinrote Erlauer Stierblut, der Szekszárder Rotwein und als letzter – aber beileibe

nicht der letzte der Weine – der Tokajer Ausbruch, „der König der Weine, der Wein der Könige".

Von der ursprünglichen ungarischen Küche legen die auch heute noch beliebten Gerichte der östlich lebenden verwandten Volksstämme Zeugnis ab: Die Bohnen-, Mais- und Rindfleischsuppen, die Abarten von Gulasch und von Kohlrouladen. Während der Völkerwanderung übernahm die ungarische Küche vieles von den am Schwarzen Meer lebenden Bulgaren und Türken. In alten Chroniken sind der Alltag und die Familienfeste der Ungarn festgehalten, die das Gebiet zwischen Donau und Theiß besiedelten und dabei waren, ihre nomadisierende Lebensweise aufzugeben. Ein Chronist berichtet, daß der Schmaus der Landnehmer anläßlich einer glorreichen Kriegstat oder zum Ruhm der Götter manchmal eine ganze Woche dauerte. Die Feste verloren später ihren heidnischen Charakter, andere Gelegenheiten boten sich, doch die fröhlichen Festmahle sind geblieben . . .

Es ist bekannt, daß König Matthias die Pute in die ungarische Küche einführte. Beatrix, seine italienische Gemahlin, war eine der ersten, die westeuropäische Eßgewohnheiten in der ungarischen Küche verbreitete. Ihr verdanken wir zahlreiche ausgezeichnete Käsesorten. Wenn König Matthias einen besonders geschätzten Gast erwartete, ging er selbst in die Küche und sah nach dem Rechten. Es kam sogar vor, daß er seinen Köchen half. Bei den damaligen Festgelagen – und seit dem römischen Apicius überall in der Welt – bedeutete ein jeder Gang eine große Auswahl. Im ersten Gang wurden die Suppen serviert, im letzten die Nachspeisen und die Delikatessen, zwischen diesen beiden die verschiedenen Braten, Fischgerichte usw. (Am Hofe des Königs Matthias auch Pute.) Jeder Gang bestand aus zehn, zwanzig oder noch mehr Gerichten. Erst zu Beginn und um die Mitte des vorigen Jahrhunderts bürgerte sich die Art des Servierens ein, die die Franzosen „Service à la russe" nennen und die auch heute in Ungarn üblich ist.

Bis zur zweiten Hälfte des 18. Jahrhunderts gab es in Ungarn noch alte, heute geradezu seltsam anmutende Eßzeremonien. Eine davon ist das Ochsenbraten, das auch heute noch als touristische Attraktion vorgeführt wird. Der Ochse wird geschlachtet, enthäutet, ausgenommen und auf einen Riesenspieß gezogen. Eine innen gesalzene und außen mit Räucherspeck gespickte Wachtel wird in den Bauch eines abgerupften Kapauns getan, der Kapaun in die Bauchhöhle eines Lammes und das Lamm in das Kalb gelegt. Das „gefüllte" Kalb wird im Bauch des Ochsen untergebracht. Dem aufgespießten Ochsen werden die Beine oben zusammengebunden; zu beiden Seiten

zündet man Holzfeuer an, zwischen denen der Ochse am Spieß gedreht wird. Nur die Hitze, nicht die Flammen dürfen das Fleisch erreichen. Klauen und Hörner werden in nasse Lappen gewickelt, damit sie nicht Feuer fangen. Das Braten dauert etwa vier Stunden, zwischendurch wird der Ochse mit Talg begossen und schließlich im Freien verzehrt. Früher wurden Hörner und Klauen vergoldet, und der Ochse erhielt zwischen den Hörnern eine Wappenverzierung. Der 8–10 Doppelzentner schwere Braten wurde auf einen riesigen Tisch gelegt, und die vielen hundert Teilnehmer dieses Volksfestes schnitten sich leckere Bissen ab. An die dafür verwendeten Messer erinnern heute noch die winzigen Klappmesser, die das Holzteller-Fleisch verzieren.
Doch das ist bereits eine Aufmerksamkeit des modernen Gaststättengewerbes, genauer gesagt des Fremdenverkehrs. Die Neuzeit der Gastronomie beginnt mit dem Aufenthalt König Karls XII. von Schweden in Ungarn, der 1714 von der Türkei aus den Heimweg nach Schweden zu Pferde zurücklegte. Auf seinem vierzehntägigen Ritt kam er auch durch Pest, wo er übernachtete. Ein anderer bekannter Gast war Casanova, der König der Herzen. Wie die Chroniken vermelden, ließ er seine Podagra (!), die ihn in den Bleikammern von Venedig befallen hatte, im Rác-Bad, im heutigen Imre-Heilbad, behandeln. Er wohnte in einem nahe gelegenen Gasthof, und trotz seiner Gicht gelang es ihm, der Wirtstochter den Kopf zu verdrehen. Der Vater des Mädchens, ein angesehener Metzger, fand eines Tages zwischen den frischen Fleischstücken Liebesgedichte in italienischer Sprache. Er geriet angeblich dermaßen in Wut, daß er sich mit dem Fleischerbeil auf Casanova stürzte, der fluchtartig die Stadt verließ und sich erst wieder in Paris ein wenig Ruhe gönnte ...
Seit damals bis zum heutigen Tage loben Scharen von Gästen die ungarische Gastfreundlichkeit. Zu Beginn des vorigen Jahrhunderts war das Pester Hotel „Zur Englischen Königin" der Treffpunkt vieler Persönlichkeiten des europäischen geistigen und politischen Lebens. Hier dirigierte Johann Strauß Vater ein Karnevalskonzert, bei einem anderen war Berlioz der Kapellmeister ... Neben dem Hotel war es das Restaurant Szikszay in der Innenstadt, das den aus allen Ecken der Welt kommenden Fremden eine Einführung in die ungarische Küche bot. Einmal kam ein unbekannter Gast aus Bombay mit einer Visitenkarte eines Engländers, auf der folgende Worte standen: „Szikszay, Budapest, Lendenbraten am Spieß". Das war alles, was der Fremde als Wegweiser mitbekommen hatte.
Die Entstehung der heutigen ungarischen Küche fällt in die Jahrhundertwende. Die Chronik hält die Namen derjenigen fest,

die bei der glücklichen Verbindung der alten volkstümlichen ungarischen Küche mit der damals am höchsten entwickelten französischen Kochkunst halfen. Einer der ersten war Monsieur Duchange, der die besten französischen Praktiken für die Zubereitung ungarischer Speisen anwandte. Einen noch größeren Einfluß übten J. Marchal und seine zahlreichen Schüler auf die ungarische Küche aus. Marchal wurde bereits in jungen Jahren Koch am Hofe Napoleons III. Er setzte seine Tätigkeit am Hofe des russischen Zaren und in den Küchen der Erzherzoge von Habsburg fort. Schließlich gelangte er in die führenden Restaurants von Budapest und wurde der Wirt im bereits erwähnten Hotel „Zur Englischen Königin". Zur gleichen Zeit wirkte auch János Gundel, in dessen Restaurant viele bekannte Literaten und Politiker ihren Stammtisch hatten. Gundel veranstaltete 1902 in Budapest mit 600 Teilnehmern den ersten Weltkongreß der Hotel- und Restaurantbesitzer. Sein Sohn Károly Gundel war nicht nur ein namhafter Gastwirt, ein Feinschmecker, der zahlreiche neue Gerichte kreierte, sondern auch ein schriftgewandter Mann, der fachgerecht und interessant über die Gastronomie zu schreiben verstand. Das seit vielen Jahrzehnten bestehende Restaurant „Gundel" in Budapest bewahrt seinen Namen, und seine Nachkommen gehören auch heute noch zu den geschätzten Leitern der Branche.
Neben ausgezeichneten Köchen haben auch Schriftsteller und Journalisten zum Ansehen der ungarischen Küche beigetragen. Dem Beispiel Brillat-Savarins und Alexander Dumas Vater folgend, war es unter den ungarischen Schriftstellern vor allem Gyula Krúdy, der in seine Romane und Erzählungen viele appetitanregende gastronomische Unterhaltungen einflocht. Die Werke des um die Jahrhundertwende tätigen Kálmán Mikszáth und etwas später die des ausgezeichneten Ästheten Ignotus, des Dramatikers Sándor Bródy und des großen ungarischen Romanciers Zsigmond Móricz zeichnen ein wirklichkeitsgetreues Bild von der ungarischen Küche.

# *Würze und Aroma der ungarischen Gerichte*

Jedes Gericht braucht sein Gewürz, das erfordern der Geschmackssinn und die Gastronomie. Bereits die Entdeckung des Feuers, der Beginn des Kochens und Bratens waren bedeutsame Schritte in dieser Richtung. Allein durch Wasser und Hitze, ohne andere Zutaten, vollziehen sich bei diesen Verfahren in den Nahrungsmitteln wesentliche Veränderungen, aromatische Stoffe und Gewürze entstehen. Das langsame Kochen, vor allem in Salzwasser, löst die Proteine aus dem Fleisch und gibt der Brühe Gehalt. Die Proteinschicht, die sich auf dem in heißem Fett gebratenen Fleisch bildet, verhindert die Verflüchtigung des Geschmacks, Aromas und der Nährstoffe des Fleisches. (Die Panierung, die Hülle aus Mehl, Ei und geriebenen Semmeln, festigt diese Schutzschicht.)
Mit der kultivierten Herausbildung des Geschmackssinnes wurden immer mehr Geschmacksverfeinerungselemente in den Dienst der Küche gestellt. Fettstoffe, Eier, Milch, süße und saure Sahne, Honig (der später größtenteils durch den Zucker ersetzt wurde) sind nicht nur Nährstoffe, sondern auch Gewürze. In diesem Zusammenhang sind in erster Linie Zitrone, Essig und Kochsalz zu erwähnen. Ihnen folgen die „wirklichen" Gewürzkräuter, mit denen so viel Mißbrauch getrieben wird, denn ihre falsche Anwendung verdirbt den eigentlichen Geschmack.

## *Die Geheimnisse von Geschmack und Aroma*

Neben den meistverwendeten Rohstoffen und Gewürzen sind es vor allem die charakteristischen Kochmethoden und die küchentechnischen Handgriffe, die der ungarischen Küche ihre kennzeichnende Würze und ihr besonderes Aroma verleihen. Die Rezepte enthalten deshalb neben den Zutaten und nötigenfalls deren Menge auch die genaue Reihenfolge der Zubereitung. Die „technologische Disziplin" des Kochens erfordert deren präzise Befolgung, sie ist die Voraussetzung des Erfolges. Würden z. B. bei der Zubereitung einer Fleischbrühe Fleisch und Suppengrün gleichzeitig ins Wasser gegeben, zerkocht das Suppengrün, und sein Aroma verflüchtigt sich. Leber darf erst bei Tisch gesalzen werden. Beim Backen ist das Einhalten der Reihenfolge besonders wichtig.

## *Die Zubereitung einer Mehlschwitze ist eine „Wissenschaft"*

Im Alphabet der küchentechnischen Grundbegriffe ist die Zubereitung der Mehlschwitze der erste Buchstabe. Früher war es Sitte, die Mehlschwitze bei Mutter zu erlernen, und die Kochbücher setzten diese Kenntnis voraus. Doch für viele junge Frauen wurde es durch die Berufstätigkeit der Mutter immer schwieriger, sich diesen Kunstgriff anzueignen. Die Zubereitung einer Mehlschwitze ist dabei ganz einfach.

Zunächst wird die im Rezept vorgeschriebene Menge Fett (für vier Personen meist 1 mittelgroßer gehäufter Kochlöffel) oder die angegebene Menge Speiseöl (manchmal Gänsefett oder in gewissen Fällen Butter) zerlassen und ein wenig erwärmt, aber nicht erhitzt. Für ungarische Spezialitäten ist es angebracht, in Stücke geschnittenen Räucherspeck auszulassen.

In das zerlassene Fett wird unter ständigem Rühren ungefähr die gleiche Menge Mehl gestreut, für eine dünne Mehlschwitze weniger, für eine dicke etwas mehr. Während des Rührens färbt sich die Mehlschwitze sehr bald. Brauchen wir eine „weiße" Mehlschwitze, darf es nicht bis zum Bräunen kommen. Die „helle" Mehlschwitze muß semmelfarbig sein, die dunkle etwas brauner. Auf keinen Fall aber darf die Mehlschwitze schwarz werden, sonst hat sie einen bitteren Geschmack. Sie wird nun mit Wasser, Fleisch- oder Knochenbrühe – die auch aus Suppenwürfel gewonnen werden kann – verdünnt, evtl. auch mit Milch. Verwenden wir grießiges Mehl, so gießen wir unter ständigem Rühren zunächst nur wenig Flüssigkeit hinzu und erst beim Aufkochen den Rest, damit sich keine Klümpchen bilden.

Die in den Rezepten angegebenen Gewürze wie Paprika, Petersilie, Zwiebel, Kümmel usw. sind der Mehlschwitze im allgemeinen kurz vor dem Verdünnen beizugeben, damit sie nicht anbrennen. Die Zwiebel soll in der Mehlschwitze nur glasig und im Pörkelt goldbraun geröstet werden, damit der durch Kara-

melisierung ihres Zuckergehaltes entstehende charakteristische ungarische Geschmack des Gerichtes erzielt wird.
Die meisten Hausfrauen gießen die Mehlschwitze, wenn sie schon die Dicke einer Soße besitzt, in das zu verdickende Gericht, wie Suppen, Gemüse, Soßen usw. Das Kochbuch für Feinschmecker schlägt eine bessere Methode vor. Sie besteht im wesentlichen darin, die Mehlschwitze zunächst zusammen mit den Gewürzen in der gewünschten Farbe zuzubereiten, dann noch vor dem Verdünnen die Zutaten der Suppe, des Gemüses, der Soße usw. in die Mehlschwitze zu geben, gut zu verrühren und erst dann mit der vorgeschriebenen Menge Flüssigkeit aufzufüllen. Das Aroma des Gerichtes kommt so besser zur Geltung.
Die moderne Küche ist kein Freund von Mehlschwitzen, und in vielen Fällen ist sie auch nicht nötig. Eine Mehlschwitze muß nur einer Kümmelsuppe die Dicke geben. Im übrigen ist es nicht angebracht, die Mehlschwitze, also das Mehl, als Verdickungsmittel zu gebrauchen. Es kann deshalb bei fast allen Suppen wegfallen. Bei mit saurer Sahne angerichteten Speisen ist die Mehlschwitze überhaupt unangebracht, und der Tomatensuppe schadet sie geradezu.

## *Einrühren, Bestäuben*

Das Eindicken kann auch so erfolgen, daß in saure Sahne, in ein Ei oder in ein mit saurer Sahne vermengtes Ei die angegebene Menge Mehl vorsichtig (damit sich keine Klümpchen bilden!) eingerührt wird. Der sämig verrührte Brei wird mit der Brühe des fast fertigen, aber noch kochenden Gerichtes aufgefüllt, und zwar geben wir zunächst einige Eßlöffel Brühe, dann einen Schöpflöffel voll daran. Nach vollkommenem Auffüllen gießen wir das Ganze in das Gericht und lassen es nochmals aufkochen. Die auf diese Weise zubereiteten Speisen sind bekömmlicher und aromatischer und enthalten weniger Fett und Mehl. Das trifft vor allem auf Gemüse, Obstsuppen und Soßen zu.
Beim Bestäuben fällt die saure Sahne fort. Wir bestäuben das im zugedeckten Topf evtl. zusammen mit Petersilie gekochte und bereits weiche Gemüse oder Suppengrün mit etwas Mehl, um das Gericht einzudicken. Das Mehl kann in diesem Fall etwas angebräunt werden, es ist jedoch darauf zu achten, daß es glatt verrührt wird. Die im Rezept angegebene Menge Flüssigkeit ist in kleinen Portionen beizugeben, so wie das zum Auffüllen der

Mehlschwitze verwandte Wasser usw. Nach der Beigabe jeder Portion muß das Gericht einmal kurz aufkochen, damit sich keine Klümpchen bilden.

## *Eindicken von Suppen und Gemüsen*

Eine zu dünne Suppe kann durch Zugabe von Teigwaren, verquirltem Ei, Leber- oder Hirnklößchen oder anderen Suppeneinlagen verdickt werden. Man kann auch vor dem Anrichten in der Suppenterrine 2–3 Eigelb verrühren und die noch heiße Suppe darübergießen. Auch das Gemüse sollte man lieber mit Eigelb oder einem ganzen verrührten Ei eindicken, denn es wird so gehalt- und auch geschmackvoller.
Speisen nachträglich mit Mehl zu verdicken ist nicht ratsam, da diese Prozedur meist nicht gelingt. Man kann – in der Hoffnung auf Erfolg – Mehl mit einem Stückchen Butter vermengt in das heiße Gericht geben, gut verrühren und nochmals aufkochen.

## *Die Vielzahl der Gewürze und die Geschichte des Paprikas*

Prädestiniert durch seine historische Rolle, nimmt in internationaler Relation der Pfeffer unter den Gewürzen den ersten Platz ein. In Indien beheimatet, wurde er von den Soldaten Alexanders des Großen entdeckt und nach Griechenland gebracht. Die Eroberungszüge des winzigen Korns waren von nachhaltigerer Dauer als die des einst so mächtigen Kaisers. Bereits bei den Römern erfreute sich der Pfeffer großer Beliebtheit. Den üppigen Festmahlen folgten ausgedehnte Trinkgelage, stimulierende Gewürze wurden verlangt. Der Pfeffer setzte seinen Eroberungszug fort und gemeinsam mit ihm viele exotische Erzeugnisse des fernen Indiens, wie Zimt, Muskatnuß, Ingwer, Gewürznelke – sozusagen ein Regiment von Gewürzen. Sie alle waren Gold wert. In Rom wurde Ende des 4. Jahrhunderts u. Z. für einen Gewürztransport von 3000 Pfund 5000 Pfund Gold gezahlt. Es ist also kein Wunder, wenn später zwischen den europäischen

Mächten Kriege und blutige Fehden um den Besitz der Kolonialwaren geführt wurden.
Die Geschichte der Gewürze ist deshalb identisch mit der Geschichte der geographischen Entdeckungen und der Kolonialisierung. Die Aussicht auf den Erwerb von Gold und Gewürzen regte Reisende, Seefahrer und Abenteurer zu immer neuen Wagnissen an. Von dieser Vorstellung wurde Kolumbus geleitet, als seine Schiffe aus dem Hafen Palos in Spanien ausliefen, um Indien im Westen zu suchen, und der Portugiese Vasco da Gama, der durch Umseglung Afrikas nach Indien gelangte. Zwischen den Holländern, Franzosen und Engländern entwickelte sich ein heftiger Konkurrenzkampf um die Schätze der Kolonien und so auch um den Handel mit Gewürzen.
Auch das ungarische „Nationalgewürz", der Paprika, kommt von weit her. Als seine Urheimat erwähnt man Amerika, aber auch Asien oder Afrika. Wahr ist, daß er in Südmexiko, Peru, Brasilien sowie auf den Antillen noch heute als wildwachsende ausdauernde Pflanze vorkommt. Spanische Kolonisten, unter ihnen ein Reisegenosse Kolumbus', ein Arzt namens Chanes, brachten 1494 die ersten Pflanzen nach Europa. In Spanien und Portugal begann man mit ihrem Anbau, danach wurde sie auch auf dem Balkan, in England und in den westlichen Teilen des europäischen Kontinents bekannt. Die vor den Türken flüchtenden südslawischen Völker brachten die Paprikapflanze vor etwa 300–400 Jahren nach Ungarn. Man nannte sie zuerst „türkischen Pfeffer" – so wird sie in einem Wörterbuch aus dem Jahre 1684 erwähnt –, aber auch die Bezeichnung Heidenpfeffer war gebräuchlich.
Lange galt sie als das seltene Ziergewächs herrschaftlicher Parks oder stiller, abgeschlossener Klostergärten. Im 16. Jahrhundert erwähnt sie der italienische Dichter Ariosto zusammen mit dem Tokajer. Ihre größere Verbreitung verdankt die Paprikapflanze einem historischen Ereignis: der Napoleonischen Kontinentalsperre. Pfeffer war rar geworden, an seine Stelle trat der Paprika. In der zweiten Hälfte des 18. Jahrhunderts bauten ihn die Bauern der ungarischen Tiefebene bereits als Hausgewürz an. Sie trockneten die Schoten an der Sonne, zerstampften sie und „pfefferten" mit dem Pulver ihre Speisen.
Die Schärfe des heute verwendeten feinen Paprikapulvers kann nach Belieben erhöht oder vermindert werden. Dieser Vorgang wurde von den Brüdern Pálffy in Szeged ausgearbeitet. Noch heute entfernt man nach ihrem Schema aus den roten Schoten die „Schärfe", die das scharfe Kapsaizin enthaltenden Adern und die Körner. Moderne Paprikamühlen stellen den von der

Schärfe befreiten „Delikateß-“, den wenig scharfen „Edelsüß-“ und die um je eine Nuance schärferen „Halbedel-“, „Rosen-“, „scharfen“ und „Peperoni“-Paprika her. Viele Abarten werden durch Veredlung der Pflanzen gezüchtet, so auch die schärfste Paprikasorte, der sogenannte Kirschpaprika. Der Kapsaizingehalt dieser Sorte kann fünf- bis zehnmal so groß sein wie der der erstgenannten. Früher hielt man das Kapsaizin für Gift, heute wird es auch als Heilmittel verwendet, z. B. als Bestandteil von Salben. Es reizt die Haut, verursacht Hyperämie und kann gegen Frostbeulen oder Rheumatismus wirksam sein. In entsprechender Menge verwendet, stimuliert es Verdauung und Stoffwechsel.

## *Gewürze in der ungarischen Küche*

Viele Gewürze der alten ungarischen Küche sind schon in Vergessenheit geraten, z. B. bedauerlicherweise der Safran, mit dessen Hilfe die Hausfrauen eine schöne goldgelbe Fleischbrühe kochten. Dagegen war die knallgelbe Butter, die einige Bäuerinnen auf dem Markt feilhielten, weniger ansprechend. Der Safran, der getrocknete dunkelrote Griffel des Crocus sativus, wurde schon von den Römern als Gewürz, als gelber Farbstoff, als Riechstoff und als Heilmittel hochgeschätzt. Mehrere Safranfälscher, die es zu allen Zeiten gab, starben im 14. und 15. Jahrhundert vielerorts auf dem Scheiterhaufen oder wurden lebendig begraben. Obgleich die Anzahl der Gewürze abgenommen hat, verwendet die ungarische Küche heute noch mehr als dreißig, viele kommen allerdings im Alltag kaum vor. Oft begangene große Fehler liegen nicht in der Verwendung möglichst vieler Gewürze, sondern im übermäßigen Würzen.

Das Ziel des Würzens ist es, den typischen Geschmack eines Gerichtes zu unterstreichen, zu beleben. Es geht nicht darum, mit übermäßigem Würzen den kennzeichnenden Geschmack zu unterdrücken, die Speisen zu uniformieren, was außerdem schädlich für die Gesundheit sein kann. Viele Freunde der Gewürze beachten das nicht.

In erster Linie wird Mißbrauch mit Zwiebel, Paprika und Salz getrieben. Es grenzt ans Unwahrscheinliche, wieviel Zwiebeln ein Topf Pörkelt enthalten kann, obwohl die Konsistenz des Saftes nicht von der Menge der Zwiebeln, sondern der richtigen Wahl des Fleisches abhängt, das einen gallertartigen Saft bilden muß. Auch Paprika wird übermäßig verwendet, und noch dazu nicht Rosen- oder Edelsüßpaprika. Die Soße gleicht dann einer beißenden Lauge, die im Hals brennt; zuviel Zwiebel verursacht Sodbrennen. Auch übertriebener Pfefferverbrauch verdirbt den Geschmack und reizt zum Husten.

Zahlreiche Klagen werden auch gegen Knoblauch erhoben, dessen unangenehmer Geruch sich stundenlang in der Wohnung hält. Mit Berichten über die ihm zugeschriebene Heilkraft will man ihn salonfähig machen, obgleich er der Gesundheit – so wie die anderen Gewürze — nur insofern dienlich ist, als daß er die Verdauung anregt. Der Knoblauch dient gewissermaßen als Abwehrmittel gegen schädliche Bakterien. Zwar wurde wirklich versucht, mit Knoblauchextrakt die Arterienverkalkung zu heilen und das Altern zu verzögern, doch dieser Versuch hielt den klinischen Experimenten nicht stand.

Die französische Küche verwendet reichlich Knoblauch. In keinem einzigen ungarischen Gericht ist er jedoch unentbehrlich. Mit der Kultivierung des Geschmacks gerät der Knoblauch mehr und mehr ins Hintertreffen. In einigen Spezialitäten behält er seine Daseinsberechtigung, so z. B. in Form einiger Tropfen Knoblauchsaftes in der frischen Dauerwurst. Wer einen empfindlichen Magen hat, wird aber in jedem Fall die mit Zitrone gewürzte Dauerwurst vorziehen. Knoblauch kann Buletten, grüne Bohnen und Spinat verderben. Der penetrante Geruch eines mit Knoblauchzehen gespickten kalten Bratens kann viele Gäste in die Flucht schlagen, denn die Beurteilung des Knoblauchs ist extrem: Wer Knoblauch nicht mag, empfindet geradezu Abscheu davor.

Die Rezepte des Kochbuches für Feinschmecker vermeiden das übermäßige Würzen, Knoblauch wird nur selten erwähnt. Es steht natürlich jedem frei, je nach Geschmack das gewohnte Gewürz zu verwenden. Man kann also auch Knoblauchzehen in Suppen, Gemüse und in gebratene Leber- und Blutwürste geben oder die in heißem Fett gebratenen Brotscheiben mit Knoblauch einreiben.

Man darf sich dann aber nicht wundern, wenn diese schlechtriechende Pflanze die Geschmacksharmonie stört, und ihr Geruch dem Esser lange anhaftet. Im Interesse der Mitmenschen sollte man nach dem Verzehren einer mit Knoblauch gewürzten Speise kein überfülltes Transportmittel benutzen und niemals ein Mädchen zum Tanzen auffordern, dem wir den Hof machen . . .

# *Ungarische Gewürzpflanzen*

Die Petersilienwurzel ist ein beliebtes Gewürz für Gemüsesuppen, Fleisch- und Knochenbrühe, die Petersilienblätter (die durch Sellerieblätter fast gleichwertig ersetzt werden können) werden allgemein bei Gemüse-, Kartoffel-, Reis-, Fleisch- und Lebbentschsuppen sowie zu Gemüsen ähnlicher Art und zu Soßen verwendet. Man kannte sie bereits im alten Ägypten, in der griechischen und römischen Küche, und sie wird, feingeschnitten und mit Gemüse geschmort, für die Mehlschwitze und in Fett geröstet, auch heute noch gern verwendet. Es ist eine weitverbreitete Meinung, daß Petersilie weder auf jungen Kartoffeln noch auf einfachen Salzkartoffeln fehlen darf.
Ebenso würzt und verziert das Lorbeerblatt – das sonst als Kranz die Stirn von Poeten und Schauspielern ziert – die Kartoffeln in Form von Gemüse. Dill ist in allen Küchengärten anzutreffen, der Volksmund hält ihn für ein Magen- und Schlafmittel. Zwar bestimmt er den Geschmack einer guten Dillsoße nicht allein, aber er verleiht z. B. dem Kürbisgemüse und dem Dill-Quarkstrudel ein besonderes Aroma. Kümmel ist ein beliebtes Gewürz für einfache Suppen und Gemüse. Es gibt einer Speise, die schon mit Paprika gewürzt ist, noch ein besonderes Aroma. Wer unter Magendrücken leidet, sollte mit Kümmel würzen. Der Majoran stammt aus dem Mittelmeergebiet und dient zum Würzen von Wurstwaren, kann aber auch in Gemüsen verwendet werden. Die Verwendung von Majoran bei der Zubereitung gerösteter Leber ist der Mode des übermäßigen Würzens zu verdanken. Man sollte ihr nicht folgen.
Der Estragon kommt aus Sibirien. Im allgemeinen wird Lammfleisch mit Estragon gewürzt, hier und da fügt man Hühner- oder Kalbsfrikassee ein zerkleinertes Estragonblatt bei, doch selten kocht man Estragonsuppe oder Estragonsoße. Die Hauptattraktionen der sehr beliebten Siebenbürger Küche sind gerade die mit Estragon gewürzten Speisen. Estragon gehört ebenso in die Suppe aus Spanferkelklein wie in das gekochte geräucherte Rippenstück. In zahlreichen Gerichten ersetzt und übertrifft er dank seinem pikanten Aroma den Dill oder die alltägliche Petersilie. Estragonessig bereitet man aus frischen, vor dem Verblühen der Gewürzpflanzen gepflückten Blättern und Weinessig und fügt etwas Basilienkraut und Lorbeerblatt hinzu. Estragonessig ist in der französischen, englischen, aber auch in der deutschen und italienischen Küche sehr beliebt. Franzosen und Engländer verwenden Estragon neben dem Würzen von Essig und Salaten

auch für die verschiedensten Soßen. Er ist auch ein wichtiger Bestandteil des berühmten französischen Senfs. Dafür befeuchten die Franzosen die entfetteten, zu Pulver gemahlenen Senfkörner mit etwas Weinessig oder Weißwein und fügen etwas Zucker, Pfeffer, Salz, Sardellen, Thymian, Ingwer und Estragon bei. Diese exquisite Gewürzmischung sollte man sich merken und die Palette der Gewürze damit um einen neuen Farbton bereichern.

## *Essig (Konzentrat) und Salz*

Der übermäßige Gebrauch von Essig und Salz kann der Gesundheit außerordentlich schädlich sein. Viele vergessen – oder haben es noch nicht erlernt –, daß der an Vitamin-C so reichhaltige Zitronensaft fast in allen Fällen den Essig ersetzt und sowohl für die Speisen als auch für uns vorteilhaft ist. So eignet er sich ausgezeichnet zur Zubereitung von Salaten aller Art, und der frische Saft des mit Zitrone zubereiteten grünen Salates ist auch nicht zu verachten.

Salz war früher ein kostbarer Schatz. Die römischen Legionäre erhielten Salzgeld als Soldzulage. Das gemeinsam verzehrte Brot und Salz galt als das Symbol der Freundschaft und des Vertrauens. Im Mittelalter wurde die Würde des hochgestellten Gastes daran gemessen, wie nahe er dem Salzbehälter saß. Der Volksmund sagt, verschüttetes Salz bedeute Streit... Salzen heißt aber nicht nur Würzen. Bei starkem Flüssigkeitsverlust hilft Salz, den Wasserhaushalt des Organismus zu regeln. Deshalb werden an Arbeitsplätzen mit hohen Temperaturen Salzkeks an die Werktätigen verteilt, und deshalb ist es ratsam, bei Fieber und akuten Verdauungskrankheiten dem Kranken etwas gesalzenen Tee oder gesalzenen Zwieback zu reichen. Es ist auch angebracht, dem Fett, das man erhitzt, eine Prise Salz beizugeben, damit es nicht spritzt. Eiweiß läßt sich besser zu Schnee schlagen, wenn man ihm etwas Salz und ein paar Tropfen Zitrone beifügt. Das Versalzen der Speisen ist wohl eher ein Beweis für die Ungeschicktheit eines Kochs als für seine Verliebtheit. Durch Zugabe einiger roher Kartoffelscheiben, die das überschüssige Salz einsaugen, können versalzene Speisen verbessert werden.

# *Zucker, Zimt, Vanille*

Der erste Süßstoff war offensichtlich der Honig. So wie der Bär sammelte ihn der Urmensch, dabei den Stichen der Bienen trotzend, aus den Waben. In Indien entdeckten die Soldaten Alexanders des Großen das Zuckerrohr. Sie beobachteten, daß man den Saft aus dem Rohr preßt „und Honig ohne Honig herstellt". Der Römer Plinius schreibt bereits von festem Zucker: „Das indische Salz ist nicht salzig, sondern süß." Vor ungefähr einem Jahrtausend wurde in Ägypten die Zuckergewinnung aus Zuckerrohr eingeführt und schließlich im gesamten Mittelmeerraum praktiziert. Durch arabische Vermittlung gelangte diese Verfahrensweise erst in der zweiten Hälfte des 15. Jahrhunderts nach Europa und drei Jahrhunderte später nach Amerika. Dort wurde Zucker zunächst auf ärztliches Rezept verkauft — zu sehr gesalzenen Preisen.

So unglaubwürdig es auch klingen mag: Das preußische Verfahren, Zucker aus der Zuckerrübe zu gewinnen, konnte sich erst Anfang des vorigen Jahrhunderts gegen die Intrigen der Zuckerrohr importierenden Kolonialwarenhändler durchsetzen. Auch dieser Erfolg war die Folge der von Napoleon verhängten Kontinentalsperre, denn nicht nur dem Pfeffer, auch dem Zucker war dadurch der Weg nach Europa versperrt. Das Herstellungsverfahren der heutigen Raffinade, des gereinigten und verfeinerten Zuckers, wurde in den Jahren um 1800 von zwei französischen und einem englischen Chemiker ausgearbeitet.

Beim Kochen selbst soll man nur mit Maß zuckern, man überläßt das lieber den Tischgästen. Wer eine Tomatensuppe mit säuerlichem Aroma vorzieht, dem soll man nicht die gezuckerte Tomatensuppe aufdrängen. Wer statt Grieben auf Túróscsusza oder statt Pfeffer auf Krautflecken Zucker streut, verursacht den Liebhabern des ursprünglichen Geschmacks einen abschreckenden Anblick: Solch ein Vergehen sollte er bei Tisch lieber selbst verantworten.

Zimt wird aus der Rinde des auf Ceylon und der Inselwelt Indochinas heimischen Cinnamomum-Baums gewonnen und wurde gegen Ende des 18. Jahrhunderts in derartigen Mengen nach Europa geliefert, daß die holländischen Kaufleute ganze Gewürzberge verbrennen mußten. Der aromatische Rauch des Gewürzes drang weit über die holländischen Grenzen hinaus, wie es in Aufzeichnungen aus jener Zeit steht. Vanille ist die Frucht einer Orchideen-Gattung. Die Soldaten des Spaniers Cortez brachten sie aus Amerika nach Europa. Sie hält auch heute noch ihre starke Position bei der Herstellung von Konditoreiwaren, Kremen, Kompotten und bei der Aromatisierung von Likören. Das Vanilleeis ist das Lieblingseis der Kinder.

## *Seltene Gewürze*

Es wurden bei weitem noch nicht alle in der Einleitung erwähnten „mehr als dreißig" Gewürze besprochen, doch schon sind wir bei den Seltenheiten angelangt. Zu ihnen gehört der bereits genannte Safran, heute ein bevorzugtes Gewürz der Mohammedaner, das aber auch in Europa noch nicht ganz aus der Mode gekommen ist. Die französische Küche verwendet gern Safran. Er verleiht der Marseiller Fischsuppe, der berühmten Bouillabaisse, das charakteristische Aroma. Der Ingwer hat vor allem in England Anhänger. Er wird beim Würzen von Backwaren und Likören, aber auch bei der Herstellung von Bier (Ingwerbier) verwendet. Indien liefert die öligen, stark aromatischen Kerne der Kardamompflanze, die an der Malabarküste des Indischen Ozeans wächst. Die Gewürznelke kommt aus Mexiko und von der Insel Jamaika. Und wie viele Gewürze gibt es noch: Anis, Bohnenkraut, Boretsch, Eisenkraut, Fenchel, Kalmus, Kapern, Koriander, Lakritzenwurzel, Rosmarin, Salbei, Sternanis, Wacholder, Waldmeister und Thymian – in alphabetischer Reihenfolge aufgezählt. Nur die besten Fachleute der ungarischen Küche kennen sie alle (und andere, hier nicht erwähnte Gewürze). Einige dieser Seltenheiten finden wir in den regionalen Spezialitäten Ungarns, andere in kulinarischen Besonderheiten dieses Kochbuches.
Wenn aus der ersten Begegnung eine Bekanntschaft wird, können auch diese Gewürze zu einem bleibenden Erlebnis beitragen.

# II. Rezepte

# Die Mengenangaben der einzelnen Zutaten

befinden sich in der Beschreibung der Rezepte. Sie sind in der Reihenfolge der Verwendung angegeben und dienen vor allem der Beachtung der richtigen Proportionen, denn davon hängt in erster Linie – neben der Art der Zubereitung und der Einhaltung der Reihenfolge – das Gelingen der einzelnen Gerichte ab. Die Zutaten sind im allgemeinen für 4–6 Personen bestimmt: für 4 Personen mit gutem Appetit oder für 6 kleine Esser. Bei 4 Personen werden oft Reste bleiben. Wer für weniger Personen oder sparsamer kocht, kann unter Einhaltung der angegebenen Proportionen die Zutaten vermindern.
Zahlreiche Rezepte enthalten nur eine Zubereitungsart. In diesen Fällen können den Grundzutaten die angegebenen Gewürze je nach Geschmack beigegeben werden. Es werden auch komplizierte Gerichte und Spezialitäten beschrieben, deren Zubereitung eine gewisse Erfahrung erfordert. In diesen Fällen können die angegebenen Zutaten nur als Stütze dienen, der Erfolg hängt vor allem vom Geschmack und der Kunstfertigkeit der Hausfrau oder des Kochs ab.

# Suppen und Suppeneinlagen

## Suppen

### Die Ouvertüre

erklingt und schafft Stimmung zum Genuß des folgenden Meisterwerkes, sie gibt einen Vorgeschmack von den zu erwartenden Schönheiten und den Freuden. Es ist eine spezielle ungarische, aus dem Volk stammende Gewohnheit, Suppen (und nur selten einer Vorspeise) bei den Hauptmahlzeiten, beim Mittag- und Abendessen diese Rolle zu geben und dies sowohl an Wochen- als auch an Feiertagen.
Früher kam täglich die Fleischbrühe auf den Tisch, heute verliert sie mehr und mehr ihre Hegemonie. Nicht weil ihre Zubereitung geld- und zeitraubend ist (obwohl die echte Fleisch-

brühe nicht nur einfach aus einem Stück Rindfleisch bereitet wird, sondern aus vielerlei Fleischsorten), eher deshalb, weil moderne ernährungswissenschaftliche Erkenntnisse mit ihr auf Kriegsfuß stehen. Früher wurde einem Kranken – gleich welcher Art – schnell von der Nachbarin eine kräftige Fleischbrühe eingeflößt. Sogar der gute alte Hausarzt trat dafür ein, heute dagegen bevorzugen die gelehrten Ärzte eher eine „Kremsuppe", wenn jemand mit dem Magen, der Gesundheit, auf schwachem Fuße steht. Die vorzügliche Bouillon und die kräftige Fleischbrühe, das Consommé, sind in den Hintergrund getreten, um aber unveränderlicher Höhepunkt von großen Festessen zu bleiben. Sie werden in einer Tasse oder auf einem Teller gereicht, eventuell mit Gänseleber- oder Pilzscheiben garniert und durch etwas Fleischextrakt noch kräftiger gemacht. Bei der Zubereitung anderer delikater Gerichte, z. B. der Soßen, gelangen sie ebenfalls zur Anwendung.
Auf dem alltäglichen Mittagstisch dominieren die sogenannten „falschen" Suppen, die die Ungarn „Waisensuppen" nennen, da sie ohne Fleisch bereitet werden. Zweifellos liegt in dieser Bezeichnung auch etwas Bedauern, doch kann festgestellt werden, daß die zeitgemäßen „Waisensuppen" in den vergangenen Jahrzehnten ihre Position schnell gefestigt haben. Die bisherigen Attribute „falsch" und „Waise" können ruhig wegfallen, da diese Suppen mit Recht das Attribut „Krem" tragen. Bei einem kurzen Mittag- oder Abendessen kann die Suppe als Hauptgericht serviert werden, danach werden Obst und Süßigkeiten gereicht. In diesem Falle soll die Suppe dicker, gehaltvoller sein. Auch dann werden solche Suppen gewählt, wenn die folgenden Gänge eher geschmacks- als joulereich sind. Dagegen ist es empfehlenswert, zu „schweren" Mittag- oder Abendessen – schon um etwas Appetit zu behalten – leichtere, den Jahreszeiten entsprechende Suppen aus Gemüse, Obst oder dergleichen zu bereiten.

## *Fleischbrühe*

Sie wird im allgemeinen aus Rindfleisch zubereitet, ist aber auch aus nicht zu fettem, abgebrühtem Hammelfleisch sehr schmackhaft. Die erforderliche Menge Suppenfleisch in ungefähr 2 l kaltem Wasser aufsetzen. Für 4 Personen ungefähr 750 g Fleisch rechnen, am besten Schwanzstück, Lende oder Kamm nehmen. Mit dem Fleisch eventuell auch ein wenig Leber und 200–250 g Knochen aufsetzen. (1 Kaffeelöffel gut zerriebene Eierschalen gibt der Suppe eine schöne Farbe.) Nach dem Verkochen des Schaumes (häufig abschäumen) Suppengrün beigeben: Möhren,

Petersilienwurzel, Sellerie, Kohlrabi, 1 kleine Kartoffel, etwas Wirsingkohl, 1 kleine Zwiebel, 1 Tomate (im Winter 1 Kaffeelöffel Tomatenmark), 1—2 Pfefferkörner und Salz. Die Suppe einmal aufkochen lassen, dann ungefähr 3 $^1/_2$–4 Stunden ruhig, gleichmäßig weiterkochen lassen, bis das Fleisch gar ist. Kurz beiseite stellen, danach in einen anderen Topf seihen, wieder aufsetzen und eine Teigware hineinkochen.
Das Suppenfleisch ist mit Essig–Meerrettich oder einer passenden Soße ein schmackhaftes Gericht, es kann aber auch zusammen mit dem Suppengrün zur Zubereitung von Pasteten und Fleischsalaten verwendet werden.

## Kraftbrühe

*I. Einfach.* 250 g mageres Rindfleisch durch den Wolf drehen, mit 1 Eiweiß und 1 Kaffeelöffel Tomatenmark vermengen und unter ständigem Rühren mit 2 l Wasser auffüllen und salzen. 400 g Suppengrün und 1 kg Rindsknochen dazugeben. Brühe bei schwacher Hitze 3–4 Stunden kochen, durchseihen und in Tassen servieren. Gegebenenfalls in jeder Tasse 1 Eigelb verrühren und je nach Geschmack ein Haschee aus Knochenmark, Schinken bzw. Fleisch, ein Royale oder das ansprechend zerschnittene Suppengrün dazu reichen.
*II. Bouillon.* Aus 1 kg Schwanzstück oder Lende, 1 kg Rindsknochen, einigen Hühnerfüßen und -hälsen, 6 Petersilienwurzeln, 4 mittelgroßen Möhren, 2 Sellerieknollen, 1 kleinen Zwiebel, 2 Scheiben Wirsingkohl, 1 kleinen Blumenkohl oder 1 Kohlrabi, einigen Pfefferkörnern und Salz eine Fleischbrühe kochen. Das Suppengrün erst dann in die Brühe geben, wenn das Fleisch schon $^1/_2$ Stunde langsam gekocht hat. Die Brühe insgesamt 4 Stunden kochen. In einem anderen Topf 400 g Hackfleisch vom Rind, Eiweiß von 4–5 Eiern, 1 Eßlöffel Tomatenmark und 0,5 l kaltes Wasser miteinander vermengen. Die schon fertige durchgeseihte Brühe langsam dazugießen und unter fortwährendem Rühren aufkochen. Bei schwacher Hitze eine Stunde weiterkochen. Danach durch ein dichtes Sieb seihen und nach kurzer Zeit das Fett abschöpfen. In die in Tassen gefüllte Bouillon gegebenenfalls 1–2 dünne Semmelscheiben oder Pilze oder beides geben. Die Brühe kann auch kalt serviert werden.

## Knochenbrühe

Aus Rinds-, Schweins- oder Kalbsknochen läßt sich eine sehr gute Brühe zubereiten. Diese eignet sich besonders als Ersatz für eine Fleischbrühe zum Auffüllen anderer Suppen, Soßen und Gemüse, sie kann aber auch selbständig als nahrhafte und schmackhafte Brühe verwendet werden. 1 $^1/_2$ kg Knochen – darunter ein schöner Markknochen – in Salzwasser aufsetzen. Wenn die Brühe zu kochen beginnt, Suppengrün, 1 kleine Zwiebel und einige Pfefferkörner beigeben und lange kochen. Bei Verwendung als Fleischbrüheersatz nach dem Weichwerden des Suppengrüns durchseihen und kalt stellen; bei Verwertung als Suppe eine sehr dünne, helle Mehlschwitze bereiten und mit der durchgeseihten Fleischbrühe auffüllen. In die Suppe das in feine Scheiben geschnittene Suppengrün geben und Fadennudeln oder Grieß- bzw. Leberklößchen einkochen.

## *Das Gulaschfleisch*

wird kurz Gulasch genannt und ist eine sehr geschätzte ungarische Spezialität, die zu den Suppen gehört (aber gleichzeitig auch Vorspeise sein kann). Das ist so selbstverständlich, daß die Bezeichnung „Suppe" vollkommen überflüssig ist. Im Gegensatz zu seinem Bruder, dem Pörkelt, dessen Saft eingedickt ist, hat das Gulasch viel mehr Saft.

Für beide Gerichte das Fleisch in Würfel schneiden, Zwiebel in Fett rösten, Paprika beigeben, die Fleischwürfel hineintun und schmoren lassen. Wenn der eigene Saft verkocht ist, mit etwas Wasser, Wein oder Fleischbrühe aufgießen und zugedeckt dünsten. Hier unterscheidet sich die Zubereitungsweise der zwei Gerichte. Während dem Pörkelt nur so viel Wasser zugesetzt wird, wie verdampft ist, wird dem Gulasch viel mehr von dem Salzwasser beigegossen, in dem die Kartoffeln gekocht wurden. Pörkelt wird auf flachen Fleischtellern, Gulasch in Suppentellern serviert.

Wird von Gulasch gesprochen, ist darunter im allgemeinen Rindergulasch zu verstehen. (Wenn von Hammelpörkelt die Rede ist, wird das stets extra erwähnt.)

Dem Rindfleisch für Gulasch wird häufig auch Kalb- oder Schweinefleisch beigemengt. Aber Schweinefleisch macht das Gericht zu fett und schwer, Kalbfleisch dagegen ist nicht kräftig genug, um während der langen Kochzeit seinen Geschmack zu wahren. Für ein wohlschmeckendes Gulasch sind viele Teile vom Rind (möglichst Mastochsen) notwendig. In erster Linie Lende, volkstümlich auch Lappen genannt. Es ist ein sehr schmackhaftes kräftiges Fleisch; wer aber glaubt, daß es allein schon ausreicht, der irrt sich. Noch andere Geschmacksnuancen gehören dazu: Innereien (Herz, ein, zwei Stück Euter, etwas Leber), Fleisch mit Sulzkraft wie Hachsen, Kopffleischschwarte

und knorplige Stücke, ohne diese bleibt das Gericht eine wäßrige Brühe. All dies gehört in den Kochkessel.
Zwiebeln dürfen auf keinen Fall so reichlich verwendet werden, wie man das – leider – allgemein glaubt. Nicht die Zwiebel soll dem Gulasch den Geschmack und die Konsistenz geben, sondern die gut ausgewählten Fleischsorten und der feine, würzige Szegediner Delikateßpaprika. Zwiebeln sollen nur eine Nuance in der Vielfalt des Geschmacks sein. Wird zuviel verwendet, bekommt das Gericht einen süßlichen Geschmack, einen unangenehmen Geruch und verursacht Magenbrennen.
Für 500–600 g Fleisch reicht eine kleine Zwiebel vollkommen aus. Diese fein hacken, 1 Eßlöffel Fett (noch besser frisch ausgelassenen Räucherspeck) erhitzen, die Zwiebel hineingeben, goldgelb rösten, 1 Eßlöffel Delikateßpaprika darüberstreuen, nach dem Aufkochen die Fleischwürfel dazugeben, noch etwas dünsten (nach Belieben eine Prise Mehl darüberstreuen). Wollen wir etwas ganz besonders Gutes essen, dann noch ein Glas Weißwein dazugießen. Etwas salzen, zudecken und so lange dünsten, bis das Fleisch weich ist.
Währenddessen aus ungefähr 1 kg geviertelten Kartoffeln Salzkartoffeln kochen. Sind sie fast gar, an das Fleisch geben, vom Salzwasser nur so viel zugießen, daß die Suppe kräftig bleibt. Fleisch und Kartoffeln noch kurz zusammen kochen. Ist alles gar, nach Bedarf mit etwas Salz oder Paprika abschmecken und servieren (nur die besten Fleischstücke auf den Teller geben). Kümmel gehört nicht in den Gulasch, er verdirbt das Gericht, nur das österreichische „Gollasch“ verwendet ihn. Auch Tomaten sind überflüssig, diese Sitte kam aus Serbien nach Südungarn. Aber wer Paprikaschoten mag, kann gern welche mitkochen sie passen gut zum Gulasch. Kleingezupften Nudelteig oder Flekkerl gesondert kochen, danach in siedendem Fett schwenken und auf einem angewärmten Teller dazu reichen.

## *Falsches Gulasch*

1 recht große, in Scheiben geschnittene Zwiebel in Fett rösten und mit 1 Kaffeelöffel Paprika bestreuen, hierzu 1 Eßlöffel Tomatenmark und 750 g der Länge nach geviertelte Kartoffeln geben. Alles mit 1,5 l Wasser, eventuell auch Knochenbrühe, aufgießen, salzen und langsam kochen, bis die Kartoffeln gar sind. In die Suppe kleingerupften Nudelteig einkochen.

## *Hühnersuppe*

in die viel verschiedenes Suppengrün und Gemüse gehört, wird in Budapest im allgemeinen als Hühnersuppe à la Ujházi bezeichnet. Wer zur Gesellschaft des berühmten Meisters der Schauspielkunst und Gastronomie gehörte, wußte wohl, daß Ede Ujházi seine selbst erfundene, gehaltvolle Suppe zum eigenen und zum Genuß seiner Freunde nicht aus Huhn, sondern eher aus Hahn bereitete.

Auf diese Suppe soll man niemals verzichten, wird sie nun aus Hahn oder Huhn gekocht. Das weiche weiße Geflügelfleisch und die pikanten Zutaten vereinigen und ergänzen sich zu einer kräftigen Suppe mit herrlichem Geschmack und Aroma.

Wie bereits erwähnt, soll die Suppe goldglänzend, sämig, fast ölig sein. Das gute Geflügelfleisch, der Blumenkohl, die Pilze usw. dürfen nicht zu einer dünnen Brühe aufgegossen werden, wie ich einst in einem für besonders gute Suppen bekannten Restaurant erleben mußte. Wahrscheinlich erschienen an diesem Abend mehr Gäste als erwartet, und irgendein übereifriger Küchenjunge goß ein, zwei Schöpflöffel Wasser in die Hühnersuppe, um sie zu strecken. Ich sage deshalb Küchenjunge, denn ein Koch, eine Köchin oder auch eine Hausfrau, die sie ihrer Verantwortung bewußt sind und ihren Beruf schätzen, würden nie zu so einem „barbarischen" Anschlag in der Lage sein!

Die vollendete Hühnersuppe – von ihr ist hier die Rede – wirft ihren Schatten (richtiger ihren Glanz) schon voraus. Hält man in der Küche Ausschau, erblickt man das sorgfältig gereinigte, schön gelbe, gut entwickelte Geflügel, mit quellender Brust und vor Kraft strotzenden Keulen, daß kochbereit daliegt, um durch langsames, leises Brodeln weichgekocht zu werden.

Außerdem sind da noch die vielen übrigen Ingredienzien, die würdig sind, unsere Beachtung zu erwecken. Sie sind dazu berufen, das Huhn (und den Koch) in dem Bestreben zu unterstützen, mit der Suppe auch den heutigen anspruchsvollsten Feinschmecker zu begeistern.

Siehe da, ein Stück gemästeter Ochsenschwanz, der zusammen mit Rindsknochen auch in die Hühnersuppe gelangt. Einige dicke Hahnenkämme geben einen besonderen, feinen Geschmack. Angebracht und verlockend wirkt auch eine ältere Taube im Kochtopf, und mit aufrichtiger Freude gewahrt man, daß der Koch auch das wichtige Suppengrün und Gemüse nicht vergessen hat, deren Zusammenwirken erst den wunderbaren Enderfolg bringen.

Außer dem üblichen Suppengrün, den Möhren und Petersilienwurzeln, kommen noch eine halbe Handvoll zarte grüne Erbsen, einige zarte Butterbohnen (oder Konserven), eine kleine Sellerieknolle, ein Viertel Kopf Wirsingkohl und ein Kohlrabi, eine in Scheiben geschnittene, fleischige Paprikaschote, einige Blumenkohlröschen, ein paar Nelkenschwindlinge oder Morcheln, ein Kaffeelöffel Tomatenmark sowie eventuell einige Spargelköpfe in genauer Reihenfolge in den Kochtopf.
Nachdem man sich vergewissert hat, daß für die gute Suppe alles bereitsteht, Salz, einige Körner Cayennepfeffer, Faden- oder Schneckennudeln oder am besten kleine Leberklößchen, kann man die Küche ruhig verlassen.

## *Hühner-, Gänse- oder Putensuppe*

Aus dem gereinigten, zerkleinerten Geflügel wie bei der Fleischbrühe mit den üblichen Zutaten (Suppengrün, Mark oder andere Knochen), Pfeffer und Salz eine Brühe kochen. Wird nur Geflügelklein verwendet, durch 500 g Rindfleisch das fehlende Geflügelfleisch ersetzen. In die durchgeseihte Brühe Fadennudeln oder Teighörnchen einkochen und mit dem Fleisch und dem Suppengrün servieren. Auch Grieß- oder Leberklößchen passen gut dazu. Das gekochte Geflügel eventuell auch kalt mit Mayonnaise auf den Tisch bringen oder zur Zubereitung verschiedener Salate, Kroketten und Puddings verwenden.

## *Geflügelkleinsuppe*

750–800 g Geflügelklein in Salzwasser mit einigen Möhren und 1–2 Kartoffeln kochen. Eine dünne Mehlschwitze (eventuell mit Butter) bereiten und diese mit der durchgeseihten Brühe und den passierten Möhren und Kartoffeln auffüllen. Das Fleisch von den Knochen lösen, die Leber und den Magen in Scheiben schneiden und nach Geschmack mit 100 g zerschnittenen und in Butter gedünsteten Pilzen in die Suppe geben. Die Suppe heiß auf 1–2 in der Suppenschüssel verrührte Eigelb gießen.

## *Spanferkelklein, sauer*

750–800 g Spanferkelklein in ungefähr 2 l Wasser aufsetzen. Salz, 1–2 Eßlöffel Essig, 1–2 Lorbeerblätter und einige Pfefferkörner hineingeben. Wenn das Spanferkelklein gar ist, mit einer dünnen, dunklen Mehlschwitze dinden. 0,2 l saure Sahne, 1–2 Eßlöffel Essig oder die entsprechenbe Menge Zitronensaft sowie 1 Messerspitze Paprika dazugeben.

## Dauerwurstsuppe

*I.* Aus der gut gewaschenen Dauerwurst mit Suppengrün eine Suppe kochen. Diese vor dem Servieren in eine feuerfeste Schüssel seihen und pro Person 1 Ei hineinschlagen. Nur kurz anwärmen, damit die Eier nicht hart werden. Die in dünne Scheiben geschnittene Dauerwurst dazugeben und die Suppe in der feuerfesten Schüssel servieren, damit die Eier nicht zerfallen. Geröstete Brotwürfel dazu reichen.

*II. Auf Heiduckenart.* 5–6 in Würfel geschnittene Kartoffeln und $^1/_2$ gewiegte Zwiebel in heißem Fett rösten, mit Knochenbrühe auffüllen, salzen, Petersilie und 1–2 Semmeln oder die entsprechende Menge Brot hineingeben. Kochen, bis die Kartoffeln gar sind. Danach das Ganze durch ein Sieb passieren und die Suppe auf in Scheiben geschnittene Dauerwurst gegossen, servieren.

## Mehl- und Teigwarensuppen

*I. Aus Mehlschwitze und Kümmel.* 1 Eßlöffel Mehl in etwas Butter oder Fett anrösten und eine Mehlschwitze daraus bereiten, in die man 1 Kaffeelöffel Kümmel streut. Die Mehlschwitze unter fortwährendem Rühren braun werden lassen, mit Wasser aufgießen, salzen und so lange kochen, bis die gewünschte Dicke erreicht ist. Durchseihen und mit gerösteten Semmelwürfeln oder hineingekochtem kleingerupftem Nudelteig servieren. In die Mehlschwitze eventuell auch etwas Paprika oder Pfeffer geben.

*II. Aus geröstetem Grieß.* 70–80 g Grieß in etwas Fett braun rösten. Aus 20 g Fett und 20 g Mehl eine Mehlschwitze bereiten und mit 1,5 l Wasser auffüllen. Auf den gerösteten Grieß gießen, salzen und einige Male aufkochen lassen.

*III. Aus Lebbentsch.* 100 g frischen oder geräucherten Speck in kleine Würfel schneiden und auslassen. Die Grieben aus dem Fett nehmen und eine Handvoll Lebbentsch in das Fett geben. (Lebbentsch ist ein dünn ausgerollter, in breite Würfel geschnittener und getrockneter Nudelteig.) Die Lebbentsch in Fett goldbraun rösten, mit einer Messerspitze Rosenpaprika vermengen, gut umrühren, rasch mit Wasser auffüllen, salzen (gegebenenfalls einige Kartoffelwürfel beifügen) und gargekocht servieren.

*IV. Aus Brot.* Ein paar Tage altes Mischbrot in ganz dünne Scheiben schneiden und in einer Fleisch- oder Knochenbrühe bzw. Gemüsesuppe 8–10 Minuten kochen. Pro Person 1 Eigelb mit je 1 Kaffeelöffel saurer Sahne vermengen und die Suppe damit binden.

*V. Aus Semmeln.* 2–3 eingeschnittene Semmeln und 50–60 g Butter in kaltem Wasser aufsetzen, salzen, eine Weile kochen und dann durch ein Sieb passieren. 3 Eigelb mit 0,2 l saurer Sahne verrühren, mit der Suppe auffüllen und nochmals aufkochen lassen. Sofort vom Herd nehmen.

*VI. Aus Semmeln.* 2–3 Semmeln reiben, 9–10 Minuten in entsprechender Menge Fleisch- oder Knochenbrühe kochen. Pro Person 1 Eigelb mit einem nußgroßen Stück Butter vermengen und damit die Suppe binden.

*VII. „Suhantott".* 100–150 g Räucherspeck in kleine Würfel schneiden und goldgelb rösten. Eine Messerspitze Paprika beifügen und mit Salzwasser aufgießen. In der Suppe einige Eßlöffel Tarhonya weich kochen. Vor dem Auftragen 3–4 Eßlöffel saure Sahne hinzugeben.

*VIII. Aus Makkaroni oder Spaghetti.* 60 g Makkaroni (Spaghetti) in gleich lange Stücke brechen und in Salzwasser kochen. Über einem Sieb abtropfen lassen und in 1,5 l mit Fleischextrakt verbessertem Suppengrünwasser aufkochen. Dazu eventuell geriebenen Käse reichen.

*IX. Milaneser.* 1 Eßlöffel Mehl in 20 g Butter rösten, mit Fleisch- oder Knochenbrühe auffüllen und frische Tomaten oder Tomatenmark dazugeben. 2 Eßlöffel kleingebrochene Spaghetti und 50 g feingeschnittenen Schinken hinzufügen. Die Suppe nach dem Aufkochen 5–10 Minuten langsam weiterkochen lassen. Vor dem Servieren kann auch 0,1 l Rotwein hinzugegossen werden.

## Kartoffelsuppe

*I.* 750 g in Würfel geschnittene Kartoffeln in Salzwasser weich kochen. Eine dünne Mehlschwitze (eventuell mit ein wenig Zwiebel und einer Messerspitze Paprika) mit dem Kartoffelwasser auffüllen und mit den Kartoffeln verrühren. In die Suppe vor dem Servieren 2–3 Eßlöffel saure Sahne geben.

*II. Krem.* 750 g Kartoffeln in Salzwasser weich kochen und durchpassieren. Saure Sahne und Mehl glattrühren, mit dem Kartoffelbrei vermengen und nach Bedarf mit Fleisch- oder Knochenbrühe und mit einigen Eßlöffeln süßer Sahne oder Milch auffüllen. Nochmals aufkochen lassen. In der Suppenschüssel ein nußgroßes Stück Butter mit 1–2 Eigelb vermengen und die Suppe darübergießen.

*III. Mit Käse.* Zu den gekochten und durchpassierten Kartoffeln ein Stückchen Butter, 50–60 g geriebenen Käse und so viel

Mehl geben, bis ein dicker Brei entsteht. Danach langsam, vorsichtig und unter ständigem Rühren mit Fleisch- oder Knochenbrühe auffüllen, salzen und 10 Minuten kochen lassen. Die Suppe kann mit gerösteten Semmelwürfeln serviert werden.

## Bohnen-, Linsen- und gelbe Erbsensuppen

*I. Mit Dauerwurst, Räucherrippchen, Ohren und Schwanz.* 500 g Bohnen mit Suppengrün in Salzwasser halb gar kochen. Dann 500 g Spanferkelklauen (eventuell Ohren und Schwanz oder ein entsprechend großes Stück Räucherrippchen) in die Suppe geben und weiterkochen, bis die Bohnen gar sind. Mit ein wenig geriebener Zwiebel eine Paprikamehlschwitze bereiten und damit die Bohnensuppe verdicken. Beim Servieren eventuell mit einem Eßlöffel saurer Sahne abschmecken. Gegebenenfalls auch kleingezupften Nudelteig in die Suppe einkochen oder statt Räucherfleisch Wurst verwenden.

*II. Aus Bohnen oder Linsen.* 500 g Bohnen oder Linsen salzen, in 1,5 l Wasser langsam gar kochen und dabei mehrmals mit so viel Wasser auffüllen, daß die Suppe die dem Geschmack entsprechende Dicke erhält; eventuell auch einige Möhren und Petersilienwurzeln mitkochen. Nach dem Weichwerden der Hülsenfrüchte eine Mehlschwitze in die Suppe gießen oder vor der Zugabe der Mehlschwitze die Bohnen bzw. Linsen durchpassieren. Nach Geschmack kleingezupften Nudelteig in die Suppe einkochen und vor dem Servieren noch 2–3 Eßlöffel saure Sahne hineinrühren.

*III. Gelbes Erbsenpüree.* 300 g gelbe Erbsen in 1,25 l Wasser gar kochen, salzen und durchpassieren. Dann eine helle, dünne Mehlschwitze bereiten und mit dem Erbsenwasser auffüllen. Zur Suppe geröstete Semmel- oder Brotwürfel reichen.

## Krautsuppe

*I. Sauerkraut, „Korhely“.* Den Saft des Sauerkrautes durchseihen und, wenn er zu sauer ist, mit Wasser verdünnen und im Topf aufkochen. In eine dünne, goldbraune Mehlschwitze eine Messerspitze Paprika und ebensoviel feingewiegte ungeröstete Zwiebel geben und das Ganze mit dem Krautsaft auffüllen. 500 g Sauerkraut und 300 g in Scheiben geschnittene Dauerwurst mit etwas Pfeffer und Salz in die Suppe einkochen. Beim Anrichten 2–3 Eßlöffel saure Sahne hinzufügen.

*II. Englische, mit Räucherfleisch.* Eine kleine, feingeschnittene Zwiebel in etwas Butter rösten und mit 1,5 l Wasser auffüllen. 300–400 g Räucherfleisch dazugeben und alles 1 1/2 Stunden langsam kochen lassen. Inzwischen 1 kleinen Kohlkopf (ca. 500 g), 2 kleine Möhren, 1/2 Sellerieknolle und 1/2 rote Rübe in Streifen schneiden. Das gargekochte Fleisch aus der Suppe nehmen, diese durchseihen und darin das Gemüse weich kochen. Zum Schluß die Suppe über das in Streifen geschnittene Räucherfleisch gießen.

*III. Mit Tomaten.* 500 g Weißkohl hobeln, salzen, nach kurzer Zeit ausdrücken, in 50 g heißem Fett dünsten und mit 1,5 l Wasser auffüllen. 250 g geschälte, zerschnittene Tomaten dazugeben und nach Geschmack salzen und pfeffern. Die Suppe 35–40 Minuten kochen, dann 5–6 geschälte und in Würfel geschnittene Kartoffeln hineingeben und die Suppe nochmals 35 Minuten kochen.

## Grüne (enthülste) Bohnensuppe

1 kg grüne (oder enthülste) Bohnen waschen, in schräge Stücke schneiden und in Salzwasser gar kochen. Die Bohnen mit einer dünnen Mehlschwitze verrühren, nochmals aufkochen und vor dem Servieren 0,2–0,3 l saure Sahne beifügen.

## Grüne Erbsensuppe

*I.* 500 g frische oder Konservenerbsen mit 1–2 Kalbsknochen in Salzwasser weich kochen. Eine dünne, mit Petersilie und eventuell etwas Paprika bereitete Mehlschwitze mit der Erbsenbrühe auffüllen, salzen und nochmals aufkochen lassen. Zum Schluß gezupften Nudelteig in die Suppe einkochen und eventuell mit saurer Sahne abschmecken.

*II. Erbsenpüree.* 500 g grüne Erbsen und eine in Stücke geschnittene Möhre in Salzwasser weich kochen und durch ein Sieb passieren. Diesen Brei in 0,2 l leicht gezuckerte und mit etwas Mehl verrührte Milch geben und mit der Brühe auffüllen. In der Suppenschüssel 2 Eigelb mit etwas Butter vermengen und die heiße Suppe daraufgießen.

## Tomatensuppe

*I.* 1,5 l Konserventomatensaft oder besser 3 kleine Büchsen Tomatenmark mit Fleisch- oder Knochenbrühe bzw. Wasser je nach Geschmack verdünnen. Bei Verwendung frischer Tomaten 1,5 kg nehmen und zerschnitten in Fleisch-oder Knochenbrühe bzw. Wasser kochen. Dann durch ein Sieb passieren, salzen und eventuell zuckern. Gegebenenfalls eine helle Mehlschwitze bereiten und mit der Suppe auffüllen. Besser ist jedoch, die Suppe ohne Mehlschwitze bis zur erforderlichen Dicke einkochen zu lassen. Nach Wunsch Reis oder kleine Nudeln hineinkochen.

*II. Krem.* In saurer Sahne ein wenig Mehl verrühren, mit 1,5 l Konserventomatensaft oder 3 kleinen Büchsen – mit Salzwasser oder Knochenbrühe verdünntem Tomatenmark – auffüllen. In der Suppenschüssel 2 Eigelb mit einem nußgroßen Stück Butter verrühren, die heiße Suppe daraufgießen und mit Semmelwürfeln servieren.

## Pilzsuppe

*I.* 250 g gereinigte Pilze in Scheiben schneiden, salzen, pfeffern und in 1 Eßlöffel Fett mit ein wenig feingeschnittener Zwiebel weich dünsten. 1 Eßlöffel Mehl hinzugeben und das Ganze mit Knochenbrühe auffüllen. Die Suppe vor dem Auftragen mit ein wenig Petersilie bestreuen.

*II. Krem.* Aus 1 kg Knochen und 500 g Suppengrün eine Suppe kochen. 250 g gereinigte Pilze in Scheiben schneiden, salzen, pfeffern und in Butter mit etwas feingewiegter Petersilie weich dünsten. Die Pilze mit der Knochenbrühe auffüllen und aufkochen lassen. 3–4 Eigelb mit 0,1 l saurer Sahne verquirlen und in die Suppe rühren. In die Suppenschüssel ein nußgroßes Stück Butter und etwas Zitronensaft geben, die heiße Suppe vorsichtig darübergießen und ständig rühren, bis die Butter zergangen ist.

## Gemüsesuppen

*I.* Ungefähr 750 g Möhren, Kohlrabi, Petersilienwurzeln und Sellerieknollen in feine Streifen oder kleine Würfel schneiden und zusammen mit einigen zerschnittenen Pilzen in Fett oder Butter, Salz, sowie etwas Wasser weich dünsten. Im Frühjahr auch grüne Erbsen verwenden. Eine dünne Mehlschwitze bereiten, mit Knochenbrühe auffüllen und das gedünstete Gemüse dazugeben. Beim Servieren die Suppe mit 2–3 Eßlöffel saurer Sahne abschmecken. Anstelle der Mehlschwitze kann man auch mit etwas Mehl und saurer Sahne binden.

*II. Frühlingssuppe.* Etwas feingewiegte Petersilie und 250 g Sauerampfer in Butter dünsten. Wenn beides weich ist, mit Salzwasser auffüllen und 250 g junge grüne Erbsen, 250 g geschälte, zerschnittene neue Kartoffeln und 250 g in Stücke geschnittenen Spargel hineingeben (die Erbsen früher als Spargel und Kartoffeln, weil sie langsamer weich werden). Nachdem alles gar ist, die Suppe mit einigen Eßlöffeln süßer oder saurer Sahne abschmecken, nochmal aufkochen lassen und auf das in der Suppenschüssel mit 1–2 Eigelb verrührte nußgroße Stück Butter gießen.

*III. Kohlrabi.* Aus 400 g Knochen und 250 g Suppengrün (Möhren, Petersilienwurzeln), etwas Salz, eine Suppe kochen. Mit etwas Zwiebel eine helle Mehlschwitze bereiten, mit feingeschnittener Petersilie würzen und mit der durchgeseihten Suppe auffüllen. 500 g geschälte und in Würfel oder Streifen geschnittene Kohlrabi in etwas Fett, eventuell mit ein wenig Zucker, zugedeckt dünsten, dann in die Suppe schütten und gar kochen. Vor dem Servieren mit 0,1–0,2 l saurer Sahne abschmecken, das Suppengrün nach Geschmack extra reichen. Gegebenenfalls noch Nockerln in die Suppe kochen.

*IV. Dill oder Estragon.* 2 Bündel feingewiegten Dill oder Estragon in einer Mehlschwitze aus einem Stückchen Butter und 1 Eßlöffel Mehl einige Minuten dünsten. Danach mit Fleisch- oder Knochenbrühe auffüllen und kurze Zeit kochen. Vor dem Auftragen auf die in der Suppenschüssel mit einigen Eßlöffeln saurer Sahne verquirlten 2 Eigelb gießen und mit diesen gut verrühren; mit gerösteten Brot- oder Semmelwürfeln servieren.

*V. Kopfsalat.* 2 große oder 4 kleinere Köpfe Salat in Salzwasser weich kochen, durch ein Sieb passieren, mit Milch auffüllen, salzen, eventuell pfeffern und nochmals aufkochen. In der Suppenschüssel 1 Eigelb und 1 Eßlöffel saure Sahne mit ein wenig Butter verrühren und die Suppe darübergießen.

*VI. Endivie-Zichorie.* Gründlich gewaschene Endivienblätter, die Schale einer 1/2 Zitrone und 1/4 Zwiebel kleinschneiden, in einer Buttermehlschwitze rösten und mit dem Kochwasser von Fisch oder Erbsen auffüllen. Die Suppe salzen, eventuell pfeffern, nochmals aufkochen und über die in der Suppenschüssel mit Butter verrührten 2 Eigelb gießen.

*VII. Möhren mit Kartoffeln.* 500 g geschälte Kartoffeln in mit Milch vermengtem Salzwasser weich kochen und durch ein Sieb passieren. 2 mittelgroße, in Scheiben geschnittene Möhren zusammen mit ein wenig feingeschnittener Petersilie weich dünsten, mit dem Kartoffelbrei vermischen und mit Milch aufgießen. Die Suppe nochmals aufkochen und über das in der Suppenschüssel mit Butter verrührte Eigelb gießen.

*VIII. Weiße Rüben.* 1,5 kg rohe weiße Rüben schälen und vierteilen; wenn sie sehr groß sind, in kleinere Stücke schneiden. Zuerst 5 Minuten in Salzwasser kochen, danach in Milch oder in mit Wasser verdünnter Milch oder schwacher Fleischbrühe bis zum Garwerden weiterkochen. Die Rüben abgießen, durch ein Sieb passieren, mit einem Stückchen Butter vermengen, salzen und pfeffern. Die Flüssigkeit, in der die Rüben zum zweiten Mal gekocht wurden, bis zur gewünschten Menge Suppe mit Milch oder Fleischbrühe auffüllen. Zum Verdicken Sago, Reis oder Gerstengraupen hineinkochen. Ist die Einlage gar, das Rübenpüree dazugeben und die Suppe nochmal 6 Minuten kochen. Vor dem Servieren mit 2–3 Eßlöffel süßer oder saurer Sahne abschmecken.

*IX. Artischocken.* 500 g Artischocken, 1 kleine Zwiebel und 1 Petersilienwurzel zerschneiden, salzen, pfeffern und in der Mischung von 1 l Wasser und 1 l Milch 45–50 Minuten kochen. 3–4 Eßlöffel saure Sahne mit 1 Eigelb verquirlen und die Suppe, in die geröstete Brotwürfel getan werden, vor dem Auftragen damit sämig rühren.

*X. Gurken.* 4 mittelgroße rohe Gurken schälen, entkernen, in Stücke schneiden und 5 Minuten in salzigem Essigwasser kochen, Wasser abtropfen lassen, mit 100 g Butter wieder in den Topf geben. Ist die Butter zergangen, 1 l Fleisch- oder Knochenbrühe dazugießen. Der Suppe 1 Kaffeelöffel in Milch aufgeweichte geriebene Semmel, 1 Kaffeelöffel feingewiegte Zwiebeln, Salz und eine Prise Zucker beifügen. Das Ganze aufkochen und dann 20–25 Minuten langsam weiterkochen, zwischendurch 5–6 Eßlöffel saure Sahne einrühren. Die Suppe mit gerösteten Semmelwürfeln servieren.

*XI. Spinat.* 750 g Spinat in 0,75 l Salzwasser, das mit $^1/_2$ Kaffeelöffel Puderzucker abgeschmeckt wurde, gar kochen. Das Wasser abtropfen lassen, den Spinat durch ein Sieb passieren und in 0,7 l Fleisch- oder Knochenbrühe aufkochen. 30 g Fett und 30 g Mehl glattrühren, die Suppe damit binden und dann 0,7 l Milch dazugießen, nochmals aufkochen lassen, salzen, pfeffern und mit gerösteten Semmel- oder Brotwürfeln reichen.

## *Gemüsekrem- und -püreesuppen*

*I. Sauerampfer oder Spinat.* 500 g Sauerampfer oder Spinat in Wasser gar kochen. Wenn das Wasser abgetropft ist, das Gemüse durch ein Sieb passieren. Einige Eßlöffel saure Sahne mit ein wenig Mehl verquirlen und mit Knochenbrühe oder mit der Kochbrühe des Gemüses auffüllen und salzen. Das durchpassierte Gemüse hineingeben und aufkochen lassen. Die Suppe mit 1–3 Eßlöffel saurer Sahne abschmecken und heiß auf die in der Suppenschüssel mit einem nußgroßen Stück Butter verrührten 1–2 Eigelb gießen.

*II. Spargel.* 250–300 g geschälten Spargel in Salzwasser kochen, danach die Köpfe abschneiden und die Stengel durch ein Sieb passieren. 0,2 l saure Sahne mit etwas Mehl verrühren, mit

*Palozensuppe*

*Schweinenackensuppe*

*Sauerkrautsuppe (korhelyleves)*

*Hühnersuppe à la Ujházi*

*Hahn in Aspik*

*Hirn in Aspik*

*Gebratene Gänseleber*

*Letscho*

*Gefüllter Wirsingkohl*

*Palatschinken mit Kraut*

*Saurer Sahnepudding*

Fleisch- oder Spargelbrühe auffüllen, mit dem passierten Spargel vermengen und die abgeschnittenen Köpfe hineingeben. In der Suppenschüssel 2 Eigelb und ein nußgroßes Stück Butter verrühren und beim Servieren die heiße Suppe darübergießen.
*III. Blumenkohl.* 750 g Blumenkohl in Salzwasser kochen. Mehl in saurer Sahne verquirlen, mit Fleisch- oder Knochenbrühe oder dem Blumenkohlwasser auffüllen und noch einige Eßlöffel süße Sahne oder Milch hinzufügen. Den in Röschen zerlegten oder durchpassierten Blumenkohl in die Suppe geben, salzen, die Suppe nochmals aufkochen lassen und heiß in die Suppenschüssel gießen, in der 1–2 Eigelb mit einem nußgroßen Stück Butter verrührt wurden.
*IV. Kürbis.* Den geschälten, in Stücke geschnittenen Kürbis in etwas Butter und Wasser weich dünsten und durch ein Sieb passieren. 1–2 Eßlöffel Mehl in 0,2 l saurer Sahne verquirlen, den Kürbis hineingeben, salzen und mit Fleisch- oder Knochenbrühe oder mit Milch auffüllen. Aufkochen lassen und die Suppe heiß in die Suppenschüssel gießen, in der 1–2 Eigelb mit einem Stück Butter verrührt wurden.
*V. Sellerie.* 2–3 gewaschene, geschälte, in dünne Scheiben geschnittene Sellerieknollen mit (oder ohne) ein wenig in Scheiben geschnittener Zwiebel in Butter oder in Fett weich dünsten. Dann 0,2 l saure Sahne und 1 Eßlöffel Mehl verquirlen, mit 1–2 Eßlöffel Milch und der entsprechenden Menge Fleisch- oder Knochenbrühe auffüllen und den Sellerie hineingeben. Die Suppe aufkochen lassen, durch ein Sieb passieren, salzen und pfeffern. Die Suppe nach Geschmack mit $^1/_2$ Würfelzucker süßen, nochmals aufkochen lassen und heiß in die Suppenschüssel gießen, in der 2 Eigelb mit einem nußgroßen Stück Butter verrührt wurden.

## Eiersuppe

*I. „Csurgatott“.* Feingeschnittene Petersilie und ein wenig geriebene Zwiebel in Butter rösten, ein wenig Salz und Paprika dazugeben, mit Wasser auffüllen und kochen. In einem anderen Gefäß 2 ganze Eier mit 1 Eßlöffel Mehl glattrühren und langsam in die kochende Suppe hineinlaufen lassen. Vor dem Servieren noch mit 2 Eßlöffel saurer Sahne abschmecken.
*II. Krem.* 6 Eigelb mit 60 g Butter und 2 Eßlöffel feinem Mehl glattrühren. Einige Löffel saure Sahne, eventuell frische rohe Milch, beifügen, mit Knochenbrühe auffüllen und aufkochen.

*Schleimsuppe* *I.* 50–60 g Reis in Butter oder Fett dünsten, mit Fleisch- oder Knochenbrühe auffüllen und weich kochen. Dann die Suppe nochmals mit Fleisch- oder Knochenbrühe verdünnen und mit 0,2 l saurer Sahne und 1 Eßlöffel Mehl binden. Salzen, aufkochen lassen und heiß auf die in der Suppenschüssel mit einem nußgroßen Stück Butter verrührten 1–2 Eigelb gießen.

*II. Schleimsuppe.* Den Reis in einer Mischung von Wasser und Milch vollkommen zerkochen lassen und dann durch ein Sieb passieren. 2–3 Eigelb mit ein wenig Milch verquirlen, in die Suppe geben, nochmals aufkochen, 20–30 g zerbröckelte Butter und ein wenig Puderzucker hinzufügen.

Diese Suppe kann aus Reis, Graupen, Grieß, Hafermehl oder Haferflocken zubereitet werden. Den Reis usw. 1–1 $^1/_2$ Stunden in Salzwasser kochen, durch ein feines Sieb passieren, auf ein mit ein wenig Butter verrührtes Eigelb gießen, vermengen und nochmals aufkochen. Wenn es der Arzt erlaubt, kann auch etwas süße Sahne hineingegeben werden.

# Suppenspezialitäten

## Die Palozensuppe

Im Frühjahr 1934 lernte ich die Palozensuppe kennen, als der berühmte ungarische Gastronom Károly Gundel die Jury des Schlachtfest–Abendessen–Wettbewerbes der Gastwirte zur Abschluß- und Entscheidungssitzung eingeladen hatte, die im bezaubernden kleinen Saal des mit Recht beliebten und im Budapester Stadtwäldchen gelegenen „Restaurant Gundel" abgehalten wurde. Eine kleine, wirklich fachkundige Gesellschaft fand sich hier zu dieser außergewöhnlichen Zusammenkunft ein. Unser Freund Gundel ließ ein prächtiges Mittagsmahl auftragen, das zwar nicht mehr zum Schlachtfest–Wettkampf gehörte, doch ist es deshalb erwähnenswert, da im Verlauf des edlen, langen Wettbewerbes wir Juryteilnehmer 14 verschiedene Abendessen aus Hauswürsten und Schlachtfestkraut durchkosten mußten. Wenn es auch nicht gerade schadete, aber nach dem bekannten Motto „allzuviel ist ungesund" war es auf alle Fälle mehr als genug.

Verständlicherweise wurde nun hier gleich der erste Gang, die erwähnte Palozensuppe, mit großer Freude begrüßt. Diese

Freude steigerte sich zu Ausrufen wahrer Begeisterung, und selbstverständlich nahm sich jeder nochmal von dieser köstlichen Suppe, so daß die große Schüssel leer in die Küche zurückging. Mir schmeckte diese Suppe so gut, daß ich gleich von unserem Hausherrn das Kochrezept erbat. Er diktierte es, und der verehrte Leser kann es am Ende dieser kleinen Plauderei finden.
Im folgenden Jahr, 1935, riefen die Gastwirte erneut das sich für delikate Speisen interessierende Publikum zum Abendessen-Wettbewerb zusammen. Dieser stand ganz im Zeichen „ungarischer Spezialitäten", und die Verteilung der herrlichen Preise fand unter breiter Anteilnahme der Öffentlichkeit – selbstverständlich bei einem Abendessen – unter den Platanen und Kastanien im Garten des „Restaurant Gundel" statt. Die Speisenfolge, die in ihrer Gesamtheit die Krönung des Wettbewerbes der ungarischen Spezialitäten darstellte, wurde durch die im Vorjahr wiedererweckte Palozensuppe eröffnet.
Erstmalig wurde die Palozensuppe 1892 zu Ehren des „großen Palozen", des ungarischen Schriftstellers Kálmán Mikszáth, bereitet, der die Tafelfreuden in vollen Zügen genoß. Mikszáth liebte köstliche Speisen und Getränke.
János Gundel, der Vater von Károly Gundel, war ebenfalls ein Meister der Gastronomie. Er erfand das neue Gericht, die Palozensuppe, um damit seinem lieben Gast Freude zu bereiten. Während des Abendessens lief der Diskurs über Speisen und Getränke, und es gab auch allen Grund dafür. An erster Stelle stand die Ouvertüre der Speisenfolge, die Palozensuppe. Sie wurde ausdrücklich gefeiert, Mikszáth aß zwei Teller davon und sanktionierte auf diese Weise die schmeichelnde Benennung.
Der neuen Generation war die Palozensuppe unbekannt, und der Sohn János Gundels tat gut daran, diese alte Festkreation seines Vaters aus Anlaß einer neuen feierlichen Gelegenheit wieder ans Tages- oder eher ans Lampenlicht zu holen. Die Wiederaufführung fand vor ausverkauftem Haus statt, und die Stimmung war so großartig, daß diese schmackhafte, duftende Suppe bestimmt im Speisewettbewerb den ersten Preis gewonnen hätte, wäre sie nicht „außer Wettbewerb" gestartet.
Das Rezept enthält keine teuflischen Kniffe. Hier ist es: Man beginnt wie beim Pörkelt. In einer breiten und ziemlich tiefen Kasserolle einen Eßlöffel Fett erhitzen, eine geriebene Zwiebel darin rösten und mit einem Kaffeelöffel Delikateßpaprika bestreuen. 1 kg in kleine Würfel geschnittene, feine Masthammelkeule (oder besser Schulterstück) hineingeben und mit etwas

zerstoßenem Kümmel anrösten. Zu diesem Zeitpunkt separat in je einem Topf in Salzwasser (eventuell in Knochen-, Fleisch- oder Suppengrünbrühe) 500 g in kleine Würfel geschnittene Kartoffeln und die gleiche Menge abgezogene, in Stücke gebrochene grüne Bohnen halbgar kochen. Kartoffeln und Bohnen mit einigen Lorbeerblättern dazugießen, daß die Suppe eine gulaschartige Konsistenz behält. Aufkochen lassen. Sind alle Bestandteile weich, 0,2–0,3 l saure Sahne daruntermengen, um dadurch die Vollkommenheit des vorzüglichen Geschmacks abzurunden, und dann sofort servieren. Mit diesem ungarischen Leibgericht bewirten wir unsere allerbesten Freunde.

PS: Kürzlich ließ ich zu Hause Palozensuppe kochen, aus Mangel an Hammel- mußte Rindfleisch genommen werden. Die Suppe war auch damit gut, aber ich nahm mir fest vor, sobald ich Hammelfleisch bekomme – auch wenn es nicht vom Masthammel ist – zum ursprünglichen Rezept zurückzukehren.

## Fleischsuppen

*I. Braune Suppe.* In Scheiben geschnittenen geräucherten Speck in den Suppentopf legen, darauf ein Stückchen Rind- oder Schweinsleber geben, dann Knochen und zuoberst Suppengrün und einige Pfefferkörner. Den Topf nicht zudecken. Bei mäßiger Hitze den Speck dunkelbraun rösten. Achtgeben, daß er nicht verbrennt! Danach den Topf mit Wasser auffüllen, salzen und 2 Stunden langsam kochen. Die durch ein Sieb gegossene Suppe mit Biskuit servieren.

*II. Schinkenbrühe.* So viel Brühe vom gekochten Schinken verwenden, wie man Suppe haben will. Sehr gesalzene oder zu fette Brühe mit Wasser verdünnen. Für 4 Personen 0,2 l saure Sahne mit etwas Mehl verrühren, mit der Schinkenbrühe auffüllen, mit etwas Zitronensaft abschmecken und die Suppe nochmals aufkochen. Mit gerösteten Brotwürfeln servieren.

*III. Feine Leber.* Eine Enten- oder kleine Gänseleber in so viel Salzwasser, daß die Leber gerade bedeckt ist, kochen. Etwas Suppengrün beigeben. In einem anderen Topf in Butter oder Fett 80–100 g Pilze dünsten. Eine goldgelbe Mehlschwitze aus einem nußgroßen Stück Butter oder Fett und wenig Mehl (evtl. feingehackter Petersilie) bereiten, mit der Leberbrühe und den Pilzen auffüllen und aufkochen. Die Leber in ein wenig Fett auf beiden Seiten rösten und in gleich große Würfel schneiden. Vor dem Servieren 2–3 Eßlöffel saure Sahne in die Suppenschüssel geben, die heiße Suppe daraufgießen und auch die Leberwürfel hineinlegen.

*IV. Schweinenacken.* Aus dem Schweinenacken wie aus Rindfleisch Suppe kochen und Schneckennudeln hineinkochen.

*V. Italienische, mit Klößchen.* 0,1 l Salzwasser mit etwas Pfeffer aufkochen, vom Herd nehmen und mit entsprechender Menge Mehl einen Teig (so fest wie Nockerlteig) bereiten, in den auch 30 g geriebener Käse eingeknetet wird. In den Topf zurücklegen und für 1 Minute unter ständigem Rühren aufsetzen. Danach den Topf wieder vom Herd nehmen. 2 Eier in den Teig mischen und daraus Klößchen formen. Diese in Salzwasser kochen, in die Suppenschüssel legen und eine einfache Fleischbrühe darübergießen. Geriebenen Käse dazu reichen.

*VI. Santa Lucia.* Eine Mehlschwitze aus 100 g Butter und der entsprechenden Menge Mehl zubereiten. Etwas feingeschnittene Zwiebel und 150 g Schinken in Butter rösten. 150 g Reis in Salzwasser kochen, durchseihen und mit der Brühe die Mehlschwitze auffüllen, Zwiebel und Schinken in die Suppe geben und nochmals aufkochen.

*VII. Saure Suppe mit Lungenklößchen.* Ein Stück Schweinelunge in Salzwasser kochen und durch den Wolf drehen. 50–60 g geräucherten, in Würfel geschnittenen Speck rösten und mit etwas Salz und Pfeffer mit der Lunge verrühren. 2 Eier und 1 Eßlöffel Mehl dazugeben, aus der Masse Klößchen formen. Eine Mehlschwitzesuppe bereiten, mit dem Saft einer Zitrone abschmecken und darin die Klößchen kochen. Beim Anrichten die Suppe heiß auf 1 mit Butter verrührtes Eigelb gießen.

*VIII. Portoriko.* 250 g Kalbs-, Schweine-, Hammel- oder Lammleber und die gleiche Menge Lunge mit Suppengrün weich kochen. Zusammen mit 2–3 harten Eiern durch den Wolf drehen. Mit der Brühe – man braucht im allgemeinen 2 l – eine helle Mehlschwitze auffüllen. Die Suppe pfeffern, salzen, Lunge, Leber und Eier hineingeben und nochmals aufkochen. Vor dem Anrichten die Suppe mit einigen Eßlöffeln saurer Sahne oder Zitronensaft abschmecken. Geröstete Semmelwürfel dazu reichen.

*IX. Kalbs- oder Lammkopf.* Einen gereinigten Kalbs- oder Lammkopf in Salzwasser weich kochen. Die dicken, fleischigen Teile vom Kopf lösen und die Zunge herausschneiden. Die Knochen mit den Knorpeln und Fleischresten zerkleinern und zusammen mit Suppengrün eine Suppe kochen. Die Knochen herausnehmen, die Suppe durchseihen und die zerkleinerten

Fleischreste hineingeben. Nudeln oder Nockerln hineinkochen. Aus dem vor der Zubereitung der Suppe vom Kopf gelösten Fleisch und von der Zunge kann ein Ragout oder ein Frikassee gekocht werden. Das vom Kopf gelöste Fleisch sowie die Knorpeln und Fleischreste in Scheiben schneiden. Kartoffeln, Kohlrabi, Möhren und Petersilienwurzel in Butter weich dünsten, mit ein wenig Mehl bestäuben und mit der Brühe auffüllen, die Fleischscheibchen hineingeben, aufkochen und nach Geschmack Nockerln hineinkochen. Vor dem Anrichten die Suppe mit 1–2 Eßlöffel saurer Sahne abschmecken und heiß auf 1 bereits in der Suppenschüssel mit Butter verrührtes Eigelb gießen.

*X. Schneiderkragen.* 100 g in Würfel geschnittenen Räucherspeck rösten. Danach die Grieben herausnehmen. In dem Fett eine halbe kleine feingehackte Zwiebel, 1 Kaffeelöffel geriebene Semmel und feingeschnittene Petersilie dünsten und mit etwas Salz und einer Messerspitze Paprika abschmecken. Die vorher zubereiteten Teigtäschchen – wie die Lungentäschchen – damit füllen. Die Täschchen in leicht gesalzene heiße Fleischbrühe legen und gut kochen. Beim Anrichten auch die Grieben in die Suppe geben.

## *Roterüben-suppen*

*I. Borschtsch.* 500 g Knochen, 500 g Rindfleisch und ein geräuchertes Eisbein in Salzwasser kochen, bis das Fleisch halbgar ist. 2–3 geschälte, in Streifen geschnittene und im ganzen gesäuerte rote Rüben, je 1 ebenfalls in Streifen geschnittene Sellerieknolle, Möhre, Petersilienwurzel, 1 kleinen Kopf Wirsingkohl, 250 g Sauerkraut und 1 in Scheiben geschnittene Zwiebel in Butter ein wenig dünsten und mit der Fleischbrühe auffüllen. Das halbgare Fleisch hineingeben. Wenn nötig, nachsalzen und mit Pfeffer und ein wenig Majoran abschmecken. Die Suppe zugedeckt bis zum Garwerden des Fleisches kochen. 2–3 rohe rote Rüben reiben, mit heißer Knochenbrühe übergießen und zugedeckt stehenlassen, bis die Suppe fertig ist. Wenn das Fleisch weich ist, die Suppe mit einer aus wenig Butter und Mehl zubereiteten Mehlschwitze binden. Das Fleisch aus der Suppe nehmen, in Streifen schneiden und wieder hineingeben. In die Suppe können auch Dauerwurstscheiben, ja sogar eine in Scheiben geschnittene halbe Ente getan werden. Das Ganze aufkochen, mit 0,2–0,3 l saurer Sahne abschmecken und mit dem Saft der geriebenen roten Rüben färben.

*II. Kalter Borschtsch.* Wie die obige Suppe ohne Mehlschwitze zubereiten, mit saurer Sahne binden und kalt stellen. Kalten

Borschtsch in Tassen mit je einem halben hartgekochten Ei servieren.

*III.* 4 kleine rote Rüben 3 Stunden kochen, dann schälen und zusammen mit einer kleinen geschälten Sellerieknolle kleinschneiden. In der Mischung von 0,75 l Milch und der gleichen Menge Wasser Rüben und Sellerie weich dämpfen und durch ein Sieb passieren. Die Suppe mit 30–40 g Butter und 3–4 Eßlöffel saurer Sahne binden. Nochmals aufkochen und mit Salz und nach Geschmack mit etwas Zitronensaft würzen. Geröstete Brotwürfel dazu reichen.

## Gemüsesuppen-Spezialitäten

*I. Auf russische Art.* Insgesamt 600 g in feine Streifen geschnittene, gereinigte Spitzmorcheln, Kohlrabi, Zwiebeln, Möhren, Petersilienwurzeln und Sellerieknollen in Butter oder Fett dünsten, mit Erbsenbrühe auffüllen und eine Stunde kochen. Nach Geschmack salzen und pfeffern, saure Sahne hineinquirlen und kleine Fleischknödel in die Suppe einkochen.

Fleischknödel: 300 g mageres Schweinefleisch durch den Wolf drehen, mit Salz, Pfeffer, Majoran, Semmelbrösel und gerösteten Zwiebelwürfeln zu einer Masse verarbeiten, Klößchen formen.

*II. Auf italienische Art, Minestrone.* 80–100 g Reis in Knochenbrühe kochen. Insgesamt 500 g Gemüse und Suppengrün – Möhren, Petersilienwurzeln, Wirsingkohl, grüne Erbsen und anderes der Jahreszeit entsprechendes Gemüse – sowie 250 g Kartoffeln, alles in Würfel geschnitten, in Butter dünsten. Die Suppe noch mit Majoran, Lorbeerblatt und Pfefferkörnern würzen. Die Gewürze in einem Leinenbeutel mitkochen lassen, vor dem Servieren entfernen. Alles mit dem Reis sowie 100 g in kleine Stücke gebrochenen und in Salzwasser gekochten Spaghetti vermengen. Die Suppe salzen und pfeffern und mit der entsprechenden Menge Knochenbrühe aufgefüllt aufkochen. Geröstete Semmelwürfel und geriebenen Käse dazu reichen.

*III. Rhabarber.* 500 g Rhabarber schälen, waschen, abtropfen lassen und in Stücke schneiden. Zusammen mit etwas feingeschnittenem Zwiebel und einer gleichfalls zerschnittenen Möhre zugedeckt in etwas Butter oder Fett weich dünsten. 2 in Stücke geschnittene Semmeln hinzugeben, das Ganze mit Knochenbrühe auffüllen, salzen, pfeffern und die Suppe 15 Minuten kochen. Durch ein Sieb passieren und mit gerösteten Semmelwürfeln anrichten.

*IV. Auf französische Art.* Kleingeschnittene Petersilie, eine Handvoll grüne Erbsen, 500 g Suppengrün – in kleine Würfel geschnittene Möhren, Petersilienwurzeln, Kartoffeln, eventuell Kohlrabi – und 1 Eßlöffel Reis in Butter rösten. Über das Gemüse ein wenig Mehl streuen, das Ganze verrühren und mit Knochen- oder Fleischbrühe auffüllen. Die Suppe salzen, kochen, vor dem Anrichten mit 2 Eßlöffel süßer oder saurer Sahne abschmecken und auf die in der Suppenschüssel mit einem nußgroßen Stück Butter verrührten 2 Eigelb gießen. Mit dünnen gerösteten Semmelscheiben oder -würfeln servieren.

*V. Auf Pariser Art.* In heißes Salzwasser 50 g in Streifen geschnittenen Sauerampfer, einen kleinen gleichfalls in Streifen geschnittenen Kopfsalat sowie einige junge Zwiebeln geben und die Suppe 10–15 Minuten kochen. 0,2 l saure (eventuell süße) Sahne (oder rohe Milch) mit 1–2 Eßlöffel Mehl verquirlen und mit der Suppe auffüllen. Das Ganze nochmals aufkochen.

## Pariser Fleischsuppe mit Gemüse

120 g grüne Erbsen, 1 kleinen Blumenkohl und 150 g Kalb- oder Hammelfleisch gesondert kochen. Aus 80 g Butter und der gleichen Menge Mehl eine helle Mehlschwitze bereiten, mit der Gemüse- und Fleischbrühe auffüllen und kurze Zeit kochen. In die Suppe 60–80 g in Scheiben geschnittene und vorher in Butter geröstete Pilze, ein wenig feingeschnittenen Dill, die Erbsen, den in Röschen zerlegten Blumenkohl und das in Würfel geschnittene Fleisch geben, die Suppe aufkochen, salzen und mit 1 in 0,1 l saurer Sahne verquirltem Eigelb verdicken.

## Zwiebelsuppe (französische Spezialität)

Pro Person 1 Scheibe Brot in große Würfel schneiden, in Öl (Fett oder Butter) rösten und auf beiden Seiten kräftig mit Knoblauch einreiben. Die Brotwürfel in einen Topf oder in eine feuerfeste Schüssel legen. Eine mittelgroße geriebene Zwiebel ebenfalls in Öl (Fett oder Butter) rösten, mit wenig Mehl bestäuben und mit Fleischbrühe auffüllen. Die Brühe mit 1–2 Eigelb und 0,05 l Kognak abschmecken. Mit einem Teil der Brühe das Brot übergießen, jedoch nicht vollständig damit bedecken, das Brot mit geriebenem Käse bestreuen und zusammen mit dem Rest der Suppe heiß servieren.

## Porreesuppen

Den weißen Teil von 2–3 Porreezwiebeln in dünne Scheiben schneiden und nach Geschmack mit ein wenig feingeschnittener Petersilie in 60 g Butter goldgelb rösten. Die Porreezwiebeln mit 0,75 l heißem Wasser oder Fleischbrühe auffüllen, salzen, pfeffern und 15 Minuten kochen. 500 g geschälte, in dünne Scheiben geschnittene Kartoffeln dazugeben und nochmals bis zum Garwerden der Kartoffeln kochen. Danach die Suppe durch ein Sieb passieren, mit gekochter Milch – in die ein wenig Mehl gequirlt wurde – entsprechend verdünnen. Falls notwendig, nochmals salzen und pfeffern. Zum Schluß kleine Hirnklößchen und ein Stück Butter hineinkochen. In die Suppenschüssel ein Eigelb geben, die heiße Suppe darübergießen und verrühren.

## *Milchsuppen*

*I.* Aus 40 g Butter und der gleichen Menge Mehl eine Mehlschwitze bereiten. Mit Milch auffüllen, zuckern und 15–20 Minuten mit einem Eßlöffel Reis oder Grieß kochen. Zuletzt 1 Eßlöffel süße oder saure Sahne in der Suppe verrühren.
*II. Krem.* Aus etwa 50 g Mehl und 50 g Butter eine helle Mehlschwitze bereiten, mit warmer Milch auffüllen, salzen und die Suppe 15–20 Minuten kochen. In der Suppenschüssel 2 Eigelb mit einem nußgroßen Stück Butter verrühren und die Suppe darübergießen. Mit gerösteten Semmelwürfeln oder eingekochten Bandnudeln servieren.
*III. Mit Käsekrem.* Aus 100 g Butter und 6 Eßlöffel Mehl eine ganz helle Mehlschwitze bereiten. Mit 2 l gekochter lauwarmer Milch auffüllen und unter häufigem Rühren 15 Minuten bei schwacher Hitze kochen. Dann vom Herd nehmen, 4 Eigelb mit 1 Eßlöffel Milch verquirlen und zusammen mit 150 g geriebenem Käse in die warme Suppe rühren. Warm halten, aber nicht mehr aufkochen. Vor dem Auftragen 20–30 g Butterflöckchen in die Suppe geben.
*IV. Weiß.* Aus 50 g Butter und 50 g Mehl eine helle Mehlschwitze bereiten. Reichlich mit Milch auffüllen und zusammen mit 1 Eßlöffel Reis (oder Gerstengraupen) 15–20 Minuten kochen. Die Suppe durch ein Sieb passieren, 1 Eßlöffel süße Sahne beigeben und nochmals aufkochen.

## *Saure Sahnensuppe auf Győrer Art*

1 l Wasser oder 1 l Knochenbrühe mit 1 Kaffeelöffel Kümmel und 3–4 Pfefferkörnern 15 Minuten kochen. 80–100 g Mehl mit 0,5 l dicker saurer Sahne glatt verquirlen und unter fortwährendem Rühren in das kochende Wasser oder in die Fleischbrühe geben. Die Suppe mit einigen Tropfen Zitronensaft abschmekken, nochmals aufkochen, durch ein Sieb passieren, salzen und mit gerösteten Semmelwürfeln servieren.

*Buttersuppe*

In 0,4 l Salzwasser 60 g Butter aufkochen. In 0,4 l saurer Sahne 4 gehäufte Kaffeelöffel Mehl verrühren, mit dem heißen Kochwasser auffüllen und die Suppe noch 10–12 Minuten unter fortwährendem Rühren kochen. Vor dem Auftragen 2 Eigelb in der Suppe verquirlen.

*Weinsuppe*

1 l guten Tischwein mit dem Saft 1 Zitrone, etwas Zimt, 1–2 Gewürznelken und mit der in Stücke geschnittenen Schale 1 Zitrone aufkochen. 8 Eigelb mit 8 gehäuften Eßlöffeln Zucker schaumig rühren. Den heißen Wein vorsichtig unter fortwährendem Rühren darübergießen. Die Suppe wieder aufsetzen und mit dem Schaumschläger so lange schlagen, bis sie dick ist. Vor dem Servieren die Suppe durch ein Sieb passieren.

*Haferflockensuppe*

Eine gute Handvoll Haferflocken in ungefähr 1 l Wasser eine Stunde einweichen. Dann salzen, aufsetzen und 1 $^1/_2$ Stunden kochen. Während des Kochens nach und nach 0,5 l Milch hineingießen. Wenn die Suppe genügend schleimig ist, passieren, dabei ständig rühren. Eventuell noch mit etwas Milch verdünnen und nochmal aufkochen. In der Suppenschüssel 50 g Butter mit 2 Eigelb verrühren und die Suppe darübergießen.

*Kalte Tomatensuppe in Tassen, mit Schlagsahne*

2 kg Tomaten passieren oder die entsprechende Menge Tomatensaft oder Tomatenmark verwenden. 2 Eßlöffel Mehl mit 2–3 Eßlöffel Milch glattrühren, mit weiteren 0,3–0,4 l Milch auffüllen und aufkochen. Die Milch kalt werden lassen, mit dem Tomatensaft verrühren, salzen, eventuell zuckern und in den Kühlschrank stellen. Vor dem Servieren die Suppe in Tassen füllen und jeweils 2–3 Kaffeelöffel steifgeschlagene ungezuckerte süße Sahne daraufgeben.

## Obstsuppen

*Apfelsuppe*

6 größere säuerliche Äpfel schälen, in 0,5 l Wasser zusammen mit einem Stückchen Zimt und der Schale $^1/_2$ Zitrone weich kochen und durch ein Sieb passieren. Dann aus einem Kaffeelöffel Mehl und 15 g Butter eine Mehlschwitze bereiten, mit 0,5 l Weißwein und 0,1–0,2 l Wasser auffüllen und nach Ge-

schmack zuckern. Die passierten Äpfel in die Suppe geben, das Ganze einmal aufkochen und mit in Butter gerösteten Semmelwürfeln servieren.

## Aprikosensuppe

6–8 große, reife Aprikosen teilen, schälen und entkernen. Eine Hälfte der Aprikosen in etwas Weißwein dünsten, die andere Hälfte in 0,25 l Milch oder Wasser zusammen mit einer Semmel und etwas Zitronenschale $^1/_2$ Stunde kochen lassen. Diese Aprikosen durchs Sieb passieren und mit 0,25 l Weißwein und 60 g Zucker vermengen. Die Suppe mit 2 Eigelb binden, nochmals aufkochen lassen und über die gedünsteten Aprikosen gießen. Bis zum Anrichten kalt stellen.

## Kirschsuppe

500 g entkernte schwarze oder rote Kirschen mit so viel Wasser zum Kochen aufsetzen, daß sie bedeckt sind. Nach dem Aufkochen 50–60 g Zucker zufügen und so lange kochen, bis sie weich sind. Danach passieren, mit 1 Eßlöffel Kartoffel- oder Reismehl glattrühren und erneut aufkochen. Vom Herd nehmen und mit dem Saft einer halben Zitrone und nach Geschmack mit 1 Gläschen Kirschschnaps abschmecken. Ganz wenig salzen, nach Belieben zuckern.

## Stachelbeersuppe

500 g halbreife Stachelbeeren in wenig Wasser aufkochen, passieren, salzen, zuckern und mit geriebener Zitronenschale abschmecken. Das Ganze wieder aufsetzen, ein wenig Mehl dazugeben, mit Milch und saurer Sahne auffüllen und kalt stellen.

## Mandelsuppe

Pro Person 60 g Mandeln rechnen. Die abgezogenen, gemahlenen Mandeln in gesüßter Milch (pro Person 0,3 l) bei schwacher Hitze aufkochen. Dann pro Person 1 Eigelb in die Suppe rühren. Mit in Butter gerösteten Semmelscheiben servieren.

## Kalte Sauerkirschsuppe

1 kg entkernte Sauerkirschen mit etwas Salz, Zitronenschale und Zimt einige Minuten in Zuckersirup kochen, dann durchseihen und passieren. 1 Eßlöffel Mehl in wenig Wasser verquirlen, 1 Eigelb dazugeben, in den Saft gießen und nochmals aufkochen. Das Ganze über die passierten Sauerkirschen geben. Sauerkirschsteine zerstampfen, mit verdünntem Rotwein (halb Wein, halb Wasser) aufkochen, durchseihen und damit die Suppe nach Geschmack auffüllen, süße Sahne hineingeben, nochmals aufkochen und, wenn nötig, nachzuckern.

### *Johannisbeersuppe*

500 g rote Johannisbeeren mit wenig Wasser kochen. Auf einem Sieb abtropfen lassen, nicht drücken. Den abgetropften Saft mit der Hälfte Wasser verdünnen, zuckern, 1–2 Eigelb hineinquirlen und mit etwas saurer Sahne abschmecken. Dazu in Butter geröstete Semmel- oder Weißbrotwürfel reichen.

### *Kalte Erdbeersuppe im Glas*

Dieses Gericht aus Garten- oder Walderdbeeren und Rotwein bereiten. 1 kg Erdbeeren gut zuckern, 1 Stunde lang kalt stellen, dann mit 1 Liter Wasser–Rotwein–Zitronensaft–Mischung auffüllen, durch ein Sieb passieren, wenn nötig nachzuckern und in den Kühlschrank stellen. Vor dem Servieren mit einigen schönen, großen Ananaserdbeeren garnieren.

### *Rohe Himbeersuppe*

750 g gründlich gewaschene Himbeeren gut abtropfen lassen, in eine Steingut- oder Porzellanschüssel geben, mit 250 g Puderzucker bestreuen und 3 Stunden zugedeckt an einem kühlen Ort stehenlassen.
Während dieser Zeit bildet sich reichlich Saft. Das Ganze mit einem Kochlöffel glattrühren, nach Wunsch passieren, in Tassen füllen und mit ungesüßter, steifer Schlagsahne garnieren. An heißen Sommertagen ist solch eine eisgekühlte Suppe eine köstliche Erfrischung, die selbstverständlich auch aus Johannisbeeren, Heidelbeeren oder Preißelbeeren bereitet werden kann.

## *Suppeneinlagen und -beilagen*

### *Geknetete Nudelteigware*

Aus 500 g Mehl kann ohne Wasserzugabe sehr viel Nudelteig zubereitet werden. Aus dem Mehl, etwas Salz und 4 Eiern einen festen Teig kneten und daraus kleine Laibe formen. Diese sehr dünn ausrollen und nach Belieben in Fadennudeln, kleine Würfel oder mit dem Küchenrad in feingezackte Würfel schneiden. Die zum Aufbewahren bestimmten Nudeln auf ein Tuch breiten und trocknen. Sie können so in einem Leinensäckchen an einem trockenen Ort sehr lange aufbewahrt werden.

## Griessklösschen

*I.* In 100 g schaumig gerührte Butter 2 Eigelb, 100 g Grieß, Salz und zuletzt den Schnee der 2 Eier rühren. Mit einem Kaffeelöffel kleine Klößchen formen und in die kochende Suppe geben. Etwa 15 Minuten kochen lassen.

*II.* In den steifen Schnee von 2 Eiern die 2 Eigelb geben und unter ständigem Rühren 8 Eßlöffel Grieß hinzufügen. Aus der locker verrührten Masse kleine Klößchen formen und sie *sofort* in die Suppe oder in Salzwasser geben und 10 Minuten kochen. Wurden sie in Salzwasser gekocht, das Wasser abgießen und die Klößchen in die Suppe geben.

## Leberklösschen

150 g Kalbs-, Schweins- oder Geflügelleber fein schneiden und durch ein Sieb passieren. Etwas geriebene Zwiebel und Petersilie in Fett rösten und $^1/_2$–1 in Milch geweichte Semmel ebenfalls passieren. Die Masse gut verrühren und 1 Ei, etwas geriebene Semmel, Salz und Pfeffer beigeben. Kleine Klößchen formen und in der heißen Suppe kochen.

## Semmelklösschen

1 in Milch geweichte Semmel durch ein Sieb passieren und mit 2 Eigelb, Salz, einem nußgroßen Stück Butter oder Fett und dem Schnee der beiden Eier verrühren. Soviel geriebene Semmel hinzufügen, daß die Masse gut zusammenhält. Mit nasser Hand kleine Klößchen formen und in der siedenden Suppe 15 Minuten kochen.

## Markklösse

2 Eßlöffel lauwarmes Knochenmark mit 2–3 Eiern, 1 in Würfel geschnittenen Semmel (ohne Rinde), ein wenig Mehl und einer Prise Salz und Pfeffer verrühren. Daraus Klöße formen und in der heißen Suppe 8–10 Minuten kochen.

## Kartoffelklösse

4–5 große mehlige Kartoffeln kochen, schälen und reiben. Ein Stückchen Butter mit Salz und nach und nach mit 2–3 Eiern verrühren und mit den geriebenen Kartoffeln und gerösteten Semmelwürfeln vermengen. Wenn alles gut verrührt ist, kleine Klößchen formen und in Salzwasser 15 Minuten lang kochen. Die Klöße gleich in die Suppe geben und diese auch sofort servieren, damit sie nicht hart werden.

**Royal** 4 Eigelb mit 2 Kaffeelöffel Mehl vermengen und mit 0,4 l Milch oder ebensoviel starker Fleischbrühe schaumig rühren. Das Ganze zugedeckt bei schwacher Hitze fest werden lassen. Mit einem Löffel möglichst in Würfelform in die in die Teller gefüllte Suppe geben.

**Leber-Royal** 150 g Kalbsleber und 150 g Milz fein schneiden und mit 1 in Milch eingeweichten Semmel durch ein Sieb passieren. Ein eigroßes Stück Butter oder Fett schaumig rühren, die Leber hineingeben, eine Prise Salz, Pfeffer und schließlich den Schnee von 2 Eiweiß hinzufügen. Eine Form mit Butter oder Fett ausstreichen, die Masse hineinfüllen und 30 Minuten im Wasserbad kochen. Die Leberroyale in Würfel schneiden und in die Suppe geben.

**Eiereinlauf** 2 ganze Eier mit dem Schneeschläger schaumig schlagen, nach und nach 2 Eßlöffel Mehl und eine Prise Salz hinzufügen und das Ganze glattrühren. Die Eier langsam in die kochende Suppe rinnen lassen, wobei diese ständig gerührt wird.

**Gebackene Erbsen** 0,4 l heiße Milch mit 20 g Butter und 125 g Mehl zu einer glatten Masse verrühren. Nach dem Erkalten 3 Eigelb dazugeben. Den Teig durch eine Reibe in heißes Fett drücken und goldgelb backen. Mit einem Schaumlöffel aus dem Fett nehmen und zur Suppe reichen.

**Haschee** 2 in Milch geweichte Semmeln ausdrücken und durch ein Sieb passieren. 250 g feingehackten Kalbsbraten, 2 Eigelb, den Schnee der beiden Eier, Salz und Pfeffer dazugeben und gut verrühren. Das Ganze im Wasserbad kochen. Wenn das Haschee genügend fest ist, auf ein Nudelbrett stürzen und kleine Klößchen ausstechen. Diese beim Anrichten in die Suppe geben.

## Semmelscheibchen mit Hirn

Pro Person 1 Semmel rechnen, diese in Scheiben schneiden und in Milch einweichen, aber nicht auseinandergehen lassen. Vorher ein Kalbs-, Schweins- oder Rindshirn in Salzwasser kochen, reinigen, kleinschneiden, salzen, pfeffern und mit ein wenig geriebener Zwiebel in heißem Fett einige Minuten dünsten. Nach dem Erkalten auf die Semmelscheiben streichen und jeweils eine andere Scheibe daraufdecken, in Ei und geriebener Semmel wenden und in reichlich heißem Fett braten.

## Lungentäschchen

Aus 250 g Mehl, etwas Salz und 2 ganzen Eiern ohne Wasser einen Teig kneten. Auf die Hälfte des dünn ausgerollten Teiges kleine Häufchen von 250 g feingehackter, gekochter, in Fett gerösteter Kalbs- oder Schweinslunge, die mit 1–2 Eigelb und Salz verrührt wurde, legen. Dann die andere Hälfte des Teiges darüberschlagen und mit dem Küchenrad die gefüllten Täschchen abtrennen. Die Täschchen etwas länger in der Suppe kochen als gewöhnlichen Nudelteig.

## Matzeklösschen

Eine in Wasser geweichte Matze zerstampfen, mit 4 ganzen Eiern, 2 Eßlöffel Gänsefett, $1\,^1/_2$ Eßlöffel Wasser, einer Prise Pfeffer, Salz und so viel trockener, grob gestoßener Matze vermengen, daß die Masse die richtige Festigkeit erhält. Daraus Klößchen formen, 2 Stunden stehenlassen und danach in Fleisch- oder Hühnersuppe kochen.

## Reisklösse

100 g Reis in 0,5 l Milch kochen und auskühlen lassen. Ein nußgroßes Stück Butter und 2 Eigelb schaumig rühren, mit dem Reis, etwas Salz und dem zu Schnee geschlagenen 2 Eiweiß vermengen. So viel Mehl hinzufügen, wie die Masse aufnimmt, kleine Klößchen formen und in der Suppe kochen lassen.

## Biskuitwürfel zur braunen Suppe

Etwas Butter mit 2 Eigelb verrühren, mit 2 Eßlöffel Mehl, etwas Salz, Pfeffer und schließlich dem steifen Schnee der 2 Eiweiß vermengen. In einer gefetteten, mit Mehl bestreuten Form den Teig backen und in Würfel schneiden. Die Würfel in die Suppe geben. (Der Masse können auch 2 Eßlöffel feingeschnittene Schweins- oder Kalbsleber, eventuell Schinken beigegeben werden.)

# *Eintopfgerichte, Gemüse warme und kalte Vorspeisen*

(Siehe auch Kapitel: *Beilagen, Soßen und Salate*)

## *Eierspeisen*

### *Eier stehen im Mittelpunkt*

der allereinfachsten, am schnellsten zu bereitenden Eintopfgerichte. Auch als Zutat begegnen wir ihnen in tausendfältiger Abwandlung, ihre Popularität und ihr Rang nehmen infolge der immer vernünftigeren Ernährungsweise ständig zu. Das Ei besitzt vielleicht den höchsten Nährwert, und trotzdem nimmt man davon nicht zu. Eier stehen jedem ausreichend zur Verfügung, Kindern und Alten, Männern und Frauen; solchen, die gern einige Pfunde abnehmen möchten, und denjenigen, die ihre Kondition verbessern möchten. Manchmal ist ihre Schale ungewöhnlich braun, ein andermal schneeweiß, einmal sind sie größer, ein anderes Mal kleiner.

Beim Verbrauch von Eiern sind Farbe und Größe unwichtig, dagegen sollten wir auf Sauberkeit achten. Vor der Verwendung sollen die Eier abgewaschen werden! Dabei können wir uns auch gleich von ihrer Frische überzeugen. Tauchen sie vollkommen im Wasser unter, so sind sie ganz frisch, wenn sich die Spitze erhebt, sind sie weniger frisch. Wenn sie sich vom Boden lösen, sind die Eier nicht mehr frisch, sie können noch verwendet werden, aber Schaum sollte man nicht mehr aus ihnen schlagen. Das Aufschlagen von Eiern soll vorsichtig geschehen! Alle einzeln erst in ein separates Gefäß geben, damit ein schlechtes Ei nicht die guten verdirbt.

Ähnlich wie zur Bereitung von Schlagsahne ist auch zum Schneeschlagen heute kein traditioneller Schneeschläger mehr nötig. Mit einem elektrischen Rührgerät oder mit einem Mixer haben wir es heute viel bequemer. Die Schaumbereitung – früher eine kleine Wissenschaft oder Kunst für sich – ist zu einem Kinderspiel geworden. Sparen wir also diesen Vorgang nicht ein, wenn er in einem Rezept vorgeschrieben ist. Es wäre keine Einsparung, sondern ein Verlust; denn Kuchen oder andere Gerichte, die entgegen der Vorschrift nur mit „einfachem" Eiweiß bereitet werden, sind bedeutend schwerer, fester und nicht so „schaumleicht" wie die mit Eierschnee. Es empfiehlt sich, die Eier vor dem Schlagen eine Weile in kaltes Wasser oder in den Kühlschrank zu legen, dadurch läßt sich das Eiweiß besser vom Eigelb trennen, der Schaum wird steifer und der Zeitaufwand ist geringer. Ein Tropfen „Gelb" im Eiweiß erschwert, eine Prise Salz erleichtert das Schaumschlagen.

## Eierpörkelt

In einer feuerfesten Schüssel Räucherspeck auslassen, feingeschnittene Zwiebel darin rösten, mit etwas Paprika bestreuen und mit saurer Sahne und eventuell Pfeffer nach Geschmack würzen. Die Soße einmal aufkochen. Pro Person 2 harte Eier in Scheiben geschnitten oder geviertelt hineingeben, salzen und nochmals aufkochen. Ein rasch zubereitetes Gericht, zu dem am besten Kartoffelpüree paßt.

## Harte Eier

*I. Mit Meerrettich.* Pro Person 2 hartgekochte Eier in Scheiben schneiden, in eine Schüssel legen, salzen, mit Butter und Zitronensaft (oder Essig) besprengen und schließlich geriebenen Meerrettich darüber streuen.

*II. Mit Senfsoße.* Die hartgekochten Eier der Länge nach halbieren. Dann 40–50 g Butter zergehen lassen, mit 2–3 Kaffeelöffel Senf vermengen, mit 0,2 l Wein aufgießen und etwas Salz und Zucker zugeben. Die Eihälften in eine Schüssel legen und mit obiger Mischung übergießen.

## Eier mit Käse und Béchamelsosse

Aus 0,5 l Milch, 60 g Butter und 60 g Mehl eine Béchamelsoße zubereiten. Die hartgekochten und quer halbierten Eier in die Soße geben, aufsetzen, jedoch nicht aufkochen lassen. Ist die Soße fertig, das Ganze auf einer warmen Platte anrichten und mit geriebenem Käse bestreuen.

## Geschichtete Eier

*I. Mit Pilzen.* 250 g Champignons oder Steinpilze in dünne Scheiben schneiden, mit etwas Salz und feingeschnittener Petersilie in Fett dünsten, mit Mehl bestäuben, mit Knochen- oder

Gemüsebrühe auffüllen und sämig kochen. Pro Person 2 hartgekochte Eier in dünne Scheiben schneiden. In eine mit Butter bestrichene feuerfeste Schüssel eine Schicht Eierscheiben, die Pilzmasse und wieder eine Schicht Eierscheiben legen, 0,1–0,2 l saure Sahne darübergießen und die Eier mit geriebenem Käse, geriebener Semmel und 60–80 g Butterflöckchen bestreuen. Das Gericht 20–25 Minuten in der Röhre backen.

*II. Mit Fleisch.* 5 hartgekochte Eier sowie 250 g gekochtes oder geschmortes Kalbfleisch oder mageres Schweinefleisch kleinschneiden, salzen und pfeffern. Aus 40 g Butter, 40 g Mehl und 0,4 l Milch eine Soße bereiten. In eine mit Butter ausgestrichene und mit geriebener Semmel bestreute feuerfeste Schüssel eine Schicht Eier legen, 1–2 Eßlöffel Soße darübergießen, darauf eine Schicht Fleisch, dann einige Eßlöffel Soße, wiederum Eier, Soße und das restliche Fleisch geben. Das Ganze mit gerösteter, geriebener Semmel bestreuen und in der Ofenröhre backen.

### *Panierte Eier*

Die Eier in kochendes Wasser geben und 5 Minuten kochen. In kaltem Wasser abkühlen lassen. Danach vorsichtig schälen, salzen und zweimal in Ei und geriebener Semmel panieren. In heißem Fett braten. Anstelle des Panierens eventuell in einen dickflüssigen Palatschinkenteig tauchen.

## *Rührei und Omelette*

sind nahe Verwandte, Geschwister, vielleicht sogar Zwillinge, wenn sie auch nicht in allen Eigenheiten übereinstimmen.

Einfacher und verbreiteter ist Rührei. Das Wesentliche der Zubereitung liegt darin, das Fett (eventuell Öl) oder – um dem Gericht einen besseren ungarischen Geschmack zu verleihen – kleingeschnittenen Räucherspeck in der Pfanne, bzw. in einer flachen, feuerfesten Glasschale auslassen. In das siedende Fett die verschiedenen Zutaten geben: klein- oder in Ringe geschnittene, eventuell geriebene Zwiebel, in Scheiben geschnittene Wurst (kann auch wegbleiben), in Ringe geschnittene Paprikaschoten, Schinken, in Fett oder Butter gedünstete, kleingeschnittene Pilze u. a. Alle Zutaten können auch wegbleiben, wenn wir Appetit auf ein „reines“ Rührei haben. Dann einfach die vorher verquirlten und gesalzenen Eier in das siedende Fett gießen. Es ist ganz gleich, mit welchen Zutaten wir das Rührei bereiten, braten wir es nach Belieben fest oder locker und streichen es zwischendurch mit einem Kochlöffel oder einer Gabel vom Rand zur Mitte hin, um das Anbrennen zu verhindern. Der jeweilige Appetit und die vorhandenen Gewürze entscheiden, ob es vor dem Servieren mit Paprika, Käse, Schnittlauch u. a. bestreut wird.

Das Rührei wird also auf diese Weise bereitet – und es wäre überflüssig, diesbezügliche Rezepte zusammenzustellen. Nur so viel sei gesagt, daß im allgemeinen pro Person zwei (anderthalb) Eier gerechnet werden, die Zugabe der anderen Zutaten wird dem Appetit und Geschmack überlassen.

Das Omelett kann ebenfalls nach vielerlei Geschmacksrichtungen bereitet werden. Grundbestandteil sind auch hier zwei Eier pro Person. 2 Eßlöffel saure Sahne zufügen (kann eventuell durch Milch und 1 Kaffeelöffel Mehl ersetzt werden), eine Prise Salz und nach Belieben Pfeffer dazugeben. Beim Omelettbacken die Zutaten unter die noch rohen Eier mischen: entweder in ganze, verquirlte Eier oder nur in Eigelb geben. Im letzteren Fall wird in diese so vorbereitete Masse der steife Eierschnee gegeben. Die entsprechenden Methoden werden in den einzelnen Rezepten vorgeschrieben.

Im allgemeinen gibt es dafür zwei Backverfahren.

Erste Methode: In ein feuerfestes Gefäß (Eierkuchenpfanne) Butter (Öl, Fett) geben, die ganze, nach dem jeweiligen Rezept vorbereitete Masse bei starker Hitze in das siedende Fett gießen und in der heißen Röhre backen.

Zweite Methode: In der Rühreipfanne (oder feuerfesten Glasschale) Butter (Fett, Öl) sieden lassen und von der Eimasse nur einen Schöpflöffel voll hineingießen. Bei starker Hitze halten und kräftig schütteln, bis ein fast festes Rührei entsteht. Mit einer Gabel zwei Enden übereinanderschlagen, auf einen erwärmten Teller gleiten lassen, mit geriebenem Käse oder sonstigen (im Rezept enthaltenen) Gewürzen, eventuell Paprika, bestreuen und mit in Ringe geschnittenen Paprikaschoten garnieren. Die übrige Masse auf gleiche Weise, je einen Schöpflöffel voll, braten.

**Einfaches Omelett** Die Eier in einen Napf schlagen, mit Salz, süßer Sahne oder Milch verquirlen, in heißes Fett oder heiße Butter gießen und mit einem Kochlöffel oder Schneeschläger umrühren, bis das Ganze dick, aber noch weich ist. Mit gekochtem oder geröstetem Kalbshirn, Geflügelleber, Spargelköpfen usw. garnieren.

**Omelette** *I. Mit Kartoffeln.* 500 g Kartoffeln schälen, kochen, durch ein Sieb passieren. Das Eigelb mit der Kartoffelmasse und Salz vermengen. Danach den steifgeschlagenen Eischnee unterrühren. In einer Eierkuchenpfanne oder in einer feuerfesten Form das Omelett in heißem Fett (Butter) auf beiden Seiten goldgelb backen (Vorsicht beim Umwenden!). Nach Wunsch mit geriebenem Käse bestreuen.

*II. Mit Käse und Schinken.* Eier trennen, das Eiweiß zu steifem Schnee schlagen. Das Eigelb verrühren und pro Ei 10 g geriebenen Käse und 10 g feingeschnittenen mageren Schinken hinzufügen. Den Eischnee hineingeben und nach dem Braten das Omelett mit geriebenem Käse bestreuen.

*III. Mit Spinat und Schinken oder Räucherfleisch.* 300 g rohen feingewiegten Spinat in ein wenig Butter weich dünsten, mit 3 ganzen Eiern und 2 Eßlöffel saurer Sahne verrühren, etwas salzen und pfeffern und auf einem mit Fett ausgestrichenen Blech in der Röhre backen. Das gestürzte steife Omelett durchschneiden. Auf die eine Hälfte die Hälfte von 400 g feingewiegtem Räucherfleisch oder Schinken streuen, die andere Hälfte darüberschlagen und mit dem restlichen, mit etwas saurer Sahne vermengten Schinken oder Räucherfleisch bestreichen.

*IV. Mit Hirn, Lunge, Schinken, Pilzen oder Leber.* Von einer der aufgezählten Zutaten pro Person 40–60 g nehmen. In Butter (Öl oder Fett) ein wenig geriebene Zwiebel und feingewiegte Petersilie rösten, mit Paprika bestäuben und darin das gewaschene, gesalzene kleingeschnittene Hirn (Lunge, Schinken, Pilze oder Leber) dünsten. Eigelb verrühren und den Eischnee hinzugeben. In der Stielpfanne Öl (Butter oder Fett) erhitzen und darin je einen Schöpflöffel voll wie Eierkuchen backen. Einen Eßlöffel Füllung der Länge nach in die Mitte des Omeletts geben und die beiden Seiten mit Hilfe einer Gabel darüberschlagen. Die fertigen Omelette nebeneinander auf eine vorgewärmte Platte legen. Je nach Geschmack mit geriebenem Käse, Paprika und etwas Pfeffer bestreuen oder auch in einer Béchamelsoße mit Käse reichen, mit der sie noch 10–15 Minuten überbacken werden.

## *Omelette mit Gemüsefüllung*

*I.* Eine Handvoll verschiedener frischer Frühlingsgemüse (Spinat, Sauerampfer, Petersilie, Karotten, Kohlrabi usw.) fein wiegen und mit einigen grünen Erbsen in 120 g Butter andünsten. Wenn das Gemüse fast gar ist, mit 1 Kaffeelöffel Mehl bestreuen und bis zum völligen Garwerden weiterdünsten. Nach dem Erkalten die Masse salzen, mit den Eiern verrühren und backen. Wenn das Omelett fertig ist, eventuell mit Paprika bestreuen.
*II.* 200 g Spinat in Salzwasser kochen, durch das Sieb passieren, mit dem Schnee von 3 Eiweiß, 50 g Butter und 3 Eigelb verrühren. Die Masse salzen und in einer mit Butter ausgestrichenen Form in der Backröhre backen. Das Omelett mit feingeschnittenem Schinken bestreuen.
*III.* Ein Omelett aus 50 g Butter, 8 Eiern, 5 Eßlöffel saurer Sahne, etwas Salz und feingeschnittenem Schnittlauch backen. Das Omelett auf eine heiße Platte stürzen und mit in Salzwasser gekochten Spargelköpfen, ebenfalls in Salzwasser gekochten und in Stückchen geschnittenen schwarzen Rüben, eventuell mit in Butter gedünsteten grünen Erbsen oder mit geschälten und in Scheiben geschnittenen rohen Tomaten dicht bedecken. Das Omelett zusammenlegen, mit Petersilie bestreuen und mit einer Buttersoße übergießen. Dazu nach Wunsch Kopfsalat reichen.

## *Pilzomelette*

*I.* Die gereinigten Pilze kochen, kleinschneiden und wie ein Omelett backen. 0,2–0,3 l saure Sahne mit 30–40 g Butter verrühren, diese Mischung aufkochen und zu dem Omelett reichen.
*II.* 150 g Steinpilze oder Champignons schälen, kleinschneiden, salzen und in etwas Butter rösten, der wir während des Röstens 1 Eßlöffel Tokajer oder 1 Löffel einfacheren Süßwein beigeben. Ein Omelett zubereiten, mit den Pilzen bedecken und zusammenlegen. Danach mit der Weinsoße, in der die Pilze geröstet wurden, begießen und heiß servieren.

## *Fleischomelette*

Kalbsbraten- oder Brathuhnreste in Streifen schneiden, in Bratensaft mit etwas saurer Sahne schmoren und mit geriebenem Käse vermischen. Auf übliche Weise ein Omelett backen. Wenn es fest wird, mit Käse bestreuen, mit dem Fleisch belegen.

## Rühreiauflauf

Aus 8 Eiern ein Rührei bereiten und erkalten lassen. Dann das Rührei, 1 in Milch geweichte Semmel und etwas Petersilie fein wiegen und vermengen. Inzwischen 50 g Butter schaumig rühren. Dazu nun einzeln 3 Eier und die feingewiegte Masse geben, salzen und mit saurer Sahne begießen. In einer mit Butter ausgestrichenen feuerfesten Form backen. Den Auflauf sofort heiß auftragen.

# Rührei ohne Fett

Gegen Ende des ersten Weltkrieges verordnete die damalige ungarische Regierung außer dem fleischfreien auch wöchentlich einen fettfreien Tag. An letzterem durfte Fleisch gegessen, jedoch zur Zubereitung kein zusätzliches Fett verwendet werden. Dieser Umstand verursachte damals den Hausfrauen und Gastwirten viel Kopfzerbrechen. Fleisch stand an fettfreien Tagen fast nur als Suppenfleisch auf der Speisekarte. Im damaligen Budapest war die vernünftige Form des heute sehr verbreiteten „Bratens am Rost" nur sehr wenig bekannt.
An einem solchen „fettfreien" Tag kehrte ich zum Abendessen in eine der alten, berühmten Bierstuben der Budapester Innenstadt ein und grübelte darüber nach, was ich mir infolge der außergewöhnlichen Umstände wohl zum Abendessen bestellen könnte. Plötzlich fiel mir Rührei ein, diese vortreffliche, biedere, treue Speise, die – mit Speck, Schinken, Grieben oder sonstigen Ingredienzien gepaart – schnell zubereitet werden kann und oft aus der Verlegenheit hilft.
Noch heute denken viele Hausfrauen, daß dieses Gericht ohne Fett oder Butter anbrennt und ungenießbar wird. Ich wußte dagegen aus eigener Erfahrung, daß dem nicht so ist. Deshalb beschloß ich, Rührei zu bestellen. Die Kellnerin mit hübscher weißer Schürze winkte jedoch mit einem überlegenen Lächeln ab:
„Wissen Sie nicht, daß heute fettfreier Tag ist?"
„Ich weiß es", antwortete ich bescheiden, „nur braucht man zum Rührei nicht unbedingt Fett."
„Aber natürlich braucht man es", widersprach die Kellnerin, „das wissen wir Frauen doch schließlich besser."
Ich verlor weiter kein Wort und verlangte den Wirt zu sprechen, einen guten alten Bekannten von mir, ging mit ihm in die Küche, schlug drei Eier auf, verrührte sie mit einem Kochlöffel in einem Napf, salzte sie, gab etwas Milch dazu und erhitzte die Eier-

kuchenpfanne gut auf dem Herd. Nun nahm ich das Töpfchen in die linke, den Kochlöffel in die rechte Hand und ließ die Eier langsam in die heiße Pfanne gleiten, während ich mit dem Kochlöffel ununterbrochen und so schnell rührte, daß sie keine Zeit zum Anbrennen hatten. Innerhalb weniger Augenblicke war das duftende – aber nicht nach Fett riechende – köstliche Rührei fertig. Obenauf streute ich etwas geriebenen Käse, um den Geschmack noch zu verfeinern.

Chef und Küchenpersonal waren überaus verwundert; aber ich glaube, daß seitdem selbst an nicht „fettfreien" Tagen in diesem Gasthaus ein auf die beschriebene Weise zubereitetes Rührei seine Abnehmer fand. Ich möchte es auch hier empfehlen, probieren Sie es einmal, es wird Ihnen schmecken!

## Verlorene Eier

In 1 l Wasser den Saft 1 Zitrone oder 2 Eßlöffel Essig und 1 Kaffeelöffel Salz geben. Die Eier möglichst getrennt in das kochende Wasser einschlagen und 3 Minuten kochen lassen. Dann mit einem Schaumlöffel aus dem Wasser nehmen und die Kuppen der Eier abschneiden.

*I. Mit Tomatenmark.* Pro Person 2 geröstete Brotscheiben rechnen, auf die je 1 verlorenes Ei gelegt wird. Das Ei mit Tomatenmark übergießen und salzen.

*II. Paniert.* Die erkalteten Eier in eine Béchamelsoße mit Käse tauchen, nochmals erkalten lassen, salzen, mit Ei und geriebener Semmel panieren und in heißem Fett braten.

*III. Auf Käsebrot.* 12 Scheiben Weißbrot grillen oder in wenig Butter rösten. In 0,2 l heißer Milch 40 g geriebenen Käse, etwas Salz, 1/2 Eßlöffel Senf, eine Prise Paprika und 1 Eßlöffel Butter verquirlen. Die Masse auf dem Feuer rühren, bis der Käse vollkommen zergangen ist. 6 geröstete Brotscheiben, die warm gehalten wurden, mit der Masse bestreichen, auf eine warme Platte legen und mit den anderen 6 Brotscheiben bedecken. Darauf jeweils ein verlorenes Ei geben, salzen und mit Paprika bestreuen.

## In Eischnee gebackene Eier

*I.* Pro Person 2 Eier aufschlagen, das Eiweiß in eine Schüssel geben, das Eigelb, damit es ganz bleibt, in der halben Eischale lassen und bis zum Gebrauch in einen Eierbecher stellen. Dann das Eiweiß zu Schnee schlagen. Inzwischen in einer Kasserolle Fett heiß werden lassen. Einen Teil des Schnees mit einem Schöpflöffel herausnehmen, ein Eigelb hineingeben, salzen und in das heiße Fett gleiten lassen. Auf beiden Seiten backen. So weiter verfahren, bis die ganze Masse verbraucht ist. (Mit den so zubereiteten Eiern kann man die Spiegeleier ersetzen, da sie viel schmackhafter sind.)

*II.* In den Eischnee 1–2 Eßlöffel saure Sahne rühren, das Ganze in eine mit Fett oder Butter ausgestrichene Form gießen, die Eigelb in den Schnee legen und 10–12 Minuten in der Ofenröhre backen.

## *Spiegelei*

In den Vertiefungen einer Spiegeleipfanne Fett oder Öl erhitzen. Die Eier hineinschlagen und warten, bis das Eiweiß erstarrt und das Eigelb sämig wird. Wenn sie fertig sind, vorsichtig aus der Pfanne herausnehmen und salzen.

## *Pochierte Eier*

*I.* In einer feuerfesten Schüssel oder in einer Pfanne ein nußgroßes Stück Butter und 0,3 l saure Sahne aufsetzen. Wenn die Sahne zu kochen beginnt, die Eier einzeln und nebeneinander hineinschlagen (pro Person 2 Eier), salzen, mit geriebenem Käse bestreuen und ohne Rühren so lange auf dem Feuer lassen, bis das Eiweiß fest wird. In der Schüssel, in der sie zubereitet wurden, servieren.

*II. Mit Fleisch.* 300 g Kalbsbraten oder gebratenes Geflügelfleisch (auch Reste) zusammen mit 2 in Milch geweichten und ausgedrückten Semmeln durch den Fleischwolf drehen und mit 2–3 Eigelb, Salz, 1 nußgroßen Stück Butter und 1–2 Eßlöffel saurer Sahne vermischen. Den Boden einer feuerfesten Schüssel fingerdick mit der Masse bestreichen. Für jedes Ei ein Loch hineindrücken. Die Eier hineinschlagen, salzen, mit zerlassener Butter übergießen, mit geriebenem Käse bestreuen und in der Ofenröhre backen.

## *Eier in saurer Sahne à la Fiume*

In eine feuerfeste Schüssel 0,25 l saure Sahne gießen, 20 g Butterflöckchen hineingeben und 1 Eßlöffel geriebene Semmel darüberstreuen. Auf diese Masse pro Person 2 Eier schlagen. Auf die Eier wiederum 20 g Butterflöckchen geben, 0,1 l saure Sahne gießen und 1 Eßlöffel geriebene Semmel streuen. Das Ganze dann noch mit geriebenem Käse bestreuen. Die Eier salzen und so lange in der Röhre lassen, bis das Eiweiß erstarrt, das Eigelb aber noch weich ist. Mit Tomaten- oder Krautsalat servieren.

## Eier auf Semmeln auf oberungarische Art

Pro Person 2 Weißbrot- oder Semmelschnitten rösten und in eine leicht ausgefettete feuerfeste Schüssel legen. Pro geröstete Brotschnitte 1 Ei aufschlagen, dabei sorgfältig das Einweiß vom Eigelb trennen. Aus dem Eiweiß steifen Schnee schlagen, etwas salzen und auf die Brotschnitten streichen, die man vorher in Milch getaucht hat. In der Mitte jeder Schnitte mit dem Löffel eine kleine Vertiefung drücken, das Eigelb hineingeben, salzen und nach Belieben pfeffern. Die Eischnitten dann in der Röhre backen, bis das Eigelb entsprechend hart wird. Sofort anrichten.

## Eier in Kaiserbrötchen

Das Innere aus den Kaiserbrötchen herausnehmen und die Brötchen kurz in Wasser oder Milch weichen lassen. Dann in jedes Brötchen 1 Ei schlagen, salzen und die Brötchen in eine mit Butter ausgestrichene Form legen, die so lange in der Ofenröhre bleibt, bis das Eiweiß erstarrt. Vor dem Anrichten die Brötchen mit feingeschnittenem Schinken und geriebenem Käse oder feingewiegter Sardelle, eventuell mit feingeschnittener Räucherzunge bestreuen.

## Eier im Glas

Pro Person 2 Eier in ein Wasserglas schlagen, salzen und 10 g Butter hinzufügen. Das Glas in einen mit kaltem Wasser gefüllten Topf stellen und aufsetzen. Unter ständigem Rühren die Eier kochen, bis sie die entsprechende Dicke erhalten.

## Gebackene Eier

*I.* In 50–60 g heißes Fett nacheinander 6 Eier schlagen, salzen und mit 2–3 Tropfen warmem Essig oder Zitronensaft beträufeln und backen. Beim Anrichten den Saft über die in einer Schüssel servierten Eier gießen.

*II.* Das Eiweiß zu steifem Schnee schlagen (pro Person rechnet man 2 Eier). Den Schnee salzen, pfeffern, mit 1–2 Eßlöffel saurer Sahne vermengen und in eine mit Butter ausgestrichene feuerfeste Schüssel füllen. Nacheinander das Eigelb hineingeben. Die Eier in der Backröhre bei schwacher Hitze backen.

*III. Mit Tomaten.* Den Boden einer gut gebutterten Form mit abgebrühten, geschälten und in Scheiben geschnittenen Tomaten belegen. Salzen, pfeffern und die nötige Anzahl Eier (pro Person 2 Stück) daraufschlagen. Mit zerlassener Butter begießen und in der Röhre bei schwacher Hitze backen, bis das Eiweiß fest wird.

*IV. Mit Bockwurst.* 250 g abgepellte, in Scheiben geschnittene Bockwurst in 50 g heißem Fett braten. 5–6 Eier auf die Wurst schlagen, salzen und so lange aufgesetzt lassen, bis das Eiweiß fest wird. Mit geriebenem Käse bestreuen.

*V. Auf Budaer Art.* Aus Weißbrot wasserglasgroße Scheiben ausstechen und daraus mit einer kleineren Ausstechform Ringe herstellen. Diese auf einer Seite in ein wenig Fett rösten. Mit der gerösteten Seite nach oben in eine mit Fett ausgestrichene feuerfeste Form legen und in jeden Ring 1 Ei schlagen. In der Röhre backen, salzen und mit 20 g geriebenem Käse bestreuen.
*VI. Auf Semmelscheiben.* Einige Semmeln in Scheiben schneiden und in heißer Butter goldbraun rösten. Die gerösteten Semmelscheiben in eine längliche gebutterte feuerfeste Form legen und pro Semmel 2 Eier darüberschlagen. Die Eier dürfen nicht auseinanderfließen. Salzen, pfeffern und mit so viel saurer Sahne begießen, bis sie bedeckt sind. In der heißen Röhre backen, dabei das Eiweiß fest, aber nicht hart werden lassen. Sofort servieren.
*VII. Gefüllt, au gratin.* Die hartgekochten Eier der Länge nach halbieren und das Eigelb herausnehmen. Das Eigelb passieren, mit einigen Eßlöffeln saurer Sahne, feingehacktem Schinken oder gedünsteten Pilzen und etwas Butter verrühren. Die Masse salzen und damit die Eihälften füllen. Auf den Boden einer mit Butter ausgestrichenen, feuerfesten Form den Rest der Füllung geben. Darauf die gefüllten Eihälften legen, diese mit Butterflöckchen und feingehacktem, mit saurer Sahne verrührtem Schinken oder mit gedünsteten Pilzen bestreuen und alles reichlich mit saurer Sahne begießen. Auf die Sahne noch geriebenen Käse und in Butter geröstete geriebene Semmel streuen. 10–12 Minuten in der heißen Röhre backen.
*VIII. Mit Fischfüllung.* Die hartgekochten Eier der Länge nach halbieren, das Eigelb herausnehmen, passieren und mit einem kleinen, in Salzwasser gekochten, entgräteten und kleingeschnittenen Hecht vermengen. 80 g schaumig gerührte Butter, 2 ganze Eier, Salz, etwas Pfeffer, 1–2 Eßlöffel saure Sahne und 2–3 Eßlöffel gekochte grüne Erbsen dazugeben und alles verrühren. Die Eihälften damit füllen und je 2 Hälften wieder zusammenfügen. In Ei und geriebener Semmel panieren und in heißem Fett backen. Die Reste der Füllung in Butter dünsten und zu den Eiern reichen.

## Parmesanische Eier

12 Eier, 0,1 l Milch, etwas Salz und Pfeffer mit dem Schneeschläger so lange schlagen, bis Eigelb, Eiweiß und Milch eine einheitliche Masse bilden. In einer entsprechend großen Form 200 g Butter zerlassen, 120 g geriebenen Käse und die Eier hineingeben, aufsetzen und so lange schlagen, bis die Masse dick wird. Vom Feuer nehmen und noch 2–3 Minuten rühren.

Kleine Häufchen daraus formen und diese auf eine runde Platte setzen. Einige Semmeln in Scheiben schneiden und mit Hilfe einer Keksform Halbmonde aus den Scheiben stechen und in heißer Butter goldgelb backen. Die Halbmonde um die Häufchen legen und die Spitze mit in Fett gerösteter Petersilie verzieren.

### *Ham and Eggs, Bacon and Eggs*

150 g in dünne Scheiben geschnittenen, nicht ganz mageren Schinken oder mit Fleisch durchwachsenen Räucherspeck schnell anbraten. In eine mit wenig Fett ausgestrichene Pfanne nebeneinander 6 Eier schlagen und diese auf dem Herd oder in der Röhre braten. (Das Eiweiß soll fest, das Eigelb halbweich sein.) Die Eier salzen, die Schinken- oder Speckscheiben daraufiegen und auftragen. (Man kann auch die Schinken- oder Speckscheiben in die Pfanne legen, die Eier daraufschlagen und zusammen fertigbraten.)

### *Saure Eier*

Eine dicke Einbrennsuppe bereiten und mit Lorbeerblättern, etwas Zucker, Zitronenschale, Salz und ein wenig Majoran würzen. Eine Weile kochen lassen und dann pro Person 2 Eier einzeln hineinschlagen. (Die Eier dürfen nicht ineinanderlaufen, sondern müssen wie verlorene Eier kochen.) Nach Belieben mit Weinessig und Zitrone säuern und nach einigen Minuten Kochzeit auftragen. Geviertelte Zitronen separat dazu reichen. (Die Eier sind als Vorspeise oder, etwas dünner gekocht, als Suppe sehr schmackhaft.)

## *Kalte gefüllte Eier*

mit dem dazugehörigen französischen Salat und Mayonnaise oder Tatarensoße wurden innerhalb kurzer Zeit beliebt. Besonders bei kalten Abendessen, an Teeabenden und auf Festtafeln waren sie überall anzutreffen und verdrängten den seit Jahrzehnten laut Schablonenprotokoll als Vorspeise gereichten „kalten Fisch mit Tatarensoße" von seinem Platz auf der Speisekarte.

Der große und schnelle Erfolg brachte es mit sich, daß man bald begann, diese herrliche Vorspeise zu verfälschen. Bald ließ man diese, bald jene Zutaten weg, und schließlich waren es oft nur noch ein bis zwei kümmerliche halbierte harte Eier, die, mit einfacher Senfsoße übergossen, sich unter dem einstigen stolzen Namen verbargen.

Die Kasinoeier wurden auf diese Weise immer mehr diskreditiert. Aber dort, wo anstelle des Eigelbs eine delikate Füllung gegeben wird, wo der französische Salat wirklich alles enthält, was hineingehört, wo der Grundbestandteil der Tatarensoße, die Mayonnaise, aus reichlich feinem Öl und frischem Eigelb bereitet wird, dort sind Kasinoeier eine nicht zu verachtende Vorspeise für Mittag- und Abendessen. Es wäre aber recht eintönig, wenn der Gastwirt oder die Hausfrau aus dem reichhaltigen Angebot der kalten gefüllten Eier immer nur Kasinoeier servieren würden. Auch auf diesem Gebiet gibt es viele Möglichkeiten für Variationen, Kombinationen und sogar Permutationen! Ich selbst kenne vielerlei Arten von kalten gefüllten Eiern, die in der kulinarischen Liste unter den verschiedensten Namen erscheinen. Sowohl Füllung als auch Soße sind auf künstlerische Art variierbar und die Salatzutaten unterschiedlich zu ergänzen. Hier seien nur Kaviar, Kapern, Sardellen, Oliven, Pilze und Gänseleber erwähnt, die bei den Füllungen so verschiedenartige Anwendung finden. Hingewiesen sei z. B. auf die vortreffliche grüne Soße, die herrliche Remouladen- oder Krebskardinalsoße, die anstelle von Mayonnaise verwendet werden, oder kleingeschnittene Fische, Geflügel und Schinken, die den französischen Salat zu einer wahrhaft göttlichen Speise erheben. Nur etwas Erfindungsgabe und Geduld muß man haben, um diese verschiedenen Möglichkeiten der gastronomischen Wissenschaft auch ohne Rezept auszuprobieren. Wenn man die langweilig gewordenen Kasinoeier durch immer neue Formen ersetzt, kann eine wahre Renaissance der kalten gefüllten Eier eintreten.

## *Kalte gefüllte Eier*

*I. Kasinoeier.* Aus den hartgekochten Eiern das Eigelb herausnehmen, zerdrücken oder durchpassieren und mit Salz, Pfeffer, Senf, feingewiegten Sardellen oder Sardellenpaste und saurer Sahne glattrühren. Damit die Eihälften füllen, auf französischen Salat legen und mit Tatarensoße servieren.

*II. Auf russische Art, mit Kaviar.* Anstelle der Sardellen Kaviar und in Milch geweichte Semmel (1 Semmel für 4 Eier) sowie ein wenig feingewiegten Schnittlauch in die Füllung mischen. Die gefüllten Eihälften nach Belieben mit ein wenig Kaviar garnieren. Die Eier auf eine dicke Mayonnaise legen, in die kleingeschnittene Essiggurken, etwas Estragon und ein wenig Schnittlauch gerührt wurden. Das Ganze mit Senf, saurer Sahne und Zitrone abschmecken. Zu den Eiern Essiggurken und in Scheiben geschnittene rote Rüben reichen.

III. *Auf russische Art, mit Hering- oder Fleischsalat.* Die hartgekochten Eier der Länge nach halbieren und das Eigelb herausnehmen. Die Eihälften mit Hering- oder Fleischsalat füllen, auf eine Platte legen, mit Mayonnaise übergießen und mit Lachs oder Kaviar garnieren. (Man kann sie auch mit Sardellen oder Kapern garnieren, auch feingewiegten Hering und Essig- oder Salzgurken kann man verwenden.)

# *Kartoffelgerichte*

## *Die Kartoffeln*

gelangen fast täglich in irgendeiner Form auf unseren Tisch. Sie gehören zu unserer Hauptnahrung.

Auch das „gewöhnliche Kartoffelpaprikasch" verdient erwähnt zu werden, besonders wenn es aus neuen Kartoffeln mit saurer Sahne und Paprika in reichlich Soße bereitet wird, ähnlich dem Paprikahuhn. Neue Kartoffeln sind überall beliebt und begehrt. Ihr Erscheinen zeigt nicht nur das Herannahen des so lang ersehnten Sommers, sondern sie sind tatsächlich eine vorzügliche gute Speise. Neue Kartoffeln haben einen höheren Zuckergehalt als ältere. Auch ohne Paprikasoße sind sie köstlich, wenn wir sie z. B. in Salzwasser kochen, mit gedünsteter Petersilie vermengen und in einer mit heißem Fett ausgestrichenen Pfanne in der Röhre backen. Natürlich sollen die neuen Kartoffeln immer nur geschabt werden, man soll sie nicht kleinschneiden und weder durch die Kartoffelpresse noch durch ein Sieb geben. Wenige Leute wissen, daß Kartoffeln nicht nur eine Quelle von Kohlenhydraten sind, sondern auch wertvolle Mineralstoffe, sogar Vitamin C enthalten, was „während der Kartoffelsaison", in der gemüsearmen Winterszeit besonders wichtig ist. Durch das Kochen mit der Schale wird die Zerstörung des Vitamins gemindert. Vorteilhaft ist es, wenn zu verschiedenen Teigwaren Kartoffeln gegeben werden, denn das steigert den biologischen Wert. Unsere Mahlzeiten werden nicht nur abwechslungsreicher, sondern auch vollkommener, wenn die Kartoffeln als Teil eines zusammengesetzten Gerichtes organisch eingebaut werden. Hier nur einige Varianten: geschichtete Kartoffeln (eventuell mit Reis); rohe, geschnittene Kartoffeln zusammen mit Schlachtfest-Hauswurst gebraten; Karpfen auf Raizer Art, Backkartoffeln oder gefüllte Kartoffeln. Es ist außerdem ein großer Vorteil, daß Kartoffeln, zu Klößen, Pogatschen, Langos, Kartoffelpuffer u. a. verarbeitet, keine überflüssige Feuchtigkeit aufsaugen und eine angenehm leichte Speise ergeben.

## Zerkochte Kartoffeln

Mehlige Kartoffelarten zerkochen leicht. Auch bei vorsichtiger Behandlung sind sie nach dem Kochen nicht mehr in Scheiben oder Würfel zu schneiden. Um das Zerfallen zu vermeiden, soll bei Pellkartoffeln das Kochwasser kräftiger gesalzen werden, dem Kochwasser von geschälten Kartoffeln dagegen etwas Essig beigemengt werden. Um das Kochwasser unmittelbar unter dem Siedepunkt zu halten, muß das Gas rechtzeitig auf Sparflamme bzw. der Elektroherd auf klein gestellt oder der Topf von der großen Hitze weggezogen werden. Während des Kochens muß man öfters nach den Kartoffeln schauen.

### Kartoffel-paprikasch

*I.* 1–1,5 kg Kartoffeln schälen, der Länge nach vierteilen und in kaltes Wasser legen. 100 g feingeschnittenen Räucherspeck auslassen oder 80 g Fett erhitzen und 1 feingeschnittene Zwiebel darin goldgelb rösten. Nach Belieben noch 1–2 geschälte, zerdrückte Tomaten und 1 in Scheiben geschnittene Paprikaschote hinzufügen. Dann 1 Kaffeelöffel Delikateßpaprika und schließlich die Kartoffeln hineingeben. Salzen und nach Geschmack pfeffern. Die Kartoffeln mit so viel Wasser auffüllen, daß sie fast bedeckt sind. Zugedeckt bei schwacher Hitze weich kochen.

*II. Aus neuen Kartoffeln mit saurer Sahne.* In einer breiten und tiefen Kasserolle in 1 Eßlöffel Fett $^1/_2$ kleine, feingewiegte Zwiebel goldgelb rösten und diese mit 1 Kaffeelöffel Delikateßpaprika bestreuen. Sofort beim Aufkochen 1 kg kleingeschnittene Kartoffeln hineingeben und mit so viel lauwarmer Fleisch- oder Knochenbrühe (oder auch nur mit Wasser oder Suppengrünbrühe) aufgießen, bis sie bedeckt sind. Dann salzen und zugedeckt kochen, bis sie weich, aber nicht zerkocht sind. Wenn nötig, die Brühe während des Kochens nachfüllen. Ist das Paprikasch fast gar, 0,1–0,2 l dicke saure Sahne hineinrühren, das Ganze noch einmal aufkochen und anrichten.

### Kartoffelgemüse

*I. Sauer.* 2 kg Kartoffeln schälen, in Würfel schneiden und in Salzwasser kochen. Wenn die Kartoffeln weich sind, mit einer mit Petersilie und Zwiebel zubereiteten Mehlschwitze andicken. Noch einige Lorbeerblätter, Thymian und eine Prise Pfeffer dazugeben. Dann das Ganze nochmals aufkochen und mit Essig abschmecken. Vor dem Anrichten 0,2 l saure Sahne hineinrühren.

*II. Mit Tomaten.* 2 kg Kartoffeln schälen, vierteilen und in Salzwasser kochen. Wenn sie gar sind, das Wasser abgießen, eine Tomatensoße bereiten und die Kartoffeln hineingeben. Das Ganze noch einmal zusammen aufkochen. Vor dem Anrichten nach Wunsch einige Löffel saure Sahne hineingeben.

## Gekochte, gedünstete Kartoffeln

*I. Mit Eiern.* 1,5 kg gekochte, zerdrückte Kartoffeln mit 3 harten, feingewiegten Eiern vermischen und salzen, mit 100 g zerlassener Butter oder Fett übergießen und alles gründlich verrühren.
*II. Ragout.* 1,5 kg Kartoffeln schälen. Eine Buttermehlschwitze mit Fleisch- oder Knochenbrühe auffüllen, salzen, pfeffern und aufkochen. Die in Würfel geschnittenen Kartoffeln in eine feuerfeste Form geben, mit der Mehlschwitze übergießen und mit so viel Brühe auffüllen, daß sie bedeckt sind. Die Kartoffeln in der Röhre weich dünsten, wenn nötig, Brühe nachfüllen.
*III. Á la Lyon.* $^1/_2$ feingewiegte kleine Zwiebel in 50–60 g Butter anrösten, mit 2 Eßlöffel Mehl bestäuben und noch einige Minuten rösten. Mit 0,25 l Fleisch- oder Knochenbrühe auffüllen, salzen, pfeffern und aufkochen. Etwa 1,5–2 kg geschälte, gekochte und in Würfel geschnittene Kartoffeln dazugeben und das Ganze noch einmal aufkochen.
*IV. Mit Räucherspeck.* 150 g in Würfel geschnittenen Räucherspeck rösten. 1 Eßlöffel Mehl in 0,2 l Wasser glattrühren, mit einigen Pfefferkörnern und 1 Messerspitze Paprika würzen und zusammen mit 0,2–0,3 l Tomatensaft in das Fett des Räucherspecks rühren. Etwa 1,5 kg Kartoffeln schälen, in Scheiben schneiden, salzen, weich kochen und mit dieser Soße vermengen. Das Ganze nochmals aufkochen.

## Kartoffelpüree

*I. Mit Käse.* 1 kg Salzkartoffeln passieren und auf dem Herd mit 50 g Butter und 250 g geriebenem Käse schaumig rühren. Dazu geröstete Brotscheiben reichen.
*II. Gebraten, mit Pilzen.* 1 kg gebratene Kartoffeln passieren und mit 0,3–0,4 l aufgekochter, gesalzener Milch und 30 g zerlassener Butter verrühren. Ist die Masse erkaltet, 3–4 Eigelb und den Eierschnee sowie 150 g feingeschnittene, gedünstete Pilze und 150 g gedünstete grüne Erbsen hineinmischen. Das Ganze in einer mit Butter oder Fett ausgestrichenen feuerfesten Form in der Röhre backen.

## Bratkartoffeln

*I. Pellkartoffeln.* Gutgewaschene Kartoffeln in der glühenden Asche oder in der Ofenröhre braten. Mit einer Gabel in die Kartoffeln hineinstechen, um festzustellen, ob sie gar sind. Bei Tisch schälen, Salz und Butter dazu servieren.

*II. In der Pfanne, auf Räucherspeck.* Den Boden einer Pfanne mit einer Schicht in Würfel geschnittenem Räucherspeck bedecken. Darauf eine Schicht geschälte, in Scheiben geschnittene rohe Kartoffeln geben, darauf wieder Räucherspeck streuen und salzen. An der Farbe und durch Einstechen mit der Gabel sich überzeugen, ob das Gericht gar ist.

*III. Au gratin.* 1,5 kg geschälte rohe, in Würfel geschnittene Kartoffeln mit 1 Eßlöffel Fett in eine feuerfeste Form geben, salzen, ca. 0,3 l Wasser zugießen und in der Röhre weich dünsten. 1 Kaffeelöffel Mehl mit 0,2 l Milch, 2 Eiern, 1 Prise Salz und 3 Eßlöffel saurer Sahne verrühren. Diese Mischung über die Kartoffeln gießen, noch 1 Kaffeelöffel Fett daraufgeben und weiterbacken, bis die Mischung fest wird.

*IV. Kartoffelstäbchen mit Käse.* 1 kg Pellkartoffeln halbgar kochen, schälen, in eine ausgefettete Pfanne geben und in der Röhre backen. Die Kartoffeln passieren und mit 20 g geriebenem Käse, 60–70 g Mehl, Salz und 2 verrührten Eiern vermengen. Dann die Masse glattrühren. Auf einem mit Mehl bestreuten Nudelbrett kurze, dicke Stäbchen formen, in Mehl wälzen und in siedendem Salzwasser ca. 5 Minuten kochen. Die Stäbchen in mit geriebenem Käse vermengtem heißem Fett schwenken und dann servieren.

*V. Kartoffelspäne.* 50–60 g Kartoffeln so schälen, daß die Schale eine „Schlange“ bildet. Die Kartoffeln in dieser Form dünn weiter schneiden, so daß wir lange Späne erhalten. Einen Palatschinkenteig aus wenig Milch, 1 Eigelb und Eischnee bereiten. Die Späne einzeln in den Teig tauchen und sofort in reichlich Fett goldgelb braten. Das Fett abtropfen lassen und die Späne, je nach Belieben gesalzen oder gezuckert, servieren. (Der Eischnee darf erst ganz kurz vor dem Beginn des Bratens in den Teig gerührt werden.)

## Kartoffeln mit Äpfeln

*I.* 1 kg geschälte, in längliche Stücke geschnittene Kartoffeln in mit Milch vermischtem Salzwasser halbgar kochen. 500 g geschälte, in Scheiben geschnittene Äpfel dazu geben und mit den Kartoffeln weich kochen. Den Saft einkochen lassen. Mit heißer Butter übergießen und nach Geschmack zuckern.

*II.* 1 kg–1,5 kg der Länge nach zerschnittene Salzkartoffeln halbgar kochen. Das Wasser abgießen. Die Kartoffeln mit 5 geschälten, in Scheiben geschnittenen Äpfeln vermengen. Mit etwas heißem Wasser auffüllen, 0,2 l Milch, 20–30 g Butter, ein wenig Zucker und, wenn nötig, auch Salz dazugeben und zugedeckt weich dünsten lassen. Das Gericht vor dem Auftragen noch mit ein wenig zerlassener Butter besprengen.

## *Kartoffeln mit Milch*

1 kg geschälte, zerschnittene Kartoffeln in einen Topf füllen und mit Milch übergießen, bis sie bedeckt sind. 100 g Butter oder 70–80 g feines Fett dazugeben, salzen und die Kartoffeln, die mit kleingeschnittener Petersilie noch verfeinert werden können, weich dünsten.

## *Geschichtete Kartoffeln*

*I.* 1,5 kg schöne, große Kartoffeln kochen, schälen und in dünne Scheiben schneiden. Dann eine gebutterte und mit geriebener Semmel bestreute feuerfeste Form oder eine Kasserolle mit Kartoffelscheiben belegen, salzen, darüber schichtweise ebenfalls in Scheiben geschnittene harte Eier geben, salzen, 1–2 Eßlöffel saure Sahne und ein wenig geriebene Semmel darüberträufeln, dann wieder Kartoffeln usw., wobei die Kartoffeln jedoch die oberste Schicht bilden müssen. Das Ganze mit Butterflöckchen bestreuen, mit saurer Sahne übergießen und ungefähr $^1/_2$ Stunde in der Röhre backen. (Man verbessert den Geschmack der Kartoffeln, wenn man außer den Eiern noch feingewiegten Schinken oder in Scheiben geschnittene geräucherte Wurst dazugibt.)

*II.* 1,5 kg Pellkartoffeln kochen, pellen und in Scheiben schneiden. Fleischreste (Suppenfleisch, Pörkelt oder Braten) durch den Fleischwolf drehen, mit einigen Eßlöffeln saurer Sahne würzen und mit 2–3 Eiern vermengen. (Verwendet man trockenes Rindfleisch, dann soll etwas feingewiegter Räucherspeck beigegeben werden.) Den Boden einer feuerfesten Form mit Fett ausstreichen oder mit Räucherspeckscheiben auslegen, darauf eine Schicht Kartoffeln, Salz, den Fleischbrei und wieder Kartoffeln geben, so daß die Kartoffeln die oberste Schicht bilden. Reichlich mit saurer Sahne besprengen, Backzeit ca. 20 Minuten bei mittlerer Hitze.

*III.Mit Käse.* 1,5 kg Pellkartoffeln kochen, pellen und in Scheiben schneiden. In eine gebutterte feuerfeste Form eine Schicht Kartoffeln legen und mit saurer Sahne, die zuvor mit einem Eigelb und geriebenem Käse verrührt wurde, übergießen. Salzen, dann wieder eine Schicht Kartoffeln einlegen usw., bis die mit Käse und Eigelb verrührte saure Sahne die oberste Schicht bildet. Backzeit in der Ofenröhre 12–15 Minuten.

*IV. Mit Quark.* 1 kg Pellkartoffeln kochen, pellen und in dünne Scheiben schneiden. In eine gefettete und mit geriebener Semmel bestreute feuerfeste Form oder Kasserolle die Kartoffeln und 300 g trockenen Quark schichten und salzen. Das Ganze mit 0,2–0,3 l saurer Sahne übergießen und für 10–15 Minuten in die Backröhre geben.

## Geschichtetes Kartoffelpüree

1 kg Salzkartoffeln kochen, passieren und noch warm mit 0,1 bis 0,2 l warmer Milch, Salz und 1–2 aufgeschlagenen Eiern verrühren. 5 Eier hart kochen. Den Boden einer gebutterten feuerfesten Form mit einer Schicht Kartoffelpüree belegen, darauf eine Schicht in Scheiben geschnittene Eier mit etwas Salz und Pfeffer geben, dann wieder eine Schicht Kartoffelpüree usw. Zuoberst soll Kartoffelpüree sein. Mit gerösteter geriebener Semmel und mit Butterflöckchen bestreuen. Das Ganze in der Röhre goldbraun backen.

## Gefüllte Kartoffeln

*I.* Große Salzkartoffeln kochen und vorsichtig aushöhlen. Das Innere passieren, mit einigen Eßlöffeln Milch, 1 in Milch geweichten durchgedrückten Semmel und 1 Eigelb verrühren. Mit dieser Masse das Innere der Kartoffeln füllen und diese in eine gefettete Pfanne legen. Auf jede Kartoffel ein wenig Fett geben, mit in Fett gerösteter geriebener Semmel bestreuen und in der Röhre backen.

*II.* 1,5 kg schöne große Pellkartoffeln kochen, pellen. Das obere Ende der Kartoffeln abschneiden, die Kartoffeln aushöhlen und dann das untere Ende abschneiden, um sie aufstellen zu können. Nun die Füllung zubereiten. Dazu das Innere der Kartoffeln sehr fein zerkleinern und mit Salz, Pfeffer, etwas Butter, 20–30 g geriebenem Käse, 2 Eigelb und einigen Eßlöffeln saurer Sahne vermengen. Die Kartoffeln damit füllen und die Deckelchen wieder aufsetzen. Nebeneinander auf ein Blech oder in eine feuerfeste Form stellen, mit zerlassener Butter übergießen und in der Röhre backen. Vor dem Anrichten nach Geschmack mit geriebenem Käse bestreuen.

*III. Gefüllt mit Schinken, Pilzen, eventuell paniert, á la Fiume.* 100 g durch den Fleischwolf gedrehten Schinken, 100 g in Butter gedünstete, feingewiegte Pilze, Salz, einige Kapern und 1–2 Eigelb vermengen – eventuell noch das ausgeschnittene und durchpassierte Innere der Kartoffeln dazunehmen – und die ausgehöhlten Kartoffeln damit füllen und backen. Oder: Die gefüllten Kartoffeln in Eigelb und geriebener Semmel wenden und in heißem Fett schnell überbacken. Mit Tataren- oder Schnittlauchsoße servieren.

*IV. Mit Leberfüllung.* 1 kg geschälte Kartoffeln kochen. Auf einem Sieb abtropfen lassen und das Innere herausschaben. 300 g Schweins- oder Kalbsleber in Fett rösten, durchdrehen, salzen, pfeffern und mit dem zerkleinerten Kartoffelinneren vermengen. Die damit gefüllten Kartoffeln in eine gefettete feuerfeste Form geben, mit saurer Sahne und einigen Eßlöffeln zerlassenem Fett übergießen. Backzeit in der Ofenröhre 10–12 Minuten.

*V. Mit Räucherspeck und Käse, auf Wiener Art.* 12–14 möglichst gleich große gewaschene, aber ungeschälte Kartoffeln in der Röhre backen, pellen, der Länge nach halbieren und das Innere herausschaben. Das Kartoffelinnere passieren und mit 100 bis 120 g Butter, 4–5 Eßlöffel saurer Sahne, 100–120 g durchgedrehtem Räucherspeck, Salz und 100–200 g geriebenem Käse vermengen. Die Kartoffeln damit füllen und mit geriebener Semmel und Butterflöckchen bestreuen. In eine gefettete Pfanne legen und in der Röhre schön braun backen. Die fertigen Kartoffeln mit zerlassener Butter reichen.

### *Gebackene, gefüllte Kartoffeln*

1 kg geschälte Kartoffeln in der Röhre backen. Danach das Innere herausschaben, zerdrücken und mit in 50 g Fett verrührten 2 Eigelb, Salz und evtl. Pfeffer vermengen. Damit die Kartoffeln füllen, mit zerlassenem Fett beträufeln, nochmals in die Röhre geben und erhitzen. (Die Füllung ist schmackhafter, wenn 1 Eßlöffel saure Sahne hinzugefügt wird.)

## *Reisgerichte*

### *Dampfreis, Risotto*

*I.* 300 g Reis waschen und das Wasser gut abtropfen lassen. In 80 g zerlassenem Fett – nach Belieben – 1/4 feingewiegte Zwiebel glasig rösten und eventuell etwas feingeschnittene Petersilie beigeben. Den Reis ins Fett schütten, gut umrühren, etwas anrösten und mit heißer Fleisch- oder Knochenbrühe auffüllen, so daß er vollkommen bedeckt ist. Aufkochen, salzen, eventuell ein wenig pfeffern. Zugedeckt 20 Minuten in der Röhre dünsten und danach vorsichtig mit einer Gabel 50 g Butter darin verrühren.

*II. Mit grünen Erbsen.* Den Reis, der wie unter I. beschrieben zubereitet wurde, mit 500 g gut abgetropften Büchsenerbsen unter Zugabe von etwas Butter, Salz und eventuell Pfeffer vermischen. (Werden frische grüne Erbsen verwendet, so braucht man 750–1000 g. Diese Menge ergibt ohne Hülsen gleichfalls

500 g.) In 1 Eßlöffel Fett und etwas feingewiegter Petersilie die Erbsen zugedeckt dünsten, salzen, eventuell mit etwas Fleischbrühe oder kochendem Wasser auffüllen. Den mit den Erbsen vermischten Reis vorsichtig in den erwärmten und mit zerlassener Butter oder Öl ausgestrichenen Schöpflöffel drücken und die Portionen in dieser Form auf eine Platte stürzen. Zuletzt mit geriebenem Käse bestreuen.

*III. Risibisi.* 500 g junge grüne Erbsen in Butter oder Fett dünsten, wenn nötig, von Zeit zu Zeit etwas Wasser oder Knochenbrühe zugießen. Gleichzeitig in einer anderen Kasserolle 300 g Reis salzen und dünsten. Wenn die Erbsen fast gar sind, sie zu dem Reis schütten und das Ganze zusammen weiterdünsten, bis der Saft verkocht ist.

*IV. Mit Leber, Schinken oder Räucherfleisch.* 250 g feingeschnittene Leber, Schinken oder geräucherten Kamm, eventuell anderes Räucherfleisch und geriebenen Käse mit dem Reis, der wie unter I. beschrieben zubereitet wurde, vermengen.

*V. Mit Suppengrün und Pilzen, einfach.* Den unter I. beschriebenen Risotto mit 250 g gekochtem, in Würfel geschnittenem Suppengrün (Kohlrabi, Mohrrüben, Sellerie und Petersilienwurzel) vermengen und nach Belieben einige gedünstete Pilze hinzufügen. Den Risotto mit geriebenem Käse oder feingewiegter Petersilie oder mit beiden bestreuen.

*VI. Mit Gemüse.* Je 150 g in kleine Würfel geschnittene Pilze und Karotten und 150 g frische grüne Erbsen oder Büchsenerbsen salzen und in Fett dünsten. 150 g Rosenkohl oder gleichfalls in Würfel geschnittene Kohlrabi in Salzwasser kochen. 300–350 g Reis in Fett anrösten und mit dem Rosenkohlwasser auffüllen. 30 g geriebenen Käse hineingeben, salzen und den Reis weich dünsten. Danach mit dem Gemüse vermischen und zusammen noch ungefähr 5 Minuten dünsten. Vor dem Anrichten mit 20 g geriebenem Käse bestreuen.

*VII. Mit Leber und Tomaten.* 250 g Gänse- oder andere Geflügelleber braten und in Stücke schneiden. 300 g Reis und 250 g grüne Erbsen, jedes für sich, in Butter dünsten und salzen. 5 Eßlöffel Öl in einer kleinen Kasserolle erhitzen, ein wenig geriebene Zwiebel sowie etwas feingeschnittene Petersilie und 0,3 l Tomatensaft dazugeben. Den Tomatensaft gut aufkochen, über den Reis schütten und die grünen Erbsen, die Leber und 3–4 Eßlöffel geriebenen Käse untermischen. Das Ganze gut verrühren und in eine feuerfeste Form schütten. Noch reichlich geriebenen Käse darauf streuen und 15 Minuten in der Röhre backen. Den fertigen Risotto mit Tomatensoße reichen.

*VIII. Mit Gänseleber.* In Butter oder Fett 250 g Reis anrösten, mit Knochenbrühe auffüllen und weich kochen. In eine gebutterte Form eine Schicht Reis und darauf eine Schicht gebackene oder gedünstete, kleingeschnittene Gänseleber legen, darauf wieder Reis usw. Das Ganze mit Parmesankäse bestreuen und 10–15 Minuten in der Röhre backen. Vor dem Anrichten den Risotto auf eine Platte stürzen und geriebenen Käse dazu reichen. (Einige in Butter gedünstete Pilze und grüne Erbsen, in den Reis gerührt, heben den Geschmack des Gerichtes.)
*IX. Milaneser.* 500 g gedünstete grüne Erbsen, 150 g geriebenen Käse, 200 g in Butter gedünstete, kleingehackte Pilze und 200 g feingehacktes, gekochtes Räucherfleisch (eventuell Schinken) mit in Butter gedünstetem, gesalzenem Reisbrei vermengen und so viel Suprêmesoße zugeben, daß die Masse gut zusammenhält. Dann in eine gebutterte Form drücken, auf eine Platte stürzen und mit Suprêmesoße, gedünsteten grünen Erbsen und gedünsteten, enthäuteten Tomatenscheiben garnieren. (Wenn man keine frische Tomaten hat, kann die Suprêmesoße wegbleiben, und man garniert den Risotto mit dickem Tomatenmark und gedünsteten grünen Erbsen.)
*X. Neapolitaner.* In 80 g Butter ein wenig feingewiegte Petersilie und 300 g Reis anrösten und salzen, dann mit einem guten Weißwein, der mit ein wenig Wasser verdünnt wurde, auffüllen, bis die Flüssigkeit den Reis bedeckt. 250 g grüne Erbsen, 150 g in Würfel geschnittenen Schinken, 250 g ebenfalls in Würfel geschnittene Pilze, 100 g geriebenen Käse und ungefähr 50 g Butterflöckchen dazugeben. Das Ganze so lange dünsten, bis der Reis gar, aber nicht zerkocht ist. Während des Dünstens nicht umrühren. Wenn nötig, die Kasserolle zwischendurch etwas schütteln und die verkochte Brühe durch Fleisch- oder Knochenbrühe ersetzen. Vor dem Anrichten reichlich mit geriebenem Käse bestreuen.

## Djuwetsch
(serbisches Gericht)

200–250 g Reis weich dünsten, und zwar so, daß die Körnchen ganz bleiben. Den Boden einer feuerfesten Form mit 1–2 Eßlöffel Fett und einer Schicht Reis belegen. Darauf eine Schicht in Scheiben geschnittene, gedünstete Zwiebeln, eine Schicht gewaschene, enthäutete, in Stücke geschnittene Tomaten und Paprikaschoten und eine Schicht in Würfel geschnittene, in Paprikafett geröstete Schweinskeule geben. Jede Schicht nach Geschmack salzen und mit saurer Sahne begießen. Dann weiterschichten, je eine Schicht Reis, Zwiebeln usw. Die oberste Schicht, die aus Tomaten bestehen soll, reichlich mit saurer Sahne übergießen. Für 25–30 Minuten in die Röhre schieben.

## Serbisches Reisfleisch

100 g in kleine Würfel geschnittenen Räucherspeck mit $^1/_4$ geriebener Zwiebel anrösten. 1 kg in kleine Würfel geschnittenes Schweine-, Hammel- oder Kalbfleisch salzen und 1 Eßlöffel Delikateßpaprika hineingeben. Mit etwas Fleisch- oder Knochenbrühe aufgießen und das Fleisch halbgar dünsten, dann unter Zugabe von 400–450 g Reis und der nötigen Menge Fleisch- oder Knochenbrühe gar werden lassen. Zuletzt geriebenen Käse und ein nußgroßes Stück Butter unterrühren. Vor dem Anrichten den Reis mit geriebenem Käse bestreuen.

## Schweinsleber mit Reis

500–600 g Schweinsleber waschen, in Scheiben schneiden und in mit etwas Zwiebel und Paprika vermengtem Fett dünsten. Die Leber durch den Fleischwolf drehen oder feinschneiden und mit 350 g gekochtem Reis vermengen.

## Schweizer Reisklösschen

Aus Fleischresten oder gekochtem oder gebratenem Fleisch ohne Gemüse ein dickes Frikassee zubereiten. Mit angefeuchteten Händen kleine Klößchen formen. Diese in gedünstetem Reis wälzen, bis sie gleichmäßig rund sind, mit Ei und geriebener Semmel panieren und in heißem Fett rasch braten. Mit sauren Gurken, roten Rüben oder Mixed Pickles servieren.

## Reisfleisch mit Tomaten

Hammelkeule, Schweine- oder Kalbfleisch in Würfel schneiden und als Pörkelt zubereiten. Reis salzen, weich dünsten und mit dem Fleisch, dessen Saft eingekocht sein muß, vermengen. Eine Tomatensoße darübergießen und geriebenen Käse dazureichen.

## Pilze mit Reis

*I.* In einer Kasserolle 250–300 g Reis und in einer anderen 250 bis 300 g feingewiegte frische Pilze (von getrockneten benötigt man nur 50–60 g) dünsten und salzen. Sobald der Saft der Pilze verkocht ist, dieselben mit dem Reis vermengen.

*II. Rührei mit Beilage.* In einer Kasserolle 250–300 g Reis und in einer anderen 100–150 g feingewiegte frische oder 30–40 g getrocknete Pilze dünsten. Sobald der Saft der Pilze verkocht ist, dieselben mit dem Reis vermengen. Das Ganze auf einer runden Platte mit einem aus 3–4 Eiern zubereiteten Rührei garnieren und mit Essig- oder Salzgurken servieren.

### *Reis mit Tomaten auf albanische Art*

250 g Reis waschen, abtropfen lassen und in der lauwarmen Röhre trocknen, indem man ihn einige Male schüttelt. Ein nußgroßes Stück Fett zergehen lassen und etwas feingewiegte Zwiebel und 1 Knoblauchzehe hineingeben. Bevor die Zwiebeln braun sind, den Reis hineingeben und im Fett gut umrühren. Den Reis dünsten, dabei aber beachten, daß er weder breiig noch braun wird. Dann 0,1 l Tomatenmark oder 500 g geschälte, kleingeschnittene Tomaten dazugeben, salzen und mit kaltem Wasser auffüllen, bis er bedeckt ist. Langsam aufkochen, ohne umzurühren. Wenn nötig, ab und zu heiße Fleisch- oder Knochenbrühe nachfüllen. Den Reis mit geriebenem Käse servieren.

### *Reis mit Käse auf Waleser Art*

400 g Reis in kaltem Wasser aufs Feuer setzen und aufkochen, dann in ein Sieb schütten, abtropfen lassen und mehrmals mit kaltem Wasser übergießen. Danach in 80 g Butter und Fleisch- oder Knochenbrühe weich dünsten, salzen, pfeffern und mit 120 g geriebenem Käse vermengen. Schließlich für 12 bis 15 Minuten in die Röhre schieben.

### *Reis mit Spiegelei und Béchamelsosse*

100–150 g Reis auf übliche Art dünsten. Dann eine Béchamelsoße aus Butter, Mehl, Milch und Eiern zubereiten und mit ein wenig Safran schön gelb färben. Die benötigten Eier in wenig Butter oder Fett fest werden lassen. Den Reis auf eine Platte häufen, mit der Béchamelsoße übergießen und zuoberst die Eier legen.

## *Salzige (in Fett gebratene oder gekochte) Mehlspeisen und Puddings*

### *Der Langos*

gehörte zu den immer neuen Freuden meiner Kindheit. Obwohl mein Gesicht durch die Länge der Jahre und durch die Fülle der Ereignisse arg mitgenommen ist, leuchten noch heute meine Augen und spielt ein Lächeln um meinen Mund, wenn ich an diese Köstlichkeit zurückdenke. Aus dem Nebel der Vergangenheit steigen vor mir Duft und Geschmack des kleinfingerdick ausgerollten warmen Brotteigs auf, der frischen sauren Sahne oder des feinen Gänsefettes, womit meine Mutter die Langos reichlich begoß oder einrieb.

Der Langos war ein Anhängsel beim Brotbacken. Da auch bei uns zu Hause in der Budapester Innenstadt meistens hausgebakkenes Brot auf den Tisch kam, konnten wir uns ziemlich oft am Langos erfreuen.

In den ersten zwei Jahrzehnten meines Lebens habe ich sehr viel Langos gegessen, und trotzdem ging es mir dabei sowie den meisten Mitmenschen mit dem Geld: es kann nie genug davon geben. Immer, wenn der letzte Bissen Langos heruntergeschluckt war, hätte ich am liebsten noch ein Stück gegessen. Aber da waren ja auch meine Eltern und Geschwister, und jeder liebte das schmackhafte Gericht mit seinem unübertroffenen Duft. Doch von dem mit viel Mühe gekneteten Brotteig konnte nicht noch mehr abgezwickt werden. Schließlich war ja der Langos nur ein Nebenprodukt, und zwei ansehnliche lange Laibe Brot mußten aus dem Teig herauskommen, damit es für eine Woche reichte.

Eigenhändig knetete meine Mutter – eine gute Hausfrau aus Transdanubien, die 1867 mit meinem Vater nach Budapest gezogen war – den Brotteig. Bei dieser wichtigen Aktion wurde auch mir zeitweilig eine Rolle zugeteilt. Fiel das Brotbacken in die Schulferien, so hatte ich die Aufgabe, den runden Backtrog im Gleichgewicht zu halten. Diese Ehre wurde mir zuteil, weil ich viel in der Küche im Weg stand. Schickte mich meine Mutter ins Zimmer, damit ich mich mehr mit dem Lernen beschäftige, so war ich innerhalb weniger Minuten erneut draußen in der Küche. Da meine Mutter verständnisvoll war, gab sie den vergeblichen Kampf bald auf und versuchte, mich nützlich anzustellen. Einmal ließ sie mich die Mehlschwitze rühren, ein andermal grüne Bohnen oder Zuckererbsen putzen oder gar Nüsse aufknacken und auslesen. Besonders letztere Beschäftigung war mir sehr ans Herz gewachsen. „Dem Ochsen, der da drischt, wird das Maul nicht verbunden", so blieb auch mein Mund während des Auslesens der Nüsse für das Naschen offen.

Das Brotbacken bereitete mir jedoch noch mehr Freude. Unter den kräftigen Knetbewegungen meiner Mutter und beim Schlagen des Teiges schwankte der Backtrog beträchtlich. Nicht selten mußte ich alle meine Kräfte zusammennehmen, um ihn im Gleichgewicht zu halten, aber ich tat es gern, winkte doch die Belohnung: der herrliche Langos.

Ausgesprochen interessiert verfolgte ich den Knetprozeß. Das Sieben des Mehls und Zubereiten des Sauerteigs geschah am

Vorabend. Anderntags früh, als wir vom sorgfältig abgedeckten Trog in der warmen Küche die Hülle wegnahmen, schimmerte am Fuß der Mehlberge der aufgegangene Sauerteig wie der Spiegel eines Sees in der Tatra.

Unser Brot wurde aus dem sogenannten Doppel–Mehl (halb Weizen, halb Roggen) bereitet. Vor dem Kneten kamen noch etwa 14–15 Prozent Kartoffeln hinzu. Damals wurde die gelbe Kartoffelsorte, mit appetitlicher Farbe und ausgezeichnetem Geschmack verwendet. Diese hervorragenden und gut zur Brotbereitung geeigneten Kartoffeln wurden als Pellkartoffeln gekocht, anschließend geschält, durch ein Sieb gedrückt und unter das Mehl gemengt. Nach dem Salzen und mit Hilfe der allmählich zugegebenen notwendigen Wassermenge begann das Kneten.

Die Kunstfertigkeit des Knetens zeigte sich darin, daß das kleistrige, klebrige Material durch die ununterbrochene Arbeit, durch das Kneten und Walken, nach einiger Zeit weder am Trog noch an den Händen kleben blieb. Es entstand ein ganz glatter, herrlicher, nicht zu harter und nicht zu weicher Brotteig.

Jetzt wurden zwei große Laibe geformt; sie mußten aufgehen und wurden in den mit Mehl bestäubten und mit einem Brottuch ausgelegten Korb verstaut. Nach erneutem Aufgehen brachten wir den gut zugedeckten Korb zum Bäcker, da leider zu unserer Wohnung kein Backofen gehörte. Selbstverständlich nahm meine Mutter vorher vom Teig die nötige Menge für den Langos weg.

Manchmal durfte ich als Begleiter mit zum Bäcker, sah die bis zum Gürtel nackten Bäckergesellen bei ihrer ermüdenden, schweren Arbeit und war beeindruckt von den im Ofen wütenden riesigen Höllenflammen; aber schon lief ich nach Hause, um den frischen Langos essen zu können.

Nachmittags, wenn das frische Brot nach Hause geholt und ausgekühlt war, schnitt es meine Mutter an und verteilte unter uns die ersten Schnitten. Im Spätsommer oder Herbst aßen wir sprichwörtlich „weiches Brot und süße Weintrauben“, im Winter gab es Nüsse dazu, denn „Nüsse sind nur mit Brot gut“, lautet ein anderes ungarisches Sprichwort. Wir gaben beiden Sprichwörtern recht, Weintrauben und Nüsse schmeckten tatsächlich hervorragend zu frischem, weichem Brot.

PS: Zum Langos noch soviel: Manchmal bestreuten wir ihn mit geröstetem, gepfeffertem kleingeschnittenem Kraut oder bestrichen ihn mit einer Masse aus Eigelb, saurer Sahne, Dillkraut und gesalzenem Quark und buken ihn in der Backröhre auf Krautblättern. Beide Varianten schmeckten ausgezeichnet.

*Kartoffellangos* *I.* Aus 15 g Hefe und etwas Mehl einen Sauerteig bereiten, mit 200 g gekochten, geriebenen Kartoffeln verarbeiten und an einen warmen Ort stellen. Nach einigen Stunden mit lauwarmem Wasser in 1 kg Brotmehl verkneten (es kann halb und halb Weizen- und Roggenmehl sein, feines Strudelmehl ist ungeeignet) und ungefähr 20 g Salz hinzufügen. Den Teig mit beiden Händen gut durchkneten, bis er nicht mehr an den Händen klebt. Er darf weder zu hart noch zu weich sein. (Um dies zu erreichen, kann man vorsichtig ganz kleine Mengen Mehl oder Wasser dazugeben.) Den Teig dann nochmals an einem warmen Ort mehrere Stunden gehen lassen und schließlich so viele kleine Laibe daraus formen, wie benötigt werden. In einer Stielpfanne Fett auslassen oder Öl erhitzen (am besten eignet sich Gänsefett dazu) und nacheinander die ausgerollten Laibe, in die einige Male mit der Gabel eingestochen wurde, ausbraten. (Man kann sie auch auf dem Rost braten und erst danach mit Fett bestreichen. Sie saugen dann weniger Fett auf.) Die Langos salzen, eventuell mit saurer Sahne übergießen und sofort warm verzehren.

*II. Mit Kraut, in der Röhre gebacken.* Den unter I. zubereiteten und aufgegangenen Teig fingerdick ausrollen, auf ein mit Schweine- oder Gänsefett ausgestrichenes Blech legen, die Ränder nach oben biegen und mit dicker saurer Sahne begießen. Dann salzen, mit Kraut, das wie zur Strudelfüllung vorbereitet wurde, belegen. Das Kraut mit Pfeffer würzen und das Ganze in der Röhre backen.

*III. Mit Eiern, Milch und Butter.* Dem im Rezept I. beschriebenen Teig 3 Eier, 50 g zerlassene Butter und so viel Milch beigeben, daß man einen weichen Teig kneten kann. 30 Minuten ruhen lassen, dann mit dem Löffel kleine Laibe formen und diese in viel heißem Fett goldgelb backen.

## *Die Túrós csusza*

bezeichnete einmal ein Journalist in einem Zeitungsartikel kurz als „Kleister" und entrüstete sich stark, daß er noch immer auf der Speisekarte der ungarischen Küche zu finden sei.

Seit meiner Kindheit ist Túrós csusza eines meiner Lieblingsgerichte, erlauben Sie mir deshalb, daß ich sie verteidige. Zugegeben, der Verfasser des Artikels hat bestimmt so ein Gericht gegessen, das tatsächlich dem Kleister ähnelte, und wahrscheinlich hatte er es noch nie anders zubereitet bekommen, deshalb

schrieb er diesen zornigen Artikel. Ich aß auch schon schauerliche Beefsteaks, scheußliche Kasinoeier und unappetitliche Kremschnitten, trotzdem fordere ich nicht, diese Spezialitäten einfach zu verbieten. Außerdem hat niemand das Recht, aufgrund einseitiger Erfahrungen eine ungarische Speise, die gut zubereitet eine Besonderheit ist, einfach auf den Index zu setzen.
Anstelle von Túrós csusza gelangt immer dann „Kleister“ auf den Teller, wenn die Mehlspeise nicht gründlich geknetet, sondern zu weich gelassen wurde, wenn sie zu dünn ausgerollt, in zu große Stücke gezupft wurde, die dann leicht verklumpen. Die Fleckerln dürfen nicht zu lange im Wasser bleiben oder vor dem Anrichten auf dem Herd stehen, der Quark muß frisch und lauwarm sein, die saure Sahne von bester Qualität. Sonst entsteht eine säuerliche, bittere Masse mit schlechtem Geschmack, die tatsächlich nicht würdig ist, die Bezeichnung „ungarische Spezialität“ zu tragen.
Ich weiß genau, daß es außer dem erwähnten strengen Artikelschreiber noch viele Leute gibt, die Túrós csusza wirklich nur als „Masse“ kennen; das ist kein Wunder, wenn man bedenkt wie schwierig es ist, einwandfreien Quark und erstklassige saure Sahne zu beschaffen.
Es gibt eigentlich sehr wenig Fachleute – sowohl in den Haushalten als auch in den Gaststätten –, die es verstehen, die ungarischen Mehlspeisen hervorragend zuzubereiten...
Also möchte ich nun die mangelhaft Informierten aufklären, wie echte Túrós csusza bereitet werden.
Zutaten: 1 kg feines, trockenes, gesiebtes Mehl, 3 frische Eier, 1 gehäufter Eßlöffel Schweinefett (ausgelassener Räucherspeck), die Grieben von 250 g in kleine Würfel geschnittenem Räucherspeck (der während des Knetens ausgelassen wird), 500 g frischer Quark (in ein Tüllsäckchen geben und die Molke abtropfen lassen) und 0,5 l dicke frische saure Sahne.
Ist alles bei der Hand, wird begonnen: Aus Mehl, Eiern, etwas Salz, 0,15–0,2 l kaltem Wasser einen elastischen, doch nicht zu harten Teig kneten. Auf dem mit Mehl bestreuten Brett den zu einem Laib geformten Teig 5 Minuten stehenlassen, danach mit dem Nudelholz ungefähr 2 mm dick ausrollen. Wieder 1–2 Minuten erst auf der einen, dann auf der anderen Seite ruhenlassen, damit er austrocknet. Etwa 2×2 cm große Fleckerln abzupfen. Bis diese Arbeit beendet ist, soll auf dem Herd bereits das reichlich gesalzene Wasser stark kochen. (Vorsichtshalber 1 Kaffeelöffel Fett dazugeben, damit die Fleckerln nicht zusammenkleben). Den Teig in das siedende Wasser geben und zudecken. Erscheinen die Fleckerln an der Oberfläche, auf einem Sieb gut

abtropfen lassen. Das Abschrecken mit kaltem Wasser ist überflüssig und eher schädlich, da die Fleckerln dabei auskühlen und beim Aufwärmen der Geschmack verdorben wird. Statt dessen die Nudeln sofort nach dem Abtropfen in einer größeren Kasserolle in heißem Sahnenfett schwenken (0,3 l saure Sahne, 1 Eßlöffel Fett), etwas salzen, die Hälfte des zerriebenen (nicht gepreßten oder passierten) Quarkes daruntermischen und das Ganze auf einer vorgewärmten Platte anrichten. Einen Hügel formen, reichlich mit der anderen Hälfte des warm gehaltenen Quarkes bestreuen, mit 0,2 l heißer saurer Sahne begießen und die frischen Grieben daraufgeben. Alles soll sehr schnell gehen und sofort serviert werden. Túrós csusza schmeckt nur heiß und ganz frisch wirklich gut. Aber auf diese Weise bereitet sind sie ein köstliches, wohlschmeckendes, duftendes Gericht.

PS: Der Teig der Túrós csusza eignet sich auch gut zur Zubereitung von Nudeln.

## Das Kneten von Nudelteig

In 500 g gesiebtes Feinmehl, das auf dem Nudelbrett gehäuft wurde, eine Vertiefung machen, 2–3 Eier und 0,1–0,2 l lauwarmes Wasser hineingeben. Diese Zutaten vorsichtig mit dem Mehl vermengen und dann verkneten, bis ein glatter Teig entsteht, der nicht mehr an den Händen klebt. Wenn nötig, noch etwas Wasser zugeben, doch darf der Teig nicht weich werden, sondern muß eher fest und elastisch sein. Den Teigkloß in 2–3 Teile zerschneiden und zu Laiben formen. Diese mit dem Nudelholz ungefähr 2 mm dick ausrollen. Ist der Teig zu weich, noch etwas trocknen lassen und schließlich in breite oder dünne Streifen oder Würfel schneiden oder Fleckerln daraus zupfen.

## Das Kochen von Nudeln

Die in der eigenen Küche hergestellten oder fertig gekauften Teigwaren in stark gesalzenes, kochendes Wasser schütten. Steigen sie an die Oberfläche und kocht das Wasser wieder, in einem Sieb abtropfen lassen und in das bereits in einer Kasserolle vorbereitete Fett geben, in dem sie gut durchgeschüttelt werden. Für eine süße Mehlspeise einfaches Fett verwenden, für eine gesalzene das aus Räucherspeck ausgelassene Fett, mit saurer Sahne vermengt. Die Mehlspeise bis zum Auftragen warm halten, weder kalt stellen noch abschrecken.

## Mehlspeisen aus Würfeln oder Streifen

*I. Schinkenwürfel.* Die gekochten und in heißem Fett geschüttelten Nudeln mit warmer saurer Sahne übergießen und mit feingeschnittenem Schinken vermengen. Die Schinkenwürfel können auch wie folgt zubereitet werden: einen Mürbteig bereiten, damit eine feuerfeste Form auslegen, die fertigen Schinkenwürfel hineinschütten und in der Röhre backen.

*II. Krautwürfel.* Würfelförmige Nudeln in Salzwasser kochen, mit kleingeschnittenem und in Fett geröstetem 1 kg–1,5 kg Weißkraut vermischen und mit etwas Pfeffer gewürzt anrichten. Dem Kraut nach Belieben auch saure Sahne beigeben.

*III. Grenadiermarsch.* 1 kg Pellkartoffeln kochen, abpellen, kleinschneiden oder reiben, salzen und in heißem Zwiebelfett rösten. Würfelförmige Nudeln in Salzwasser kochen, in heißem Fett schwenken und mit den Zwiebelkartoffeln vermengen.

*IV. Grießnudeln.* Den fest gekneteten Teig in kleine Würfel oder in Streifen schneiden. Grieß in reichlich Fett braun rösten, heißes Wasser dazugießen, salzen und so lange kochen, bis das Wasser eingekocht ist. Nun den Grieß in einen größeren Topf geben, die gekochten Nudeln dazuschütten und, wenn nötig, nachsalzen. (Die Nudeln können im Topf noch geröstet werden.)

*V. Zwiebelnudeln.* Aus einem Nudelteig Würfel oder Streifen schneiden. In heißem Fett 1/2 oder 1 ganze kleingeschnittene Zwiebel goldgelb rösten, 1 Messerspitze Paprika dazugeben und die in Salzwasser gekochten Nudeln in diesem Zwiebelsaft schwenken.

## Käsenudeln auf Waleser Art

Einen Teig aus 500 g Mehl, 125 g Butter, etwas Salz, 0,25 l saurer Sahne und 4–5 Eigelb bereiten, gut durchkneten und fingerdicke 6 cm lange Röllchen formen, die in heißer, gesalzener Milch gekocht werden. In einem Sieb abtropfen lassen, auf eine Platte legen, mit geriebenem Käse bestreuen und mit warmer Butter übergießen.

## Geschichtete Fleischnudeln

150–200 g Hammel-, Kalb-, Rind- oder Schweinefleisch zerkleinern, salzen und zusammen mit feingewiegter Petersilie in wenig Fett dünsten. Gekochte, in heißem Fett gewälzte Nudeln, die eventuell mit 20–30 g geriebenem Käse vermengt wurden, in eine gefettete und mit geriebener Semmel bestreute feuerfeste Form geben. Darauf eine Schicht Fleisch tun, dann wieder Nudeln usw. Zuletzt 1–2 Eßlöffel saure Sahne darübergießen und das Gericht bis zum Auftragen in die Röhre stellen.

## Gefüllte Täschchen

*I. Fleischtaschen.* Den mit mehreren Eiern verarbeiteten dünnen Teig mit Fleisch füllen. Die Füllung folgendermaßen zubereiten: Braten- oder andere gekochte Fleischreste durch den Wolf drehen und mit 2–3 Eigelb, etwas Petersilie, Salz und Pfeffer vermengen. Die gefüllten und mit dem Küchenrädchen ausgeschnittenen Täschchen in Salzwasser kochen, in heißer Butter wälzen und mit gerösteter geriebener Semmel bestreuen.

*II. Quarktaschen.* Aus 500 g Mehl einen Teig bereiten und dünn ausrollen. Eine Hälfte mit Eiweiß bestreichen und darauf in Häufchen die Füllung setzen. Füllung: 250 g passierter Quark, 1–2 Eier, 0,1 l saure Sahne, Salz und Dill vermischen. Wenn die Füllung nicht fest genug ist, ein wenig gesiebte geriebene Semmel dazugeben. Dann die andere Teighälfte darüberschlagen, die Täschchen mit dem Rad ausschneiden und in Salzwasser kochen. In heißem, mit saurer Sahne vermengtem Fett wälzen, auf eine Platte schütten und mit Quark oder in Fett gerösteter geriebener Semmel überstreuen.

## Piroggen
(russisches Gericht)

Wie die gefüllten Teigtaschen aus geknetetem Teig zubereiten. Die Füllung entweder aus einigen gekochten und durchgepreßten Kartoffeln, einigen Eßlöffeln Schafkäse, 3 Eigelb, ein wenig in Butter gedünsteten Zwiebeln und einigen Eßlöffeln zerlassener Butter oder auch aus feingewiegtem Rind- oder Hammelfleisch, das gesalzen, gepfeffert und mit etwas feingeschnittener Zwiebel in Fett gedünstet wurde, sowie feingewiegten, hartgekochten Eiern herstellen. Wie eine gewöhnliche Teigware kochen, in dem zerlassenen Fett von Räucherspeck schwenken und mit den Grieben zusammen auftragen. Wenn die Piroggen aus gewöhnlichen Hefeteig (selbstverständlich ohne Zucker) zubereitet werden, den Teig kleinfingerdick ausrollen, mit der Füllmasse füllen, zusammenrollen, mit Butter bestreichen und auf einem Kuchenblech backen. Zu den Piroggen in einer Soßenschüssel eine kräftige Fleischbrühe reichen.

## Strapatschka

Aus 500 g geschälten und geriebenen Kartoffeln, 1 Ei, etwas Salz, 1 Eßlöffel Fett und so viel braunem Mehl, wie die Masse aufnimmt, einen Teig bereiten, daraus Nockerln zupfen und in Salzwasser gar kochen. In einer Pfanne Räucherspeck auslassen, die Grieben beiseite legen, die Mehlspeise ins heiße Fett geben und mit 100 g Schafkäse bestreuen. Die Mehlspeise auf einer Platte anrichten und die Grieben darüberstreuen.

## Nockerln

Das Mehl in eine tiefe Schüssel schütten. Auf je 250 g Mehl 1 Ei nehmen, ein wenig Salz und so viel Wasser dazugeben, daß der Teig mit einem Löffel verarbeitet werden kann. Den Teig rühren, bis er glatt wird und Blasen wirft. Dann den Teig durch eine Nockerlsieb oder mit einem Messer von einem kleinen Brett in das kochende Salzwasser schaben. Wenn die Nockerln gar sind, aus dem Wasser nehmen und in heißem Fett oder Butter schwenken, eventuell mit etwas saurer Sahne übergießen und so als Beilage verwenden. Die Nockerln können auch als selbständiges Gericht auf verschiedene Weise angerichtet werden.

*I. Mit Eiern.* Auf die aus 250 g Mehl zubereiteten Nockerln, die in heißem Fett geschwenkt wurden, bei mittlerer Hitze 3–4 verquirlte, gesalzene Eier und eventuell ein wenig mit saurer Sahne vermischte heiße Butter gießen und so lange rühren, bis die Eier fest werden.

*II. Mit Schafkäse.* Die Nockerln mit einer Mischung von Schafkäse, saurer Sahne und heißem Fett übergießen und mit Grieben bestreuen.

*III. Mit Zwiebeln.* In heißem Fett 1 geriebene Zwiebel goldgelb rösten, eine Messerspitze Paprika dazugeben und darin die in Salzwasser gekochten Nockerln schwenken.

## Kartoffelklösse

*I.* 400 g in Salzwasser gekochte und passierte Kartoffeln mit 100 g Mehl, 1 Eigelb und dem Eischnee vermischen. Eine Semmel in kleine Würfel schneiden, mit 20 g durchgesiebter geriebener Semmel in Butter rösten und mit der Masse vermengen. Aus diesem Teig Klöße formen, in Salzwasser gar kochen und in gerösteter geriebener Semmel wälzen.

*II. Gebraten.* 1 kg am Vortage gekochte und geschälte Kartoffeln reiben und mit 60 g Butter, 2 Eiern, etwas Salz, ein wenig geriebener Muskatnuß und 1 Eßlöffel Mehl mit einem Holzlöffel gut verarbeiten. Kleine Klöße daraus formen und diese in heißer Butter oder Fett goldbraun braten. Die Klöße als Beilage oder als selbständiges Gericht servieren.

*III. Mit Fleisch.* 120–150 g durchgedrehtes Rindfleisch in ein wenig Fett mit Zwiebeln dünsten und salzen. Aus 700–750 g Kartoffeln einen einfachen Kartoffelteig herstellen, ausrollen, in Quadrate schneiden und auf jedes Quadrat ein wenig gedünstetes Fleisch häufen. Dann aus den Quadraten Klöße formen und in Salzwasser gar kochen. Vor den Auftragen in gerösteter geriebener Semmel wälzen.

## Semmelklösse

*I.* 3 in kleine Würfel geschnittene Semmeln in Fett rösten. In einer Schüssel aus 400 g Mehl, 2 Eiern, einem nußgroßen Stück Butter, Salz und Wasser einen nicht zu harten, aber auch nicht zu weichen Teig herstellen und diesen mit einem Kochlöffel glattrühren. Die gerösteten Semmelwürfel daruntermischen. Daraus kleine Klöße formen und in Salzwasser gar kochen. Zuletzt in heißem, mit saurer Sahne verrührtem Fett wälzen.

*II. Mit Grieß.* 3 in kleine Würfel geschnittene Semmeln in Fett rösten. Die Würfel mit 3 Eiern, 3 mittelgroßen gekochten und passierten Kartoffeln, 0,2 l Milch, 80 g Grieß und ein wenig Salz vermischen. Den Teig $^1/_2$ Stunde ruhenlassen, dann mit dem Löffel oder mit der Hand Klöße daraus formen und diese in Salzwasser gar kochen. Danach die Klöße in gerösteter geriebener Semmel wälzen.

*III. Auf Wiener Art.* 4 in kleine Würfel geschnittene Semmeln in Fett oder Butter rösten. 9 altbackene, eingeweichte Semmeln gut ausdrücken, mit den gerösteten Semmelwürfeln, 2–3 verquirlten Eiern und 2 Eßlöffeln Mehl vermengen, salzen und mit etwas geriebener Muskatnuß würzen. Den Teig gut verarbeiten, Klöße daraus formen, diese in Salzwasser gar kochen und in heißem, mit saurer Sahne verrührtem Fett schwenken.

*IV. Mit Speck.* 40–50 g in kleine Würfel geschnittenen Speck rösten. 2 ebenfalls in kleine Würfel geschnittene Semmeln dazugeben und diese im Speckfett knusprig braten. Dann das Ganze vom Herd nehmen, erkalten lassen und mit 0,1 l Milch, die mit 2 Eiern verrührt wurde, übergießen. 1 Eßlöffel Mehl, 1 Prise Salz und etwas Pfeffer darüber streuen, das Ganze gut verrühren und 10–12 Minuten stehenlassen. Klößchen daraus formen, die entweder in die Suppe hineingekocht oder in Salzwasser gar gekocht und in mit saurer Sahne verrührtem Fett gewälzt werden.

*V. Aus Fleischresten.* Bratenreste oder Reste von gekochtem Fleisch durch den Wolf drehen und mit geriebener Zwiebel und feingewiegter Petersilie auf Räucherspeckwürfeln dünsten. Für 250 g Fleisch 2 Semmeln in Milch weichen, passieren und zusammen mit 1 Ei mit dem Fleisch vermengen. Ist das Fleisch vollständig erkaltet, noch 2 Eier hinzufügen, salzen und pfeffern. Aus dieser Masse mit mehligen Händen Klößchen formen, die in Fleisch- oder Knochenbrühe gekocht oder auch in heißem Fett rasch gebraten werden können.

*VI. Mit Käse, auf schottische Art paniert.* 300 g geriebene Semmel, 250 g geriebenen Käse, etwas Salz, 180 g Butter und 5 Eigelb zu einer Masse verarbeiten. Mit mehligen Händen Klöße daraus formen, die in Eigelb und geriebener Semmel paniert und in heißem Fett gebraten werden.

*VII. Mit Schinken.* 500 g Schinken oder Räucherfleisch und 4–5 Semmeln in Würfel schneiden und mit 60 g heißem Fett übergießen. 120 g Mehl mit 8 Eigelb, 0,5 l Milch, etwas Salz und feingewiegter Petersilie vermengen. Die Schinkenmasse dazugeben und das Ganze $^1/_2$ Stunde stehenlassen. Klöße daraus formen, in Salzwasser gar kochen und in mit Butter gerösteter geriebener Semmel wälzen.

## *Quarkklösse*

500 g Quark mit 50 g Butter, 3 Eigelb und etwas Salz schaumig rühren, 250 g Mehl und den Eischnee dazugeben. Klöße daraus formen und in Salzwasser gar kochen. (Es ist ratsam, zunächst einen Kloß gar zu kochen, um festzustellen, ob die Masse nicht zu weich oder zu fest ist. Im ersten Fall gibt man Mehl, im zweiten Quark hinzu.) Die Klöße mit saurer Sahne, die mit ausgelassener Butter vermischt wurde, und mit in Butter gerösteter geriebener Semmel auftragen.

## *Käsenudeln*

*I.* 400 g Mehl, 60–80 g geriebenen Käse, 3 Eier und 30 g Butter mit einem Messer zu einem Teig verarbeiten. Aus dem Teig daumenlange, fingerdicke Nudeln formen und in Salzwasser gar kochen. Zuletzt in mit Butter gerösteter geriebener Semmel wälzen.

*II.* Die Nudeln nicht in Salzwasser kochen, sondern in eine gebutterte Pfanne geben, mit ein wenig gesalzener Milch beträufeln und in der Röhre hellgelb backen.

## *Maisganitza*
**(rumänisches Gericht)**

500 g Maismehl langsam in heißes Salzwasser schütten. (Darauf achten, daß das Mehl nicht bitter ist.) Fortwährend rühren, bis der entstehende Brei sich von der Wand des Kochtopfes löst. Mit dem Löffel kleine Nockerln aus dem Brei zupfen und in heißem Fett, dem man 1–2 Eßlöffel saure Sahne beigemischt hat, wenden. Die Nockerln nach Belieben vor dem Servieren mit Grieben bestreuen.

## *Maisbrei Polenta*

*I.* 750 g Maismehl langsam in stark kochendes Salzwasser schütten und unter ständigem Rühren so lange kochen, bis sich ein Brei bildet. Den Brei vom Herd nehmen und mit dem Stiel eines Kochlöffels weiter tüchtig rühren. Das überflüssige Wasser abgießen. Den Brei nochmals einige Minuten aufsetzen (damit er austrocknet) und dann auf ein Brett stürzen. Den Brei mit einem festen Faden quer dreiteilen. Den einen Teil in eine tiefe Schüssel geben und mit geriebenem Käse oder Schafkäse bestreuen, darüber den zweiten Teil mit einem weiteren Käsebelag geben und eventuell mit heißer saurer Sahne oder Milch begießen. Darauf den dritten Teil legen, wieder mit Käse bestreuen und mit heißer zerlassener Butter begießen. (Die italienische Polenta wird in gleicher Weise zubereitet.) Zwischen die einzelnen Teile eventuell auch in Würfel geschnittenes oder kleingewiegtes gedünstetes oder geröstetes Hammel- oder Rindfleisch füllen.

*II. Auf Brasower Art.* In einem Kochtopf 1 l Salzwasser zum Kochen bringen und 1 kg Maismehl langsam hineinlaufen lassen. Unter ständigem Rühren mit dem Stiel eines Kochlöffels in 6–8 Minuten einen dicken Maisbrei kochen. Dann vom Brei mit einem Eßlöffel größere Stücke abstechen und schichtweise in eine reichlich gebutterte feuerfeste Form legen. Auf die erste Maisbreischicht einige Butterflöckchen und Schafkäsestückchen streuen, die dann mit einigen Eßlöffeln saurer Sahne begossen werden. Darauf eine zweite Maisbreischicht geben, die ebenfalls wie oben erwähnt bedeckt wird. Das Gericht in der Röhre mindestens 25 Minuten backen, bis die obenliegende Mischung aus Schafkäse und saurer Sahne hellbraun wird. Das Maisgericht mit in Fett gerösteten Kartoffeln und Kopfsalat auftischen.

## Griessschnitten

Grieß in heißem Salzwasser zu einem dicken Brei kochen. (Pro Person rechnet man 2 Eßlöffel Grieß und 0,1 l Wasser.) Ist der Brei erkaltet, mit 1–2 Eßlöffel zerlassener Butter begießen, mit ein wenig Mehl oder feingeriebener Semmel bestreuen, wenn notwendig, noch etwas salzen und Eier darüberschlagen (1 Ei für 2 Personen.) Das Ganze gut vermischen und Scheiben in der Form eines Koteletts schneiden. Die Scheiben in geriebener Semmel wälzen und in heißem Fett braten. Das sehr schmackhafte Gericht mit roten Rüben oder Gurken anrichten.

## Griesspogatschen mit Käse

Aus 150 g Grieß in 0,75 l Milch einen dicken Brei kochen. Der Milch 1/2 Kaffeelöffel Salz und ein haselnußgroßes Stück Butter beigeben. Den Brei vom Herd nehmen, mit 2 Eigelb, 50–60 g geriebenem Käse und 1–2 Eßlöffel saurer Sahne vermengen und dann fingerdick auf ein mit Mehl bestreutes Nudelbrett schütten. Ist der Brei erkaltet, mit einer angefeuchteten Pogatschenform ausstechen und die Pogatschen in heißem Fett braten. Heiß mit geriebenem Käse bestreuen.

## Schinkenroulade

In den Eischnee von 4 Eiern 3 verquirlte Eigelb, 3 Eßlöffel geriebenen Käse, 2 Eßlöffel dicke saure Sahne und 2 Eßlöffel Mehl einrühren. Die Masse auf einem mit Fett ausgestrichenen Blech backen und auf ein mit geriebenem Käse bestreutes Brett stürzen. Den Teig mit einer Füllung aus 100 g kleingeschnittenem Schinken, 1 Eigelb und 2–3 Eßlöffel saurer Sahne bestreichen, vorsichtig zusammenrollen, in fingerdicke Scheiben schneiden und heiß servieren.

### *Roulade aus Schinken, Räucherfleisch oder Hirn*

Dafür etwas kleinere gesalzene, dünne Eierkuchen backen und mit kleingeschnittenem Schinken oder Räucherfleisch füllen. Vor dem Füllen das Fleisch mit saurer Sahne, Eigelb und etwas Pfeffer vermischen. Die Eierkuchen zylinderförmig zusammenrollen, die beiden Enden nach innen schlagen, in Ei und geriebener Semmel wälzen und in heißem Fett backen. Auf die gleiche Weise auch Hirnröllchen aus mit Ei vermengtem Kalbs- oder Schweinshirn, das in Fett oder Butter gedünstet wurde, zubereiten.

### *Biskuitteig ohne Zucker*

In den steifen Schnee von 6 Eiweiß die 6 Eigelb, 120 g Mehl und 1 Prise Salz geben. Die Masse auf einem gebutterten Blech bakken. (Der Teig wird vor allem für Hirn- und Fleischröllchen verwendet. Er wird heiß auf eine mit geriebenem Käse bestreute Serviette gestürzt, schnell gefüllt und sofort zusammengerollt.)

### *Kartoffelpfannkuchen*

Aus 70 g Butter, 5 Eigelb, 140 g passierten Kartoffeln, etwas Salz, 170 g Mehl und 15 g in wenig Milch eingeweichter Hefe einen Pfannkuchenteig bereiten. Diesen an einem warmen Ort gehen lassen. Den Teig dann in zwei Hälften teilen und auf einem Nudelbrett ausrollen. Den einen Teil mit kleinen Häufchen einer Mischung aus 140 g feingehacktem Schinken, 1 Eigelb und der dazu nötigen sauren Sahne belegen. Die andere ausgerollte Hälfte des Teiges darüberschlagen und kleine Pfannkuchen ausstechen. Diese dann wie die üblichen Pfannkuchen in heißem Fett backen.

## *„Pasta asciutta“*

ist Touristen, die in Italien weilten und bemüht waren, die leichte, abwechslungsreiche italienische Küche kennenzulernen, nicht unbekannt. Pasta asciutta sind Gerichte aus trockenem oder getrocknetem Teig und werden in irgendeiner Variante zu fast jeder Mittag- oder Abendmahlzeit gereicht.
Einer ihrer Hauptarten bilden die volkstümlichen Makkaroni. Die gerillten Rigattoni sind die imposantesten, sie haben einen

daumendicken Durchmesser. Es folgen die ebenfalls dicken Zitti und die Bacatini. Letztere entsprechen den allgemein bekannten Makkaroni. Die Bigoli sind die kleinste Makkaroniart, denn die Spaghetti sind schon so dünn, daß sie keine Röhren sein können, sie gleichen Stäbchen.

Die andere Kategorie bilden die breiten und schmalen Suppennudeln. Hierher gehören z. B. die haardünnen Vermicelli (Fadennudeln). Die Lingua di passera (Spatzenzungen) sind – wie der Name ausdrückt – bereits viel breiter, die flachen Fetucci erreichten 5 mm, die Fetucca sogar 1 cm Breite. Die beiden letzteren Teigwaren werden nicht nur als Suppeneinlage, sondern auch wie Makkaroni verwendet.

Wie bekannt werden Makkaroni vor dem Kochen in entsprechend große Stücke gebrochen (eventuell abgebrüht) und in Salzwasser ca. 15 Minuten lang gekocht. Sind sie weich, auf einem Sieb abtropfen lassen, mit heißer Butter übergießen (oder darin wälzen) und geriebenen Käse, eventuell Schafkäse, Bratensaft oder Tomatensoße darübergeben oder dazu servieren. Makkaroni schmecken hervorragend in geriebener Semmel, in Hackfleisch oder gehacktem Schinken, eventuell in gedünsteten gehackten Pilzen gewälzt, in Béchamelsoße verrührt, mit Eigelb und saurer Sahne (oder auch nur mit saurer Sahne) übergossen, in der Röhre (au gratin) gebacken oder auch wie Eiernocken zubereitet. Als Beilage zu Fleischgerichten werden sie einfach in Fett oder Butter geschwenkt.

## Makkaroni

*I. Auf Neapolitaner Art.* 500–750 g Makkaroni in Stücke brechen und in Salzwasser kochen. Sind sie weich, abgießen und das Wasser abtropfen lassen. Eine feuerfeste Form gut mit Butter ausstreichen und mit geriebener Semmel bestreuen. Die Hälfte der gekochten Makkaroni hineingeben, darauf 50 g Butter bröckeln, salzen, darüber geriebenen Käse streuen und 1–2 Eßlöffel Tomatensaft darübergießen. (Bei frischen Tomaten diese aufschneiden, salzen, in heißer Butter andünsten und auf die Makkaroni geben.) Die andere Hälfte der Makkaroni darauflegen. 0,4–0,5 l saure oder süße Sahne mit 3–4 Eiern verquirlen und über die Makkaroni gießen. Die oberste Schicht noch mit geriebener Semmel und geriebenem Parmesankäse bestreuen und 15 Minuten in der Ofenröhre backen.

*II. Auf Mailänder Art.* 500 g in Salzwasser gekochte Makkaroni in heißer Butter oder Fett schwenken. 100–150 g feingeschnittene, gedünstete Pilze, 150–200 g gekochte und ebenfalls kleingeschnittene Räucherzunge sowie 2–3 Kaffeelöffel geriebenen

Käse dazugeben, das Ganze gut vermischen und mit geriebenem Käse bestreuen.

*III. Mit Leber.* 350 g in kleine Stücke gebrochene Makkaroni in Salzwasser kochen, abtropfen lassen und mit 300 g in Paprikafett gedünsteter und kleingeschnittener Schweineleber vermengen. Das Ganze in eine ausgefettete feuerfeste Form geben, salzen und mit einer Mischung aus 0,3 l Milch, 2 Eigelb und 20 g geriebenem Käse begießen. Backzeit in der Ofenröhre 10–12 Minuten.

*IV. Mit Tomaten und saurer Sahne.* Die in Salzwasser gekochten dünnen Makkaroni in ein Sieb legen und gut abtropfen lassen. Aus 50 g Fett und 50 g Mehl eine Mehlschwitze bereiten und mit so viel kaltem Wasser auffüllen, daß eine dicke Soße entsteht. 3–4 Eßlöffel saure Sahne, die gleiche Menge Tomatenmark und zum Schluß die gekochten Makkaroni dazugeben. Das Ganze nochmals aufkochen und, wenn nötig, nachsalzen.

*V. Mit Pilzen und Schinken.* 50–70 g Butter oder Fett auslassen, darin 1 Eßlöffel Mehl rösten, mit 0,1 l Milch und 0,25 l saurer Sahne auffüllen und salzen. 100–150 g feingeschnittene und in Butter oder Fett gedünstete Pilze (Steinpilze, Champignons oder Spitzmorcheln), ebensoviel feingewiegten Schinken und 2–3 Eigelb unter die Mehlschwitze mischen. 400 g in Salzwasser gekochte Makkaroni dazugeben, gut verrühren, das Gericht mit geriebenem Käse bestreuen und in einer tiefen Schüssel servieren.

*VI. Mit gedünsteten Pilzen.* 500 g Makkaroni in Salzwasser kochen und gut abtropfen lassen. 50 g Butter mit 3 Eßlöffel Tomatenmark, 0,1 l Knochen- oder Fleischbrühe, 200 g gekochter, kleingeschnittener Schweinezunge und einigen gleichfalls zerkleinerten, gedünsteten Pilzen vermischen. Darin die Makkaroni 15–20 Minuten dünsten. Das Gericht mit Kopfsalat anrichten.

*VII. Mit Gemüse, in der Röhre gebacken.* 350–400 g feingeschnittenes Gemüse (Karotten, Kohlrabi, grüne Erbsen, Spargelköpfe, Pilze, mindestens aber 2–4 der genannten Gemüsearten) in Salzwasser halb gar kochen. In diesem durch das Sieb gegossenen Gemüsewasser dann 350–400 g in kleine Stücke gebrochene Makkaroni kochen und das Wasser abtropfen lassen. Danach 3 Eigelb in 100 g Butter schaumig rühren, mit Makkaroni, Gemüse, 50 g geriebenem Käse, 0,25 l saurer Sahne und dem Eierschnee vermengen und salzen. In einer mit Butter ausgestrichenen feuerfesten Form das Gericht 30–45 Minuten backen. Dazu Kopfsalat reichen.

*VIII. Au gratin.* 400–500 g Makkaroni in Salzwasser kochen und, nachdem das Wasser abgetropft ist, in heißer Butter schwenken. Dann in eine mit Butter ausgestrichene feuerfeste Form geben und mit einer aus Butter, Mehl und Milch zubereiteten Béchamelsoße übergießen, in die 3–4 mit saurer Sahne verquirlte Eigelb gegeben wurden. Wenn nötig, nachsalzen. Mit geriebenem Käse und in Butter gerösteter geriebener Semmel sowie 50 g Butterflöckchen bestreuen und in der Ofenröhre goldgelb backen.

*IX. „Al sugo" im Saft.* 500 g in Stücke gebrochene Makkaroni oder Spaghetti einige Minuten in kaltem Wasser weichen lassen, dann in kochendes Salzwasser werfen und weich kochen. Gut abtropfen lassen, in zerlassener heißer Butter schwenken und mit folgender Soße übergießen: Ein wenig Zwiebel in ausgelassenem Räucherspeck oder in Butter rösten, salzen, pfeffern, ein wenig Petersilie hineingeben und eventuell auch mit Verbene würzen. Dann mit dickem Tomatensaft aufgießen, geriebenen Käse hineinmengen und alles zu einer kremartigen Soße kochen.

## Gefüllte Makkaroni (Spaghetti oder Streifennudeln)

500 g in Salzwasser gekochte Makkaroni, Spaghetti oder Streifennudeln gut abtropfen lassen und mit 70–80 g heißem Fett, 5–6 Eßlöffel Tomatenmark, 0,2–0,3 l saurer Sahne und 300 g geräucherter, gekochter, feingeschnittener oder durch den Fleischwolf gedrehter Schweinezunge vermengen. Die Makkaroni damit ungefähr 20 Minuten dünsten. Zu diesem Gericht Kopfsalat, Gurken, Paprika, Mixed Pickles oder rote Rüben reichen.

## Spaghetti

*I. Mailänder Spezialität.* 400–500 g Spaghetti in Stücke brechen in Salzwasser kochen und das Wasser abtropfen lassen. Dann in eine feuerfeste Form geben und in beliebigen Proportionen mit kleinen Butterstückchen, geriebenem Käse, feingeschnittenem Schinken, Zunge, gebratenem Kalb- und Schweinefleisch, in Butter gedünsteten Pilzscheiben, einigen Löffeln Tomatenmark, Salz und etwas Pfeffer vermengen. Das Gericht gut angewärmt servieren und mit geriebenem Käse bestreuen.

*II. Auf Bologneser Art.* In 120–140 g Butter 300 g in Würfel geschnittene Kalbskeule oder Schulterblatt, aus dem der Knochen entfernt wurde, dünsten, dann salzen und pfeffern und 0,3 l dickflüssigen Tomatensaft dazugießen. Das Fleisch einige Minuten darin kochen und dann mit 750 g in Stücke gebrochenen und in Salzwasser gekochten Spaghetti sowie 50 g geriebenem Käse vermengen. Sofort auftragen, aber vorher noch mit 50 g zerlassener Butter übergießen. Geriebenen Käse dazu reichen.

*III. Mit Tomaten und Käse.* Auf den Boden eines Emailletopfes 1 Kaffeelöffel Fett geben oder besser die entsprechende Menge Öl gießen. Darin feingewiegte Petersilie rösten, danach 3 Büchsen Tomatenmark, den Saft 1 Zehe Knoblauch, ein wenig Senf und 0,1 l Wasser dazugeben. Das Ganze einmal aufwallen lassen. (Darauf achten, daß die Tomatensoße nicht zu dünnflüssig ist!) Die Soße heiß über die in Salzwasser gekochten und in Fett oder Öl geschwenkten Spaghetti gießen und sofort auftragen. Parmesan- oder anderen geriebenen Käse dazu servieren, den sich jeder nach Belieben auf die Spaghetti streut.

## Haferflocken

*I. Brei.* 150 g Haferflocken in 1,5 l leicht gesalzenem Wasser vollständig zerkochen lassen (ungefähr 1½–2 Stunden Kochzeit). Den Brei nach Geschmack zuckern und 20 g Butter, 0,05 l Milch und 1 Eigelb darin verrühren.

*II. Gedünstet.* 12–15 Eßlöffel Haferflocken in Butter anrösten, langsam mit Wasser auffüllen, salzen und zugedeckt dünsten, bis das Wasser verkocht. Die Haferflocken wie Reis als Beilage reichen.

*III. Kroketten.* 150 g Haferflocken zusammen mit 50 g Butter in heißem Wasser vermengen. Unter häufigem Rühren so lange kochen, bis der Brei die entsprechende Dicke erreicht. Ist er ausgekühlt, 2 Eigelb, Salz und nach Belieben etwas Pfeffer dazugeben. Mit einem Eßlöffel kleine Portionen ausstechen und daraus auf einem mit Mehl bestreuten Nudelbrett Röllchen formen. Diese in Ei und geriebener Semmel wälzen und in heißem Fett braten. Mit Tatarsoße und Salat servieren.

*IV. Koteletten.* 150–200 g Haferflocken in 1 l gesalzener Flüssigkeit – zur Hälfte Wasser, zur Hälfte Milch – zu einem dicken Brei kochen. Ist der Brei etwas ausgekühlt, 2 Eier hineinrühren, Koteletten formen, mit Ei und geriebener Semmel panieren und in heißer Butter oder heißem Fett braten.

*V. Pogatschen mit Suppengrün.* 250 g Haferflocken in 0,2 l Knochenbrühe einweichen. 150 g in Würfel geschnittenes Suppengrün (Möhren, Sellerieknolle und Kohlrabi) mit ein wenig Zwiebel in Fett rösten, mit den eingeweichten Haferflocken und 2 Eiern zu einer Masse verkneten. Aus der Masse mit angefeuchteten Händen kleine Pogatschen formen und in heißem Fett goldbraun braten.

*VI. „Rücken" mit brauner Soße.* 200–250 g Haferflocken (oder Reis) in Salzwasser zu einem dicken Brei kochen und beiseite stellen, bis er abgekühlt ist. Inzwischen in ein wenig Butter und Wasser Petersilienwurzel, Sellerieknollen, Möhren und Zwiebeln zugedeckt weich dünsten. Sind sie gar, mit etwas Mehl bestreuen, kurz anrösten, mit wenig Wasser auffüllen und weiterdünsten, bis das Wasser verkocht ist. Durch ein Sieb passieren, mit dem erkalteten Haferflockenbrei und 2–3 Eiern vermengen. Die Masse salzen und pfeffern, länglich formen, mit Butter und 4–5 Eßlöffel saurer Sahne übergießen und in der Ofenröhre überbacken. Mit einer braunen Soße (zubereitet aus passiertem Suppengrün, geröstetem Zucker, saurer Sahne und Butter) auftragen.

## *Räucherfleischauflauf*

8 Kaffeelöffel Gänsefett, 8 Kaffeelöffel Mehl und 0,15 l Wasser zu einem dicken Brei kochen. Ist er abgekühlt, mit 8 Eigelb, 300 g geräuchertem, feingeschnittenem, Rind- oder Gänsefleisch und dem Eierschnee vermengen. In einer mit Gänsefett ausgestrichenen und mit geriebener Semmel bestreuten Form den Auflauf 1 Stunde lang backen. Aus geröstetem Zucker, Mehl, Knochenbrühe, Salz, Pfeffer, Rot- oder Weißwein und Pilzscheibchen eine Soße dazu bereiten. Die Soße lange kochen und vor dem Anrichten passieren. (Dieses Gericht kann auch aus Schinken zubereitet werden. In diesem Fall verwendet man Schweinefett oder Butter.)

## *Gemüseauflauf oder -pudding*

*I. Kartoffelpudding mit Fleisch.* 140 g Butter schaumig rühren, 6 Eigelb, 0,1 l süße oder saure Sahne, 50 g geriebenen Käse, den Eischnee und 500 g gekochte, passierte Kartoffeln damit vermengen und salzen. 250 g Rindslende, 250 g Schweinskeule und 250 g Champignons – jedes für sich – gesalzen in wenig Butter oder Fett dünsten. Das weiche Fleisch durch den Wolf drehen, vermengen und die Pilze kleinschneiden. Auf den Boden einer gebutterten und mit geriebener Semmel bestreuten Puddingform eine Schicht Kartoffelmasse geben, dann eine Schicht Fleisch, eine Schicht Pilze, danach wieder Kartoffeln usw., bis die Zutaten verbraucht sind, die Kartoffeln müssen den Abschluß bilden. Den Pudding 45–60 Minuten im Wasserbad kochen. Vor dem Anrichten mit Tomatensoße, die auch noch separat gereicht wird, übergießen und mit geriebenem Käse bestreuen.

*II. Kartoffelauflauf mit Käse.* 250 g Salzkartoffeln reiben, mit 90 g Butter und 6 Eigelb vermengen. 0,25 l heiße saure Sahne auf 60 g geriebenen Käse gießen, aber nicht verrühren. Wenn es etwas abgekühlt ist, in die Kartoffelmasse mengen. Schließlich den steifen Eischnee dazugeben, salzen und das Ganze in einer gebutterten Form 45 Minuten in der Röhre backen.

*III. Pilzauflauf.* 50 g Mehl auf dem Herd mit 80 g zerlassener Butter vermischen, unter fortwährendem Rühren mit 0,5 l Milch aufgießen, glattrühren, vom Feuer nehmen und erkalten lassen. Dann mit 400 g in Butter gedünsteten und feingewiegten Pilzen, Salz, 9 Eigelb und dem Schnee der 9 Eier vermengen. Den Auflauf in einer gebutterten und mit geriebener Semmel ausgestreuten Form 60 Minuten im Wasserbad kochen.

*IV. Blumenkohlpudding.* 1 großer oder eventuell 2 kleinere Köpfe Blumenkohl in Salzwasser kochen und gut abtropfen lassen. Aus 50 g Butter, Mehl und etwas Milch eine helle, dicke Soße bereiten, salzen, evtl. pfeffern und nach dem Aufkochen erkalten lassen. 4 Eigelb hineinschlagen und den Eischnee, den in kleine Röschen zerlegten Blumenkohl und 1 Eßlöffel geriebene Semmel dazugeben. Das Ganze vorsichtig verrühren, in eine gebutterte und mit geriebener Semmel ausgestreute Form füllen und ungefähr 45 Minuten in der Röhre backen.

*V. Krautauflauf.* Das gehobelte Kraut in Salzwasser weich kochen und dann gut abtropfen lassen. In Speckwürfeln dünsten. Nach dem Erkalten mit 2–3 Eiern, 2–3 Eßlöffel saurer Sahne und dem steifgeschlagenen Schnee von 2 Eiern vermischen. In einer gefetteten Form in der Röhre 45 Minuten backen und mit Kapernsoße servieren.

*VI. Tomatenauflauf.* Auf den Boden einer gebutterten Auflaufform in Butter geröstete Semmelscheiben legen und darauf verschiedene Schichten geben: in Scheiben geschnittene Tomaten, geriebenen Käse, in Butter geröstete Semmelscheiben, gedünstete Pilzscheiben, gedünstete Zwiebelscheiben (die auch wegbleiben können) und feingewiegte Petersilie. Als oberste Schicht ungeröstete Semmelscheiben und 6–8 feingeschnittene Salz- oder Essiggurken nehmen. Das Ganze mit 3–4 Eßlöffel Tomatenpüree, 0,2–0,3 l saurer Sahne und 2–3 Eßlöffel zerlassener Butter übergießen. 25–30 Minuten in der Röhre backen.

*VII. Spinatauflauf.* Den Spinat wie üblich als Gemüse, aber recht dick zubereiten. Die Hälfte einer weichgekochten geräucherten Rinderzunge in dünne Scheiben schneiden und aus 4 Eiern Rührei zubereiten. Den Boden einer gebutterten und mit geriebener Semmel bestreuten Auflaufform mit einer Schicht Spinat belegen, darauf eine Schicht Zunge, eine Schicht Spinat, eine Schicht Rührei und wieder eine Schicht Spinat geben. Das Ganze in der Röhre backen, dann auf eine Platte stürzen und mit dem Rest des Rühreies und den restlichen Zungenscheiben garnieren.

## *Käseauflauf*

*I.* Aus 60 g feinem Mehl und 80 g Butter eine Mehlschwitze bereiten, die mit 0,25 l Milch aufgefüllt wird. 80 g geriebenen Käse, etwas Zucker, ein wenig Salz und eine Prise Pfeffer dazugeben und das Ganze gründlich vermengen. Nach dem Auskühlen 4 Eigelb darin verrühren und den steifen Eischnee dazugeben. In einer gebutterten Form den Auflauf in der Röhre backen.
*II.* 7 passierte Sardellen mit 100 g Butter verrühren. 50 g geriebenen Käse, 5 Eigelb und den Eischnee dazugeben. Das Ganze salzen, gut verrühren, in gebutterte feuerfeste Schälchen füllen mit geriebener Semmel bestreuen und in der Röhre goldbraun backen.

## *Reispudding*

*I. Mit Gemüse.* 150–200 g Pilze, die gleiche Menge Karotten, grüne Erbsen und grüne Bohnen in Salzwasser kochen, abtropfen lassen und in dem Gemüsewasser 150 g leicht angerösteten Reis weich kochen. 4 Eigelb mit 40 g Butter schaumig rühren, 0,15 l saure Sahne, den gekochten und erkalteten Reis und das Gemüse, 20–30 g geriebenen Käse und schließlich den Eischnee dazugeben. Das Ganze in einer feuerfesten Form in der Röhre bei schwacher Hitze 35–45 Minuten backen.
*II. Mit Schinken und Wirsingkohl.* 250–300 g Reis in Salzwasser weich kochen (aber nicht zerkochen). 60–80 g Butter mit 6 Eigelb schaumig rühren und mit dem Reis, mit 250 g feingehacktem oder durchgedrehtem Schinken oder Räucherfleisch, 1 in Salzwasser gekochten und in kleine Stücke geschnittenen Wirsingkohl, 80 g geriebenem Käse, nach Bedarf Salz, etwas Pfeffer und dem Schnee von 4 Eiern vermengen; auch feingewiegte, in Butter gedünstete Pilze können beigemischt werden. Die Masse in einer gebutterten und mit geriebener Semmel bestreuten Puddingform 60–75 Minuten im Wasserbad kochen und den Pudding mit einer Béchamelsoße aus Käse anrichten.

## *Pudding und Auflauf aus saurer Sahne*

*I. Saurer Sahnepudding.* 0,25 l dicke saure Sahne mit der gleichen Menge Mehl, etwas Salz, 4 Eigelb und dem Eischnee verrühren. Das Ganze in einer gebutterten und mit geriebener Semmel bestreuten Form 60 Minuten im Wasserbad kochen, auf einer Platte anrichten, mit zerlassener Butter übergießen und mit geriebenem Käse bestreuen.
*II. Saurer Sahneauflauf mit grünen Bohnen.* 0,35 l saure Sahne mit 50 g Mehl und 4 Eigelb glattrühren, den Eischnee hinzugeben, salzen und das Ganze 60 Minuten in einer gebutterten Form im Wasserbad kochen. Den Auflauf auf eine Platte stürzen, 30 g

zerlassene Butter darübergießen, mit 30 g geriebenem Käse bestreuen und mit 150 g in Salzwasser gekochten grünen Bohnen und 80–100 g feingeschnittenem Schinken oder Räucherfleisch garnieren.

### *Makkaroni- und Spaghettipudding*

*I.* 500 g dünne Makkaroni in Salzwasser kochen, in heißer Butter schwenken, mit 300 g durchgedrehtem, mit saurer Sahne und Fett vermischtem Schinken vermengen und in eine gebutterte feuerfeste Form geben. Unterdessen 4 Eigelb und 4 Kaffeelöffel Mehl schaumig rühren, salzen, über die Makkaroni gießen und Käse darüberstreuen. Den Pudding in der Röhre goldgelb backen.

*II. Spaghettiauflauf.* 500 g Spaghetti in Salzwasser kochen. 4 Eßlöffel Tomatenmark oder 500 g frische Tomaten und 1 Eßlöffel Mehl in 80 g Öl unter ständigem Rühren dünsten, mit einer Gemüsebrühe die mit einer Prise Pfeffer, Majoran, Muskatnuß gewürzt wird, aufgießen und 20 Minuten kochen. Das Ganze in eine gebutterte Form füllen, und zwar je eine Schicht Spaghetti, Soße und geriebenen Käse. Zuoberst den Rest der Soße, in Butter geröstete geriebene Semmel und 50 g Butterflöckchen geben. Den Auflauf 15–20 Minuten in der heißen Röhre backen.

### *Paduaner Puddingspezialität*

50 g Butter auslassen und auf dem Herd mit 50 g Mehl verrühren. Vorsichtig mit 0,2–0,25 l Milch auffüllen und so lange rühren, bis sich der Brei leicht von der Wand der Kasserolle und dem Löffel löst. Den Brei kalt werden lassen. Unterdessen 7 Eigelb verrühren, salzen und 500 g in Butter gedünstete grüne Erbsen, 1 kleinen in Salzwasser gekochten und in Röschen zerlegten Blumenkohl, 250 g gedünstete, gesalzene Pilze, 1 mittelgroße geschmorte, feingeschnittene Gänseleber (auch Büchsenleber oder Kalbsleber), einige Gramm geriebenen Käse und schließlich den Eierschnee dazugeben, mit dem erkalteten Brei vermengen, in eine gefettete und mit geriebener Semmel ausgestreute Form füllen und 45–60 Minuten im Wasserbad kochen. Vor dem Anrichten mit geriebenem Käse bestreuen und mit heißer, zerlassener Butter servieren.

# *Eierkuchen und Strudel als Vorspeisen*

Die Zubereitung beider Gerichte bzw. die Verwendung der Strudelblätter wird im Kapitel „Süße Mehlspeisen“ beschrieben.

## *Eierkuchen*

*I. Mit Kraut.* Einen üblichen Eierkuchenteig zubereiten und mit 1 kleinen geriebenen, eingesalzenen, ausgedrückten und in Fett gedünsteten Weißkohl vermengen. Daraus auf gewohnte Weise Eierkuchen backen, nur etwas dicker als die leeren Eierkuchen. Nicht zusammenrollen, sondern aufeinander schichten und so servieren. Das Kraut kann auch ein wenig gepfeffert werden.
*II. Mit Paprikahuhn oder Kalbfleisch.* Die gebackenen Eierkuchen in fingerbreite Streifen schneiden. Ein Paprikahuhn bereiten, das Fleisch von den Knochen lösen, kleinschneiden und mit den Palatschinkenstreifen vermengt, in der Röhre aufwärmen. Man kann statt Huhn auch Kalbfleisch nehmen, die Hauptsache ist, daß reichlich Saft mit saurer Sahne vorhanden ist.
*III. Mit Fleisch.* Aus Kalb- oder magerem Schweinefleisch ein Pörkelt bereiten. Wenn es fertig ist, das Fleisch aus dem Saft nehmen, durch den Wolf drehen und mit etwas saurer Sahne und der entsprechenden Menge Pörkeltsaft vermengen. Die fertigen Eierkuchen mit dieser Mischung füllen, zusammenrollen und in einer feuerfesten Form 10–12 Minuten in der Röhre backen.
*IV. Mit Pilzen.* Aus 300 g Champignons ein Pilzpaprikasch als Füllung für die Eierkuchen bereiten und genauso backen wie die Eierkuchen mit Fleischfüllung.

## *Geschichtete Fleischtorte aus Eierkuchen*

Eierkuchen bereiten. 300–400 g Schinken oder geschmortes Schweine- oder Kalbfleisch, eventuell alle drei Fleischsorten, kleinschneiden. Den Boden einer runden Fleischpfanne mit einer Schicht Eierkuchen (3–4 Stück) bedecken, darauf eine Lage Fleisch, dann wieder Eierkuchen usw. geben, bis die Torte 8–10 cm hoch ist. Obenauf soll Eierkuchen sein. Darüber Butterflöckchen geben, mit saurer Sahne übergießen, in der Röhre backen und wie eine Torte aufschneiden.

## *Panierte Eierkuchen*

*I. Mit Schinken gefüllt.* Kleine, gesalzene, dünne Eierkuchen backen und mit gehacktem Schinken, der vorher mit saurer Sahne, Eigelb und etwas Pfeffer verrührt wurde, füllen. (Pfeffer kann

auch wegbleiben.) Zusammenrollen, die Seiten fest zusammendrücken, in Ei und geriebener Semmel panieren und in heißem Fett backen.
*II. Mit Hascheefüllung.* Einen Eierkuchenteig bereiten, die Eierkuchen aber nur auf einer Seite backen, halbieren und jede Hälfte mit einer Füllung aus 500 g in Salzwasser weichgekochtem, ganz feingeschnittenem oder durchgedrehtem Kalbfleisch, dem Eier, saure Sahne, Salz, Pfeffer und geriebene Zitronenschale beigegeben wurden, belegen, die Eierkuchenhälften zusammenrollen und mit Mehl, Ei und geriebener Semmel paniert, in heißem Fett backen.
*III. Mit Hirnfüllung.* Kleine Eierkuchen backen. 300–400 g gereinigtes Kalbs- oder Schweinehirn in Butter oder Fett dünsten, salzen, pfeffern, mit Petersilie würzen und mit 2 Eiern gut verrühren. Damit die Eierkuchen füllen, zusammenrollen, in Ei und geriebener Semmel wenden und in reichlich heißer Butter oder Fett backen.
*IV. Mit Pilz- und Fleischfüllung.* Kleinere Eierkuchen mit etwas mehr Salz als gewöhnlich backen. 250–300 g feingeschnittene Champignons, Steinpilze oder Morcheln in 40–50 g Butter dünsten, mit Petersilie würzen, 1–2 Eßlöffel Fleischbrühe (Knochenbrühe oder Gemüsesuppe) dazugießen, die Pilze mit 250–300 g durchgedrehtem Schweinebraten oder Schinken vermengen, das Ganze zu einem glatten Brei kochen und noch 1–2 Eßlöffel saure Sahne hineinrühren. Die Eierkuchen damit füllen, zusammenrollen, in Ei und geriebener Semmel wenden und in heißem Fett goldgelb backen.

## Strudel

*I. Mit Käse.* In 150 g schaumig verrührte Butter 2 Eier, 3 Eigelb und 3 Eßlöffel dicke saure Sahne rühren und salzen. Die Füllung auf den Strudelteig streichen, mit geriebenem Käse bestreuen, den Strudel zusammenrollen, auf ein Backblech mit hohem Rand geben und so viel Milch, in der 50 g Butter verrührt wurden, darübergießen, daß sie die Höhe des Strudels erreicht. Den Strudel so lange in der heißen Röhre backen, bis die Milch vollkommen verkocht ist. Mit geriebenem Käse anrichten.
*II. Mit Pilzen und geriebener Semmel.* 400 g gereinigte Pilze kleinschneiden, in 80 g Butter, in der zuvor geriebene Semmel geröstet wurde, dünsten und salzen. Sind die Pilze erkaltet, auf den mit Eigelb bestrichenen, nicht sehr dünn ausgezogenen Strudelteig streuen, zusammenrollen, in einen Topf mit kochendem Salzwasser tun und zugedeckt 15 Minuten kochen. Dann auf einem Sieb abtropfen lassen, auf ein gebuttertes und mit einigen

Eßlöffel saurer Sahne begossenes Backblech legen und in der Röhre backen.

*III. Mit Schinken.* Den Strudelteig zunächst mit 0,15 l sauer Sahne, in der 3 Eigelb verrührt wurden, besprengen, mit 250–300 g feingewiegtem Schinken oder Räucherfleisch bestreuen, zusammenrollen, mit Butter oder Eigelb bestreichen und backen.

*IV. Mit Fleisch.* Den Strudelteig mit folgender Füllung bestreuen: in Salzwasser gekochtes, feingeschnittenes Rindfleisch mit ein wenig feingewiegter, in Fett gedünsteter Zwiebel vermengen und pfeffern, den Strudel mit Eigelb bestreichen und auf einem gefetteten Backblech goldgelb backen.

*V. Mit Kraut.* Kleingehacktes, eingesalzenes, ausgedrücktes Kraut in Fett dünsten, mit Pfeffer würzen und damit den Strudelteig, der zuvor mit saurer Sahne besprengt wurde, füllen. Den Strudel goldgelb backen.

*VI. Mit Dill und Quark.* Dem passierten Quark 1–2 Eigelb und den Eischnee, einige Eßlöffel saure Sahne, etwas Salz und nach Belieben feingewiegten Dill untermengen, die Füllung auf den Teig streuen und mit einigen Eßlöffeln saurer Sahne besprengen. (Süßen Quarkstrudel siehe im Kapitel „Süße Mehlspeisen" in dem Rezept „Süße Strudelfüllungen".)

## *In Wasser gekochter Quarkstrudel aus Nudelteig*

Einen Nudelteig kneten und folgende Füllung zubereiten: 50 bis 80 g Butter mit 2 Eiern vermengen, 250–300 g passierten Quark, feingewiegten Dill, einige Eßlöffel saure Sahne, 3 Eßlöffel geriebene Semmel und etwas Salz dazugeben. (Darauf achten, daß die Mischung nicht zu dünn ist, sonst fließt sie aus dem Teig.) Den ausgerollten Teig mit der Füllung bestreichen, hufeisenförmig zusammenrollen und in eine Serviette wickeln, deren beide Enden zusammengeknotet werden. An einem quer durch den Knoten gezogenen Kochlöffel in kochendes Wasser hängen und 30 Minuten kochen lassen. Herausnehmen und in hufeisenförmige Scheiben schneiden. Diese auf eine Platte legen, mit in Butter gerösteter geriebener Semmel bestreuen oder mit in heißer Butter vermengter saurer Sahne begießen.

# Gemüse und Garnierungen

## Feines Sommergemüse

steht in der Saison reichlich zur Verfügung. Zuckererbsen, Kürbis, grüne Bohnen, Kraut, Wirsingkohl, Kohlrabi, Sauerampfer, Spinat, neue Kartoffeln, Kopfsalat, Gurken, Blumenkohl und Möhren gibt es so reichlich, daß täglich ein anderes Gemüse bereitet werden kann. Auch fleischige, grüne Paprikaschoten sind im Angebot, um zusammen mit Tomaten die Saison des gefüllten Paprikas zu eröffnen.

Wie aus der Aufzählung hervorgeht, ist der tägliche Gemüseverbrauch bei verschiedenartiger Zubereitung auf lange Zeit gesichert, selbst dann, wenn täglich verschiedene Gemüsearten auf unseren Tisch gelangen.

Was die Zubereitung betrifft, so bin ich für die englisch-französische Art; noch besser ist das „geschichtete“ und „gefüllte Gemüse“ oder Gemüse in der „Röhre gebacken“ – „au gratin“. An all diesen Gerichten werden wir Freude haben; doch vielleicht teilen auch viele meine Meinung, daß Gemüse auf ungarische Art zubereitet, ebenfalls internationale Anerkennung finden kann: Mit Mehl verquirlen (kommt eine Mehlschwitze in Frage, dann nicht dick und braun, sondern dünn und hell bereiten und keine Zwiebel hinzufügen). Den Geschmack heben die saure Sahne oder etwas Essig bzw. Dillkraut hervor, ohne einen unangenehmen Nachgeschmack zu hinterlassen. Dillkraut ist besonders für Kürbis geeignet, der ohne Paprika bereitet, mit Sauermilch verquirlt oder mit dem Saft von Salzgurken aufgefüllt wird, sowie für Süß- und Sauerkraut. Letztere schmecken allerdings auch mit Tomaten hervorragend.

Als „Beilage“ zu Kürbis und Kraut paßt am besten kurzgebratene Schweinskarbonade, zu grünen Bohnen schmecken Oberschale, Rumpsteak, Rostbraten, also Rinderbraten sehr gut. Ein wenig Räucherspeck mitgekocht oder geröstet und obenauf gelegt, schadet keinem Gericht.

### Gemüse auf englisch-französische Art

Viele Gemüse, wie grüne Bohnen, grüne Erbsen, Möhren, Wirsingkohl, Blumenkohl, Kohlrabi usw. können ohne Mehl oder Mehlschwitze zubereitet werden. Das zerkleinerte – in Scheiben oder Würfel geschnittene oder in Röschen zerlegte – Gemüse in Salzwasser weich kochen, seihen und abtropfen lassen, auf eine Platte häufen, mit heißer, zerlassener Butter übergießen und eventuell etwas pfeffern.

### *Geschichtete Gemüse mit in Butter gerosteter geriebener Semmel*

1 großer oder mehrere kleine Köpfe Blumenkohl – insgesamt 1000 g – oder jeweils die entsprechende Menge Spargel, Wirsingkohl, Rosenkohl, Kohlrabi, grüne Bohnen oder Kürbis zerkleinern oder in Stücke brechen und in Salzwasser weich kochen. Das Wasser abtropfen lassen. Geriebene Semmel in Butter, Öl oder Fett hellgelb rösten. Auf den Boden einer mit Butter ausgestrichenen feuerfesten Form eine Schicht Gemüse legen, darüber geriebene Semmel und Butterflöckchen streuen und mit saurer Sahne, der eventuell etwas geriebener Käse beigegeben wurde, übergießen. Darauf eine neue Lage Gemüse, wieder geriebene Semmel, Butter, saure Sahne usw. geben, bis der Vorrat aufgebraucht ist, wobei saure Sahne das Schichten abschließen soll. Das Ganze ungefähr 15 Minuten in der Röhre backen.

### *Gemüseschnitten, gebacken, paniert und „im Schlafrock"*

*I. Paniert.* In dicke Scheiben geschnittenes Gemüse- wie Kürbis, Blumenkohl, Sellerie, Pilze, Möhren usw. – in Salzwasser kochen, das Wasser abtropfen lassen, in Mehl, eventuell in Ei und geriebener Semmel wenden und in heißem Fett goldgelb braten.
*II. Gemüsekroketten.* In Stücke geschnittene Möhren, Petersilienwurzel, Sellerie, Pilze, Blumenkohl usw., jedes für sich in ein wenig Butter weich dünsten oder in Salzwasser gar kochen. Dann sämtliche Gemüsesorten zusammen mit 1–2 in Milch geweichten Semmeln passieren, so viele Eier in die Masse rühren, wie Semmeln beigegeben wurden, salzen und Klößchen formen, in geriebener Semmel wenden und in heißem Fett braten.
*III. Paniertes Mischgemüse.* Die gleichen Mengen Möhren, grüne Erbsen, Wirsingkohl, Kartoffeln, Spargel, Kohlrabi und grüne Bohnen (es kann auch Büchsengemüse sein) separat in Salzwasser kochen, kleinschneiden oder durch den Wolf drehen, zusammenrühren, in Butter dünsten und mit einer dicken Buttermehlschwitze, die mit Milch aufgefüllt wurde, mit 1–2 Eiern, Salz und eventuell ein wenig Pfeffer vermischen. Nach dem Erkalten Scheiben oder Klößchen formen, in Mehl, Ei und geriebener Semmel wenden und in heißer Butter oder Fett backen.
*IV. Paniertes Mischgemüse mit Käse.* 60 g Butter mit 2 Eigelb glattrühren und mit 6 mittelgroßen passierten Pellkartoffeln und insgesamt 250–300 g separat gekochtem, abgetropftem und zerschnittenem Gemüse (z. B. Spinat, Möhren, Wirsingkohl, Kohlrabi, Pilze, Erbsen, Bohnen, Linsen, Blumenkohl, Schwarzwurzeln, grüne Erbsen) vermischen und salzen. Nicht alle Gemüsesorten sind nötig, man kann nach Belieben wählen. Noch feingewiegte Petersilie, 1–3 Eßlöffel geriebenen Käse, eventuell 1 Prise Pfeffer und den Eischnee dazugeben, kleine Laibe for-

men, in Mehl wälzen und in heißem Fett auf beiden Seiten goldgelb braten. Vor dem Auftragen mit geriebenem Käse bestreuen.
*V. Im Schlafrock.* Einen etwas dickeren Eierkuchenteig bereiten. Nicht ganz gargekochtes Gemüse, wie Blumenkohl, Sellerie, Pilze oder Möhren in ansprechende Scheiben schneiden, salzen in den Teig tauchen und rasch in heißem Fett goldgelb braten.

## Gemüsepürees

*I. Blumenkohl, Möhren und Spinat.* Das in Salzwasser gekochte Gemüse passieren und würzen. Blumenkohl mit zerlassener Butter übergießen oder mit einer mit warmer Milch aufgefüllten Buttermehlschwitze vermengen, in diesem Falle kann noch auf dem Herd ein wenig Butter dazugegeben werden. In das Möhrenpüree pro Person ein Stückchen Butter, 1 Eigelb und 1–2 Eßlöffel Knochen- oder Fleischbrühe verrühren. In das Spinatpüree über einem mit heißem Wasser gefüllten Topf pro Person 1–2 Eigelb und 1–2 Eßlöffel Milch hineinrühren.
*II. Blumenkohl und Möhren, roh.* Zerlegten Blumenkohl mit der gleichen Menge Möhren roh durch den Wolf drehen, das Püree mit Schnittlauch würzen und mit saurer Sahne übergießen.
*III. Grüne Erbsen.* 250–300 g Zuckererbsen in 20–30 g Butter mit ein wenig Salz 15–20 Minuten dünsten, mit 1 Kaffeelöffel Mehl bestreuen, mit Fleischbrühe auffüllen, weich kochen, passieren und noch 1 Eßlöffel frische Milch hineinrühren.
*IV. Sellerie.* 4 kleine, geschälte Sellerieknollen in Salzwasser weich kochen, passieren und auf dem Herd so lange mit 0,3 l warmer Milch und 30 g Butter verrühren, bis sie die Dicke eines Kartoffelpürees erhalten. Gesalzen auftragen.
*V. Endivien.* Die Endivienköpfe gründlich waschen, die äußeren Blätter abtrennen und das Wasser abtropfen lassen. Dann in heißes Wasser geben und 3–4mal aufkochen, wieder auf ein Sieb legen und mit kaltem Wasser abspülen. Mit den Händen das Wasser gut ausdrücken, die Endivien feinwiegen oder durchdrehen. In 50 g Butter 30 g Mehl anrösten, die Endivien hineingeben und unter ständigem Rühren, damit sie nicht anbrennen, 5 Minuten auf dem Herd lassen. So viel Wasser dazugießen, daß ein dicker Brei entsteht, salzen, das Ganze nochmals aufkochen, beiseite stellen und kurz vor dem Auftragen noch 30 g Butterflöckchen im Gemüsebrei zergehen lassen. Das hebt den Geschmack, der Brei darf aber nicht mehr aufkochen.

# *Grüne Bohnen*

(und ihre Schwestern, die gelben Butterbohnen) eröffnen die Reihe des frischen Sommergemüses. Mit einer Soße wie zum Paprikahuhn bereiten, reichlich frische, saure Sahne, etwas würzigen Essig und milden Delikateßpaprika dazugeben. Grüne Bohnen und ähnliches Gemüse darf nicht zu dick und klebrig werden.

## *Grüne Bohnengemüse*

*I.* 1 kg grüne Bohnen putzen und wenn nötig abfädeln. In schräge Streifen schneiden und in Salzwasser kochen. Wenn sie weich sind, eine flüssige Mehlschwitze bereiten, mit den Bohnen aufkochen und vor dem Anrichten mit 0,2–0,3 l saurer Sahne verrühren. (Das Gemüse kann auch mit in saurer Sahne verquirltem Mehl eingedickt werden.)

*II. Enthülste Bohnen.* 750 g enthülste Bohnen in Salzwasser weich kochen, dazu eine Mehlschwitze mit Zwiebeln und ein wenig Paprika bereiten oder ein wenig Mehl in 0,3 l saurer Sahne verrühren und die Bohnen damit eindicken. Das Bohnengemüse mit ein wenig Essig und evtl. mit feingewiegter Petersilie abschmecken.

## *Grüne Bohnen, gedünstet*

1 kg gereinigte, zerschnittene grüne Bohnen in 50 g Butter und ungefähr 0,2 l Gemüsewasser oder fettloser Fleischbrühe weich dünsten, das verkochte Wasser eventuell nachfüllen, salzen, mit 0,1 l saurer Sahne vermengen und nochmals aufkochen.

## *Grüne Bohnen mit Tomaten*

*I.* 1 kg gereinigte, zerschnittene grüne Bohnen in Salzwasser kochen und das Wasser abtropfen lassen. 500 g Tomaten mit kochendem Wasser übergießen, schälen, halbieren, entkernen, in Stücke schneiden, in heißer Butter braten, salzen, eventuell pfeffern und mit feingewiegter Petersilie würzen. Die grünen Bohnen dazugeben und das Ganze noch 1–2 Minuten dünsten.

*II.* $^1/_2$ feingewiegte Zwiebel in wenig Fett kurz anrösten und 1 kg gereinigte, länglich geschnittene grüne Bohnen und 3–4 (eventuell geschälte) Tomaten vierteln und dazugeben, salzen und bei schwacher Hitze so lange kochen, bis der Saft fast ganz verkocht ist. Nach Geschmack mit etwas verdünntem Essig oder Zitronensaft würzen.

## *Fürst der Erbsensorten*

ist die Zuckererbse. Diese kleinen, runzligen, verschrumpften Erbsen waren schon zu Lebzeiten der Römer Lukullus und Petronius beliebt; auch die Griechen unter Alkibiades bauten sie an, ihre Spur führt sogar zurück bis in die Schweizer Pfahlbauten. Kein Wunder also, wenn sie runzlig geworden sind, ihr Geschmack ist aber desto vortrefflicher. Sie sind ihrer Verwandten, der gewöhnlichen Erbse, weit überlegen, die zwar, frisch geerntet, ebenfalls genießbar ist, doch etwas später vergilbt und hart wird wie eine Flintenkugel. Die Kerne der Zuckererbsen dagegen bleiben grün, ihre Schoten sind fleischig und süß. Ein bis zwei Zuckerschoten unter die Erbsen mischen, und das Gemüse wird dadurch kräftiger.
Die Erbsen möglichst nicht kochen, eher dünsten. In einen niedrigen Topf geben, frische Butter zerlassen, darin die Erbsen dünsten, zwischendurch ab und zu mit jeweils 1–2 Eßlöffel kräftiger, warmer Fleischbrühe (auch Knochen- oder Suppengrünbrühe) auffüllen, doch soll der Saft nicht zu dünn sein. Mit etwas feinem Mehl bestäuben, keine Mehlschwitze verwenden und nicht anquirlen. Eventuell eine Messerspitze Staubzucker zufügen (achtgeben, daß Mehl und Zucker nicht bräunen), aber keine Petersilie hineingeben. Junge Erbsen werden sehr schnell weich. Sie passen großartig zu jungem Backhuhn. Doch auch anderes gebackenes oder paniertes Fleisch, wie Wiener Schnitzel, paßt gut zu Zuckererbsen.

### *Grüne Erbsengemüse*

1 kg junge, zarte, runzlige Zuckererbsen in wenig Fett oder Butter dünsten. Wenn die Erbsen ganz eingeschrumpft sind, mit etwas Mehl bestreuen, salzen, mit etwas Fleisch- oder Knochenbrühe, eventuell mit Wasser aufgießen, mit einigen Würfeln Zucker süßen und aufkochen. Die härteren, grobkörnigeren grünen Erbsen vor dem Dünsten wie Nudeln in Salzwasser kochen, dann werden sie schneller weich.

## *Kürbis*

unter dem lateinischen Namen Cucurbita pepo, d. h. „gewöhnlicher Kürbis“, bekannt, dessen verschiedene Arten zusammen mit der Gurke aus Ostasien, China und Persien stammen. Gegen Ende des Frühjahres bzw. zu Anfang des Sommers schmeckt er besonders gut.

Er ist als „Spargelkürbis“ in Buttersoße mit saurer Sahne und geriebener Semmel zum braungebratenen Kotelett zu empfehlen. Außer Gurkensalat in saurer Sahne paßt auch Kürbisgemüse gut zur jungen knusprig gebratenen Gans. Schließlich ist auch gefüllter junger Gurkenkürbis (Courgette) eine hervorragende Speise.

## *Kürbisgemüse*

2–3 kg Kürbis schälen, hobeln, einsalzen, mit wenig verdünntem Essig bespritzen und 30–60 Minuten stehenlassen. Den Kürbis gut ausdrücken und in wenig Fett mit feingewiegtem Dill und etwas Paprika dünsten. Wenn der Kürbis weich ist – man achte aber darauf, daß er nicht zerfällt – einige Eßlöffel Mehl darüberstreuen und verrühren, anrösten und aufgießen. Am schmackhaftesten ist der Kürbis, wenn man ihn nur mit saurer Sahne aufgießt, aber auch Milch kann genommen werden. Mit dem Saft von Salzgurken, vermengt mit einigen Eßlöffeln saurer Sahne, schmeckt er ebenfalls sehr gut.

## *Gefüllter Gurkenkürbis*

*I.* Einen zarten Gurkenkürbis schälen und je nach der Größe in 2 oder 3 Stücke schneiden und in die Höhlung mit folgender Masse füllen: 150 g in kleine Würfel geschnittenen Räucherspeck auslassen, 500 g mageres durchgedrehtes Schweine- oder Hammelfleisch dazugeben und andünsten, vom Herd nehmen und mit 2 Eiern, 120 g halbgarem Reis, 150 g feingewiegten, ebenfalls halbgaren Pilzen und evtl. einigen Eßlöffeln Tomatenmark vermengen und salzen. Damit die ausgehöhlten Kürbisstücke füllen, diese in eine gefettete Bratpfanne geben, mit 0,2 l saurer Sahne übergießen, salzen, 20–25 Minuten in der Röhre backen.

*II.* Einen kleineren, dünnen Gurkenkürbis schälen, halbieren, aushöhlen und mit folgender Masse füllen: 3 in Milch eingeweichte, passierte Semmeln mit 2 Eiern, 40–50 g Butter, 200 g feingewiegten, gedünsteten Pilzen, Salz, etwas Pfeffer und 1 Kaffeelöffel feingewiegtem Estragon vermengen. Den gefüllten Kürbis in eine Bratpfanne geben, mit 50 g feinen Butterflöckchen und 20–30 g geriebenem Käse bestreuen, mit 0,2 l saurer Sahne begießen und 25–30 Minuten in der Röhre backen.

## *Kürbis mit Tomaten*

500 g (eventuell geschälte) zerschnittene Tomaten in 50 g Butter dünsten, mit 2 kg gehobeltem Kürbis vermengen, salzen, pfeffern, 0,3 l Milch und 0,2 l saure Sahne dazugießen und das Gemüse bei schwacher Hitze gar kochen.

sind nicht nur ein bedeutendes und charakteristisches, sondern auch das „schwerste", gehaltvollste und kalorienreichste Gericht der ungarischen Küche. Daher ist es keinem zu empfehlen, der einen schwachen Magen hat oder eine Abmagerungskur macht... Erwähnenswert ist, daß oft sogar in Kleinhaushalten große Mengen auf einmal davon bereitet werden. Und nicht nur, wenn Gäste erwartet werden, sondern weil es noch nach Tagen genießbar ist. Es verdirbt nicht, im Gegenteil, es wird immer schmackhafter. Im Volksmund heißt es: aufgewärmte Kohlrouladen sind gut, aufgewärmte Liebe um so weniger.
Auch im Ausland ist dieses ungarische Gericht bekannt – bei den Arabern gehört es sogar zu den Nationalgerichten.
Die guten ungarischen Kohlrouladen werden jedoch nicht mit Hammel-, sondern mit Schweinefleisch bereitet und zwar aus dem halbfetten Fleisch der Weichteile: Sie werden vorher gedünstet, mit kleingeschnittenem Räucherspeck vermischt, gesalzen, gepfeffert, dann werden Paprika, Reis und Ei dazugegeben. Zum Auflockern nimmt man saure Sahne. Die in die gesäuerten Blätter gelegte Füllung gehört zwischen das kleingeschnittene Kraut, neben das Räucherfleisch. Das Ganze läßt man ca. 1 Stunde bei schwacher Hitze dünsten, bis die Krautblätter weich, aber noch knusprig sind. Zum Servieren werden saure Sahne, Räucherspeck und Knackwürste bereitgehalten.

## *Kohlrouladen*

*I.* 550–600 g Schweinefleisch mit 50 g Räucherspeck kleinschneiden und mit 100 g Reis, 1 Ei, etwas Pfeffer, Paprika und Salz verrühren. Die Blätter eines im ganzen gesäuerten Weißkrauts nehmen und auf je ein Blatt 1 gehäuften Eßlöffel der Füllung legen, zusammenrollen und die Seiten eindrücken. 1 kg Sauerkraut (wenn es zu sauer ist, noch einmal waschen) in eine Kasserolle geben, die Kohlrouladen hineinlegen und so viel mit Krautbrühe vermischtes Wasser darübergießen, daß das Kraut bedeckt ist, salzen und ungefähr 1 1/2–2 Stunden kochen. Eine dünne Mehlschwitze bereiten, mit dem Kraut (aus dem vorher die Rouladen herausgenommen wurden) auffüllen, aufkochen und mit 1–2 Eßlöffel saurer Sahne abschmecken. Vor dem Anrichten die warm gehaltenen Rouladen ins Kraut zurücklegen und mit frisch gebratenen Schweinskarbonaden servieren. Mitgekochte Ohren, Schwanz, 1 Stück Bauchfleisch oder ein Rippenstück verbessern den Geschmack.

*II. Siebenbürgische Kohlrouladen mit Dill ohne Mehlschwitze.* Den Boden eines gefetteten Topfes mit dünnen Speckstreifen belegen, darauf mit Dill und Verbene gesäuertes Kraut geben, dann folgt eine Schicht Schweinefleisch (aus verschiedenen Fleischteilen, auch Räucherfleisch) und wieder eine Schicht Kraut. Darauf nun die Rouladen tun, wieder eine Schicht Kraut, Schweinebauchfleisch und als oberste Schicht erneut Kraut. Das Ganze mit so viel Wasser auffüllen, daß es völlig bedeckt ist, mit Pfefferkörnern, je nach Geschmack mit Dill und einem Glas Weißwein würzen, 2 Stunden bei mäßiger Hitze kochen und vor dem Anrichten 1–2 Eßlöffel saure Sahne hineinrühren.

## *Klausenburger geschichtetes Kraut*

Die bekannte Anekdote über seine Entstehung macht es zweifelhaft, woher das berühmte Siebenbürger Gericht wirklich stammt. Sein Geburtsort ist – angeblich – nicht Klausenburg, sondern Großwardein, und der Anlaß seiner Entstehung ein Besuch der Schauspielerin Róza Széppataki Déry beim Vizegespan Károly Hajdú. Der Gastgeber ließ – wahrscheinlich nach siebenbürgischer Kochart – zu Ehren der bekannten Künstlerin einen großen Kupferkessel mit dicker, fettiger Schweineschwarte auslegen, schichtete dahinein das Kraut und die sonstigen Zutaten – Schweinefleisch, Masthenne, Wurst, Schinken, Kotelett – und kochte alles zusammen.
Die Chronik sagt aus, daß Róza Déry – wie es sich für die damalige Zeit schickte – nicht viel aß. Trotzdem – so heißt es – nahm sie sich dreimal von diesem wunderbaren Gericht und nahm das Rezept mit nach Pest. Aus dieser Quelle stammt das mittlerweile etwas abgewandelte Klausenburger geschichtete Kraut, das in seiner heutigen Beliebtheit viele andere Gerichte verdrängt.
Ich hoffe, daß es mir meine verehrten Leser nicht übelnehmen, wenn ich beim Aufzeichnen des Rezeptes die Perle der Siebenbürger Küche mit einigen Worten näher beschreibe.

Das Kraut, wenn es nicht hausgesäuert ist, vor dem Kochen gut waschen. Den Reis in Fleischbrühe dünsten (achtgeben, daß die Körner nicht zusammenkleben), nicht in Wasser oder Milch kochen! Letzteres Verfahren hat wohl viele Anhänger, die Milch würde aber dem Reis einen süßlichen Geschmack verleihen, während er, in Fleischbrühe gekocht, einen herzhafteren Geschmack bekommt. Das hartgekochte, in Scheiben geschnittene Ei kann zwar wegbleiben, aber geben wir ruhig alles in das geschichtete Kraut hinein, was nach Meinung der Öffentlichkeit hineingehört.

Einen Teil der gebratenen, mageren Schweinskeule ganz kleinschneiden und mit dem Reis vermengen. Den anderen Teil in Würfel wie zum Pörkelt schneiden, in Zwiebelfett rösten (Zwiebeln dabei auf ein Minimum beschränken).

Den Räucherspeck in dünne Scheiben schneiden; die Wurst kann frisch und gebraten oder geräuchert und gekocht verwendet werden. Der geräucherte Geschmack ist sehr wichtig, deshalb bei frischer Wurst ein geräuchertes Rippenstück zufügen. Vorsichtig salzen, da Speck, Wurst und Rippenstück schon gesalzen sind, sonst besteht leicht Gefahr des Versalzens!

Die einzelnen Schichten in einer Kasserolle, besser noch in einer tiefen feuerfesten Schüssel übereinanderlegen, sorgfältig ausgewählt zusammenstellen und gleichmäßig verteilen. Die oberste Schicht reichlich mit saurer Sahne begießen.

Viele Feinschmecker wünschen sich noch auf die oberste Krautschicht einige frisch und knusprig gebratene Karbonaden. Sollen auch sie ihren Wunsch erfüllt bekommen . . .

## Geschichtetes Kraut

*Auf Klausenburger Art.* 1 kg Sauerkraut in einer Kasserolle kochen oder in heißem Fett mit etwas Zucker weich dünsten. 200 g Reis in Fleischbrühe dünsten und mit feingewiegtem gebratenem Schweinefleisch vermischen. 3–4 hartgekochte Eier in Scheiben schneiden. Wenn alles vorbereitet ist, eine feuerfeste Form fetten und mit einer Schicht Kraut belegen, darauf einige Eischeiben, etwas in längliche Stücke geschnittenen Räucherspeck, gekochte Dauerwurstscheiben sowie in kleinere Würfel geschnittenes mageres als Pörkelt zubereitetes Schweinefleisch geben und reichlich mit saurer Sahne übergießen. Darauf gedünsteten Reis schichten und diesen ebenfalls mit Eiern, Speck, Wurst und Schweinepörkelt belegen und mit saurer Sahne übergießen. Dann wieder eine Schicht Kraut geben und so weiterschichten, bis die Form gefüllt ist. Die oberste Schicht – es muß Kraut sein – reichlich mit saurer Sahne übergießen. Das Ganze in der Röhre gut durchbacken und mit frischgebackenen Karbonaden servieren. Die Zubereitung des Krautes dauert ungefähr $1\frac{1}{2}$–$1\frac{3}{4}$ Stunden. Zur Zubereitung des Pörkelts benötigt man 1 kg Schweinekeule (die Hälfte kann auch Rindfleisch sein), ferner für das geschichtete Kraut 300–400 g Räucherwurst, mindestens 0,5 l saure Sahne, 100–150 g Räucherspeck. Wichtig ist, daß die einzelnen Schichten dünn und die Zutaten gut verteilt sind. Vorsichtig salzen, da ein Teil der Zutaten an sich schon salzig ist.

# *Szeklergulasch*

ist nicht nur ein volkstümliches, wirklich schmackhaftes, würziges Gericht, sondern weist auch mehrere Besonderheiten auf. Erstens stammt es weder aus dem Szeklerland oder aus Siebenbürgen, noch stimmt seine Grundbezeichnung. Es ist gar kein Gulasch. Es gehört nicht einmal zur Gulaschfamilie und hat keine Ähnlichkeit damit. Was sollte schon Kraut im Gulasch? Woher kommt also sein Name, den die Budapester, sich an die siebenbürgischen Krautgerichte erinnernd, in Szeklerkraut umbenannt haben?

Das ist seine dritte und größte Besonderheit. Der Pate des Szeklergulasch war kein geringerer als der ungarische Dichter Sándor Petőfi (1823–1849), sein „Erfinder" Petőfis Zeitgenosse, der Komitatsbibliothekar János Székely. Gegenüber dem Komitatshaus in Pest stand damals eine kleine Kneipe, „Spieluhr" genannt, wo die beiden Stammgäste waren. 1846 geschah eines Tages folgendes: Als Székely ziemlich spät zum Mittagessen kam, waren kaum noch Speisen vorhanden, die Auswahl war sehr gering. Auf Wunsch des Gastes schüttete der bereitwillige Wirt die Sauerkraut- und Schweinepörkeltreste zusammen und servierte sie auf einem Teller. Diese Improvisation erwies sich als schmackhaft und angenehm würzig. Petőfi war Zeuge und bestellte sich das nächste Mal dasselbe Gericht, dem er den Namen „Székely" (Szekler) gab. Szeklergulasch wurde ein ständiges Gericht und war sehr bald bekannt geworden. Schließlich gab man noch saure Sahne als Garnierung obenauf, was dem Gericht nicht zum Schaden gereichte . . .

### *Szeklergulasch*

Etwas feingewiegte Zwiebel und 1 Kaffeelöffel Delikateßpaprika in 1 Eßlöffel Fett anrösten, 750 g in Würfel geschnittenes Schweinefleisch dazugeben, salzen und wie ein Pörkelt schmoren. Unterdessen in einer anderen Kasserolle 1 kg Sauerkraut in Fett dünsten und mit etwas eigenem Saft aufgießen. Wenn auch das Kraut gar ist, beides vermengen und mit 0,2–0,3 l saure Sahne, die mit etwas Mehl verrührt wird, abschmecken.

### *Kraut im ganzen, mit Haschee gefüllt*

1 großen Kohlkopf am Strunk aushöhlen, so daß eine große Vertiefung entsteht, in Salzwasser kochen, mit feinem Haschee füllen und mit der Öffnung nach unten in eine flache, feuerfeste Form legen. 3 mit saurer Sahne und etwas Mehl verrührte

Eier darübergießen und den Kohl in der Röhre goldbraun backen, indem man ihn ab und zu mit etwas saurer Sahne besprengt. Das Haschee wie folgt zubereiten: 500 g gebratenes, feingeschnittenes Schweinskotelett, ein wenig in Butter geröstetes Mehl und Petersilie, 1 in Milch geweichte und passierte Semmel, 1–2 Eier und Salz gut verrühren und in ein wenig Fleisch- oder Knochenbrühe kochen, bis der Saft verkocht.

## Panierte Kohlrouladen

Einen frischen Kohlkopf in Blätter zerlegen und mit heißem Salzwasser übergießen. Eine Füllung (wie zu Kohlrouladen) aus Schweinefleisch (oder gekochten oder gebratenen Fleischresten, Dauerwurst, Schinken und Pilzen) in Milch geweichter Semmel und Ei zubereiten und damit die Kohlblätter belegen, diese zusammenrollen, mit einem Faden umwickeln, ungefähr 20 Minuten in etwas Fett und Knochen- oder Gemüsebrühe dünsten und, wenn sie erkaltet sind, den Faden abnehmen. Die Kohlrouladen in Ei und geriebener Semmel panieren und in heißem Fett knusprig braten.

## Krautfilet oder Krautklösschen

750 g frisches Kraut oder Sauerkraut salzen, in etwas Fett und Knochenbrühe oder Wasser dünsten, mit 250 g durchgedrehtem Räucherfleisch und so viel Mehl vermengen, daß eine formbare Masse entsteht. Filetstücke oder Klöße daraus formen, in Mehl wenden und in heißem Fett auf beiden Seiten goldbraun braten.

## Heiduckenkraut

1 kleine Zwiebel in Fett anrösten, mit Paprika würzen, 1 $^1/_2$ kg sehr gut ausgedrücktes Sauerkraut dazugeben und ungefähr 30 Minuten dünsten. Unterdessen 500 g zerschnittenes Räucherfleisch oder Räucherwurst als Pörkelt zubereiten, in das Kraut mischen, noch etwas weiterdünsten lassen und, wenn der Saft vollständig verkocht ist, servieren.

## Krautgemüse

*I. Mit saurer Sahne.* 1 festen, etwa 1–1,5 kg schweren Weißkrautkopf hobeln, einsalzen, ausdrücken und weich kochen. Wenn es gar ist, den Saft abseihen, das Kraut in eine Kasserolle geben, mit einigen Eßlöffeln Mehl bestreuen, etwas anrösten, mit 0,2–0,3 l saurer Sahne und etwas Milch aufgießen und alles aufkochen. *II. Mit saurer Sahne und Dill oder mit Tomaten.* Dieses Gemüse kann sowohl aus frischem als auch aus eingesäuertem Kraut zubereitet werden; wenn es zu sauer ist, wässern. 1–1,5 kg Kraut in dicke Streifen schneiden, kochen, salzen und mit einer hellen Mehlschwitze binden. Vor dem Anrichten dem Geschmack entsprechend Tomatensaft oder saure Sahne mit Dill zugießen und damit nochmals aufkochen. Sehr gut schmeckt das Kraut, wenn einige Schweinebauchstücke oder Rippenstücke mitgekocht werden. Zum Kraut mit Tomaten können auch pro Person 1–1,5 Paar Würstchen gereicht werden. In diesem Fall ein wenig von dem Wasser, in dem die Würstchen gekocht wurden, an das Kraut gießen.

**Kraut mit Bohnen** 400–450 g über Nacht eingeweichte (möglichst große braune) Bohnen und 1 kg Sauerkraut separat weich kochen. Wenn beide gar sind, in einen Topf schütten, salzen, Paprika hinzugeben, mit $^1/_2$ l Tomatensaft vermengen und das Ganze kurze Zeit kochen. Nach Belieben auch saure Sahne dazugeben, das kann den Geschmack der Speise nur heben. Ganz vorzüglich schmeckt das Gericht, wenn noch ein Stückchen geräuchertes Rippenfleisch in den Bohnen oder im Kraut mitkocht.

**Rotkraut** *I. Mit Äpfeln.* 2–3 kleine Krautköpfe hobeln und in $^1/_2$ l Fleischbrühe mit 4–5 Eßlöffel Zitronensaft und 4–5 geschälten, in dünne Scheiben geschnittenen Äpfeln gar kochen. Vor dem Anrichten salzen.

*II. Mit Kastanien.* 1 kg in feine Streifen geschnittenes Rotkraut in wenig Fett dünsten, salzen, mit Mehl bestreuen, einige Male wenden, mit Fleisch- oder Knochenbrühe, eventuell mit Weißwein aufgießen und nach Geschmack zuckern. Eine beliebige Menge gebratene oder in starker Fleischbrühe weichgekochte Kastanien hineingeben und das Ganze ein- bis zweimal aufkochen.

## *Krauteintopf*

ist ein berühmtes Siebenbürger Gericht. Wenn die Krautsaison – die wir alle begrüßen – beginnt, sollten wir nicht nur Krautgemüse mit Dill oder Tomaten, Krautstrudel, Krautfleckerln oder Salat aus rohem, gedünstetem Kraut bereiten, sondern auch den überaus beliebten Krauteintopf.

Für dieses Gericht das Kraut weder säuern noch hobeln, nur waschen, den Strunk vorsichtig herausschneiden und den Krautkopf einfach wie Tortenstücke in 8 Scheiben schneiden.

Auch die weitere Zubereitung ist nicht sehr arbeitsaufwendig: die Krautstücke in die Schüssel legen, mit kochendem Wasser abbrühen (oder einige Minuten kochen), nach 1–2 Minuten zum Abtropfen auf ein Sieb geben. Je ein gutes Stück (500 g) Bauchfleisch und Rinderbrust oder Rinderspitz in Salzwasser halbweich kochen und in mittelgroße Würfel oder dünne Scheiben schneiden. In einer großen Kasserolle ein wenig Fett erhitzen und etwas kleingeschnittene Zwiebel darin rösten, die Krautstücke hineinschichten und einige Cayennepfefferkörner darüberstreuen. Das Rindfleisch dazugeben, darauf wieder eine Krautschicht legen. Darüber je nach Geschmack kleingehackten Dill oder Estragon und danach wieder eine Schicht Bauchfleisch geben.

Legen wir auf Siebenbürger Stilechtheit Wert, so fügen wir ein zusammengebundenes duftendes Bündel Bohnen- oder Pfefferkraut hinzu. (Gebündelt deshalb, um es nach dem Kochen leichter herausnehmen zu können.)

Auf das Bauchfleisch und Gewürz wiederum eine Schicht Kraut legen und das Ganze schließlich mit Fleischsaft auffüllen. Zugedeckt „reifen" Fleisch, Kraut und Gewürze jetzt zusammen auf dem Herd. Danach mit etwas Essig ansäuern und einige Eßlöffel Mehl und saure Sahne, eventuell Eigelb, hineinquirlen. Nochmals aufkochen und das duftende Gericht servieren, bevor die Krautstücke „zusammenfallen", d. h. zerkochen.

Das Gericht soll wenig, nicht dicke Soße haben, auf keinen Fall darf eine dicke, braune Mehlschwitze dazu bereitet werden.

PS: Eventuell auch einige Scheiben Räucherspeck in dieses ideale Eintopfgericht kochen. Mancherorts werden nach dem Anrichten noch dünne Schweinskarbonaden obenauf gelegt, doch für ein Eintopfgericht ist das – zweifellos – bereits ein Luxus.

## Geschichteter Wirsingkohl

*I. Mit Butter und saurer Sahne.* Den gereinigten Kohl in Salzwasser kochen, auf einem Sieb abtropfen lassen und in Viertel schneiden oder in Blätter zerlegen. Eine feuerfeste Form mit Butter ausstreichen und mit Wirsingkohl belegen. Zwischen die einzelnen Schichten Butterflocken legen und Sahne darübergießen. Das Ganze mit in Butter gerösteter geriebener Semmel und Butterflocken bestreuen und reichlich mit saurer Sahne begießen. 15 Minuten in der Röhre backen.

*II. Mit Fleisch und Reis.* 1 kg gereinigten Wirsingkohl in Salzwasser kochen. Aus 500 g Schweine-, Lamm- oder Kalbfleisch ein Pörkelt bereiten (siehe dort), wobei das Fleisch in kleinere Würfel als üblich geschnitten wird. 100 g Reis in Fleisch- oder Knochenbrühe fast gar kochen. Eine feuerfeste Form mit dünnen Speckstreifen auslegen oder mit Fett ausstreichen, dann eine Schicht gekochte Wirsingkohlblätter, darüber eine Schicht Reis, die mit dem Saft des Pörkelts begossen wird, wieder eine Schicht Wirsingkohlblätter, darauf das Pörkelt, Wirsingkohlblätter, Reis und schließlich Wirsingkohlblätter geben, reichlich mit saurer Sahne besprengen und mit kleinen Räucherspeckwürfeln bestreuen. Das Ganze bei mittlerer Hitze etwa 30 Minuten in der Röhre backen.

*III. Mit Eiern und Kartoffeln.* Mit wenig Fett aus 750 g Kartoffeln Stampfkartoffeln bereiten und die Hälfte davon in eine feuerfeste Form legen. 1 kg in Streifen geschnittenen Wirsingkohl in Salzwasser kochen, dann in wenig Fett dünsten, mit 2 Eiern vermengen, salzen, evtl. ein wenig pfeffern und auf die Kartoffeln geben, mit der anderen Hälfte der Kartoffeln bedecken und 20 Minuten in der heißen Röhre backen.

## Wirsingkohl

*I. Gemüse, mit Kartoffeln.* 1 $^1/_2$ kg Wirsingkohl reinigen und die äußeren welken oder beschädigten Blätter entfernen, die anderen in breite Streifen, die Rose des Wirsings in vier Teile schneiden, in Salzwasser, das ihn reichlich bedeckt, aufsetzen, nach einer Viertelstunde 1 kg geschälte, geviertelte Kartoffeln hinzugeben und nachsalzen. Wenn alles gar ist, mit einer hellen dünnen Paprikamehlschwitze binden und – je nach Geschmack – mit Kümmel und Majoran würzen.

*II. Geröstet.* 1–1,5 kg Wirsingkohl in Salzwasser kochen, abtropfen lassen, in eine gefettete feuerfeste Form oder in einen Topf legen, nachsalzen, pfeffern und 30–40 g Fett dazugeben. Bei schwacher Hitze zugedeckt 60 Minuten dünsten, kein Wasser zugießen. Mit geriebenem Käse servieren.

## Gefüllter Wirsingkohl

*I.* Einen einwandfreien Wirsingkohl im ganzen gründlich waschen. Dann aus durchgedrehtem Schweinefleisch, Reis und Eiern eine Masse bereiten, salzen und pfeffern. Die Blätter des Wirsings einzeln auseinanderbreiten, die Masse dazwischenfüllen und den Wirsing mit einem Faden umwickeln. Dann in eine dünne, mit Wasser aufgegossene Buttermehlschwitze legen, weich dünsten und mit saurer Sahne abschmecken.

*II. Auf oberländische Art.* 750 g Kalbfleisch, besonders geeignet ist das Beinfleisch, etwas dünsten, dann zusammen mit 250 g Räucherspeck kleinschneiden oder durchdrehen und mit wenig geriebener, gedünsteter Zwiebel, Petersilie, 1 Handvoll feiner geriebener Semmel, 1 Prise Pfeffer, Salz, 5 Eigelb und dem Schnee der 5 Eier vermengen. Die abgebrühten Blätter von 1 großen Wirsingkohl oder von 2 kleineren dicht nebeneinander in einem Quadrat von 25 cm auf eine Serviette legen, mit der vorbereiteten Füllung bestreichen, darauf wieder eine Schicht Blätter geben, dann wieder Füllung und als Abschluß Wirsingkohlblätter. Die Serviette fest zusammenrollen, mit Bindfaden wie Rollschinken zusammenbinden und in einem entsprechend großen Topf 45–60 Minuten kochen. Die Serviette kann auch hufeisenförmig gelegt werden. Nach dem Kochen den Bindfaden abnehmen, die Serviette aufrollen, den Wirsingkohl in Scheiben schneiden, die Scheiben auf eine Platte legen, mit Butter übergießen und mit geriebenem Käse bestreuen. Pilzsoße dazu reichen.

## *Krautrouladen*

Die großen Blätter eines etwa 450–500 g schweren Wirsingkohls abtrennen, abbrühen und abtropfen lassen. 250 g feingeschnittene Pilze in Fett dünsten, mit 100 g gedünstetem Reis vermengen und nach Belieben ein wenig feingeschnittene Petersilie dazugeben. Diese Füllung in die Wirsingkohlblätter wickeln und in einer feuerfesten Form mit der notwendigen Menge Fett und saurer Sahne backen. Das Gericht salzen, mit geriebenem Käse und Tomatensoße anrichten. Anstelle von Wirsingkohlblättern können auch Salatblätter verwendet werden.

## *Wirsingkohl mit Kastanien*

1,5 kg Wirsingkohl in Salzwasser weich kochen, das Wasser abtropfen lassen und den Wirsing in Streifen schneiden. Eine Mehlschwitze aus 2 Eßlöffel Fett und 30 g Mehl bereiten, mit dem Wirsingkohlwasser auffüllen und die Wirsingstreifen 5–6 Minuten darin kochen. Zwischendurch 10 gekochte oder gebratene, passierte Kastanien und 10–12 ganze oder zerbrochene Kastanien dazugeben, das Ganze nochmals aufwallen und salzen.

## *Junger Wirsingkohl mit Bratkartoffeln*

2–3 gutgewaschene und abgetropfte Wirsingkohlköpfe in zwei oder vier Teile schneiden, in 20 g Butter oder Fett weich dünsten (ein wenig Wasser dazugeben), salzen und pfeffern. In einer anderen Kasserolle 500 g in Salzwasser gekochte Kartoffeln, am besten eignen sich neue Kartoffeln, in 30 g Butter oder Fett rösten. Auf einer vorgewärmten Platte die Bratkartoffeln auf dem Wirsingkohl anrichten.

### *Wirsingkohl- oder Blumenkohlklösschen*

500 g in Salzwasser gekochten und ganz feingeschnittenen oder passierten Wirsingkohl oder Blumenkohl mit 2 in Milch geweichten und passierten Semmeln, 2 Eiern und 100 g schaumig gerührter Butter vermischen, salzen und pfeffern. Das Ganze in eine feuchte Serviette geben und 30 Minuten in Salzwasser kochen. Vor dem Anrichten mit heißer Butter begießen und mit gerösteter geriebener Semmel bestreuen.

## *Weisse Rosen zwischen grünen Blättern*

die Blumenkohlröschen, lächeln uns in der Markthalle, auf dem Marktplatz, in den Auslagen der Gemüsegeschäfte, in der Küche und in den Einkaufstaschen der Hausfrauen an.

Oft gibt es diese liebe, herrliche Blume – denn Blumen sind es, sogar ein ganzer Blumenstrauß – in wahrem Überfluß. Die strenge Wissenschaft der Botanik bezeichnet den Blumenkohl als ein verkümmertes, deformiertes Bouquet. Diese Deformierung nehmen wir gerne in Kauf, da es nur wenig Gemüsearten gibt, die Mund und Augen so viel Labsal bereiten. Ferner sagen die Botaniker, Blumenkohl sei ein Krautbastard. Dieser Bastard macht aber der ehrwürdigen Familie keine Schande. Im Gegensatz zum plumpen, bäuerlichen Kraut ist der Blumenkohl ein verfeinerter Sprößling, dessen Würze sozusagen destilliert in Erscheinung treten.

Blumenkohl im Topf kochen, im feuerfesten Gefäß backen, auch als Salat bereiten, ist vorzüglich. Beliebt sind auch einfache Suppen oder Kremsuppen aus Blumenkohl. Er ist ferner als Gemüse und in Form von Püree zur Diät geeignet; einfach mit Butter übergossen ist er auch sehr schmackhaft. Ich habe eine Vorliebe für Blumenkohl „au gratin“ (mit Schinken und saurer Sahne), nehme Partei für „au four“ (im Ofen gebacken, mit Ei, saurer Sahne, Parmesankäse, Muskatnuß und Krebsbutter) und kann ihn auch gefüllt empfehlen (mit Hackfleisch, Speck, Pilzen und Pfeffer) sowie zum Hühnerfrikassee mit holländischer Soße, oder als Blumenkohlauflauf und -pudding sowie kalt serviert mit Tatarensoße.

Wie interessant – Blumenkohl kannte und liebte bereits die Antike, das rauhe Mittelalter vergaß ihn, die Renaissance aber entdeckte ihn erneut.

## Blumenkohl

*I. Gemüse.* Einen gereinigten und in Salzwasser weichgekochten großen Blumenkohl in Röschen zerlegen. Aus 60 g Butter und 60 g Mehl eine helle Mehlschwitze bereiten, mit so viel Milch aufgießen, daß die Soße die gewünschte Dicke erhält, glattrühren und aufkochen. Dann mit 3 Eigelb, die vorher mit 0,15 l süßer oder saurer Sahne verrührt wurden, verquirlen. Nach Bedarf mit dem Gemüsekochwasser verdünnen. Den Blumenkohl hineingeben und das Ganze nochmals aufkochen.

*II. Frikassee.* 1 großen Blumenkohl waschen, reinigen, in Röschen zerlegen und in Salzwasser kochen. Eine Mehlschwitze aus 30–40 g Fett und 1 Eßlöffel Mehl bereiten, mit so viel Kochwasser vom Blumenkohl auffüllen, daß eine ziemlich dicke Soße entsteht, diese in eine Kasserolle gießen, nach Belieben nachsalzen und die Blumenkohlröschen mit 1 Kaffeelöffel feingeschnittener Petersilie hineingeben. Auch die zarten Blumenkohlblätter können mitgekocht, dann durchpassiert und mit in die Soße gemischt werden. Das Ganze nochmals aufkochen, dann servieren.

*III. Mit Schinken gefüllt.* 1 großer oder mehrere kleinere Blumenkohlköpfe (1 kg) in Salzwasser kochen und in Röschen zerlegen. Diese mit dem Strunk nach oben in eine feuerfeste Form legen und reichlich mit feingeschnittenem Schinken und Butterflöckchen bestreuen. 0,5 l dicke saure Sahne mit ein wenig Mehl verrühren, noch 2 Eigelb und den steifen Eerschnee dazugeben und das Ganze über den Blumenkohl gießen. Bei schwacher Hitze 15–20 Minuten in der Röhre backen.

*IV. Kotelett.* 500 g Blumenkohl in Salzwasser kochen und passieren. 250 g frische oder 50 g getrocknete Pilze in Butter, eventuell mit Petersilie weich dünsten. 1 in Milch geweichte Semmel passieren, mit 2 Eigelb und 3 Eßlöffel gerösteter geriebener Semmel vermischen, alles zusammen gut verrühren, und wenn es erkaltet ist, Koteletts daraus formen. (Sollte die Masse nicht fest genug sein, noch geriebene Semmel dazugeben.) Die Koteletts in Ei und geriebener Semmel wenden und in Butter braten.

*V. Mit Tomatensoße.* Den gereinigten Blumenkohl 5 Minuten lang in kaltes Wasser legen, dann einige Minuten in Salzwasser kochen, in einen anderen Topf legen, etwas Kochwasser zugießen, mit 50 g Butterflöckchen bestreuen und zugedeckt weich dünsten. Aus Butter, dem Kochwasser und frischen Tomaten oder Tomatenmark eine Tomatensoße bereiten und diese über den Blumenkohl gießen.

*VI. Mit Mayonnaise.* Einen schönen großen Blumenkohl in Salzwasser weich kochen, in kleinere Stücke zerlegen, auf einer Platte in der ursprünglichen Form anrichten und nach dem Auskühlen mit Mayonnaise oder Tatarensoße übergießen.

*VII. Mit Käse.* 750 g Blumenkohl in Röschen zerlegen und in leicht gesalzener Milch, die die Röschen bedecken muß, weich kochen. Dann die Röschen in eine Schüssel geben. Die heiße Milch, in der 50 g geriebener Käse aufgelöst wurde, darübergießen, noch 20–30 g geriebenen Käse darüberstreuen und 5–6 Minuten in der Röhre backen.

*VIII. Mit Käse.* 1 großen Blumenkohl in Salzwasser kochen, das Wasser abtropfen lassen und in eine feuerfeste Form legen. Aus Butter und Mehl eine Mehlschwitze bereiten, diese mit so viel Fleisch-oder Knochenbrühe auffüllen, daß eine dicke Soße daraus wird. Diese über den Blumenkohl gießen, reichlich mit geriebenem Käse bestreuen und in der Röhre goldbraun backen.

## Rosenkohl

*I. (In der Röhre gebacken).* Die gereinigten Röschen in Salzwasser weich kochen und abtropfen lassen. Einen kleinen Sellerie gleichfalls in Salzwasser weich kochen, kleinschneiden, mit 50–60 g zerlassener Butter übergießen, salzen, mit 40 g Mehl bestreuen und 1 l heiße Milch darübergießen. Dabei ständig rühren, damit sich keine Klümpchen bilden. Noch 2 Eigelb dazugeben, dann den Rosenkohl und schließlich 30 g geriebenen Käse. Das Ganze in eine gebutterte feuerfeste Form füllen, mit einigen Butterflöckchen und gerösteter geriebener Semmel bestreuen und in der Röhre backen.

*II. Mit Krem.* 1 kg Rosenkohl in Salzwasser weich kochen und in eine gebutterte feuerfeste Form geben. 6 Eier mit Salz, Pfeffer, geriebener Muskatnuß, 1 $^1/_2$ Eßlöffel Mehl und 0,3 l saurer Sahne schaumig rühren, im Wasserbad zu einer dicken Krem kochen, noch 3 Eßlöffel geriebenen Käse dazugeben und die Krem über den Rosenkohl gießen. Geröstete geriebene Semmel darüberstreuen und in der Röhre backen.

*III. Mit saurer Sahne.* Die gewaschenen Röschen abtropfen lassen und in Salzwasser weich kochen. Dann in eine feuerfeste Form geben, mit saurer Sahne und Butter übergießen, mit geriebener Semmel bestreuen und in der Röhre backen. Nach Belieben mit geriebenem Käse servieren.

Einen schönen großen Blumenkohl in Salzwasser kochen. Eine Buttermehlschwitze, die mit Milch aufgelassen wurde, mit 4–5 Eigelb, 150–200 g kleingeschnittenem Schinken, 5–6 feingewiegten Sardellen, $^1/_2$ gereinigtem Kalbshirn und 0,3 l saurer Sahne vermengen. Danach den Blumenkohl in eine gebutterte feuerfeste Form legen und mit der Soße so übergießen, daß sie auch zwischen die Röschen des Blumenkohls dringt. Das Ganze mit geriebenem Käse bestreuen und 45 Minuten in der Röhre backen. Spargel auf gleiche Weise zubereiten.

*Blumenkohl oder Spargel auf Wiener Art*

## *Kohlrabi*

*Gefüllte Kohlrabi*

*I.* Junge, zarte Kohlrabi – pro Person 3–4 Stück – schälen, aushöhlen und folgendermaßen füllen: für 4 Personen 350 g durchgedrehtes Schweinefleisch, 2 in Milch geweichte und ebenfalls durchgedrehte Semmeln, 1 Ei, Salz und Pfeffer vermengen, wobei die Semmeln auch durch Reis ersetzt werden können. Die gefüllten Kohlrabi in wenig Fett und Wasser zugedeckt dünsten, bis sie gar sind. In einem anderen flachen Topf das herausgeschabte Innere der Kohlrabi – auch die zarten, kleingeschnittenen Blätter und Stiele können mit hineingegeben werden – unter Beigabe von etwas Zucker weich dünsten, mit einigen Eßlöffeln Mehl bestreuen, etwas Knochenbrühe oder Wasser dazugießen, salzen und nach dem Aufkochen die gefüllten Kohlrabi mit dem Saft hineingeben.

*II.* 12–16 zarten, geschälten Kohlrabi oben eine Scheibe (Deckelchen) abschneiden und das Innere ausschaben. Eine Füllung aus 300 g durchgedrehtem Kalbfleisch, 100 g Schinken, 100 g Räucherspeck, 1 Ei und saurer Sahne bereiten und die Kohlrabi damit füllen. Die Deckelchen wieder daraufsetzen, die Kohlrabi in Fleisch- oder Knochenbrühe und etwas Butter weich dünsten, dann in eine feuerfeste Form legen, mit einigen Eßlöffeln saurer Sahne, in denen 1–2 Eigelb verrührt wurden, übergießen, mit 50 g Butterflöckchen bestreuen und 8–10 Minuten in der Ofenröhre backen.

*III. Ohne Fleisch.* Die gereinigten Kohlrabi in etwas Salzwasser oder Gemüsebrühe halbweich kochen. Dann oben eine dünne Scheibe (Deckelchen) abschneiden, die Kohlrabi aushöhlen und mit folgender Masse füllen: 2 in Milch geweichte, passierte Semmeln in 30–40 g Butter andünsten und mit 1 Eigelb, feingewiegtem Schnittlauch, 1–2 Eßlöffeln saurer Sahne, Salz und Pfeffer verrühren. Nun die abgeschnittenen Deckelchen wieder auf die gefüllten Kohlrabi setzen, diese in eine gebutterte feuerfeste Form legen, mit 50–70 g Butterflöckchen und mit in Butter gerösteter geriebener Semmel bestreuen, mit 0,2 l saurer Sahne übergießen und 15 Minuten in der Röhre backen. Nach 10 Minuten mit einer dünnen Soße aus 20–30 g Butter, 20–30 g Mehl und Kohlrabikochwasser übergießen.

## *Mit Fleisch geschichtete Kohlrabi*

1 kg Kohlrabi in Würfel schneiden, salzen und in Butter mit 1–2 Würfelzucker weich dünsten. Separat 500 g Rindfleisch und 150 g Reis salzen, pfeffern und dünsten. Das Fleisch in Stücke schneiden, zusammen mit 150 g Räucherspeck durchdrehen und mit dem Reis vermischen. In eine feuerfeste Form abwechselnd eine Schicht Kohlrabi und eine Schicht Füllung geben, solange der Vorrat reicht. Zwischen die Schichten und über die letzte Schicht, die aus Kohlrabi bestehen soll, reichlich saure Sahne gießen. 15–20 Minuten in der Röhre backen.

## *Gekochte, gedünstete Kohlrabi*

*I. Gemüse.* 8–10 nicht zu große Kohlrabi schälen und in Würfel oder Scheiben schneiden. (Holzige Knollen nicht verwenden.) Ist das Gemüse noch zart, kann auch ein Teil der Blätter und Stengel verwendet werden. Dann 1–2 Eßlöffel Fett erhitzen, feingewiegte Petersilie und die Kohlrabi sowie 2–3 Stück Würfelzucker hineingeben. Die Kohlrabi weich dünsten, mit einigen Eßlöffeln Mehl bestreuen und leicht anrösten. Danach mit Knochenbrühe oder Wasser auffüllen, salzen und aufkochen. Eventuell mit einigen Eßlöffeln saurer Sahne abschmecken.

*II. Gedünstet.* Die zarten Kohlrabi schälen, in dünne Scheiben schneiden und in etwas Butter dünsten. Vor dem Anrichten salzen, mit feingewiegter Petersilie bestreuen und mit einer aus Butter, Mehl und Milch zubereiteten Soße servieren.

*III. Au gratin.* Zarte, geschälte, in Scheiben geschnittene Kohlrabi in Salzwasser kochen, abtropfen lassen, in ein gebuttertes feuerfestes Gefäß geben, mit einer Béchamelsoße übergießen, mit geriebenem Käse und gerösteter geriebener Semmel bestreuen und in der Röhre überbacken.

*IV. Wie Spargel.* Große Kohlrabi schälen, in 6–8 cm lange, spargeldicke Scheiben schneiden und in Salzwasser oder Knochenbrühe weich kochen. Eine Soße aus 100 g Butter, etwas Mehl und dem Kohlrabikochwasser bereiten, mit 1–2 Eßlöffel saurer Sahne oder 1 Eigelb und etwas Salz abschmecken. Die Kohlrabi in eine Schüssel geben und die Soße darübergießen.

*V. Mit Milch.* 8–10 geschälte, in Streifen geschnittene Kohlrabi in 30 g Butter weich dünsten, danach 0,3 l Milch darübergießen, salzen, nochmals aufkochen lassen und mit in Salzwasser gekochten, in etwas Butter geschwenkten neuen Kartoffeln anrichten.

## Junge Kohlrabi mit Butter

Dünngeschälte zarte Kohlrabi in Scheiben schneiden, kurze Zeit in Salzwasser kochen und danach in etwas Butter und Wasser gar dünsten. Vor dem Anrichten mit feingewiegter Petersilie bestreuen und vermengen.

## Podlupka

Im Frühjahr die Blätter und die Stengel des jungen Wirsingkohls in breite Streifen schneiden und in Salzwasser, besser noch in Knochenbrühe gar kochen. Danach mit einer Mehlschwitze oder mit in saurer Sahne verrührtem Mehl binden. Beim Anrichten mit saurer Sahne abschmecken. Nach Belieben auch mit Kartoffeln kochen. Auf gleiche Weise aus den Blättern und den zarten Stengeln von ganz jungen Kohlrabi und Blumenkohl ein podlupkaartiges, angenehm bitter schmeckendes Gemüse oder auch Salatgemüse aus in Vierteln oder in Streifen geschnittenem Kopfsalat bereiten. In letzteres nach dem Binden eine Handvoll in Butter gedünstete grüne Erbsen geben.

## Gedünsteter Kopfsalat

Pro Person 2 gewaschene Salatköpfe kurz in Salzwasser abbrühen und gut ausdrücken. Den Boden eines Topfes mit etwas kleingeschnittenem Suppengrün, 50–60 g feingeschnittenem Räucherspeck und 1 Lorbeerblatt belegen, die Salatköpfe daraufgeben, mit Knochenbrühe begießen und weich dünsten. Die durchgeschnittenen Köpfe in eine Schüssel legen und mit dem eigenen Saft übergießen, der zuvor mit einem Eigelb gebunden und durchgeseiht wurde.

## Kopfsalatgemüse

*I.* 1 schönen Salatkopf waschen und in Streifen schneiden, in 5 g Butter und 2–3 Eßlöffel Gemüse- oder Knochenbrühe 5 Minuten dünsten, dann noch 3–4 Eßlöffel Gemüsebrühe, in der zuvor 1 Eigelb glattgerührt wurde, nachfüllen und den Salat nochmals 5–6 Minuten dünsten.

*II.* 6–8 gewaschene Salatköpfe in vier Teile oder in Streifen schneiden und in wenig Butter oder Fett zugedeckt dünsten. Mehl in 0,3 l saurer Sahne verquirlen, den Salat hineinrühren, salzen, nach Bedarf mit Knochenbrühe verdünnen und aufkochen. Salat kann auch in Salzwasser gekocht — also nicht gedünstet – zubereitet werden. Dabei wie oben weiter verfahren, nur statt mit Knochenbrühe mit der eigenen Kochbrühe aufgießen. In beiden Fällen ist es gut, nach dem Eindicken eine Handvoll in Butter gedünstete grüne Erbsen in den Salat zu geben.

### Gefüllter Kopfsalat

*I.* Salatköpfe mittlerer Größe von den äußeren groben Blättern befreien, kurz in Salzwasser kochen und gut abtropfen lassen. Den Raum zwischen den Blättern mit einer Masse aus Reis oder in Milch geweichter, durchgedrehter Semmel, durchgedrehtem Schweinefleisch und Räucherspeck, Eigelb, Salz und eventuell etwas Pfeffer füllen. Die gefüllten Salatköpfe in einen gebutterten flachen Topf legen, mit etwas Fleisch- oder Knochenbrühe begießen und bei schwacher Hitze zugedeckt 1 Stunde dünsten. Zuletzt ein wenig Mehl mit 0,2 l saurer Sahne verrühren, diese Mischung darübergießen und das Ganze nochmals aufkochen.

*II. Mit Pilzen.* Salatblätter wie unter I. beschrieben kochen oder abbrühen und mit folgender Mischung füllen: 2–3 in Milch geweichte, passierte Semmeln mit 2 Eigelb, 30 g Butter, 100 g feingeschnittenen, gedünsteten Pilzen, etwas Petersilie und saurer Sahne vermengen. Die gefüllten Blätter zusammenrollen, in einer gebutterten Pfanne dicht nebeneinanderlegen, mit 0,2 bis 0,25 l Gemüsewasser übergießen und in der heißen Röhre 20 Minuten dünsten. Auf eine Platte legen und mit zerlassener Butter übergossen servieren.

### Weinblattgemüse

Junge Weinblätter abbrühen, 15–20 Minuten im Wasser lassen und dann in kaltem Wasser waschen. Die größeren – aber nicht zu großen – Blätter mit einer Masse wie bei Kohlrouladen und Paprikaschoten füllen. Die kleineren Blätter in Streifen schneiden und zwischen die gefüllten Blätter, die in einen flachen Topf gelegt wurden, streuen. Mit Wasser auffüllen, einige zusammengebundene Weinranken dazugeben und das Ganze weich kochen. (Die Kochzeit entspricht der der Kohlrouladen.) Eine helle Mehlschwitze bereiten, ein Bündchen feingewiegten Dill darin verrühren, das Gemüse damit aufgießen, salzen (eventuell Paprika dazugeben), mit saurer Sahne und Zitronensaft würzen und nochmals aufkochen lassen.

ist ein wahrer Freund der auf frische Erzeugnisse des Frühlings begierigen Menschen. Angeblich wurde die Pflanze mit ihren fleischigen, schmackhaften Blättern von den Kreuzfahrern aus Asien nach Europa gebracht. Zunächst wurde sie in den Klostergärten der Ordensbrüder angebaut und kam besonders zur Fastenzeit auf den Tisch.
Spinat wurde lange Zeit als Fastenspeise gehalten, obwohl er mit Kalbfleisch – in Form von Frikandeau, Nierenbraten oder gefülltem Bruststück – durchaus nicht zu verachten ist. Auch frisch gebratene Hackfleischklößchen aus Schweine- und Rindfleisch eignen sich gut zu Spinat. Doch am besten passen meiner Ansicht nach panierte Semmelscheiben (Semmel im Schlafrock, Pofesen) dazu:
Die Scheiben in Milch tauchen, in Ei wälzen und in heißem Fett goldgelb und knusprig braten. Ihr Geschmack und Duft harmonieren prächtig mit dem Spinatgemüse, als hätte man sie nur deshalb „entdeckt".
Auch Spinat mit Spiegelei gehört zu den Spezialitäten. Viele bevorzugen zu Spinat gedünstetes Rindfleisch mit Paprika.
Spinat war ursprünglich ein feines, bescheidenes, sanftes, anpassungsfähiges Gericht. Die Kochmethoden verschiedener Küchen haben ihn jedoch vielerorts gründlich verändert. In der Praxis wurde Gartenspinat durch dicke Mehlschwitzen, die zum Verklumpen neigen, durch übertriebene Dosierung von beißendem Pfeffer, durch ätzenden und lang anhaltenden Knoblauchgeruch in ein derbes, aufdringliches und sogar schädliches Gericht umgewandelt.
Erst die Diätküche, auf hoher ernährungswissenschaftlicher Stufe stehend, mußte kommen, um den Vorzug des Spinats zu erkennen und ihn von den schädlichen Zusätzen zu befreien. Wer Spinat auf diese Weise bereitet, der erkennt beizeiten, daß ihm bisher der wahre Geschmack und Wert des bescheidenen, aber an Vitaminen und Mineralstoffen reichen Gemüses verborgen geblieben war.

## *Spinat-„Wurst" mit Eierkuchenteig*

500 g Spinat zu einem dicken Brei kochen. Jeden der ohne Zucker, etwas stärker gesalzenen gebackenen Eierkuchen mit dem Spinatbrei bestreichen, zusammenrollen und in fingerlange Stücke schneiden. Diese in eine gebutterte feuerfeste Form legen, mit saurer Sahne übergießen, mit Butterflöckchen bestreuen und für 10 Minuten in die heiße Röhre schieben.

## Spinat

*I. Gemüse.* Den gut gewaschenen Spinat in schwach gesalzenem Wasser weich kochen und zusammen mit einer in Milch geweichten Semmel durchpassieren. Eine helle, dünne Mehlschwitze bereiten, den Spinat hineinrühren, das Ganze mit Fleischbrühe oder roher Milch aufgießen, salzen und 8–10 Minuten kochen. Wird Spinat ohne Semmeln zubereitet, dann mit süßer Sahne oder Eigelb binden.

*II. Gedünstet.* 1 kg rohen kleingeschnittenen oder durchgedrehten Spinat 5 Minuten in 50 g Butter und 0,2 l klarer Fleischbrühe dünsten, salzen und weitere 0,2 l Fleischbrühe, in der 4–5 Eigelb verrührt wurden, zugießen. Nochmals ungefähr 5 Minuten dünsten.

*III. Mit Eiern.* 2 Handvoll Spinatblätter gründlich waschen, mit 1 Kaffeelöffel feingeschnittener junger Zwiebel vermischen und in eine Salatschüssel geben. Den Spinat mit einer Soße aus Essig, Zitronensaft, Öl, Salz und Pfeffer übergießen, verrühren und mit geviertelten, hartgekochten Eiern garnieren.

*IV. Spinattaschen.* Den Spinat wie üblich als Gemüse, aber etwas dicker zubereiten. Nicht zu festen, dünn ausgerollten Nudelteig mit dem Rädchen in Quadrate schneiden und mit Eiweiß bestreichen. Die Hälfte der Quadrate mit Spinat belegen, mit den übrigen die Füllung bedecken, die Ränder gut zusammendrücken und die Spinattäschchen in Salzwasser kochen, dem etwas Butter oder Fett beigegeben wurde. Vor dem Servieren mit gerösteter geriebener Semmel und geriebenem Käse überstreuen.

*V. Spinatnockerln.* 500 g rohen, durchgedrehten Spinat und 20 g Mehl in 30 g Butter dünsten. 5 in Milch geweichte, durchgedrehte Semmeln zusammen mit ein wenig feingeschnittener Petersilie gleichfalls in 30 g Butter dünsten, salzen, pfeffern und mit dem Spinat vermischen. Mit einem Eßlöffel Nockerln daraus formen, diese in langsam kochendem Salzwasser oder Gemüsewasser kochen, in heißer Butter schwenken und mit geriebenem Käse und in Butter gerösteter geriebener Semmel anrichten.

*VI. Schnitzel.* 1 1/2 kg Spinat und 750 g Kartoffeln getrennt kochen und durchpassieren, danach vermischen und 2 Eier, Salz, Pfeffer und 100–120 g geriebene Semmel daruntermengen. Schnitzelähnliche Scheiben aus der Masse formen und in heißem Fett backen.

*VII. Schnitzel.* 2 in Milch geweichte, ausgedrückte Semmeln in wenig Butter (in die man nach Belieben auch etwas Petersilie geben kann) leicht anrösten und mit 1–2 Eiern, 100 g in Scheiben geschnittenen Pilzen (die vorher in Butter gedünstet wurden), 200 g durchgedrehtem oder feingewiegtem Spinat sowie mit ungefähr 30 g Mehl vermengen. Diese Masse salzen, eventuell etwas pfeffern, wie Pogatschen formen und in heißem Fett auf beiden Seiten schön hellbraun backen.

## *Sauerampfergemüse*

und die dazu gereichten Stampfkartoffeln ergänzen sich vortrefflich. Zur feinen, pikanten, säuerlichen Soße mit saurer Sahne passen die mit einem Holzlöffel zerdrückten und in etwas Schweinefett gewälzten Kartoffeln sehr gut. Ich langte immer kräftig zu, wenn in meiner Kindheit meine Mutter zum Entzükken der siebenköpfigen Familie einen ganzen Kessel voll kochte. Meine Schwester Aranka komponierte, um auch ihre Vorliebe zu zeigen, zum Ruhme der Sauerampfersoße mit Stampfkartoffeln ein Lied. Wir wetteiferten, wer wohl die Soße mit den Kartoffeln glatter, breiiger rühren könnte. Die süßlichen, kleinen Knollen neuer Kartoffeln – gekocht oder gebraten – in Sauerampfersoße geschwenkt und ein Stück gekochtes, halbfettes Rindfleisch dazu bereiten auch kein geringes gastronomisches Vergnügen.

### *Sauerampfergemüse*

Den Sauerampfer sorgfältig reinigen, waschen und feinwiegen oder durchdrehen. Eine helle Mehlschwitze bereiten, den Sauerampfer hineingeben, sofort salzen – damit er grün bleibt –, einige Minuten dünsten, mit Fleischbrühe aufgießen, aufkochen und mit einigen Eßlöffeln saurer Sahne abschmecken. Sauerampfer kann auch in schwach gesalzenem Wasser aufgekocht, durchpassiert, mit einer hellen Mehlschwitze gebunden, mit dem eigenen Kochwasser aufgegossen und reichlich mit saurer Sahne abgeschmeckt werden.

## *Spargel*

stand früher meist nur auf der Speisekarte eleganter Restaurants, doch hat er seitdem laufend breitere Schichten erobert, besonders seit immer mehr Hausfrauen wissen, daß zur Zubereitung dieses gesunden und schmackhaften Gemüses keine teuren Hilfsmittel erforderlich sind. In Salzwasser unter Zugabe von etwas Zucker weich kochen, abtropfen lassen und gut auskühlen, eventuell Mayonnaise, Tatarensoße oder Krebssoße dazu reichen. Der Geschmack kann noch durch Butter, saure Sahne, Ei, geriebene Semmel oder durch holländische oder sonstige Soßen unterstrichen werden. Auch als Kremsuppe oder in feuerfester Schale in der Röhre gebacken als Vorspeise eignet sich der Spargel. Anerkennung finden auch Spargelgemüse und -salat.

## Wie kocht man Spargel

Spargel wird nicht waagerecht in einem flachen Topf, sondern senkrecht, zusammengebunden in einem hohen Topf gekocht. Er soll bis zur Hälfte mit Salzwasser bedeckt sein. Auf diese Weise werden die Spargelköpfe nur gedämpft und bewahren ihr zartes Aroma. Die härteren Stangen können so lange im Wasser kochen, bis sie schön weich sind.

## Spargel

*I. Gemüse.* Hierzu 1 kg kleine dünne Spargel putzen, in Stücke schneiden und in Salzwasser weich kochen. Aus 2 Eiern, 0,2 l saurer Sahne oder Milch und etwas Mehl eine Soße bereiten, die Spargel damit übergießen und einmal aufkochen. Wenn die Soße zu dick ist, mit dem Spargelwasser verdünnen.

*II. Gedünstet.* Den gereinigten Spargel in Salzwasser halbgar kochen und gut abtropfen lassen. 50 g Butter zerlassen, mit etwas Petersilie vermengen und mit 0,1 bis 0,2 l Gemüsebrühe auffüllen. In diese Brühe die halbweichen Spargelstangen legen und weich kochen. Beim Anrichten mit einigen Eßlöffeln saurer Sahne abschmecken.

*III. Au gratin.* 300 g gereinigten Spargel in Salzwasser gar kochen, auf einem Sieb abtropfen lassen, in eine gebutterte feuerfeste Form geben und mit geriebenem Käse bestreuen. Aus 50 g Butter, 50 g Mehl, Salz, Pfeffer und Milch eine Soße bereiten und über den Spargel gießen. Noch geröstete geriebene Semmel und 50 g Butterflöckchen darüberstreuen und den Spargel in der heißen Röhre gut überbacken.

*IV. Frikassee.* 750–1000 g schönen Spargel in kleine Stücke schneiden, in Salzwasser kochen und abtropfen lassen. Eine Mehlschwitze bereiten, die Spargelstückchen hineinlegen, mit dem durchgeseihten Spargelwasser auffüllen und nochmals aufkochen. Die abgeschnittenen, härteren Spargelteile separat weich kochen, passieren und dem Frikassee beigeben. Zuletzt noch 100 g gedünstete Erbsen in den Spargel geben.

*V. Mit Käse.* 750 g Spargel in Salzwasser kochen und abtropfen lassen, auf eine Platte legen, mit heißer zerlassener Butter begießen, reichlich mit geriebenem Käse bestreuen und heiß auftragen.

## Spargel auf Erbsenart

Dünnen Spargel in kleine Stücke brechen, in Salzwasser kurz aufkochen, das Wasser abgießen und den Spargel in Butter weich dünsten. Danach mit etwas Mehl bestäuben, mit Fleischbrühe oder Bratensaft auffüllen oder mit einer Buttersoße übergießen. Im letzteren Falle nicht mit Mehl bestäuben.

## Spargel mit Pilzen

500 g gewaschenen Spargel dicht nebeneinander in einen Topf stellen und in Salzwasser zugedeckt kochen, dabei darauf achten, daß er nicht zerkocht. (Die Spargelköpfe dürfen vom Kochwasser nicht erfaßt werden, sie sollen weich dämpfen und nicht im Wasser zerkochen.) Das Wasser abtropfen lassen, und den Spargel 2 Minuten in heißer Butter dünsten. Vorsichtig herausnehmen und in Kranzform, mit den Köpfen nach außen, auf einer vorgewärmten Platte anrichten. Die Mitte des Kranzes mit 200 g kleingeschnittenen, in Butter gedünsteten frischen Pilzen (es können auch Büchsenpilze sein) ausfüllen. In die Pfanne, in der die Pilze gedünstet wurden, 0,1 l Kalbsknochenbrühe, 0,05 l Weißwein sowie den Saft einer $^1/_2$ Zitrone gießen, feingewiegte Petersilie dazugeben, aufkochen, über den Spargel gießen.

## Spargel mit Sossen

*I. Mit Butter.* 1 kg Spargel in Salzwasser, dem ein wenig Zucker beigefügt wurde, kochen. Aus 50 g Butter, 2 Eßlöffel Mehl und dem Spargelwasser, in das einige Eßlöffel saure oder süße Sahne gegeben wurden, eine Soße zubereiten, aufkochen lassen, dann noch 1–2 Eigelb hineinrühren und über den in einer flachen Schüssel angerichteten Spargel gießen.

*II. Mit italienischer Soße.* 300 g Spargel in Salzwasser kochen und abtropfen lassen. Nach dem Auskühlen in eine Schüssel legen und mit folgender Soße übergießen: 4–5 hartgekochte Eier kleinschneiden, mit Öl, etwas Essig oder Zitronensaft und etwas Pfeffer glattrühren und das Ganze passieren.

*III. Mit holländischer Soße.* 300 g Spargel auf die übliche Weise in Salzwasser kochen und dann mit folgender Soße übergießen: 70 g Butter gut verrühren und mit 2 Eigelb, 1 Eßlöffel Mehl, etwas Pfeffer und 0,3 l kochendem Spargelwasser vermengen. Unter ständigem Rühren zum Aufkochen bringen.

*IV. Mit Vinaigrette.* Den in Salzwasser gekochten Spargel ausgekühlt in gleichmäßige, kleine Stücke schneiden, in eine Schüssel legen und mit folgender Soße übergießen: Essiggurkenstückchen, Petersilie, Schnittlauch, Zitronenschale Zwiebel und 1–2 hartgekochte Eier – alles ganz feingeschnitten – mit reichlich Öl verrühren und mit Salz, Pfeffer, Essig und Zitronensaft würzen.

*V. Kalt, mit Béchamelsoße.* 0,4 bis 0,5 l Béchamelsoße bereiten. 1 kg gereinigten, in kleine Stückchen geschnittenen Spargel in Salzwasser kochen und abtropfen lassen. 50–60 g Butter auslassen, Salz und Pfeffer dazugeben und mit der Béchamelsoße verrühren. 10–15 Minuten langsam kochen, dabei mit einigen Eßlöffeln Fleischbrühe, dem Schnee von 2 Eiern und dem gekochten Spargel vermengen, das Ganze in eine gebutterte Form füllen und im Wasserbad eine Stunde kochen. Nach dem Auskühlen stürzen.

## *Schwarzwurzel*

gibt es im Winter und zeitig im Frühjahr und kann wie Spargel oder Blumenkohl zubereitet werden, z. B. mit Soßen oder sogar paniert. Vor der Zubereitung muß die äußere schwarze Schale natürlich abgeschabt werden.

### *Schwarzwurzel*

*I. Mit Béchamelsoße.* Die Schwarzwurzeln schälen und in Salzwasser kochen. Mit einer Béchamelsoße, die mit dem Gemüsekochwasser aufgefüllt wurde, übergießen und 10 Minuten in der Röhre backen.

*II. Mit geriebener Semmel.* Die gereinigten Schwarzwurzeln in Milch weichen, damit sie ihre ursprüngliche weiße Farbe behalten. In fingerlange Stücke schneiden, in Salzwasser gar kochen, abgießen, in eine Schüssel legen und reichlich mit in Butter gerösteter geriebener Semmel bestreuen.

### *Möhrengemüse*

1 kg Möhren reinigen, in längliche, dünne Streifen oder in Würfel schneiden und in zwei Eßlöffel Fett und etwas Salz dünsten. Nur mit wenig Wasser ansetzen, damit die Möhren mehr im eigenen Saft gar werden. Danach ein Eßlöffel Mehl darüberstreuen, das Ganze verrühren, leicht anrösten, mit Fleischbrühe, Wasser oder Milch aufgießen und aufkochen. Wer Möhrengemüse gern süß ißt, kann schon während des Garwerdens Zucker dazugeben.

### *Weisse Rüben*

*I. Eingesäuertes Gemüse.* 1 kg eingesäuerte weiße Rüben waschen und in reichlich Wasser aufsetzen. Wenn sie weich sind, eine Mehlschwitze zubereiten, die Rüben hineingeben und mit 1–2

Eßlöffel saurer Sahne abschmecken. Sie sind noch schmackhafter, wenn Räucherfleisch oder Schweinebauch mitkocht.
*II. Nicht eingesäuertes Gemüse.* Die weißen Rüben schälen, in Streifen schneiden und in Salzwasser $^1/_4$ Stunde lang kochen. Danach das Wasser abgießen und die Rüben zugedeckt in heißem Fett (am besten in Gänsefett) unter häufigem Rühren goldgelb dünsten, mit etwas Mehl bestäuben und mit Fleisch- oder Knochenbrühe auffüllen. Sehr schmackhaft wird dieses Gemüse, wenn man gekochtes Hammelfleisch oder Schweinebauchfleisch dazugibt. In diesem Falle die Rüben mit dem Saft dieses Fleisches aufgießen und das Ganze noch 5–10 Minuten zusammen kochen. Vor dem Anrichten nach Geschmack saure Sahne dazugeben.

## *Vom Sellerie*

bzw. seiner fleischigen, würzigen Knolle wußten die Hausfrauen bis vor kurzem nur soviel, daß er, zusammen mit Möhren, Petersilienwurzel und Kohlrabi gekocht, den Geschmack der Fleischbrühe vorteilhaft verbessert. Bekannt war allerdings auch die Salatbereitung: Essig, Öl, Salz und Pfeffer auf den gekochten, in Scheiben geschnittenen und mit Kartoffeln gemischten Sellerie geben. Das obere Stück vom rohen Sellerie mit den frischen grünen Herzblättern abschneiden und zur Verzierung in die Mitte des Salates stellen. Im letzten Jahrzehnt verbreitete sich die Selleriesuppe in Form von Püree- oder Kremsuppe auf französische Art immer mehr.
Sicher gibt es noch immer viele Leute, die Sellerie als ausgezeichnete Vorspeise weder zum Mittag noch zum Abendessen kennen. Als Vorspeise wie folgt bereiten: halbieren oder vierteln, in Fleischsaft auf durchwachsenen Räucherspeckscheiben dünsten, Pilz-, Rotwein- oder Tomatensoßen darübergießen oder mit Béchamelsoße überziehen, mit geriebenem Käse und geriebener Semmel bestreuen und in der Röhre „au gratin" backen.
Außer den erwähnten gibt es jedoch noch einige andere Rezepte. Dabei spielen die modernen Salatrequisiten – wie Mayonnaise bzw. die daraus entwickelte Tatarensoße, ferner Äpfel, grüne Erbsen und Schnittlauch – eine große Rolle. Dazu den Sellerie nicht in Scheiben, sondern in Würfel oder in kurze dünne Stäbchen schneiden.
Auf den Höhepunkt seiner Karriere gelangte der Sellerie, als man begann, ihn anstelle von Ananas zu verwenden: In Scheiben schneiden, in eine Schüssel schichten, kräftig zuckern, zudecken

und einen halben Tag stehenlassen. Danach mit gutem – aber leichtem – Weißwein begießen und je nach Geschmack nachzuckern.

### Selleriegemüse

Etwa 500 g geschälte Sellerieknollen halbieren und in dünne Scheiben schneiden, zusammen mit etwas Petersilie, 20–30 g Butter und nach Belieben ein wenig Zwiebel in Fleisch- oder Knochenbrühe kochen. Wenn sie weich sind, die Brühe durchseihen, eine helle Mehlschwitze bereiten, mit dem durchgeseihten Kochwasser auffüllen, den zerdrückten Sellerie hineingeben und noch einige Minuten kochen.

### Gedünsteter Sellerie

8–10 junge Sellerieknollen schälen und in kaltes Wasser legen. Wenn sie gut durchgeweicht sind, auf einem Sieb abtropfen lassen. Ein flaches Gefäß mit Butter ausstreichen, mit Puderzucker bestreuen, die Knollen hineingeben und mit so viel Bratensaft auffüllen, daß sie völlig bedeckt sind. Das Ganze mit weißem Papier zudecken und in der Röhre gar dünsten.

### Sellerie mit Käse auf Pariser Art

1 kg große Sellerieknollen in Salzwasser weich (aber nicht zu weich) kochen und dann in Scheiben schneiden. Eine feuerfeste Form mit Butter ausstreichen, eine Schicht Selleriescheiben hineinlegen und reichlich mit geriebenem Käse und in Butter gerösteter geriebener Semmel bestreuen. 1–2 Eßlöffel saure Sahne darübergießen, mit Eierscheiben belegen und salzen. Auf diese Weise mehrmals schichten und das Gericht für 30 Minuten in die Röhre stellen.

### Gefüllte Selleriespezialität

8–10 kleinen Sellerieknollen einen Deckel abschneiden und das Innere vorsichtig herausschaben. Die ausgeschabten Teile zusammen mit einer in Wasser geweichten Semmel durchdrehen und mit 150 g feingeschnittenen gedünsteten Pilzen, ein wenig feingewiegter Petersilie, 2–3 Eiern, Salz, Pfeffer und 2 Eßlöffel saurer Sahne vermengen. Mit dieser Mischung die ausgehöhlten Sellerieknollen füllen, die Deckel daraufgeben und in einen gefetteten Topf dicht nebeneinandersetzen. Ein wenig Wasser zugießen und zugedeckt weich dünsten. Kurz vor dem Auftragen 0,1 l saure Sahne darübergießen und nochmals aufkochen.

## *Gebratene Sellerie*

*I.* Pro Person 2 kleine geschälte Sellerieknollen in dünne Scheiben schneiden, salzen, mit Weißwein übergießen und 1–2 Stunden stehenlassen. Einen dünnen Palatschinkenteig ohne Zucker bereiten, die abgetropften Selleriescheiben hineintauchen und in heißem Fett goldgelb braten.
*II.* Pro Person 2 kleine Sellerieknollen in Salzwasser kochen, dann schälen und in Scheiben schneiden, in Mehl wenden und in heißer Butter oder Fett goldbraun braten.

# *Artischocken*

sind in der ungarischen Küche ziemlich selten anzutreffen, obwohl der distelartige, stachlige Korbblütler in Ungarn an mehreren Orten wächst (Heimat ist die Mittelmeergegend). Einst wurden sie in einem Couplet des Budapester Volkstheaters als ausgezeichnete Speise besungen.
Schon die Ägypter kannten ihre Heilwirkung, und arabische Dichter besangen sie bereits vor 900 Jahren. In der Arzneimittellehre des griechischen Arztes Dioskurides (die europäischen Ärzte benutzten sie über 1500 Jahre) stehen lobende Worte über Artischocken. Die Römer kannten die „magenkräftigende" Wirkung; Galenus, der Hofarzt von Mark Aurel, empfahl sie sowohl Gesunden als auch Kranken. Auch heute schätzen die Ärzte ihre stimulierende Wirkung auf Leber und Galle und wenden sie in der Arzneimittelbereitung an. Neuen Forschungen zufolge sollen Artischocken die schädliche Blutverfettung verringern und wirken deshalb vorteilhaft auf das Gefäßsystem. Nach den Aufzeichnungen von Galenus sollen Artischocken am besten mit Koriander, Pfeffer, Baumöl und Garum schmecken. Garum war damals eine appetitanregende Delikatesse, die aus dem Blut einiger Meeresfische und deren Innereien bereitet wurde und dem Kaviar vergleichbar ist. Die Gastronomie kennt heute genügend Methoden, die Speisen auch ohne „Garum" lecker zu bereiten. Vielerorts sind Artischocken wegen ihrer kleinen, krautartig angeordneten Blumenblätter beliebt, noch bevor sich die kräftigen, hellblauen, der Kornblume ähnlichen Blüten öffnen.
Besonders der dicke, fleischige Blütenboden ist vielseitig zu verwenden: als selbständiges Gericht, als Gemüse, Beilage oder Salat. Warm gedünstet, gebraten oder gefüllt, mit Spargelköpfen, grünen Bohnen oder Pilzen garnieren, mit holländischer oder Madeirasoße reichen. Kalt serviert: mit Vinaigrette oder

Tatarensoße etwas für Feinschmecker. Auch einfach gereinigt, mit Zitrone eingerieben, in Salzwasser gekocht und mit heißer Butter übergossen, sind sie allen zu empfehlen, die eine Abwechslung und Neues lieben.

## *Artischockengemüse*

Die äußeren Blätter und den Stiel der Artischocken entfernen, die Blattspitzen abschneiden, die Artischockenböden in kleinere Stücke schneiden und in Salzwasser, dem etwas Zitronensaft beigegeben wurde, fast gar kochen. Dann mit etwas Petersilie in Butter weich dünsten, mit ein wenig Mehl bestäuben, mit Fleisch- oder Knochenbrühe auffüllen, mit 2–3 Eßlöffel saurer Sahne und 0,1 l Weißwein abschmecken, eventuell nachsalzen und das Ganze nochmals aufkochen.

## *Artischockensuppe*

500 g gereinigte Artischocken, 1 kleine Zwiebel und 1 Petersilienwurzel kleinschneiden, in einer Mischung von 1 l Wasser und 1 l Milch 40–45 Minuten kochen, salzen und pfeffern. Die Suppe vor dem Anrichten mit 3–4 Eßlöffel saurer Sahne, in der ein Eigelb verrührt wurde, binden und mit gerösteten Brotwürfeln servieren.

## *Gefüllte Artischocken*

*I.* Die Artischocken in Salzwasser kochen, bis sich die Blätter vom Artischockenboden lösen. Den Boden ausschälen und mit gedünsteten Pilzen oder gedünsteten Erbsen füllen. Die Artischockenböden in Butter oder Fett weich dünsten, salzen, pfeffern und mit holländischer oder Béchamelsoße anrichten. *II.* Die gereinigten Artischocken in Fleisch- oder Knochenbrühe kochen, abtropfen lassen, in ein gebuttertes feuerfestes Gefäß geben, und mit etwas Fleisch- oder Knochenbrühe auffüllen. 80 g geriebenen Käse mit 50 g geriebener Semmel und einigen Eßlöffeln saurer Sahne vermengen, diese Mischung über die Artischocken gießen und 15–20 Minuten in der Röhre backen. Wenn die Mischung goldbraun wird, noch einige Eßlöffel saure Sahne mit dem Saft der Artischocken verrühren.

## *Gekochte Artischocken*

Die äußeren Blätter entfernen, die Artischocken mit Zitronensaft einreiben, in Salzwasser weich kochen, abtropfen lassen und vorsichtig, damit sie nicht auseinanderfallen, halbieren. Mit Essig oder Zitronensaft und Öl oder auch mit einer pikanten Soße anrichten.

# *Tomaten*

Das Wort bedeutet im Ungarischen „Eden“, das ungestörte, glückliche Paradies und die Liebe; im Deutschen wurden Tomaten früher auch als Liebesäpfel bezeichnet. Nach dem Volksglauben wecken sie zarte Gefühle. In der italienischen Sprache heißen sie Goldäpfel (pomo d'oro), und auch in Ungarn werden sie manchmal, je nach der Form, Apfel- oder Birnentomate genannt (manchmal ähneln sie eher einem Ei).

Sei nun der Name nüchtern oder dichterisch, die Tomate, apfel- oder birnenförmig, zählen wir sie zu den Gemüsen oder zum Obst – sie verdient unsere größte Verehrung. Sie besitzt gute Eigenschaften, der Geschmack ist angenehm und erfrischend, man kann ihrer nicht überdrüssig werden, so daß sie täglich in irgendeiner Form auf den Mittags- oder Abendtisch paßt: In Form köstlicher einfacher Suppen und Kremsuppen, als Soßen z. B. zu gekochtem Rindfleisch, zu Makkaroni und Risotto, man kann sie zusammen mit Kraut, Kartoffeln, sogar mit Kürbis, grünen Bohnen und Auberginen – den Früchten mit der glänzend lilafarbenen Schale – kochen. Mit Tomaten können weiter Djuwetsch (ein serbisches Gericht), Letscho und gefüllte Paprikaschoten bereitet werden.

Tomatensoße schmeckt vorzüglich zu Eiern, Hühnern, Kalbs- und Hammelkeule, Kalbs- und Rinderzunge. Für warm oder kalt servierte gefüllte Tomaten sind Hackfleisch – richtig und mäßig gewürzt –, Leber, Räucherspeck, geriebener Käse, Steinpilze, Morcheln und Champignons eine wunderbare Füllmasse. Härtere, glatte Sorten können in Scheiben geschnitten und paniert werden.

All diese ausgezeichneten gebratenen und gekochten Speisen sind nichts im Vergleich zur roh verwendeten Tomate. Nicht nur die reichhaltigen Vitamine, die unserer Gesundheit dienen, sondern auch Geschmack, Duft, Frische und Erfrischungskraft bleiben erhalten und kommen voll zur Geltung. Infolge ihres Nährwertes sind Tomaten für Rohkost, die heute immer mehr Anhänger findet, besonders geeignet. Eine bis zwei Tomatenscheiben aufs Butterbrot gelegt und etwas gesalzen, sind zu jeder Tageszeit eine wertvolle und schmackhafte Nahrung. Diese belegten und beliebig mit anderen, vor allem pflanzlichen Zutaten, aber auch mit hartgekochten Eiern kombinierten Brote sind besonders zum Frühstück zu empfehlen. Tomaten auspressen, den Saft kalt stellen, nach Belieben salzen, pfeffern oder leicht zuckern – ein erfrischendes Getränk für heiße Sommertage. Mit

Milch oder saurer Sahne vermischt, ergeben ausgepreßte Tomaten eine wunderbare rohe, kalte Suppe oder Soße. Darauf achten, daß nicht nur der Saft, sondern auch das Fruchtfleisch hineingegeben wird, denn darin befindet sich der Großteil der Vitamine (nur Schale und Kerne entfernen).
Der ausgezeichneten Rohkost ebenbürtig sind Suppen bzw. Soßen, die weder Fett, Mehl, Milch noch saure Sahne benötigen. Tomatensuppe und -soße ohne Mehlschwitze (vor allem ohne Zwiebeln) bereiten, Wasser ist sogar überflüssig. Das reife, fleischige Obst (oder Gemüse) in Stücke brechen, roh durch ein Sieb passieren, den herabtropfenden dicken Saft ständig rühren und unter Zugabe von etwas Salz so lange kochen, bis die gewünschte Konsistenz der Suppe oder Soße erreicht ist. Reife Tomaten brauchen nicht nachgesüßt werden. Die Farbe der Suppe oder Soße ist prächtig rot, der Geschmack der beste, den man sich nur wünschen kann.

## Gedünstete Tomaten mit Eiern

1 kg reife, einwandfreie große Tomaten schälen, in dicke Scheiben schneiden, salzen, pfeffern und in heißem Fett zugedeckt weich dünsten. In einer anderen Pfanne 150 g kleingeschnittene Pilze weich dünsten, dann 5 gut verrührte Eier darübergießen und unter ständigem Rühren ein Rührei zubereiten. Das Rührei mit den Pilzen in die Mitte einer Schüssel geben, die gedünsteten Tomatenscheiben kranzförmig herumlegen und mit in dünne Scheiben geschnittenen rohen Paprikaschoten garnieren.

## Gefüllte Tomaten

*I. Mit Fleisch.* Von fehlerfreien großen, aber nicht ganz reifen Tomaten einen Deckel abschneiden, aushöhlen und die Tomaten mit der Höhlung nach unten auf ein Sieb stellen, damit der überflüssige Saft herausfließen kann. Aus durchgedrehtem Schweine- oder Kalbfleisch, gedünsteten, kleingeschnittenen Pilzen, 1 Eigelb, Salz (eventuell Pfeffer) eine Füllung zubereiten. Die Tomaten damit füllen, in eine feuerfeste Form stellen, mit dem ausgepreßten und passierten Tomatensaft und 0,1–0,2 l saurer Sahne übergießen und zugedeckt 45–60 Minuten in der Röhre dünsten.
*II. Mit Eiern.* Von mittelgroßen Tomaten einen Deckel abschneiden und aushöhlen. In Milch geweichte Semmel (auf 1 kg Tomaten rechnet man 2 Semmeln) mit heißer Milch besprengen, zusammen mit etwas Zwiebel in Butter dünsten, salzen, pfeffern und mit entsprechender Menge Eiern und Tomatenmark vermengen. Mit dieser Mischung die Tomaten füllen, die Deckel

aufsetzen, die Tomaten in eine gefettete feuerfeste Form stellen, mit Butterflöckchen bestreuen und in der heißen Röhre backen.

*III. Mit Leber.* 12 feste, reife Tomaten aushöhlen, das Innere leicht salzen und mit einer Mischung aus Pilzen und Kalbs- oder Gänseleber – alles in wenig Fett oder Butter gedünstet – füllen. Die gefüllten Tomaten in eine feuerfeste Form stellen, mit saurer Sahne übergießen, mit 50 g Butterflöckchen und 20–30 g geriebenem Käse bestreuen und 25–30 Minuten backen.

*IV. Mit Käse.* 1 kg große Tomaten schälen und waagerecht halbieren. Die Tomatenhälften mit einer Mischung aus 100 g geriebenem Käse, 100 g geriebener Semmel, 50 g Butter, einigen Eßlöffeln saurer Sahne, Salz und Pfeffer füllen, danach wieder zusammenfügen, in ein gebuttertes feuerfestes rundes Gefäß geben, mit Butterflöckchen bestreuen, reichlich mit saurer Sahne übergießen und in der heißen Röhre backen.

*V. Mit Kohlrabipüree, roh.* Die geschälten Tomaten ein wenig aushöhlen, mit einer dicken Mayonnaisensoße füllen, in eine Schüssel legen, mit geschälten und geriebenen zarten Kohlrabi, die mit Zitronensaft, Öl, Salz und eventuell Pfeffer gewürzt wurden, kranzförmig garnieren.

*VI. Mit Mayonnaise und Aspik, roh.* Pro Person 2 Tomaten schälen, die Deckel abschneiden, die Tomaten aushöhlen und folgende Füllung bereiten: 100 g Sardellenbutter mit 0,1 l dicker saurer Sahne schaumig rühren, mit 5 feingeschnittenen hartgekochten Eiern und einigen Kapern vermengen, das Ganze passieren und Salz, Pfeffer, Zitronensaft, 0,2 l Aspik sowie die gleiche Menge Schlagsahne dazugeben. Diese Mischung in den Kühlschrank stellen und, wenn sie fest genug ist, die Tomaten damit füllen. Die Tomaten auf weißen und roten Aspikstückchen anrichten und mit Mayonnaise übergießen. Vor dem Servieren noch 1–2 Stunden in den Kühlschrank stellen.

## *Gefüllte Paprikaschoten*

sind an Sommer- und Herbsttagen (bzw. bei richtiger Konservierung auch im Winter) eine willkommene Speise auf unserem Tisch. Es ist kein original ungarisches Gericht, doch seit langer Zeit eingebürgert und seitdem noch verfeinert, hat es sich zweifellos der ungarischen Küche angepaßt.

Das beliebte Gericht ist nur dann gut, wenn die von Stiel, Kernen und Scheidewänden befreiten fleischigen, süßlichen Paprikaschoten mit all den erforderlichen Zutaten gefüllt werden:

Die Füllung zum überwiegenden Teil aus nicht fettem Schweinefleisch guter Qualität (in Ermangelung dessen mit Rindfleisch) und einem Zehntel Räucherspeck bereiten, der die Masse saftiger und schmackhafter macht. Etwas salzen und pfeffern. Für die Füllung 700 g Fleisch und 70 g Räucherspeck nehmen, dazu zwei Eier als Bindemittel (nicht mehr, sonst wird die mürbe Masse fest wie eine Kanonenkugel) und 250 g halbgaren Brühreis.

Zwiebeln sparsam verwenden, sie geben sonst den gefüllten Paprika einen unangenehmen Nebengeschmack. Der charakteristische und ausgewogene Geschmack wird durch das Zusammenwirken von Paprikaschoten, Schweinefleisch, Speck, Reis, Tomaten und etwas Pfeffer – der aber die Wirkung nur unterstreichen, nicht übertönen oder verändern soll – erreicht.

Schließlich ist es noch wichtig, daß die reifen roten Paprika ihre ursprüngliche Farbe und den Geschmack nicht verlieren, wie das leider oftmals infolge einer dicken braunen Mehlschwitze geschieht.

## Gefüllte Paprika

(Rezept I. ist in der Einleitung enthalten)

*II. Auf türkische Art.* 8 große, fleischige, nicht scharfe Paprikaschoten der Länge nach halbieren, Stiel, Scheidewände und Kerne entfernen, eine Füllung aus 500 g gebratenem durchgedrehtem Fleisch – es können auch Reste sein –, 150 g gedünstetem Reis, Salz, 1 Ei, ein wenig feingeschnittener Petersilie (eventuell $^1/_2$ Zehe Knoblauch) bereiten und die Paprikahälften damit füllen. In eine gefettete feuerfeste Form geben, jeweils mit einer Tomatenscheibe und einem großen, eingeschnittenen Stück Räucherspeck bedecken, das Ganze mit 0,2–0,3 l saurer Sahne übergießen und in der Röhre backen, bis der Räucherspeck goldgelb wird. Die gefüllten Paprikaschoten mit Kartoffelpüree oder Stampfkartoffeln reichen.

## Letscho

Im Sommer darf in der ungarischen Küche dieses einfache und billige, südslawische Gericht nicht fehlen, das eine fleischlose Variante des Djuwetsch ist. In Scheiben geschnittene Zwiebeln in heißem Fett oder feingeschnittenem Räucherspeck anrösten, 1 kg gereinigte, in Scheiben geschnittene oder in Stücke gebrochene Paprikaschoten dazugeben. Wenn sie zerfallen, einige in Stücke geteilte, eventuell geschälte Tomaten beifügen. (Zu 1 kg Paprikaschoten nach Belieben 100 g Reis in wenig Wasser mitdünsten.) Dann das Ganze salzen und so lange dünsten, bis die

Tomaten verkocht sind (und der eventuell beigegebene Reis gar ist.) Das Gericht wird schmackhafter, wenn noch gekochte Dauerwurst hineingegeben wird. Anstelle von Reis auch 5–6 gut verrührte ganze Eier über den Letscho gießen und so lange rühren, bis die Eier fest geworden sind. Letscho mit einem Pörkelt aus magerer Schweinskeule vermengt, heißt „Tokány mit Letscho“.

## *Auberginen (Eierfrüchte)*

sind ein längliches, birnen- oder besser eiförmiges (daher ihr Name), glänzend lilafarbenes Gemüse. Sachgemäß zubereitet sind Auberginen eine sehr schmackhafte Vorspeise, eine vorzügliche Garnierung oder ein wohlschmeckender Salat. Sie bringen Abwechslung in unsere Küche und sowohl die französische als auch die italienische Küche verwenden sie oft. Auf dem Balkan sind sie besonders populär. Solange sie ganz hart sind, eignen sie sich gut zum Braten und Kochen, denn sind sie weich, werden sie bitter. Einfachste Zubereitungsart: Schälen, in dicke Scheiben schneiden, in heißer Butter, heißem Öl oder Fett beiderseitig schön braun braten, auf eine Platte legen, salzen und servieren.

### *Auberginen mit Tomaten*

Die geschälten Auberginen in Würfel schneiden und zusammen mit einigen in Scheiben geschnittenen Tomaten und $^1/_2$ gleichfalls in Scheiben geschnittenen Zwiebel, Salz und Pfeffer zugedeckt im eigenen Saft weich dünsten.

### *Auberginen auf französische Art*

5 geschälte Auberginen in Scheiben schneiden, in heißem Fett etwas durchbraten, salzen, pfeffern und in eine feuerfeste Form legen. 10 mittelgroße Tomaten schälen, in Stücke teilen und zusammen mit in dünne Scheiben geschnittenen Pilzen in Fett braten, mit 0,3 l saurer Sahne vermengen und über die Auberginen gießen. Das Ganze mit geriebenem Käse bestreuen und einige Minuten in der heißen Röhre backen.

### *Geschichtete Auberginen*

6–7 mittelgroße Auberginen waschen, schälen, in ungefähr $^1/_2$ cm dicke Scheiben schneiden, salzen, in Mehl wenden und in heißer Butter oder Fett braten. Die Scheiben in eine gefettete Form schichten, dabei jede Schicht mit geriebenem Käse bestreuen und mit Tomatensaft übergießen. Das Ganze mit in Butter gerösteter geriebener Semmel und einigen Butterflöckchen bestreuen und 20 Minuten in der heißen Röhre backen.

## Gefüllte Auberginen

*I. Mit Fleisch, Eiern und Käse.* Pro Person 1 Aubergine der Länge nach halbieren, entkernen und die fleischigen Teile einschneiden. In Fett oder Butter braten, bis die fleischigen Teile weich werden. Diese dann herauslösen, pro Aubergine mit 60–70 g feingewiegtem, angedünstetem Kalb- oder Geflügelfleisch und 1 Ei vermischen, salzen, pfeffern und mit dieser Mischung die ausgehöhlten Auberginen füllen. In eine feuerfeste Form legen, mit geriebenem Käse, gerösteter geriebener Semmel und 50 g Butterflöckchen bestreuen, mit 0,2–0,3 l saurer Sahne, in der die gleiche Menge Tomatensaft verrührt wurde, übergießen und in der Röhre 10–15 Minuten backen.

*II. Mit Schinken, Pilzen und Reis.* Die Auberginen waschen und der Länge nach halbieren, in eine mit Butter ausgestrichene Pfanne legen, salzen und in der Röhre etwas durchbraten. Dann die inneren, fleischigen Teile herauslösen, feinwiegen und mit einigen geschälten und in Würfel geschnittenen Tomaten und 50–60 g feingewiegtem Schinken in Zwiebelfett dünsten. Feingewiegte Pilze und 1–2 Eßlöffel Reis ebenfalls dünsten, salzen, und mit der Fleischmasse vermengen. Mit dieser Masse (man kann auch gebratene Gänseleberscheiben verwenden) die Auberginen füllen, in eine reichlich mit Butter ausgestrichene Pfanne geben, mit Butter und saurer Sahne begießen, mit in Butter gerösteter geriebener Semmel überstreuen und in der Röhre backen.

## Gurkengemüse

2–3 große, dicke Gurken schälen, der Länge nach halbieren, entkernen und in fingerlange Streifen schneiden. 1–2 Eßlöffel Butter zerlassen, die Gurken hineinlegen, 1–2 Eßlöffel Zitronensaft, Salz, Pfeffer, $^1/_2$ Eßlöffel Zucker sowie 4–5 Eßlöffel Wasser dazugeben und 15–20 Minuten dünsten, bis sie glasig werden. Mit Fleisch-, Knochen- oder Gemüsebrühe auffüllen, mit 0,1 bis 0,2 l saurer Sahne, in der 1–2 Kaffeelöffel Mehl verrührt wurden, eindicken und nochmals aufkochen. Darauf achten, daß die Gurken nicht zu weich werden, was sich nachteilig auf den Geschmack auswirkt.

## Gurkenfrikassee

2–3 große, geschälte Gurken in dünne Scheiben hobeln und salzen. Aus 40 g Fett, 30 g Mehl und der entsprechenden Menge Knochenbrühe oder Wasser eine Mehlschwitze bereiten, mit Salz, Essig oder Zitronensaft würzen, aufkochen.

## Gefüllte Gurken

*I. Mit Fleisch.* 3–4 größere Gurken schälen, in 4–5 cm lange Stückchen schneiden, entkernen und mit einer Masse aus 250 g magerem, durchgedrehtem Schweine- oder Hammelfleisch, kleinen Räucherspeckwürfeln, einer Handvoll halbgedünstetem Reis, Eiern, Tomatenmark, Salz und einer Prise Pfeffer füllen. Dann die Stückchen in der ursprünglichen Gurkenform in ein mit Butter ausgestrichenes feuerfestes Gefäß legen, mit feingewiegtem Dill bestreuen, salzen, pfeffern, mit etwas saurer Sahne und Zitronensaft beträufeln und 20–25 Minuten in der Röhre backen.

*II. Mit Pilzen.* Salzgurken dünn schälen, der Länge nach halbieren und aushöhlen. Die Gurkenhälften mit Pilzsalat füllen, dann wieder zusammenfügen, in eine Schüssel legen, mit Mayonnaise übergießen und mit Ei- und Tomatenscheiben garnieren. Zu Pilzsalat eignen sich sämtliche in Essig eingelegten Pilzsorten, feingeschnitten, oder man bereitet den Pilzsalat folgendermaßen zu: die gereinigten Pilze einige Minuten in Salzwasser kochen, abspülen, erkalten lassen, in Scheiben schneiden, mit Öl und Zitronensaft abschmecken, salzen und feingewiegte Petersilie dazugeben. Nach Belieben auch mit Zwiebeln würzen.

*III. Mit Mayonnaisensalat.* 2–3 der Länge nach halbierte, geschälte Salzgurken entkernen und die Gurkenhälften mit gemischtem Salat (mit Mayonnaise) füllen. Dazu eignen sich Kopf-, Tomaten-, Blumenkohl-, Karotten- oder Bohnensalat. 1–2 Stunden kalt stellen und dann auftragen.

## Feingemüse

Die jeweils gleiche Menge in Würfel oder Streifen geschnittener Möhren, Kohlrabi und neuer Kartoffeln sowie grüne Erbsen – insgesamt 1–1,5 kg – salzen und jedes für sich zugedeckt in Butter weich dünsten. Danach alles vermengen, das Gemüse mit Mehl und etwas Puderzucker bestreuen, mit Knochenbrühe auffüllen und noch ungefähr 10 Minuten zusammen kochen. Anstelle von Knochenbrühe kann auch mit Wasser verdünnte Milch verwendet werden.

## Mischgemüse

*I.* 1 Bündchen geschälte, in Würfeln geschnittene Karotten, 500 g in kurze Stücke geschnittener Spargel, 1 kleinen, in Röschen zerlegten Blumenkohl, 1 kg grüne Erbsen, 150 g kleingeschnittene Pilze und 2–3 in Würfel geschnittene Kohlrabis in 3 Eßlöffel Fett oder Butter unter Zugabe von 0,1–0,2 l Wasser 1 $^1/_2$ Stunden zugedeckt dünsten. Das Ganze mit 1 Kaffeelöffel Mehl bestreuen, mit etwas Milch oder saurer Sahne auffüllen, aufkochen, salzen und etwas zuckern.

*II. Mit Buttersoße.* 1 Blumenkohl in Salzwasser kochen. Grüne Erbsen (frisch oder aus der Konserve) und in Stücke geschnittene Schwarzwurzeln, Möhren, Sellerie, Pilze – je 100–150 g – einzeln in Butter dünsten, dann den in Röschen zerlegten, Blumenkohl dazugeben, das Ganze mit einer aus Butter, Mehl, Milch und Salz zubereiteten Soße übergießen, in eine mit Butter ausgestrichene Schüssel geben, nochmals Buttersoße darübergießen, mit geriebenem Käse bestreuen und sofort auftragen.

### Irish Stew (fleischlos)

In 50–60 g zerlassene heiße Butter schichtweise 2 kleine, in Scheiben geschnittene Zwiebeln, 1 kg ebenfalls in Scheiben geschnittene Kartoffeln, 1 kg gehobeltes frisches Weißkraut sowie je 1–2 kleine in Scheiben geschnittene Sellerieknollen und Möhren geben und schichtweise mit Majoran, Thymian, Pfeffer, Salz und 1–2 Lorbeerblättern würzen. 35–45 Minuten zugedeckt kochen. Falls notwendig, ein wenig Gemüsewasser zugießen.

### Pariser Quodlibet

200 g Pilze, 250 g in Würfel geschnittenes Schweinefleisch, 1–2 kleine in Würfel geschnittene Möhren salzen und jedes für sich in Butter weich dünsten. 500 g Blumenkohl und 500 g Spargel in Salzwasser kochen und in Stücke schneiden. Das Ganze in einem feuerfesten Gefäß vermischen, mit 50 g geriebenem Käse, 100 g kleingeschnittenem Schinken oder anderem Räucherfleisch bestreuen, 2–4 nußgroße Butterstückchen dazugeben, mit 3–4 Eßlöffel saurer Sahne übergießen und 3–4 Eier darüberschlagen. In der Röhre backen, bis die Eier fest werden. Anstelle der Möhren können auch grüne Erbsen oder beide Gemüsearten zu diesem Gericht verwendet werden.

### Gemüseragout

1 Kopf Blumenkohl, 150 g Pilze, 250 g Spargel sowie 250 g grüne Erbsen jedes für sich in Salzwasser kochen. Aus Butter und Mehl eine Mehlschwitze bereiten und mit dem abgegossenen Gemüsewasser sowie 0,1–0,2 l Wein auffüllen. Nun das gekochte, kleingeschnittene Gemüse, etwas feingewiegten Schnittlauch, einen in Würfel geschnittenen Apfel und eine ebenfalls in Würfel geschnittene Salzgurke hineingeben, das Ganze mit Zitronensaft abschmecken, wenn nötig salzen, ein- bis zweimal gut aufkochen lassen und servieren.

### Gemüseklösse

*I.* 1 kleine Sellerieknolle, 1 ganz kleinen Blumenkohl, ungefähr 120 g Möhren und 50–100 g Pilze kleinschneiden und in Butter oder Fett dünsten. 4 Semmeln in Würfel schneiden, in 0,15 l Milch weichen, 2 Eier, das gedünstete Gemüse und so viel Mehl dazugeben, daß die Masse weder zu weich noch zu fest ist. Gut durchrühren, salzen, mit mehligen Händen Klößchen formen und in Salzwasser 15–20 Minuten kochen. Die Klöße können auch in Butter oder Fett, eventuell in saurer Sahne geschwenkt werden.

*II. Frühlingsklößchen.* Je 150 g kleine grüne Erbsen, Rosenkohl, Blumenkohl, Spargelköpfe, Pilze und Möhren in wenig Salzwasser kochen. 6 Semmeln in Würfel schneiden und mit Milch besprengen. 6 Eigelb in 60–80 g Butter verrühren, mit dem gekochten kleingeschnittenen Gemüse, den geweichten Semmelwürfeln und dem Eischnee vermischen, salzen und eventuell die Masse mit etwas geriebener Semmel binden. Einen großen Kloß formen, in die Mitte einer mit Butter ausgestrichenen Serviette binden, in heißes Wasser legen und 1 Stunde kochen. Mit zerlassener Butter übergossen anrichten und separat zerlassene Butter dazu reichen.

## Delikatessmais

Die ersten Kolben, die in der Markthalle angeboten werden, sind noch sehr dünn; sie taugen nicht viel; es ist ratsam, noch etwas zu warten.

Natürlich soll der Mais auch dann milchig und zart sein. Aber richtig hineinbeißen will man, sein Geschmack kommt nur dann zur Geltung. Delikateßmais kann verschiedenfarbig sein: weiß, weiß und gelb, eventuell ganz gelb (obwohl diese Art eher zum Futtermais gehört) oder lila. Letztere Sorte ist süß wie Zucker. Deshalb soll man das Kochwasser etwas mehr als üblich salzen. Auch vor dem Verzehren kann man nach Belieben noch extra salzen. Den Mais eventuell mit Butter bestreichen – das verfeinert den Geschmack–, die Enden anfassen und die Kerne reihenweise abbeißen, als hätte man eine große Mundharmonika in den Händen. Im Freien kann man den Mais über Feuer braten.

### Maisgemüse in Milch und süsser Sahne

Junge, zarte Maiskolben in leicht gesalzenem Wasser halbgar kochen, die Maiskörner abbröckeln und in eine Kasserolle geben, in der vorher 1 Stückchen Butter zerlassen wurde. So viel Milch – ein Teil kann süße Sahne sein – auf die Maiskörner gießen, daß sie vollkommen bedeckt sind, ungefähr 15 Minuten dünsten, dann 1 gestrichenen Eßlöffel Zucker darüberschütten, und nachdem der Mais nochmals aufgekocht ist, anrichten. Das Gericht gleicht einem dünnen Milchreis und soll möglichst nicht dicker sein.

# *Pilze*

## *Steinpilze*

Ein gelbbrauner Hut, der einen Durchmesser bis zu 20 cm haben kann, verleiht ihm eine imposante Gestalt. Brechen wir ein Stück ab, schimmert weißes Fleisch hervor, und ein angenehmer, individueller Duft steigt uns in die Nase.
Ein berühmter Gastronom schrieb einmal, „der Pilz ist die Auster des Waldes". Dieser Vergleich hinkt etwas, aber wir verstehen die Absicht. Der Autor setzte die Auster wahrscheinlich an die Spitze der Geschmacksgenüsse, und wenn er die Pilze damit verglich, bedeutet dies ihre höchste Anerkennung. Ich schließe mich dieser Meinung an, besonders wenn von Steinpilzen die Rede ist, die den Boden von Nadelwäldern bevorzugen.
„Keine andere Speise hat eine derartig märchenhafte Würze", setzt der Autor fort, „wie die im Mondschein gewachsenen Pilze." Inwieweit der Mond Einfluß auf die Qualität der Pilze ausübt, kann ich nicht sagen; sicher ist, daß in wunderbaren, ahnungsvollen, mondbeschienenen Herbstwochen wirklich herrliche Steinpilzexemplare auf den Budapester Markt gelangen. Der an Nüsse erinnernde Geschmack in Verbindung mit dem würzigen Duft verdient höchstes Lob. Beide, Geschmack und Duft, kommen in allen Zubereitungsformen zum Ausdruck.
Pilze lassen sich auf vielfältige Art verwenden: für Gulasch, Pilzpaprikasch mit saurer Sahne, Pilzfrikassee (mit einem Spiegelei obenauf), für einfache Suppen und für Kremsuppen, für Soßen oder Eierspeisen mit Pilzen gefüllt, in Scheiben geschnitten und gebacken, in Asche gebraten, am Spieß oder auf dem Rost über Holzkohle wie Speck geröstet. Pilze würzen pikant die Füllungen für Geflügel, Tomaten, Kartoffeln oder Pasteten, sie verfeinern gedünstetes Fleisch – sei es Jungfernbraten, Kalbskotelett oder Lendenschnitte – und erheben Reis zu einem selbständigen Gericht, zu Pilzrisotto. Pilze verfeinern Zander oder Sterlet, in der Röhre gebacken á la Chambord. Sie steigern die Kraft einer in Tassen servierten Bouillon und sind auch als

Salat nicht zu verachten. Pilzfleisch ist sogar in Strudel oder in Pudding ausgezeichnet zu verwenden.
Vom Frühsommer bis zum Spätherbst wachsen diese vielartig verwendbaren Pilze, sie können dann für den Winter getrocknet werden. Ihre hervorragenden Eigenschaften bleiben auch im getrockneten Zustand erhalten.

## Steinpilze als Gemüse

Frische, fehlerfreie, in Scheiben geschnittene Steinpilze in etwas Fett oder Butter einige Minuten dünsten, mit 1 kleinen Eßlöffel Mehl bestreuen, ein wenig Paprika, Pfeffer und feingeschnittene Petersilie dazugeben, mit Fleisch- oder Knochenbrühe auffüllen und ungefähr 15 Minuten kochen. Vor dem Anrichten saure Sahne dazugeben, nochmals aufkochen und salzen. Wer den säuerlichen Geschmack vorzieht, kann Zitronensaft oder Essig beigeben. Dieses Gemüse kann auch aus anderen Pilzen zubereitet werden.

## Pilzpaprikasch

500 g sorgfältig geputzte frische Pilze mit etwas feingewiegter Zwiebel in Fett dünsten. Wenn der Saft verkocht ist, Salz und Paprika dazugeben, mit saurer Sahne aufgießen und aufkochen.

## Pilzfrikassee

*I.* Die in Scheiben geschnittenen Pilze in Butter oder Fett dünsten, salzen, mit ein wenig Mehl bestreuen, mit Fleisch- oder Knochenbrühe auffüllen und kurze Zeit kochen. Die Pilze mit Spiegeleiern anrichten.
*II.* 500 g in kaltem Wasser aufgesetzte Pilze 3–4 Minuten kochen lassen, das Wasser abgießen und in einen flachen Topf schütten, 2 Eßlöffel Fett und 1–2 Eßlöffel Kochwasser dazugeben, salzen, evtl. pfeffern und so lange dünsten, bis der Saft fast verkocht ist. Mit Salzkartoffeln reichen.
*III.* Die in Scheiben geschnittenen Champignons oder Steinpilze zusammen mit feingeschnittener Petersilie in Butter weich dünsten. Dann aus 0,1 l süßer Sahne, 2 Eigelb, einigen Tropfen Zitronensaft und etwas Salz eine Soße bereiten, diese über die Pilze gießen, nochmals aufkochen und anrichten.

## Gedünstete Pilze

*I. Mit Kartoffeln.* 500 g Pfifferlinge oder Champignons in Fett dünsten, salzen, auf eine Platte geben und mit Salzkartoffeln garnieren.
*II. Mit Käse und Eiern.* Große Champignons schälen und mit den Hüten nach oben in ein feuerfestes Gefäß geben, salzen und die Hüte mit Butter bestreichen. Zugedeckt dünsten, bis die Pilze

schrumpfen und Lücken zwischen ihnen entstehen. Vom Herd nehmen, jeden Hut mit geriebenem Parmesankäse oder anderem Käse füllen, wieder erhitzen und die Lücken mit Spiegelei ausfüllen. Vor dem Anrichten mit feingewiegter Petersilie bestreuen und nach Geschmack pfeffern.

*III. Frikassee.* 500–750 g kleingeschnittene Pilze in wenig Fett einige Minuten dünsten, mit 1 Kaffeelöffel Mehl bestreuen, salzen, pfeffern, mit Fleisch- oder Knochenbrühe auffüllen und nochmals ungefähr 15 Minuten dünsten. Vor dem Anrichten mit 3 Eigelb, $^{1}/_{2}$ Eßlöffel Essig und 2 Eßlöffel saurer Sahne eindicken.

*IV. Steinpilze oder Champignons mit Petersilie.* 500–750 g in Scheiben geschnittene Steinpilze oder Champignons mit Petersilie in heißem Fett zugedeckt weich dünsten. 1–2 Eigelb in 0,1 l saurer Sahne verrühren, über die Pilze gießen, salzen und sofort nach dem Aufkochen servieren.

*V. Ganze Pilze.* Von 18 großen Champignons die Stiele abschneiden. In einer Kasserolle Butter auslassen, mit 1–2 Eßlöffel Zitronensaft auffüllen und die Pilze darin dünsten. 5 Eigelb sämig rühren, 0,5 l Bratensoße dazugießen, salzen, in eine feuerfeste Schüssel schütten, die Pilze hineingeben und im Wasserbad kochen, bis der Saft sulzig wird. Sofort auftragen.

*VI. Steinpilze im Schlafrock.* 500–750 g Pilze – die größeren in Scheiben geschnitten, die kleinen im ganzen – salzen, in einem gesalzenen, dicken Palatschinkenteig schwenken und in heißem Fett schnell braten.

## Gebackene Pilze

*I.* Schöne große Champignons reinigen und in Wasser (wie Nudeln) kochen. Das Wasser sofort abgießen, die Pilze abtropfen lassen, panieren und in heißem Fett backen.

*II.* 500–750 g in dicke Scheiben geschnittene große Pilze oder kleinere im ganzen leicht salzen, panieren und in heißem Fett schnell braten. Mit Mayonnaise oder Gemüse reichen.

## Pilzschnitzel

*I.* 500 g in Butter oder Fett gedünstete Pilze zusammen mit 3 in Milch geweichten Semmeln durchdrehen, mit 3 ganzen Eiern und 30 g geriebener Semmel vermengen, salzen, eventuell etwas pfeffern, Schnitzel formen, panieren und in heißem Fett braten. Mit Gemüse oder Salat servieren.

*II. Steinpilze.* 300 g große Steinpilze abbrühen, abtropfen lassen, kleinschneiden, mit 0,25 l saurer Sahne, 70 g Butter, 4 ganzen Eiern, 4 zerschnittenen Sardellen, $^{1}/_{2}$ Zwiebel, Salz, Pfeffer und

einigen Eßlöffeln Mehl gut vermischen, 1 Stunde stehenlassen, dann Schnitzel formen und in Butter oder Fett goldgelb braten.
*III. Koteletts.* 300 g kleingeschnittene Pilze in wenig Fett oder Butter dünsten und salzen. Nach dem Erkalten mit 1 in 0,2–0,3 l Milch geweichten und durchgedrehten Semmel und 1 Ei vermengen, eventuell noch etwas geriebene Semmel dazugeben, Klößchen oder Koteletts formen, in geriebener Semmel wenden und in heißem Fett braten.

## Gefüllte Pilze

*I.* Pro Person 3–4 große Champignons nehmen, die Stiele abschneiden, feinwiegen, salzen und mit Petersilie in etwas Butter dünsten, bis der Saft verkocht. Dann durchgedrehten Schinken, gekochte passierte Kartoffeln, rohe Eier und etwas saure Sahne dazugeben. (Auf je 6 Pilze eine Kartoffel, ein Ei und 20 g Schinken nehmen.) Die Hüte der Pilze schälen und kegelförmig mit der beschriebenen Masse füllen. Auf Brot- oder Semmelscheiben, von denen die Rinde abgeschnitten wurde, legen, in ein reichlich mit Butter ausgestrichenes feuerfestes Gefäß geben und eine gute halbe Stunde in der Röhre backen. Dabei von Zeit zu Zeit mit saurer Sahne beträufeln.
*II.* Pro Person rechnet man 3–4 Pilze, für 6 Pilze 100 g Fleisch, 1 Semmel und 1 Ei. Die großen Pilze abbrühen, damit sie weich werden. Die Stiele abschneiden und die Höhlungen mit folgender Mischung füllen: In Butter gedünstete Pilze mit Schweine- oder Kalbfleisch, in Milch geweichten und passierten Semmeln, Eigelb, Salz, Delikateßpaprika und Pfeffer vermengen. Die gefüllten Pilze in ein mit Butter ausgestrichenes feuerfestes Gefäß geben, mit Butterflöckchen und geriebener Semmel bestreuen, reichlich mit saurer Sahne begießen und in der Röhre 10–15 Minuten backen.

## Pilze mit Sosse

*I. Mit Kremsoße.* 300 g Pilze in Salzwasser kochen. Aus 3 Eigelb, 50 g Butter und 0,2 l vom Kochwasser der Pilze eine dicke Krem kochen, vom Herd nehmen und so lange rühren, bis sie nur noch lauwarm ist. Den steifen Eischnee daruntermischen, salzen, etwas pfeffern, die Pilze hineingeben und in einer Muschel oder einer flachen Schüssel, mit Salatblättern garniert, anrichten.
*II. Spitzmorcheln mit Zitronen- und Apfelsinensoße.* Die gleiche Menge Morcheln und Champignons kleinschneiden, kurze Zeit in Butter oder Fett dünsten, mit Mehl bestreuen, mit Fleisch- oder Knochenbrühe auffüllen, den Saft einer Apfelsine und $^1/_2$ Zitrone sowie die geriebene Apfelsinen- und Zitronenschale dazugeben, salzen, etwas pfeffern und die Pilze weich kochen.

*III. Steinpilze mit Béchamelsoße.* 500–600 g Steinpilze reinigen, die Haut von den Hüten abziehen, die Pilze zerkleinern und in 50 g Fett dünsten. Aus 40 g Butter, 1 Kaffeelöffel Mehl, 0,15 l Milch, Salz und Pfeffer eine Béchamelsoße bereiten und so lange auf dem Herd rühren, bis sie entsprechend dick ist. Die Pilze in eine vorgewärmte Schüssel legen und mit der Soße übergießen.

*IV. Champignons mit Zitronensoße.* Große Champignons nehmen und die Stiele nicht zu kurz abschneiden. Butter in einem Schmortopf auslassen, die Pilze hineingeben, mit dem Saft 1 Zitrone übergießen und langsam weich dünsten. Dann 0,2 l starke Fleischbrühe mit 4 Eigelb verrühren, salzen, pfeffern, den Saft der Pilze dazugeben, in eine Schüssel gießen und die Pilze hineinlegen. Die Schüssel in ein Wasserbad stellen und so lange kochen, bis die Soße gallertartig wird, dann sofort servieren.

*V. Gebackene Pilze mit saurer Sahnensoße.* Die Stiele der Pilze – am besten eignen sich Steinpilze – abbrechen und die so entstandene Vertiefung mit ein wenig Butter oder feingeschnittenem Räucherspeck und den feingeschnittenen, leicht gesalzenen und gepfefferten Stielen füllen. Die Pilze in einem Schmortopf nebeneinandersetzen und in der Röhre backen, reichlich mit saurer Sahne übergießen, mit Paprika bestreuen und aufkochen.

## Auf dem Rost gebackene Pilze mit Kapernsosse

*Griechisches Gericht.* 750 g Pilze in einer größeren Schüssel mit zerlassener Butter übergießen, salzen, pfeffern und 2 Stunden stehenlassen. Dann auf dem Rost 8–10 Minuten von allen Seiten schön braun braten, auf eine vorgewärmte Platte geben, mit etwas Zitronensaft bespritzen und mit Kapernsoße anrichten.

## Pilzpüree mit Eiergarnierung

500 g Champignons, Steinpilze oder Morcheln zusammen mit 2 in Milch geweichten Semmeln kleinschneiden, in ein wenig Fett dünsten, zwischendurch mit einigen Löffeln Milch besprengen, salzen, eventuell pfeffern, mit Mehl bestreuen und noch einige Löffel Milch dazugießen. Den Saft einkochen lassen, die Pilze durchdrehen und mit 50–60 g Butter vermischen. Sollte die Masse zu dick sein, mit etwas Milch verdünnen. In die Mitte einer vorgewärmten Platte häufen und mit Rührei garnieren. Pro Person 1 Ei nehmen.

# *Hülsenfrüchte: Bohnen, Erbsen, Linsen*

## *Bohnen*

Ihre Karriere zu verfolgen, könnte vielleicht für einen Historiker oder für die Untersuchung der Speisegewohnheiten im Wandel der Zeiten aufschlußreich sein.
Lange Zeit waren Bohnen „das Fleisch der Armen". In „besseren Kreisen" dagegen blickte man verächtlich auf diese Eiweißquelle, vielleicht schämte man sich ihrer auch manchmal (und nicht ohne Grund), da man hier und dort Kastanienpüree damit streckte... Nur wenige würdigten ihrem Wert entsprechend den würzigen Geschmack der großen braunen Bohnen, die Bohnensuppe mit Räucherfleisch – sie ist besonders nach einer durchfeierten Nacht empfehlenswert – oder das sämige Schalet mit seiner ganz besonderen Geschmacksharmonie.
Der Rang der Bohnen stieg, als sie während des Krieges für arm und reich die größte Lebensmittelreserve bildeten. Ohne zu übertreiben kann gesagt werden, daß das fleisch- und fettlose, kalte, weiße Bohnengemüse Hunderttausenden das Überleben in der belagerten ungarischen Hauptstadt ermöglichte.
Wir bekamen Bohnen dann über, konnten sie lange Zeit nicht mehr sehen, und es mußte viel Zeit vergehen, bis wir sie erneut entdeckten und unter primitiver und verfeinerter Zubereitungsform einen Unterschied machten, um sie langsam wieder auf unseren Alltagsspeiseplan zu setzen. Nach vorübergehender undankbarer Behandlung – verständlich nach der erwähnten „Bohnenkur" – sind Bohnen heute auf dem besten Wege, ihre gebührende Anerkennung und ihren unbestrittenen Rang einzunehmen. Ist die Ernte schlecht, und sind Bohnen rar, sollen es schon Leute beschuldigt worden sein, Bohnenpüree mit Kastanienpüree verfälscht zu haben, da das nicht so teuer ist. Ob das stimmt oder nicht: der Vergleich mit Edelkastanien bedeutet auf alle Fälle eine Anerkennung der Bohnen. Es lohnt sich, von Zeit zu Zeit die bewährten Rezepte zur Bereitung von trockenen Bohnen anzuschauen sowie die der gelben Erbsen und der immer gern gegessenen Linsen. Vergessen wir auch nicht, daß alle drei Hülsenfrüchte „Ewigkeitswert" haben und, kühl und trocken aufbewahrt, jahrelang gelagert werden können, ohne ihren Geschmack zu verlieren.

Alte mehrjährige Bohnen, Erbsen und Linsen lassen sich jedoch schwerer weich kochen, es dauert länger. Aber dem ist leicht abzuhelfen. Es empfiehlt sich, sie ein bis zwei Tage in Wasser einzuweichen und dem Kochwasser etwas Natriumbikarbonat beizufügen. Noch geeigneter ist der Schnellkochtopf, der die Kochzeit herabsetzt und auch die Hülsenfrüchte zu einem schnell zubereiteten Gericht werden läßt.

## *Bohnengulasch*

300 g weiße oder braune Bohnen waschen und vor dem Kochen 10–12 Stunden in lauwarmem Wasser weichen. 1 kleine feingeschnittene Zwiebel in 80–100 g Räucherspeck oder Fett rösten, mit 1–2 Eßlöffel Mehl bestreuen, ein wenig anrösten lassen und 1 Kaffeelöffel Paprika dazugeben. Die Bohnen darin verrühren, mit 2,5 l Wasser auffüllen, salzen, pfeffern und bei schwacher Hitze, eventuell in der Röhre, zugedeckt gar kochen. Je nach Geschmack Knackwurst oder geräuchertes Eisbein hineingeben.

## *Gänsekeule und -brust mit Bohnen*

750 g große weiße Bohnen am Vorabend einweichen. Am nächsten Tag 1 feingeschnittene Zwiebel in 1 Eßlöffel Gänsefett rösten, mit 1 Eßlöffel Mehl bestreuen, 1 Eßlöffel Delikateßpaprika dazugeben und die Bohnen gut darin verrühren. Mit 2–2,5 l Wasser auffüllen, die Gänsekeulen und die Brust hineingeben, aufkochen, salzen, pfeffern und in der Röhre bei ganz schwacher Hitze 3–4 Stunden kochen.

*I. Schalet.* 1 kg möglichst große Bohnen mit einer dünnen, aus Gänsefett, Zwiebel und Paprika bereiteten Mehlschwitze verrühren, dann Gänsekeule, einen fetten Gänserücken, geräucherte Rindfleischscheiben und gefüllten Gänsehals (Zubereitung siehe unter Geflügel) dazugeben, das Ganze salzen, mit Wasser auffüllen, mit einigen Eßlöffeln Bratenfett verfeinern und aufkochen. Danach den Topf zugedeckt in die Röhre schieben und das Schalet 24 Stunden kochen lassen. Schalet darf nicht umgerührt, nur von Zeit zu Zeit aufgeschüttelt werden.

*II. Schalet.* In 2 Eßlöffel Gänsefett 1 kleingeschnittene Zwiebel glasig rösten, 1 Eßlöffel Mehl darüberstreuen und 2 Kaffeelöffel roten Paprika dazugeben. 750 g große weiße (oder braune) Bohnen darin verrühren, mit 2–2,5 l Wasser auffüllen und den gefüllten Gänsehals und 1 kg Fleisch, möglichst dreierlei Sorten, beigeben. (Geräucherte Gänsebrust, mageres Rindfleisch und Schweinekeule, oder geräucherte Schweinerippchen, rohen Schinken, Gänsekeulen und Lendenstück. Auch Knackwurst und Rindfleisch eignen sich dazu.) Salzen, pfeffern und zugedeckt in der Röhre bei ganz schwacher Hitze 3–5 Stunden kochen.

Möglichst erst am nächsten Tag verzehren, denn nochmals 1 Stunde in der Röhre durchgebraten, ist das Gericht schmackhafter als frisch gekocht.

*III. Ritschert.* 250 g Bohnen und 250 g großkörnige Graupen vermengen. Eine feingewiegte Zwiebel und etwas Knoblauch in viel Gänsefett anrösten, mit Paprika bestreuen, salzen, Gänsefleisch (Schenkel, Rücken, Brust), geräuchertes Rindfleisch (Bruststück) und gefüllten Gänsehals dazugeben. Das Ganze mit so viel Wasser auffüllen, daß es bedeckt ist, und aufkochen lassen. Dann in die vorgewärmte Backröhre geben und bis zum folgenden Tag stehenlassen. Wenn das Fleisch nicht genügend fett ist, noch Gänsefett hinzufügen.

## Bohnenkoteletts

500 g Bohnen in wenig Wasser kochen, passieren und zusammen mit 2 in Milch geweichten Semmeln, 2 Eiern, etwas geriebener Semmel und nach Belieben ein wenig kleingeschnittener, gerösteter Zwiebel vermengen, Paprika, Salz und Pfeffer hinzufügen, Schnitzel formen, diese in Mehl, Ei und geriebener Semmel wenden und in heißem Fett braten.

## Erbsenpastete

1 kg gelbe oder grüne geschälte Erbsen in Salzwasser weich kochen, passieren, 1 ganzes Ei, 1 Eßlöffel Fett oder Butter, 1 Kaffeelöffel Natronbikarbonat und 1 Prise Pfeffer beigeben. In einer mit Fett ausgestrichenen Form glätten, mehrere Male mit der Gabel hineinstechen und braun backen. Das Kochwasser erst salzen, wenn es zu sieden beginnt.

## Bohnen-, Erbsen- oder Linsengemüse

*I.* 500 g braune oder weiße Bohnen bzw. gelbe oder trockene grüne Erbsen oder Linsen (eventuell eine ganze Nacht) in kaltem Wasser weichen, aufsetzen, salzen, eventuell ein Stück geräuchertes Schweinefleisch (Eisbein, Rippchen usw.) oder ein Stück Speckschwarte hineingeben – was den Geschmack des Gerichtes sehr verbessert – und bei schwacher Hitze vollkommen gar kochen. Eine braune Mehlschwitze bereiten, dazugießen mit Wasser auffüllen, salzen und nochmals aufkochen. Vor dem Anrichten nach Belieben mit 1 Eßlöffel Essig und 2–3 Eßlöffel saurer Sahne abschmecken. In das Erbsengemüse jedoch weder Essig noch saure Sahne geben.

*II. Bohnen- oder Linsengemüse mit in saurer Sahne verquirltem Mehl.* Die auf übliche Weise gekochten Hülsenfrüchte nicht mit einer Mehlschwitze binden, sondern 0,2–0,3 l saure Sahne und 1–2 Eßlöffel Mehl glattquirlen, in das Gemüse geben und aufkochen lassen.

*III. Linsen auf deutsche Art.* 500 g Linsen in kaltem Wasser aufsetzen, bei starker Hitze schnell weich kochen und in einem Sieb abtropfen lassen. In einem Schmortopf 1 Eßlöffel Mehl in Fett anrösten, bis zur gewünschten Dicke mit Weißwein, Fleisch- oder Knochenbrühe auffüllen, aufkochen, die Linsen hineingeben, salzen, pfeffern und nochmals kurze Zeit kochen.

*IV. Püree.* 500 g eingeweichte Hülsenfrüchte weich kochen, mit einer hellen Mehlschwitze binden, nochmals aufkochen und durch ein Sieb passieren. Püree aus Hülsenfrüchten eignet sich am besten zu gekochtem, heißem Schinken, zu Rebhuhn, Fasan und Schweinebraten.

## *Erbsen-, Bohnen- oder Linsengemüse oder Püree mit Räucherspeck*

*I.* 600 g geschälte gelbe Erbsen, Bohnen oder Linsen wie üblich als Gemüse oder Püree zubereiten. 250 g Räucherspeck in kleinfingerdicke Streifen schneiden und rösten. Mit dem Fett der Räucherspeckstreifen eine Mehlschwitze zum Gemüse oder zum Püree bereiten, das Gemüse oder Püree mit den Räucherspeckstreifen garnieren und auftragen.

*II.* 80–100 g Räucherspeck in kleine Würfel oder Streifen schneiden, goldgelb rösten und mit 500 g gargekochten, gesalzenen und abgetropften, eventuell passierten Linsen, Erbsen oder Bohnen vermischen. Mit einer dünnen Mehlschwitze binden.

*III.* 500 g vorher eingeweichte Bohnen, Erbsen oder Linsen mit 350–400 g in Scheiben geschnittenem fleischigem Räucherspeck vermengen. Nur soviel Wasser dazugießen, daß es gerade kochen kann. Langsam kochen, damit die Bohnen vom Geschmack des Räucherspecks durchdrungen werden und das Wasser aufsaugen.

*IV. Gedünstete Bohnen.* 600–650 g geweichte braune Bohnen zusammen mit $^1/_2$ geriebenen, in etwas Fett gerösteten Zwiebel, Salz und eventuell ein wenig Pfeffer und 250 g Räucherspeck in eine Kasserolle geben, mit 1 l Wasser auffüllen und in der heißen Röhre weich dünsten. Vor dem Auftragen den Räucherspeck aufschneiden, die Bohnen darüberschütten und mit 1 kg Salzkartoffeln garnieren.

## *Linsen-, Erbsen- oder Bohnenpüree mit Reis*

500 g Linsen, Bohnen oder Erbsen in Salzwasser weich kochen, passieren, pfeffern und, wenn nötig, nachsalzen. 100 g Reis wie üblich dünsten, $^1/_2$ Zwiebel in ein wenig Fett rösten, mit den Linsen und dem Reis vermischen und unter ständigem Rühren noch 10 Minuten zusammen kochen.

# *Zwischenmahlzeiten, leichte Beilagen*

## *Würstchen*

waren in Ungarn immer sehr beliebt. Besonders in Bahnhofswirtschaften stieg ihr Umsatz zur An- und Abfahrt der Züge sprunghaft an.

Wenn früher die Pester Würstchen aus dem Geschäft eines der angesehenen Fleischermeister kamen, bestanden sie aus einem durch den Wolf gedrehten und mit dem nötigen Wasser vermengten Fleischbrei, der zusammen mit 25 Prozent Speck verknetet, mäßig mit Salz und Pfeffer gewürzt, eine Stunde lang geräuchert, danach kurz in heißem, aber nicht kochendem Wasser gebrüht und mit kaltem Wasser abgeschreckt wurde.

Es war angenehm, vormittags in einer Gaststätte einzukehren und ein Paar Würstchen – in Pörkeltsoße schwimmend oder mit geriebenem Meerrettich – zu verzehren und ein Glas Bier dazu zu trinken. Beim Meerrettich betone ich deshalb das Wort „gerieben", da es heutzutage öfters vorkommt, daß er gehobelt gereicht wird. Dann ist der Meerrettich trocken und schmeckt wie Hobelspäne.

Wer sich in seinem gemütlichen Heim Würstchen zum Abend warm machen wollte, tat gut daran, sie in einem Geschäft zu kaufen, in dem echte Wiener Würstchen zu haben waren. Sie schmeckten etwas anders als die Pester Würstchen, was eine Abwechslung bedeutete. Bösartig gesinnte Menschen verbreiteten einst, daß Wiener Würstchen aus Pferdefleisch bereitet würden, weil es damals – innerhalb bestimmter Grenzen – in Wien erlaubt war, die alt gewordenen Fiakerpferde auf die Schlachtbank zu bringen und ihr Fleisch zu verarbeiten. Dieses Geschwätz wurde wohl von der Konkurrenz verbreitet. Nur wenige glaubten daran, und es war sicher genauso unbegründet wie ein anderes Gerücht, wonach die weltberühmte italienische Salami, die Veroneser, in ihrer Füllung Eselfleisch enthält.

Über alles Getratsche erhaben waren dagegen die hübschen, kleinen Zipser Würstchen, ein Paar zu 50–60 g. Sie wurden aus erstklassigem Schweinefleisch bereitet; man aß sie nur mit Meerrettich, da fettige Paprikasoße bereits darin enthalten war. Wer laienhaft mit Messer oder Gabel hineinschnitt oder -stach, befleckte sich nicht nur die Krawatte, sondern auch die Weste mit den roten Tupfen des auseinanderspritzenden Paprikasaftes.

Die Würstchen mußten vorsichtig auseinandergebrochen werden, aber diese kleine Mühe lohnte sich.
Hier wollte ich eigentlich die Würstchen-Sinfonie beenden, wenn mir nicht inzwischen die weltweit bekannte ungarische Spezialität, die Debrecener Wurst, eingefallen wäre. Schließlich ist auch ein Würstchen eine Wurst, wenn auch eine kleine. Also hat auch die größere ein Recht hier erwähnt zu werden. Die Debrecener gehören zu den größten Vertretern ihrer Familie. Man konnte sie mehrfach zu einem Ring wickeln. Herr Bánki, einer der besten Fleischer in Debrecen, bereitete sie aus dem Fleisch und Speck junger Mangalitzaschweine zu. Fleisch und Speck für die Füllung wurden nie durch den Wolf gedreht, sondern in pfefferkorngroße Stücke geschnitten, mit Salz, weißem Pfeffer, Delikateßpaprika und etwas Majoran gewürzt, in dünne, lange Schweinedärme gefüllt, einen Tag lang getrocknet und in kaltem Rauch schön geräuchert. Danach wurden sie den Pestern verkauft, 1 kg für 90 Kreuzer. Soviel waren sie auch wert! Diese märchenhafte Geschichte geschah in den neunziger Jahren des vorigen Jahrhunderts.

## Wie kocht man Würstchen?

Würstchen platzen sicher nicht, wenn sie in Dampf und nicht in Wasser erhitzt werden. Dafür gibt es besonderes Kochgeschirr, doch auch jeder große Topf eignet sich. Er wird bis zur Hälfte mit Wasser gefüllt. Kocht das Wasser, quer über den Topf einen oder mehrere Kochlöffel legen, die Würstchen darüberhängen, so daß sie mit dem Wasser nicht in Berührung kommen. In 4–5 Minuten sind die Würstchen heiß. Mit Senf oder Meerrettich servieren.

## Würstchenpörkelt

*I.* Feingeschnittene oder geriebene Zwiebeln in Fett dünsten, mit einer Messerspitze Paprika bestreuen, die in Scheiben geschnittenen Würstchen – denen vorher die Haut abgezogen wurde – hineingeben und das Ganze 20 Minuten zugedeckt dünsten. Dabei noch etwas Wasser, einige in Scheiben geschnittene Tomaten (oder Tomatenmark) und 1–2 Stücke gebrochene Paprikaschote dazugeben.

*II. Mit Reis.* 100 g Räucherspeck in Würfel schneiden, auslassen, ½ feingeschnittene Zwiebel im Fett rösten und 1 Kaffeelöffel Paprika daruntermengen. 2–3 Tomaten schälen, aus 2–3 Paprikaschoten die Adern entfernen, beides kleinschneiden und in das Fett geben, einige Minuten zugedeckt dünsten, dann 500 g in Scheiben geschnittene Würstchen hineinmischen, salzen und pfeffern. Unterdessen in einem anderen Gefäß 250 g Reis in der Röhre dünsten, und, wenn er fast gar ist, das Pörkelt dazugeben und zusammen in der Röhre weich dünsten.

### *Würstchen (oder Kochwurst) mit Eiern*

*I.* Pro Ei 1 Würstchen (oder der entsprechenden Menge Kochwurst) die Haut abziehen, in Scheiben schneiden und in wenig Butter oder Fett auf beiden Seiten anbraten. Die Würstchenscheiben gleichmäßig in der Pfanne verteilen, die Eier darüberschlagen, salzen und in der Röhre backen.
*II. Mit Milch und Paprika.* Die Eier mit ein wenig Milch oder süßer Sahne verrühren, salzen und unter ständigem Rühren über die Würstchen oder die Kochwurst gießen, nur leicht backen. Zum Schluß mit Paprika bestreuen.
*III. Mit Käse.* Den Würstchen die Haut abziehen, in Scheiben schneiden und in ein mit Fett ausgestrichenes Gefäß geben. Die Eier darüberschlagen, – pro Würstchenpaar 1 Ei – salzen, mit geriebenem Käse bestreuen und in der Röhre backen.

### *Jagdwurstscheiben mit Eiern*

Pro Ei 1 fingerdicke Scheibe Jagdwurst in heißem Fett einzeln braten. Die Haut muß ganz sein, damit beim Braten kleine Körbchen entstehen. Das Bratfett der Wurst in eine feuerfeste Form gießen und die Körbchen einzeln hineinlegen. Das Eiweiß schaumig schlagen, gleichmäßig in die Körbchen häufen, salzen, pfeffern und das Eigelb in die Mitte setzen. In der Röhre backen und mit Kartoffelpüree reichen.

### *Panierte Jagdwurst oder Kochwurst*

Dicken Scheiben Jagdwurst oder längshalbierten Kochwürsten die Haut abziehen, in Mehl, Ei und geriebener Semmel wenden und in heißem Fett auf beiden Seiten goldbraun braten. Dieses Gericht kann als Beilage zu Gemüse und als Fleischersatz – in diesem Fall mit Kartoffeln und Kopfsalat – gereicht werden.

### *Kochwurst mit Spätzle*

In wenig Fett 200 g feingeschnittene, enthäutete Kochwurst ein wenig anrösten und mit gekochten Spätzle, die aus 500 g Mehl zubereitet wurden, vermengen. Zu dem Gericht, das auch aus Jagdwurst zubereitet werden kann, Gurken, Paprikasalat oder Kopfsalat reichen.

### *Dauerwurst im Schlafrock*

Aus 400 g Mehl einen einfachen Hefeteig zubereiten. Ist er aufgegangen, dünn ausrollen, in Quadrate schneiden und diese mit Ei bestreichen. 500 g rasch überbratene Dauerwurst in so viele Scheiben schneiden, wie Quadrate vorhanden sind. Die Quadrate belegen, einrollen und die beiden Enden gut zusammendrücken. Auf ein mit Fett ausgestrichenes und mit Mehl bestreutes Blech geben, noch etwas gehen lassen, mit Ei bestreichen und ungefähr 30 Minuten in der Röhre backen.

## *Pofesen*

*I.* Einige Schwarzbrotscheiben, von denen die Rinde abgeschnitten wurde, in Milch weichen (darauf achten, daß sie nicht völlig durchweicht sind), in Ei panieren, in heißer Butter oder Fett knusprig braten, salzen und anrichten. Auf dieselbe Weise auch aus Semmelscheiben Pofesen zubereiten, nur dann die Rinde nicht abschneiden. Pofesen sind eine vortreffliche Beilage zu Spinat oder anderen Gemüsearten.

*II. Gefüllt.* 5–6 Semmeln in dünne Scheiben schneiden und kurz in Milch tauchen, 10–15 Minuten abtropfen lassen, salzen. Die Hälfte der Scheiben mit gedünstetem Schweine- oder Kalbshirn belegen, je eine andere Scheibe daraufdecken, mit Ei und geriebener Semmel panieren und schnell braten.

## *Kartoffelschnitten*

750 g gekochte, geschälte und passierte Kartoffeln noch warm mit 20 g Mehl, in wenig Fett gerösteter Zwiebel, 1 Ei, Salz und 80–100 g feingewiegten oder durchgedrehten Fleischresten oder Räucherfleisch, eventuell Dauerwurst, vermischen. (Das Fleisch kann auch durch 100 g frische oder 10–20 g getrocknete Pilze, gedünstet und durchgedreht, ersetzt werden.) Aus dieser Mischung Scheiben formen und auf einem mit Fett ausgestrichenen Blech in der Röhre backen. Die Kartoffelschnitten sind sehr schmackhafte Gemüsebeilagen, können aber auch als selbständiges Gericht mit Salat serviert werden.

## *Gebackene Käseschnitten*

350–400 g festen Käse in kleinfingerdicke Streifen schneiden, in Ei und geriebener Semmel panieren und ungefähr eine halbe Stunde ruhenlassen. Danach in heißem Fett auf beiden Seiten schön hellbraun backen und mit in Fett gerösteter Petersilie garniert servieren.

## *Mit Pilzen und Ei gefüllte Semmeln*

Den oberen Teil der Semmeln abschneiden und das Innere herausnehmen. Die Semmeln in Ei und geriebener Semmel panieren und in heißem Fett schnell braten, dann in eine feuerfeste Form stellen, jede mit 1 Eßlöffel feingeschnittenen, gedünsteten Pilzen füllen und 1 Ei darüberschlagen. Mit geriebenem Käse bestreuen, 1 haselnußgroßes Stück Butter daraufgeben, mit saurer Sahne übergießen und in der heißen Röhre 10–15 Minuten backen.

#### Tellerfleisch

Dieses Gericht stammt aus Wien. Aus einem Schwanz- und einem Lendenstück eine kräftige Fleischbrühe kochen. Dann das gekochte Fleisch in Stücke schneiden und in tiefen Tellern anrichten. Vom mitgekochten Suppengrün, Möhre, Petersilienwurzel, Kohlrabi, Sellerie dazulegen und das Ganze mit der Suppe, in die Fadennudeln gekocht wurden, übergießen. Man kann dazu auch Markknochen mit geröstetem Brot servieren.

## Pasteten, Sülzen und Aspikgerichte

#### Hühnerpastete

*I.* Das gereinigte, eingesalzene und gespickte Hühnchen mit in Würfel geschnittenem Suppengrün, eventuell etwas Zwiebel, 1–2 Lorbeerblättern und einigen Pfefferkörnern in Fett oder Butter dünsten. Wenn es gar ist, zerteilen und die Fleischstücke in eine Bratpfanne geben. Das Suppengrün passieren, mit einigen Eßlöffeln saurer Sahne auffüllen und über das Fleisch gießen. 3 Eigelb mit 3 Eßlöffel Mehl und 0,2 l saurer Sahne verrühren und schließlich den Schnee der Eier dazugeben. Mit dieser Masse die Fleischstücke bestreichen und schön rotbraun backen.
*II. Mit Blätterteig.* 2 gereinigte, gesalzene Brathühnchen vierteilen, in eine Schüssel legen, mit 2 Kaffeelöffel feingewiegter Petersilie bestreuen, eventuell ein wenig Zwiebel dazugeben, 1–2 Eßlöffel Fleischextrakt (Yestor), 0,6 l Fleischbrühe oder Wasser darübergießen. Das Ganze gut vermengen. Für jede Person eine kleinere feuerfeste Form mit $^1/_2$ Hühnchen – also 2 Stück Fleisch – füllen, mit der entsprechenden Menge Saft übergießen, 1 in Scheiben geschnittenes hartgekochtes Ei sowie 1 in Scheiben geschnittenen Pilz und je 2 Streifen durchwachsenen Speck dazugeben. Jede Form mit einem Blätterteig bedecken und mit Eigelb bestreichen. Bei mäßiger Hitze 40 Minuten in der Röhre backen.

#### Leberpastete

*I.* Sie kann aus Gänseleber, aus der Leber anderer Geflügelarten, aus Schweine- oder Kalbsleber zubereitet werden. Die Leber reinigen, waschen, in kleine Stücke schneiden, durchdrehen und passieren. Dann mit einem nußgroßen Stück Butter oder Gänsefett, 1 in Milch (oder Suppe) geweichten, durchpassierten Semmel, 2 ganzen Eiern und 50 g durchgedrehtem Räucherspeck (oder Gänseleber) verrühren, salzen und 1 Messerspitze Pastetengewürz hineinmengen. Das Ganze in einer mit Fett ausgestrichenen Form zugedeckt 30–45 Minuten kochen. Die Pastete kann auch so zubereitet werden, daß man die Leber zuerst in etwas Butter oder Fett dünstet, dann weiter wie oben angegeben verfährt.

*II. Mit Sardellenpaste.* 250 g Leber in dünne Scheiben schneiden und in Fett braten. 6 hartgekochte Eier zusammen mit der Leber dreimal durchdrehen und schließlich passieren. Mit 1 Tube Sardellenpaste, 1 Eßlöffel Gänsefett oder 50 g Butter, dem Saft 1 Zitrone, etwas Senf, Salz und etwas Pastetengewürz vermengen, glattrühren und mit den länglich hineingelegten 2 hartgekochten Eiern auf einer Platte in Ziegelform anrichten. Für einige Stunden in den Kühlschrank stellen.

*III. Aus Gänseleber mit Pilzen.* Die Gänseleber einen halben Tag in gesalzener Milch, die sie gerade bedeckt, weichen, danach in dieser Milch zugedeckt so lange dünsten, bis die Milch vollkommen verkocht ist. Nach dem Auskühlen in Scheiben schneiden. Eine andere, gleichfalls in Milch geweichte Gänseleber roh passieren. 2 große Champignons und eventuell 1 Trüffel, in kleine Scheiben geschnitten, dünsten, aber nicht zu weich werden lassen. Die in Stücke geschnittene Leber mit der passierten Leber und den Pilzen vermischen, 2–3 Eigelb, 1 in Milch geweichte und passierte Semmel, Salz, etwas Pastetengewürz und schließlich den Schnee der Eier dazugeben. In einer mit Fett ausgestrichenen und mit geriebener Semmel bestreuten, zugedeckten Form 1–1 $^1/_2$ Stunden im Wasserbad kochen. Nach dem Auskühlen auf eine Platte stürzen und in den Kühlschrank stellen.

*IV. Gänseleberkrem mit Pilzen.* 300 g in Milch oder in Fleischbrühe gekochte, durchgedrehte und passierte Gänseleber mit 50 g Butter, 0,3 l Schlagsahne, 0,15 l aufgelöstem Aspik, 1–2 kleingeschnittenen Pilzen, Salz und Pastetengewürz vermischen. In einer mit Butter ausgestrichenen Form in den Kühlschrank stellen. Vor dem Anrichten auf eine Platte stürzen, mit hartgekochten Eiern, Salatblättern, roten Rüben und Aspik garnieren.

## *Gänseleber- oder Schinkenkrem*

50 g Butter mit 1 Kaffeelöffel Senf schaumig rühren und mit 250 g gedünsteter und passierter Gänseleber oder 250 g zweimal nacheinander durchgedrehtem Prager Schinken vermischen.

Nach Belieben mit Sardellenpaste und Salz würzen und schließlich 0,1 l steifgeschlagene Sahne dazugeben.

## Schinkenpastete

Den Boden einer mit Butter ausgestrichenen und mit geriebener Semmel bestreuten Tortenform mit dünnen, gekochten Kartoffelscheiben belegen, diese Schicht mit feingewiegtem Schinken (oder einem anderen Räucherfleisch) bestreuen und mit saurer Sahne, die vorher mit Eigelb verrührt wurde, begießen. Das Ganze so oft wiederholen, bis die Form gefüllt ist. Über das Ganze geriebenen Käse streuen und goldgelb backen. Beim Anrichten nur den Seitenring der Tortenform abnehmen.

## Kalbs- oder Schafszungenpastete

Die in Salzwasser gekochte Kalbs- oder Schafszunge durchdrehen und mit 1 nußgroßen Stück Butter, 1–2 in Milch geweichten und passierten Semmeln, 2 ganzen Eiern, Salz, Pfeffer und 50–100 g kleingeschnittenem Räucherspeck vermischen. In einer mit Fett ausgestrichenen Form zugedeckt 30 Minuten im Wasserbad kochen.

## Hammelpastete

750 g Hammelkeule in große Würfel schneiden, salzen, pfeffern und in einer reichlich mit Butter ausgestrichenen Form mit in Scheiben geschnittenen (geschälten) rohen Kartoffeln schichten. Jede Schicht mit ein wenig geriebener Zwiebel, Butterflöckchen und 1 Prise Paprika bestreuen, zuoberst mit Butterflöckchen belegen und das Ganze mit 0,15 l kaltem Wasser begießen. Aus 250 g Mehl, 170 g sehr fester Butter und 3–4 Eßlöffel Wasser und Salz einen Teig kneten und 40 Minuten kalt stellen. Dann 1 cm dick, ungefähr in der Größe der Auflaufform, ausrollen, die Pastete mit dem Teig bedecken und ihn gut an die Pastete drükken. Bei mittlerer Hitze 2 $^1/_2$–3 Stunden in der Röhre backen.

## Russische Pastetchen

Einen üblichen Nudelteig mit Milch (statt Wasser) bereiten, dünn ausrollen und in viereckige Stückchen schneiden, die mit folgender Masse gefüllt werden: Kalbs-, Rinder- oder Schweinebraten zweimal hintereinander durchdrehen und mit Salz, Pfeffer, etwas geriebener Zwiebel und 1 Eßlöffel saurer Sahne vermischen. Von dieser Masse kleine Häufchen auf die Teigstücke setzen und diese zusammenfalten. Die Oberfläche der Pastetchen mit Ei bestreichen, dann auf ein Backblech legen und backen. Die Pastetchen warm servieren.

## Nelson-Pastete

Entweder fertigen – ungefähr 600 g – Aspik verwenden oder eine kräftige Fleischbrühe zubereiten und nach dem Abkühlen vollkommen entfetten. In der Fleischbrühe 1–2 Kalbsfüße mitkochen. Dann in 1–1,2 l Suppe 15–16 kleine Blätter Gelatine kochen und den Schnee von 4 Eiern mit dem Schaumschläger kräftig hineinschlagen. Bei schwacher Hitze 30 Minuten kochen durch eine Serviette seihen, in eine mit Wasser ausgespülte Form 3–4 cm hoch Suppe gießen und in den Kühlschrank stellen. Danach die Form mit in kleine Würfel geschnittenem Kalbsbraten, Hühnerbrust, 2–3 Sardellen, Gänseleber, hartgekochten Eiern, kleingeschnittenen Kapern, etwas Pastetengewürz und englischem Senf fast auffüllen, noch Suppe daraufgießen und das Ganze wieder erstarren lassen. Die übrige Suppe in einem anderen Gefäß ebenfalls erstarren lassen und beim Anrichten zur Garnierung der gestürzten Pastete in kleine Würfel schneiden. Vor dem Stürzen die Form kurz in heißes Wasser tauchen.

## Schweinefleischsülze

1–1,5 kg Schweinskopf, Schweinsknie und Schweinsfüße sowie reichlich Schwarte sorgfältig waschen und in 3 l Salzwasser kochen. Wenn das Fleisch halbgar ist, etwas Paprika, einige Pfefferkörner sowie 1 kleine, in Mull gebundene Zwiebel dazugeben – die man auf diese Weise leicht wieder herausnehmen kann – und langsam, nicht sprudelnd, weich kochen. Den Schaum dabei mehrmals abschöpfen. Bevor das Fleisch vom Herd genommen wird, den Schnee von 1–2 Eiern in die Brühe geben und mit dem Schaumschläger 5–6 Minuten kräftig schlagen. Das Fleisch nochmals langsam 10–12 Minuten kochen, nach dem Abkühlen das Fett abschöpfen und den Sud durch eine gebrühte Serviette seihen. Das Fleisch von den Knochen lösen, in kleine Stücke schneiden und in eine tiefe Porzellanschüssel legen. Die Brühe nochmals seihen und darübergießen. Das Ganze erstarren lassen. Die Sülze mit Tatarsoße und Gurken reichen. (Die Zwiebel kann weggelassen werden.)

## Spanferkel in Sülze

Das gereinigte, einige Wochen alte Spanferkel in einer Flüssigkeit, die zur Hälfte aus Wasser, zu einem Viertel aus Essig und einem Viertel aus Weißwein besteht, weich kochen. Salz, Pfefferkörner, Lorbeerblätter, Möhren, Petersilie und eventuell ein wenig Zwiebel in das Kochwasser geben. Dann das Spanferkel gefrieren lassen. Aufgelösten Aspik zweifingerhoch in eine entsprechend große Form gießen, das Spanferkel hineinlegen und nach und nach den restlichen Aspik darübergießen, der zwischendurch immer wieder erstarren muß. Bis zum Auftragen im Kühlschrank halten, dann die Form kurz in heißes Wasser tauchen und die Sülze auf eine Platte stürzen. Mit hartgekochten Eiern, Rapünzchen, Gurken, Kapern und Mixed Pickles garnieren. Die Sülze kann auch aus gekochtem geräuchertem Spanferkel zubereitet werden.

## *Hühnchen in Sülze*

*I.* Wasser mit etwas Essig und $^1/_2$ Glas Wein vermengen, 1 mit Gewürznelken besteckte kleine Zwiebel, 1 Petersilienwurzel, 1–2 Lorbeerblätter, 1 mit der Schale in Scheiben geschnittene Zitrone und einige Pfefferkörner hinzufügen und alles gut aufkochen. In dieser Brühe das zerlegte und gesalzene Hühnchen gar kochen. Das Hühnchen herausnehmen, mit etwas Zitronensaft beträufeln, damit es weiß bleibt und in eine tiefe Schüssel legen. Die Brühe unterdessen weiterkochen lassen. Nach Geschmack salzen, Essig oder Wein dazugießen und entweder 1 Kalbsfuß darin weich kochen oder 5–6 Blatt Gelatine, die man vorher in wenig Wasser auflöste, hineingeben. Die Brühe wie üblich mit Eischnee abziehen, durch ein Tuch seihen und über das Huhn gießen. Das Ganze kalt stellen und erstarren lassen, eventuell mit Zitronenscheiben und Petersilie garnieren.

*II. Junges Huhn.* Das junge Huhn in einen Kochtopf legen, in dem es gerade noch Platz hat. Dazu noch in Stücke geschnittene Möhren, etwas Zwiebel, Petersilie und einige Pfefferkörner hineingeben, salzen, den Topf halb mit Wasser und halb mit Wein füllen und das Huhn langsam weich kochen. Dabei den Schaum öfter abschöpfen. Wenn das Huhn gar ist, herausnehmen und vom anhaftenden Suppengrün reinigen. Nach dem Auskühlen das Huhn im ganzen in eine entsprechende Blechform legen, die bereits zwei Finger hoch mit erstarrtem Aspik gefüllt ist. Flüssigen Aspik bis zur halben Höhe nachgießen, erstarren lassen, später wieder flüssigen Aspik nachfüllen, bis die Form voll ist. Nun das Gefäß kalt stellen. Vor dem Servieren kurz in heißes Wasser tauchen und auf eine Platte stürzen.

*III. Hühnchenpüree.* Das Hühnchen in leicht gesalzenem, mit Suppengrün gewürztem Wasser gar kochen, in der Brühe abkühlen lassen, dem Hühnchen die Haut abziehen, das Fleisch von den Knochen lösen, durchdrehen und passieren. 1–2 Eigelb, 2–3 Eßlöffel aufgelösten Aspik (der selbst zubereitet oder fertig gekauft und aufgelöst werden kann) und ungefähr 0,1 l steifgeschlagene Sahne dazugeben. Eine beliebige Form mit Aspik füllen und kalt stellen. Ist der Aspik am Rand der Form fingerdick erstarrt, die übrige Flüssigkeit abgießen und da hinein das Hühnchenpüree füllen. Wieder mit flüssigem Aspik übergießen und 2–3 Stunden in den Kühlschrank stellen. Vor dem Anrichten die Form kurz in heißes Wasser tauchen und die Sülze auf eine Platte stürzen.

## *Spanferkelgallert*

Dem gereinigten, 4–6 Wochen alten Spanferkel den Kopf abschneiden und die Haut vorsichtig abziehen. Das Fleisch von den Knochen lösen, durchdrehen, einige Minuten dünsten, salzen, pfeffern und nochmals durchdrehen. Die Hälfte des zweimal durchgedrehten Fleisches auf die ausgebreitete Spanferkelhaut streichen. Diese Schicht mit Gänseleber, hartgekochten Eiern und Essiggurken, alles in Scheiben geschnitten, belegen, darauf die andere Hälfte des Fleisches geben, zusammenrollen, zusammenbinden, in eine Serviette knoten und in heißem Salzwasser kochen. Den Ferkelkopf separat kochen. Nach dem Erkalten das gekochte Haschee in Stücke schneiden, auf einer Platte in Form eines Ferkels mit dem Kopf zusammensetzen und mit Aspik, Gurken, hartgekochten Eiern, Kopfsalat, Rapünzchen und Radieschen garnieren.

## *Hühnchengallert*

Die Haut des gereinigten Hühnchens vorsichtig abziehen. 500 g kleingeschnittene Kalbskeule in wenig Fett oder Butter weich dünsten und zusammen mit dem Brustfleisch des Hühnchens passieren, dabei immer ein wenig von dem Saft des Kalbfleisches auf das Fleisch gießen. Die passierte Masse salzen, 2 Eier, 1 kleingeschnittenen Pilz, 150 g in Würfel geschnittenen Räucherspeck, 1 schöne, große, in Scheiben geschnittene Gänseleber und 1 in kleine Würfel geschnittene Essiggurke dazugeben. Alles gut verrühren und damit die Hühnchenhaut füllen, gut zusammennähen, in eine Serviette wickeln und zusammenbinden. In Salzwasser, dem auch ein wenig Suppengrün beigegeben wurde, 30 Minuten gleichmäßig kochen. Aus dem Wasser nehmen und mit der Serviette zwischen zwei Bretter legen. Auf das obere einige Gewichte geben und einige Stunden kalt stellen. Das Hühnchen in dünne Scheiben schneiden und mit Aspik garnieren.

## *Gefrorenes Huhn*

Ein junges, in Salzwasser gekochtes Huhn vierteilen und ihm die Haut abziehen. In 0,4 l aufgelösten Aspik das passierte, mit Öl verrührte Gelb von 4 hartgekochten Eiern, den Saft 1 Zitrone und ein wenig feingeschnittene Petersilie geben, über das geviertelte Huhn gießen, mit Sardellen, hartgekochten Eiern und Kapern garnieren und bis zum Auftragen kalt stellen.

## Huhn in Aspik

Das zerlegte junge Huhn in Salzwasser, in das auch Essig, ein halbes Glas Weißwein, 1 kleine Zwiebel, 1–2 Lorbeerblätter, $^1/_2$ Zitrone und einige Pfefferkörner gegeben wurden, weich kochen. Danach die Fleischstücke herausnehmen, in eine Schüssel legen und mit Zitronensaft übergießen, damit sie weiß bleiben. Den Saft noch weiterkochen lassen, 1 Kalbsfuß hineinlegen, den Saft nach Geschmack mit Salz und Wein oder Essig würzen, danach mit Eiweiß reinigen, seihen und über das Huhn gießen. Das Gericht nun kalt stellen, bis der Saft erstarrt. Eventuell mit Zitronenscheiben und Petersilie verziert anrichten.

## Perlhuhn in Aspik

Das gereinigte, gesalzene Perlhuhn reichlich spicken und braten. Ausgekühlt zerlegen, das Fleisch von den Knochen lösen und in appetitliche Scheiben schneiden. Eine Form mit rotem und gelbem Aspik auslegen, darauf das in Scheiben geschnittene Eigelb einiger hartgekochter Eier, einige ebenfalls in Scheiben geschnittene, gedünstete Pilze und darauf schließlich die Hühnerscheiben legen. Die Form mit lauwarmem, flüssigem Aspik füllen und einige Stunden kalt stellen. Vor dem Servieren die Form kurz in heißes Wasser tauchen und das Perlhuhn auf eine Platte stürzen.

## Leber in Aspik

Eine mit Öl ausgestrichene Form zur Hälfte mit aufgelöstem weißem oder rotem Aspik füllen und erstarren lassen. Danach nur kurz angebratene, gesalzene Kalbs- oder Schweineleberscheiben hineingeben, die Form ganz mit Aspik auffüllen, kalt stellen und fest werden lassen.

## Hirn in Aspik

Etwas flüssigen Aspik in ein Gefäß geben, erstarren lassen, gebratene Gänseleberschnitten, in Würfel geschnittene, geschälte Essig- oder Salzgurken, in Scheiben geschnittene hartgekochte Eier darauflegen, wieder Aspik darübergießen und erstarren lassen. Dann mit Kalbs- oder Schweinehirn, das man vorher gereinigt, gedünstet und mit Mayonnaise verrührt hat, belegen. Nun die ganze Form mit Aspik ausfüllen und kalt stellen. Unmittelbar vor dem Anrichten auf eine Platte stürzen.

## Tomaten in Aspik

*I. Mit Blumenkohl.* 500 g geschälte, halbierte rohe Tomaten in eine Schüssel geben und mit geriebenem Rettich bestreuen. Zwischen die Tomatenhälften 3 geviertelte hartgekochte Eier legen. Das Ganze kranzförmig mit gekochten Blumenkohlröschen garnieren, mit feingeschnittenen Kapern bestreuen, mit flüssigem Aspik begießen und zum Erstarren in den Kühlschrank stellen.

*II. Mit Rettich.* 2 mittelgroße Tomaten schälen und halbieren, in eine Schüssel legen, mit 50 g geriebenem Rettich bestreuen, daneben die Scheiben von 1 hartgekochten Ei legen, mit soviel flüssigem Aspik übergießen, daß alles bedeckt ist, und erstarren lassen.

### *Hühnchen mit Mayonnaise*

1 großes Hühnchen in Salzwasser gar kochen, die Haut abziehen und das Fleisch von den Knochen lösen. Das Fleisch auf einer Platte anrichten, reichlich mit einer dicken Mayonnaise bestreichen, mit Eischeiben, roten Rüben, Essig- oder Salzgurken, Kapern und Aspik garnieren und dazu noch separat Mayonnaise reichen.

## *Hors d' œuvre*

bedeutet französisch soviel wie Nebengericht, das nicht zur eigentlichen Speisenfolge gehört. Wer aber dieses „Nebenwerk" näher kennt, der weiß, daß die Bezeichnung „gemischte feine Happen" besser dafür paßt. Das Hors d'œuvre kann ein wichtiger Bestandteil jeder Mahlzeit sein, sei es zum Mittagessen, bei Empfängen u.a.

Das Attribut „fein" drückt auch „schmackhaft", „wohlschmekkend" aus, und Happen in der Mehrzahl gibt an, daß nicht nur ein, sondern mehrere leckere Bissen gemeint sind. Diese füllen die vielen Fächer der unterteilten großen, runden Glasplatten, die auf Speisewagen hereingerollt oder auf langen Büfettischen aufgestellt sind. Die berühmtesten Prunkmähler der Römer wurden von Apicius, Lucullus und Petronius veranstaltet. Bequem auf dem Triclinium (Speisesofa) liegend, begannen sie, mit kritischen Blicken, prüfender Nase und feinem Geschmackssinn zu speisen.

Gastwirte, Köche und Hausfrauen können vielerlei Meistergriffe anwenden, um zu besten Ergebnissen zu kommen, sie haben es in der Hand, auf gewöhnliche Weise zu salzen und zu pfeffern oder auch außergewöhnliche Gewürze zu verwenden. Sie können z. B. kleine Fische und dünne Fleischscheiben in würzigen Tunken schwimmen lassen. Aus Gänseleber mit Pilzen, Schinken und Sterlet können Krems und Schaumfarcen bereitet, gefüllte Eier mit farbiger Glasur überzogen, Langusten in wabbelndem, gekühltem Aspik mit italienischem und französischem Salat angerichtet, nach Tannenwald duftende echte Reizkerpilze in Vinaigrette serviert werden.

Neben Sardinen, Sardellenringen, Heringen, Krebsen und Salaten können Csabaer und Salamiwurstscheiben, Schinkenrouladen (mit Meerrettich und französischem Salat gefüllt) Lukullus-Tomatenscheiben, Gänseleberpastete, Radieschen, kleine Essiggurken oder – für Liebhaber kräftigeren Geschmacks – beißender Kirschpaprika in Essig gereicht werden, und außer dem üblichen Sandwichbrot machen kleine salzige Griebenpogatschen die Vorspeisen noch schmackhafter.

Warm gereicht werden können fingerhutgroße Pogatschen, gepfeffertes Hackfleisch und kleine Hirn- und Käsehörnchen. Darauf sollten kalte Leckerbissen folgen: einige Oliven, eine halbe Pampelmuse oder Scheiben einer Zuckermelone.

Gäste (wie Gastgeber) können mit souveräner Überlegenheit von diesem und jenem wählen, naschen, picken. Wenn es niemand hört, auch mit der Zunge schnalzen, um die bunten Farben, die zierlichen Formen, den phantastischen Geschmack und die betörenden Düfte mit ganzer Hingabe zu genießen.

Aber den Appetit aufsparen! Die Vorspeise ist nur eine gemischte Kostprobe, ein leckerer Bissen, ein Prolog für noch folgende seriöse Aufzüge.

# *Gekochte und gebratene Fleischgerichte, Bratenspezialitäten*

## *Fleischbraten*

ist eine Wissenschaft, ein Handwerk oder sogar eine vollendete Kunst – wie man es nennt oder empfindet –, oft wird man dabei auf eine schwere Probe gestellt.

Einkaufen? Ein Thema für sich! Aber was soll man einkaufen? Welche Gerichte aus welchem Fleisch bereiten? Anhand einiger Zeichnungen sind wir im folgenden Kapitel bemüht, nicht nur die verschiedenen Fleischteile zu veranschaulichen, sondern gleichzeitig auch zu erläutern, was sich hinter der Bezeichnung Rinderfilet, Kotelett, Bruststück usw. verbirgt. Gestehen wir es nur offen – viele Leute lernen diese Bezeichnungen erst beim Studium der Speisekarte im Restaurant kennen.

Wichtig ist, das Fleisch immer nur unmittelbar vor der Verwendung zu waschen und nicht lange zu wässern, von den Hautlappen und Sehnen – bei Bedarf auch von den Knochen – zu säubern und diese „Abfälle“ zur Bereitung von Suppen, Gemüsen und Soßen zu verwenden.

Gesalzen wird das Fleisch durch Einreiben mit Salz.

Für kurz gebratenes Fleisch sind wenig Fett und große Hitze erforderlich, damit die Oberfläche schnell eine schützende Kruste bildet. Bei langsamem Braten läuft der Fleischsaft aus, und das Fleisch schmort und kocht eher, als daß es brät. Besonders wichtig ist für in einem Stück „nach englischer Art“ bereiteten, halbgaren Braten eine stark vorgeheizte Backröhre, denn wenn das Fleisch nicht rasch genug zubereitet wird und zu lange brät, wird es zäh und trocken. Andere in einem Stück bereitete Braten sollen in eine vorgewärmte Backröhre kommen, aber nur bei mittlerer Hitze gebraten und dabei öfter übergossen werden. Der in der Backröhre zubereitete Braten trägt die Bezeichnung „au

gratin", d.h. in der Röhre gebraten, denn die geschlossene Backröhre wirkt wie ein glühendes Rohr ...
Es empfiehlt sich Fleisch, das in einem Stück gebraten werden soll, vorher in einem Eßlöffel heißem Fett oder auf einigen Räucherspeckscheiben kurz anzubraten, dadurch bildet sich eine schützende Kruste, die das Austrocknen des Fleisches verhindert. Erst danach mit etwas heißem Wasser auffüllen, salzen und in die Röhre stellen.
Fleischscheiben, wie Wiener, Pariser oder Naturschnitzel, werden auf dem Herd in reichlich Fett gebraten und zwar die dünneren Scheiben kurz, die dickeren bei schwacher Hitze langsamer. Erst die eine Seite zugedeckt weich dünsten, dann die andere Seite, ohne zuzudecken. Panierreste (geriebene Semmel) darf man nicht in das Fett fallen lassen, sie brennen leicht an!
Während des Bratens nicht mit einer Gabel in das Fleisch stechen – die Geschmacksstoffe gehen sonst verloren! Das Fleisch mit einem Pfannenwender oder zwei Löffeln wenden. Man soll sich nicht durch Einstechen vom Garwerden überzeugen, sondern mit einem Löffel drücken. Wird dem Druck nicht mehr nachgegeben, ist das Fleisch gar.
Die Panierschicht vor dem Zerfallen oder Abbrechen schützen, deshalb das Fleisch vor dem Panieren nicht trockenreiben und in nicht zu heißem, aber reichlichem Fett braten. Das Fett muß das Fleisch bedecken.

## *Braten am Rost*

ist für alle Fleischarten, für Geflügel, Wurst, Innereien, Fisch, Kartoffeln oder Pilze geeignet. Diese Zubereitungsform erhöht den Geschmack, die Verdaulichkeit und den Nährwert der Speisen. Das überflüssige Fett tropft ab, während die Nährsalze und der ursprüngliche Geschmack, die beim Dünsten oft zerstört werden, erhalten bleiben. Schweinefleisch soll man in dünne Scheiben schneiden (damit der innere Fettgehalt leichter austropfen kann), Rindfleisch dagegen – Rostbraten, Filetstücke – sind in 2,5 cm dicken Scheiben am besten. Auch Hammelkoteletts und Welsschnitten so dick schneiden, dagegen Zander oder kleine Hechte, kleine Sterlets, Tauben, Wachteln, Schnepfen und Rebhühner im Ganzen auf den Rost legen.
Fleisch und Fisch eine Stunde vor dem Braten einsalzen; wo es angebracht ist, ein wenig pfeffern. Rinderfilet eventuell auch mit etwas Öl einreiben. Zander dagegen in Paprikamehl wenden, damit er schön rotbraun brät. Das Braten am Rost geht sehr

schnell; selbst Rindfleisch wird schon nach kurzer Zeit gar, besonders auf „englische“ oder „halbenglische Art“ zubereitet.
Das Fleisch nicht klopfen, auf keinen Fall einschneiden! Während des Röstens nicht mit einer Gabel in das Fleisch stechen, es würde den guten Geschmack und seine Nährkräfte mit dem austropfenden Saft verlieren. Zum Drehen einen Bratenwender oder eine der verschiedenen praktischen Fleischzangen nehmen; ebenfalls mit ihrer Hilfe das Fleisch vom Rost auf eine Platte legen.
Das Braten am Rost ist eine rasche Angelegenheit, für eine Seite werden jeweils nur 3–4 Minuten benötigt. Das Fleisch ist außen knusprig, innen mürbe und saftig und eventuell schwach „rostig“. Ganz neue und hervorragende Geschmacksnuancen entdecken alle diejenigen, die bisher nur gekochtes oder in Fett gebratenes Fleisch kannten.
Wie sieht eigentlich ein Rost aus? Es gibt viele Arten. Die ursprüngliche Rostform war eine Eisenplatte, auf die Holzglut oder gut erhitzte, nußgroße Holzkohlestückchen geschichtet wurden. Darüber wurde der vierbeinige Eisenrost gestellt. Ein Nachteil hierbei war, daß das heraustropfende Fett sich entzündete und der Braten von den Flammen angebrannt wurde. Kleine, sinnvoll angebrachte Rinnen auf dem Rost, durch die das Fett in ein Sammelbecken fließen und zum Begießen des Bratens verwendet werden kann, sollten dem Übel abhelfen. Es kam aber doch vor, daß etwas Fett in die Glut tropfte. Außerdem wirkten sich der Holzkohlerauch und die Verbrennungsgase ungünstig auf die Qualität des Bratens aus.
Bei später gebauten Rostherden wurde die für die Glut bestimmte Rostplatte über dem Rost, d.h. über dem Fleisch, angebracht. Die nach unten ausstrahlende Hitze röstet vorzüglich, weder Rauch, Gas noch Ruß kommen mit dem Fleisch in Berührung, und das abtropfende Fett sammelt sich ohne Verunreinigung in einem Behälter unter dem Rost. (Auf ähnlichem Prinzip beruhen auch die modernen Infrarotgrillroste.)
Dieses Verfahren ist fast vollkommen, aber ebenso bewährt sich die einfache und billige Methode: in ein tiefes Backblech einen Rost entsprechender Größe hineinlegen, das Fleisch darauftun, in die heiße Röhre schieben und bei gleichmäßiger Hitze grillen.

# Das Rind

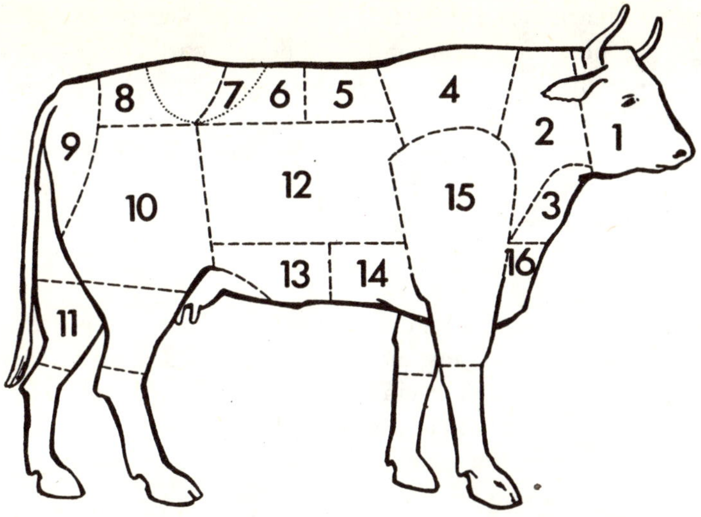


| | |
|---|---|
| 1. Kopf | für Schmor- und Räucherfleisch |
| 2. Hals | |
| 3. Stich | |
| 4. Kamm | zum Kochen und Schmoren, kurz bratbares Fleisch im Stück oder in Scheiben |
| 5. Hohe Rippe | |
| 6. Lende (Roastbeef, Rumpsteak) | |
| 7. Filet | |
| 8. Hüfte | |
| 9. Schwanzstück | |
| 10. Oberschale (Blume) | |
| 11. Haxe (Hesse) | |
| 12. Querrippe | |
| 13. Bauch | |
| 14. Brust (Mittelstück) | zum Kochen und Räuchern, für Pörkelt, Tokány, Gulasch und zum Kochen |
| 15. Schulter (Bug) | |
| 16. Brust (vordere) | |
| Innereien: | Leber für Pasteten<br>Herz für Pörkelt<br>Nieren und Euter für Pörkelt und Gulasch<br>Hirn kalt in Aspik oder warm mit Eiern zubereitet |

Frisch geschlachtetes Rindfleisch ist für den Verbrauch nicht geeignet, es bleibt zäh. Brat- und Kochfleisch wird vorher 10–14 Tage im Kühlhaus abgehangen, durch das Aufbewahren daheim im Kühlschrank wird es noch mürber.
Rindfleisch, das zum kurzen Braten bestimmt ist, sollte mit Öl bestrichen, etwas gepfeffert und 1–2 Tage im Kühlschrank (oder Keller) gelagert werden.

## *Rinderpörkelt*

Für dieses Gericht ist der Rand des Rinderfilets am besten geeignet, es kann aber auch aus anderen Teilen des Rindes bereitet werden. Nach Möglichkeit ein Drittel Innereien (Euter, Herz, Gekröse, etwas Leber) sowie Kopf- und Haxenfleisch dazugeben. Diese Fleischsorten, die einen sulzigen Saft bilden, geben dem Pörkelt die gewünschte Konsistenz.
*I.* 1 kg Fleisch (und Innereien) waschen und in Würfel schneiden. In einer Kasserolle in heißem Fett (möglichst ausgelassenem Räucherspeck) 1 kleine feingeschnittene Zwiebel goldgelb rösten und 1 gehäuften Kaffeelöffel Delikateßpaprika darüberstreuen. Rasch das in Würfel geschnittene Fleisch und die Innereien dazugeben, anrösten und zugedeckt bei schwacher Hitze so lange schmoren, bis es weich ist. Mit dem eigenen Saft, später mehrmals mit einigen Löffeln Wasser (oder nicht zu süßem Weißwein) aufgießen.
*II. Mit Sauerkraut und Reis.* 800 g Fleisch nach Rezept I zubereiten. Wenn es halb gar ist, 500 g gewaschenes Sauerkraut dazugeben und zusammen dünsten. Bevor Fleisch und Sauerkraut ganz weich sind, noch 50 g Reis hinzufügen. Vor dem Servieren mit saurer Sahne abschmecken.
*III. Mit Kartoffeln und Wirsingkohl.* Unter 500 g nach Kochvorschrift I bereitetes Fleisch – wenn es halb gar ist – 500 g geschälte und geviertelte Kartoffeln mengen (gegebenenfalls die gleiche Menge Wirsingkohl) und weich dünsten.

## *Rindertokány*

*I. Auf Hortobágyer Art.* ½ Zwiebel in Scheiben schneiden, in heißem Fett rösten, 1Kaffeelöffel Delikateßpaprika darüberstreuen, einmal aufkochen lassen und ca. 750–1000 g in 3–4 cm lange und 1 cm breite Streifen geschnittenes, mageres Rindfleisch, am besten Filetrand, dazugeben. Leicht anrösten und wenig Wasser zugießen, salzen und bei starker Hitze so lange dünsten, bis das Wasser verkocht ist. In Scheiben geschnittene Tomaten (oder einige Eßlöffel Tomatenmark) dazugeben und so lange bei schwacher Hitze schmoren, bis das Fleisch weich ist. Mit etwas

Mehl bestäuben. Ist der Saft zu dick, mit 1–2 Eßlöffeln Wasser oder Knochenbrühe aufgießen. Mit kleingezupftem Nudelteig oder Tarhonya reichen.

*II. Mit Zwiebeln.* 1 kg Filetrand, Oberschale, Rinderfilet oder Pörkeltfleisch in Streifen schneiden und in wenig Fett zugedeckt halbweich dünsten. Salzen, 3–4 kleine, geviertelte Zwiebeln dazugeben und so lange schmoren bis alles weich ist. Polenta ist eine schmackhafte Beilage, mit der das Fleisch kranzförmig garniert wird.

*III. Mit sauren Zwiebeln.* Ca. 500 g Filetrand oder Oberschale salzen, pfeffern, ca. 500 g Rinderniere in kleine Würfel schneiden und kochen. Dann Fleisch und Niere in heißem Fett halbweich dünsten, mit 3–4 kleinen, geviertelten Zwiebeln weiterdünsten, bis es gar ist, und mit einigen Eßlöffeln saurer Sahne abschmekken, nach Geschmack mit Essig säuern. Mit Nockerln oder Rührei reichen.

*IV. Mit Majoran.* Ein übliches Rinderpörkelt zubereiten, jedoch das Fleisch in kleinere Würfel, eventuell in schmale Streifen schneiden. Die Zwiebel in Scheiben schneiden und statt Paprika ein wenig Majoran hinzufügen.

## *Rinderragout*

*I. Mit Zwiebeln.* 1 kleine Zwiebel reiben und in 2 Eßlöffeln Fett rösten. 600–650 g in Würfel geschnittenes Rindfleisch dazugeben, salzen, mit etwas Paprika würzen, mit etwas stark verdünntem Essigwasser auffüllen und zugedeckt weich schmoren. Dabei mehrmals etwas Essigwasser zugießen. Danach wenig Mehl darüberstäuben, mit Wasser aufgießen (nicht mit Essigwasser!) und nochmals kurz aufkochen lassen. Mit Tarhonya anrichten.

*II. Mit Pilzen.* Das Ragout aus dem Filetrand eines Mastochsen zubereiten. Das gereinigte, in Würfel geschnittene Fleisch zugedeckt in Fett schmoren, dabei den Saft von Zeit zu Zeit mit Fleischbrühe auffüllen. Beginnt das Fleisch gar zu werden, kleingeschnittene Steinpilze oder Champignons dazugeben und so lange schmoren, bis das Fleisch weich ist. Unterdessen 2–3 Würfel Zucker bräunen, mit 0,1 l feinem Rotwein aufgießen und mit der inzwischen fertiggekochten Ragoutbrühe verrühren. Alles zusammen noch einmal aufkochen lassen.

*III. Fein, au gratin.* Erstklassigen Filetrand eines Mastochsen sowie eine kleinere Menge Bein- und Kopffleisch in Würfel schneiden und in Butter oder Fett zugedeckt schmoren. Ist das Fleisch fast gar, grüne Erbsen daruntermengen (je nach Fleischmenge und Geschmack) und weiterdünsten, bis alles weich ist. In eine feuerfeste flache Form füllen, eine dünne Schicht vorher zubereitetes Kartoffelpüree daraufstreichen, mit einer Soße aus 3–4

Eigelb, 0,2–0,3 l süßer Sahne und 0,1 l Weißwein übergießen, geriebenen Käse darüberstreuen und 10–12 Minuten in die Backröhre schieben.

## Matrosenfleisch

Das Filetfleisch in längliche Streifen schneiden (pro Person 110 bis 120 g Fleisch) und mit etwas geriebener Zwiebel und in Scheiben geschnittenen Pilzen rasch braten. Wenn es gar ist, salzen, pfeffern und mit einer Madeirasoße übergießen. Auf einer Platte Rührei aufhäufen und um dieses kranzförmig Fleisch und Soße anrichten. Das Rührei mit Salatblättern oder Petersilie garnieren.

## Saure Wetretsche

*(Siebenbürger Spezialität.)* Oberschalescheiben in Fett zugedeckt weich dünsten und danach in dünne Streifen schneiden. Zwiebelringe in Fett rösten, mit dem in Streifen geschnittenen Fleisch gut vermengen, pfeffern, mit Essig oder Zitrone säuern. Den Saft durch einen Eßlöffel saure Sahne verbessern.

## Gekochtes Rindfleisch

*I. Mit Weinsoße.* Das gekochte Suppenfleisch von Sehnen und Knochen befreien, in fingerdicke Scheiben schneiden und kranzförmig auf der Platte anordnen. In die Mitte die in der Röhre gerösteten Makkaroni häufen und alles mit Weinsoße übergießen.

*II. Mit pikanter Soße.* In einer Kasserolle 150 g Räucherspeck und 100 g geräuchertes Fleisch anbraten, darin $^1/_2$ feingeschnittene oder geriebene Zwiebel rösten, mit 0,75 l Weißwein auffüllen, salzen, pfeffern und 15 Minuten dünsten. Zuletzt etwas Tomatensaft und 1–2 Lorbeerblätter hinzufügen. Das in der Brühe gekochte, in dünne Scheiben geschnittene Rindfleisch (ca. 750 g) dazugeben und zusammen mit der Soße noch kurz dünsten.

## Gedünstetes Rindfleisch

*I. Oberschale.* Die gut geklopften Oberschalescheiben salzen, pfeffern und in heißem Fett beiderseitig kurz anbraten, dann zugedeckt dünsten. Ab und zu etwas Wasser oder Fleischbrühe nachgießen. Sind sie fast weich, Zwiebelscheiben auf das Fleisch streuen und so weiterdünsten, bis das Fleisch völlig weich und die Zwiebelscheiben braun sind. Das Fleisch kann auch mit etwas Paprika und saurer Sahne zubereitet werden, eventuell mit einigen Tropfen Essig oder Zitrone säuern. Je nach Geschmack die rohen Fleischscheiben mit Räucherspeck spicken. Dazu Stampfkartoffeln oder Brühreis reichen.

*II. Oberschale mit Kartoffelgemüse.* 600–650 g in Scheiben geschnittene, gut geklopfte, gesalzene, eventuell gespickte Rinderoberschale in wenig Fett kurz anbraten. 1/2 geriebene Zwiebel in 2 Eßlöffeln Fett goldgelb rösten, die angebratenen Fleischscheiben hineinlegen und zugedeckt weich dünsten. Kurz vor dem Servieren mit 1–2 Eßlöffeln saurer Sahne abschmecken.

*III. Oberschale in Senf.* Die schöne, große Oberschalescheibe gut klopfen, salzen, mit Senf bestreichen, pfeffern und mit Räucherspeckscheiben belegen, zusammenrollen und die Enden mit Zahnstochern zusammenstecken. Wenig Zwiebel in Fett rösten, das Fleisch hineinlegen, saure Sahne darübergießen und zugedeckt weich dünsten.

*IV. Oberschale in Paprika.* Ein 750 g großes, schönes Stück Oberschale säubern und dicht mit Räucherspeck spicken, mit Salz und Delikateßpaprika einreiben, in Mehl wälzen und beiderseitig in heißem Fett anbraten. Dreiviertel des Fettes abschöpfen, den Rest mit Wasser aufgießen, den Saft einer Zitrone hineinträufeln, einige Zwiebelscheiben dazufügen und das Fleisch zugedeckt weich dünsten. Den Saft abseihen und auf das zerlegte und auf der Platte angerichtete Fleisch gießen.

*V. Oberschale auf italienische Art.* Aus der weichen runden Oberschale fingerdicke Scheiben schneiden, gut klopfen, salzen, pfeffern und wenig geriebene Zwiebel darüberstreuen. Die Scheiben in heißer Butter bei starker Hitze rasch beiderseitig anbraten, mit Fleisch- oder Knochenbrühe aufgießen und 4–5 Minuten dünsten. Mit Brühreis oder Makkaroni, Butter und saurer Sahne servieren.

*VI. Polnischer Braten.* Aus einem Rinderfilet oder Schwanzstück fingerdicke Scheiben schneiden, diese auf die Hälfte ihrer ursprünglichen Dicke klopfen, salzen und zusammen mit Zwiebeln Pfeffer, Möhren und Petersilienwurzel in einer mit Butter ausgestrichenen Kasserolle zugedeckt weich dünsten. Wenn der eigene Saft verkocht ist, etwas Knochen- oder Fleischbrühe nachgießen. Zuletzt den Saft seihen und über den Braten gießen. Dazu Strohkartoffeln reichen.

*VII. Oberschale oder Rostbraten in Tomaten.* Pro Person 1 Scheibe Oberschale oder Rostbraten salzen, pfeffern, in wenig Mehl wälzen und in heißem Fett rasch anbraten. Die gebratenen Scheiben in eine Kasserolle legen. Das in der Bratpfanne verbliebene Fett abgießen, statt dessen 2 Eßlöffel Mehl hineinstäuben, mit Knochenbrühe auffüllen, 0,05 l Tomatenmark und eventuell 0,1 l Rotwein zugießen, aufkochen, durchseihen, auf das Fleisch in der Kasserolle gießen, und das Fleisch zugedeckt weich dünsten.

*VIII. Rinderbraten mit Zitrone, aus Suppenfleisch.* Das in der Brühe gekochte Fleisch mit Räucherspeck spicken und einige Minuten in Fett braten. Zu 1 kg Fleisch 0,4–0,5 l saure Sahne und etwas Mehl verrühren, über das Fleisch gießen, geriebene Zitronenschale, den Saft $^1/_2$ Zitrone dazugeben und das Ganze 10–15 Minuten kochen lassen.

*IX. In Saft gebratene, gedünstete Rinderhüfte.* 1 kg Fleisch säubern, klopfen, salzen. In eine Kasserolle Räucherspeckscheiben geben, das Fleisch darauflegen, $^1/_2$ in Scheiben geschnittene Zwiebel, 1 länglich geschnittene Möhre, 1 Lorbeerblatt und einige Pfefferkörner dazugeben. Mit einigen Eßlöffeln Wasser aufgießen und zugedeckt weich dünsten (von der Qualität des Fleisches abhängend, 2–3 Stunden). Dabei öfter mit Fleisch- oder Knochenbrühe, eventuell mit Wasser auffüllen. Das gargedünstete Fleisch in Scheiben schneiden, einen Teil des durchgeseihten Saftes darübergießen und aus dem verbliebenen Teil unter Zugabe von saurer Sahne, Zucker, Zitrone und Pfeffer eine wohlschmeckende Soße bereiten.

## *Rinderbraten*

*Flecken*

*Filetscheiben über Holzkohle gebraten.* Aus einem erstklassigen Rinderfilet, das einige Tage im Kühlschrank lag und nicht gewaschen, sondern nur abgewischt wurde, ein bis eineinhalb Finger dicke und drei Finger breite, längliche Scheiben schneiden (pro Person 1–2 Scheiben), diese mit dem flachen Messer behutsam klopfen, dann salzen und pfeffern. Nach Belieben auch mit Zwiebel einreiben. Diese Scheiben auf ein Rost über glühende Holzkohle legen und auf beiden Seiten braten. Man kann auch in der Backröhre bei Unterhitze auf dem Rost braten. Das Braten der einen Seite kann 4–5, der anderen 3–4 Minuten dauern. Während des Bratens nicht in das Fleisch stechen (sonst rinnt der beste Saft aus), sondern mit dem stumpfen Teil der Gabel oder des Messers auf den Braten drücken und dabei feststellen, ob das Fleisch schon gar ist. Durch das Rösten rußig gewordenes Fleisch mit Räucherspeck abreiben und auf einem Fleischbrett oder einem Holzteller servieren, auch eine Porzellanplatte eignet sich. Passende Beilagen sind das in Siebenbürgen „cika“ genannte Sauerkraut (das in ganzen Köpfen gesäuert, tortenartig flachgepreßt und aufgeschnitten wird) oder der mit Kümmel bestreute rohe Krautsalat, sowie auch rote Rüben, Gurken und in Essig eingelegte Pilze. Auch Paprikamark paßt gut dazu. Den Rindfleischscheiben können ebenfalls am Rost gebratene Hammel- oder Lammfleischstückchen sowie Schweinekammstücke und am Spieß gebratener Speck beigegeben werden.

Zum Rostbraten eignet sich von Knochen, Fleischfetzen und Sehnen befreite hohe Rippe, eventuell flache Rippe in Scheiben zu 200–250 g.

*I. Rostbraten in der Pfanne.* Die von den Knochen befreiten Fleischscheiben (pro Person eine Scheibe) klopfen, salzen, pfeffern, mit etwas Mehl bestreuen und auf beiden Seiten in heißem Fett braten, dabei muß das Innere roh bleiben. Dann in eine Kasserolle legen und 150–200 g kleingeschnittene Pilze darüberschütten. In dem verbliebenen Fett $^1/_2$ kleine geriebene Zwiebel rösten, eine Messerspitze Delikateßpaprika, 1 Eßlöffel Tomatenmark (oder auch 1–2 frische, zerkleinerte Tomaten) dazugeben und mit etwas Knochen- oder Fleischbrühe (eventuell Wasser) auffüllen. Diesen Saft über das Fleisch und die Pilze gießen und zugedeckt weich dünsten lassen. Dabei die Kasserolle öfter schütteln und, wenn nötig, den Saft mit Knochen- oder Fleischbrühe oder auch mit Wasser auffüllen. Wenn das Fleisch weich zu werden beginnt, eine entsprechende Menge von geschälten, länglich geviertelten Kartoffeln in die Kasserolle legen und damit den fertigen Braten anrichten.

*II. Auf Fertőder Art.* Die Fleischscheiben gut klopfen, salzen. In einer Kasserolle mit der in Scheiben geschnittenen Möhre, Petersilienwurzel und wenig Zwiebel zugedeckt in Fett weich dünsten. Vor dem Garwerden saure Sahne darübergießen und noch kurz weiterdünsten. Zusammen mit dem Saft und Gemüse (dieses eventuell passiert) servieren. Dazu gedämpften Reis reichen. (Auch als Rostbraten à la Eszterházy bekannt).

*III. Mit Pilzen.* Die geklopften, gesalzenen und gepfefferten Fleischscheiben in viel Fett kurz, auf englische Art, braten, 150 g in kleine Würfel geschnittenen Speck zusammen mit etwas Petersilie rösten, 150 g in Scheiben geschnittene Pilze hineingeben, mit Fleisch- oder Knochenbrühe (oder auch mit Wasser) auffüllen. Die aus dem Fett genommenen Fleischscheiben in diesen Saft legen und zugedeckt dünsten lassen. Während des Dünstens noch 0,3–0,4 l Tomatensaft dazugeben, um den Geschmack zu verbessern. Die Fleischscheiben mit (evtl. käsebestreuten) Makkaroni anrichten.

*IV. Mit Zwiebeln.* Die gewaschenen, gut geklopften, je 220–250 g schweren Fleischscheiben salzen und in heißem Fett auf beiden Seiten braten, nach Belieben halb oder ganz durchbraten. In einer anderen Pfanne Zwiebelscheiben rösten und auf die Fleischscheiben legen.

## Weissbraten

*I. Auf Bakonyer Art.* Das Fleisch kräftig klopfen, salzen, mit Räucherspeck spicken und zugedeckt drei Stunden lang in Fett dünsten. Ist das Fleisch gar, den Saft in der offenen Pfanne einschmoren lassen, dabei den Braten mehrmals wenden, damit er schön knusprig wird. Schmeckt auch kalt sehr gut.

*II. Mit saurer Soße.* 1 kg Rinderweißbraten waschen, salzen und in heißem Fett in einer Kasserolle leicht andünsten. 0,5 l Wasser, 0,1 l Speiseessig, 2–3 Pfefferkörner, 1 Lorbeerblatt, je 1 kleine in Scheiben geschnittene Möhre und Petersilienwurzel sowie 1 halbe Zwiebel dazugeben und zugedeckt bis zum Garwerden weiterdünsten. Das Fleisch herausnehmen und aufschneiden, den Saft und die Gewürze passieren. 3–4 braun geröstete Würfelzucker und 1 Eßlöffel mit 0,2 l saurer Sahne verquirltes Mehl der Soße beimengen, aufkochen und über den Braten gießen.

## Gefüllte Oberschale

*I. Mit Hackfleisch.* 1 kg Oberschale breit und lang klopfen. 500 g in Würfel geschnittenes Kalb- oder Schweinefleisch in heißem Fett in einer Kasserolle dünsten. Nach dem Garwerden ganz klein schneiden oder durch den Fleischwolf drehen, mit 1 Eigelb, 1 in Milch geweichten und passierten Semmel vermengen, salzen, pfeffern und 1–2 Eßlöffel saure Sahne dazugeben. Mit dieser Masse die geklopfte Fleischscheibe bestreichen, zusammenrollen und zusammenbinden. In einer Kasserolle in wenig Fett zugedeckt dünsten, dem Saft 1–2 Eßlöffel saure Sahne zufügen.

*II. Mit Senf.* Eine schöne große Scheibe Oberschale kräftig klopfen, salzen, mit Senf bestreichen, pfeffern und mit Räucherspeckscheiben belegen, dann zusammenrollen und die beiden Enden mit einem Zahnstocher oder Faden zusammenhalten. Etwas Zwiebel in Fett rösten, das Fleisch dazugeben, mit saurer Sahne begießen und zugedeckt weich dünsten.

*III. Mit Ei.* 4–5 Eier hart kochen und schälen. Zwei schöne große Oberschaleschnitten dünn klopfen, salzen und mit 150 g gehacktem Räucherspeck bestreuen. Die Eier auf die Fleischscheiben legen, diese zusammenrollen, mit Faden umwickeln und in Paprikafett zugedeckt weich dünsten. Danach die Fäden abnehmen, das Fleisch in Scheiben schneiden, in den Saft 1–2 Eßlöffel saure Sahne rühren, durchseihen und über das Fleisch gießen.

*IV. Auf Znaimer Art.* 750–1000 g Oberschale in zwei Scheiben schneiden, gut dünn klopfen. Die Ränder geradeschneiden und das abgeschnittene Fleisch durchdrehen. 150–200 g kleingeschnittene Pilze in wenig Paprikafett weich dünsten, 50–60 g durchgedrehten Räucherspeck dazugeben und mit dieser Mischung die Fleischscheiben bestreichen. Mittelgroße Essiggurken längs darauflegen, salzen, zusammenrollen und mit einem dünnen Faden zusammenbinden. Auch von außen salzen und in einigen Eßlöffeln Fett in der Röhre knusprig braten und dabei öfter mit dem Saft begießen, oder zugedeckt in einer Kasserolle weich dünsten. Vor dem Servieren einige Eßlöffel saure Sahne dazugeben. Mit brauner Soße reichen.

## Gefüllter Rostbraten

*I.* Rostbratenscheiben vom Fett und den Knochen befreien, gut klopfen und salzen. Gesalzenes, in Würfel geschnittenes Schweinefleisch (auf 1 Scheibe 100–120 g), nach Belieben auch etwas Zwiebel, in Fett weich dünsten und durchdrehen. Reis (etwa die Hälfte des Schweinefleischgewichtes) in Salzwasser weich kochen. Das durchgedrehte Fleisch mit dem Reis vermengen, einige Eigelbe dazugeben, salzen, pfeffern und mit saurer Sahne abschmecken. Mit dieser Masse die Rostbratenscheiben bestreichen, zusammenrollen und mit dünnem Faden zusammenbinden. Zugedeckt, in wenig Fett und Wasser langsam weich dünsten und schließlich mit saurer Sahne und Zitronensaft abschmecken. Den Faden abrollen, die Fleischstücke in 1 $^1/_2$ cm breite Scheiben schneiden und mit dem Saft servieren.
*II. Auf Pariser Art.* Knochen und Fett aus dem Fleisch herauslösen, Zitronenschale kleinschneiden und in Butter weich dünsten, damit den Rostbraten bestreichen, zusammenrollen, in wenig Fett zugedeckt braun schmoren. 0,2–0,3 l saure Sahne und den Saft 1 Zitrone hinzufügen und noch eine halbe Stunde dünsten.
*III. Gerollt, mit Senfsoße.* Die gut geklopften, knochenfreien Rostbratenscheiben mit einer Füllmasse bestreichen, die aus in Zwiebelfett gedünstetem, durchgedrehtem Schweinefleisch, wenig Butter oder Gänsefett, 1–2 Eiern, Salz und Pfeffer besteht. Die Scheiben zusammenrollen, zusammenbinden, in einer Kasserolle in Fett zugedeckt, unter öfterem Begießen weich dünsten. Schließlich ohne Deckel braten. Vor dem Servieren den Faden entfernen und den Braten mit Senfsoße anrichten.

## Gefüllter Weissbraten

Etwa 1 kg Weißbraten nur wenig klopfen, salzen und der Länge nach aufschlitzen. 100 g Filetrand mit 50 g Räucherspeck durchdrehen und mit etwas feingeschnittener oder geriebener Zwiebel und Petersile vermengen. Den Braten mit dieser Masse füllen, zunähen, reichlich mit Räucherspeck spicken und mit etwas Öl bestreichen.

Einige Speckscheiben, eine in Scheiben geschnittene Möhre und Petersilienwurzel sowie den Saft 1 Zitrone und einige Pfefferkörner in eine Bratpfanne geben, den Weißbraten darauflegen, mit etwas kaltem Wasser begießen und in der Röhre weich dünsten. Das Fleisch ab und zu mit kaltem Wasser übergießen. Den Saft vor dem Anrichten durchseihen.

### Rinderbraten nach Stephanie Art

Rindernuß oder Weißbraten (kann auch aus Kalbskeule bereitet werden) reinigen, salzen, in der Mitte durchbohren, so daß eine tiefe Öffnung entsteht, diese mit Senf ausstreichen und mit hartgekochten Eiern ausfüllen. Zugedeckt in Fett und wenig Wasser und reichlich saurer Sahne in einer Kasserolle unter öfterem Begießen weich dünsten.

### Gefülltes Rinderfilet

Das gereinigte und einige Tage im Kühlschrank gelagerte Filet längs aufschlitzen, salzen und gut klopfen. Folgende Füllung bereiten: gebratenes Kalbfleisch mit in Butter gedünsteten Champignons durchdrehen, auch ein aus einigen Eiern bereitetes Rührei, 1–2 Kaffeelöffel saure Sahne und Semmelbrösel beimengen, salzen und pfeffern. Das gefüllte Filet zunähen, in eine Bratpfanne legen und mit heißem Fett übergießen. Während des Bratens öfters mit dem eigenen Saft begießen, dem schließlich einige Kaffeelöffel saure Sahne beigegeben werden.

### Rinderfilet im Stück

*I. Halb gebraten: „auf englische Art“.* Das Filet eines jungen Mastochsen säubern, dünn mit Speiseöl bestreichen, mit Räucherspeck spicken und 3–4 Tage im Kühlschrank lagern. Vor der Zubereitung die obere, glänzende Deckhaut abziehen, salzen, pfeffern, eventuell auch mit ein wenig Majoran würzen und in ein wenig ganz heißes Fett legen. (Das Fett muß beim Braten heiß bleiben, in der Röhre nur bei schwacher Hitze braten!) Auf diese Weise, von der Bratdauer abhängend, „englisches“ oder „halbenglisches“ Fleisch bereiten. Während des Bratens mehrmals drehen und mit Fett begießen. Danach vorsichtig herausnehmen (keine Gabel verwenden!) und bis zum Servieren zugedeckt warm (aber nicht heiß!) halten. Den Bratensaft schön dunkel rösten, wenig Wasser nachgießen, umrühren, aufkochen und durchseihen. Saft und Fleisch separat anrichten. Das im Stück gebratene Fleisch nur nach dem Servieren auf dem Tisch aufschneiden (quer zur Faserrichtung!).

*II. Beefsteak.* Vom dickeren Teil eines 4–5 Tage im Kühlschrank aufbewahrten Rinderfilets alle Häutchen und das Fett lösen, das Fleisch in etwa zwei Finger dicke, schön abgerundete, 180–200 g schwere Scheiben schneiden und leicht klopfen, mit Pfeffer bestreuen und mit etwas Öl oder mit zerlassener Butter bestreichen. Das Fleisch für einige Stunden kalt stellen, danach in heißem Fett kurz braten. Während des Bratens salzen. Soll das Fleisch auf englische Art, nämlich innen roh, zubereitet werden, dann auf jeder Seite nur 2–3 Minuten, anderenfalls je nach Geschmack länger braten. Mit möglichst vielerlei Garnierung anrichten, wie grüne Bohnen auf englische Art, Kartoffelpüree, gefüllte Tomaten, Blumenkohl, rote Rüben, Essiggurken, Reis mit Pilzen oder mit Senf. Dazu auf jedes Beefsteak ein Spiegelei geben.

*III. Gespickt.* Das Rinderfilet wenigstens 4–5 Tage im Kühlschrank lagern, damit es gut mürbe wird, salzen und mit Räucherspeck spicken. In einer Bratpfanne mit wenig Fett und Wasser in der Röhre weich braten, dabei öfter begießen. Aufgeschnitten warm oder kalt servieren.

*IV. Auf Arlequin-Art.* Das gereinigte, etwas geklopfte, gesalzene Rinderfilet dicht mit Räucherspeck, Schinken, Essiggurken und Sardellen spicken und netzartig mit einem Faden gut verknüpfen. In einer Kasserolle wenig Fett auslassen, Mohrrüben-, Zwiebel-, Petersilienscheiben, 1–2 Wirsingblätter, wenig Thymian, 1 Lorbeerblatt, Zitronenschale und Pfeffer hinzufügen. Das Fleisch hineinlegen, mit ein paar Eßlöffeln Wasser begießen und – unter mehrmaligem Umdrehen – so lange braten, bis es schön knusprig wird. 1 Eßlöffel Mehl in 0,15 l saure Sahne verquirlen und mit dem Fleischsaft verrühren. Das Fleisch aufschneiden, auf eine Platte legen und mit dem passierten Saft übergießen.

*V. À la Colbert.* Wenig geriebene Zwiebel, 250 g kleingeschnittene Gänseleber (eventuell andere Geflügel- oder Kalbsleber) in Butter und einigen Eßlöffeln Weißwein weich dünsten, salzen, pfeffern, durchdrehen, passieren und auf das gereinigte, gesalzene und gepfefferte Rinderfilet streichen. Das Fleisch in abgebrühte Wirsingkohlblätter wickeln, nochmals pfeffern, in ein vorher in kaltem Wasser eingeweichtes Schweinenetz wickeln, das nur beim häuslichen Schweineschlachten abfällt, und in der heißen Röhre mit wenig Fett 30 Minuten braten. Mit Madeirasoße anrichten.

*VI. À la Wellington.* Das gesalzene Rinderfilet in der Röhre (bei schwacher Hitze) in etwas Fett 15 Minuten dünsten. Aus 200 g Butter und ebensoviel Mehl einen Blätterteig bereiten, der wie üblich lange und oft ruhen muß. 250 g Pilze mit etwas Petersilie, Pfeffer und Salz in wenig Butter dünsten. Ist diese Mischung ausgekühlt, die Mitte des ausgerollten Teiges damit belegen und das Fleisch daraufgeben. Die freien Ränder des Teiges mit Ei bestreichen und über das Filet schlagen, so daß dieses völlig bedeckt ist. Dann das Ganze in einer mit Butter ausgestrichenen Pfanne in die Röhre schieben, mit Ei bestreichen und 30 Minuten braten. Vor dem Servieren aufschneiden. Dazu Madeirasoße reichen.

*VII. Á la Dubarry.* Das gesäuberte Rinderfilet dicht mit Räucherspeck spicken und in eine feuerfeste Schüssel mit Deckel legen. 1 in Scheiben geschnittene Zwiebel, 4–5 Lorbeerblätter, wenig Thymian, 1 kleine Petersilienwurzel (in Scheiben geschnitten), 15–20 Pfefferkörner und 1–2 Nelken hinzufügen, und zwar die Hälfte dieser Zutaten in die Schüssel, die andere Hälfte auf das Fleisch legen. Das Fleisch mit 0,1 l Öl und dem Saft einer Zitrone übergießen und zugedeckt 24 Stunden kalt stellen. 1½ Stunden vor dem Servieren das Fleisch mit dem Beizsaft in eine Bratpfanne legen und unter öfterem Begießen schön knusprig braten. Den Fleischsaft immer nachgießen, damit das Fleisch nicht anbrennt, aber die schöne braune Farbe behält. 10 Minuten vor dem Servieren salzen und mit zerlassener Butter übergießen. Inzwischen 50 g Butter in einer Pfanne zerlassen und 30 g Mehl darin bräunen. Den Fleischsaft schnell durch ein feines Sieb passieren, in die Mehlschwitze gießen und mit Wasser nachfüllen (ständig rühren, damit die Soße nicht klumpig wird!). Zuletzt den Saft 1 Zitrone dazugeben. Das in 1 cm breite Scheiben geschnittene Rinderfilet auf eine vorgewärmte Platte legen und mit einem Teil der Soße übergießen, den Rest in einer Sauciere servieren. Als Beilage Makkaroni oder Spaghetti reichen.

*VIII. Mit Trüffeln, à la Mirabeau.* 400 g gereinigtes Rinderfilet mit Speckscheiben und Trüffeln spicken, in heißem Fett von allen Seiten anbraten, salzen und in der Röhre, unter mehrmaligem Begießen, 25–30 Minuten braten. Aufschneiden, auf eine Platte legen, den eigenen Bratensaft darübergießen und mit Kartoffelpüree garnieren, das mit in Butter gedünsteten Karotten, grünen Bohnen auf „englische Art“, gedünsteten grünen Erbsen, feingeschnittenen Salatblättern, Perlzwiebeln, geröstetem Speck verfeinert und mit Cayennerpfeffer und Muskat gewürzt wurde.

## *Rinderfiletscheiben*

*I. Gebeizt.* Die zwei Finger dicken, gut gereinigten Filetscheiben einen Tag vorher beizen. Die Beize aus feinem Weinessig, Öl, Zitronensaft, Zitronenschale, Pfeffer, Salz, Lorbeerblättern, Gewürznelken und etwas Zwiebel zubereiten. Die aufeinandergelegten Fleischscheiben mit der Beize bedecken. Am Tage der Zubereitung die Beize gut abtropfen lassen, erst dann das Fleisch kurz in heißer Butter auf beiden Seiten braten. Die Filetscheiben mit einer Béarnaisesoße anrichten.

*II. Mit Kartoffelpüree und Käse.* Die Filetscheiben salzen, mit Öl bestreichen, pfeffern und in heißem Fett kurz braten. In einem feuerfesten Gefäß aus Kartoffelpüree einen Hügel formen, mit geriebenem Käse bestreuen und für 15 Minuten in die Röhre schieben. Danach das Püree mit den gebratenen Filetscheiben garnieren und das Ganze mit einer Soße, die aus dem Bratfett zubereitet wurde, übergießen.

## Kurz gebratene Rinderfilet-medaillons

Die sehr kleinen, 40–50 g schweren rundgeschnittenen Filetscheiben kurz braten oder dünsten und salzen. Sie werden meistens auf gerösteten Semmelscheiben und mit verschiedenen Soßen angerichtet.

## Kurz gebratene Rinderfilet-scheiben (Tournedos)

*I. À la Rossini.* Gleich große, leicht geklopfte, gepfefferte, mit Öl bestrichene, 120–140 g schwere, runde Filetscheiben in heißem Fett innerhalb von 5–6 Minuten halbenglisch braten. Während des Bratens salzen. Dann in Butter geröstete Semmel- oder Weißbrotschnitten mit passierter, gebratener Gänseleber bestreichen und auf jede Schnitte eine Scheibe gebratene Gänseleber sowie eine Filetscheibe legen. Das Ganze auf einer Platte hübsch anordnen, mit einer Pilzsoße übergießen und mit in Butter gedünsteten Karotten und in Fett oder Butter gebratenen Kartoffelscheiben garnieren.
*II. À la Béarnaise.* Die 120–140 g schweren Filetscheiben wie unter Nr. I angegeben, braten. Auf in Butter geröstete Semmel- oder Weißbrotscheiben legen, die vorher mit Gänseleberpüree bestrichen wurden. Mit Béarnaisesoße begießen und servieren.
*III. À la Chasseur.* 120–140 g schwere Filetstücke wie unter Nr. I angegeben, braten. In Butter geröstete Semmelscheiben mit Gänseleberpüree bestreichen, die gebratenen Tournedos darauf legen, das Ganze mit einer dicken, braunen Pilzsoße übergießen und mit gerösteter Hühnerleber garniert anrichten.

## Roastbeef

Roastbeef ist in einem Stück gebratenes Ochsenfleisch, und zwar vom Knochen gelöste Lende. Das Fleisch darf nicht frisch sein, sondern muß mindestens 3–4 Tage kühl gelagert sein. Vor der Zubereitung reinigen, mit Salz und etwas Pfeffer einreiben und 2–3 Stunden stehenlassen. Dann in eine Kasserolle soviel Fett geben, daß das Fleisch damit halb bedeckt ist. Das 1¼–1½ kg schwere Fleischstück erst dann in die Kasserolle legen, wenn das Fett zu zischen beginnt. Nach 3–4 Minuten das Fleisch wenden, damit es ringsherum schön knusprig gebraten wird. Dann den größten Teil des Fettes abgießen, die Kasserolle vom Herd nehmen und das Fleisch in der Röhre bei schwacher Hitze langsam, ungefähr 30–45 Minuten lang, braten. Das Innere des Bratens soll weich und rosafarben (halbenglisch) sein. Das Roastbeef in halbfingerdicke Scheiben schneiden.

### Rumpsteak

Zum Rumpsteak wird vom Knochen gelöstes Lendenfleisch verwendet. Vor der Zubereitung 4–5 Tage kühl lagern, damit es weich wird. Das gewaschene Fleisch in ziemlich dicke Scheibeni schneiden (pro Person rechnet man etwa 200 g Fleisch). Breit klopfen und die Ränder zurechtschneiden. In Öl oder zerlassene Butter tauchen und in der Röhre oder auf dem Herd beiderseitig braten. Die Fleischscheiben erst beim Servieren salzen und pfeffern, da sie sonst hart werden.

### Entrecôte

Das vom Knochen gelöste Lendenfleisch in 300 g schwere, zwei fingerdicke Scheiben schneiden und in heißem Fett beiderseitig anbraten. Das Fett abgießen, den in der Bratpfanne verbliebenen Saftrest mit saurer Sahne und Wasser auffüllen, salzen und auf die in eine Kasserolle gegebenen Fleischscheiben gießen. Einige Eßlöffel Tomatenmark dazugeben und zugedeckt so lange dünsten, bis das Fleisch weich ist. Große, geschälte Kartoffeln in Scheiben schneiden, salzen, in Mehl wälzen und in Fett kurz braten. Auf einer Platte abwechselnd eine Scheibe Fleisch und einige Kartoffelscheiben, die das Fleisch halb bedecken, anrichten. Mit Blumenkohl, grünen Bohnen und Erbsen, Karotten, roten Rüben und Gurken garnieren.

### Rinderrücken

*I. Mit Wildsoße.* In Scheiben geschnittene Möhren und Petersilienwurzeln, 1–2 Lorbeerblätter, einige Pfefferkörner, etwas Zitronenschale und einige Zwiebelscheiben in Salzwasser kochen. Nach dem Kochen Essig hinzugeben und damit den Rinderrücken oder die Hohe Rippe abbrühen. Das abends abgebrühte Fleisch kann bereits am nächsten Tag mittags unter Zugabe von einem Eßlöffel Fett und einem Teil der Beize gebraten werden. Nach dem Durchbraten die Lorbeerblätter und die Pfefferkörner herausnehmen und aus der durchpassierten Beize mit 3–4 Eßlöffeln saurer Sahne und mit einigen karamelisierten Zuckerwürfeln eine braune Soße bereiten und diese beim Anrichten über das in Scheiben geschnittene Fleisch gießen.

*II. Mit Kartoffeln geschichtet.* Den Rinderrücken aus 1 kg Hoher Rippe von den Knochen lösen, salzen und eine halbe Stunde stehenlassen. $^1/_2$ kleine Zwiebel in Scheiben schneiden, in Fett rösten, das Fleisch hineinlegen, ein wenig Paprika dazugeben und zugedeckt weich dünsten. Danach in längliche schmale, Scheiben schneiden, in den Saft zurückgeben, 0,4–0,5 l frische saure Sahne darübergießen und nochmals kurz dünsten. Auf den Boden einer mit Butter ausgestrichenen, feuerfesten Form eine Schicht Fleisch legen, etwas Saft darübergießen, darauf eine Lage gekochte, in Scheiben geschnittene Kartoffeln geben, salzen, wieder etwas Saft zugießen und auf diese Weise schichten. Über das Ganze saure Sahne, Fett und geröstete geriebene Semmel geben und in der Röhre gut durchbacken.

## *Beizen von Rindfleisch zum Räuchern*

In 6 l kochendes Wasser 2 Eßlöffel Wacholderbeeren, ebensoviel Koriander, 1 Kaffeelöffel Zucker, 1 kleine Zehe Knoblauch und 1 kleine Zwiebel geben. Das Rindfleisch 4 Tage lang – mit Salz eingerieben – kühl aufbewahren, dann in ein Gefäß geben und mit der kalten Beize übergießen. Das Gefäß für weitere 10–12 Tage wieder kalt stellen. Das Fleisch täglich in der Beize bewegen, wobei darauf zu achten ist, daß es stets von der Beize bedeckt bleibt. Das Fleisch aus der Beize nehmen, abtropfen lassen, 24 Stunden lang an einem kühlen Platz aufgehängt trocknen. Danach für 14 Tage in den Rauchfang hängen. Diese Menge Beize reicht für 3–4 kg Fleisch.

## *Gebeizte, gedünstete Oberschale*

*I.* Ein großes Stück Oberschale reinigen, im Ganzen salzen. In eine tiefe Schüssel Lorbeerblätter, Ingwer, Pfeffer und 1–2 ganze Knoblauchzehen legen, das Fleisch daraufgeben, mit den gleichen Gewürzen bedecken und durch ein schweres Gewicht herunterdrücken. Das Fleisch 6 Tage lang so stehenlassen, dabei jeden 2. Tag umdrehen, dann aus der Beize nehmen, die Gewürze entfernen. In einer Kasserolle zugedeckt in Fett dünsten. Einige Pfefferkörner und Lorbeerblätter auf das Fleisch legen und mit dem eigenen Saft begießen, bis es weich ist. Den Braten aufschneiden, den Saft mit ein wenig Mehl verquirlen und auf das Fleisch gießen. Als Beilage Kartoffeln oder Spaghetti servieren.
*II.* Dünn und länglich geschnittenes Rindfleisch 3–4 Tage in eine Beize aus Essigwasser, zerdrückten Wacholderbeeren, Zwiebelscheiben, Zitronenschale, Salz, Pfeffer, 1–2 Lorbeerblättern, Möhren und Petersilienwurzel legen. Das Fleisch zusammenrollen und mit einem dünnen Faden umwickeln. Die gleiche Menge Wein zur Beize gießen, das Fleisch hineinlegen und weich kochen. Dann das Fleisch in dünne Scheiben schneiden, mit Zitronensaft und Öl anrichten, salzen pfeffern und kalt servieren.

## Das Schwein

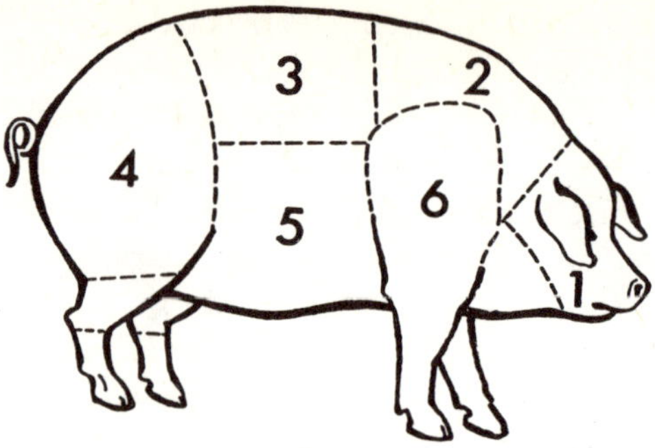


| | |
|---|---|
| 1. Kopf | zum Räuchern und für Sülze |
| 2. Nacken (Kamm) | zum Braten und Räuchern |
| 3. Rücken (Kotelett) | zum Braten in einem Stück oder in Scheiben und zum Backen |
| 4. Schinken, Keule<br>5. Bauch<br>6. Schulter | zum Braten und Räuchern<br>zum Braten, für Pörkelt, Tokány und Hackfleisch |
| 7. Dickbein | zum Braten |
| 8. Eisbein, Spitzbein | für Pörkelt, Tokány, Gulasch und Hackfleisch |

Ob das Schweinefleisch gebacken, gebraten oder als Pörkelt zubereitet wird, das Fett immer sorgfältig ab- und kleinschneiden, bei starker Hitze ausbraten und zur Zubereitung des Gerichtes verwenden. Das Fleisch ist dann nicht fettig, und die fettigen Teile sind am besten verwertet.

## Schweinepörkelt

*I.* 800 g Schulterfleisch in Würfel schneiden. Ist es zu fett, diese Teile ab- und kleinschneiden und in einer Kasserolle auslassen. Sonst 50–60 g Fett oder 100 g in Streifen geschnittenen Räucherspeck auslassen und 1 kleine feingeschnittene Zwiebel darin goldgelb rösten, 1 Kaffeelöffel Delikateßpaprika darüberstreuen und das Fleisch dazugeben. Bei schwacher Hitze zugedeckt weich dünsten, bei Bedarf den verkochten Saft mit etwas Wasser ersetzen, salzen und etwas Pfeffer darüberstreuen. Mit Petersilienkartoffeln oder Nockerln reichen. Bei letzterem 0,2 l saure Sahne zufügen und das Ganze nochmals aufkochen.

*II. Mit Kartoffeln geschichtet.* Aus 600 g Fleisch ein Pörkelt halbgar kochen. 1 kg Kartoffeln schälen und in Scheiben schneiden Den Boden einer feuerfesten Schüssel mit dünnen Räucherspeckscheiben auslegen, darauf eine Schicht rohe Kartoffeln geben. Lagenweise kleingeschnittenes Pörkelt, Kartoffeln und dann wieder Fleischschichten. Den Abschluß bilden Kartoffeln. Den Pörkeltsaft mit 0,3 l saurer Sahne aufkochen und über die Kartoffeln gießen. In der Röhre 45 Minuten backen, die ersten 20 Minuten zugedeckt.

## Schweinebraten mit tarhonya

250 g Tarhonya in 50 g ausgelassenem Räucherspeck rösten, mit heißem Wasser auffüllen und dünsten. Sind sie halb gar, 500 g mageres, in Würfel geschnittenes und in Paprikafett halbgar gedünstetes Schweinefleisch dazugeben und weich dünsten.

## Schweinefleisch mit Kümmel

In 100–120 g Fett ½ geriebene Zwiebel dünsten. 1 kg in Streifen geschnittenes Schweinefleisch, 50 g Reis, Salz sowie 1 Kaffeelöffel Kümmel dazugeben und gut anrösten. Mit 3 Eßlöffeln Tomatenmark vermengen und mit soviel Wasser aufgießen, daß alles etwa zur Hälfte bedeckt ist. In diesem Saft weich dünsten.

## Schweinetokány

*I. Mit Kartoffeln.* In Paprika, Zwiebel und Fett 750–800 g in Streifen geschnittene magere Schweinskeule anbraten, mit wenig Mehl bestreuen, ist es goldgelb, mit Wasser aufgießen, 0,1 l saure Sahne, 2 Eßlöffel Zitronensaft (oder etwas Essigwasser) zugeben und zugedeckt weich dünsten. Ist das Fleisch halb gar, einige geschälte und länglich geschnittene Kartoffeln daruntermengen und fertig dünsten.

*II. Auf mexikanische Art.* 750 g Schweinekeule (oder Kalbsblatt) in kleine Würfel oder Streifen schneiden und zusammen mit 1 kg in kleine Würfel geschnittenen Kartoffeln in Fett, Salz, Zwiebel und Paprika ein Tokány bereiten. (Im eigenen Saft zugedeckt weich dünsten.) Grüne Erbsen, Pilze und Reis jeweils gesondert in Fett dünsten und salzen. Vor dem Servieren Fleisch und Kartoffeln in die Mitte einer Platte häufen, darum kranzförmig die grünen Erbsen, Pilze und den Reis anrichten und das Ganze mit der Paprikasoße des Tokánys übergießen.

## Schweineschnitzel

*I. Karbonade.* Schweinekeulenscheiben (am besten eignet sich der „Schluß“) oder Schweinekoteletts ohne Knochen gut klopfen, salzen, in fein geriebener Semmel oder Mehl wälzen und in heißem Fett braten.

*II. Schweinekotelett, gebacken.* Koteletts wie bekannt panieren: salzen, in Mehl, Ei und zuletzt in fein geriebener Semmel wenden und in siedendem Fett wie gewohnt braten. Mageres Fleisch verwenden.

*III. Schweinekotelett im „Schlafrock“.* Von den Knochen gelöste Koteletts in heißem Fett einige Minuten kurz durchbraten, in einen dünnen gesalzenen Eierkuchenteig tauchen und in anderem heißem Fett braten. Aus einem Teil des zuerst verwendeten Fettes, aus Tomatensaft oder Tomatenmark, kleingeschnittenen, gedünsteten Pilzen und saurer Sahne eine Soße bereiten und über die auf der Platte angerichteten, gebratenen Schweinekoteletts gießen.

*IV. Debrecener Schweinekotelett.* Ein Viertel einer Zwiebel reiben und mit etwas Paprika in einem Eßlöffel Fett rösten. Die gesalzenen Fleischstücke – pro Person 1–2 Scheiben – zusammen mit einigen Pfefferkörnern und einigen Kaffeelöffeln Zitronensaft bei schwacher Hitze weich dünsten. Den eingeschmorten Saft – wenn nötig – durch heißes Wasser ersetzen. Das Gericht mit gedünstetem Kohl, mit saurer Sahne und Paprika servieren.

*V. Schweinekotelett auf Metzgerart.* Die gesalzenen Schweinekoteletts (auch Keule oder Rinderfiletscheiben) pro Person 1–2 Stück zu 100–150 g, in 1 Eßlöffel heißem Fett kurz beiderseitig etwas anbraten, aus der Pfanne nehmen, im Fett ½ geriebene Zwiebel rösten, 1 Kaffeelöffel Delikateßpaprika darüberstreuen, heiß werden lassen und die Koteletts wieder dazugeben. Räucherspeckstreifen und Knackwurstscheiben darauf- und danebenlegen (auf 1 kg Koteletts 100 g Speck und 200 g Wurst nehmen). 1 größere Tomate in kleinen Stücken oder nur den Saft und nach 10 Minuten einige Paprikaschoten hinzufügen und weich dünsten. Dann 0,25 l saure Sahne darunterrühren, den Saft aufkochen und das Ganze mit Reis und Pilzen oder mit Nockerln servieren.

## Kleinbraten

Aus 600 g Schweinekeule handflächengroße Scheiben schneiden, salzen, in Fett mit Paprika und Zwiebeln etwas anrösten und dann zugedeckt kurz anbraten. Das überflüssige Fett abgießen, den Saft mit saurer Sahne vermischen und das Fleisch darin weich dünsten. Zuletzt das Ganze mit einigen Tropfen Essig oder Zitronensaft würzen und mit Tarhonya anrichten.

## Schweineschnitzel mit Kartoffeln geschichtet

1,5 kg Schweinskeule in kleine, dünne Scheiben schneiden, salzen und klopfen. 1 kg Kartoffeln schälen und ebenfalls in dünne Scheiben schneiden. In einer feuerfesten mit Fett ausgestrichenen Schüssel eine Schicht Kartoffeln legen, ein wenig Fett, 1–2 Eßlöffel saure Sahne, Salz, Paprika und etwas in Scheiben geschnittene Zwiebel daraufgeben, darüber dann die dünngeklopften Schweineschnitzel, dann wieder Kartoffeln, Salz, Paprika, saure Sahne, Fett, Zwiebel und wieder Schweineschnitzel schichten. Den Abschluß bilden gesalzene Kartoffeln. 0,5 l saure Sahne darübergießen. Bei schwacher Hitze zugedeckt weich dünsten. Kartoffeln und Fleisch werden gleichzeitig gar.

## *Im Stück gebratenes Schweinefleisch*

*I.* Die Schweinekeule oder das Rippenstück im Stück salzen, in die Bratpfanne legen, ein wenig Wasser dazugeben, mit dem eigenen Saft öfters begießen. Eventuell 1 Eßlöffel stark verdünnten Essig und 1 Messerspitze Kümmel hinzufügen.

*II. Braten auf Tordaer Art.* Aus Jungschweinkotelett oder -keule mit der Schwarte zubereiten. Die Schwarte wie üblich auf beiden Seiten einschneiden, das Fleisch salzen und 24 Stunden lang kalt stellen. Am nächsten Tag das Fleisch in viel Fett kurz, schön goldgelb braten. Als Beilage Kartoffeln, Reis, rote Rüben, Gurken, Rosenkohl, Blumenkohl, Karotten usw. reichen.

*III. Schweinekotelett auf Iglóer Art.* 1–1,25 kg Schweinekotelett salzen, in der Röhre braten, 60–70 g geriebenen Käse mit 1 Eigelb und 2 Eiweiß verrühren, das halbgebratene Fleisch damit bestreichen, in die Röhre zurückstellen und weich braten.

*IV. Kotelett auf Montespan Art.* Das Kotelett eines Jungschweins im Stück salzen, mit Räucherspeck, eventuell mit wenig Zwiebel, weich dünsten. Dann in Scheiben schneiden, jede Scheibe mit 1 Eßlöffel Erbsenpüree bestreichen (grüne Erbsen eventuell mit Salatblättern kochen) und wieder aneinanderlegen, als wäre der Braten noch aus einem Stück. Mit einer Béchamelsoße übergießen, mit dem Schnee einiger Eiweiße überziehen und mit feingeriebener Semmel bestreuen. In der Röhre goldgelb braten.

*V. Jungschweinkotelett mit Schwarte.* Das Fleisch mit Schwarte waschen, mit einem sauberen Tuch trockenreiben, die Schwarte vorsichtig in einem Stück entfernen, das Fleisch salzen und 1 Stunde stehenlassen. Dann dicht mit Räucherspeck und geräucherten Rinderzungenscheiben spicken und feingeschnittene Pilze darüberstreuen. Die abgelöste Schwarte wieder wie vorher an das Fleisch legen und mit einem Faden gut zusammenbinden. In die Bratpfanne einige Eßlöffel Fleisch- oder Knochenbrühe gießen, das Fleisch hineinlegen, mit nassem Papier bedecken und 2–2½ Stunden langsam braten (auf 1–1,5 kg Kotelett ca. 150 g Räucherzunge, 100 g Pilze und 100 g Speck rechnen).

*VI. Schweinekotelett mit Sahnekartoffeln und Pfeffersoße.* Das sogenannte kurze Rippenstück in der Röhre schön rotbraun braten, vor dem Servieren in Scheiben schneiden und mit Sahnekartoffeln garnieren, die folgendermaßen zubereitet werden: 1 kg Pellkartoffeln kochen, schälen und in dünne Scheiben schneiden, dann in heißer Butter wälzen, salzen, feingeschnittene Petersilie daruntermischen, 0,05 l heiße süße Sahne darübergießen und zugedeckt in der Pfanne einige Minuten lang dünsten. Dazu eine Pfeffersoße nach Rezept Nr. III bereiten.

### *Jungfernbraten im Netz*

750–800 g gereinigtes Schweinefilet mit Salz, Kümmel Zitronenschale, Majoran und kleingeschnittener Petersilie einreiben, in das vom Schweinebauch abgelöste Netz wickeln und einige Stunden stehenlassen. (Das Netz ist nicht unbedingt nötig!) In 50 g heißem Fett ca. 1¼ Stunden knusprig braun braten zwischendurch mehrmals wenden und mit in Knochenbrühe verrührter saurer Sahne begießen. Zusammen mit dem Netz aufschneiden und servieren. Als Beilage Strohkartoffeln reichen.

### *Saure Schweinskeule*

1 kg Schulterstück oder Keule 1–2 Tage in eine Beize aus Essig, Zitrone und Lorbeerblatt legen. Beim Zubereiten mit einigen Zitronenschalenstücken spicken, salzen, pfeffern, mit einigen Eßlöffeln Beizsaft in eine Bratpfanne legen und unter öfterem Begießen schön knusprig braten. 2–3 Eßlöffel saure Sahne in den Saft geben und 1–2 Minuten aufkochen. Das Fleisch herausnehmen, dem Saft 2 Eßlöffel gebräunten Puderzucker beigeben.

### *Gekochtes Schweinefleisch*

Ein nicht zu fettes Bauchstück eines Jungschweines in Salzwasser mit Kümmel rasch zum Kochen bringen und dann bei schwacher Hitze langsam weich kochen, ungefähr 1½–2 Stunden lang. Das Fleisch mit Sauerkraut, Wirsingkohl, Krautsalat oder weißen Rüben servieren.

### *Schweinskopf, -füsse, -haxen*

*I. Meerrettichfleisch.* Das Fleisch vom Schweinskopf und den Schweinefüßen lösen, gut waschen und in einer Beize, die zu gleichen Teilen aus Wasser, Wein und Essig hergestellt und mit Salz, Pfeffer, Zwiebeln, Lorbeerblättern, Wacholderbeeren, Nelken und Zitronenschalen gewürzt wird, schnell zum Aufkochen bringen und dann langsam 2½–3 Stunden kochen. Dabei mehrmals Wasser, Wein und Essig nachgießen und den sich bildenden Schaum öfter abschöpfen. Die Fleischstücke auf eine Platte legen, mit etwas Saft begießen und mit geriebenem Meerrettich bestreut servieren.

*II. Gebratene Schweinehaxen.* Rohe Eisbeine salzen, mehrere Stunden stehenlassen, in Salzwasser weich kochen, bis sich das Fleisch vom Knochen löst, aufschneiden. Nach dem Erkalten in Mehl wenden und in heißem Fett kurz braten.

### *Spanferkelpörkelt*

*I.* Ein kleines, etwa 4 Wochen altes Spanferkel gründlich reinigen, in Stücke schneiden, salzen und den Kopf halbieren. Unterdessen 1 kleine kleingeschnittene Zwiebel in 1 gehäuften Eßlöffel Fett rösten, 1 gehäuften Kaffeelöffel Delikateßpaprika darunterrühren; und nun das Ferkelfleisch, den Kopf und die Innereien hineingeben. Das Ganze etwas anrösten und dann bei schwacher Hitze weich dünsten, bis der Saft – dem bei Bedarf ein wenig Wasser zugegossen werden kann – dick wird. Mit Tarhonya anrichten.
*II. Ohren- und Schwanzpörkelt.* In Stücke geschnittene Ferkelohren und -schwänze in so viel Wasser aufsetzen, daß sie bedeckt sind. Wenn sie gut aufkochen, salzen, Paprika und nach Geschmack in Scheiben geschnittene Zwiebeln hineintun. Zugedeckt dämpfen, bis alles weich ist. Auch in Würfel oder Streifen geschnittene Kartoffeln können mitgekocht werden, man muß jedoch achtgeben, daß sie nicht zerkochen.

### *Gebackenes Spanferkel*

Das Spanferkel säubern, vierteln, mit Salzwasser abbrühen, trocknen, in kleine Stücke schneiden, salzen, in Mehl, Ei und geriebener Semmel wenden und in heißem Fett goldgelb braten.

### *Gefülltes Spanferkel*

Aus dem gereinigten, gewaschenen Spanferkel die Knochen lösen und es salzen. Mit einer Mischung aus 1 kg gedünstetem Sauerkraut und 200 g in kleine Würfel geschnittenem Räucherfleisch füllen, zusammennähen und in der Röhre wie üblich schön knusprig braten.

## *Schinken in Brot gebacken*

beschäftigte schon in meiner Kindheit stark meine Phantasie, sooft ich ihn in den Auslagen der bekannten Pester Gewürzwarenhändler auch nur sah.
Es kam sogar vor, daß ich verspätet in die Schule kam, weil ich zu lange die gaumenkitzelnden Auslagen betrachtet hatte. Vom Sehen kannte ich also den in Brot gebackenen Schinken zweifellos sehr gut: das runde Brot, auf dessen gelbbrauner Rinde eine mächtige goldfarbene Narbe entlanglief und aus der das rosa-

farbene Fleisch des Schinkens hervorschaute. Eine persönliche Bekanntschaft mit dem in Brot gebackenen Schinken machte ich jedoch erst viel später, erst im Erwachsenenalter. Damals hatte mich der Wirt der alten Gaststätte „Kranzli“, die im Burgviertel, auf dem Dísz tér, stand – mit einer kleinen Gesellschaft zu einer Weinprobe in einen Budaörser Weinkeller, der in den Felsen des Kálvária-Berges eingehauen war, eingeladen. Die Budaer und Budaörser Weine – sowohl die weißen als auch die roten – waren vorzüglich. Vorzüglich, sogar hervorragend schmeckte auch der Weinbeißer: der Schinken in Brot gebacken. Selbstverständlich vom Knochen gelöster Schinken, aber erst kurz vor dem Backen. Es war nämlich kein „Rollschinken“, der nur aus dem Schulterstück besteht und schon ohne Knochen in die Beize und in den Rauchfang kommt und deshalb einen Großteil der Aromastoffe verliert. Beim Schinken im Brot dagegen bleiben die würzigen Aromen vollständig erhalten, weder das Kochwasser noch die aufsteigenden Dämpfe aus dem Kochtopf vermindern sie. Das gute weiße Weizenbrot bewahrt sie und saugt sie in sich auf, besonders aus der dünnen Speckschicht, die beim Entfernen der Schwarte verbleibt, der wesentliche Teil verbleibt jedoch im Schinken. Dieses Schinkenbrot ist das vortrefflichste Sandwich, das man sich nur vorstellen kann, besonders dann, wenn so herrliche Weine dazu gereicht werden, wie wir sie damals tranken.

Wer bisher nur gekochten Schinken gegessen hat, weiß wahrhaftig nicht, was für ein fürstlicher Happen der in Brot gebakkene Schinken ist.

## Schinken in Brot gebacken

Den Schinken in zwei Finger dickes Weizenbrot einhüllen und im Ofen backen. Der Schinken zum Backen soll nicht zu fett sein und auch nicht zu stark gebeizt und geräuchert. Dieses Gericht schmeckt kalt gereicht sehr gut, aber auch warm mit einer Senfsoße angerichtet. Wird der Schinken im ganzen auf den Tisch gebracht, so kommt er im Brot auf die Platte. Soll er in Stücken serviert werden, dann vorher „schälen“. Doch den für eine spätere Gelegenheit aufbewahrte Teil immer im Brot lassen.

## Kochen des Schinkens

Den Schinken in lauwarmem Wasser waschen, in einem Kochtopf mit so viel kaltem Wasser aufsetzen, daß der Schinken vollständig bedeckt ist, 3–4 Stunden weich kochen und danach im eigenen Saft auskühlen lassen. Die Brühe abgießen, den Schinken auf einem Teller kalt stellen. Gut gekochter Schinken läßt sich leicht vom Knochen lösen. Die entfettete Brühe ist zum Aufgießen für Suppen und Gemüse geeignet. Ist der Schinken oder sonstiges Räucherfleisch versalzen oder zu stark geräuchert, wird das erste Kochwasser nach kurzem Kochen weggegossen und durch frisches Wasser ersetzt.

# *Das Kalb*

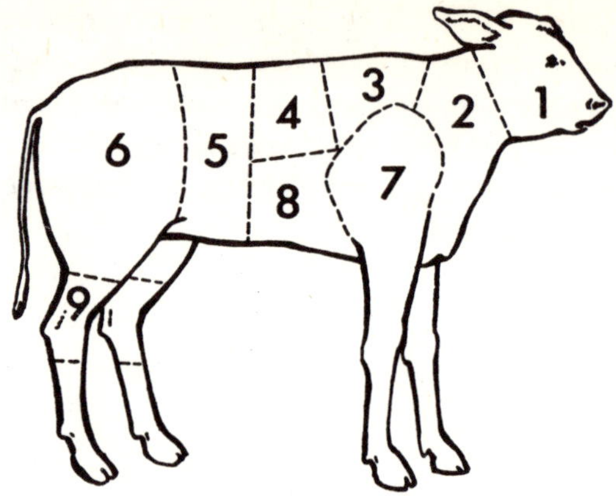


| | |
|---|---|
| 1. Kopf | zum Backen |
| 2. Hals | zum Braten, für Pörkelt und Tokány |
| 3. Mittelgrat | zum Braten, für Pörkelt und Tokány |
| 4. Kotelett | |
| 5. Nierenbraten | kurz bratbar in Scheiben und im Stück zum Panieren |
| 6. Keule (Schlegel) | |
| 7. Blatt | zum Braten, für Pörkelt und Hackfleisch |
| 8. Brust | zum Braten und Füllen |
| 9. Haxe | zum Kochen oder zum Panieren |

Teile der Kalbskeule: Rose, Oberschale, Fricandeau
Nuß (Steak) und Hinterhaxe

Innereien:
Leber: zum Braten, Rösten, für Pasteten oder als Gericht auf ungarische Art zubereitet.
Hirn: zum Braten, mit Eiern zubereitet oder in Aspik
Herz: zum Braten und für Pörkelt
Zunge: zum Kochen und zum Räuchern

## *Gern gereicht wird*

Kalbsfrikassee oder Naturschnitzel vom Kalb; ich persönlich esse eine sehnige, knochige, aber schmackhafte Kalbsbrust auch gern, wenn sie reichlich mit feingehackten Pilzen und Speck gefüllt ist, und noch lieber den Kalbsnierenbraten, wenn er mit den Nieren und der umgebenden Fettschicht gereicht wird. Heiß serviert, gesalzen und gepfeffert ist er wirklich eine Delikatesse

(dagegen verurteile ich entschieden, wenn man versucht, Nierenbraten – ohne Nieren – zu servieren).
Kalbskeule im ganzen gebraten halte ich im allgemeinen für ein phantasieloses Gericht. Verlockender sind demgegenüber die verschiedenartigen Schnitzel aus dem Fleisch zwischen den Rippen und dem Rücken. Denken wir hier z. B. nur an die Kalbsschnitzel à la Colbert, à la Cavour, auf flämische, Marengoer oder Tiroler Art. Zählen wir einmal auf, welche Zutaten außer dem Kalbfleisch verwendet werden müssen oder können: Steinpilze, Trüffeln, Schinken, grüne Erbsen, Gänseleber; sogar das wohlschmeckende Schweinenetz, welches wir vom Schlachtfest in so guter Erinnerung behalten haben, wo es als Hülle zum Jungfernbraten verwendet wurde; von der großen Auswahl der Soßen gar nicht zu sprechen, die den ausgezeichneten Braten noch pikanter machen. Ich möchte noch die sogenannten Nebenprodukte aufzählen: den Kalbskopf und die Haxen, aus denen großartige Suppen oder Ragouts bereitet werden können, die Innereien, die Zunge, das Kalbshirn, das Kalbsbrieschen, die Leber, die Lunge und sogar das Gekröse (Kalbsmilch, ein unvergeßliches Gericht!). Die Gastronomen bereiten aus all diesen Produkten eine Reihe hervorragender Gerichte.
Nicht zu vergessen ist die ungarische Spezialität, das Kalbspörkelt.
Károly Gundel, mein verehrter und lieber Freund, der ausgezeichnete Gastronom, schrieb in einer Fachzeitschrift aus Anlaß des Erscheinens eines kleinen Buches von mir u.a., daß ich „ein alter Freund des Gastgewerbes“ sei. Es ist wahrhaftig so: Bis zum heutigen Tag bin ich ein aufrichtiger Freund guter Gaststätten und tüchtiger Gastwirte, jedoch beim Kalbspörkelt muß ich für Hausmannskost stimmen. Dieses ehrbare ungarische Gericht möchte ich unter keinen Umständen dem Gaststättengewerbe überlassen, wo es – außer bei einigen rühmlichen Ausnahmen – nur die Rolle eines Massenartikels spielte. Oft briet und kochte es den ganzen Tag auf dem Herdrand in Nachbarschaft der dazugehörigen, aber – auf diese Weise bereitet – klebrigen Nockerln. Da dieses Gericht im allgemeinen eines der billigsten auf der Speisekarte ist, wurde es immer ohne besondere Mühe und Sorgfalt bereitet.
Wo man die traditionsreiche ungarische Küche nicht kennt, glaubt man vielerorts, daß unter das hier und dort zusammengesuchte Abfallfleisch ein paar Handvoll Zwiebeln gemengt werden müssen, die – nicht gebraten, sondern gekocht – als bräunliche Masse schließlich einen quälenden Durst und Magenbrennen hervorrufen. Ferner nimmt man an, daß in Pörkelt

maßlos viel beißend scharfer, in Mundhöhle und Speiseröhre brennender, grober Paprika hineingestreut werden muß, der zum Eindicken mit etwas Mehl zu überstäuben ist. Danach soll er mit Tomatensaft begossen werden, um seinen Geschmack zu verfeinern, und fertig ist eine „kleine Portion Pörkelt". Diese Portion kann zwar klein sein, ist aber kein Pörkelt. Das auf diese Weise bereitete Gericht wäre höchstens für ein früheres Wahlbankett gut gewesen, wo die gutgläubigen Bürger unter der verlogenen Reden der Abgeordneten kostenlos mit Pörkelt und kleistrigem Túróscsusza traktiert wurden.
Immer belustigten mich die „Köche und Köchinnen" die mit großer Überheblichkeit und keine Gegenrede duldender Stimme behaupteten, daß sie „ihr" Kalbspörkelt oder Kalbspaprikasch nur aus der Kalbskeule bereiten. Denn das sei ja bekanntlich der wertvollste und teuerste Fleischteil. Zweifellos werden aus der Keule das feine Wiener Schnitzel, der mit Räucherspeck gespickte Kalbsbraten und noch einige ausgezeichnete Gerichte bereitet. Aber wohlschmeckendes, gehaltvolles Kalbspörkelt entsteht nur dann daraus, wenn wir mehr oder weniger Kopf- und Haxenfleisch, Herz und Herzmuskel sowie ein gutes Stück sehniges, flechsiges, knorpeliges und knochiges Brustfleisch dazugeben. Diese Fleischsorten geben den Wohlgeschmack, das Aroma und die ausgezeichnete natürliche Sulzkraft der Soße, nach deren Verspeisen man sich die Mundwinkel ableckt, die vom leicht sulzenden Fleischsaft klebrig wurden. Doch auch in diesem Falle, wenn alle aufgezählten Fleischsorten zum Würzen und Sulzen bereitstehen, möchte ich für Kalbspörkelt anstelle von Keule immer das vom Knochen gelöste Schulterstück empfehlen.

## *Kalbspörkelt und -paprikasch*

Für dieses Gericht 750 g von den Knochen gelöstes Schulterstück und 750 g Fleisch vom Bruststück, Kopf und Haxen sowie etwas Herz- und Herzmuskelfleisch verwenden.
1 größere Zwiebel kleinschneiden oder, besser noch, reiben. In einer Kasserolle 1 reichlichen Eßlöffel reines, aus fettem Speck ausgelassenes Fett erhitzen, die Zwiebel unter ständigem Rühren schön goldgelb rösten (sie darf nicht anbrennen!), 1 gehäuften Kaffeelöffel Delikateßpaprika darüberstreuen, aufkochen lassen (nur einmal, sonst wird es bitter) und schnell das gewaschene, in kleine Würfel geschnittene Fleisch dazugeben. Bei starker Hitze schnell anbraten, dann mit 0,1–0,15 l Knochenbrühe oder mit etwas süßem Wein aufgießen und nach Bedarf salzen. Nach Möglichkeit mit frischem Tomatenpaprika würzen

und zugedeckt bei schwacher Hitze unter zeitweiligem Rühren weich dünsten.
Ist das Fleisch gar, die knorpeligen Stücke herausnehmen, sie haben dem Gericht den guten Geschmack gegeben. Das übrige Fleisch schnell auf eine vorgewärmte Platte legen und – je nach Geschmack – in Ringe geschnittene Paprikaschoten daraufgeben. Als Beilage gleichzeitig Nockerln kochen, in heißem Fett schwenken und mit saurer Sahne verrühren. Die Nockerln sollen länglich, dünn, nicht zu hart und nicht zu weich sein, und sofort serviert werden. Zur Abwechslung kann die Pörkeltsoße vor dem Servieren mit saurer Sahne verrührt werden. Dünne Steinpilzscheiben kurz mit dem Fleisch gedünstet verfeinern auch den Geschmack.

## *Kalbsfrikassee (Ragout)*

*I.* Das in Stücke geschnittene 750 g Kalbfleisch in kaltem Salzwasser zum Kochen ansetzen. Ist es fast gar, aus 2–3 Eßlöffeln Mehl, einem nußgroßen Stück Butter (oder Fett) und Fleischbrühe eine Soße bereiten, mit Pfeffer und feingewiegter Petersilie würzen, das Fleisch hineingeben und weich dünsten. Vor dem Anrichten 1–2 Eigelb in die Soße rühren.
*II. Mit Blumenkohl und grünen Erbsen.* 750 g von den Knochen gelöstes Schulterstück in kleine Würfel schneiden und in Salzwasser mit in Würfel geschnittener Petersilienwurzel und Möhren sowie 1–2 Knochen halb gar kochen. Aus wenig Fett und Mehl eine helle Mehlschwitze bereiten, mit der Fleischbrühe auffüllen. Fleisch und Suppengrün hineingeben und weich kochen. Die Knochen herausnehmen, den in Röschen zerlegten und in Salzwasser gekochten kleinen Blumenkohl und die ebenfalls in Salzwasser gekochten 500 g grüne Erbsen (oder 250 g Konservenerbsen) daruntermengen und nach nochmaligem Aufkochen servieren.
*III. Aus Kalbsfüßen.* Kalbsfüße in Salzwasser weich kochen. Das Fleisch von den Knochen lösen und nach Belieben kleinschneiden. Aus Butter oder Fett eine helle Mehlschwitze bereiten, mit dem Kochwasser auffüllen, die Fleischstücke hineinlegen, aufkochen lassen. Mit einigen Tropfen Zitrone abschmekken.

## *Wiener Schnitzel*

ist nach nach Meinung einer Fachzeitschrift „das erdenklich beste Fleischgericht, das so duftet wie eine Blume, so schmackhaft ist wie eine Kirsche und so knusprig schmeckt wie eine frischgebackene Semmel". Wiener Schnitzel ist geradezu das Symbol der mitteleuropäischen Küche. Fehlt es an Kalbfleisch, so verhelfen auch andere gebratene Schnitzel zu seinem Ruhm. Die Vergangenheit des Wiener Schnitzels reicht bis ins Byzantinische Reich zurück: die in das Land eingedrungenen Araber erlernten die Kunst des Panierens, und von ihnen übernahmen es die Spanier. Von Spanien gelangte das Gericht nach Italien und infolge der Kriegswirren des vergangenen Jahrhunderts bis nach Wien. Feldmarschall Radetzky erstattete Kaiser Franz Josef I. nicht nur vom Kriegsschauplatz Bericht, sondern auch darüber, daß er in Mailand eine in geriebener Semmel gewälzte Fleischscheibe kennengelernt habe. Aufgrund dieses Feldmarschallberichts, der sich in der Wiener Staatsbibliothek befindet, bereitete der kaiserliche Oberhofkoch das erste Wiener Schnitzel.

Nach zeitgenössischen Aufzeichnungen soll das Wiener Schnitzel das die anfangs erwähnten, entzückten kulinarischen Attribute verdient – obwohl in Fett gebraten – so fettarm sein, daß es, wenn sich eine Dame im Seidenkleid darauf setzen möchte, keinen Fettfleck hinterlassen dürfte...

Das ist eine schwere Aufgabe – doch leicht für feinhändige Kochkünstler.

## Kalbsschnitzel

*I. Wiener Schnitzel.* Pro Person 2 Schnitzel zu 100 g rechnen (Keule, am besten Frikandeau) ein wenig einschneiden und sehr leicht klopfen (keinen schweren Fleischklopfer verwenden!), salzen und ein wenig pfeffern. Leicht in Mehl wälzen, beiderseitig in verquirltes Ei tauchen und in geriebener Semmel wenden. Das Fleisch in so viel heißes Fett legen, daß es völlig bedeckt ist. Es muß sofort nach dem Panieren heiß gebraten werden, da sonst die geriebene Semmel wie Löschpapier wird und den Fleischsaft aufsaugt. Kaltes Fett verhindert die Entfaltung der Geschmacks- und Aromastoffe und das Fleisch würde eine trokkene, schale „Schuhsohle". (Die Wiener Küche hat die glückliche Geschmackspaarung von Kalbfleisch und Schweinefett übernommen). Die Schnitzel beiderseitig 1 $^1/_2$–2 Minuten goldgelb braten, niemals auf die bereits gebratene Seite zurückwenden! Die Wiener Schnitzel aus dem Fett nehmen, am besten nebeneinander auf einem Tuch und nicht zugedeckt stehenlassen. Mit einer eingeschnittenen Zitronenscheibe und etwas Petersilie garnieren und mit gemischtem Salat, Kopfsalat, Tomaten-, Sellerie-, Rapünzchen- oder Kartoffelsalat servieren.

*II. Pariser Schnitzel.* Genauso wie das Wiener Schnitzel zubereiten, jedoch mit dem Unterschied, daß beim Panieren anstelle der geriebenen Semmel auch das zweite Mal feines Mehl verwendet wird.

*III. Pariser Schnitzel in Eierkuchenteig.* Die Kalbskeulenscheiben nicht panieren, sondern in salzigen Eierkuchenteig tauchen und braten. Auf jedes Schnitzel eine dünne Zitronenscheibe legen. Als Beilage Reis oder Bratkartoffeln reichen.

*IV. Naturschnitzel.* 750 g Kalbskeule in dünne Scheiben schneiden, klopfen, salzen, in Mehl wälzen und in heißem Fett rotbraun braten. Mit Bratkartoffeln, Gemüse oder grünen Erbsen bzw. grünen Bohnen, auf englische Art zubereitet, servieren.

*V. Paprikasch.* 1 kg Kalbskeule waschen, in dünne Scheiben schneiden, leicht klopfen und salzen. Zwiebelscheiben in Fett rösten, eine Messerspitze Paprika dazugeben und die Schnitzel darin zugedeckt weich dünsten. Danach einige Eßlöffel saure Sahne über das Fleisch gießen und Nockerln dazu servieren.

*VI. Gebacken, mit Zitronensoße.* Dünn geschnittene, gesalzene Kalbskeulenscheiben mit sehr dünnen Räucherspeckscheiben spicken, mit Mehl bestreuen, in Ei wälzen, geriebene Semmel darüberstreuen und in heißem Fett braten. Das Fleisch in eine mit Butter ausgestrichene Kasserolle geben, mit geriebener Zitronenschale und kleingeschnittenen Sardellen bestreuen, mit Zitronensaft und 0,1–0,2 l saurer Sahne begießen und einmal aufkochen.

## Kalbsrouladen

*I.* Etwa 750 g Kalbsschulter waschen, in Scheiben schneiden, dünn klopfen und salzen. In kleine Würfel geschnittene Möhren zusammen mit Petersilie und etwa 300 g durchgedrehtem Schweinefleisch salzen, in wenig Fett weich dünsten, auskühlen lassen und danach mit 1 Eigelb und 2 Eßlöffeln saurer Sahne vermischen. Die geklopften Schnitzel damit belegen, zusammenrollen, zusammenbinden und in heißem Fett weich dünsten. Dann die Schnitzel aus dem Fett nehmen und den Faden entfernen, den Saft mit 1 Eßlöffel Mehl und 1 Prise Paprika vermischen, aufkochen lassen, einige Eßlöffel saure Sahne dazugießen und die Soße über die Rouladen geben.

*II. À la d'Aumale.* Etwa 800 g Kalbskeulenscheiben dünn klopfen und salzen. Je nach Geschmack Räucherzunge, Schinken, kalten Braten, eventuell Schweinefleisch sowie Räucherspeck kleinschneiden und mit in kleine Würfel geschnittener, gedünsteter Möhre, Petersilie, 2 Eigelb und saurer Sahne vermischen, salzen und pfeffern. Die Kalbskeulenscheiben damit bestreichen, zusammenrollen, mit einem Faden umwickeln und in heißem

Fett zugedeckt weich dünsten. Ist das Fleisch gar, herausnehmen und den Faden abwickeln. Im Bratensaft etwas Mehl verquirlen, ein wenig Paprika zugeben, aufkochen, mit saurer Sahne abschmecken und über das Fleisch gießen.

*III. Mit Pilzen.* 750 g Kalbskeule in Scheiben schneiden, klopfen und salzen. 250 g Pilze putzen, kleinschneiden und in Fett dünsten, danach salzen, pfeffern und mit 1 Eigelb sowie 2–3 Eßlöffeln saurer Sahne vermischen. Die Schnitzel damit belegen, zusammenrollen, zusammenbinden und zugedeckt in einer Kasserolle in Fett dünsten. Beginnt das Fleisch weich zu werden, auch an den Saft noch einige kleingeschnittene Pilze geben und das Gericht vor dem Servieren mit einigen Eßlöffeln saurer Sahne abschmecken.

## Gefüllte Kalbsbrust

*I.* Die Haut der gewaschenen, gesalzenen Kalbsbrust mit dem Messer anheben und mit folgender Masse füllen: 2 in Milch geweichte und passierte Semmeln mit 2 Eigelb, etwas Petersilie, 1 Kaffeelöffel Fett oder Butter, etwas Pfeffer und Salz vermischen, nach Geschmack noch 100 g kleingeschnittenen Räucherspeck dazugeben. Die gefüllte Kalbsbrust zunähen und mit 1–2 Eßlöffeln Fett auf einem Backblech in der heißen Röhre unter ständigem Begießen braten.

*II. Mit Tomaten.* Die geklopfte, gewaschene, gesalzene Kalbsbrust mit einem Risotto, dem Pilze und grüne Erbsen beigegeben wurden, füllen. Zugedeckt in Butter zusammen mit 1 kleinen Möhre, 1 Petersilienwurzel, einigen Pfefferkörnern und mit Tomatensaft übergossen, weich dünsten. Kocht der Saft ein, Tomatensaft und Knochenbrühe nachfüllen. Schließlich den Saft durchseihen und ihn über das auf einer Platte angerichtete, aufgeschnittene Fleisch gießen.

*III.* Die gereinigte, gesalzene Kalbsbrust mit folgender Masse füllen: Je 200 g gehacktes Schweinefleisch und Kalbfleisch mit 3 ganzen Eiern, etwas Sardellen, dem Saft einer Zitrone, geriebener Zitronenschale, 1 Kaffeelöffel Senf, einer entsprechenden Menge Salz, 1 Prise Pfeffer und 0,1 l Weißwein vermischen. 50 g Räucherspeck, 100 g Schinken und 1–2 Stück Essig- oder Salzgurken kleinschneiden und dazumengen. Die gefüllte Kalbsbrust zunähen, in mit Essig vermischtem, gesalzenem Wasser oder in Knochenbrühe mit Suppengrün 2 Stunden lang kochen und danach im Saft auskühlen lassen. Kalt in Scheiben schneiden.

ist eine der ergiebigsten Fleischsorten, Hirn und Zunge gehören auch dazu. Kennern muß nicht erst erklärt werden, welche erstklassigen Gerichte sich daraus bereiten lassen: Das Kalbshirn – nach dem Enthäuten – panieren, backen und gedämpften Reis dazu reichen. Doch schmackhaft ist es auch einfach nur in Salzwasser gekocht oder auf dem Rost knusprig gebraten oder als „Hirn mit Ei".

Man kann es auch zu Hirnsuppe verwenden; dafür etwas pfeffern und mit gerösteten Semmelwürfeln anrichten. Zur Suppenbereitung stehen aber auch noch andere Zutaten zur Verfügung. Wenn wir nämlich einen gereinigten Kalbskopf kaufen, löst der Fleischer die dickeren Fleischstücke von den Knochen ab, an denen aber noch Knorpel und Fleisch haftenbleiben. Aus diesen Fleischknochen die Suppe bereiten (ebenso wie eine Rindfleischbrühe), das Suppengrün hinzufügen, leicht würzen und langsam kochen lassen. Eine gehaltvolle, schmackhafte, goldgelbe Bouillon entsteht daraus. Mit Butter zubereitete Grießklößchen in die Suppe einkochen. Auch die Mohrrüben dürfen nicht fehlen. Das Knochenfleisch läßt sich jetzt leicht von den Knochen lösen. Ist das Fleisch nicht für eine Suppe bestimmt, so kann man es auch für eine Sülze verwenden. Kaum ausgekühlt, beginnt es schon zu sulzen. Die obenerwähnten größeren Fleischstücke (Backen und Unterkinn) kann man kochen und mit Meerrettich und Essig reichen; man kann sie auch kochen, backen und mit Tatarensoße servieren oder mit Pilzen ein köstliches Ragout daraus bereiten.

Und nun zur Kalbszunge. Sie ist besonders delikat: In Salzwasser mit Gewürzen und Suppengrün weich kochen, die rauhe Haut abziehen, kurz in Tomatensaft dünsten, aufschneiden und mit Makkaroni anrichten.

Aus einem Kalbskopf lassen sich vier verschiedene Gerichte bereiten, die man je nach Geschmack in den Speiseplan von zwei Tagen aufnehmen kann.

## Kalbskopf

*I. Mit saurem Meerrettich.* Einen gereinigten Kalbskopf in Salzwasser mit Suppengrün weich kochen. Dann aus der Brühe nehmen, das Fleisch von den Knochen lösen, in Scheiben schneiden und mit saurem Meerrettich anrichten.

*II. Gebacken.* Von dem nach Rezept I gekochten Kalbskopf das Fleisch lösen, in ansehnliche Scheiben schneiden, in Ei und geriebener Semmel wenden und in heißem Fett backen.

*III. Ragout.* Eine helle Mehlschwitze bereiten, mit dem durchgeseihten Kochwasser auffüllen, mit Zitronensaft oder verdünntem Essig abschmecken, aufkochen. Dann die nach Rezept I bereiteten Fleischstücke hineinlegen, sowie in 2–3 Eßlöffeln frischer saurer Sahne verrührte 1–2 Eigelb dazugeben, nochmals aufkochen und servieren.

*IV. Ragoutspezialität.* Den gereinigten Kopf in kaltes Wasser legen, herausnehmen, das Fleisch ablösen und in Würfel schneiden. 0,75 l Fleisch- oder Knochenbrühe mit der gleichen Menge Weißwein mischen, 0,1 l Essig oder Zitronensaft, 1 Lorbeerblatt, die geriebene Schale $^1/_2$ Zitrone, $^1/_2$ Zwiebel und 8–10 Pfefferkörner dazugeben, salzen und das kleingeschnittene Fleisch hinzufügen. Zugedeckt weich kochen. In wenig Butter, 1–2 Eßlöffel Mehl rösten, mit Kochwasser auffüllen. 0,2 l Madeira- oder anderen Wein zugeben, salzen, pfeffern und 30 Minuten langsam kochen lassen, durchseihen, entfetten und nochmals aufkochen. Die Kopffleischstücke hineinlegen, einige Eßlöffel Wein zugießen und aufkochen lassen. In Butter gedünstete Pilze und in Salzwasser gekochtes Hirn daruntermischen. Mit Semmelklößen servieren.

# *Gerichte aus Rind-, Schweine- oder Kalbfleisch*

## *Das Hackfleisch*

wird immer mehr vom durchgedrehten Fleisch von seinem Platz auf der Speisekarte verdrängt. Das ist ein großer Fehler! Auf alle Fälle ist es leichter, das Fleisch in den Wolf hineinzupressen und durch ein-zwei Umdrehungen gleichmäßig zu zerkleinern, als mit dem Hackmesser – oder mit dem im Aussterben begriffenen halbmondförmigen Wiegemesser – mühevoll kleinzuhacken. Wahr ist aber auch, daß das Fleisch beim Durchdrehen viel von seinem eigenen Geschmack einbüßt, und der bequeme oder eilige Koch versucht dann umsonst, mit Gewürzen nachzuhelfen. Das betrifft besonders die verschiedenen Speckarten, aus denen der Fleischwolf eine Schmiere bereitet. Das gilt auch für Schinken, der seine ursprüngliche Konsistenz verliert, und es bezieht sich auch auf viele Fleischarten.

Auf dem Markt habe ich oft beobachtet, wie sich die Käufer ihre Fleischfülle für Kraut und Paprika und selbst für Hackbraten durchdrehen lassen. Sie bedenken dabei nicht, daß im selten

*Holzplattenfleisch*

*Gekochtes Rindfleisch*

*Rostbraten mit Zwiebeln*

*Rostbraten in der Pfanne*

*Tournedos à la Rossini*

*Rinderfilet à la Colbert*

*Debreziner Schweinekotelett*

*Räuberbraten*

*Flecken*

*Siebenbürger gefülltes Kraut*

*Fleisch mit Tarhonya*

*Szeklergulasch mit Sauerkraut*

*Gefüllter Hackbraten*

*Kalbspörkelt*

*Gefüllte Kalbsbrust*

*Leber mit Pilzen*

*Schinken in Brot gebacken*

*Schalet*

*Gefüllter Rostbraten*

*Gefüllte Paprikaschoten*

*Hammelbraten*

zu reinigenden Fleischwolf Fleischsäfte und Aroma verlorengehen. Ich sah auch, wie Schinken für Schinkenflecken durchgedreht wurde. Aus dem Schinken entsteht ein Brei, der auf die Flecken nicht gestreut, sondern nur gestrichen werden kann. Das soll nicht heißen, deshalb den Fleischwolf aus der Reihe der arbeitssparenden Küchengeräte auszuschließen. Seine Benutzung soll aber wohlüberlegt sein! Zum Durchdrehen nur dafür geeignete Fleischsorten verwenden – Speck und Schinken jedoch nie! Wichtig ist auch die regelmäßige und gründliche Reinigung und die sorgfältige Wahl der entsprechenden Einlegemesser. Auch beim raschen Arbeiten sollen wir bestrebt sein, den ursprünglichen Geschmack und das Aroma der verschiedenen Fleischsorten zu bewahren.

## Hackfleisch

*I. Faschiertes, Hackbraten.* 350 g Rinderoberschale, ebensoviel magere Schweinskeule und 50 g Räucherspeck mit dem Messer oder Hackmesser zerkleinern. 1 Ei und 1 vorher in Milch geweichte und dann passierte Semmel dazugeben, salzen, pfeffern und alles gut vermischen. Aus dieser Masse dann einen länglichen Laib formen und in der Röhre in nicht zu viel Fett braten. Man kann auch kleine Bouletten aus dem Hackfleisch formen, diese mit etwas Mehl bestäuben und in reichlich Fett kurz braten.

*II. Gefüllt.* Die gleichen Mengen Rind- und Schweinefleisch durchdrehen, mit 1 Ei, 1 in Milch geweichter und ausgedrückter Semmel und 50 g ganz kleingeschnittenem Räucherspeck vermengen, salzen, pfeffern und auf einem mit Mehl bestreuten Brett zu einem länglichen, flachen Laib formen. In die Mitte der Länge nach hartgekochte Eier legen, die Seiten der Fleischmasse darüberdecken, mit etwas kaltem Fett bestreichen und mit Mehl bestreuen. In einer mit Fett ausgestrichenen Pfanne bei schwacher Hitze braten und dabei öfter mit Fett und Wein übergießen. Das Fleisch kann auch kalt serviert werden, dann aber aus dem Saft herausnehmen und abtropfen lassen.

*III. Kalt.* 250 g Rinderoberschale, 250 g Schweinekeule und 50 g Räucherspeck durchdrehen oder ganz klein schneiden, salzen, pfeffern, 2 Eßlöffel saure Sahne – eventuell auch etwas geriebene Zwiebel – dazugeben, alles vermischen, länglich formen, in eine kleine Serviette einschlagen, mit einem Faden umwickeln und 2 Stunden lang in einer säuerlichen und gut gewürzten Brühe kochen. Nach dem Auskühlen das Fleisch in dünne Scheiben schneiden und mit Senf- oder Remouladensoße anrichten.

*IV. Frikadelle: kaltes Hackfleisch.* 250 g Rinderoberschale oder Filetrand, 250 g Schweinekeule und 250 g von den Knochen gelöstes Kalbsschulterstück kleinschneiden oder durchdrehen, mit 3–4 kleingeschnittenen Sardellen, 2 in Milch geweichten und passierten Semmeln, wenig geriebener Zwiebel (kann auch wegbleiben) und 2–3 Eiern vermischen, salzen und pfeffern. Das Ganze zu einem Laib formen, in eine Pfanne legen, mit Ei bestreichen, mit geriebener Semmel bestreuen und in entsprechender Menge Fett oder Butter in der Röhre braten. Ausgekühlt aufschneiden. (Im Kühlschrank oder kalt gestellt lange haltbar.)

*V. In Kartoffelteig gebacken.* Aus 2 Eiern, 4 mittelgroßen, weichgekochten, durchgedrückten Kartoffeln, 1 gestrichenen Eßlöffel Gänsefett, etwas Salz und 150 g Mehl in einer Schüssel einen glatten Teig kneten, auf einem mit Mehl bestäubtem Brett dünn ausrollen, in die Mitte das auf übliche Weise zubereitete, halbgebratene Hackfleisch legen, das Ganze zusammenrollen, mit Ei bestreichen und in der Röhre backen. Kann auch kalt serviert werden.

## Balatoner „Wurst"-Braten

Aus je einer Hälfte Kalb- und Schweinefleisch und etwas Räucherspeck auf bekannte Weise Hackfleisch bereiten (mit Semmel Ei, Salz, Pfeffer). Das Fleisch auf einem mit geriebener Semmel bestreuten Brett zu einem Rechteck kneten, der Länge nach in die Mitte soviel hartgekochte Eier legen, wie Platz haben, daneben kleingeschnittene Sardellen streuen und dünne Salzgurkenscheiben dazulegen. Dann das Ganze zu einer Wurst formen und in der Röhre unter öfterem Begießen braten.

## Oxforder Würstchen

Je 400 g Kalb- und Schweinefleisch kleinschneiden oder durchdrehen, 1 in Milch geweichte und passierte Semmel, 1–2 Eier, 1 Prise Salz, etwas geriebene Muskatnuß und Zitronenschale, Majoran und zerkleinerte Salbeiblätter dazufügen. Aus der Masse kleine Würstchen formen, kurz in Butter braten und auf gerösteten Semmelscheiben servieren.

## Fleischbrocken

4 einen Tag alte Semmeln in dünne Scheiben schneiden, mit 0,5 l kalter Milch – in der 2 ganze Eier und etwas Salz verquirlt sind – übergießen. Verschiedene Fleisch- oder Wurstreste kleinschneiden oder durchdrehen und mit den Semmeln vermengen. 50 g in Würfel geschnittenen Räucherspeck goldgelb rösten, die Fleischmasse dazugeben, zusammen gut durchbraten und sofort servieren.

## *Herány-Schmorbraten*

ist ein Siebenbürger Gericht und sein Name weist auf sächsischen Ursprung hin. Sein wirkliches Heimatland ist aber Marosszék. Hauptbestandteile sind 500 g Rindfleisch bester Qualität (möglichst Filetrand oder Oberschale) und 500 g Schweinekeule. Beide Fleischsorten waschen und in kleine Streifen schneiden. In einer Kasserolle 150 g Speck auslassen, 1 Kaffeelöffel Delikateßpaprika und etwas Majoran (manche Rezepte schreiben auch Kümmel vor) hineinstreuen und das Rindfleisch sofort dazugeben. Salzen und 1 Prise Pfeffer zufügen. Einige Minuten rösten lassen, danach 0,2 l Firnewein (alter, abgelagerter Wein) zugießen und zugedeckt dünsten.
Nach ca. 20–25 Minuten das Schweinefleisch in die Kasserolle und obenauf 1 kleine in Würfel oder Scheiben geschnittene Zwiebel geben. Nach Geschmack nochmals salzen und zugedeckt weiterdünsten, den Saft mit etwas Wein auffüllen. Sind beide Fleischsorten gar, ca. 0,2–0,3 l saure Sahne hineinrühren, danach aufkochen lassen, mit Polenta, Nockerln oder Tarhonya garniert reichen.
Nach einer anderen Variation des Rezeptes (von der Tokány-Methode abweichend und sich eher dem Pörkelt nähernd) die Zwiebel kleinschneiden oder reiben und gleich in das heiße Fett geben und erst danach das Fleisch hinzufügen. Den Tokánysaft nur mit Fleisch- oder Knochenbrühe auffüllen, das Rezept sieht – leider – keinen Wein vor. Dagegen das Fleisch durch 200–250 g in Würfel geschnittene Kalbsnieren oder Schulterstück ergänzen und 150–200 g in Scheiben geschnittene Steinpilze oder Champignons dazufügen. Nieren und Pilze in die Kasserolle geben, wenn das Schweinefleisch weich zu werden beginnt. Auch dieses Rezept sieht die Verwendung von saurer Sahne vor. Nur als – eher abschreckendes – Beispiel möchte ich erwähnen, daß manche Leute sogar vor der Verwendung von Knoblauch nicht zurückschrecken. Ich hoffe, mir ist es gelungen auch bei den Lesern, die niemals in Siebenbürgen waren, das Interesse für dieses ausgezeichnete Gericht zu erwecken.

## *Holzplattenfleisch*

1 Stück Rumpsteak, Schweinerippe und Kalbskeule salzen, pfeffern, mit Zwiebel und Öl einreiben, 1 Stunde stehenlassen und danach in heißem Fett braten. Dann auf eine runde Holzplatte häufen, mit 1–2 je 30–40 g schweren, eingeschnittenen, gebratenen Speckscheiben (dem sog. Hahnenkamm) verzieren und mit gerösteten Kartoffeln, Reis, Gurken usw. garniert anrichten.

*Räuberbraten*

Gleich große Rinderfilets, Kalbsnierenbraten- oder Schweinefiletscheiben von je 50–60 g, Räucherspeck- und rohe Kartoffelscheiben von je 10–20 g abwechselnd auf einen Spieß stecken. Das Fleisch vorher leicht klopfen, salzen und pfeffern. Den Spieß über offenem Feuer oder über glühenden Holzkohlen drehen, bis alles schön braun ist. Zwischendurch mit dem abtropfenden Fett begießen. Den Braten sofort heiß servieren.

*Gebratenes Allerlei*

Je 300 g Rinderoberschale, Kalbs- und Schweinskeule gut dünnklopfen und salzen. Die 3 Fleischscheiben aufeinanderlegen, wie eine Wurst zusammenrollen und mit einem Faden umwickeln. In einer Kasserolle 1/2 kleingeschnittene Zwiebel in 2 Eßlöffeln Fett rösten, 0,2 l Essig oder mit Wasser verdünnten Zitronensaft und zuletzt das Fleisch dazugeben. Zugedeckt dünsten, bis der Saft fast völlig einschmort und das Fleisch schön braun ist. Danach herausnehmen, den Faden lösen, das Fleisch aufschneiden und mit dem verbliebenen Saft übergießen.

## *Im Wirtshaus „Zum schwachen Lämmchen"*

In der Budapester Rádaystraße folgte einst ein Gasthof dem anderen. Gleich am Anfang [an der Ecke Szénaplatz (heute Kálvinplatz)] lud der Gasthof „Zu den zwei Löwen" die Gäste zum Verweilen ein. In den sechziger und siebziger Jahren des vorigen Jahrhunderts stiegen hier die Jockeis und Trainer ab. Etwas weiter stand der Gasthof „Zu den zwei blauen Böcken", wo sich an den Markttagen die Kutscher der umliegenden Dörfer mit ihren Pferdewagen ein Stelldichein gaben. Danach folgten weitere Gasthäuser und Kneipen, bis man zu einem sehr schäbigen Häuschen gelangte. Das im Winde hin und her baumelnde Gasthausschild stellte ein auf Blech gemaltes schmächtiges weißes Lämmchen dar und trug die Aufschrift „Zum schwachen Lämmchen".

Diese Schenke repräsentierte damals in Pest die große Familie aller „Gasthäuser zum Lamm", ihre Vertreter konnte man in jedem Kaff als „schwarzes", „weißes" oder „goldenes Lamm" finden.

Wenn am Ende des vorigen Jahrhunderts das Gasthaus „Zum Lamm" in Pest an den Stadtrand gedrängt wurde, so wahrscheinlich deshalb, weil Lamm- und Hammelfleisch damals nicht sehr geschätzt waren. In der schnell wachsenden Stadt kam immer mehr die Meinung auf, daß Lamm und Hammel nur für Dorfbewohner bestimmt seien. In den Paradegaststätten der Stadt geziehme es sich, Beefsteak und Rostbeef zu servieren. Es wuchs die Zahl derer, die nie in ihrem Leben Lammfleisch gegessen hatten.

Zweifellos nahmen mehrere Jahrzehnte lang Hammel- und Lammfleisch in der ungarischen – hauptsächlich in der städtischen – Küche nicht die ihnen gebührende Rolle ein. Doch die alte ungarische Küche zählte jahrhundertelang Hammelfleisch zu ihren Spezialitäten – ist doch die Schafzucht eine der Urbeschäftigungen der Ungarn gewesen.

Nicht ohne Grund waren unsere Vorfahren dem Hammelfleisch zugetan; heutzutage ist in Großbritannien das „mutton“ – in Frankreich das „mouton“ – ein wahres Nationalgericht, und auch die italienische und die Wiener Küche – ganz zu schweigen von der türkischen – sind reich an Hammelspezialitäten.

In Budapest findet man oft Unverständnis und Ablehnung, wenn von Hammelfleisch die Rede ist. Die Leute rümpfen die Nase und behaupten, der „Hammelgeruch“ störe sie daran. Im weiteren Gespräch stellt sich dann meist heraus, daß der Betreffende noch nie vom Fleisch des treuen Haustieres gegessen hat. Und hat er davon gekostet und war enttäuscht, so war es bestimmt von minderer Qualität oder schlecht zubereitet, denn der gewisse „Geruch“ im Masthammelbraten darf nur als individuelles Aroma erscheinen, wie auch Ferkel, Fisch, Hase und Schnepfen ihr eigenes Aroma besitzen. Doch auch aus Hammelfleisch minderer Qualität kann ein sehr schmackhaftes Gulasch und Pörkelt zum Winzerfest bereitet werden. Dafür den Talg gut abziehen und das Fleisch vor dem Zubereiten abbrühen. Leider setzen sich diese Erfahrungen nur langsam durch, die sich oft über Generationen hinweg haltenden Vorurteile verschließen sich starr jeder vernünftigen Argumentation. „Erst kosten, dann urteilen“, lautete eine wohlbekannte Geschäftsreklame. Aber gerade hier liegt das Übel begraben, denn die „hartnäckigen Gegner“ sind meist nicht zu einer Kostprobe zu überreden.

Wer aber kostet, der wird sicher ein Freund des Hammelfleisches werden, ein Liebhaber des am Rost gebratenen Hammelkoteletts mit Käse, der Hammelkeule mit Tomaten- oder Wildbretsoße, des Hammelrückens im Stück gebraten, des Lammbratens mit Thymian, des gut gewürzten Irish-Stew mit Wirsingkohl und Suppengrün, des Hammeltokánys mit Bohnen und sogar des Hirsebreis mit Hammelfleisch, der in der türkischen Zubereitungsform Hammelpilaf heißt.

Neue, unbekannte Genüsse bieten diese vielen Gerichte demjenigen, der sich von unbegründeten Vorurteilen befreien will – und das, ohne die Küchenausgaben besonders zu erhöhen.

Doch langsam nimmt im Laufe der Jahre die Zahl der Anhänger von Hammelgerichten zu. Allmählich sieht man ein, daß zum Frühlingsbeginn die goldgelb gebratene Keule, der knusprig gebratene Rücken oder die am Rost gebratenen Koteletts des Junglamms appetitanregende Bissen sind. Auch die gehaltvolle Lammkopfsuppe oder das so angenehm gewürzte Frikassee mit Thymian sind nicht zu verachten. Zu empfehlen sind auch Lammpörkelt und Lammpaprikasch.

Immer mehr Leute lernen die saisonbedingten Hammelsorten schätzen. Im Frühjahr werden junge Lämmer und von Juli bis November frisch geschlachtete Schafe in reicher Auswahl in der Markthalle, auf dem Marktplatz, in den Fleischgeschäften und auf der Speisekarte in den Restaurants angeboten. Auch ist schon fast allgemein bekannt, wie man – falls notwendig – den nachteiligen Überschuß an Beigeschmack durch einige einfache Kniffe beseitigen kann: Den Talg gründlich abziehen, das Fleisch abbrühen und beim Servieren darauf achten, daß die Speisen noch heiß genug auf angewärmte Teller kommen. Führt dies alles noch nicht zum Ziel, so wird Hammelpaprikasch durch Zugabe von etwas herbem Rotwein wirklich für jedermann ein beliebtes und pikantes Gericht.

### *Lammpaprikasch oder -pörkelt*

Wie Kalbspaprikasch bzw. -pörkelt bereiten.

### *Hammelpörkelt*

*I.* Die Zubereitung entspricht der des Rinderpörkelt Rezept Nr. I, nur das Hammelfleisch vorher abbrühen. Eventuell einige Tomaten und in Ringe geschnittene Paprikaschoten dazugeben. Mit Tarhonya reichen.

*II. Auf Pariser Art.* Hammelfleisch auf die übliche Weise bereiten und dabei das Fleisch schön bräunen. Frische Bohnen, etwas weniger als die Menge des Fleisches, enthülsen oder trockene Bohnen in Salzwasser fast gar kochen und das Hammelpörkelt dazugeben. Beide Speisen sollen wenig Saft haben. Mit 2–3 Eßlöffeln Weißwein und der gleichen Menge süßer Sahne abschmecken und zusammen schmoren, bis die Bohnen ganz weich sind.

## *Hammelgulasch*

Zu Gulasch ist auch der Vorderteil des Hammels geeignet. 1 kg Fleisch in kleinere Würfel schneiden, vom Talg befreien und mit siedendem Wasser abbrühen. 5 Minuten stehenlassen, abgießen und mit kaltem Wasser abspülen. 60–70 g Fett oder 100 g kleingeschnittenen Speck auslassen, 1 feingeschnittene Zwiebel darin goldgelb rösten, mit Paprika bestreuen und das Fleisch dazugeben. Zugedeckt im eigenen Saft weich dünsten (bei Bedarf wenig warmes Wasser nachgießen). Wenn das Fleisch fast gar ist, 500 g länglich geschnittene Kartoffeln dazugeben und mit so viel Wasser auffüllen, daß das Ganze gerade bedeckt ist. Zusammen weich dünsten. Im Gegensatz zur Gulaschsuppe hat Hammelgulasch wenig Saft, und er wird ohne Suppeneinlagen serviert.

## *Irish Stew*

Hammelbrust und -keule in gleichmäßige Würfel schneiden und in heißem Wasser gründlich waschen. Möhren, weiße Rüben, Sellerie, Kartoffeln und etwas Zwiebel in gleich große Scheiben schneiden. Das Fleisch in reichlich Wasser zum Kochen ansetzen, salzen und, sobald es zu kochen beginnt, den Schaum abschöpfen, das Gemüse dazugeben und alles weiterkochen lassen. Wenn das Fleisch halbgar ist, noch in acht Stücke geschnittenen Wirsingkohl und in Würfeln geschnittene Kartoffeln in die Brühe geben, mit etwas Pfeffer und feingewiegter Petersilie abschmekken und weiterkochen, bis das Fleisch weich ist. (Zu 1 kg Hammelfleisch je 250 g Suppengrün, Wirsingkohl und Kartoffeln nehmen.)

## *Hammeltokány*

*I.* Etwas geriebene oder kleingeschnittene Zwiebel in Fett anrösten und etwas Paprika dazugeben. Den gereinigten, in Stücke geschnittenen und gesalzenen Vorderteil des Hammels darin weich dünsten, dabei von Zeit zu Zeit mit etwas Wasser begießen. 500 g Kartoffeln schälen, längs in Viertel schneiden und mit zum Fleisch geben. Soweit mit Wasser auffüllen, bis alles gerade bedeckt ist. Ohne Umrühren kochen lassen, bis die Kartoffeln weich sind.

*II. Auf Fogarasi Art.* 1,5 kg gereinigte, gewaschene Hammelkeule salzen, in große Würfel schneiden und in 60–80 g Paprikafett zugedeckt weich dünsten. Zwischendurch etwas Wasser nachgießen, damit das Fleisch nicht anbrennt (aber nicht zuviel!). Danach 2 kleinere, in Scheiben geschnittene Zwiebeln dazugeben und zusammen noch ca. 15 Minuten, jetzt unbedeckt, dünsten. Mit fetten Nockerln, Tarhonya oder Polenta reichen.

## Lammfrikassee auf Alfölder Art

$1\,^1/_4$ kg in Würfel geschnittenes Lammfleisch, je 50 g in Scheiben geschnittene Möhren, Petersilienwurzeln und Sellerie, 1–2 Kartoffeln und 1 kleinen Blumenkohl in Salzwasser weich kochen. Eine helle Mehlschwitze aus 60 g Fett und 30 g Mehl bereiten, mit Lammfleischbrühe auffüllen, dick einkochen und passieren. Das Fleisch in den Saft legen, mit Zitrone abschmekken und erneut aufkochen. Vor dem Servieren 1 Eigelb in 0,2 l saurer Sahne verrühren, mit 250 g gedünsteten grünen Erbsen zum Fleisch geben, vermengen und nach Geschmack salzen.

## Lammragout

*I.* Das in Scheiben geschnittene Fleisch in Salzwasser aufsetzen. Ist es fast gar, aus 2–3 Eßlöffeln Mehl, einem nußgroßen Stück Butter oder Fett und der Fleischbrühe eine Soße bereiten und mit Pfeffer und Petersilie würzen. Das Fleisch in die Soße geben und weich dünsten. Vor dem Anrichten mit 1–2 Eigelb verrühren.

*II. Mit Kohlrabi.* 500 g geschälte und in kleine Würfel geschnittene frische Kohlrabi in wenig Salzwasser kochen oder in Butter (Fett) dünsten. 850 g Lammfleisch in Salzwasser kochen. Wenn beides weich ist, eine helle, nicht zu dicke Mehlschwitze bereiten, mit der Fleischbrühe auffüllen, 10–12 Minuten aufkochen lassen, Fleisch und Kohlrabi hineinlegen, mit kleingeschnittener Petersilie abschmecken und nochmals aufkochen.

## Hammelragout

*I. Mit Zwiebeln.* 750 g in Würfel geschnittenes Hammelfleisch auf die gleiche Weise wie Rinderragout mit Zwiebeln bereiten.

*II. Mit Pilzen.* 850 g Hammelkeule in Würfel schneiden und in wenig Fett und Wasser halbweich dünsten. 250–300 g Pilzscheiben hinzufügen, salzen und das Ganze weich dünsten. Mit 0,1–0,2 l saurer Sahne, feingeschnittener Petersilie und dem Saft $^1/_2$ Zitrone abschmecken und mit Salzkartoffeln servieren.

## Lamm mit Estragon

1 kg gereinigtes, gewaschenes, in Stücke geschnittenes Lammfleisch in heißem Fett ca. 20–25 Minuten dünsten, reichlich mit Wasser aufgießen, salzen und weich kochen. Inzwischen eine dunkle Mehlschwitze bereiten, mit Lammfleischsaft auffüllen, 15–20 kleingeschnittene Estragonblätter dazugeben, kurze Zeit kochen und dann mit dem gekochten Lammfleisch vermengen Mit Zitrone und saurer Sahne abschmecken.

## Pilaf

*I.* 300 g Reis in nur so viel Salzwasser kochen, daß das Wasser bis zum Garwerden des Reises völlig verkocht ist. Den Reis an den Herdrand stellen, mit einigen Eßlöffeln heißem Geflügelfett oder Hammelbutter übergießen, mit einer zweizackigen Gabel alles gut durchrühren und $^{1}/_{2}$ Stunde zugedeckt stehenlassen. Danach den Reis auf eine vorgewärmte Platte füllen und mit 500 g in Würfel geschnittenem Hammelfleisch – das man vorher in reichlich Fett mit Paprika und Zwiebeln geröstet hat – vermengen.

*II.* 750 g Hammelkeule oder Schulterstück in Würfel schneiden, in Fett, Zwiebel, Salz und Pfeffer so lange dünsten, bis der Saft verkocht ist. Nun in eine Kasserolle umfüllen, darauf eine dicke Schicht Tomatenscheiben und eine Schicht in Streifen geschnittene Möhren geben, zuletzt eine zweifingerdicke Schicht Reis oder Hirsebrei darauflegen. Mit Knochenbrühe aufgießen und das Ganze so lange dünsten, bis der Reis oder die Hirse weich sind.

## Lammfleisch mit Majoran

Aus 1,5 kg Lammfleisch (es kann je zur Hälfte Hinterteil und Vorderteil sein) auf die übliche Weise eine Fleischbrühe bereiten. Kocht sie bereits gut, Sellerie, Petersilienwurzel, Möhren und einige Pfefferkörner hinzufügen. Das Fleisch, wenn es gar ist, auf einem Sieb gut abtropfen lassen, mit Wasser abspülen und aufschneiden. Die Brühe seihen und erneut aufkochen. In eine dünne Mehlschwitze etwas gereinigten Majoran schütten und so lange rösten, bis die Mehlschwitze goldgelb ist. Dann mit der Brühe auffüllen, 500 g gekochte, in Scheiben geschnittene Kartoffeln und zuletzt das Lammfleisch dazugeben, nochmals aufkochen.

## Paniertes Lammfleisch

Lammkoteletts und von den Knochen gelöste gewaschene, gereinigte, abgetrocknete und gleichmäßig geschnittene Lammkeulenscheiben salzen, in Mehl, verquirltem Ei und feingeriebener Semmel wenden und in viel heißem Fett hellbraun braten. Mit in Fett gerösteter Petersilie garniert auftragen.

## Lammfleischscheiben

*I. Gedünstetes Kotelett.* Die Lammkoteletts beiderseitig in heißem Fett anbraten und danach das Fett abgießen. 50–100 g Butter, 1 Eßlöffel Knochenbrühe oder eventuell nur Wasser dem Fleisch zufügen, zugedeckt kurze Zeit dünsten lassen, schwach salzen und eventuell pfeffern. Dazu in Salzwasser gekochte und mit Butter übergossene grüne Bohnen servieren.

*II. Lammkotelett auf dem Rost gebraten.* Die gereinigten, gewaschenen, gesalzenen Koteletts beiderseitig mit Eigelb bestreichen und mit geriebenem Käse bestreuen. In zerlassene Butter oder Fett tauchen und einige Stunden im Kühlschrank lagern. Vor dem Servieren einige Minuten auf dem Rost braten.

*III. Lammrippen mit saurer Sahne.* Die ein wenig geklopften, gesalzenen Koteletts in Mehl wälzen und in heißem Fett kurz braten. Das Fleisch in eine andere Kasserolle legen. In das Fett 2 Eßlöffel Mehl stäuben, hell rösten, Fleisch- oder Knochenbrühe nachgießen und aufkochen. Die geseihte Mehlschwitze über die Koteletts gießen, gar dünsten. Das auf der Platte angerichtete Fleisch mit der Brühe, die mit etwas saurer Sahne und Zitrone verfeinert wurde, übergießen.

## Lammfleisch im Stück (Keule, Brust, Rücken)

*I. Gedünsteter Braten.* 1 kg gereinigte Lammkeule salzen und mit Paprika einreiben. In der Röhre beiderseitig in heißem Fett knusprigbraun anbraten. Das Fleisch aus dem Fett nehmen. 50 g kleingeschnittene Pilze, wenig feingehackte Zwiebel und Petersilie im Fett zart rösten, das Fleisch zurücklegen und zugedeckt, unter öfterem Nachgießen, 1 Stunde dünsten.

*II. Auf holländische Art.* Die gereinigte, gewaschene, gesalzene Lammkeule dicht mit Räucherspeck, Sardellen und Pilzen spikken. In einer Kasserolle je zur Hälfte mit Knochenbrühe und Weißwein begießen, mit in Scheiben geschnittenem Suppengrün kurz dünsten, etwas Mehl darüberstreuen und nun weich dünsten. Das aufgeschnittene Fleisch auf einer Platte anrichten und die Soße darüberseihen.

*III. Gefülltes Bruststück.* Die gewaschene und gesalzene Lammbrust mit folgender Masse füllen: 2 in Milch geweichte Semmeln ausdrücken, passieren und mit in 50 g Butter gedünsteter, feingewiegter Petersilie, einigen kleingeschnittenen Kapern, 3 ganzen Eiern und 1 Eigelb vermengen. Die gefüllte Lammbrust in eine Bratpfanne legen, etwas Fett und Wasser zugeben und in der Röhre unter ständigem Begießen schön braun braten. Ist das Fleisch halb gar, den Saft mit einigen Eßlöffeln saurer Sahne abschmecken und auffüllen.

## Lamm-, Hammelkeule oder -Rücken in einem Stück gebraten

*I.* Ein Stück Hammel- oder Lammkeule waschen, salzen, pfeffern und mit Speck spicken. Das Fleisch in eine Pfanne legen, mit heißem Fett übergießen, in die Röhre schieben und während des Bratens öfter begießen. Das Innere soll rötlich bleiben. Der Braten schmeckt auch kalt vorzüglich.

*II. Mit Soßen.* Die Lamm- oder Hammelkeule reinigen, salzen pfeffern, 1 1/2–2 Stunden stehenlassen, mit dünnen Räucherspeckstreifen spicken, in wenig Fett oder Butter in der Röhre unter häufigem Begießen im eigenen Saft knusprig braten. In Scheiben schneiden, auf eine Platte legen und mit verschiedenen warmen Soßen angerichtet servieren (Dill-, Sauerampfer-, Estragonsoße oder pikante Soße). Mit kleinen Tarhonya, Reis oder Kartoffelpüree reichen. Wird das Fleisch kalt serviert, gemischten Salat dazu reichen.

*III. Mit saurer Sahne.* Die gereinigte, gewaschene und geklopfte Lammkeule einen Tag in Milch legen. Danach abwaschen, abtrocknen, salzen und fest zugedeckt mit wenig Wasser, Zwiebel, Suppengrün und Pfefferkörnern unter häufigem Begießen weich dünsten. Das Fett abschöpfen, das Fleisch mit 0,3–0,4 l saurer Sahne abschmecken, unter weiterem öfterem Begießen noch 15–20 Minuten – jetzt ohne Deckel – braten und aufschneiden. Den Saft nochmals aufkochen – alle Bratrückstände dabei gut lösen – und durchgeseiht in einer Sauciere reichen.

*IV. Mit Most.* Die vom Knochen gelöste, gereinigte Hammelkeule salzen, mit wenig geriebener Zwiebel, Möhren, Petersilienwurzel, 3–4 Paprikaschoten und 2–3 Tomaten in eine Kasserolle legen und zugedeckt weich dünsten. Wenn der Saft verkocht ist und das Fleisch braun wird, so viel süßen Most zugeben, daß das Fleisch bedeckt ist und den Saft nochmals verkochen lassen. Jetzt nur so viel Most zugießen wie für eine dicke Soße nötig ist. Die Soße seihen und über das aufgeschnittene und auf einer Platte angerichtete Fleisch gießen.

*V. Gebeizt.* Die Hammelkeule reinigen, waschen und 1–2 Tage lang in eine Beize legen. Danach mit 50 g Räucherspeck spicken, salzen und in 1 Eßlöffel Fett in der Röhre braten. Dabei öfter mit der geseihten Beize begießen. Wenn das Fleisch gar ist, 1–2 Eßlöffel saure Sahne darübergießen und noch 5 Minuten braten lassen. Dazu Semmelklöße reichen.

## Hammelrippe mit Reis

Die Hammelrippe in einem Stück in Fett auf beiden Seiten kurz braten, dann salzen, Möhren, Sellerie, Petersilienwurzel, Zwiebel dazugeben und mit Zitrone oder Essig gesäuertem Wasser übergießen. Zugedeckt weich dünsten und in Scheiben schneiden. Den Saft mit etwas Mehl binden, aufkochen und durch ein Sieb geben. Den mit geriebenem Käse vermischten gedünsteten Reis auf eine Platte häufen, die Fleischscheiben darauf anordnen und das Ganze schließlich mit dem Saft begießen.

## Hammelkotelett

*I. Gebraten.* Die Koteletts, von denen das Fett und die Haut entfernt wurde, salzen und pfeffern. Die eine Seite in Mehl tauchen und in heißem Fett braten. Aus einem Teil des Bratfettes mit Wasser, Essig und feingeschnittener Petersilie eine Brühe kochen und über die in einer vorgewärmten Schüssel liegenden Fleischstücke gießen.

*II. Gedünstet.* Die gereinigten, gesalzenen (eventuell gepfefferten) Koteletts mit Räucherspeck spicken, in einigen Eßlöffeln Knochenbrühe zugedeckt weich dünsten. Reis oder Stampfkartoffeln dazu reichen.

*III. Auf französische Art paniert.* Die Koteletts (pro Person 2 Scheiben) klopfen, salzen, in zerlassene Butter tauchen, in geriebener Semmel wenden und in heißem Fett braten.

## Hammelkeule oder -kotelett auf dem Rost gebraten

Die gereinigten Hammelkeulescheiben oder Koteletts salzen und auf dem Rost, der mit ein wenig Wasser begossen wurde, auf beiden Seiten knusprig braten. Vor dem Auftragen mit Butterflöckchen von je 5 g bestreuen, die sofort auf dem Fleisch verfließen.

## Hammelbraten mit Majoran

1–1 1/4 kg Hammelkeule zusammen mit Suppengrün in Salzwasser weich kochen. 10–12 kleine Kartoffeln ebenfalls in Salzwasser kochen, sind sie gar, in Scheiben schneiden. Eine helle Mehlschwitze bereiten, mit der geseihten Fleischbrühe auffüllen, aufkochen lassen, über das in eine Kasserolle gelegte, in Scheiben geschnittene Fleisch und die Kartoffeln gießen. Nach Geschmack salzen, mit Majoran würzen und noch kleingewiegte Petersilie dazutun. Aufkochen und servieren.

## Schaschlik

In gleich große Stücke geschnittenes Hammelkeulenfleisch aufspießen, je 10–12 Stück auf einen Spieß. Die Fleischstücke vorher mit Öl oder kaltem Fett bestreichen, salzen, pfeffern. (Sie wurden ursprünglich über Holzkohlenfeuer am Spieß gebraten, können aber auch in der Röhre braten. Dabei soll das Fett gut abtropfen.) Das gebratene Fleisch auf eine Platte legen. Jeweils in gleicher Menge kleingeschnittenes Dillkraut, Zwiebel und Tomaten auf einer anderen Platte anrichten und in einer Sauciere Zitronensaft oder Essigwasser dazu reichen.

# *Geflügel*

## *Vielerlei Federvieh*

richtig zuzubereiten, den Kniff des Bratens und Kochens herauszubekommen, danach streben auch schon junge Leute besonders dann, wenn sie mit abwechslungsreicher und gesunder Hauskost ihre Familie erfreuen wollen.
Sie haben es verhältnismäßig leicht, wenn sie küchenfertiges, zum Braten und Kochen vorbereitetes Geflügel kaufen, eventuell gesondert verpackte Hühnerbrust, -keulen, Grillente u.a. Aber wenn wir die Güte lebender Tiere beurteilen wollen, müssen wir schon besser hinschauen. Dabei ist nicht nur auf das Gewicht zu achten, sondern auch auf besondere Kennzeichen des Alters.
Junge lebende Tiere haben glattes, glänzendes Gefieder, blanke Augen und einen festen Schnabel. Bei jungen Hühnern glänzt die Schuppenhaut an den Füßen, bei Gänsen und Enten ist die Haut unter den Flügeln sehr zart. Bei der Pute ist die Schuppenhornhaut der Beine grauweiß oder bläulich-zartgrau und etwas feucht. Wenn die Hornhaut an den Füßen schon härter, das Genick stark und der Schnabel steif sind, dann haben wir ein älteres Huhn vor uns. Eine alte Gans hat kräftige Flügel, einen starken und harten Schnabel und dicke Hornhäute, eine alte Pute hat eine trockene, harte, rötliche Haut.
Frischgeschlachtete Tiere haben biegsame Knochen, keinen unangenehmen Geruch, hellrotes Fleisch, und die Hornhäute an den Füßen lassen sich leicht abziehen; bei älteren Tieren sind sie dagegen hart und dick. Hähnchen und junge Hühner fallen meistens von Mai bis Dezember an, junge Gänse und Enten dagegen das ganze Jahr über. Mastenten gibt es in großer Auswahl von November bis Februar.
Die „traditionellen“ Hühnchen sind von Mai bis zu den Herbstmonaten am wohlschmeckendsten, Kapaun und ältere Hühner im Winter, Enten von August bis November. In jüngster Zeit werden zweierlei Hühnersorten gezüchtet, die Legehühner – sie gelangen nicht auf den Markt – und die Fleischhühner. Fleischhühner (wie z. B. die sogenannten Broiler) wachsen schneller, erreichen schon jung ein höheres Gewicht und sind das ganze Jahr über erhältlich. Diese Sorten sind auch über 1 kg Gewicht keine „alten Hühner“, sondern Brathühnchen.
Leider stellt man bei Geflügelfleisch manchmal unangenehmen Geschmack und Geruch fest, der mitunter von unsauberen,

ungelüfteten Hühnerställen („Hühnerstallgeschmack"), meistens jedoch vom verwendeten Futter stammt. Das Fleisch von mit Fischmehl gefüttertem Geflügel hat einen Fischbeigeschmack. Verfütterter Raps gibt z. B. dem Putenfleisch einen schlechten Geruch und macht es ölig. Nicht einwandfrei ist der Fleischgeschmack auch von Hühnern, Enten und Gänsen, die viel Maikäfer fressen. Einst wurden für Feinschmecker Masthühnchen und Kapaune mit aus Milch bereiteten Nudeln gemästet. Sie verliehen dem Fleisch einen unübertrefflichen Wohlgeschmack. Interessant ist außerdem, daß nicht nur das Geflügelfleisch, sondern auch die Eier den charakteristischen Geschmack und Geruch des Futtermittels annehmen.

## *Die Verarbeitung des Geflügels*

Wenn wir kein gereinigtes, ausgenommenes Geflügel kaufen, dann müssen Hähnchen, Masthühnchen, Hühner, Kapaune und Hähne in abgebrühtem Zustand, Gänse und Enten dagegen trocken gerupft werden. Die Flaumfedern nach dem Rupfen über der offenen Flamme absengen.

Erster Schritt bei der Vorbereitung von Geflügel ist das Abtrennen der Füße des gereinigten Tieres. (Abgebrüht und die äußere gelbe Haut abgezogen, sind sie – außer Putenbeinen – ausgezeichnet für Suppen zu verwenden). Danach den Kopf abtrennen. Wird das Geflügel im ganzen gebraten, dann nur noch den unteren Teil der Flügel abschneiden. Immer darauf achten, daß nicht die Knochen, sondern die Sehnen, die die Knochen zusammenhalten, durchgeschnitten werden. Die Haut und das Fleisch an entsprechender Stelle einschneiden, etwas spannen und den Knochen drehen, und schon wird die geeignetste Stelle zum Schneiden gefunden.

Der Hals kann auf zweierlei Art abgeschnitten werden: Zusammen mit der Haut, dabei soll die am Tier verbleibende Haut länger sein als der Halsstumpf, damit der Hals beim Braten nicht austrocknet. Man kann aber auch den Hals vorsichtig von der Haut lösen und dann die Haut zum Füllen verwenden.

Das Ausnehmen von Geflügel beginnt mit einem Längsschnitt auf dem Bauch. Die Öffnung der Bauchhaut soll so groß sein, daß gerade die Hand hineinpaßt. Zuerst vorsichtig die Schleimhäute, die das gesamte Eingeweide bedecken, von der Bauchwand lösen. Dann das Herz zusammen mit allen Innereien herausziehen. Dann von der Leber die Gallenblase entfernen –

aber sehr vorsichtig vorgehen, denn mit Galle bespritztes Fleisch wird ungenießbar bitter –, den Magen halbieren und die innere dicke Haut abziehen.
Von den Innereien sind die Leber, der gereinigte Magen und das Herz verwendbar, die übrigen Teile wegwerfen. Den Kropf aus der Halsgegend durch die Bauchhöhle herausziehen.

## *Portionen der Geflügelrezepte*

Die meisten Rezepte sehen die Vorbereitung jeweils eines ganzen Tieres vor, deshalb werden Gewichte nicht angegeben. Allgemein werden für vier Personen zwei ausgenommene, 600–700 g schwere Hühnchen oder ein Masthühnchen von 1000 g benötigt. Ein ausgenommenes 1,5–2 kg schweres Huhn oder eine junge 3 kg schwere Ente bzw. Gans können schon für sechs Personen ausreichend sein. Bei Geflügel bleiben oft Reste, aus denen verschiedene Speisen bereitet werden.

## *Gebratenes Geflügel*

Haus- und Wildgeflügel wird auf gleiche Weise gebraten: Reinigen, waschen, mit Salz einreiben (Brust und Keulen eventuell mit Räucherspeck spicken), in eine Pfanne geben, etwas Fett darunterlegen und unter öfterem Begießen und zeitweiligem Wenden knusprig braten. Hähnchen, Kapaun, Perlhuhn, Fasan, Rebhuhn (in Speck einhüllen), Taube, Pute, Ente und Gans (unter die zwei letzteren kein Fett, nur ein wenig Wasser geben) auf diese Weise braten. In das Innere von Enten und Gänsen Majoran streuen. Puten auf alle Fälle spicken, sonst wird ihr Fleisch trocken.

## *Gefülltes Geflügel*

Wird Geflügel gefüllt, dann die Öffnung mit wenigen Stichen zunähen oder mit Zahnstochern zusammenstecken. Die zwei Keulen mit einem dünnen Faden am Bürzel befestigen; weit abstehende flügel an den Rumpf binden, sonst wird das Fleisch sehr trocken.

# *Hühnchen, Huhn, Masthühnchen und Hahn*

## *Zum Backhühnchen*

gehört der mit hartgekochten, geviertelten Eiern garnierte Kopfsalat – eine Verschmelzung mit dem Frühling. Sobald Nachtfröste und Schneefall am Tage endgültig aus den Wetterberichten verschwunden sind, ist der Siegeszug des Backhühnchens, des gelbfüßigen, gelbhäutigen, gelbweiß oder hanffarbig gefiederten kleineren ungarischen „Landhuhnes" nicht mehr aufzuhalten. Es hält sowohl in den Wirtshäusern auf dem Lande und in der Stadt als auch auf den Tischen der Privathaushalte Einzug. Ich glaube kaum, daß Backhühnchen ernsthaft auf Gegner stoßen, denn wer sollte schon ein Verächter dieser leckeren Speise sein, die außerdem meist das Lieblingsgericht derer ist, die fast Vegetarier sind. Backhühnchen sind so leicht verdaulich und zart – erklären sie –; und dann noch der dazugehörende, wohlschmeckende Kopfsalat, um auch den pflanzlichen Mineralsalzen und Vitaminen gerecht zu werden...
Zum Backen sind die ungarischen „Landhühner" die geeignetsten. Diese wertvolle, abgehärtete Rasse ist zwar von kleinerem Wuchs, doch bei guter Wartung ist ihr Fleisch prächtig mürbe und ihr Geschmack sehr gut, eben „ein geborenes Backhühnchen"! Die neuerdings in landwirtschaftlichen Großbetrieben – Produktionsgenossenschaften und Staatsgütern – schnell gemästeten „Broiler" sind sogar noch mit einem Gewicht von 1 kg nicht mit alten Hühnern zu verwechseln und einwandfrei als Backhühnchen (oder als Paprikahuhn) zu verwenden.
Nun wissen wir, welche Sorte sich am besten für Backhühnchen eignet. Weiter müssen wir darauf achten, daß das Hühnchen kein spindeldürres, abgemagertes Tier mit klappernden Knochen ist. Wenn es bereits draußen in der frischen Luft im Grase und auf dem Hof herumscharren konnte, dann finden wir auch etwas zum Beißen unter seiner schönen gelben Haut. Lebend gekaufte Tiere sollten wir höchstens eine Stunde vor der Zubereitung schlachten, rupfen, reinigen und gründlich waschen. Selbst ein kleines Hühnchen nicht halbieren oder vierteln, sondern wie üblich in acht Teile tranchieren, da es nur auf diese Weise durchbrät.
Bedeutend einfacher ist die Arbeit, wenn wir geschlachtete, am besten küchenfertige Gefrierware kaufen. Wenn man aus dem

gesondert verpackten Brust- oder Keulenfleisch das Backhühnchen bereitet, muß sich niemand mit dem Rücken oder den Flügeln begnügen, und die selbstaufopfernde Geste des Bürzelessens ist nicht mehr „Ehre der Hausfrau". Auch sie verdient Bissen nach ihrem Geschmack.

Backhühnchen vor dem Zubereiten trockenreiben, salzen, Leber und Magen unter die Flügel stecken, auf einem Sieb gut abtropfen lassen. In feinem Mehl, aufgeschlagenem Ei und heller, aber trockener, geriebener Semmel vorsichtig wenden, damit die Panierschicht nicht dick wird. Sofort braten, in sehr reichlich bemessenem, reinem, siedendem Schweinefett, in dem die Hühnchenstücke frei umherschwimmen können. Goldgelb braten und auf einer angewärmten Platte mit knusprig gerösteter Petersilie verziert sofort servieren.

Mit dem Braten des Fleisches bis zuletzt warten. Die Hausfrau darf sich nicht der Gefahr aussetzen, daß die schön gebratenen, frischen, runden Hühnchenkeulen, die Brust und die Flügel mit der Leber auf dem Herdrand stehenbleiben, bis sie aufgetragen werden können. Wer gleich serviert, kann sich eines wohlschmeckenden, saftigen Bratens rühmen; aufgeschoben verliert er jeden Geschmack. Es gibt kaum Trostloseres auf dem Gebiet der Gastronomie, als ein abgestandenes Backhühnchen anzubieten.

Selbst in einer nachteiligen Lage können wir noch gut abschneiden, wenn wir zum Backhühnchen Petersilienkartoffeln mit Butter oder in Fett geröstete neue Kartoffeln und in Butter und Fleischbrühe gedünstete Zuckererbsen reichen. Der Zuckergehalt sowohl der neuen Kartoffeln als auch der grünen Erbsen ist sehr hoch, und beide Beilagen sind in den Frühlingsmonaten sehr beliebte Neuheiten.

## *Hühnchen- und Kapaunspezialitäten*

Ein junges, aber bereits fleischiges Hühnchen (bei eigener Geflügelhaltung frisch schlachten) reinigen, in 8–10 Teile zerlegen, waschen, danach mit einem Tuch trockenreiben. Für 2 Hühnchen 120–150 g Räucherspeck in kleine Würfel schneiden und auslassen; wenn das Fett siedet, 1 kleine geriebene Zwiebel dazugeben und darin goldgelb rösten. 1 Eßlöffel Delikateßpaprika hinzufügen, nach dem erneuten Aufkochen die Hühnerstücke hineingeben, salzen und, wenn der eigene Saft verkocht ist, etwas anschmoren. Danach mit 1–2 Eßlöffeln Knochenbrühe auffüllen und zugedeckt weich dünsten. Zwischendurch die Fleischstücke wenden; wenn sie fast gar sind, die beiseite gelegte Leber dazutun und mit dieser zusammen noch 10–15 Minuten dünsten. Das Hühnerpörkelt auf einer angewärmten Platte servieren. Wird Paprikahuhn bereitet, dann 0,3 l erstklassige dicke saure Sahne darübergießen und nochmals aufkochen lassen; auf angewärmter Platte sofort auftragen.

## Hühnchen, Masthühnchen und Kapaun gefüllt

Bei dem auf übliche Weise ausgenommenen Hühnchen die Brusthaut vorsichtig anheben, die Fülle hineinstopfen und so drücken, daß der Braten eine gefällige Form erhält. Aus der restlichen Füllmasse kleine Röllchen formen und in die Bauchhöhle stopfen. Läßt sich die Brusthaut nicht abheben, dann die gesamte Fülle in die Bauchhöhle und die Halshaut stopfen. Dazu auch den Rücken längs aufschneiden, die Innereien von hinten herausnehmen, den Brustknochen vorsichtig entfernen und nach dem Füllen die Rückenhaut zusammenbinden bzw. zunähen. Das Braten 25 Minuten vor dem Auftragen beenden, damit die Füllung vor dem Aufschneiden etwas austrocknet. Die aufgeschnittenen knochigen Teile zuerst auf die Platte legen, das Brustfleisch darauf anrichten, ringsherum abwechselnd die aufgeschnittene Füllung und die Keulen schichten und darüber geröstete Petersilie legen. Stroh- oder Bratkartoffeln, eventuell Gemüse mit saurer Sahne zubereitet, dazu reichen.
Auf die gleiche Weise Masthühnchen oder Kapaun füllen, nur ist hier die Bratzeit etwas länger. Für einen mittelgroßen Kapaun kann die Füllmasse 2–3mal so groß sein. Die Füllung in die Bauchhöhle stopfen. Das Brust- und Keulenfleisch eventuell mit Räucherspeck spicken, um dadurch den Geschmack zu verfeinern.

## Füllungen

*I.* Je Hühnchen 1 in Milch geweichte und passierte Semmel mit 1 Eigelb, 1 nußgroßen Stück Butter und gedünsteten, kleingeschnittenen Pilzen vermengen, salzen und pfeffern.
*II.* 50 g Speck in kleine Würfel schneiden und ausbraten, 1/2 feingeschnittene Zwiebel und Petersilie darin rösten, etwas Paprika und Pfeffer dazugeben. Die kleingeschnittenen Innereien (Magen, Herz, Leber) ebenfalls etwas anrösten und mit 1 in Milch geweichten Semmel vermengen. Alles zusammen einige Minuten dünsten, ausgekühlt durchdrehen, 1 Ei, eventuell 50 g gedünstete Pilze dazugeben, salzen, gut vermischen und damit das Hühnchen füllen.
*III. Mit Gänseleber.* Kleingeschnittene Gänseleber und Pilze salzen, pfeffern, mit Petersilie in wenig Butter dünsten. Nach dem Auskühlen mit 1–2 Eiern vermengen.

## Kalter Hühnerbraten

120–150 g Hühnerbrust salzen, in 1 Kaffeelöffel Butter langsam gut durchbraten, aus dem Saft nehmen, abtropfen lassen, sogar abreiben und bis zum Servieren in den Kühlschrank stellen.

## Hühnerfrikassee

*I.* 1 mittelgroßes, fleischiges Hühnchen waschen und in Stücke teilen. In 50–60 g heißes Fett oder Butter geben, salzen, 1 kleinen in Röschen zerpflückten Blumenkohl, 1/2 kleingeschnittenen Kohlrabi, 1 Stückchen Sellerie, 1 kleine in Scheiben geschnittene Möhre und Petersilienwurzel sowie in Scheiben geschnittene Pilze hinzufügen. Zudeckt weich dünsten. Ist das Fleisch gar, mit etwas Mehl bestäuben und anbraten. Unter gründlichem Durchrühren mit Fleisch- bzw. Knochenbrühe oder Wasser auffüllen. Den Saft 1/2 Zitrone hineinträufeln und eventuell etwas pfeffern. Einige Minuten aufkochen und eventuell mit 1 gut verquirlten Eigelb den Geschmack verfeinern.

*II.* 2 kleinere Hühnchen zerlegen, in etwas Fett oder Butter dünsten, salzen. In einem anderen Topf 1 in Scheiben geschnittene Möhre, 150–200 g grüne Erbsen und 1–2 in Würfel geschnittene Kartoffeln ebenfalls in etwas Butter oder Fett weich dünsten, durch ein Sieb passieren und mit 0,1 l süßer Sahne, in der 2–3 Eigelb verquirlt wurden, verrühren. Diese Masse über das weichgedünstete Hühnchen gießen. Nochmals einige Minuten kochen lassen.

*III. Mit Pilzen und Blumenkohl.* 1 in Stücke zerlegtes, gesalzenes Masthähnchen oder 2 kleinere Hühnchen in wenig Butter weich dünsten. In einer anderen Kasserolle 50–100 g Champignons ebenfalls in Butter weich dünsten. 1 kleinen Blumenkohl in Salzwasser kochen. Aus 20–30 g Mehl und der gleichen Menge Butter eine helle Mehlschwitze bereiten, mit dem Fleischsaft und ein wenig Wasser und Milch auffüllen. Das gedünstete Fleisch, die passierten Pilze und den Blumenkohl hinzufügen, nach dem Aufkochen noch einige Minuten weiterkochen lassen. Eventuell in Butter gedünstete oder gekochte grüne Erbsen daruntermischen.

*IV. Mit dicker Soße.* Das zerlegte, gesalzene Hühnchen in wenig Fett oder Butter dünsten. In einer anderen Kasserolle 1 kleine in Scheiben geschnittene Möhre, 150–200 g grüne Erbsen und 1–2 kleingeschnittene Kartoffeln ebenfalls in wenig Fett oder Butter weich dünsten, salzen, danach passieren und mit 0,1 l süßer Sahne, in der 2–3 Eigelb verquirlt wurden, vermengen. Das Ganze über das inzwischen weichgedünstete Hühnchen gießen, zusammen gut auf- und einige Minuten weiterkochen lassen.

### *Hühnchen mit Kohlrabi*

In Würfel geschnittenen jungen Kohlrabi und etwas feingewiegte Petersilie zugedeckt in wenig Fett andünsten. Ist der Saft verkocht, mit wenig Mehl bestäuben, mit Fleisch- oder Knochenbrühe auffüllen, salzen, das zerlegte Hühnchen hineinlegen und weich kochen.

### *Hühnchen mit Tomaten*

Die Hühnchen reinigen, tranchieren, mit Speckscheiben und Fett in einer Kasserolle dünsten und salzen. Ist das Fleisch fast gar, aus frischen oder. Konserventomaten eine mäßig dicke Soße bereiten, über die Hühnchen gießen und noch eine Weile dünsten lassen.

### *Hühnchen mit saurer Sahne*

2 junge Hühnchen reinigen, waschen, auf übliche Weise zerlegen (tranchieren), salzen und eine Weile stehenlassen. 0,1 l frische saure Sahne in eine Kasserolle gießen, 1 Zitrone mit der Schale in Scheiben schneiden, entkernen, die Hälfte der Zitrone an die saure Sahne geben, das eine zerlegte Hühnchen darauflegen, mit 0,1 l saurer Sahne begießen, die übrigen Zitronenscheiben und das andere zerlegte Hühnchen daraufschichten. Obenauf 0,2 l saure Sahne und einige Butterflöckchen geben. Alles dünsten, aber nicht umrühren, nur schütteln, und nur so lange auf dem Herd lassen, bis die Hühnchen gar sind. Vor dem Servieren die Soße über das Fleisch gießen.

### *Hühnchen mit Reis*

Das gereinigte, tranchierte, gesalzene Hühnchen zugedeckt in Fett weich dünsten. In einer anderen Kasserolle 100 g Reis dämpfen. Reis und Fleisch miteinander vermengen. Auch 100 bis 150 g kleingeschnittene, gedünstete Pilze und kleingeschnittene Petersilie daruntermischen. 10–12 Minuten zusammen dünsten lassen und mit geriebenem Käse bestreuen.

### *Kapaun mit Linsen*

Einen gereinigten, gewaschenen, gesalzenen Kapaun mit Mehl bestreuen. Eine Kasserolle oder den Schnellkochtopf mit in Würfel geschnittenem Räucherspeck auslegen, darauf den Kapaun geben und fest zugedeckt knusprig braten. Mit Fleisch- oder Knochenbrühe auffüllen, 250–300 g in Salzwasser weichgekochte, abgeseihte Linsen dazugeben und alles zusammen gut aufkochen lassen. Fasan oder Rebhuhn auf die gleiche Weise zubereiten.

*I. In Wein gebraten.* 80 g in Würfel geschnittenen Räucherspeck in einem Steinguttopf rösten. In einem anderen Topf einige Perlzwiebeln in 50 g Butter rösten und unter den Speck mischen. Das gereinigte, zerlegte, gesalzene, größere (aber junge) Hühnchen hinzufügen, etwas Thymian, 1–2 Lorbeerblätter und einige kleingeschnittene Champignons dazugeben und das Hühnchen mit gutem Aprikosenschnaps oder Tresterwein begießen. Ist er verdampft, 0,4–0,5 l guten Weißwein dazugießen und das Hühnchen zugedeckt langsam und gleichmäßig rotbraun braten. Überflüssiges Fett abschöpfen, die Gewürze herausnehmen und den Braten warm mit einer Buttersoße auftragen.

## *Hühnerpörkelt und Paprikahuhn*

*II. Auf balkanische Art.* Das gereinigte, gewaschene, innen und außen mit Salz eingeriebene Hühnchen in eine Kasserolle legen, mit Butter oder Fett begießen, mit Räucherspeckscheiben belegen, 4–5 in Würfel geschnittene Möhren sowie 1 kleingeschnittene Zwiebel dazulegen und das Ganze mit einer Messerspitze Pfeffer bestreuen. Eine Stunde lang braten. Jeweils für sich 100–150 g Reis und die gleiche Menge gedörrte Pflaumen und Rosinen kochen. Eine Paprikasoße bereiten, über das unterdessen weichgewordene und auf einer Platte angerichtete Fleisch gießen, mit Reis, Pflaumen und Rosinen garnieren.

*III. Türkisches Hühnchen.* 3–4 Eßlöffel Reis in wenig Fett anrösten, den feingeschnittenen oder durchgedrehten Hühnermagen und die Leber dazugeben, salzen und zusammen kurz dünsten. Mit dieser Mischung Kropf und Bauchhöhle des Hühnchens füllen und weich dünsten. Danach mit 2 mit etwas saurer Sahne verquirltem Eigelb das Hühnchen bestreichen und in der Röhre knusprig braten. Die im Innern des Hühnchens weichgedünstete Reismischung ergibt eine ausgezeichnete Garnierung.

*IV. Serbisches Hühnchen.* 1 kleingeschnittene Zwiebel in heißem Fett goldgelb rösten, 1 Kaffeelöffel Rosenpaprika darüberstreuen und aufkochen lassen, mit der entsprechenden Menge Wasser auffüllen, das zerlegte Hühnchen hineinlegen, salzen und dünsten. Nach 10 Minuten 2 geviertelte Paprikaschoten (ohne Kerngehäuse), 2 zerdrückte Tomaten und 1 geviertelten Wirsingkohl dazugeben. Weitere 15 Minuten dünsten lassen, dann 500 g geschälte und länglich geviertelte Kartoffeln dazugeben und bis zum Garwerden der Kartoffeln und des Fleisches weiterdünsten. Vor dem Servieren 1–2 Handvoll kleinen gezupften Nudelteig in dem Saft weich kochen.

*V. Mit pikanter Tomatensoße.* Das gesalzene junge Huhn in Butter oder Fett halbgar braten, herausnehmen und zerlegen. Aus dem Bratfett und 1–2 Eßlöffeln Mehl eine Mehlschwitze bereiten, reichlich mit passierten rohen Tomaten oder Tomatensaft, dem Saft 1 Zitrone und Fleisch- oder Knochenbrühe (eventuell Wasser) auffüllen. Noch 10–15 Minuten kochen lassen, dann seihen. 150–200 g in Scheiben geschnittene Pilze, je nach Geschmack geriebenen Käse und das zerlegte Huhn hinzufügen. Gut weich dünsten und mit dem Reis garniert servieren.

*VI. Mit Morcheln.* Das gewaschene Hühnchen zerlegen, salzen, in Butter (eventuell Fett) weich dünsten, mit Mehl bestäuben, etwas anbraten und mit Fleisch- oder Knochenbrühe auffüllen. Frische oder getrocknete Morcheln in Butter weich dünsten, das gedünstete Hühnchen dazulegen und zusammen noch 1–2mal aufkochen lassen. Selbstverständlich das Salzen nicht vergessen, etwas Pfeffer und 1–2 Eßlöffel saure Sahne verfeinern noch den Geschmack.

*VII. À la Pompadour.* Die gewaschenen und zerlegten Hähnchen in einer Kasserolle zugedeckt in heißer Butter oder heißem Fett braten. Wenn sie halbgar sind, geschälte neue Kartoffeln und in Stücke geschnittene Artischockenböden dazugeben, salzen und pfeffern. Die Kasserolle wieder zudecken und das Gericht unter öfterem Schütteln weich dünsten. 10–15 Minuten vor dem Servieren 1 Glas Rotwein und 1 Eßlöffel Zitronensaft dazugießen und mit einem Lorbeerblatt und etwas Thymian würzen. Das Fleisch, wenn es weichgedünstet ist, auf einer Platte anrichten, kranzförmig mit Artischocken und neuen Kartoffeln garnieren und mit dem verbliebenen Saft übergießen.

## Hahnenkamm-frikassee

*(Spezialität zu feierlichen Anlässen in den Dörfern.)* Hahnenkämme kalt ansetzen und so lange kochen, bis sich die äußere Haut leicht löst. Danach erneut abbrühen. Durch kräftiges Reiben zwischen den Fingern läßt sich die nächste Haut abziehen. Die auf diese Weise „enthäuteten" Hahnenkämme in mit Zitrone und Salz abgeschmeckter Fleisch- oder Knochenbrühe kochen. Aus wenig Butter und Mehl eine Mehlschwitze bereiten und mit der Brühe auffüllen, in dem die Hahnenkämme gekocht wurden. Darin einige Eigelb verquirlen und diese Soße auf die in eine Schüssel gelegten Hahnenkämme gießen. Mit in Würfel geschnittenem und in Salzwasser gekochtem Kalbsbriesel sowie in Butter gedünsteten Pilzen das Gericht strecken.

# Gans, Ente, Pute und Perlhuhn

## Gänsefleisch

„gebührte sich“ – nach alter Sitte – am Martinstag, am 11. November, zu essen. Warum aber? Wie geriet Martin, der im ehemaligen Sabaria, dem heutigen Szombathely (Westungarn) – geborene und spätere Bischof von Tours mit den Gänsen in Verbindung?
Die Legende berichtet, daß Martin, als er die Nachricht von der Ernennung zum Bischof erhielt, in großer Demut vor den ihn holenden Boten in den Gänsestall kroch. Die Gänse aber schnatterten, schlugen mit ihren Flügeln großen Lärm und verrieten das Versteck, wie einst in Rom den Schlupfwinkel der Barbaren, die in der Nacht in die Stadt eingedrungen waren. Die Legende ist schon in Vergessenheit geraten, aber im Volksglauben leben seit langem andere Gründe für den Gänsebraten am Martinstag. So könne man zu diesem Zeitpunkt aus dem Brustknochen der Gans vorhersagen, welches Wetter die Wintermonate bringen. Ist der Knochen weiß, folgt ein harter, strenger Winter mit Eis und Schneetreiben; ist er rot, dann ist mit grünen Weihnachten und mit Matschwetter zu rechnen. (Vielleicht bewahrheitet es sich, vielleicht nicht!) Der wichtigste Grund: In der Zeit um das Martinsfest ist Gänsefleisch besonders gut und meistens verhältnismäßig billig.
Die gegen Frühlingsende gern gegessenen zartfleischigen, knusprigen diesjährigen Gänse werden bis November gemästet. Die Gans hat bis zu dieser Jahreszeit reichlich Fett angesetzt, das gekühlt und mit Paprika bestreut nach Mandeln schmeckt, die Grieben zergehen fast im Munde, und die schöne helle Leber ist groß geworden. Sie ist immer eine besondere Delikatesse: entweder in gewürzter Fleischsuppe kochen, mit Nelken spicken und Madeirasoße dazu reichen; oder eine Nacht in Milch weichen und am folgenden Tag darin braten; oder zu Pastete verarbeiten.
Und was sagt der verehrte Leser zu einer goldglänzenden Bouillon, die aus Gänseklein bereitet wurde (mit Schneckennudeln)? Und wie wird das Gänserisotto aufgenommen? In einer tiefen, feuerfesten Porzellanschüssel häufen, reichlich mit Stücken des Magens und obenauf mit dünnen Leberscheiben bedecken, mit duftenden Grieben und den Rand mit Tupfen gebratenen Gänse-

blutes garnieren. Auch der Gänsehals ist nicht zu verachten, natürlich nur dann, wenn er vorher gefüllt wurde: auf ungarische Art mit Hackfleisch und Pilzen, nach anderen Rezepten mit einem gesalzenen, fettigen Mehlteig mit Paprika (in letzterem Fall in Schalet kochen).

Auch auf Raizer Art, mit grünen und roten Paprikaschoten, wie Karpfen bereitet, ist Gänsebraten nicht übel. Die stattlichen Keulen nicht zerschneiden und mit Ritschert, gedünsteten Bohnen oder Kohl reichen. Die Brust dagegen räuchern oder beizen oder wie Hackbraten mit Kartoffelpüree bereiten, alles sind köstliche Gerichte.

Es ist klar, daß auch eine nach den Regeln der Kochkunst gebratene Gans auf keinerlei Widerstand stößt; höchstens tut es uns ein bißchen leid, wenn wir wegen der Fettfülle die Haut abziehen müssen, da wir sie in diesem Falle nicht knusprig braten können.

Gänserisotto verdient auch eine besondere Würdigung und detaillierte Beschreibung. Vor allem im November ist das ein zeitgemäßes Gericht. Die Gans ist noch nicht alt, weder hart noch zäh; sie befindet sich im besten Alter, ihr Fleisch ist deshalb kräftig und reich an Nährwerten und Geschmack. Auch das Gänseklein ist zu dieser Zeit besonders ergiebig. Sein würziger Saft durchdringt den Reisbrei und erhebt ihn zu einem so delikaten Gericht.

Zur Vorbereitung des Gänserisottos das entsprechend zerteilte Gänseklein in Salzwasser mit Suppengrün und einigen Pfefferkörnern kochen. Den in wenig Gänsefett angerösteten Reis mit der geseihten Fleischbrühe auffüllen; nach dem Verkochen der Brühe das Gänseklein mit dem weichgedünsteten Reis vermengen. Einige Minuten zusammen kochen und in einer Schüssel anrichten. Den Reis nicht zu weich kochen, er soll körnig bleiben! Das etwas „üppige" Gericht ein wenig pfeffern. Vom Magen die harte Innenhaut abziehen und ihn ganz kleinschneiden, damit wir möglichst oft freudig überrascht sind, wenn unsere Gabel auf ein bescheidenes verstecktes Magenstückchen stößt. (Auch das Herz im Gänserisotto mitkochen.)

Das in der Schüssel gehäufte Risotto mit 1 Eßlöffel Gänsefett begießen, aber um so mehr Gänsegrieben sollen obenauf gestreut werden, die im Munde fast zergehen sollen. Den Möglichkeiten und dem Geschmack entsprechend, folgt gesalzenes, gebratenes Gänseblut. Wie folgt bereiten: Zusammen mit etwas Essig bis zum Auskühlen rühren, in heißem Fett kurz braten, salzen, pfeffern, mit der Gabel zerkleinern und den Rand des Gänserisottos damit betupfen. Die Krönung des Risottoberges bildet die in dünne Scheiben geschnittene Gänseleber.

Bei der Risottobereitung können wir auch den Gewohnheiten derer folgen, die das Gänseklein nicht kochen, sondern wie Pörkelt rösten, dann ein wenig Knochen- oder Fleischbrühe zugießen, zugedeckt weich dünsten und auf diese Art bereitet dem Reis zufügen, der eventuell nicht geröstet und gedünstet, sondern gekocht wurde.

## *Gänseverarbeitung*

Eine entwickelte, gut gemästete Gans von 6–7 kg ist auf vielerlei Art in der Küche zu verwenden und liefert einer vierköpfigen Familie mehrere Tage wohlschmeckende Bissen: Nach dem Reinigen den Flaum am besten über der Flamme absengen. (Die Flaumhärchen der „diesjährigen", d. h. der jungen Gans vor dem Braten auch mit einer Pinzette herausziehen.) Nach dem Absengen mit einem Tuch abreiben, dann ausnehmen. Die Leber sehr vorsichtig herausziehen und die Gallenblase sofort entfernen. Zuletzt die Innenhaut des Magens abziehen.
Nach dem Tranchieren das Gänseklein beiseite legen: die Füße (abbrühen, die Haut abziehen), den Hals (die Haut vorsichtig abziehen, nicht einreißen), die unteren Teile der Flügel und den Kopf. Sodann die Gans enthäuten. Aus der Haut Grieben bereiten.
Außer der in der Einführung beschriebenen Zubereitung von Grieben, Gänseklein, Hals, Brust und Keulen werden noch zahlreiche andere Rezepte angegeben. Die Zubereitung des Gänsebratens ist unter den „sonstigen Braten" im Kapitel „Hausgeflügel" zu finden, außerdem im Abschnitt „Die ‚diesjährige' Gans ..." Die Zubereitung der Leber ist im Kapitel „Innereien" zu finden.

### Gänseklein

*I.* (Suppe) Siehe Geflügelkleinsuppe im Kapitel „Suppen".
*II. Mit Tomatensoße.* Das in der Brühe gekochte Gänseklein von den Knochen lösen, das Fleisch kleinschneiden, die Tomatensoße darübergießen und servieren.
*II. Mit Reis.* Das Gänseklein in Salzwasser mit Suppengrün weich kochen, danach herausnehmen. In wenig Fett 250–300 g Reis anrösten, einige Eßlöffel mit Wasser verdünnte Brühe nachfüllen und weich dünsten. Bevor der Reis völlig gar ist, mit dem Gänseklein vermengen und noch eine Weile zusammen dünsten. Salzen, etwas pfeffern und servieren. (In der geseihten Brühe können auch Grießnockerln oder Fadennudeln gekocht werden.)

*IV. Mit Semmelklößen.* Das Gänseklein in Salzwasser mit Suppengrün kochen. Aus je 1 Eßlöffel Fett und Mehl eine helle Mehlschwitze bereiten, mit der Fleischbrühe auffüllen, das kleingeschnittene Gänseklein hineinlegen und zusammen kurz aufkochen. Aus 2 in Milch geweichten Semmeln, 2 Eiern, 50–60 g geriebener Semmel, etwas Salz und Pfeffer kleine Semmelklöße bereiten, in Salzwasser kochen und zum Gänseklein reichen.

*V. Mit Gänseblut.* In einer Schüssel das Blut der geschlachteten Gans auffangen und mit einem Tropfen Essig und einer Prise Salz vermischt so lange rühren, bis es ausgekühlt ist. Den Gänsemagen, -hals, -kopf, die beiden oberen Teile der Flügel und die Füße in Salzwasser mit Suppengrün weich kochen. Aus 2 Eßlöffeln Mehl und 1 Eßlöffel Gänsefett eine Mehlschwitze bereiten, mit der Gänsekleinbrühe auffüllen und 15 Minuten weiterkochen. Das Blut hineinseihen, das Gänseklein hineinlegen, mit geriebener Zitronenschale und Pfeffer abschmecken und noch einige Minuten zusammen kochen.

## Gefüllter Gänsehals

*I.* Die gereinigte Haut des Gänsehalses mit einer Mischung aus Fett und Mehl, gewürzt mit Salz, Paprika und Pfeffer, füllen. Beide Halsenden zunähen und in Ritschert oder Schalet weich kochen.

*II.* Gekochte oder gebratene Gänsefleischreste durchdrehen und mit der gleichen Menge ebenfalls durchgedrehten Kalbfleisches vermengen. Eine Butter- Mehlschwitze bereiten, mit 1–2 Eßlöffeln Knochen- oder Fleischbrühe auffüllen, die Fleischmischung daruntergeben (dazu ein wenig geriebene Zwiebel) und mit einigen kleingeschnittenen Pilzen, Salz, Zitronensaft und Pfeffer abschmecken. Unter ständigem Rühren den Saft verkochen lassen. Wenn die Masse etwas abgekühlt ist, 1–2 Eier daruntermengen und das Ganze in den Gänsehals füllen. Beide Enden zunähen, in Butter oder Fett braten oder 20 Minuten in siedendem Wasser weich kochen.

*III.* 2 Semmeln in Milch oder fettiger Fleischbrühe weichen, mit der Gabel zerdrücken, mit 2 Eiern und 1 Eigelb vermengen, salzen, pfeffern, Paprika und 1 kleinen feingeschnittenen, in Fett gedünsteten Pilz und etwas Petersilie dazugeben, eventuell die Masse mit feingehackter, gebratener Gänseleber verfeinern. Alles gut vermischen und damit den Gänsehals füllen, beide Enden zunähen. Zusammen mit Bohnen (wie Gänsekeule oder -brust) kochen oder in wenig Fett, dem etwas Wasser zugefügt wird, schön knusprig braten.

## Gefüllte Gans

*I. Mit Leber.* Das Innere einer gereinigten Gans mit folgender Masse füllen: 2 in Milch geweichte, passierte Semmeln in wenig Butter dünsten. Ist die Leber klein, die ganze, sonst die halbe Leber durchdrehen. 8–10 schöne große Kastanien weich kochen, kleinschneiden, mit 3 Eiern, etwas Salz, den Semmeln und der Leber vermengen. Die damit gefüllte Gans schön knusprig braten.

*II. Auf Palmerston Art.* Das Innere einer gereinigten, gesalzenen Gans mit 1 kg in Viertel geschnittenen und in Butter gedünsteten Äpfeln, die mit entkernten frischen oder Dörrpflaumen vermischt wurden, füllen. 1 $^1/_2$–2 Stunden in der Röhre braten. Beim Servieren den Braten mit den gedünsteten Äpfeln und Pflaumen garnieren. (Das Obst nach Belieben mit Zucker bestreuen.)

*III. Mit Pilzen und Reis oder Makkaroni.* Die gereinigte Gans auf der Seite längs aufschneiden, salzen, pfeffern. Die Bauchhöhle mit einer Mischung aus gedünsteten Pilzen und gekochtem Reis oder Makkaroni füllen. Die Haut wieder zusammennähen, die Gans in eine mit Butter ausgestrichene Folie wickeln und in einer Bratpfanne 1–1 $^1/_2$ Stunden braten. Die Folie abnehmen und die Gans weiterbraten, bis sie knusprig ist.

## Die „diesjährige" Gans und der Gurkensalat

sind – mit historischen Beispielen verglichen – tatsächlich „unzertrennlich" wie Kastor und Pollux oder Orest und Pylades. Ich meine nicht, daß feines, zartes, mit Dillkraut und Sauermilch zubereitetes Kürbisgemüse nicht zum Gänsebraten passen würde. Ich bekräftige sogar, daß gleichzeitig mit ihm die dicken, jedoch nicht weichen, sorgfältig geschälten und eisgekühlten Salzgurken auf den Tisch kommen sollen. Doch fordere ich nachdrücklich, daß neben dem Gänsebraten der Gurkensalat einen Ehrenplatz einnehme.

Die Gans soll auf gar keinen Fall von der großen, schweren Sorte stammen. Bleiben wir bei der „ungarischen Hofgans", wenn wir einen knusprigen Braten mit mürbem und doch saftigem Fleisch haben möchten. Die Gans soll jung, aber nicht dürr sein; sie sollte 10–12 Tage vor dem Schlachten unbedingt mit Mais gemästet werden, damit Keulen, Brust und Bürzel gut durchwachsen sind. Beim Rupfen achtgeben, daß die Haut nicht einreißt,

trotzdem aber keine Federkiele steckenbleiben und von den Flaumfederchen befreien. Nicht übermäßig salzen. Die Gans mit Semmel und Majoran füllen. Während des Bratens alle 5–10 Minuten begießen, doch zuletzt nur noch mit Speckschwarte bestreichen und nur so lange in der warmen Backröhre stehenlassen, bis der Braten gerade gar ist. Nicht zu lange „siechen" lassen, aufschneiden und sofort servieren.
Die Gurke aber, aus der der Salat bereitet wird – zuerst an einem Ende kosten, ob sie nicht bitter ist – schon frühmorgens hobeln, da frisch zubereiteter Gurkensalat bekanntlich Magenbrennen und Schüttelfrost hervorrufen kann. Die feingehobelte Gurke sofort ausdrücken, den Saft abgießen und danach etwas salzen. Nach einer Viertelstunde nochmals ausdrücken, den Saft abermals abgießen, jetzt gut mit Weinessig bespritzen, mit unverfälschtem Szegediner Edelsüß-Paprika bestreuen und so zubereitet bis zum Mittag- oder Abendessen stehenlassen. Bis zum Abend ziehen Salz, Weinessig und Paprika noch besser durch. Kurz vor dem Mittag- oder Abendessen – wenn der Gänsebraten fast fertig ist – etwas Olivenöl über den Gurkensalat gießen (kann auch wegbleiben) und den Saft mit feiner, dicker, saurer Sahne vermischen. Keinem soll es jedoch einfallen, Zwiebeln oder gar Knoblauch in den Gurkensalat hineinzuschmuggeln!

## Gänsebraten

*I.* Siehe Geflügelbraten.

*II. In der Röhre gebraten.* Die gereinigte, gewaschene, abgetrocknete und gesalzene Gans in die Bratpfanne geben, die mit Räucherspeck, in Würfel geschnittenem Kalbfleisch, wenig Zwiebelscheiben, Möhren, Sellerie und Petersilienwurzel ausgelegt wurde. Auch auf die Gans Räucherspeckscheiben legen, etwas pfeffern, 1–2 Lorbeerblätter hinzufügen, mit Fleisch- oder Knochenbrühe begießen und in der Bratröhre weich dünsten. Ist die Gans gar, sofort aus dem Saft nehmen, tranchieren, die Stücke auf einer Platte anrichten und mit gemischtem Salat garnieren. Die geseihte Soße in einer Sauciere auftragen.

*III. Gedünstete Gänsebrust.* Eine große gesalzene Gänsebrust in heißem Gänsefett mit einigen Zwiebelscheiben, etwas Thymian und Suppengrün weich dünsten. Der fleischige Teil der Gänsebrust soll in der Pfanne immer nach oben liegen. Während des Dünstens öfters Fleisch- oder Knochenbrühe oder auch Wein dazugießen. Wenn das Fleisch gar ist, von den Knochen lösen, in Scheiben schneiden und dann auf den Brustknochen zurückgelegt, auf eine Platte geben. Den Braten vor dem Auftragen mit Reis garnieren und mit dem entfetteten Saft übergießen.

ist auf keinen Fall mit Entenbraten zu verwechseln. Damit das wohlschmeckende Fleischgericht gegenwärtig und in Zukunft öfters auf unseren Tisch gelangt, kommt der in der Überschrift des Artikels erwähnten Bezeichnung „Bratente“ eine bedeutende Rolle zu. Dieser neue Ententyp war noch bis vor kurzem in Ungarn unbekannt.

Hauptsächlich wissen wir von der Ente, daß sowohl ihre weißen als auch bunten Vertreter unermüdlich im Ententeich „Sport treiben“. Im Alter von 3–4 Monaten kommen die Enten in die Mast, wobei der Wert des „einverleibten“ Maises kein geringer ist. Innerhalb von 3–4 Wochen erreichen die Enten ihre empfehlenswerte Gewichtshöchstgrenze, und im September und Oktober gelangen sie meistens mit einem Gewicht von ca. 3 kg in größeren Mengen auf den Markt.

Nun wurden aber in den letzten Jahrzehnten nach und nach immer weniger Enten gezüchtet und auf den Markt gebracht. Dafür liegt aber nur der eine Grund darin, daß unser Zeitalter Geflügel, die etwas zu fette Bissen liefern, nicht begünstigt. Größere Sorge bereitet die Aufzucht, sie ist sehr kostspielig! Auf traditionelle Weise gemästet, rechnet man auf je 1 kg Lebendgewicht einer Ente 6–7 kg Futtermittel. Dagegen verbraucht ein Masthuhn durch moderne Zuchtmethoden nicht einmal die Hälfte des Futters. So fein Entenbraten oder auf Brot gestrichenes Entenfett auch schmecken, es kostet einfach zuviel.

Diese Erkenntnis spornte die Fachleute der Geflügelzucht dazu an, die Pekinger Ente – sie wächst schnell, nimmt vom ersten Lebenstag an zu und hat außerdem einen kräftigen Körperbau – einzubürgern. Ihr Fettgehalt ist bedeutend geringer, das Fleisch sehr wohlschmeckend und enthält wertvolle Eiweiße, und gebraten schmeckt sie vorzüglich.

Allerdings, diese Bratente ist ein komischer Wasservogel... Die erste Million wurde im Trockenen aufgezogen, diese Zuchtmethode ist auch weiterhin erfolgreich. Anstelle des Schwimmens gibt es nur „Fußgängerantrieb“. Die ohne Mast gezüchtete Bratente darf nicht den ganzen Tag im Teich umherschwimmen, und die eingesparte Energie kommt dem Wachstum zugute. Dagegen trinkt sie sehr viel Wasser: zweieinhalbmal mehr, als die Futtermenge beträgt, da sie jeden Bissen mit Wasser hinunterspült und auch das Gefieder ständig bespritzt. Für großbetriebliche Zucht sind deshalb mit Wasser gefüllte Betonkanäle vor den Entenhäusern notwendig.

Schon die ersten Zuchtjahre haben bewiesen, daß die Bratente innerhalb von zwei Monaten ein Gewicht von 2,2–2,4 kg erreicht. Im eigenen Fett bereitet, ergibt sie einen feinen Braten – dabei sind die Selbstkosten für ihre Aufzucht noch vorteilhafter als bei Hühnern.

Bratenten werden heute auch schon in Teichwirtschaften gezüchtet. Ihr Vorteil ist zweifach. Vom Entenabfall und von dem herunterfallenden Futter der auf dem Teich angebrachten Futtertische werden die Fische gefüttert, und der Fischertrag steigt um 40–50 Prozent an. Das Geflügel dagegen nimmt viel eiweißreiche Nahrung aus dem Teichwasser, das für die Fische wertlos ist. Diejenigen Züchter, die auf diese Weise die Bratenten wieder zurück in ihr ursprüngliches Lebenselement – ins Wasser – brachten, sind stolz auf ihre Ergebnisse. Und das mit Recht! Nach bisherigen Umfragen ist der Fleischgeschmack des auf Fischteichen gehaltenen Geflügels im allgemeinen besser als der des im Trockenen aufgezogenen.

## *Entenpörkelt*

*I.* Dafür eine magere, zum Braten ungeeignete oder zu fette Ente nehmen, deren Fett wie das der Gans ausgelöst wird. Entenpörkelt wird ebenso wie Hühnerpörkelt oder andere Pörkeltgerichte bereitet, nur weniger Fett und eventuell etwas schärferen Paprika dazu verwenden. Als Beilage sind Nockerln geeignet.

*II. Mit Reis.* Für eine 2,5–3 kg schwere Ente 300 g Reis halbgar dünsten und mit dem Entenpörkelt vermengen. Zusammen weiterdünsten, das fertige Gericht mit gerösteten Entenleberscheiben belegen und Gurken- oder Kopfsalat dazu reichen.

## *Ente auf Batschkaer Art*

Eine gewaschene, gesalzene junge Ente in der Kasserolle mit so viel Wasser auffüllen, daß sie bedeckt ist, 20–25 Minuten kochen lassen. In Würfel geschnittene Möhren, Paprikaschoten, Pilze, Spargelköpfe, grüne Erbsen (die beiden letzteren eventuell Konserven), 150–200 g in Würfel geschnittenen Räucherspeck und 500 g in Stückchen geschnittene Kartoffeln dazugeben. Die zerlegte, auf einer Platte angerichtete Ente mit dem Gemüse garnieren und Tomatensoße dazu reichen.

## *Serbische Ente*

Die gereinigte, gesalzene Ente in einer Kasserolle zugedeckt halbweich dünsten. Danach in eine tiefe Bratpfanne, die vorher mit Fett ausgestrichen wurde, eine Schicht gedünsteten Reis, darauf eine Schicht Zwiebelscheiben, dann eine Schicht Kartoffelscheiben und – wenn möglich – Paprikaschoten geben. Obenauf die Ente legen und in der Röhre unter öfterem Begießen im eigenen Saft braten.

## Entenspezialitäten

*I. Mit Kastanien gefüllt.* 300 g geschälte Edelkastanien mit der Entenleber, dem Entenmagen und -herz, alles feingehackt, sowie 50 g durchgedrehtem Räucherspeck weich dünsten, salzen, pfeffern. Ab und zu mit Fleisch- oder Knochenbrühe auffüllen, bis die Kastanien völlig zerkocht sind. Die Bauchhöhle einer gereinigten, gesalzenen Ente mit dieser Masse füllen und in der gewohnten Weise braten. Die Füllung beim Servieren um die zerlegte Ente häufen.

*II. Mit Sauerkraut.* Die Bauchhöhle einer gereinigten, gewaschenen und gesalzenen Ente mit ungeschälten, geviertelten säuerlichen Äpfeln füllen und in der Bratröhre halbgar braten. Eine Kasserolle mit Butter oder Fett ausstreichen, die Ente hineinlegen und mit 1 kg Sauerkraut umgeben. Das Sauerkraut mit Räucherspeckscheiben belegen und mit geriebenem Käse bestreuen. Das Ganze bei schwacher Hitze weich dünsten, dabei öfters mit dem verbliebenen Bratensaft begießen. Aufschneiden und mit Sauerkraut, Äpfeln und Salzkartoffeln garniert auftragen.

*III. Als Wildbret.* Die gereinigte Ente innen und außen salzen, pfeffern und dann zusammen mit kleingeschnittener Zwiebel und in Scheiben geschnittenem Suppengrün in Essig- oder Zitronenwasser zugedeckt weich dünsten. Das Suppengrün mit dem Saft durch ein Sieb geben, mit geröstetem Zucker, Wein und saurer Sahne abschmecken und über die zerlegte und auf einer Platte angerichtete Ente gießen.

*IV. Gedünstete Ente mit Croûtons.* Die gereinigte, gewaschene Ente dicht mit Räucherspeck spicken, innen und außen mit Salz und Pfeffer einreiben. In heißem Fett goldbraun braten und mit etwas Mehl bestreuen. Ist das Mehl leicht geröstet, zuerst 1/4 l guten Weißwein, dann so viel Fleisch- oder starke Knochenbrühe zugießen, bis die Ente bedeckt ist. Mit Zitronenschale und Pfefferkörnern abschmecken und zugedeckt weich dünsten. Magen, Leber, Herz und Lunge der Ente, 40–50 g Räucherspeck und eventuell etwas Zwiebel durchdrehen, wenig geriebene Semmel und 3 Eigelb daruntermengen, mit geriebener Zitronenschale, Salz und Pfeffer abschmecken und Semmelscheiben vom vorigen Tag damit belegen. Die Masse mit verquirltem Ei bestreichen, die Semmelscheiben nun in siedendem Fett braten und als Garnierung zum Entenbraten anrichten.

*V. Mit Rotweinsoße.* Das in Scheiben geschnittene Suppengrün, die Scheiben $^1/_2$ Zwiebel und Räucherspeckscheiben in wenig Fett anrösten, mit Fleisch- oder Knochenbrühe auffüllen, salzen, 4–5 Pfefferkörner hinzufügen und bei schwacher Hitze 1 Stunde kochen. Die gereinigte, gewaschene, gesalzene Ente dazugeben und zugedeckt weich dünsten. Das aufgeschnittene Fleisch auf einer Platte anrichten, die geseihte Brühe mit etwas Mehl binden, mit saurer Sahne und Rotwein abschmecken und über den Braten gießen.

*VI. Mit Apfelsinensoße.* Die Bauchhöhle einer geputzten, gewaschenen, gesalzenen Ente mit folgender Masse füllen: 150 g Kalbsleber, 150 g Gänseleber und die Entenleber – alles durchgedreht – mit 50 g kleingeschnittenen, gedünsteten Pilzen und 2 in Milch geweichten, durchgedrehten Semmeln, 2 Eiern, Salz und einer Prise Pfeffer gut vermengen. Die Bauchhöhle nach dem Füllen zunähen, die Ente in eine Kasserolle legen und mit den in Scheiben geschnittenen Möhren und der Petersilienwurzel in wenig Fett auf beiden Seiten rasch anbraten. Dann mit Wasser verdünnten Wein zugießen und die Ente zugedeckt ca. 1 $^1/_2$–1 $^3/_4$ Stunden in der Bratröhre weich dünsten. Wenn nötig, den Saft mit verdünntem Wein auffüllen. Danach die Ente herausnehmen, das Suppengrün mit etwas Mehl bestäuben und anrösten. 0,2 l Rotwein mit dem Saft 1 Apfelsine vermischen, die Schale einer halben Apfelsine hineinreiben und diese Flüssigkeit über das mehlbestreute, angeröstete Suppengrün gießen, wenn nötig, mit Knochenbrühe strecken. Die so bereitete Soße aufkochen und einen Teil über die zerlegte und mit der Füllung angerichtete Ente gießen, den Rest der Soße gesondert servieren. Bei feierlichen Anlässen wird die aufgeschnittene Entenbrust und die Füllung mit Apfelsinensoße übergossen serviert.

## Zubereitung der Pute

Die Pute 3–4 Tage vor dem Verbrauch einkaufen, ausnehmen, aber nicht auswaschen. In den Kühlschrank legen, das Fleisch ist nach dem Kühlen viel mürber als im frischen Zustand. Aus dem Putenklein bzw. dem langen Putenhals und den unteren Teilen der Flügel unter Zugabe von Rindsknochen, Suppengrün und Grießnockerln eine Suppe bereiten. Das weichgekochte Fleisch von den Knochen lösen und für Fleischsalate oder Pasteten verwenden.

## *Putenbraten*

*I. Füllen. Braten.* Die starken Sehnen von den Keulen der bratfertigen Pute vorsichtig abziehen, den Hals und die unteren Teile der Flügel abschneiden, in reichlich Wasser waschen und mit einem Tuch trockenreiben. Innen und außen etwas salzen. Für eine Pute von 3–4 kg etwa 300–350 g Räucherspeck verwenden. Davon 200 g in fingerbreite Streifen schneiden und Brust und Keulen mit Hilfe einer Spicknadel dicht spicken. Mit einer gut vermischten, lockeren Füllung die Pute füllen. Die Halshaut gut vernähen, ist die Bauchhöhlenöffnung zu groß, auch diese zunähen. Die Keulen am Bürzel zusammenbinden und die Pute in eine Pfanne auf dünne Räucherspeckscheiben legen, auch Brust und Keulen damit bedecken. 0,2–0,3 l Wasser dazugießen und in die heiße Bratröhre schieben, aber nur bei gleichmäßiger, mittlerer Hitze langsam dünsten. Dabei ab und zu mit dem eigenen Saft begießen und wenden, damit alle Seiten gleichmäßig knusprig werden. Die Bratzeit beträgt ca. 2–2 1/2 Stunden. Ist die Pute gar, aus der Bratröhre herausnehmen, 15–20 Minuten stehenlassen, erst dann aufschneiden. Das Brustfleisch vorsichtig vom Knochen lösen und der Breite nach in 3–4 Scheiben schneiden, in der ursprünglichen Form auf einer Platte anrichten, um das Brustfleisch die in 3–4 Stücke zerschnittene Keule, die oberen Flügelteile und die aufgeschnittene Füllung anordnen und das Fleisch mit etwas Bratensaft bespritzen. Vom Rest der Soße das Fett abschöpfen und in einer Sauciere reichen. Als Beilage Stroh- oder Bratkartoffeln, Risibisi, gedünstetes Kraut, Essiggurken servieren.

*II. Putenfüllung.* 3 Semmeln in Milch weichen, 50–60 g Räucherspeck in Würfel schneiden, Magen, Leber und Herz der Pute kleinschneiden. Den geräucherten Speck auslassen, 1 kleine, geriebene Zwiebel darin rösten, Magen, Leber und Herz dazugeben. Die ausgedrückten Semmeln mit Paprika, etwas Majoran und feingewiegter Petersilie würzen, salzen und pfeffern. Die ganze Mischung durchdrehen, 2 Eier und 2 Eigelb dazumengen. (Ist sie zu trocken, 1 Eßlöffel Fett daruntermischen.)

*III. Mit Kastanien gefüllt.* Eine gründlich gewaschene mittelgroße Pute mit folgender Masse füllen: 1 kg geschälte und in Milch weichgekochte Edelkastanien zerdrücken und nach dem Auskühlen mit 250 g gehacktem magerem Schweinefleisch, 2 in Milch geweichten und passierten Semmeln, 2 Eiern, 2 Eigelb, 0,1–0,15 l saurer (oder süßer) Sahne vermischen, salzen und pfeffern. Die mit dieser Masse gefüllte Pute mit Räucherspeck spicken und in der Röhre 2–2 1/2 Stunden unter häufigem Begießen goldbraun braten.

*IV. Mit Trüffeln.* Eine junge Pute putzen, salzen und das Innere mit der üblichen Füllmasse füllen. Brust und Keulen mit Trüffeln spicken, Keulen und Rücken mit Speckscheiben bedecken und in eine Kasserolle legen. Mit so viel fettiger Fleischbrühe auffüllen, daß die Pute halb bedeckt ist, Suppengrün und Zwiebel zufügen, bei schwacher Hitze langsam dünsten. Eine dünne, helle Mehlschwitze bereiten, mit der Putenbrühe auffüllen, den Rest der Trüffeln dazugeben, aufkochen und durch ein Sieb passieren. Das weichgedünstete Putenfleisch auf einer Platte anrichten und mit der Soße übergießen.

## *Das Perlhuhn*

gehört nicht zu Unrecht zur Familie der Fasane, es nimmt sogar einen ernsthaften Vergleich mit den Fasanen auf, obwohl es schon lange unter dem Hofgeflügel lebt. Das Perlhuhn verträgt sich gut mit anderem Geflügel. Vielerorts wird es als Ziervogel angesehen und wie der Pfau gehalten; tatsächlich ist sein Gefieder sehr schön – auf dunklem Grund schillern bunte Perlmuttflecke –, auch seine Stimme ist nicht angenehmer als die des Pfaus; man schlachtet es nicht, obwohl der aus Afrika stammende Vogel (Numidinae meleagris) einen der besten Braten ergibt, ähnlich dem des Fasans. Das Perlhuhn –, heute gezähmt, gehört im Geschmack und Charakter des Fleisches aber noch zu den Wildvögeln.

Damit sein Wildcharakter voll zur Entfaltung kommt, darf man dem Perlhuhn nicht einfach den Hals abschneiden wie einem gewöhnlichen Hühnchen, sondern muß es erwürgen, damit kein Blut ausfließt, auch wenn diese Tötungsart barbarisch erscheint. Das Perlhuhn säubern, salzen und gründlich spicken, bevor es gebraten wird, oder in breite Räucherspeckscheiben wickeln und in der Bratröhre unter öfterem Begießen mit dem eigenen Saft, dem etwas Wein oder saure Sahne beigemischt wurde, braten. Hauptattraktion auf der Platte ist natürlich sein üppiges schneeweißes Brustfleisch, dessen Geschmack die meisten Leute nicht von dem der Fasanenbrust unterscheiden können. Wer zur Keule greift, kann jedoch den Unterschied leichter feststellen; denn der Fasan – und das ist kein Geheimnis – besitzt lediglich ein ausgezeichnetes Brustfleisch, in den Keulen sind die Muskeln geradezu verknöchert. Dagegen ist die Keule des Perlhuhns – wie beschrieben zubereitet – ein wohlschmeckender, saftiger, feiner und mürber Bissen.

Zum Perlhuhn passen sehr gut Preiselbeeren und Cumberlandsoße (die aus Apfelsinen, Senf und Johannisbeerkonfitüre bereitet wird) sowie in Rotwein eingelegte Mandelpflaumen, aber auch einfaches Kompott, Endiviensalat oder auch anderer Salat. Die Perlhuhnzubereitung kann der des Wildbrets ähnlich sein. Man kann dafür aber auch die vielen Möglichkeiten nutzen, die zur Zubereitung von Masthühnchen und Kapaunen angewendet werden, um Perlhuhn mit gutem Appetit zu verspeisen.

# *Innereien*

## *Die Gänseleber*

hat ein jeder gern – wenn nur die Geldbörse genügend gefüllt und der Genuß dieses Leckerbissens nicht ärztlich untersagt ist. Selbstverständlich verbietet die Diät den Genuß dieser großen, edlen Drüse, denn ihr Fettgehalt ist sehr hoch. Unter Verfechtern der Schonkost gibt es aber welche, die – wie der bewußte Mann in der Anekdote, der beim plötzlichen Anblick einer schönen, sich entkleidenden Frau geneigt war, ein Auge zu riskieren – ein kleines Magenbrennen in Kauf zu nehmen für eine Scheibe herrlich mürber Gänseleber. (Nur eine Messerspitze Natron sollte bei der Hand sein.)
Sicherlich hätten auch die alten Römer so gedacht, wäre ihnen die Diät bekannt gewesen. Aus zeitgenössischen Aufzeichnungen geht hervor, daß schon sie die Gänseleber sehr schätzten. Ihrer Meinung nach schmeckte sie am besten, wenn die Gans mit Feigen gefüttert worden war. Unter den berühmten Feinschmeckern gab es sogar solche, die von der Leber auf ihrem Teller genau darauf schließen konnten, ob die Gans mit frischen oder getrockneten Feigen gefüttert worden war.
Zwar gehört diesen Feinschmeckern – wie Apicius, Petronius, Lukullus und Gefährten – meine volle Hochachtung, doch muß ich erwähnen, daß das heute gar nicht mehr so wichtig ist. Vielleicht hatten es die römischen Gänse nötig, daß man sie mit Feigen stopfte. Die stattlichen ungarischen Gänse bekommen jedoch auch vom Mais eine ganz hervorragende Leber, deren Qualität auch die Franzosen immer sehr zu schätzen wissen und sie deshalb bei der Bereitung ihrer weltberühmten Spezialität, der Strasbourger Leberpastete, mit Trüffeln verwenden. Das ist ein echter Feinschmeckerbissen und schließt allen Zweifel aus. Diese kleine Meditation soll jedoch keine Parallelen ziehen zwi-

schen den Gänsen der alten Römer und der ungarischen, noch soll sie ein besonderes Loblied auf Straßburger Gänseleberpastete singen. Sie soll uns einfach dahin führen, wie Gänseleber – meiner Meinung nach – auf beste Weise gebraten wird:

## Braten von Gänseleber

*I.* Die schöne, große, helle Leber (das Herz mit der Herzwurzel herausschneiden und im Gänserisotto kochen) in eine Kasserolle legen, etwas Gänsefett dazugeben und mit so viel roher, schwach gesalzener Milch begießen, daß die Leber gerade bedeckt ist. 6–7 Stunden darin weichen lassen. Dann zugedeckt so lange dünsten, bis die Milch verkocht ist. Nun die Leber im eigenen Fett im offenen Gefäß einige Minuten braten. Keine Gewürze, vor allem keinen Knoblauch dazugeben! Die Leber läßt sich sowohl kalt als auch warm ausgezeichnet aufschneiden und ist wie eine Creme gut zu streichen.

*II.* In kräftiger Fleischbrühe die Leber kochen bzw. weich dünsten. Mit Pilzscheiben und 1–2 Nelken spicken. Die auf diese Weise bereitete Leber gehört ebenfalls zu den erstklassigen Delikatessen.

*III.* Die Leber, eventuell mit 1 kleinen Zwiebel, auf einem Stück Fett oder Weißleberfett aufsetzen. Mit so viel Wasser, weder mit Fleischbrühe noch mit Milch, auffüllen, daß die Leber gerade bedeckt ist.

## Geröstete Leber

Die gereinigte Kalbs-, Gänse- oder Schweineleber in Würfel schneiden. Zwiebelscheiben in Fett rösten, eventuell etwas Paprika hineinstreuen, die Leberwürfel dazugeben und das Ganze fertig rösten. Erst beim Anrichten salzen, damit die Leber nicht hart wird. Sie schmeckt auch ohne Zwiebeln, nur etwas gepfeffert, sehr gut.

## Gebackene Leber

*I.* Die Kalbs- oder Gänseleber in mittelstarke Scheiben schneiden, etwas pfeffern und in Mehl wenden. Bei mäßiger Hitze in heißem Fett braten. Die Leberscheiben erst beim Anrichten salzen, damit sie nicht hart werden.

*II.* Leberscheiben wie üblich panieren und in viel heißem Fett braten.

## Kalbs- oder Schweineleber

*I. Mit saurer Sahne.* 500 g gewaschene Kalbsleber dicht mit Räucherspeck spicken und mit wenig Zwiebelscheiben in heißem Fett so lange braten, bis sie gar ist. Kurz vor dem Garwerden salzen, reichlich mit saurer Sahne und etwas Zitronensaft begießen, die Leber in Scheiben schneiden, den Saft darübergeben und servieren.

*II. Mit Pilzen.* 500 g Kalbsleber in dünne Scheiben schneiden, in heißem Fett braten und erst danach salzen. 300 g geputzte, kleingeschnittene Pilze in Fett weich dünsten, salzen und auf die auf einer Platte angerichtete Leber gießen.

*III. Saure, mit Majoran.* Die dünnen Leberscheiben in 50–60 g heißer Paprikabutter unter öfterem Wenden gut durchbraten, mit 1 Eßlöffel Mehl und etwas fein zwischen den Fingern zerriebenem Majoran bestreuen, ein wenig Essig oder Zitronensaft daraufgeben und unter ständigem Rühren eine nicht zu dicke Soße bereiten. Erst vor dem Servieren salzen.

*IV. Mit geräucherter Zunge.* 750 g in fingerdicke Scheiben geschnittene Schweine- oder Kalbsleber in heißer Butter rasch braten. Zu jeder Scheibe Leber eine dünne Scheibe geräucherte Zunge legen. Erst auf der angerichteten Platte salzen. Als Beilage grünes Gemüse (Spinat eignet sich besonders) reichen.

## Gekröse (Kaldaunen) und saure Lunge

spielen in den Überschriften gastronomischer Artikel kaum eine Rolle, auch im vorliegenden Text kommen sie recht selten vor. Im alten Budapest wurden die aus Rindergekröse bereiteten Gerichte kaum geschätzt, und sogar die Leute, die diese Gerichte verkauften, wurden kaum geachtet. Im Gegensatz zu den wohlhabenden Metzgern und wohlbeleibten Selchern standen die Gekrösehändler, die auch die übrigen „Innereien“ verkauften, auf sehr bescheidener Stufe innerhalb der Welt der Fleischgewerbetreibenden.

Rindergekröse, die saure Lunge sowie Kalbsgekröse gehörten in Budapest zu den Nahrungsmitteln der ärmsten Leute, und nur der Fleischhunger während der Kriegsjahre lenkte die Aufmerksamkeit auf diese Innereien.

Gegenwärtig kennen wir uns in vielen Fleischsorten aus; trotzdem meine ich, daß es an der Zeit ist, dem Gekröse in unseren Küchen, auf unserem Tisch, einen würdigen Platz einzuräumen. Dazu ermutigt nicht nur die Tatsache, daß es viel billiger zu haben ist als andere Fleischsorten, sondern dazu berechti-

gen auch seine Verdienste. Sowohl die berühmte italienische als auch die französische Küche stellen das unter Beweis. Die „trippa" auf den italienischen und die „tripe" auf den französischen Speisekarten gehören, als Suppe oder Vorspeise zubereitet, zu den beliebtesten Gerichten und spielen auch im besten Restaurant eine Rolle.
Selbstverständlich ist es wichtig, das Gekröse (die muskulöse, von der Schleimhaut befreite Wand des Rinder- und Schafmagens) vor der Zubereitung besonders sorgfältig zu reinigen und zu bürsten, um jedem Vorurteil und jeder Besorgnis entgegenzuwirken, die seiner Herkunft wegen bestehen. Notwendig ist es auch, mit entsprechenden Gewürzen seinen Geschmack zu verbessern.
Während man zuhause leicht vor der Zubereitung von saurer Lunge zurückschreckt, ist dieses Gericht – besonders aus Kalbslunge und mit Semmelklößen bereitet – seit langem am Biertisch der Wirtshäuser eine beliebte Zwischenmahlzeit. Die Männer mögen es, denn richtig zubereitet ist es wahrhaftig eine wohlschmeckende Speise. Saure Lunge wird auch gern von den Gastwirten angeboten, weil sein würziger, säuerlicher Geschmack nach Bier verlangt.
Saure Lunge (Beuschel) ist aber nicht nur als zweites Frühstück oder als Vorspeise geeignet, sondern auch als selbständiges Abendessen. Dieses Gericht bereichert die Speisekarte und ist außerdem auch auf dem Familienherd ausgezeichnet herzustellen, obwohl manche Männer behaupten, gute saure Lunge sei nur in der Gastwirtschaft erhältlich.
Unter uns gesagt: Ich nehme an, daß es sich in diesem Fall nur um eine harmlose List der Männer handelt, die sich mit dieser Feststellung ab und zu einen Bierausgang sichern wollen. Aus Solidarität mit ihnen müßte ich eigentlich schweigen, trotzdem siegt mein Feinschmecker-Pflichtbewußtsein und zwingt mich zu der Erklärung, daß all diese Behauptungen unbegründet sind. Jawohl, saure Lunge muß zu Hause ebensogut gelingen wie im besten Restaurant oder in der Stammkneipe. Nur muß man eben die im Rezept vorgeschriebenen Regeln genau einhalten.
Vor dem Servieren wird saure Lunge im Wirtshaus ordentlich mit Pörkeltsaft begossen. Zu Hause ist dieser meistens nicht fertig zur Hand. Etwas Speck auslassen, Zwiebel zugeben, Paprika hineinstreuen, mit ganz wenig Wasser auffüllen, salzen und zugedeckt dünsten. Damit kann das „Pörkeltsaftproblem" – wer nicht darauf verzichten will – gelöst werden.
Wenn man zuhause die Rezeptvorschriften genau einhält, wird man mit der sauren Lunge das berühmteste Restaurant beschä-

men. Nur soll man nicht versäumen, die dazu gereichten leichten, mürben Semmelklöße aus solchen Semmelwürfeln zuzubereiten, die in Fett geröstet und nicht in Wasser geweicht wurden. Schließlich werden die Semmelklöße in siedendem Fett mit saurer Sahne gewendet.
Außerdem nicht vergessen, geviertelte Zitronen auf den Tisch zu stellen; das gehört auch zu den unentbehrlichen Kneipentraditionen.

## *Rindergekröse*

*I.* Das Gekröse gut salzen und kräftig abreiben, zuerst mit kaltem, dann mit heißem Wasser gründlich waschen. Kalt aufsetzen. Nach dem Aufkochen das Wasser abgießen und durch frisches kaltes Wasser ersetzen, abermals aufkochen und das Wasser abgießen. Danach das Gekröse in Salzwasser weich kochen und in lange, dünne Streifen schneiden. Eine helle Mehlschwitze bereiten, Petersilie (eventuell kleingeschnittene Zwiebel) dazugeben, mit Knochenbrühe oder Wasser auffüllen, salzen, 1–2 Lorbeerblätter und etwas Pfeffer hinzufügen, eine Weile kochen lassen, danach abseihen, das Gekröse in den Saft legen und aufkochen lassen. Mit 1–2 Eigelb binden, 1–2 Eßlöffel Essig oder Zitronensaft darüberträufeln und servieren.
*II. Als Pörkelt.* Das Gekröse salzen, in kaltem und heißem Wasser gründlich waschen, mehrmals je nach dem Aufkochen das Wasser erneuern, dann kalt aufsetzen, salzen, halbgar kochen. Geriebene Zwiebel in Fett rösten und mit einer gehäuften Messerspitze Paprika bestreuen. Das in Würfel oder dünne Streifen geschnittene Gekröse und ein wenig Wasser dazugeben und völlig weich kochen. Vor dem Servieren salzen. Tarhonya dazu reichen.

## *Saure Kalbs- oder Hammellunge*

Die Kalbs- oder Hammellunge sauber waschen und zusammen mit Suppengrün und einigen Lorbeerblättern in Salzwasser kochen. Nach dem Auskühlen in dünne Streifen schneiden. Eine dunkle Mehlschwitze bereiten, eine Prise Paprika darüberstreuen und das Ganze noch einige Sekunden rösten. Dann mit der Lungenbrühe aufgießen, unter ständigem Rühren noch eine Weile kochen, zwischendurch pfeffern und 1–2 Eßlöffel Weinessig dazugeben. Danach die in Streifen geschnittene Lunge hinein geben und alles bei kleiner Hitze noch 25–30 Minuten kochen. Wenn die Lunge gar ist, eventuell mit 1–2 Eßlöffeln saurer Sahne abschmecken.

## Kalbs- oder Schweinelunge

*I. Tokány nach Art „jenseits der Theiß"*. Die in Salzwasser gekochte und in Streifen geschnittene Kalbs- oder Schweinelunge im ausgelassenen Fett von 100 g Räucherspeck (mit Zwiebelscheiben) dünsten. Aus 30 g Fett und 20 g Mehl eine helle Mehlschwitze bereiten, mit 0,3 l schwach mit Zitrone gesäuertem Wasser auffüllen, die gedünstete Lunge, 500 g geschälte, länglich geviertelte gekochte Kartoffeln dazugeben und nochmals aufkochen.

*II. Reis mit Lunge*. Kalbs- oder Schweinelunge reinigen, in Salzwasser kochen, feinwiegen, salzen, pfeffern, etwas kleingeschnittene Petersilie dazugeben und kurze Zeit in wenig heißem Fett dünsten. Diese Mischung vor dem Anrichten mit 200 g gedünstetem Reis vermengen.

*III. Auf Wiener Art*. 500–600 g Kalbslunge zusammen mit Suppengrün in mit Essig gesäuertem Salzwasser weich kochen. Nach dem Auskühlen in Streifen schneiden. Aus 50 g Mehl und 50 g Butter eine dunkle Mehlschwitze bereiten, eine Prise geriebene Zwiebel und feingewiegte Petersilie darin bräunen, mit einem Teil der passierten Brühe, in der die Lunge gekocht wurde, auffüllen, etwas feingewiegten Thymian, 1 Lorbeerblatt, Zitronenschale und die in Streifen geschnittene Lunge dazugeben. Je nach Geschmack mit wenig Essig oder Zitronensaft säuern.

## Geröstete Brotschnitten mit Hirn

Ein Kalbs-, Schweine- oder Rinderhirn reinigen, in Salzwasser kochen und in Scheiben schneiden. Pro Person 2 Brotscheiben rösten, mit Butter bestreichen, mit je einer Scheibe Hirn belegen, salzen, pfeffern, mit saurer Sahne, die vorher mit Eiern verrührt wurde, bestreichen und mit geriebener Semmel und geriebenem Käse bestreuen. Die Schnitten 15–20 Minuten in die Röhre stellen und heiß servieren.

## Brotschnitten mit Hirn

Das in Salzwasser gekochte Hirn in Scheiben schneiden und auf mit Butter bestrichene geröstete Brotscheiben legen. Eine Sardellenbuttersoße bereiten. Die auf eine feuerfeste Platte gelegten Schnitten damit übergießen, mit geriebenem Käse bestreuen und in der Bratröhre hellbraun backen. Heiß servieren.

## Gebackenes Rinderhirn

300 g Rinderhirn in Salzwasser halbgar kochen, das Wasser abtropfen lassen. Auch die kleinsten eventuell zurückgebliebenen Häutchen abziehen, das Hirn in kleine Würfel schneiden,

salzen, in Ei und geriebener Semmel wälzen und in heißem Fett backen. Vor dem Servieren mit etwas Zitronensaft beträufeln und auf Spiegeleiern anrichten.

## *Schweine- oder Hammelhirn mit Paprika*

Das vorbereitete Schweine- oder Hammelhirn in heißem Paprikafett braten. Nach dem Bräunen das Fett abgießen, 1–2 Eßlöffel Wasser über das Hirn geben und zugedeckt einige Minuten dünsten lassen. Auf einer Platte anrichten, salzen, den Saft darübergießen und einen Salat (Kartoffel, Möhren u. a.) dazu reichen.

## *Hirn mit Nieren*

Die Schweine- oder Kalbsnieren waschen, reinigen und in dünne Scheiben schneiden. Das Hirn in kaltem Wasser von den feinen Häutchen und vom Blut säubern. Dann ein wenig Zwiebel – kann aber auch wegbleiben – und eine Messerspitze Delikateßpaprika in Fett anrösten, die Nieren hineingeben und weich dünsten. Wenn sie gar sind, das Hirn dazurühren, salzen und das Ganze noch einige Minuten auf dem Herd stehenlassen.

## *Kalbs- oder Hammelzunge*

*I. Mit Tomaten.* Eine gereinigte Kalbszunge oder je nach Größe mehrere Hammelzungen in Salzwasser mit Suppengrün weich kochen und enthäuten, in eine mit Butter ausgestrichene Kasserolle legen, mit Tomatensaft übergießen und 10 Minuten dünsten lassen. Mit Nudeln anrichten und Tomatensoße dazu servieren.
*II. Auf dem Rost gebraten.* Die Zunge in Salzwasser weich kochen, enthäuten, in längliche Streifen schneiden, mit heißem Fett begießen, mit Zitronensaft oder Essig beträufeln, in Mehl wälzen, auf dem Rost oder in einer Bratpfanne in Fett braten.
*III. Suppe und Fleischgericht.* 750 g gereinigte (nicht geräucherte) Zunge mit Suppengrün und 1–2 Knochen in Salzwasser weich kochen. In der geseihten Brühe eventuell Reis oder Grießnokkerln kochen, die Suppe vor dem Servieren nach Geschmack mit 1–2 Eigelb verfeinern. Die Zunge in Scheiben schneiden und mit Stampfkartoffeln reichen.

## *Lammzunge mit Tomatensosse*

Die kleinen Lammzungen in Salzwasser weich kochen, enthäuten, aufschneiden und mit Paprikabutter übergießen. Mit Makkaroni garnieren, dazu in einer Sauciere Tomatensoße reichen, die mit Salz, Pfeffer und Paprika gewürzt wurde.

## Gedünstete Rinderzunge

Die gesalzene, gepfefferte Rinderzunge mit siedendem Wasser brühen und enthäuten. In Fett (eventuell mit Zwiebel) zugedeckt weich dünsten, aufschneiden und im eigenen Saft servieren.

## Zunge mit Sosse

*I. Kalbs- oder Rinderzunge mit Sardellensoße.* Eine Zunge weich kochen und auskühlen lassen. Danach enthäuten, mit Räucherspeck spicken und braten. Unterdessen 1 Eßlöffel geriebene Semmel in wenig Fett rösten, 0,2 l saure Sahne, feingewiegte Petersilie und 2–3 kleingeschnittene Sardellen dazugeben, alles zusammen dünsten. Die Zunge aufschneiden und mit der Soße servieren.

*II. Gekochte Rinderzunge mit Tomatensoße.* Eine Rinderzunge in Salzwasser weich kochen. In die geseihte Brühe einige Tomatenscheiben oder 1–2 Eßlöffel Tomatenmark, 8–10 Pfefferkörner (in einen kleinen Mullbeutel füllen, dadurch leichter wieder herauszunehmen) und 1 Kaffeelöffel Fleischextrakt geben. Dick einkochen lassen. Danach 80–100 g feingeschnittene, gedünstete Pilze hineinrühren. Die auf einer Platte angerichtete aufgeschnittene Zunge mit dieser Soße übergießen.

## Gebratene Rinderzunge

Die vorbereitete Rinderzunge zusammen mit Suppengrün in Salzwasser weich kochen und enthäuten. Danach die mit Räucherspeck gespickte Zunge in 50 g Fett in einer Kasserolle braten, dabei öfters mit dem eigenen Saft begießen und mit einigen Tropfen Essig oder Zitronensaft beträufeln. 0,1–0,2 l frische saure Sahne über den Braten gießen und einige Minuten kochen lassen. Die Zunge aufschneiden, auf eine Platte legen, mit der Soße begießen und Kartoffeln oder Erbspüree dazu reichen.

# Wildbret

„Unser Hain welkt dahin
und ihm entfällt die Zier . . .“

und auf den Stoppelfeldern und an der Bergseite erklingt immer öfter der Büchsenknall der Jäger. Auf der Tafel dieser herbstlichen Jahreszeit spielt Wildbret eine bedeutende Rolle; Hase, Rebhühner, Fasane, Rehe und Hirsche. Die reichen Jagdgebiete der Wälder und Wiesen liefern verlockende Braten. Die ungarischen Köche wußten schon immer, wie das erlegte Wildbret abwechslungsreich und wohlschmeckend gebraten, gedünstet oder gekocht werden muß.
Sie lernten es von ihren Meistern und bewahrten die wertvollen Traditionen der ungarischen Küche. Dieser reiche Erfahrungsschatz verschmolz mit dem Guten und Interessanten der ausländischen Küche, so daß sich die Zubereitung des vierbeinigen und geflügelten Wildes zu einer wahren Kunst entfaltete.
Wildbret kann man in einem namhaften Restaurant oder in einer dafür spezialisierten Gaststätte genießen. Man sollte aber auch Mut zur Zubereitung zu Hause haben, um dadurch unseren Speiseplan abwechslungsreicher zu gestalten. Da dies jedoch noch immer selten vorkommt, ist es auch für eine geübte Hausfrau nicht immer einfach, mit Wild fertig zu werden. Zur Vorbereitung des Bratens gehört das mehrmalige Abbrühen mit Salzwasser; das erleichtert das Abziehen der feinen Häute. Den Rücken des Wildes an mehreren Stellen einschneiden, damit er während des Bratens nicht zusammenschrumpft. Das Fleisch von Wild ist im allgemeinen fettärmer als das der Haustiere, es trocknet leichter aus, brät zusammen und wird zäh. Deshalb zum Braten nicht nur mehr Fett verwenden, sondern auch reichlich mit Räucherspeck spicken und sogar die Bratpfanne mit Räucherspeckscheiben auslegen.
Gehen wir also mit der nötigen Sorgfalt vor und befolgen wir genau die Rezeptvorschriften, dann wird ein Wildgericht zu einem ungewöhnlichen Genuß.

## Zubereitung der Beize für Wild

Die Beize, die wichtige Grundlage der Wildgerichte, wird traditionell mit selbsthergestelltem Essig, zur Hälfte Wasser, zur Hälfte Wein zusammengestellt. Vom im Handel erhältlichen zehnprozentigen Speiseessig ist nur die Hälfte, vom zwanzigprozentigen ¼ der Essigmenge nötig. Auf jeden Fall sorgfältig abschmecken, damit die Beize angenehm säuerlich und würzig wird. Falls bereits gewürzter Essig verwendet wird (z. B. mit Estragon), soll dessen spezieller Geschmack und die Konzentration ebenfalls beachtet werden. In 2 l Beize, 500 g in Scheiben geschnittene Möhren und Petersilienwurzel, 1–2 Lorbeerblätter, 10–12 Pfefferkörner, ½ in Scheiben zerlegte Zitrone, 1 Kaffeelöffel Salz und ½ Zwiebel dazugeben. Die Beize gut aufkochen und heiß über das gewaschene und gereinigte Wildfleisch gießen. Das Fleisch 3–4 Tage lang, im Winter auch länger, darin liegenlassen und täglich wenden.

## Wildhaschee mit Spiegelei

Alle gebratenen oder gebeizten Wildfleischarten, auch vermischt, sind für dieses Gericht geeignet. Etwas geriebene Zwiebel in Butter rösten, das durchgedrehte oder feingeschnittene Wildfleisch (auch Reste) dazugeben, mit Mehl bestäuben. Mit einigen Eßlöffeln Fleisch- oder Knochenbrühe auffüllen, salzen, pfeffern, mit Zitronensaft abschmecken und 15–20 Minuten dünsten. Zu flachen Klößen geformt auf einer Platte anrichten und mit Spiegeleiern garniert servieren (auch ohne Zwiebel schmackhaft).

## Wildpörkelt

Wildfleisch (Hasen-, Reh- oder Hirschblatt) putzen, in kleine Stücke schneiden, mit einer Messerspitze Delikateßpaprika würzen, in heißem Fett zugedeckt weich dünsten. Nach Bedarf Wasser auffüllen. Mit einigen Tropfen Zitronensaft abschmecken und mit 1–2 Eßlöffeln saurer Sahne nochmals aufkochen lassen. Mit Tarhonya, Semmelklößen oder Nockerln servieren.

## Hase

*I. In Rotwein.* In 150 g zerlassene Butter 500 g in Stücke geschnittene Schweinekeule, einen ganzen zerlegten Hasen und 1 in Scheiben geschnittene Zwiebel schichten, salzen, pfeffern und das Ganze gut zugedeckt 1 Stunde dünsten. Dann ½ l Rotwein darübergießen und zugedeckt 20–30 Minuten weiterdünsten.

*II. Mit schwarzer Soße.* Den in kleine Stücke geteilten Hasen mit 100 g Butter oder Fett, 1–2 Lorbeerblättern, Salz, Pfeffer, 0,2 l Rotwein, 0,5 l dunkler Knochenbrühe und 40 g Schwarzbrot zugedeckt weich dünsten, dann aus dem Saft nehmen. In die Soße 0,25 l saure Sahne und 40 g gebräunten Zucker geben, aufkochen lassen, entfetten, seihen, erneut aufkochen lassen und über das Fleisch gießen.

*III. Blatt, säuerlich.* Der mit Salzwasser gebrühte Hase läßt sich leicht vom Blatt aus mit einem spitzen Messer enthäuten. In Stücke zerlegt und mit soviel Wasser angesetzt, daß das Fleisch gerade bedeckt ist, zusammen mit 1 Möhre, Petersilienwurzel und Sellerie weich kochen. Danach mit einer Paprika-Mehlschwitze binden und mit Essig abschmecken. Nach Belieben mit Salzkartoffeln reichen, dadurch wird das Gericht ergiebiger.

## Hasenbraten

I. *Mit Wildsoße.* Den gereinigten, gesalzenen Hasenrücken und 2 Hinterkeulen einige Tage in Wildbeize liegenlassen. Danach dicht mit Räucherspeckstreifen spicken und das Fleisch mit in Scheiben geschnittenem Suppengrün in 2 Eßlöffeln Fett und einigen Eßlöffeln Beizsud in der heißen Bratröhre braten. Dabei öfters begießen, bei Bedarf den Saft durch Beizbrühe ergänzen. Für die Soßenbereitung den Bratensaft mit dem Suppengrün durch ein Sieb passieren. In 0,3 l saurer Sahne 1 Eßlöffel Mehl verquirlen, mit der Bratensoße aufgießen, den Saft 1 Zitrone dazugeben, 1 Eßlöffel Senf, eine Prise Pfeffer, einige gebräunte Würfelzucker, eventuell eine Prise Salz und 15–20 kleingeschnittene Kapern dazumengen. Das Ganze aufkochen, einen Teil über den Braten gießen, den übrigen in einer Sauciere servieren.

II. *Mit pikanter Soße.* Den Rücken und den hinteren Teil eines gereinigten Hasen 1–2 Tage lang in einer Beize liegenlassen. Die Beize aus Rotwein, Zitronensaft, 1–2 Lorbeerblättern, Möhren- und Petersilienwurzelscheiben, ferner aus einigen Pfefferkörnern, etwas Zucker und Salz bereiten. Den gebeizten Hasen reichlich mit Räucherspeck spicken, mit etwas Fett in der Röhre braten, dabei häufig mit der Beize und dem eigenen Saft begießen und schließlich einige Eßlöffel saure Sahne in den Saft rühren. Wenn der Braten gar ist, aus dem geseihten Saft und der restlichen Beize sowie einigen Würfeln gebräuntem Zucker und 1 Eßlöffel Mehl eine braune Soße bereiten, diese durch ein Sieb geben und beim Servieren teils über den Braten gießen, teils in einer Sauciere auftragen. Als Beilage Semmelklöße, Kartoffelkroketten oder Blätterteigpogatschen reichen.

III. *Mit Weinsoße.* In Stücke geschnittenen Räucherspeck in einer Kasserolle auslassen und den gereinigten, gesalzenen hinteren Teil des Hasen hineinlegen. Mit etwas Wasser und Rotwein begießen, mit dem Saft 1 Zitrone und der geriebenen Zitronenschale abschmecken und zugedeckt weich dünsten. Danach den Saft seihen, entfetten, mit einer Butter-Mehlschwitze eindicken, mit 0,1–0,2 l Wein auffüllen und erneut aufkochen. Diese Soße über den aufgeschnittenen, auf einer Platte angerichteten Hasen gießen.

IV. *Ohne Beize.* Den jungen Hasen im ganzen reinigen, waschen, salzen, reichlich spicken, mit heißem Fett übergießen und in der

Röhre braten. Dabei ständig begießen. Mit Cumberlandsoße servieren. Der Braten schmeckt auch kalt vorzüglich.

*V. Am Spieß gebraten.* Den gereinigten, mit Räucherspeck gespickten jungen Hasen am Spieß braten, dabei öfters mit Butter begießen. Eine braune Soße mit Kapern und saurer Sahne gesondert dazu servieren.

*VI. Auf italienische Art.* 250 g in Scheiben geschnittene Petersilienwurzel, Möhren und Sellerie (eventuell etwas Thymian), einige Würfelzucker und 100 g feingeschnittenen Räucherspeck rösten, mit etwas Mehl bestäuben und den gereinigten Hasenrücken und die -keulen hineinlegen. 2–3 Eßlöffel saure Sahne darübergießen, das Fleisch weich braten und auf eine Platte anrichten. Den Saft seihen, mit Zitronensaft, Weißwein und 1–2 Kapern abschmecken und nochmals aufkochen lassen. Die Soße über den Braten gießen. Strohkartoffeln dazu reichen.

*VII. Gespickt.* Den gereinigten Hasen in zwei Finger breite Stücke schneiden, spicken und für 2–3 Tage in die Beize legen. Danach in wenig Fett oder Butter weich dünsten, wenn nötig, etwas Beize nachgießen. Wenn das Fleisch weich ist, die Scheiben mit kräftiger Fleischbrühe bestreichen und kurze Zeit so braten, daß sie schön glänzend werden. Mit Pfeffer- oder Tomatensoße servieren.

*VIII. Gebacken.* Vom hinteren fleischigen Teil des ganz jungen Hasen Scheiben abschneiden, brühen, leicht klopfen, salzen, mit Mehl, Ei und geriebener Semmel panieren und in heißem Fett braten. Kopf- oder Tomatensalat dazu reichen.

## Hasenhaschee

Von den Hasenkeulen das Fleisch lösen und zusammen mit 200 g Schweinefleisch durchdrehen. 2 Eier, Salz und etwas Pfeffer dazumengen und das Ganze in einer dem Rehrücken ähnlichen länglichen Form braten. Mit Kapernsoße anrichten.

## Hasenkroketten

Die gleiche Menge Hasenfleischreste, Schinken, Schweinezunge und Pilze durchdrehen, mit der halben Menge kleiner, in Salzwasser gekochter Makkaronistücken und so viel saurer Sahne und Eigelb vermengen, daß sich die Masse gut formen läßt. Das Ganze salzen und nach Geschmack pfeffern, kleine Röllchen formen, in Ei und geriebener Semmel wälzen und in heißem Fett backen.

## Hasenpörkelt

1 kg Hasenfleisch (zu diesem Gericht eignet sich auch der vordere Teil) reinigen, in Stücke schneiden, salzen und in heißem, mit einer Messerspitze Edelsüßpaprika vermischtem Fett zugedeckt weich dünsten lassen. Dabei mehrmals den verkochten Saft durch etwas Wasser auffüllen. Zuletzt noch 1–2 Eßlöffel saure Sahne dazugeben, noch einmal aufkochen lassen und mit einigen Tropfen Zitronensaft abschmecken. Tarhonya oder Nokkerln dazu reichen.

## Hasenragout

*I.* Den sorgfältig gereinigten und in Stücke geschnittenen vorderen Teil des Hasen (eventuell auch Keule) salzen, pfeffern, mit etwas Öl und Weißwein begießen und 1–2 Stunden stehenlassen. Eine Butter-Mehlschwitze bereiten, die Fleischstücke hineinlegen, mit verdünntem Rotwein auffüllen, 1–2 Lorbeerblätter, wenig Zwiebel und Thymian dazugeben und zugedeckt langsam dünsten. Die inzwischen in Butter gedünsteten, kleingeschnittenen Pilze hinzufügen. Ist das Fleisch gar, den Saft passieren, wieder über das Fleisch gießen und servieren.

*II.* Den gereinigten, gesalzenen, in kleine Stücke geschnittenen Hasenrücken und 250 g in Würfel geschnittenen Räucherspeck mit 0,7 l gutem Rotwein begießen. Pfefferkörner, Wacholderbeeren, in Scheiben geschnittene Möhren, Petersilienwurzel und Zwiebel dazugeben. Zugedeckt langsam dünsten. 250 g kleingeschnittene Pilze in Butter dünsten, salzen, pfeffern und dem Hasenfleisch beimengen. Mit gerösteten Semmelscheiben reichen.

*III. Hasenfrikassee in Wein.* Den Hasen in kleine Stücke zerlegen, nicht waschen, sondern mit dem Blut im Inneren in eine Schüssel legen. Mit Weißwein begießen und 1–2 Tage kühl stellen. Vor der Zubereitung 100 g Butter auslassen. Die Hasenstücke ein wenig darin anrösten, dann wieder herausnehmen. Aus der Butter und 2 Eßlöffeln Mehl eine helle Mehlschwitze bereiten, mit so viel Fleisch- oder Knochenbrühe auffüllen, daß die hineingelegten Fleischstücke vollständig bedeckt sind. Mit Zitronenschale, Muskatnuß und 50 g kleingeschnittenem Räucherspeck würzen, salzen und pfeffern. Zugedeckt kochen, bis das Fleisch gar ist, dann den mit dem Blut vermischten Wein dazugießen, nochmals aufkochen lassen. Vor dem Servieren noch 20–30 g Butter an den Saft geben.

## Hasensuppe

Aus Hasenfleisch läßt sich eine ebenso schmackhafte Suppe bereiten wie aus Rindfleisch, besonders geeignet sind dafür die Keulen. Das Fett ablösen und das Fleisch in kaltem Wasser aufsetzen. Gleichzeitig gesondert kochendes Wasser bereiten.

Wenn die Suppe zu kochen beginnt, bildet sich an der Oberfläche viel brauner Schaum. Das Fleisch herausnehmen und in den anderen Topf mit dem kochenden Wasser legen. 500 g Suppengrün dazugeben und im weiteren genauso verfahren wie bei einer Fleischbrühe, salzen, einige Pfefferkörner hinzufügen, je nach Geschmack einige Lorbeerblätter. Das Fleisch von den Knochen lösen und eventuell mit saurer Soße servieren.

*Hasenpastete*

Einen einige Tage lang gebeizten Hasen zerlegen und in Fett und Wasser unter häufigem Begießen so weich dünsten, daß sich das Fleisch leicht von den Knochen lösen läßt. Dann das Fleisch einige Male durchdrehen, salzen, mit etwas Essig und Pfeffer würzen und mit 150 g feingewiegtem Räucherspeck und 2–3 Eigelb vermengen. In einer mit Butter ausgestrichenen Form ½ Stunde lang im Wasserbad kochen.

*Hasenfleischsülze*

Den mit Räucherspeck gespickten Hasen in eine mit Räucherspeckscheiben ausgelegte Pfanne legen. 1 Zwiebel, 1 Möhre, 1 Petersilienwurzel, 1 Sellerie, 1–2 Lorbeerblätter, 8–10 Pfefferkörner und einige Kalbsknochen dazulegen, $^1/_2$ l Wein darübergießen und gut zugedeckt 1½ Stunden in der Röhre dünsten. Sobald das Fleisch gar ist, aufschneiden, in eine Schüssel tun und den Saft darüberseihen. Dann kalt stellen, mit Aspik garnieren.

## Kaninchen

haben einen gewichtigen Vorteil: sie sind sehr billig. Um Kaninchenzüchter zu sein, bedarf es nur einer ganz minimalen Ausrüstung. Zuchttiere hoher Qualität sind billig, die Aufzucht selbst ist außerordentlich wirtschaftlich und sowohl in den Außenbezirken der Städte als auch auf dem Lande leicht zu verwirklichen. Dabei lohnt es sich, das Kaninchen nicht nur wegen seines Fleisches, sondern auch wegen seines Pelzes zu züchten. Ich muß wohl nicht erwähnen, daß hier nicht von dem altbekannten Bastard der Bauernhöfe, dem Hasen mit weißhaarigem Fell und roten Augen die Rede ist, sondern von den belgischen, normandischen und lothringischen Rassen, von denen ein Exemplar schöner als das andere ist und die ein Gewicht von 6–8 kg erreichen. Ihr Fell aber ist samtweich und reicht in verschiedenen Nuancen vom hellen Grau bis zum dunklen Blaugrau.

Diese Tiere vermehren sich sehr rasch. Die Kaninchenhaltung selbst ist fast kostenlos. Als Stall reicht eine mit Teerpappe ausgeschlagene Kiste, das Futter besteht weitgehend aus Gemüseabfällen und Küchenresten.
Wenn ich behaupte, daß Kaninchenfleisch eiweißreich ist und sein Nährwert den des Rindfleisches erreicht, kann ich vielleicht noch nicht genügend überzeugen. Darum füge ich hinzu, daß sein Geschmack – nach Aussage berühmter französischer Kochbücher – dem des Geflügels ähnelt und die daraus bereitete Suppe im Geschmack mit jeder anderen beliebigen vergleichbar ist. Vielleicht werden sich nun auch solche Leute für Kaninchen erwärmen, die ihr Fleisch bisher nicht kannten oder sogar einen Widerwillen dagegen hegten.
Tatsache ist, daß man aus Kaninchenfleisch mit Erfolg Paprikasch, Frikassee, Risotto und Gerichte mit Tomaten- oder saurer Sahnensoße, selbst gebratene Schnitzel bereiten kann. Nach aufschlußreichen ausländischen Speisekarten werden alle Kaninchengerichte auf die gleiche Weise wie Huhn, Kalb oder Feldhase gekocht und gebraten, wie z. B. eine normale Fleischsuppe oder saure Kaninchenkleinsuppe, gespickter Braten mit Beize und Wildsoße, Naturschnitzel und Wiener Schnitzel, Pörkelt und noch viele weitere Gerichte.
Soll der Braten Wildcharakter haben, dann muß man das Kaninchen an beiden Ohren emporheben und mit einem kräftigen Schlag auf den Nackenwirbel töten. Das Blut bleibt im Körper und färbt das Fleisch rot, das sich deshalb zum Beizen oder Kochen in Rotwein eignet. Will man das Fleisch dagegen mehr wie Kalb oder Geflügel bereiten, dann einfach die Gurgel durchschneiden, das Blut austropfen lassen, die Haut abziehen, ausnehmen und – was zum besonderen Charakter des Kaninchenfleisches gehört – kalt gestellt 24 Stunden in Salzwasser wässern. Auf diese Weise behandelt, bleibt das Kaninchenfleisch schön weiß, und auch sein Geschmack gewinnt durch das Salzwasser. Dann aus dem Wasser nehmen, abtrocknen, zerteilen und in den Topf oder in die Kasserolle legen.

## Kaninchen

*I. Gedünstet.* Das gereinigte, gewaschene, zerlegte Kaninchen langsam dünsten, bis es knusprig braun wird. Ist es gar, mit einigen Eßlöffeln ausgelassenem Fett begießen, salzen, pfeffern, feingewiegte Petersilie dazugeben. Sehr heiß servieren (im Sommer mit gedünsteten grünen Erbsen) und Tomatensoße dazu reichen.
*II. Gebacken.* Das zerlegte Kaninchen 1–1½ Stunden in eine Beize aus Essig, Öl, Zwiebeln und Zitronensaft legen. Danach

die Fleischscheiben trockenreiben, salzen, in Ei und geriebener Semmel wenden und in heißem Fett braten.
*III. Gespickt.* Das gereinigte, gewaschene Kaninchen dicht mit Räucherspeck spicken, in kochendes Wasser geben und das Wasser gleich abseihen. Einige Eßlöffel Fett (oder Butter) und saure Sahne an das Fleisch gießen, in der Bratröhre unter öfterem Begießen braten.
*IV. Mit Weinsoße.* Das gesalzene Kaninchen zusammen mit etwas Petersilie zugedeckt in Fett weich dünsten. Das gare Fleisch herausnehmen, den Saft mit Mehl eindicken, je zur Hälfte mit Knochenbrühe und Weißwein auffüllen, mit Paprika, Salz und 1–2 Kaffeelöffeln Senf abschmecken, nochmals aufkochen und den Bratensaft über das auf einer Platte angerichtete, aufgeschnittene Fleisch gießen.

## *Der Fasan*

war schon auf den Festmahlen der alten Griechen ein gern gesehener „Gast". Nach der Legende holten die Argonauten den ersten Fasan aus der Gegend des Flusses Phasis nach Europa. Daher ist der wissenschaftliche Name der Familie dieser Hühnervögel Phasianidae. Die braven Argonauten haben uns späten Nachkommen damit auf alle Fälle eine große Gefälligkeit erwiesen.
Der Fasan sei einer der stupidesten Vögel, sagen die Naturwissenschaftler. Diese Unzulänglichkeit ist leicht zu verzeihen; wenn er uns nur zu einem prächtigen, wahrlich königlichen Braten verhilft. Das herrliche Brustfleisch mit dem vortrefflichen Geschmack, das man unter seinem Goldgefieder findet, ist nützlicher als ein kluger und federgeschmückter Kopf.
Die bis heute erhalten gebliebene Bedeutung des Fasans zeigt, daß er gleichermaßen im Altertum, Mittelalter, in der Neu- und Jetztzeit ein beliebtes Thema berühmter Köche, Feinschmecker und Schriftsteller der Küchenkunst war. Und wie viele Male wurde schon darüber diskutiert, wie lange ein erlegtes Tier abgehangen werden soll, bis endlich der Koch seine Arbeit verrichten kann; oder auch darüber, ob es besser ist, den Fasan mit dem Schnabel an den Nagel zu binden und so lange zu warten, bis förmlich das erste Verfallsstadium eintritt, oder besser mit dem Schwanz aufhängen und so lange dort lassen, bis seine Schwanzfedern ausreißen und er zur Erde fällt. Man kann ihn auch an den Beinen an einer Schlinge aufhängen und warten, bis

das erste Blut aus dem Schnabel tropft. Es gibt auch Gourmets, die nur dann vom Fasan schwärmen, wenn er von einem Raubvogel erwürgt wurde.

In einem sind jedoch heute die raffiniertesten Feinschmecker einer Meinung, nämlich, daß es eine Geschmacksverirrung sei, den Fasan zu lange aufzuhängen. Er kann zwar länger aufbewahrt werden als anderes Fleisch, darf aber nicht verderben oder dicht daran sein. Es reicht aus, wenn sich sein Geruch („haut goût") etwas stärker ausprägt und sich die Farbe des Brustfleisches verändert. Dann trocken rupfen (auf keinen Fall abbrühen), ausnehmen, reichlich spicken oder in Räucherspeckscheiben hüllen, Fleischbrühe zugießen und ca. eine Dreiviertelstunde braten, je nachdem, ob das Tier jünger oder älter war. Hat das Gefieder frischere Farben, sind die Federn spitzer, der Schnabel weicher, die Krallen stumpfer, dann war es ein junger Fasan. Wer auf ein solches Tier stößt, tut gut daran, ihn sogleich frischgeschlachtet zu braten.

Aber glücklicher ist der, der die sich über lange Jahrhunderte hinweg herauskristallisierten Zubereitungsvariationen für ältere und jüngere Tiere selbst ausprobiert. Er schlürft das Consommée Véfour, das in einer kräftigen Bouillon gekochtes, aber vorher gebratenes und in Streifen geschnittenes Fasanenfleisch, etwas Tomatensaft und Ei enthält. Man genießt den prächtigen Vogel in Form von Cremesuppen, Puddings oder als Pastete. Dabei den mit Schnepfenfleisch gefüllten Fasan in Buttermürbeteig einrollen, braten und den Kopf sowie die Schwanzfedern wieder an den Rumpf zurücklegen und den Fasan auf eine Platte legen. Ein besonders guter Bissen ist das zu Filets geschnittene und am Rost gebratene Brustfleisch. Schließlich noch ein Gericht voller Kniffe, das wie folgt bereitet wird: Den Fasan mit einer mit Pfeffer gewürzten Mischung aus Ei, Trüffeln und Gänseleber füllen, in eine große Schweinsblase legen, guten Wein dazugießen und kochen.

## *Gebratener Fasan*

*I.* Das Wild einige Tage lang im Federkleid an einem kühlen und gut gelüfteten Ort aufhängen, danach trocken rupfen, außen waschen, innen aber nur mit einem trockenen Lappen auswischen, salzen, Brust und Keulen mit Räucherspeck spicken oder den ganzen Vogel in Räucherspeckscheiben wickeln. Ins Innere 1 Eßlöffel saure Sahne gießen. In einer mit Fett bestrichenen Pfanne unter häufigem Begießen in der Röhre knusprig braten.
*II. Eingewickelt gebraten.* Den Fasan auf übliche Art braten. In Salzwasser gekochten Wirsingkohl in einzelne Blätter zerlegen und auf jedes Blatt 1 Eßlöffel kleingeschnittene gedünstete

Pilze und je 1 Stück vom zerlegten Fasan legen. (Nur fleischige Stücke verwenden!) Das Fleisch in die Blätter wickeln, in eine mit Räucherspeck ausgelegte Pfanne geben, reichlich mit saurer Sahne übergießen und in der Bratröhre weich dünsten.

*III. Mit Apfelsinensoße.* Den gereinigten, gesalzenen Fasan einen Tag vor dem Verbrauch mit gemischtem Suppengrün, ein wenig Zwiebel (ein Viertel), 100–150 g Pilzen, der Schale $^1/_2$ Zitrone, 150–200 g Räucherfleisch und 0,1–0,2 l Fleisch-oder Knochenbrühe fast weich dünsten, kühl stellen. Am nächsten Tag den Saft abgießen und einige Minuten kräftig kochen, dann durchseihen. 50–60 g Zucker, die geriebene Schale 1 Apfelsine und 1–2 Eßlöffel Fleisch- oder Knochenbrühe dazugeben. Danach den Fasan hineinlegen und völlig weich dünsten. Den Saft über das aufgeschnittene und auf einer Platte angerichtete Geflügel gießen. Das mitgekochte Räucherfleisch (Schinken) aufschneiden und zum Garnieren nehmen.

*IV. Gedünstet.* Den gereinigten, gesalzenen und mit $^1/_4$ l Wein übergossenen Fasan zusammen mit Möhren, Zwiebeln, 1–2 Zitronenscheiben und einigen Pfefferkörnern zugedeckt in einer Pfanne in Fett langsam dünsten. Den Saft durchseihen, mit einigen Eßlöffeln saurer Sahne vermengen und über den zerlegten und angerichteten Braten gießen.

*V. Mit Sauerkraut.* Den gereinigten Fasan dicht mit Räucherspeck spicken oder ganz in Räucherspeckscheiben einwickeln. Zugedeckt dünsten – etwas Weißwein dazugießen –, bis der Fasan fast gar ist. Halbweiches Sauerkraut dazulegen und zusammen 25–30 Minuten dünsten. Vor dem Servieren den zerlegten Fasan in der ursprünglichen Form auf der Platte anrichten und mit dem Sauerkraut kranzförmig garnieren. Für dieses Gericht eignet sich auch ein etwas älterer Fasan.

## *Kalter Fasan auf Pariser Art*

5 zerdrückte Sardellen in 0,15 l erwärmtem Öl verrühren, etwas geriebene Zwiebel, feingewiegte Petersilie, 1–2 kleingeschnittene Kapern, ein paar Kaffeelöffel Senf und den Saft von 2 Zitronen hineinmengen. Vorsichtig und langsam aufkochen lassen, damit das Öl hell bleibt. Sofort auf den in Salzwasser gekochten Fasan gießen und diesen so lange in der Flüssigkeit lassen, bis sie ausgekühlt ist. Währenddessen den Fasan mehrmals wenden. Danach aufschneiden, appetitlich auf einer Platte anrichten, mit der Soße übergießen und mit Aspik, Gurken, roten Rüben, hartgekochten Eiern und Mixed Pickles garnieren.

## Fasan in Sülze

Das gebratene Fasanenfleisch von den Knochen lösen, zusammen mit etwas Gänse- oder Entenleber, 150 g Räucherspeck und gedünsteten Pilzen ganz klein schneiden (eventuell durchdrehen), salzen, pfeffern und mit Thymian würzen. Mit dieser Mischung das Innere eines gereinigten Fasans füllen und die Öffnung zunähen. Zusammen mit 2 Kalbshaxen, Suppengrün, Zwiebel und Zitronenschale in einen Topf legen. Soviel Wein-Wasser daraufgießen, daß der Fasan bedeckt ist. Zugedeckt gar dünsten. Dann herausnehmen, aufschneiden und auf einer Platte anrichten. Den Saft seihen, entfetten, unter ständigem Rühren 3 halbfertig geschlagene Eiweiße, denen 1–2 Eßlöffel Tomatenmark beigemischt wurde, darunterziehen, auf das Fleisch gießen und erstarren lassen. Mit Salat, Gurken, hartgekochten Eiern, Kapern und Essigpilzen garnieren.

# *„Toujours perdrix?"*

(„Immer Rebhuhn?") – rief entrüstet der Beichtvater Heinrich IV., als ihn der König täglich mit seiner Lieblingsspeise, dem Rebhuhn, traktierte. Das war die Antwort des Königs, der auf diese Weise dem guten Priester, der ihn zur Gattentreue ermahnt hatte, übel mitspielte.

Wahrscheinlich würden wir das Rebhuhn auch überbekommen, wenn wir es jeden Tag essen müßten; doch dieser Fall würde nicht so schnell eintreten, da es eine breite Brat- und Kochskala gibt, die von der Suppe bis zur Sülze reicht. Wenn Jäger und Spürhund erscheinen, fliegt rasselnd der graue Rebhuhnschwarm aus Wiesen und niedrigen Büschen am Waldrand oder aus dem Maisfeld auf. Wir Städter wünschen uns, daß recht viele dieser sympathischen Hühnervögel erbeutet werden. Je mehr Rebhühner vom Schrot getroffen werden, um so leichter bekommen wir anstelle des Hausgeflügels ein kleines Wildhuhn in unseren Topf oder in unsere Pfanne.

Wenn der Fasanenbraten als „König" bezeichnet wird, gebührt dem Rebhuhn wenigstens der „Herzogtitel" in der gastronomischen Rangfolge. Kein Wunder, daß es auch Leute gibt, die ihn sogar über den Fasan stellen. Wenn am Ende des Sommers das erste Rebhuhn auf unseren Tisch gelangt, in Kaiserfleischscheiben gehüllt, die Brust mit Weinblättern bedeckt und knusprig gebraten, kommen sogar Zweifel auf, ob nicht ihm die Siegespalme zusteht. Rebhuhnbraten ist so leicht und voller Wohlgeschmack. Linsenpüree oder Reis, in Butter gedünstet,

mit Fleischsaft aufgefüllt und mit saurer Sahne und Parmesankäse verrührt oder süßlich-säuerliches Rotkraut passen sehr gut dazu.
Probieren wir einmal folgendes: Das Innere des Rebhuhns mit saurer Sahne bestreichen und mit Firnewein begießen oder anstelle von Räucherspeck mit fettem Schinken spicken und am Spieß drehen, bis es halb gar ist. Danach in die Kasserolle geben, mit einer gewürzten Soße, die aus Fleisch- und Leberpüree besteht, begießen und weiter braten. Oder in einer mit Speckscheiben und Suppengrün ausgelegten Kasserolle dünsten, dazu aus Fleischbrühe, grünen Erbsen, Zucker, passiertem Suppengrün, Zitronensaft und Kapern eine Zitronensoße bereiten und das Ganze mit Apfelsinenscheiben garnieren. Man kann es auch mit Pilzen füllen und am Rost braten.
Auch ein nicht mehr ganz junges Rebhuhn läßt sich noch gut verwenden. Dann einige Stunden in Salzwasser wässern, das Brustfleisch ablösen, zerkleinern, in Milch geweichte Semmel, Eigelb, Fett und kleingeschnittene Pilze hinzufügen, alles auf das Knochengerüst geben und auf Speck ausbraten. Ein altes Tier auch beizen und am nächsten Tag braten und mit einer Wildsoße bereiten wie einen Hasen. Auch als Suppe und für Sülze ist ein älteres Tier geeignet. Rebhuhn auf Burgunder Art kann sowohl aus jungen als auch aus alten Tieren bereitet werden. Soviel zum Ruhme des Rebhuhns, das wir zwar nicht jeden Tag, aber doch ab und zu auf unserer Tafel sehen möchten.

## *Rebhuhn- oder Fasanensuppe*

2–3 Rebhühner oder 1 Fasan in einem Topf mit wenig Suppengrün dünsten und regelmäßig mit Knochenbrühe auffüllen. Sind die Rebhühner weich, das Brustfleisch von den Knochen lösen und in Scheiben schneiden. Das übrige Fleisch mit den Knochen zusammen zerkleinern. Ein wenig in Scheiben geschnittenes Suppengrün mit ein wenig Zwiebel in Fett dünsten, mit 1–2 Löffeln Mehl bestreuen und rösten. Das zerkleinerte Knochenfleisch hineingeben, mit Knochen- oder Fleischbrühe auffüllen und ca. 2 Stunden kochen. Danach durchseihen, salzen, mit 0,1 l Wein abschmecken, die Suppe über das in eine Schüssel gelegte Brustfleisch gießen und mit gerösteten Semmelwürfeln servieren.

## *Gebratenes Rebhuhn*

*I.* Die gereinigten und gewaschenen Rebhühner einige Minuten lang in heißes und dann sofort in kaltes Wasser legen. Dann salzen, reichlich spicken oder mit breiten Speckscheiben belegen und in der Röhre braten. Vorher eventuell außen und innen mit zerstoßenen Wacholderbeeren und etwas Pfeffer bestreichen. Auf einer Reisunterlage servieren und als Beilage Preiselbeeren, Linsenpüree, Pilzreis oder Apfelpüree reichen.

*II. Gedünstet.* Die gereinigten und gesalzenen Rebhühner in etwas Butter oder Fett braten. Dann $^1/_2$ in Scheiben geschnittene Zwiebel, 1 Möhre (eventuell Karotte) und 1 Sellerie kleinschneiden, in Butter weich dünsten und mit Fleisch- oder Knochenbrühe auffüllen. Die Knochenbrühe kann mit einem Suppenwürfel abgeschmeckt werden. Einige Pfefferkörner hinzugeben, die Rebhühner hineinlegen und zugedeckt weich dünsten. Sobald sie fast gar sind, säuerliche Marmelade (Preiselbeer-, Johannisbeer- oder Hagebuttenmarmelade) hinzugeben. Die Soße passieren und über den angerichteten Braten gießen. Falls zuviel Soße vorhanden ist, einen Teil in einer Soßenschüssel separat reichen.

*III. Mit Pilzen.* Rebhühner reinigen, salzen, mit Mehl bestäuben und in heißem Fett schön hellgelb braten. 250 g gereinigte und zerschnittene Champignons in Butter dünsten. Die Rebhühner hineinlegen, einige Eßlöffel Rotwein dazugießen und zugedeckt weich dünsten. Die fertigen Rebhühner auf die übliche Weise in zwei Hälften teilen, auf eine Reisunterlage legen, mit den Pilzen garnieren und mit der Soße übergießen.

*IV. Mit Wildsoße.* Die gereinigten und gesalzenen Rebhühner einen Tag lang in die Beize legen. Danach reichlich mit Räucherspeck spicken, mit der Hälfte der Beize übergießen und zugedeckt in der Pfanne dünsten. Dann in der Röhre braten. Wenn sie gar sind, aus dem Saft nehmen. In den Saft 1–2 Eßlöffel saure Sahne und 3–4 Stück gebräunte Würfelzucker geben und mit der restlichen Beize auffüllen. Die Soße aufkochen, passieren, noch ein paar Eßlöffel saure Sahne und eventuell 1–2 Eßlöffel guten Rotwein dazugeben, nochmals aufkochen und über die geteilten Rebhühner gießen.

*V. Mit Zitronensoße.* Die Rebhühner salzen, in einer mit Speckscheiben ausgelegten Kasserolle unter Zugabe von Zwiebel-, Möhren- und Petersilienwurzelscheiben sowie einigen Pfefferkörnern und einer Prise Zucker weich dünsten. Dabei die Rebhühner häufig wenden und, sobald sie zu bräunen beginnen, mehrmals mit 1 Eßlöffel Fleisch- oder Knochenbrühe übergießen. Die garen Rebhühner aus der Kasserolle heben, den Saft dickkochen, entfetten, durch ein Sieb gießen, den Saft 1 Zitrone und die geriebene Schale $^1/_2$ Zitrone dazugeben und aufkochen. Nun die geteilten Rebhühner in den Saft legen und nochmals aufkochen. Mit Zitronenscheiben garniert auftragen.

*Gefülltes Rebhuhn oder Fasan*

Den gereinigten, mit Räucherspeck gespickten Fasan mit einer Mischung aus feingeschnittenem oder durchgedrehtem Kalbfleisch, Kalbsleber (oder noch besser Gänseleber), Leber des Rebhuhns, Pilzen, entgräteten Sardellen, Eiern, in Milch geweichten und passierten Semmeln und Milch füllen, salzen und pfeffern. Die Öffnung der Bauchhöhle zusammennähen und unter öfterem Begießen braten. Vor dem Servieren mit Zitronensaft beträufeln und mit einer pikanten Soße reichen.

## *Gebratene Tauben*

fliegen dem Menschen wahrlich nur selten in den Mund. Mit einiger Mühe kann man aber erreichen, daß wir sie auf die Gabel spießen und z. B. mit Rapünzchen-, Endivien-, Zichorien- oder Kopfsalat genüßlich verzehren können. Je nach Geschmack wird dieses Gericht mit Linsenpüree oder gedünstetem Reis gereicht. Die junge Taube auf übliche Art bereitet, ergibt einen sehr feinen Braten. Er ähnelt dem des Rebhuhns oder der Schnepfe, besonders dann, wenn wir die Taube in Räucherspeck wickeln und in der Pfanne braten.

Gefüllte Tauben sind erstklassig, auch Taubenfrikassee – d. h. Hackfleisch – in einer Soße aus Butter, Ei und Weißwein ist nicht zu verachten. Ältere Tiere in Beize legen und mit Most und saurer Sahne bereiten. Taubenfrikassee ist ein Labsal besonders für denjenigen, der einen schwachen Magen hat. Vergessen wir auch nicht, daß die „Kraft" der sogenannten Kraftbrühe durch das Mitkochen von ein -oder zwei Tauben vorteilhaft beeinflußt wird.

Aber bitte – sagen einige von Ihnen –, vielleicht ist es doch nicht angebracht, den von den Menschen immer verehrten Vogel hier wie ein einfaches Küchenrequisit zu behandeln.

Sehr verehrte Zwischenrufer, auch ich kenne die Traditionen und die lieblichen Legenden. Auch ich fütterte schon die so beliebten Vögel in Budapest und auch in Venedig auf dem Markusplatz.

Ich kenne den allgemein verbreiteten Volksglauben, daß die Taube keine Galle habe. Ich weiß auch, daß man schon seit Urzeiten in den gurrenden und sich schnäbelnden Tauben das Sinnbild der Gattentreue und -liebe sieht. Ich bewunderte das poetische, ihre Eintracht darstellende Bild Homers, und ich nannte einige weibliche Personen – die zwar nicht immer sanft, aber um so hübscher waren – „mein Täubchen".

Doch sind Tradition, Legende und Poesie etwas anderes als die rauhe Wirklichkeit. Diese Wirklichkeit beweist, daß die Felsentaube (Columbia livia G.) und die von ihr abstammenden etwa 140 Rassen der Haustaube keinesfalls immer diese ergreifenden Eigenschaften zeigen, die ihnen die Menschen angedichtet haben Dieses „gallenlose" Vöglein, dieses Symbol der Friedfertigkeit und Milde, ist unter seinen Gefährten kampflustig, streitbar und neidisch. Rücksichtslos setzt sich das Prinzip des Stärkeren durch. Tauben sind zwar verliebte, aber nicht auf Monogamie bedachte Vögel. Vom zeitigen Frühjahr bis zum Spätherbst paaren sie sich und ziehen Junge auf. Eingeweihte Beobachter stellten dabei fest, daß die noch unbeholfenen Jungen oftmals unbarmherzig aus dem Nest geworfen werden, da bereits das nächste Ei gelegt ist.

Unter dieser Beleuchtung zerrinnen die Legenden. In der Jagdzeit knallen überall in der Welt ungestört die Schrotflinten der Taubenjäger, und in den ungarischen Gehöften muß von Beginn des Frühjahrs an mehr als ein Täubchen sein Leben lassen, um es als Bratentaube auf dem Markt anzubieten.

So geschieht es, daß ich keine größeren Gewissensbisse fühle, wenn ich auf dem Teller vor mir eine feingebratene Taube erblicke, als bei dem Anblick eines gefüllten Hühnchens.

## Gebratene Tauben

*I.* Die Tauben – pro Person 1 Taube – putzen, waschen, mit etwas Räucherspeck spicken und auf dem Herd oder in der Röhre 10–15 Minuten braten.

*II. Gedünstet.* 100–150 g Räucherspeck, Zitronenschale, Kapern und Petersilie feinwiegen, die Hälfte davon in eine mit Butter ausgestrichene Pfanne geben, darauf die gründlich gereinigten und zerlegten, gesalzenen Tauben und darauf wieder die andere Hälfte der Mischung legen. Das Ganze zugedeckt in der Pfanne dünsten. Dabei den verkochten Saft mehrmals mit Knochen- oder Fleischbrühe auffüllen. Die fertigen Tauben mit der Mischung und dem Saft servieren.

*III. Mit saurer Soße.* Die gewaschenen und halbierten Tauben in eine schwach mit Essig gesäuerte und mit Suppengrün angereicherte Beize legen. Sind die Tauben jung, zwei, sonst drei Tage darin liegenlassen. Danach die Brust mit Speck spicken und in Butter oder Fett knusprig braten, dabei mit saurer Sahne begießen. Eine Mehlschwitze bereiten, in Würfel geschnittenen Speck hinzufügen, mit ½ Glas Beizsud auffüllen, die Tauben hineinlegen und kurz aufkochen.

*IV. Gebeizt.* Ältere, fettere Tauben vor der Zubereitung 2–3 Tage in die Beize legen. Dann in heißes Fett geben, einige Eßlöffel von dem Beizsud und die gleiche Menge Wasser dazugießen, $^3/_4$ Stunde braten lassen. Aus dem geseihten Saft eine dunkle Mehlschwitze bereiten, mit 1–2 Eßlöffeln Wein und saurer Sahne abschmecken, aufkochen und über die auf einer Platte angerichteten Taubenhälften gießen.

*V. Gebacken.* Die gereinigten Tauben in Fleisch- oder Knochenbrühe halbgar kochen, in der Brühe auskühlen lassen, danach vierteln, salzen (eventuell pfeffern), mit Mehl, Ei und geriebener Semmel panieren und in heißem Fett braten.

## Gebeizte Wildgans

Die gerupfte, junge Wildgans absengen, ausnehmen, reinigen, und 4 Tage in eine übliche Beize aus Essig und Suppengrün legen. Vor der Zubereitung nochmals waschen, dicht mit Räucherspeck spicken und in 1–2 Eßlöffeln Fett und 4–5 Eßlöffeln Beize, unter öfterem Begießen, knusprig braten. Dazu gedünsteten Kohl reichen.

## Säuerliches Wildgänse- oder Wildentenklein

Das Klein der frisch erlegten Wildgans oder Wildente gründlich waschen und mit in Würfeln geschnittenem Speck und etwas geriebener Zwiebel, Salz und Pfeffer schwach rösten. Mit Fleisch- oder Knochenbrühe auffüllen, den Saft von 2–3 Zitronen dazugeben und garkochen. Den Saft seihen, eine dünne Mehlschitze bereiten, mit 3–4 Eßlöffeln saurer Sahne abschmecken, das Klein wieder dazugeben und erneut aufkochen lassen. Mit Semmelklößen servieren.

## Wildente und Blesshuhn auf italienische Art

Die gereinigte, gesalzene Wildente oder das Bleßhuhn in Räucherspeckscheiben einrollen und in einer Rotwein-Essig-Mischung, in die etwas Zwiebel, Möhren, Petersilie, Lorbeerblatt, Thymian und Pfeffer gegeben wurde, weich dünsten. Dann in eine Pfanne legen, mit saurer Sahne und Kochsaft begießen und schön bräunen. Den Saft passieren. Aus gebräuntem Zucker, saurer Sahne, Wein, feingeschnittenen Oliven, Zitronensaft und einer Prise Mehl eine Braune Soße bereiten, erneut passieren und mit dem aufgeschnittenen Fleisch servieren.

## Wildgans

*I.* Die geputzte und gründlich gewaschene junge Wildgans 4–5 Tage lang in der Beize liegenlassen. Danach gut abspülen, mit Räucherspeck spicken und salzen. Einige Eßlöffel Fett und Beizsud dazugeben und die Gans in der Röhre unter häufigem Begießen braten. Wenn man genau weiß, daß die Gans noch jung ist, kann das Beizen auch unterbleiben, aber auch dann soll sie gespickt und gesalzen werden. Das Innere mit geriebenen Äpfeln füllen und braten. Bei älteren Tieren ist es ratsam, nur die Brust nach dem Beizen in der beschriebenen Weise zu braten, die übrigen Teile säuerlich zu bereiten oder diese zur Herstellung einer Pastete zu verwenden.

*II. Auf dörfliche Art.* Die gereinigte junge, gesalzene Wildgans zusammen mit 1 Kalbsknochen in Fett zugedeckt weich dünsten. 750 g Linsen mit der gleichen Menge geräuchertem Schweinefleisch kochen. Die Wildgans aufschneiden, in eine feuerfeste Schüssel legen, mit den aus den Linsen herausgenommenen Räucherfleischscheiben bedecken und darauf die passierten Linsen geben. Das Ganze mit der Soße der Wildgans begießen, mit geriebenem Parmesankäse bestreuen und in der Bratröhre 15–20 Minuten braten.

## Wildente in Rotwein gedünstet

Die Wildente wird meistens einige Tage in eine Beize gelegt, danach mit der üblichen Wildsoße zubereitet. Schmackhafter ist jedoch folgendes Rezept, bei dem sich auch das Beizen erübrigt: In einen Topf 0,5 l Wasser, 150 g Butter oder Fett, ½ kleine Zwiebel (in einen Mullbeutel gebunden), 150 g Pilze, 1 Glas Rotwein und Salz geben. Die gereinigte, zerlegte Wildente hineinlegen und zugedeckt gar dünsten. Noch ½ Glas Rotwein und etwas gebräunten Zucker dazugeben und abermals aufkochen. Den Zwiebelbeutel entfernen und die Wildente zusammen mit der Soße servieren.

# Schnepfen mit Sekt

sind ein wahrhaft prunkvolles Mahl. Doch wer schon einmal den auf diese Weise bereiteten Braten gekostet hat, der wird den Erfinder nicht steinigen. Der edle Langschnäbler verdient es, daß sich die Tropfen des festlichen Getränkes mit seinem Fett vereinigen. In Speckscheiben gewickelt, die vorgestreckten Keulen mit dem Schnabel durchstochen, wartet er in der knisternden Pfanne darauf, schön goldbraun gebraten auf unsere Tafel zu kommen.

Geschmack und Würze der Schnepfe sind recht raffiniert und kompliziert, und die Kochkunst wendet verschiedene Kniffe an, um sie zur Vollkommenheit zu führen. Den als besonderen Lekkerbissen geschätzten Vogel auf Fasanenart bereiten, 4–5 Tage abhängen, trocken rupfen, aber nicht ausnehmen, mit Butter, Salz und Pfeffer einreiben, ganz in schwach geräucherte, dünne Speckscheiben einhüllen und in einer gefetteten Pfanne bei starker Hitze im eigenen Saft unter öfterem Begießen ca. 25 Minuten braten. Danach langsam und behutsam ein Glas perlenden Sekt und 1–2 Eßlöffel kräftige Fleischbrühe darübergießen. Nach einer Minute vom Herd nehmen, die Schnepfe ist durchgebraten. Nun mit dem Ausnehmen beginnen. Es wurde deshalb bis zu diesem Augenblick damit gewartet, weil auch die Innereien erst den Hauptteil ihres Geschmacks an den Braten abgeben sollen. Beim Ausnehmen den Magen, die Galle und das Herz wegwerfen, aber die für eine außergewöhnliche Rolle bestimmten Därme zurückbehalten, kleinschneiden, mit ½ Sardelle, 1 gedünsteten Trüffel, 1 Stückchen gebratener Gänseleber und Butter durch ein Sieb passieren. Danach das Ganze mit Salz und Pfeffer würzen, mit etwas Rotwein und einigen Tropfen Sekt verrühren und erwärmen. Diese pikante Mischung auf Semmelscheiben, die im Fett von Räucherspeck geröstet wurden, streichen und die Croûtons auf die heiße Platte um die länglich halbierte, mit Sektsoße übergossene Schnepfe legen, die auf einer Reisunterlage mit Pilzen ruht.
Die gebratenen Speckscheiben nicht in der Pfanne zurücklassen. Sie finden einen Platz am Rande der Reisunterlage.
Die Schnepfen treffen im zeitigen Frühjahr zu einem kurzen Besuch in Ungarn ein. Ein alter Jägerspruch lautet: „Palmarum trallarum“; das bedeutet, daß sie acht Tage vor Ostern schon wieder verschwunden sind.
Es empfiehlt sich daher, auf der Lauer zu sein, wenn wir an den verschiedenartigen Genüssen teilhaben wollen, die die Schnepfen bieten. Und einen Genuß in Form einer Schnepfe mit Sekt . . ., das wünschen wir unseren verehrten Lesern von ganzem Herzen.

### Gedünstete Schnepfe

Die gereinigte, gewaschene Schnepfe salzen, in Paprikamehl wälzen und in einer mit Räucherspeckscheiben ausgelegten Kasserolle – unter Beigabe von Knochenbrühe, Wein, einigen Lorbeerblättern und Kapern – zugedeckt gar dünsten. Vor dem Servieren den Saft seihen, mit saurer Sahne abschmecken und über die zerlegte, in einer Schüssel angerichtete Schnepfe gießen.

Die einige Tage an einem luftigen Ort abgehangenen, trocken gerupften, gereinigten und gesalzenen Schnepfen in der Bratröhre halbgar braten. Eine Kasserolle mit dünnen rohen Schinkenscheiben oder anderem Räucherfleisch auslegen und ½ in sehr dünne Scheiben geschnittene Zwiebel daraufschichten. Auf diese Zutaten die halbgaren Schnepfen legen, 0,2 l Fleisch- oder Knochenbrühe und 0,5 l Rotwein zugießen und zugedeckt weich dünsten. Die Vögel herausnehmen, die Soße gut verkochen und über die Schnepfen seihen, die auf einer vorgewärmten Platte angerichtet wurden.

*Schnepfe in Rotwein*

## *Reh und Hirsch*

das fein ziselierte, vierbeinige Wild der Wälder und ihr gekrönter König gehören zu unseren besonderen Lieblingen. Wir lieben sie so sehr, daß wir sie – wenn sich nur eine Gelegenheit dazu bietet – verspeisen.
Gewiß gibt es empfindliche Seelen, die einige Krokodilstränen vergießen, bevor sie sich an den Tisch setzen, um ein Stück Rehrücken zu verzehren. Aber danach tunken sie den auf die Gabel gespießten Bissen in Cumberlandsoße und verspeisen mit den drei – außer Tast- und Gehörsinn – verbliebenen Sinnen voller Entzücken das Wild. Sie müssen ganz einfach bestätigen, daß es tatsächlich eine vorzügliche Speise ist.
Unbestritten vortrefflich ist Rehrücken nicht nur deshalb, weil er in der ungarischen Feinschmeckersprache authentisch als „delikat" bezeichnet wird, sondern weil Geschmack, Duft und angenehme Mürbe des Fleisches diese Bezeichnung wirklich rechtfertigen.
Haben wir ein junges Reh, so können wir vom Beizen absehen. Wichtig dagegen ist das Spicken. Das Fleisch von den Knochen lösen, gut spicken – und zwar mit Räucherspeck oder fettem Schinken, noch besser, wenn möglich, mit Kaiserfleisch, das aus Fleisch- und Fettschichten besteht. Dann auf einen Spieß ziehen, über Holzfeuer, das eine starke Glut gibt, und unter ständigem Drehen – ein reichliches Glas guten Wein darüberspritzen – schön braun braten lassen. Für unsere Mühe werden wir den wohlverdienten Lohn erhalten.
Hatten wir kein so außergewöhnliches Glück und haben kein junges Reh bekommen, dann in der Pfanne oder Backröhre braten, es wird noch immer ein fürstliches Gericht. Auch hier nicht mit dem Begießen geizen. Schließlich, wenn wir den Braten auf die Platte legen, reichlich mit der bereits erwähnten Cumber-

landsoße (nach einem einstigen englischen Königssohn benannt) begießen. Jeder kann sicher sein, daß diese aus Apfelsinen- und Zitronenschale und -saft, Senf, roter Johannisbeermarmelade, einer Prise Pfeffer und rubinrotem Wein zusammengestellte kalte Soße mit ihrem kräftigen Aroma sehr gut zum Wild paßt. Man wird weit und breit nichts Besseres finden.
Besseres wohl nicht, aber sehr Gutes schon. Eine wohlschmekkende Beilage können Preiselbeeren sein, die wir für die Wildsaison im Einkochglas konservierten.
Wenn wir das Reh erwähnen, dürfen wir auch das gekrönte Wild unserer Wälder, den Hirsch, nicht außer acht lassen. Aus Hirschrücken läßt sich ebenfalls ein ausgezeichneter Braten bereiten. Auch Reh- und Hirschkeule sind ausgezeichnete Fleischteile. Schließlich soll noch das Wildpörkelt erwähnt werden. Aus Reh- oder Hirschvorderteil bereitet, bringt es eine erfreuliche Abwechslung in unsere Speisefolge.

## *Rehrücken auf „delikate“ Art*

Den gereinigten, gesalzenen und gepfefferten Rehrücken mit der reichlich mit Räucherspeck gespickten Seite nach unten in die Pfanne legen, oben mit Speckscheiben belegen und Möhren- und Petersilienwurzelstücke dazugeben. Den Rehrücken mit etwa 100 g zerlassener Butter begießen und braten. Wenn das Fleisch halb gar ist, wenden, mit 0,2 l saurer Sahne und nach Geschmack etwas Zitronensaft übergießen und fertigbraten. Dabei häufig begießen. Den Saft passieren, mit Senf würzen und beim Anrichten über den Braten gießen.

## *Rehbraten in Tomatensaft*

Aus dem Rehrücken Koteletts, aus der Keule Scheiben schneiden, gut klopfen, salzen, pfeffern, in Ei und geriebener Semmel wenden und in heißem Fett kurz braten. Mit ein wenig Fleisch- oder Knochenbrühe auffüllen und zugedeckt weich dünsten, die letzten 15–20 Minuten zusammen mit dem gesalzenen und eventuell leicht gezuckerten Tomatensaft.

## *Rehhaschee*

½ kg gereinigte Rehkeule kleinschneiden und durchdrehen. Mit 150 g durchgedrehtem Räucherspeck und 1 in Milch geweichten durchgedrehten Semmel vermischen, salzen und pfeffern. Flache Klöße formen, beide Seiten mit Öl bestreichen und in heißem Fett braten.

## Kalte Rehkeule

Die gereinigte, gesalzene Rehkeule dicht mit Räucherspeck spikken, mit dem üblichen Beizsud begießen und zugedeckt weich dünsten. Danach aufschneiden, mit dem passierten Saft übergießen und kalt stellen. Mit hartgekochten Eiern, roten Rüben, Gurken und Mixed Pickles servieren.

## Reh- oder Hirschrücken auf italienische Art

Den Rücken reinigen, mit Räucherspeck spicken, salzen. Verschiedenes Suppengrün sowie 2 Glas Weißwein dazugeben und in der Röhre braten. Währenddessen 250 g dünne Makkaroni kochen, in Fett schwenken und 150 g gedünstete Pilze daruntermengen. Aus dem Fleischsaft, etwas Essig, Zucker, Mehl und saurer Sahne eine Braune Soße bereiten, über die Makkaroni gießen. Auf einer Platte das aufgeschnittene Fleisch kreisförmig anrichten und in die Mitte die Makkaroni legen.

## Reh- oder Hirschpörkelt

1,5 kg Hirsch- oder Rehfleisch (geeignet ist auch das Vorderteil) reinigen, salzen, in Stücke schneiden und in heißem Fett, in das eine Messerspitze Delikateßpaprika gegeben wurde, zugedeckt gar dünsten. Mehrmals etwas Wasser zugießen. Die Soße mit einigen Tropfen Zitronensaft abschmecken. Vor dem Servieren 1–2 Eßlöffel saure Sahne beimengen und nochmals aufkochen. Mit Tarhonya, Semmelklößen oder Nockerln servieren.

## Reh- oder Hirschragout

*I.* 1,5 kg Hirschkeule oder -rücken in möglichst große (fingerbreite und -lange) Stücke schneiden und salzen. Die Kasserolle gut mit Fett oder Butter ausstreichen, 1 in Scheiben geschnittene Zwiebel, 250 g in Würfel geschnittene Möhren und Sellerie, 150 g Pilze, 1–2 Lorbeerblätter sowie einige Pfefferkörner hinzufügen und zugedeckt in wenig Wasser so lange dünsten, bis die Zwiebel geröstet ist. Mit Mehl bestreuen und auch dieses etwas bräunen. Mit 0,3 l Wein und dem Saft 1 Zitrone auffüllen, die Fleischstücke in den Saft legen und zugedeckt 30 Minuten dünsten. Den Saft seihen, über das Fleisch gießen, mit ein wenig saurer Sahne und geriebener Zitronenschale abschmecken und weiterkochen, bis das Fleisch völlig gar ist. Auf einer Platte anrichten und mit der Soße übergießen.

*II.* In einem nußgroßen Stück Butter etwas Petersilie rösten, 750 g in Würfel geschnittenes Hirschfleisch (Keule) hineinlegen, salzen, mit einer Prise geriebener Zitronenschale und ½ Lorbeerblatt würzen, wenig Wasser zugießen und zugedeckt weich dünsten. Bei Bedarf zwischendurch mit Wasser oder entfetteter Fleischbrühe auffüllen. Das Fleisch auf eine Platte legen, in den geseihten Saft 1 Eigelb quirlen und über das Fleisch gießen.

*III. Säuerliches Hirschragout.* Für dieses Gericht ist auch Hirschfleisch geringerer Qualität (sog. Pörkeltfleisch) geeignet. Das in große Würfel geschnittene Fleisch salzen und in wenig Fett – unter Zugabe von ca. 100 g Räucherspeck, ½ geriebenen Zwiebel, 4–5 Pfefferkörnern, ½ in Scheiben geschnittenen Möhre und der gleichen Menge Petersilienwurzel – zugedeckt weich dünsten. Ist der Saft verkocht, mit etwas Mehl bestreuen, anrösten und mit 4–5 Eßlöffeln Knochenbrühe, 2 Eßlöffeln Essigwasser und 0,2 l saurer Sahne auffüllen und aufkochen. Das Fleisch herausnehmen, den Saft seihen und auf das in einer Schüssel angerichtete Fleisch gießen. Mit Semmelklößen servieren.

## Hirschrücken

*I. Mit Wildsoße.* Den gereinigten gesalzenen Hirschrücken dicht mit Räucherspeck spicken. Mit der fleischigen Seite nach unten in eine Kasserolle legen, mit zerlassener Butter begießen und zugedeckt braten. Dabei öfters mit dem eigenen Saft begießen. Das Fleisch, wenn es fast gar ist, wenden und nun ohne Deckel so lange weiterbraten, bis es schön knusprig wird. Den Saft bei Bedarf mit einigen Eßlöffeln Fleisch- oder Knochenbrühe und 0,1–0,2 l Wein auffüllen. Aus dem Saft eine Wildsoße bereiten.
*II. In einem Stück gebraten.* Den von den Knochen gelösten, gereinigten, gesalzenen Rücken mit ca. 100 g Räucherspeck spicken und mit in Scheiben geschnittenem Suppengrün und 1 Eßlöffel Fett unter öfterem Begießen in der Bratröhre braten. Ist das Fleisch gar, 3–4 Eßlöffel saure Sahne in den Saft geben und einige Minuten weiterbraten. Die geseihte Soße über das auf einer Platte angerichtete aufgeschnittene Bratenfleisch gießen.

## Filet aus Reh- oder Hirschhaschee

500 g Reh- oder Hirschkeule waschen, reinigen und 2–3mal durchdrehen. 1 Ei und 1 Eigelb mit 200 g Mehl, 50 g Butter, 1–2 Eßlöffeln saurer Sahne und dem durchgedrehten Fleisch vermischen. Salzen, pfeffern, eventuell etwas Pastetengewürz dazugeben. Aus der Masse kleine Filets formen, mit Mehl, Ei und fein geriebener Semmel panieren und in heißem Fett braten. Mit einer Wildsoße servieren.

## Hirschkeule

*I. Mit Weinsoße.* 1,5 kg gereinigte und mit Pfeffer eingeriebene Hirschkeule in einer Mischung aus halb Knochenbrühe, halb Rotwein weichkochen, dann in heißem Fett von allen Seiten anbraten. Das Fleisch in dünne Scheiben schneiden und auf einer

Platte anrichten. Den Saft entfetten, mit etwas Senf und Zitronensaft abschmecken und in einer Sauciere zum Fleisch reichen.

*II. Mit Brauner Soße.* 1,5 kg gereinigte Hirschkeule dicht mit Räucherspeck spicken, salzen und pfeffern. Die Bratpfanne mit Räucherspeckscheiben auslegen, das Fleisch darauflegen, mit Wacholderbeeren bestreuen. Langsam braten, dabei öfters mit dem Bratensaft begießen. Über den angerichteten Braten einen Teil einer zubereiteten Braunen Soße gießen, den anderen Teil gesondert in einer Sauciere reichen.

*III. Gebeizt, gedünstet.* Die einige Tage gebeizte Hirschkeule dicht mit Räucherspeck spicken. In eine Kasserolle 2 etwa tellergroße Räucherspeckscheiben und ½ kleingeschnittene Zwiebel legen. Obenauf das Hirschfleisch schichten, darauf die andere halbe Zwiebel geben, dann folgen ein Stück Brotrinde, ½ kleingeschnittene Zitrone, 1 Lorbeerblatt, einige Nelken, Pfefferkörner und Salz. Das Ganze mit 0,2 l schwachem Weinessig und 2–3 Schöpflöffeln Fleisch- oder Knochenbrühe, eventuell auch Wasser, aufsetzen. Gut zugedeckt langsam kochen, bis das Fleisch gar ist und der Saft verkocht. Den Saft seihen und entfetten, 1 Eßlöffel kleingeschnittene Kapern und 0,25 l saure Sahne daruntermischen und wieder über das Fleisch gießen. 10–12 Minuten dünsten, den Braten aufschneiden, mit Saft übergießen und servieren. Hirsch ist sehr schmackhaft – im allgemeinen jedes Wildfleisch –, wenn es anstelle von Essigbeize einige Tage in Sauermilch gelegt wird. Das Fleisch wird mürbe und der feine Wildgeschmack wird nicht durch Gewürze unterdrückt.

## Hirschbruststück

Das gewaschene, trockengeriebene Hirschbruststück (in der Rippenmitte halbieren) 3–4 Tage in Beize legen. Das Fleisch bei der Zubereitung zugedeckt in Fett und ein wenig Beizsud weich dünsten. Den Saft in eine andere Kasserolle geben, etwas Zwiebel darin rösten, das mit Mehl bestreute Hirschfleisch hineinlegen und beiderseitig knusprig braten. 0,1 l saure Sahne und die gleiche Menge geseihten Beizsud dem Saft beimengen und weitere 20 Minuten dünsten. Das Fleisch aufschneiden, auf eine Platte legen, dem Saft gebräunten Zucker zugeben und diese Soße über das Fleisch gießen.

## Wildschweinskopf

Den gut gereinigten, gründlich gewaschenen Wildschweinskopf einen halben Tag kalt wässern, dabei mehrmals das Wasser erneuern. Salz, Thymian, Lorbeerblätter, Pfeffer und Nelken in Maul, Nase und Ohren stecken und den Kopf in viel Wasser mit einer reichlichen Menge dieser Gewürze weich kochen. Das verkochte Wasser immer durch frisches ergänzen, so daß der Kopf stets bedeckt ist. Vor dem Garwerden 2 l Wein zugießen und noch 30 Minuten kochen. Danach gut abtropfen und auskühlen lassen, auf eine Platte legen, mit verschiedenem Suppengrün garnieren und in das Wildschweinmaul eine Zitronenscheibe stecken. Gesalzenen, gepfefferten Zitronensaft oder in Essig gerührtes Öl in einer Sauciere dazu reichen.

## *Wildschwein-kotelett*

*I.* Die gereinigten, gesalzenen, gepfefferten, mit Öl bestrichenen Koteletts ½–1 Stunde stehenlassen. Dann in Ei und fein geriebener Semmel wenden und auf dem Rost oder in heißem Fett, aber bei schwacher Hitze, auf beiden Seiten braten. Auf einer Platte die Koteletts kreisförmig anordnen, in die Mitte eine Senfsoße gießen und so servieren.

*II.* Von den Koteletts Knochen und Fett lösen, gut klopfen, beiderseitig mit Öl bestreichen, salzen, pfeffern, mit etwas Mehl bestreuen und in heißer Butter (oder Fett) schön braun braten. 1–2 Eßlöffel Fleischbrühe, etwas Essig oder Zitronensaft und 3–4 Kaffeelöffel Zucker darübergeben und alles zusammen gut aufkochen. Das Fleisch auf einer Platte anrichten und die Soße darübergießen.

## *Wildschwein-braten*

*I. Gekocht, in Rotweinsaft.* Das Fleisch – hierzu eignet sich Keule am besten – mehrmals gründlich waschen, einrollen, zusammenbinden und so in einem Saft, der vor allem aus Rotwein und etwas Essig, Salz, Pfeffer, Lorbeerblättern, Zwiebeln und Möhren besteht, weich kochen. Danach das gare Fleisch herausnehmen, zerlegen und mit Hagebuttensoße und saurem Meerrettich warm oder kalt servieren.

*II. Gebeizt und gedünstet.* 1½–2 kg Fleisch in der üblichen Beize mehrere Tage lang liegenlassen, dann salzen, pfeffern und in 1–2 Eßlöffeln Fett und 3–4 Eßlöffeln Wasser zusammen mit 250 g Möhren- und Petersilienwurzelscheiben unter häufigem Begießen dünsten. Wenn es gebräunt ist, herausnehmen und in Scheiben zerlegen. Einige Stück Würfelzucker stark bräunen, mit 0,2 l saurer Sahne und 1 Eßlöffel Mehl verrühren und in den Fleischsaft geben. Den Saft mit 1 Glas Rotwein auffüllen, mit etwas Essig oder Zitronensaft abschmecken und kurze Zeit kochen lassen. Dann durchseihen, die Fleischscheiben hineinlegen und nochmals kurz aufkochen.

*III. Gedünstet, mit Schinken und Wildsoße.* 1,5 kg gründlich gewaschene, gereinigte Keule 3–4 Tage in eine Beize legen. Bei der

Zubereitung 1 Eßlöffel Beizsud, ebensoviel Fleisch- oder Knochenbrühe, 0,1 l Rum, 0,35 l Weißwein und 200 g in Scheiben geschnittenen rohen Schinken in eine Kasserolle geben, das Fleisch dazulegen und zugedeckt gar dünsten. Unterdessen aus dem Beizsud eine braune Wildsoße bereiten. Den Bratensaft seihen und mit der Soße vermischen. Einen Teil davon über das aufgeschnittene Fleisch gießen, den anderen in einer Sauciere reichen.

*IV. In Rotweinbeize.* 1 l Rotwein mit ½ l Wasser verdünnen, nach Geschmack Essig zugeben, ½ Zwiebel, 15 Pfefferkörner und 2–3 Lorbeerblätter hinzufügen, aufkochen lassen und noch kochend auf ca. 2 kg Fleisch gießen. Dieses Brühen noch zweimal wiederholen. Nach dem dritten Mal das Fleisch in der Beize 2 Tage in den Kühlschrank stellen. Danach zum Kochen aufsetzen. Ist der Saft sehr verkocht, mit Wein oder Essigwasser auffüllen. Nach 3 Stunden ist das Gericht fertig. Soll das Fleisch kalt serviert werden, dann im Saft auskühlen lassen und in Scheiben schneiden. Mit geriebenem Meerrettich, hartgekochten Eiern, Gurken und roten Rüben garnieren und Hagebuttenmarmelade dazu reichen.

*V.* Die gewaschene Wildschweinekeule etwas klopfen, mit Pfeffer bestreuen, einrollen, zusammenbinden und zusammen mit 1 Zwiebel in einem zwei Finger breit mit Wasser gefüllten Topf zugedeckt weich dünsten. Im Saft auskühlen lassen, aufschneiden und kalt servieren.

## *Wildschweinbruststück*

1–1,5 kg Fleisch in kleine Stücke schneiden und einige Stunden in kaltem Wasser stehenlassen. In einer Mischung aus je zur Hälfte Knochenbrühe und Wasser zum Kochen aufsetzen. 0,2 l Weißwein, Salz, Pfeffer, einige zerdrückte Wacholderbeeren, Brotrinde, Zwiebel, Zitrone und 1–2 Lorbeerblätter hinzufügen. So lange kochen, bis das Fleisch fast gar ist. In etwas Fett, 1 Eßlöffel Mehl und 2–3 Eßlöffeln geriebener Semmel rösten, 50–80 g kleingeschnittenen Räucherspeck und das Fleisch dazugeben, mit dem geseihten Fleischsaft begießen und völlig gar kochen.

## *Wildschweinscheiben gebraten*

1,5 kg Keule, von der die dicke Haut gelöst wurde, reichlich mit Pfeffer, Salz und Wacholderbeeren einreiben, dann in einer aus 0,3 l Wasser und 0,3 l Rotwein bereiteten und mit 1–2 Lorbeerblättern gewürzten Flüssigkeit weich kochen. Danach das Fleisch herausnehmen, in eine Kasserolle geben und in 1–2 Eßlöffeln Fett und ebensoviel Rotwein auf dem Herd braten. Dann zerlegen, den Saft mit 1 Eßlöffel Mehl gut vermischen, mit Hagebuttenmarmelade abschmecken, aufkochen lassen und teils über das Fleisch gießen, teils in einer Sauciere servieren.

### *Wildschweinsülze*

Genauso wie Schweinesülze aus Kopf, Haxen und Schwarte zubereiten.

## *Fische*
## *Maledictus piscis*

in tertia aqua – „verflucht sei der Fisch im dritten Wasser" –, behauptet ein alter lateinischer Spruch. Das erwähnte „dritte" Wasser wäre jenes, das der Dilettant auf Fisch (der im ersten lebt und im zweiten gekocht wird) trinken möchte, wenn er den weisen Rat nicht kennt, daß man Fisch nur mit gutem Wein herunterspülen darf; denn der Fisch will schwimmen.
Es wäre gewiß unwürdig, die Fischarten diesem „verfluchten" Schicksal auszuliefern, besonders deshalb, da Wein viel besser auf Fisch mundet als Wasser. Wahrscheinlich gibt es in diesem Punkt gar keine Meinungsverschiedenheiten.
Die Ansichten gehen eher bei der Frage auseinander, welches wohl der beste Süßwasserfisch Ungarns sei. Es ist nicht leicht, darauf eine klare Antwort zu geben: Da ist der Sterlet der Theiß, der bekannte Plattensee-Zander und die herrliche Forelle, die Perle der Gebirgsbäche. Das weiße Fleisch des langmäuligen, schlanken, eleganten Sterlets ist vortrefflich, grätenarm und mürbe. Seine Fischeier, der Rogen, sind wahrhaftiger Kaviar. Das Fleisch des wie Silber glänzenden Plattensee-Zanders ist schneeweiß, fettarm, ebenfalls grätenarm und sehr schmackhaft. Leider ist er sehr empfindlich und kann lebend nicht transportiert werden. Er kommt deshalb nur in Eis verpackt in den Handel. Die rotschwarz getupfte, ebenfalls fast grätenfreie flinke Bachforelle, eine nahe Verwandte des Lachses und der Seeforelle, ist vor allem blaugesotten ein wahrer Leckerbissen für den Kenner. Müßte ich entscheiden, welchem dieser Fische der Vorrang gebührt, ich würde den Wettbewerb als unentschieden erklären. Sehr gute Fische sind weiterhin der Wels und der gefräßige Hecht. Auch ihr Fleisch ist grätenarm, weiß und wohlschmekkend. Der Wels ist sogar etwas schmackhafter, mürber, gehaltvoller, fettiger (dies wirkt sich nur bei sehr großen Exemplaren nachteilig aus); er ist die ideale Zutat für das sogenannte Fischpaprikasch. Der Hecht ist weniger fett, aber sein Fleisch ist zäher.
Einer der beliebtesten Fische ist der schnell wachsende und in verschiedenen Varianten erfolgreich gezüchtete untersetzte, bauchige Karpfen. Kleinere Karpfen haben viele Gräten, die größeren dagegen – ab einem Kilogramm aufwärts –, kaum. Sein Fleisch ist bräunlich, weich und etwas süßlich. Er wird im allgemeinen gern gegessen, besonders gebacken oder auf Raizer

Art bereitet. In den Fischgerichten, in denen er mit anderen Fischarten zusammen verwendet wird, wie z. B. im Fischpaprikasch, trägt er bedeutend zur Geschmacksverfeinerung bei. Leider nimmt er leicht den Sumpfgeschmack der seichten, schlammigen Teiche an, in denen er lebt. Diesen verliert er aber wieder, wenn man ihn einige Zeit in Behältern mit Frischwasserzufuhr schwimmen läßt, bevor er auf den Markt gelangt.
Die breite Karausche ist eine Verwandte des Karpfens. Sie wird wie folgt zubereitet: Einkerben, salzen, in Paprika wälzen, auf dem Rost, am Spieß oder in der Pfanne knusprig braten. Auf diese Weise zubereitet ist die Karausche sehr schmackhaft. Auch die kleinen Weißfische, die allerdings voller Gräten sind, sowie der reichlich vorkommende Plattensee-Maifisch sind Speisefische. Der Schusterkarpfen, auch Schleie genannt, ist ebenfalls nicht zu verachten.
In den ungarischen Gewässern gibt es darüber hinaus noch einige andere unbedeutende Fischarten. Aber die Freunde der weißen Tafel werden wohl aus dem oben erwähnten Angebot wählen, wenn es gilt, festliche Gerichte oder auch nur ein Wochentagsessen zu bereiten, das sie natürlich, um nicht „verflucht zu werden", mit Wein begießen.

# *Süsswasserfische*

## *Echtes Fischpaprikasch*

oder Fischersuppe besitzt überschwengliche, begeisterte Anhänger unter den Freunden der ungarischen Küche. Sie sind daran zu erkennen, daß sie als erstes, wohin auch immer ihr Weg sie führt, auf den Speisekarten der Restaurants die Fischgerichte suchen, und sie registrieren genau die in letzter Zeit zahlreicher gewordenen Fischertschardas. Sie kosten und wählen und besuchen am liebsten eine Tscharda, wo das Fischpaprikasch aus verschiedenen Fischarten der Donau, der Theiß oder des Plattensees bereitet wird, da diese – so behaupten sie – nie einen „Schlammgeschmack" haben.
Das „echte" Fischpaprikasch, kocht es der Fischer an der Theiß in Szolnok oder Szeged, an der Donau in Komárom, Tétény oder Kiskőszeg, am Plattensee in Fonyód, Boglár oder Badacsony, hat einen köstlichen Geschmack, verbreitet einen appetitanregenden Duft, besitzt ein herrliches Aroma und muß, um die Anerkennung des Fischersuppenfans zu erlangen, aus vielerlei

– und zwar lebenden – Fischen bereitet werden. Dann soll die Fischersuppe möglichst über offenem Feuer und in einem Eisenkessel, der an einem Stehknecht hängt, kochen, und sie soll mindestens aus drei verschiedenen Fischarten bestehen: aus Karpfen, Wels und an der Theiß aus Sterlet, an der Donau aus Schill, am Plattensee aus Zander. Es ist gut, wenn noch Kleinfische wie Karauschen, Weiß- oder Maifische zugefügt werden und sich mit den Kräften des großbauchigen Karpfens, des bärtigen, untersetzten Wels, des schneeweißen Zanders (oder Schills) und des dünnen, eleganten, langmäuligen Sterlets vereinigen. Zwiebel aus Makó und Paprika – mit Maßen und mit Feingefühl dosiert – geben der Fischersuppe noch den gewissen Pfiff. Müßte sie nicht gelöffelt werden – könnte man sich nach ihr „alle zehn Finger ablecken" . . .

Den Eisenkessel vor Gebrauch gut ausscheuern, damit das Gericht keinen Eisengeschmack annimmt. Die Fische waschen, reinigen, den Hinterkopf einschneiden und das herausfließende Blut in den Kessel tropfen lassen. Ausgenommen – die Innereien wegwerfen – in drei Finger breite Stücke schneiden. Die kleinen Fische auf den Kesselboden legen, darauf eine Karpfenschicht geben, darüber eine Welsschicht, – eventuell Hechtstücke und obenauf den edelsten Fisch – den Donau-Schill, Theiß-Sterlet oder Plattensee-Zander – legen. Zwischen die einzelnen Schichten in Scheiben geschnittene große saftige Zwiebel legen. Aber nicht zuviel Zwiebel verwenden, sonst wird das Fischpaprikasch süßlich und ruft Sodbrennen hervor. Sind alle Fische im Kessel, mit so viel Wasser auffüllen, daß sie knapp bedeckt werden. Beginnt die Suppe zu kochen, vorsichtig salzen und Paprika – je nach seiner Schärfe mehr oder weniger – dazugeben: Vom Delikateßpaprika einen guten Eßlöffel, vom scharfen Rosenpaprika einen kleineren Eßlöffel voll zufügen. Wer das Fischpaprikasch aber „beißend scharf" mag, kann auch getrockneten und zerbröckelten roten Kirschpaprika hineingeben – aber erst kurz vor dem Auftragen und nur auf den eigenen Teller . . .

Nach dem Würzen das Ganze etwa eine Stunde bei mäßiger Hitze brodelnd kochen lassen, bis sich an der Oberfläche eine Haut bildet. Nicht umrühren, da das Fleisch der verschiedenen Fische leicht abfällt und sich miteinander vermischt; aber ab und zu den Kessel am Henkel ergreifen und vorsichtig schütteln.

In der Theiß-Maros-Gegend ist es üblich, die kleinen Fische, vorher als Paprikafisch zu kochen, anschließend durch ein Sieb zu drücken und in den Kessel zur Fischersuppe zu geben. Diese wird dadurch würziger und dicker – „der Löffel steht darin", sagen die Anhänger dieser Methode.

Wie auch immer das Fischpaprikasch bereitet wird, der Kesse kommt beim Servieren auf den Tisch, und die Hausfrau oder der Hausherr verteilen die schönen weißen Sterlet-, Fogasch- und Welsstücke der oberen Schicht auf die Teller. Vom braunen, grätigen, etwas süßlichen, aber schmackhaften Karpfen bekommt man nur auf Wunsch. Die Fischchen auf dem Kesselboden verfeinern zwar den Geschmack der Suppe, werden aber meistens nicht gegessen...

In einigen Gegenden werden Teigwürfel oder gezupfte Nudeln zur Fischersuppe serviert. Anderswo ist Túróscsusza mit saurer Sahne und frischen Grieben gereicht, der „unausbleibliche" nächste Gang.

Doch auch fernab der Theiß und Donau und auch in Ermanglung des offenen Feuers, eines Kessels und Stehknechts kann Fischpaprikasch auf jedem Herd und in jedem Topf auf die beschriebene Weise zubereitet werden; auch einfach nur aus Karpfen, wenn keine große Auswahl an Fischen zur Verfügung steht.

## Fischpaprikasch (Fischersuppe)

Den Boden einer Kasserolle mit einer Schicht gereinigter kleiner Fische – ungefähr 350–400 g – und dem Kopf eines 1 kg schweren Karpfens belegen. Darauf folgt eine Schicht Zwiebelscheiben, dann ein Teil des gereinigten und in zweifingerbreite Stücke geschnittenen Karpfens, dann wieder eine Schicht Zwiebel usw. Die oberste Schicht bildet der Karpfen. Das Paprikasch mit so viel Wasser auffüllen, daß alles bedeckt ist, und aufsetzen. Wenn es zu kochen beginnt, salzen, 1 Eßlöffel Paprika hineinstreuen und noch eine Stunde langsam kochen.

## Fischpörkelt

1 geriebene kleine Zwiebel in Fett anrösten. Wenn sie zu bräunen beginnt, 1 Kaffeelöffel Delikateßpaprika dazurühren und noch einmal kurz aufkochen lassen. Den in Stücke geschnittenen Karpfen – oder einen anderen Fisch – hineingeben und auch das Fischblut dazugießen. Salzen und bei ganz schwacher Hitze zugedeckt $^3/_4$ Stunden dünsten.

## Fischsuppen

*I. Passiert.* Aus Butter und Mehl eine Mehlschwitze bereiten, darin beliebig viel in Würfel geschnittene Petersilienwurzel, Sellerie und Möhren rösten. 500 g gekochten oder gebratenen Karpfen im Mörser zerstampfen oder kleinschneiden, zum Suppengrün geben, mit dem Kochwasser grüner Erbsen auffüllen, salzen und so lange kochen, bis das Suppengrün gar ist. Dann passieren und gekochte Krebsschwänze oder in Butter gedünstete Pilze dazugeben. In der Suppenschüssel 1 Eigelb mit einem Stückchen Butter verrühren, die heiße Suppe darübergießen und mit gerösteten Semmelwürfeln servieren.

*II. Mit Fischrogen.* Den gewaschenen Fisch (z. B. Karpfen oder Hecht, evtl. beide) in kleine Stücke schneiden und zusammen mit dem Rogen salzen. Eine dünne Mehlschwitze bereiten, eine Messerspitze Paprika und etwas geriebene Zwiebel dazugeben, mit Wasser auffüllen, mit etwas Essig oder Zitronensaft abschmecken und mit 1–2 Lorbeerblättern und einigen Pfefferkörnern würzen. Aufkochen, die Fischstücke hineinlegen und weich kochen lassen. Vor dem Servieren eventuell 1–2 Eßlöffel saure Sahne in die Suppe rühren. Aus Fischleber bereitete kleine Leberklößchen schmecken gut als Suppeneinlage.

*III. Fischsuppe auf Mönchsart.* Aus Hecht und Karpfen bereiten. Die Gräten sorgfältig aus den Fischen lösen, das Fleisch kleinschneiden oder durchdrehen und in Butter mit etwas geriebener Semmel und kleingeschnittener Petersilie dünsten. Salzen. Kochendes Wasser auffüllen, mit saurer Sahne und Mehl verrühren und mit gerösteten Semmelwürfeln servieren.

*IV. Regensburger Fischsuppe mit Rogenauflauf.* 500 g trockene, enthülste Erbsen in 2 l Wasser langsam kochen. In einer Kasserolle 500 g in kleine Stücke geschnittenen Karpfen mit etwas Zwiebel braun rösten, mit ein wenig Mehl bestreuen, das Erbsenkochwasser darübergießen, salzen und noch eine Stunde langsam kochen lassen. Die Fischstücke herausnehmen, von den Gräten lösen, zusammen mit dem Saft in einen Suppentopf passieren und nochmals aufkochen. Den Rogenauflauf aus 280 g Fischrogen bereiten, der 10 Minuten in Salzwasser gekocht wurde. Das Wasser abseihen, 140 g Butter schaumig rühren und unter ständigem Rühren 2 Eier, 2 Eigelb und 1 in Milch geweichte und passierte Semmel dazugeben. Alles gut vermischen und löffelweise den Rogen dazugeben, in eine gefettete und mit Mehl bestreute Puddingform füllen. Eine halbe Stunde im Wasserbad kochen. Den Rogenauflauf extra auf einem Teller servieren.

## *Fischragout*

*I.* Das Ragout kann aus jeder beliebigen Fischart zubereitet werden. Die Fische reinigen, waschen, salzen, 25–30 Minuten stehenlassen, dann in kleinere Stücke schneiden und, wenn nötig, nochmals salzen. Die Fischstücke in einer reichlichen Menge ausgelassener, aber noch ungebräunter Butter 5–6 Minuten dünsten, danach in eine feuerfeste Schüssel legen und mit der folgenden Soße übergießen: Eine helle Buttersoße bereiten, mit Fleisch- oder Knochenbrühe aufgießen und mit 0,2 l frischer saurer Sahne, die vorher mit 4 Eigelb verquirlt wurde, vermengen. Die Soße mit Weißwein abschmecken, noch 50–60 g feingewiegte Pilze dazugeben, aufkochen lassen und über die Fische gießen. Das Ganze mit in Butter gerösteter geriebener Semmel bestreuen und 15 Minuten in der Röhre backen.

*II.* Aus Schill, Zander, Sterlet oder Hecht bereiten. Den in Salzwasser gekochten Fisch von den Gräten lösen und das Fleisch mit einer Gabel zerdrücken. Aus einer Butter–Mehlschwitze, dem Salzwasser, in dem der Fisch gekocht wurde, aus geriebenem Käse, Salz, saurer Sahne und einigen Eigelb eine dickflüssige Soße bereiten, über den Fisch gießen und in eine feuerfeste Schüssel füllen, mit geriebener Semmel und geriebenem Käse bestreuen und 8–10 Minuten in der Bratröhre überbacken. Mit Kartoffelpüree, Kopfsalat und Zitronenscheiben anrichten.

## *Fisch in Milch gedünstet*

Sterlet, Hecht oder Zander waschen, reinigen, salzen und mit so viel Milch übergießen, daß der Fisch bedeckt ist. Zugedeckt weich dünsten lassen, dann auf einer Platte anrichten. Eine Butter–Mehlschwitze bereiten, mit der Milch auffüllen, salzen, aufkochen lassen und über den Fisch gießen.

## *Fischpudding*

*I.* Einen $^1/_2$–$^3/_4$ kg schweren Hecht oder einen anderen entsprechend großen Fisch reinigen, die Haut abziehen und das Fleisch vorsichtig von den Gräten lösen. $^1/_2$ Zwiebel in etwas Butter andünsten, 3 gut verquirlte Eier dazugeben und unter andauerndem Rühren so lange auf dem Herd lassen, bis sich die Masse verdickt. 2 in Milch geweichte, ausgedrückte Semmeln zusammen mit dem entgräteten Fisch durchdrehen und mit der Eimasse vermengen. Noch 100 g schaumig gerührte Butter, 2 Eier und 2 Eßlöffel saure Sahne hinzufügen, nach Geschmack salzen und pfeffern und das Ganze in einer mit Fett ausgestrichenen Form 1–1 $^1/_4$ Stunden im Wasserbad kochen. Den Pudding mit der in Fett gebratenen Leber des Hechtes und mit in Fett gerösteter Petersilie garnieren und mit einer Senfsoße servieren.

*II.* Einen 1 kg schweren Hecht mit Salz und Gewürzen kochen, aus dem Wasser nehmen und mit etwas Zitronensaft beträufeln. Dann das Fleisch von den Gräten lösen, sehr klein schneiden oder durchdrehen, mit 150 g schaumig gerührter Butter, 4 Eigelb, 0,2 l Milch, 20 g geriebener Semmel, etwas feingewiegter

Petersilie, einer Prise Salz und dem Schnee der Eier vermengen, in eine Puddingform geben und 1 Stunde lang im Wasserbad kochen. Mit Pilz- oder Sardellensoße servieren.

## Gekochter Fisch

*I. Mit Pilzen.* Den gereinigten Fisch in Salzwasser, in das etwas Essig und Suppengrün gegeben wurden, 10–15 Minuten kochen, dann die Haut abziehen, in ein mit Butter ausgestrichenes feuerfestes Gefäß legen und mit in Butter halbweich gedünsteten Champignonscheiben bestreuen. Nun 0,3 l saure Sahne mit 100 g Butter, 2 Eigelb sowie etwas Salz verrühren, diese Soße über den Fisch gießen und 10–12 Minuten in der Röhre backen. Je nach Geschmack die Soße auch mit geriebenem Käse vermischen und um den Fisch vor dem Backen außer Pilzen noch halbgare geschälte Nierenkartoffeln legen.
*II. Auf Paduanische Art.* Den in Salzwasser zusammen mit Suppengrün gekochten Fisch (Karpfen, Hecht, Zander) auf einem Sieb abtropfen lassen und in eine Kasserolle legen. Geriebene Zwiebel in einigen Eßlöffeln Öl etwas andünsten und über den Fisch gießen. Aus dem passierten Eigelb von 4 hartgekochten Eiern, dem Saft von 3 Zitronen, 1 Eßlöffel Mehl und je 1 Prise Pfeffer und Salz eine Soße bereiten, über den Fisch gießen und zugedeckt 5 Minuten langsam dünsten.

## Gekochter Fisch, kalt serviert

Hecht, Schill, Zander, Stör oder Sterlet – eventuell Seefische mit weißem Fleisch – reinigen und in einem länglichen Gefäß im ganzen kochen. Dem Kochwasser Salz, Suppengrün, einige Pfefferkörner und eventuell etwas Essig oder Zitronensaft zugeben. Je nach Größe des Fisches 10–15 Minuten kochen. Den gekochten Fisch nach dem Auskühlen auf einer Platte anrichten und mit Aspik, in Scheiben geschnittenen hartgekochten Eiern und Tatarensoße garnieren. Den Fisch möglichst einen Tag vor dem Verbrauch kochen und bis zum Anrichten im Kühlschrank aufbewahren. Die Fischhaut erst kurz vor der Zubereitung abziehen. Große Fische zerteilt servieren.

## Fischsülze

*I.* Einen 1–1,5 kg schweren Fisch in Stücke schneiden, salzen und 2–3 Stunden lang stehenlassen. Danach die Fischstücke, 3 kleingeschnittene Zwiebeln, 2 in Scheiben geschnittene Möhren und Petersilie in eine Kasserolle geben, das Ganze mit Wasser auffüllen und aufkochen lassen. Dann 1 Kaffeelöffel Delikateßpaprika dazugeben. Den Fisch bei schwacher Hitze ganz langsam noch etwa 1 Stunde kochen, dann vorsichtig herausheben, in eine tiefe Schüssel legen und mit dem heißen Fischsud übergießen. Sollte zuviel Sud vorhanden sein, denselben ohne Fisch auf die benötigte Menge einkochen lassen. Die Fischsülze kalt stellen, damit sie fest wird.

*II.* Aus vielerlei, möglichst entgräteten Fischen ein übliches Fischpaprikasch (Fischersuppe) bereiten. Den Fisch, sobald er weich ist, aus der Suppe nehmen. Den Saft weiterkochen, bis er dickflüssig wird. Die eingedickte Kochbrühe von 1–2 Kalbshaxen dazugießen. Den auf einer Platte angerichteten Fisch mit dem durch ein sauberes Tuch geseihten Saft begießen und kalt stellen.

## Fischmayonnaise

Für diese Mayonnaise eignet sich Sterlet, der feinste Theißfisch am besten. Sie kann aber auch aus Hecht, Wels oder Zander – also aus den sogenannten grätenfreien Fischen mit Weißfleisch, auch aus Seefischen – zubereitet werden. Den gereinigten Fisch in Salzwasser mit Suppengrün ungefähr 1/4 Stunde lang kochen. Nach dem Auskühlen Kopf und Schwanz entfernen, den Fisch in kleine Stücke schneiden, in einer runden Schüssel kegelförmig anhäufen und mit Mayonnaise übergießen. Danach mit in Streifen geschnittenem Kopfsalat, Eiervierteln und Zitronenscheiben garnieren. In die Mitte auf eine Zitronenscheibe einen Sardellenring mit Kaviar legen.

## Fischhaschee

Jeder grätenfreie Fisch kann verwendet werden. Das Fleisch des gereinigten, gewaschenen Fisches kleinschneiden oder durchdrehen, mit 1–2 gleichfalls kleingeschnittenen Sardinen, etwas geriebener Zitronenschale, 1–2 rohen Eiern und etwas zerlassener Butter vermengen, pfeffern und salzen. Aus der Masse längliche Filets oder runde flache Klöße formen und in heißem Fett oder Butter rasch braten. Mit Gemüse oder Salat reichen.

## Fischkroketten

*I. Aus rohem oder gekochtem Fisch.* Das Fischfleisch sorgfältig von den Gräten lösen und durchdrehen. Feingewiegte Petersilie, geriebene Zitronenschale, Salz, Pfeffer und einige die (Anzahl hängt von der Fischmenge ab) mit Butter verquirlte Eier hinzufügen. Aus dieser Masse längliche Röllchen formen, in Ei und geriebener Semmel wälzen und in heißem Öl oder Fett backen. Die Kroketten mit Kopfsalat oder französischem Salat servieren.

*II. Aus gekochtem oder gebratenem Fisch.* Den Fisch – auch Fischreste sind verwendbar – mit in Milch geweichten und ausgedrückten Semmeln oder kaltem Kartoffelpüree, mit Eigelb, einer Prise geriebener Zitronenschale, Salz und nach Geschmack mit geriebenem Käse gut vermengen. Aus dieser Masse längliche Röllchen formen, in geriebener Semmel wälzen und in reichlich heißem Fett goldgelb backen. Mit Kopfsalat oder französischem Salat, eventuell Remouladensoße anrichten.

*III. Auf polnische Art.* Aus 2 Eßlöffeln Mehl und 60 g Butter eine helle Mehlschwitze bereiten, mit Fleisch- oder Knochenbrühe, etwas Zitronensaft und Wein zu einer dickflüssigen glatten, cremeartigen Soße auffüllen und aufkochen. 125 g Sardellenbutter, einige kleingeschnittene Kapern, noch weniger geriebene Zwiebel und 2 Eßlöffel gut abgetropfte, kleingeschnittene Mixed Pickles dazugeben. Ca. 300 g gebratenen oder gekochten Fisch – selbstverständlich entgrätet – in kleine Stückchen schneiden und unter die heiße dickflüssige Cremesoße mengen. Bei schwacher Hitze zubereiten, darf nicht aufkochen. Die Masse auf einem flachen Teller auskühlen lassen. Dann fingerlange und zwei Finger breite Stäbchen daraus formen, diese zweimal hintereinander in Ei und geriebener Semmel wälzen und in heißem Fett braten.

## Fischwurst

*I. Mit Senfsoße.* 300 g entgräteten Fisch mit 50 g Butter, etwas feingewiegter Petersilie, ganz wenig geriebener Zwiebel (letztere kann man auch weglassen), 1 in Milch geweichten und ausgedrückten Semmel, gesiebter geriebener Semmel, etwas Salz und 1 Prise Pfeffer vermengen. Aus dieser Masse kleine Würstchen formen, in Mehl, Ei und geriebener Semmel panieren und in heißem Fett goldgelb braten. Aus einer ganz kleinen Menge des verbliebenen Fettes, 2 Eßlöffeln Senf, 0,1 l Knochenbrühe oder Gemüsekochwasser, eventuell Fett und – wenn nötig – etwas Salz eine Soße bereiten und über den in einer Schüssel angerichteten Fisch gießen. Salzkartoffeln oder Kartoffelsalat dazu reichen.

*II. Auf Regensburger Art.* 250 g entgräteten Fisch kleinschneiden und mit der gleichen Menge in Milch geweichter und ausgedrückter Semmel gut vermischen. Aus 2 Eiern und 40 g Butter auf dem Herd oder über Dampf – ohne aufzukochen – eine Creme bereiten, auskühlen lassen und mit der Fischmasse vermengen. 1 Ei dazugeben, salzen, pfeffern und auf einem Holzbrett fingerlange und fingerbreite Würstchen formen. Diese in Ei und geriebener Semmel wälzen und in heißem Fett kurz goldgelb braten.

## Fischfilet

*I. Gedünstet.* Den Fisch reinigen, die Haut abziehen, entgräten und kurz in Zitronenwasser wässern. In Salzwasser kochen oder in Butter, zusammen mit etwas Zwiebel und Pilzen sowie einigen Eßlöffeln Zitronenwasser, dünsten. Den in Salzwasser gekochten Fisch mit Musselinsoße anrichten. Den gedünsteten Fisch mit einer aus dem eigenen Saft bereiteten Soße – unter Zugabe von Weißwein, Zitronensaft, Kapern und saurer Sahne – servieren.

*II. Gebraten.* Den Fisch nach obigem Rezept reinigen und kochen. In Ei und geriebener Semmel panieren oder in Paprikamehl wälzen oder nur mit Butter bestreichen und auf dem Rost oder in heißem Fett rasch braten.

## Fischschnitten auf Müllerin Art

Die gereinigten Zander- oder andere Fischfilets salzen, pfeffern und mit Mehl bestreuen. Dann in eine Kasserolle halb Butter und halb Öl geben. Wenn dies zu sieden beginnt, die Fischstücke hineinlegen und auf beiden Seiten goldgelb braten, auf einer Platte anrichten, mit Zitronensaft beträufeln und heiß mit brauner Butter übergossen servieren.

## Gebackener Fisch

Den Fisch reinigen, waschen, in Stücke schneiden und salzen, dann in Mehl, Ei und geriebener Semmel wenden und in heißem Fett goldgelb backen. Für dieses Gericht eignen sich am besten Karpfen und die größeren, aber noch nicht fetten Welse, die man in schöne Scheiben schneiden kann.

## Marinierter Fisch

Starkes Essigwasser, in das Pfeffer, Lorbeerblätter, Salz und in Scheiben geschnittene Zwiebel gegeben wurden, zum Kochen bringen und heiß über die panierten, erkalteten Fischstücke gießen. Das Ganze zugedeckt kalt stellen. Vor dem Anrichten Öl darangeben.

## Gefüllter Fisch

*I.* Den gereinigten, gewaschenen, gesalzenen Fisch mit folgender Masse füllen: 1 in Milch geweichte und ausgedrückte Semmel mit Butter, Rinderknochenmark, geriebenem Käse, kleingeschnittenen, gedünsteten Pilzen, Salz, Pfeffer und einigen Eigelb vermischen. Den Fisch in Butter oder Fett in der Bratröhre braten.

*II.* Den gewaschenen, gereinigten Fisch salzen und mit folgender Masse füllen: 1 in Milch geweichte und ausgedrückte Semmel mit der Milch oder dem Rogen des Fisches in etwas Fett dünsten. 2 kleingeschnittene Sardellen (oder Sardellenpaste), ein wenig geriebene Zwiebel, feingewiegte Petersilie, etwas gerievene Zitronenschale und 2 Eier vermengen, salzen, pfeffern, gut bermischen und das Innere des Fisches damit füllen. Den Fisch zusammennähen, in eine reichlich mit Fett ausgestrichene Pfanne geben, einige Lorbeerblätter darüberstreuen und 30 Minuten in der Bratröhre braten. Zwischendurch mit ausgelassenem Fett begießen. Ist der Fisch gar, den Faden herausziehen und vor dem Servieren die Lorbeerblätter entfernen.

## *Karpfengerichte*

*I. Auf Raizer Art.* Einen größeren Spiegelkarpfen, etwa 1 bis 1,5 kg, reinigen, der Länge nach aufschneiden, salzen und einkerben. In jede Kerbe ein Stückchen Butter und Räucherspeck klemmen. Ein Kuchenblech mit Butter ausstreichen und einen Rost daraufstellen. Auf das Kuchenblech 1 kg gesalzene, in Scheiben geschnittene Kartoffeln geben, die Fische jedoch auf den Rost legen. Das Ganze in die Röhre schieben. Wenn der Fisch zu braten beginnt, mit Paprikamehl bestreuen und sobald er krustig wird, mit saurer Sahne übergießen. Unter ständigem Begießen braten.

*II. Mit Speck.* Den gereinigten 1,5–1,8 kg schweren Karpfen in Stücke schneiden und in $^1/_2$ l Salzwasser kochen. 100–150 g in Würfel geschnittenen Räucherspeck zusammen mit $^1/_2$ geriebenen Zwiebel anrösten lassen, eine Messerspitze Delikateßpaprika dazugeben, mit der Fischbrühe auffüllen, aufkochen lassen, den Fisch hineinlegen, das Ganze noch einmal aufkochen und sofort anrichten.

*III. Auf Budaer Art.* 300–400 g Suppengrün – Möhren, Sellerie, Petersilienwurzel, Kohlrabi – und etwas Zwiebel in Streifen schneiden und in Butter dünsten. Wenn sie halbgar sind, einen 1 kg schweren, in Stücke geschnittenen Karpfen dazugeben, das Ganze salzen, mit $^1/_2$ l Weißwein übergießen und bei starker Hitze kochen, bis die Brühe halb verkocht und dickflüssig ist. Den Fisch mit in Butter gerösteten Brotscheiben anrichten.

*IV. Auf Matrosenart.* Den 1 $^1/_2$ kg schweren, gereinigten, in Stücke geschnittenen Fisch $^1/_2$ Stunde eingesalzen liegenlassen. In eine reichlich mit Butter ausgestrichene Kasserolle 250 g in Scheiben geschnittene Möhren, Petersilienwurzel, Sellerie, Zwiebel sowie Lorbeerblätter, Thymian, Pfefferkörner und Kapern geben und die gesalzenen Fischstücke darauflegen. 0,2 l Weißwein und mit 1–2 Eßlöffeln Senf gewürzte Fleisch- oder Knochenbrühe darübergießen. Eventuell 50 g in Scheiben geschnittene Pilze beifügen. Den Fisch bei schwacher Hitze zugedeckt weich dünsten. Dann die Fischstücke herausnehmen, auf eine Platte legen und mit der mit Butter und Mehl verdickten, nochmals aufgekochten und durchgeseihten Brühe übergießen.

*V. Gesotten.* Den gereinigten, in drei Finger breite Stücke geschnittenen Fisch samt Milch oder Rogen mit etwas Essig oder Zitronensaft übergießen. $^1/_2$–$^3/_4$ Stunde so stehenlassen. In einem Topf Wasser mit Salz, Zwiebel, Lorbeerblättern und einem kleinen Stückchen Butter aufsetzen. Sobald das Wasser aufwallt, die Fischstücke hineingeben, den Topf aber sofort auf schwache Hitze stellen. Die Fischfilets $^1/_2$ Stunde in der Brühe lassen, dabei mehrmals den Schaum abschöpfen. Dann auf eine Platte legen, mit Petersilie garnieren und mit einer kalten Meerrettich- oder Remouladensoße anrichten.

*VI. Blaugesotten.* Den gewaschenen, gereinigten und in drei Finger breite Stücke geschnittenen Karpfen in eine Kasserolle legen, mit 0,6–0,7 l heißem Essig begießen, so daß er eine schöne blaue Färbung bekommt. Dann mit Suppengrün und Gewürzen in Salzwasser langsam weich kochen, aus dem Wasser nehmen, mit Löschpapier bedecken, auskühlen lassen, auf einer Platte anrichten und mit einer grünen Soße servieren.

*VII. Geräuchert.* Den gereinigten und halbierten Karpfen gründlich mit einer Mischung aus einer reichlichen Handvoll Salz und 15 g Salpetersäure einreiben, 5–6 Tage kalt stellen. Danach den Fisch in einen gereinigten Rinderdarm einnähen und 6–7 Tage in kaltem Rauch aufhängen.

*VIII. In der Röhre gebacken.* Den gereinigten, gewaschenen, recht großen Karpfen in drei Finger breite Stücke schneiden und zusammen mit 1–2 Lorbeerblättern in eine feuerfeste Schüssel geben. Nach Bedarf salzen und pfeffern. Mit 0,5 l saurer Sahne und 1–2 Eßlöffeln Zitronensaft begießen, mit zerlassener Butter beträufeln, mit feiner, gesiebter, geriebener Semmel bestreuen und ca. 45 Minuten in der heißen Bratröhre backen. (Während des Bratens verdünnt sich die saure Sahne durch den auslaufenden Fischsaft, doch infolge der Hitze verdickt sie sich wieder zu einer Soße, die geriebene Semmel wird goldgelb.) Nach dem Braten die Fischscheiben vorsichtig herausnehmen, auf einer Platte anrichten, einen Teil der Soße gesondert in einer Sauciere reichen.

*IX. Mit Sardellen.* Den Karpfen reinigen, ausnehmen, beide Hälften in fingerbreiten Abständen quer einschneiden. 5–6 Sardellen entgräten, kleinschneiden und mit feingeschnittener Zwiebel, der geriebenen Schale $^1/_2$ Zitrone und etwas Pfeffer vermischen. Mit dieser Masse die Einschnitte füllen und das Fischinnere bestreichen. Den ungesalzenen Fisch in eine Pfanne geben – am besten mit ein wenig Butter auf einen Rost legen –, mit saurer Sahne begießen und, wenn er brät, mit dem Saft 1 Zitrone beträufeln und mit Paprikamehl bestreuen. Die Bratzeit beträgt eine halbe Stunde, inzwischen mehrmals mit dem eigenen Bratsaft übergießen.

*X. Auf russische Art.* Den 1,5 kg schweren, gereinigten, gewaschenen, zerlegten und gesalzenen Karpfen mit 50 g Butter in eine Pfanne legen. 250 g in Salzwasser halbgar gekochte Möhren, Petersilienwurzel, Sellerie – alles kleingeschnitten – und Ringe $^1/_2$ Zwiebel dazugeben, mit 0,2–0,3 l gutem Rotwein begießen und in der Röhre so lange dünsten, bis der Fisch gar ist. (Er wird sehr schnell gar.) Auf eine Platte legen und mit dem Suppengrün garnieren. Den Saft mit 1 Eßlöffel Mehl und 50 g Butter verrühren, mit 0,1 l Weißwein und 0,1 l Knochen- oder Fleischbrühe auffüllen, aufkochen und zuletzt mit 1 Kaffeelöffel Senf abschmecken.

*XI. Auf polnische Art.* Den gereinigten Fisch mit Butter und Suppengrün in Salzwasser gar kochen, auf einer Platte anrichten und mit folgender Soße begießen: Eine Butter-Mehlschwitze mit Fleischbrühe aufgießen, Rosinen, länglich geschnittene Mandeln oder Nüsse, eventuell in Stücke gebrochene gebackene Kastanien hinzufügen, mit Zucker und Salz abschmecken, aufkochen lassen, dann eine dickflüssige braune, geseihte Soße aus ein wenig Zucker, Speck und Suppengrün dazugießen. (Auf 1 kg Fisch rechnet man 250 g Suppengrün, 50–80 g Rosinen und 100 g Nüsse oder Mandeln.)

## *Fisch am Spiess oder auf dem Rost gebraten*

gehört zweifellos zu den schmackhaftesten Gerichten. Vom hervorragenden Sterlet des Theißwassers wissen wir, daß er im Fischpaprikasch vertreten ist und dort vorzüglich mundet. Aber was bedeutet gekochter Fisch im Vergleich zu gebratenem Fisch? Unter den Bratfischen nimmt der am Spieß gebratene einen ganz besonderen Platz ein. Sterlet, während des Bratens mit Räucherspeck eingerieben, hat den herrlichsten Geschmack. Jeder störende Beigeschmack wird dabei ausgeschieden, und wir erhalten einen feinen, leichtverdaulichen Leckerbissen, dem man nicht widerstehen kann.

Was Qualität, Geschmack und Bekömmlichkeit betrifft, so steht der auf dem Rost gebratene Fisch dem am Spieß gebratenen kaum nach und ist in Großstädten leichter erhältlich. Dem verehrten Leser darf es nur nicht so ergehen wie mir einst, als ich in einem recht plötzlich in Mode gekommenen Restaurant „Wels auf dem Rost gebraten" bestellte. Das Gericht wurde sehr schnell serviert, und ich begann mit Heißhunger zu essen. Mit größtem Ärger mußte ich feststellen, daß das schöne Fischfilet – in Fett gebraten und noch dazu etwas angebrannt war.

## Plattenseezander

*I. Mit Pilzen.* Einen schönen großen Zander waschen, den Kopf abschneiden und das Fleisch in zwei Filetstücken von der Hauptgräte lösen. Die Haut abziehen, den Fisch salzen, in eine mit Butter ausgestrichene Pfanne legen und mit 0,2–0,3 l Wein und einigen Eßlöffeln Fleisch- oder Knochenbrühe aufsetzen. 500 g kleingeschnittene, in Butter gedünstete Pilze dazugeben und pfeffern. Zuerst auf dem Herd den Saft aufkochen lassen, dann das Ganze einige Minuten in der Bratröhre dünsten. Den Saft in eine Kasserolle gießen und einige Minuten aufkochen lassen. Unterdessen aus Butter und Mehl eine Mehlschwitze bereiten, mit dem Saft auffüllen und weiterkochen lassen, bis sie eingedickt ist. Mit Zitronensaft abschmecken, 3–4 Eigelb darunterquirlen. Etwas Soße in eine mit Butter ausgestrichene feuerfeste Schale gießen, die zwei Fischfilets darauflegen, darüber die Pilze und die restliche Soße geben, mit nicht ganz weichen Salzkartoffeln garnieren und in der Röhre 10–15 Minuten braun braten.
*II. Mit Weinsoße.* 1 kg gereinigte Zanderfilets – ohne Gräten und Haut – salzen, in eine mit Butter ausgestrichene Kasserolle legen und zur Hälfte mit Wasser, zur Hälfte mit Wein übergießen. Die Filets auf dem Herd aufkochen lassen, dann mit gefettetem Papier bedeckt in der Röhre weich dünsten lassen. Nun den Fisch auf eine Platte legen. Aus dem Fischsud, Butter und Mehl unter fortwährendem Rühren eine dicke Soße herstellen, vom Herd nehmen, noch 10–20 g Butter und etwas Zitronensaft hineinrühren und den Fisch vor dem Anrichten damit übergießen.
*III. Kalt serviert.* Den gereinigten Fisch einen Tag vor der Zubereitung kochen. Kopf und Schwanz abschneiden, in kaltem Wasser aufsetzen, 10–15 Minuten kochen und im Wasser auskühlen lassen. Das Fischfleisch vorsichtig von den Gräten lösen, in schöne Scheiben schneiden und auf einer Platte anrichten. Nach Belieben mit französischem Salat, kalten gefüllten Eiern, Aspik und grünem Salat garnieren. Tatarensoße dazu reichen.

*IV. Zanderfilet auf Admirals-Art.* Nachdem die Gräten, die Innereien und die Haut entfernt wurden, den Zander in gleich große Stücke schneiden und mit etwas geriebener Zwiebel und einigen Pfefferkörnern in eine mit Butter ausgestrichene Pfanne geben, mit Weißwein begießen und 5–6 Minuten in der Bratröhre dünsten. Die Fischscheiben herausnehmen und in eine ausgebutterte, feuerfeste Schale geben. (Der Fisch soll dabei nicht zerfallen!) Aus dem Saft mit 20–30 g Butter und Mehl eine Soße bereiten, mit Pfeffer, wenig Weißwein – eventuell Kognak – abschmecken und passieren, nach dem Auskühlen die Filetstücke damit bestreichen, mit geriebenem Käse bestreuen und in der Röhre überbacken.

*V. Au gratin mit Spargel.* Einen 1 $^1/_2$–2 kg schweren Zander reinigen, 10 Minuten in Salzwasser kochen, die Haut abziehen und in eine mit Butter ausgestrichene feuerfeste Schüssel legen. Die in Salzwasser gekochten, in 3–4 Stücke gebrochenen Spargelstangen oder die Spargelköpfe um den Fisch legen und das Ganze mit einer aus Butter, Mehl und Milch zubereiteten Béchamelsoße, die vorher mit 2–3 Eigelb, einigen Eßlöffeln saurer Sahne und etwas geriebenem Käse vermischt und mit Salz und Pfeffer gewürzt wurde, übergießen. Den Zander mit in Butter gerösteter geriebener Semmel bestreuen und 10–15 Minuten in der Röhre backen.

*VI. À l'ambassadeur: auf Diplomatenart.* Den von der Mittelgräte gelösten Filets des Zanders die Haut abziehen, die Fischstücke waschen und salzen. Dann in eine mit Butter ausgestrichene Bratpfanne legen und mit einer Brühe übergießen, die aus je 0,15 l Kochbrühe der Fischgräten und Weißwein hergestellt wurde. Etwa 150 g in Scheiben geschnittene Champignons in Butter leicht dünsten, auf den Fisch geben, das Ganze mit eingefettetem Papier bedecken und $^1/_4$ Stunde in der Röhre weich dünsten. Die Pilzbrühe abgießen, aufkochen lassen, etwa 30 g Butter und 30 g Mehl hineinrühren und alles mit dem Schaumschläger so lange schlagen, bis eine dickere Pilzsoße entsteht. Diese Soße noch mit etwas Petersilie und einer Prise Pfeffer würzen, beiseite stellen und mit 1–2 Eigelb vermischen. Unterdessen ein feuerfestes Gefäß mit Butter ausstreichen, etwas Pilzsoße hineinfüllen, die beiden Fischfilets vorsichtig mit einem flachen Löffel hineinlegen und das Ganze mit der restlichen Soße übergießen. Mit etwas geriebenem Käse bestreuen, mit zerlassener Butter bespritzen und unmittelbar vor dem Anrichten in der heißen Röhre knusprig backen.

*VII. Auf Jean-Bart-Art.* Zu den gesalzenen und entgräteten Zanderscheiben etwas feingeschnittene Zwiebel und reichlich kleingeschnittene Pilze geben, mit Weißwein begießen. Den Fisch zugedeckt weich dünsten, dann herausnehmen. Aus Butter und Mehl eine Mehlschwitze bereiten, nur mit ein wenig Fleisch- oder Knochenbrühe aufgießen, damit sie dickflüssig bleibt. Den Fischsaft mit den Pilzen einige Minuten kochen, danach mit der Soße vermischen. 2–3 Eigelb in 0,1–0,2 l süßer Sahne verquirlen, salzen, pfeffern und ebenfalls zur Soße gießen. Die Fischfilets in eine feuerfeste Schale geben, einige Eßlöffel Soße dazugeben, den Soßenrest über den Fisch streichen. Das Ganze reichlich mit geriebenem Käse und gesiebter geriebener Semmel bestreuen, mit zerlassener Butter begießen und in der Röhre knusprig braten.

*VIII. À la Morny.* Einen 1 1/2–2 kg schweren Zander reinigen, 10 Minuten in Salzwasser kochen, die Haut abziehen und in eine mit Butter ausgestrichene feuerfeste Schüssel geben. Um die Fischstücke 1–1 1/2 kg gekochte und geschälte ganze Nierenkartoffeln legen und alles mit der folgenden Soße übergießen: 0,2–0,3 l süße Sahne mit 2 Eigelb, 100 g Butter, 10–20 g Mehl, 100 g geriebenem Käse, Salz und Pfeffer verrühren und mit dem durchgeseihten Sud der Fische aufgießen. Den übergossenen Fisch in der heißen Röhre 12–15 Minuten backen.

*IX. À la Chambord.* Den gereinigten 1,5 – 1,8 kg schweren Fisch 8–10 Minuten in Salzwasser kochen, dann der Länge nach halbieren, das Fleisch von beiden Seiten – möglichst in einem Stück – von der Mittelgräte lösen und entgräten. Die dabei abfallenden Fischstücke mit 1/2 in Milch geweichten Semmel, 50–80 g Butter, 2–3 Eiern und etwas Salz passieren und mit 100 g feingewiegten, in Butter gedünsteten Pilzen vermengen. Die Fischfilets mit der Innenseite nach unten in eine mit Butter ausgestrichene Pfanne legen, darauf die Mischung geben, mit in Butter gerösteter geriebener Semmel und einigen Butterflöckchen bestreuen, 10–12 Minuten in der Röhre backen, danach in Stücke zerlegen und mit einer holländischen Soße anrichten.

## Schill

Schill (Zander) kann auf ähnliche Weise wie Plattenseezander zubereitet werden. Weitere Schillrezepte:

*I. Mit Sardellen.* Sardellenpaste in 150 g Butter sämig rühren, den gereinigten, gewaschenen Schill damit innen ausstreichen. In einer mit reichlich Butter ausgestrichenen Kasserolle rasch braten, dabei ständig mit Sardellenbutter bestreichen und löffelweise Weißwein dazugießen. Den Fisch auf einer Platte anrichten, mit dem Bratensaft begießen und mit Zitronenscheiben garnieren.

*II. Mit Pilzen.* In den gereinigten, gesalzenen Fisch dicht mit einer Bratengabel einstechen. In jeden Einstich eine Pilzscheibe stecken. Eine Pfanne mit Butterflöckchen belegen, den Fisch hineinlegen, Butterflöckchen darübergeben und unter häufigem Begießen braun braten. Die Soße mit saurer Sahne und Zitrone abschmecken, gesondert zum Fisch servieren.

## Sterlet

*I. Gebraten.* Den gereinigten Fisch in heißes Wasser tauchen, die Haut mit dem Rückenpanzer abziehen, den inneren Knorpel entfernen. Den Fisch in eine Pfanne, auf ein Rost legen und so viel Fett oder Butter in die Pfanne geben, daß der untere Teil des Fisches damit in Berührung kommt. Unter häufigem Begießen beiderseitig knusprig braten. Innerhalb von 30 Minuten ist der Fisch gar. Mit Petersilie garniert servieren.

*II. Mit Butter.* Den 1 kg schweren Fisch aufschneiden und ausnehmen, auch den Rückenknorpel entfernen, salzen und in eine entsprechend große Kasserolle legen. In Scheiben geschnittene Möhren, Petersilienwurzel, Sellerie, Zwiebel sowie 1–2 Lorbeerblätter und einige Pfefferkörner dazugeben, mit Essigwasser auffüllen und 10–15 Minuten kochen. Danach den Fisch vorsichtig herausheben, mit einem scharfen Messer die Haut und den Rückenpanzer abziehen, mit zerlassener, heißer Butter übergießen und mit Salzkartoffeln anrichten. Zerlassene Butter eventuell noch gesondert dazu reichen. Soll der Fisch kalt gegessen werden, dann am Vortag kochen, die Haut und den Panzer jedoch erst am Tage des Anrichtens abziehen.

*III. Gebacken.* Haut und Gräten entfernen, den Fisch in schöne Scheiben schneiden, salzen, pfeffern, mit Zitronensaft beträufeln, mit feingeschnittener Petersilie bestreuen und einige Stunden stehenlassen. Dann in Mehl, Ei und geriebener Semmel wenden, in heißer Butter oder Fett beiderseitig goldgelb braten.

*IV. Auf Alfölder Art.* Den gereinigten 1–1 1/2 kg schweren Fisch in große Stücke schneiden, salzen, mit Paprika bestreuen und in etwas Fischsud (das Salzwasser, in dem Kopf, Schwanz und Flossen des Fisches mit Suppengrün gekocht wurde) zugedeckt weich dünsten. Die Fischstücke dann auf eine Platte legen, die Brühe durch ein Sieb gießen, mit saurer Sahne, Eigelb und Zitronensaft verquirlen, aufkochen lassen und über die Fischstücke gießen.

*V. Am Spieß gebraten.* Die gereinigten kleineren Sterlets an der Seite in ein bis zwei Finger breiten Abständen quer einschneiden,

den Rückenknorpel entfernen, den Rückenpanzer abtrennen, salzen und mit etwas Paprikamehl einreiben. Aufgespießt und mit Speck eingerieben grillen oder über Holzfeuer knusprig braten. (Pro Person 1 Sterlet rechnen.)

## Forelle

*I. Blaugesotten, warm serviert.* Dafür sind nur ganz frisch gefangene Forellen geeignet. Die Forelle ausnehmen, reinigen und waschen, ohne die äußere Schleimhaut zu verletzen, da sie sonst beim Kochen nicht blau wird. Bis zum Kochen in kaltes Wasser legen. Auf 1 Forelle 0,5 l Wasser rechnen, in dem etwas Essig, ein Viertel 1 feingewiegten Zwiebel, 1–2 Karotten, $^1/_2$ Sellerie, 4 Pfefferkörner und ein wenig Petersilie 15 Minuten gekocht werden. Dann salzen und die Forelle hineinlegen. Sie nimmt sofort eine blaue Färbung an. Den Kochtopf an den Herdrand stellen, den Fisch 30 Minuten ziehen lassen, nicht kochen. Das Kochwasser abseihen und die Forelle mit zerlassener Butter servieren.

*II. Kalt, mit Mayonnaise.* Die blaugesottenen, ausgekühlten Forellen auf eine Platte häufen, mit reichlich Mayonnaise übergießen und mit hartgekochten Eiern, Aspik, Rettich, in Streifen geschnittenem Kopfsalat, Kapern, roten Rüben usw. garnieren.

*III. In Soße.* Von Mai bis August sind die Forellen besonders schmackhaft. Die Forellen in einer Brühe aus Wasser, Essig, Wein, Petersilie, Möhren, Petersilienwurzel, Zwiebeln, Pfefferkörnern und Salz gar ziehen lassen. Die Brühe seihen und die Fische mit folgender Soße anrichten: Aus 80–100 g Butter und 2–3 Eßlöffeln Mehl eine helle Mehlschwitze bereiten, mit der geseihten Fischbrühe auffüllen, mit kleingeschnittenen Kapern abschmecken und 2–3 Eigelb unterrühren.

*IV. In Tokajer Wein.* Den Rücken der gereinigten und gewaschenen Fische etwas einschneiden und salzen. In einen Topf so viel Tokajer gießen, daß die Forellen, die später hineingelegt werden, gut bedeckt sind. Den Wein 15 Minuten mit 1–2 Lorbeerblättern, 1 Prise Muskat und 30–50 g in Mehl geknetetet Butter kochen. Danach die Fische hineingeben und 10 Minuten ziehen lassen. Auf einer Platte anrichten, mit Zitronensaft beträufeln und die geseihte Weinbrühe über die Fische gießen.

## Wels

*I. Mit Sauerkraut.* Den in Scheiben geschnittenen etwa 1 $^1/_2$ kg schweren Wels salzen. Inzwischen Sauerkraut kochen, mit einer dünnen Paprika-Mehlschwitze leicht eindicken und 1 Stunde langsam kochen, danach die Fischscheiben hineinlegen und $^3/_4$ Stunden noch weiterkochen. Dabei nicht mehr umrühren, nur die Kasserolle schütteln, damit das Fischfleisch nicht auseinanderfällt. Zuletzt einige Eßlöffel saure Sahne dazurühren. Vor dem Servieren die Fischscheiben auf das Kraut legen.

*II. Mit Reis.* Einen schönen großen Wels in fingerdicke Scheiben schneiden, salzen und eine Weile so stehenlassen. Unterdessen 1 kleine Zwiebel in Scheiben schneiden und in Fett rösten. In einem anderen Topf 250 g abgebrühten Reis weich dünsten, mit dem Zwiebelfett vermischen und die Welsscheiben darauflegen. Das Ganze mit etwas Paprika bestreuen und 15 Minuten in der Röhre braten. Dann die Fischscheiben wenden und weitere 15 Minuten braten.

## Hecht

*I. Mit saurer Sahne und Meerrettich.* Den gereinigten Fisch in Salzwasser, dem Zitronensaft und Suppengrün beigefügt wurde, 10–12 Minuten schwach kochen. Geriebenen Meerrettich mit 1 Eßlöffel Mehl bestreuen, mit 0,4 l saurer Sahne übergießen und auf den Herd setzen. Etwas Butter und einige Eßlöffel vom Fischsud dazugeben, das Ganze aufkochen lassen und über den auf einer Platte angerichteten Fisch gießen.

*II. Gedünstet.* Einen etwa 1 $^1/_2$ kg schweren gereinigten Hecht in vier Finger breite Stücke schneiden und salzen. In einer Kasserolle 120 g Butter auslassen, feingewiegte Sardellen, Zwiebel, Petersilie und geriebene Zitronenschale dazugeben, den Fisch darauflegen, mit einigen Eßlöffeln saurer Sahne übergießen und zugedeckt langsam kurze Zeit dünsten. Dann den Deckel abnehmen, die Hechtstücke vorsichtig wenden und weiterdünsten. Wenn der Fisch gar ist, auf eine Platte legen und mit der Soße übergießen.

*III. Mit Rotwein.* Den gereinigten Hecht in Stücke schneiden, salzen und nach Geschmack pfeffern. In eine Kasserolle etwas Butter, einige kleingeschnittene Pilze und 1–2 Lorbeerblätter geben, die Fischstücke darauflegen, mit 0,3 l Rotwein begießen und zum Kochen aufsetzen. Nach dem Aufwallen bei schwacher Hitze langsam gar ziehen lassen. Ist der Fisch weich, den Fischsud seihen und, wenn nötig, noch etwas Rotwein zugeben. Eine dünne Butter-Mehlschwitze bereiten, mit der geseihten Brühe auffüllen und über den auf einer Platte angerichteten und mit den Pilzen bedeckten Fisch gießen. (Dieses schmackhafte Gericht kann auch aus Karpfen bereitet werden.)

*IV. Mit Nüssen.* Einen 1–1,5 kg schweren Hecht reinigen, salzen und in Stücke schneiden. In einer Kasserolle 250 g in Scheiben geschnittene Möhren, Petersilienwurzel, Sellerie und

$^1/_2$ Zwiebel eine Stunde kochen. Die Brühe seihen, den Fisch hineinlegen und 25 Minuten gar ziehen lassen. Das beim Zerschneiden ausgesickerte Fischblut mit 2 Eßlöffeln Mehl, 50 g gemahlenen Nüssen, 1 gestrichenen Eßlöffel Zucker und etwas Pfeffer verrühren und langsam in den Fischsud geben. Zusammen mit dem Fisch nochmals aufkochen. Den Fisch vor dem Servieren mit grobgehackten Nüssen bestreuen.
*V. Mit Sardinen.* Den gereinigten Fisch 2 Stunden in Salzwasser wässern. Zusammen mit dem Fisch in Scheiben geschnittene Möhren, Sellerie und Zwiebel kochen. Ist der Fisch gar, die Brühe seihen, das Fleisch entgräten, in Stücke schneiden, mit zerlassener, heißer Butter begießen und mit 3–4 kleingeschnittenen, gereinigten Sardinen vermengen.
*VI. Kotelett.* Vom Hecht Haut und Gräten entfernen, zusammen mit 1 in Milch geweichten Semmel passieren, 3 Eigelb dazurühren, salzen, zu Koteletts oder Pogatschen formen, in Mehl, Ei und geriebener Semmel panieren und in reichlich Fett braten. Mit Tatarensoße servieren.

## *In der Pfanne gebratene kleine Fische*

lernte ich in meiner Kindheit kennen, als ich meine Mutter beim Einkaufen begleitete. In dem abwechslungsreichen Getümmel des Wochenmarktes beobachtete ich die flinken Burschen, die eine mächtig große Pfanne auf dem Kopf trugen. Sie rannten bald hierher, bald dorthin, von einer Marktfrau zur anderen und boten den meistens recht stämmigen Frauen frisch gebratenen Fisch an. Die Fische waren zwar winzig klein, aber wie ich sah, wurden sie genußvoll verzehrt.
Später erfuhr ich auch, wo dieses populäre Gericht gebraten wurde: am unteren Donaukai, auf dem Herd der vielen Garküchen. In mächtigen Kesseln brodelte hier Suppe mit Klößen darin von der Größe einer Kanonenkugel. Für 3 Groschen wurde ein tiefer Steingutteller voll an die Sackträger, die Stammgäste der Garküche, ausgegeben. Neben dem Suppenkessel stand die Pfanne, in deren heißem Fett die kleinen Fische brieten. Es waren gewöhnliche Weißfische, in den Augen eines Laien wertlose, nur aus Gräten bestehende Ware, an der man hineinbeißend, fast ersticken konnte. Aus den vor Anker liegenden Fischerbooten wurden viele Tröge dieser kleinen Fische auf

*Gefüllter Gansehäls*

*Diesjähriger Gänsebraten*

*Paprikahuhn mit Nockerln*

*Paniertes Hühnchen*

*Hühnchen auf balkanische Art*

*Gebratener Fasan*

*Gespickter Hase*

*Hasenfleischsülze*

*Panierte Froschschenkel*

*Plattenseezander au gratin mit Spargel*

*Sterlet mit Butter*

*Gesottener Fisch mit Pilzen*

*Fischersuppe*

den Markt geschleppt. Nur die ärmsten Leute kauften davon, und viele von ihnen kannten nicht einmal die richtige Zubereitungsart der Weißfische. In der Garküche jedoch wußte man es augenscheinlich, der viel größere Konsum der Fische als der der Suppe mit Klößen bewies es. Wie gesagt, die kleinen Fische wurden in heißem Fett gebraten, die Köchin drehte sie der Reihe nach um, und nach wenigen Augenblicken war die ganze Pfanne fertig gebraten. Sie wurde vom Herd gezogen, man ließ sie etwas auskühlen, und schon trugen sie die eilfertigen Burschen in das Marktgetümmel.
Der verehrte Leser kann überzeugt sein, daß ich nach dem Geschilderten kein großes Vertrauen zum Weißfisch empfand: das Fett der Garküche verbreitete einen unangenehmen Geruch, ich hätte mich damals kaum entschließen können, in einen solchen Fisch hineinzubeißen.
Dazu kam es erst viel später, an einem vertrauenswürdigeren Platz, als ich mich davon überzeugte, daß der verachtete, billige Weißfisch nicht nur zum Eindicken des Fischpaprikasch erfolgreich dienen kann, sondern auch ein gutschmeckendes, selbständiges Gericht ist, wenn er auf folgende Weise zubereitet wird: Den Fisch reinigen, einkerben (in der Breite mehrmals einschneiden), mit Salz und Paprika einreiben oder in gesalzenem Paprikamehl wälzen, und in der heißen Pfanne in Fett kurz beiderseitig braten. Auf diese Weise bereiteter Weißfisch ist so knusprig, daß er fast zerfällt und sogar mit Gräten genießbar ist. Ein noch schmackhafteres Gericht ergibt Weißfisch, wenn wir ihn im Freien über Holzkohle auf einen Rost legen oder auf einen Holzspieß stecken und über dem Feuer unter ständigem Drehen braten. Die letzten beiden Zubereitungsarten machen auch den sehr grätigen und minderwertigen Balaton-Maifisch genießbar. Steht die stämmigere, fleischigere, breitere Karausche (die aber noch zu den Kleinfischen gehört) zur Verfügung, so wird sie – in der Pfanne, auf dem Rost oder am Spieß gebraten – zu einem besonders köstlichen und schmackhaften Mittag- oder Abendessen.

## *Weissfisch, Karausche*

Billige kleine Weißfische ergeben auch ein schmackhaftes Gericht. Man muß sie reinigen, ausnehmen, längs in fingerbreiten Abständen einschneiden, mit Salz und Paprika einreiben und sowohl auf dem Rost als auch in Fett in einer Pfanne knusprig braten. Auf die gleiche Weise die ebenfalls billige, aber schmackhaftere Karausche bereiten.

# *Süss- und Seefischspezialitäten*

*Kaviar* Kaviar wird aus Fischrogen zubereitet, schwarzer Kaviar aus dem Rogen des Hausens, des Störs und des Sterlets, roter Kaviar aus dem des Seelachses. Kaviar wird industriemäßig konserviert. Wir selbst können ihn auf folgende Weise zubereiten: Den Rogen eines frischgeöffneten Fisches in kaltem Wasser gründlich wässern, danach abtropfen lassen und in einer Porzellan- oder Glasschüssel mit einem Holzstäbchen enthäuten. Über $^1/_2$ kg Rogen 20 g feines Salz und eine Prise Salizyl streuen und das Ganze mit einem Holzstäbchen verrühren. Die Masse eine Stunde lang hermetisch verschlossen halten. Nach wenigen Stunden ist der Kaviar genießbar.

Der Kaviar ist nur dann gut, wenn er sehr kalt ist. Viele lieben es, wenn der Kaviar mit geriebener Zwiebel, feingewiegtem Schnittlauch, feinem Salatöl, etwas mildem Essig, Zitronensaft und Pfeffer vermengt wird. Vorzüglich schmeckt Kaviar mit Schlagsahne!

Man serviert ihn in gekühlten, mit Deckel versehenen Glas- oder Porzellangefäßen, zusammen mit Zitronenscheiben und Butter. Geröstete Semmel- oder Weißbrotscheiben dazu reichen. Als „Nebengericht“ kann er zur Verzierung von belegten Brotscheiben verwendet werden.

## *Krebssuppe*

war einst im Restaurant Gundel im Budapester Stadtwäldchen eine besonders beliebte Spezialität. Ende April, Anfang Mai – zu Beginn der Monate ohne „r“ – wurde die Krebssuppe schleunigst auf die Speisekarte gesetzt. Die richtigen Zutaten wurden nicht vergessen: fleischige Krebse aus Zala, Fleischbrühe, süße Sahne, Ei, Krebsbutter und die erforderlichen Gewürze. Bis September – dem ersten Monat wieder mit einem „r“ – stand Krebssuppe auf dem Plan und war zeitweise der Anlaß für ein überfülltes Haus. Krebssuppe hatte eine merklich stärkere Anziehungskraft als die Primadonnen des Sommertheaters im Stadtwäldchen.

Außer der berühmten Krebssuppe waren hier und in anderen guten Restaurants während des Sommers Krebspörkelt und

Krebsmeridon mit Reis, Trüffeln und mit Krebsbutter übergossen mit Recht beliebt. Schon damals gab es Leute, die Krebse auf richtige Weise nicht in Wasser, sondern in Wein kochten. Ein wenig guter Branntwein ist ja nicht nur für den Menschen unschädlich, sondern auch für das Schalentier. (Das heißt für sein Fleisch).

Gefüllter Krebs, Krebspudding, mit Krebs gefüllte Eier waren aber früher nicht verbreitet und sind es auch heute noch nicht. Sie stehen nur selten auf einer Speisekarte und sind vielen Leuten völlig unbekannt.

## Krebssuppe

*I.* Die Krebse in mehrmals gewechseltem Wasser mit einer Bürste gründlich abreiben, den Darm entfernen, und 8 Minuten in Salzwasser kochen. Im Wasser etwas Kümmel, Petersilie und einige Pfefferkörner in ein Säckchen gebunden mitkochen. Wenn die Krebse rot sind, aus dem Wasser nehmen, das Fleisch von Scheren und Schwanz lösen und in die warm gehaltene Suppenschüssel, in der schon vorher 2–3 Eigelb mit einem Stückchen Butter verrührt wurden, legen. Die Rücken, die roten Schalen der Schwänze und der Scheren im Mörser fein zerstampfen, in etwas Butter weich dünsten und durch ein Sieb passieren. (Das ist Krebsbutter.) In eine dünne und helle Butter-Mehlschwitze ein wenig Paprika geben, mit der Krebsbutter verrühren, mit der geseihten Krebs- oder Fleischbrühe auffüllen, mit Kognak, Weißwein und Salz abschmecken und über das in der Suppenschüssel liegende Krebsfleisch und das Ei gießen. In diese Brühe können auch kleine Semmelbröselklößchen eingekocht werden. Einen Teil der gewaschenen Krebsrücken mit einem mit Käse und Reis vermengten Fleischhaschee füllen. 20 Minuten in der Fleischbrühe kochen lassen und in die fertige Krebssuppe geben.
*II. Mit süßer Sahne.* 20–25 Krebse reinigen, mit Salz, Kümmel, Petersilie und einigen Pfefferkörnern würzen, in einer Fleisch- oder Knochenbrühe kochen, bis sie rot sind, das Krebsfleisch herauslösen. Aus 100 g Butter, 70–80 g Mehl und etwas Paprika eine hellbraune Mehlschwitze bereiten, mit der Krebsbrühe auffüllen (wenn nötig, mit Fleisch- oder Knochenbrühe auffüllen) und bei schwacher Hitze $^3/_4$ – 1 Stunde kochen. Dann langsam 0,4 l süße Sahne hineinrühren, seihen und in die Suppenschüssel gießen, in der vorher 80–100 g Krebsbutter mit 0,1 l süßer Sahne und 2 Eigelb verrührt wurden. Das herausgelöste und warm gehaltene Scheren- und Schwanzfleisch hineinlegen.

## Zubereitung von Krebsbutter

20–25 Krebse wie üblich in Salzwasser mit Suppengrün kochen, das Fleisch vom Rumpf, vom Schwanz und von den Scheren lösen und die harten Schalen mit 100–150 g Butter in einem Porzellanmörser zerstampfen. In diese Masse etwas Paprika geben und das Ganze einige Minuten dünsten. Dann mit Wasser auffüllen und einige Male aufwallen lassen. Nach dem Auskühlen das geronnene Fett abschöpfen, die Masse durch ein Sieb passieren und in einem Glasgefäß kalt stellen. Nach Bedarf gebrauchen.

## Krebsrezepte

*I. Pörkelt.* Die Krebse in Salzwasser mit Kümmel und Pfeffer kochen und das Fleisch auf die übliche Weise aus den Scheren und Schwänzen lösen. Dann in wenig Butter etwas geriebene Zwiebel anrösten und mit einer Messerspitze Paprika würzen, aufkochen lassen, das Krebsfleisch hineinlegen und noch 10 Minuten dünsten. Wenn nötig, Krebsbrühe auffüllen und nach Bedarf salzen.

*II. Ragout.* Aus Krebsbutter und Mehl eine dickflüssige Soße bereiten, mit Salz und Pfeffer würzen und mit etwas Wein und Zitronensaft auffüllen. Das von den Scheren und Schwänzen gelöste und in Stücke geschnittene Krebsfleisch hineinlegen, in Butter gedünstete Steinpilze, eventuell Gänseleberstücke, sowie in Salzwasser gekochte grüne Erbsen, Spargelköpfe und zerlegten Blumenkohl dazugeben. Alles zusammen einige Minuten aufkochen lassen und servieren.

*III. Meridon.* 25–30 Krebse zusammen mit Suppengrün und Kümmel in Salzwasser kochen. Danach das Fleisch aus den Schalen lösen. Die Schalen in einem Mörser fein zerstoßen, in etwas Paprikabutter anrösten und dann durch ein Sieb passieren. In einem Teil dieser so zubereiteten Krebsbutter das Krebsfleisch leicht anbraten. Unterdessen eine entsprechende Menge Reis in Butter dünsten und salzen. In eine mit Butter ausgestrichene Form eine Schicht Reis füllen, darüber einen Teil des Krebsfleisches (das man mit in Butter gedünsteten Trüffeln vermengt) geben, darüber wieder Reis, dann wieder Krebsfleisch und so weiter, solange der Vorrat reicht. Die oberste Schicht muß Reis sein. Die einzelnen Schichten reichlich mit saurer Sahne und Krebsbutter begießen und jeweils salzen. Das Ganze 10 Minuten in die Röhre stellen, dann auf eine Platte stürzen und mit einer aus der verbliebenen Krebsbutter zubereiteten Krebssoße übergießen.

*IV. Auf Feinschmecker Art.* In Butter 150 g rohen Schinken, 1 Möhre, 1 Zwiebel und 1 Sellerie – alles kleingeschnitten – weich dünsten. Mit Fleisch- oder Knochenbrühe auffüllen und sämig kochen lassen. 20–25 Krebse 10 Minuten in Weißwein mit Salz und Suppengrün kochen, auf ein Sieb legen, den Saft mit einigen Eßlöffeln der Schinken-Suppengrün-Soße vermengen und wieder dickflüssig kochen. Salzen, wenn nötig pfeffern, 70 g Butter und den Soßenrest mit dem Schinken und dem Suppengrün dazugeben. Die von den Scheren befreiten Krebse in eine tiefe Schüssel legen, ebenso das aus den Scheren gelöste Fleisch, mit einem Teil der Soße begießen, den Rest in einer Sauciere reichen.
*V. Gedünstet.* Die Krebse gründlich waschen und reinigen, dann zusammen mit etwas feingewiegter Petersilie in 100 g zerlassene Butter geben, salzen und zugedeckt dünsten. Nach 8–10 Minuten einige Eßlöffel saure Sahne und 0,2–0,3 l Weißwein dazugießen und die Krebse solange dünsten, bis sie rot werden.
*VI. Gefüllt.* Die Krebse auf übliche Art mit Suppengrün und Kümmel in Salzwasser kochen, das Fleisch vorsichtig herauslösen und kleinschneiden, mit gedünstetem Reis, Eigelb und saurer Sahne vermengen, salzen und ein wenig pfeffern. Die Krebsschalen füllen und in eine feuerfeste Schale legen, mit Weißwein, in dem saure Sahne verrührt wurde, begießen, in die Röhre schieben und überbacken.
*VII. Mit grünen Erbsen.* Das Fleisch der auf übliche Weise gekochten Krebse herauslösen. 1 kg zarte grüne Erbsen in Fleisch- oder Knochenbrühe weich kochen. Vor dem Servieren die grünen Erbsen mit den kleinen Krebsfleischstücken vermengen und auf einer Platte mit heißer Butter begießen. Mit den größeren Krebsfleischstücken das Gericht kranzförmig garnieren.

## Krebsmayonnaise

10–15 Krebse mit Suppengrün in Wasser kochen. Scheren- und Schwanzfleisch in Würfel schneiden, mit Mayonnaise vermengen und mit Krebsbutter und etwas Kognak oder Wein würzen. Die Krebse kegelförmig auf einer Platte anrichten, mit der Mayonnaise übergießen und mit kleingeschnittenen, gedünsteten Trüffeln bestreuen. Obenauf eine Zitronenscheibe – mit Kaviar in der Mitte – legen. Zur Garnierung französischen Salat und Rapünzchen oder in Streifen geschnittenen Kopfsalat, länglich geviertelte hartgekochte Eier, Aspik und Kaviar verwenden.

## Krebssosse

*I.* Die Krebse in Salzwasser kochen und das Fleisch aus den Scheren und Schwänzen lösen. Die Schalen zerstampfen und in Butter so lange dünsten, bis die Butter kräftig gelb gefärbt ist, mit 1 Eßlöffel Mehl bestreuen, mit dem Kochwasser auffüllen und nochmals einige Minuten kochen. Dann durch ein Sieb passieren, das kleingeschnittene Krebsfleisch, den Saft 1/2 Zitrone sowie 1–2 Eßlöffel süße Sahne, in der 2 Eigelb verrührt wurden, dazumengen und salzen. Warm – ohne aufkochen zu lassen – servieren.

*II. Auf Kardinals-Art.* Einige Eßlöffel Béchamelsoße mit etwas Fleisch- oder Knochenbrühe verdünnen, auf den Herd setzen, 6 Eigelb darunterziehen und mit dem Schneebesen so lange schlagen, bis die Soße wieder dickflüssig wird. In gleicher Menge Butter- und Krebsbutterflöckchen hineingeben, salzen und pfeffern. Ist die Soße zu dick, etwas Fleisch- oder Knochenbrühe zugießen. Bei Verwendung zu Fischgerichten anstelle von Fleischbrühe Fischsaft nehmen. Vorsichtig kochen, nicht aufwallen lassen, da die Soße sonst flockig wird oder zusammenläuft.

## Hühnchensalat mit Krebsen

In einer Salatschüssel gebratenes Hühnchenfleisch, Krebsfleisch, gekochte Rinderzunge, gedünstete Pilze, Paprikaschoten, Salzgurken und gekochte Spargelköpfe (eventuell Konserven) miteinander vermengen. Mit Tataren- oder Remouladensoße übergießen und mit in Streifen geschnittenem Kopfsalat oder Rapünzchen, Radieschen, hartgekochten Eiern und Mixed Pickles garnieren.

## Hühnchen mit Krebsschwänzen und grünen Erbsen gefüllt

Das gereinigte Hühnchen mit folgender Masse füllen: Zarte Zuckererbsen in Butter dünsten, kleingeschnittenes Krebsschwanzfleisch, etwas saure Sahne, geriebene Semmel, Salz, 1/2 in Milch geweichte und passierte Semmel und 1 Ei miteinander vermengen. Das Hühnchen nach dem Füllen auf gewohnte Weise braten.

## Mit Krebsen gefüllte Eier

*I.* Die Krebse auf übliche Weise mit Suppengrün in Salzwasser kochen, dann das Fleisch herauslösen und aus der Schale Krebsbutter bereiten. 2 in Milch geweichte und passierte Semmeln mit 2 Eiern, 0,1 l saurer Sahne, etwas Salz und Krebsbutter mit der Hälfte des feingeschnittenen oder durchgedrehten Krebsfleisches vermengen. Eine feuerfeste Schale mit Krebsbutter ausstreichen und die Hälfte dieser Mischung hineingeben. Hartgekochte Eier nach Belieben längs oder quer halbieren und mit folgender Masse füllen: Feingeschnittene oder durchgedrehte gekochte Fische (Hecht, Karpfen, Wels), die andere Hälfte des durchgedrehten Krebsfleisches, einige kleingeschnittene, gedünstete Pilze, grüne Erbsen und Petersilie salzen, pfeffern und in Butter dünsten. Die gefüllten Eier mit der anderen Hälfte der oben beschriebenen Mischung, die vorher mit einigen Eßlöffeln saurer Sahne verdünnt wurde, begießen. Auf das Ganze Krebsbutter und in Butter geröstete geriebene Semmel geben und in der Bratröhre ca. 15–20 Minuten braten.

### Mit Krebsen gefüllte Palatschinken

Palatschinken ohne Zucker und mit mehr Salz backen. Folgende Füllung herstellen: Aus 14–15 gekochten Krebsen das Schwanz- und Scherenfleisch herauslösen, kleinschneiden und mit 1 in Milch geweichten und passierten Semmel sowie einigen in Butter gedünsteten und zusammen mit der Petersilie feingewiegten Pilzen vermischen, salzen, pfeffern, einige Eßlöffel saure Sahne und ein Stückchen Butter dazurühren. Eine feuerfeste Schale mit Butter ausstreichen, eine Palatschinke hineinlegen, diese mit der Füllung bestreichen, darüber wieder eine Palatschinke legen, wieder bestreichen und so fort. Die oberste Palatschinke mit Butter bestreichen und das Ganze in der Bratröhre backen.

### Krebspogatschen

Aus 200 g Mehl und der gleichen Menge Butter einen Butterblätterteig kneten, mehrmals ausrollen und ruhen lassen. Dann den Teig messerrückendick ausrollen und mit mittelgroßen Formen Pogatschen ausstechen. Kleingeschnittenes oder durchgedrehtes Krebsfleisch mit 1 Eigelb, etwas Butter, saurer Sahne, geriebener Semmel und Salz vermengen und die Hälfte der Pogatschen damit bestreichen. Die unbestrichenen Pogatschen auf die gefüllten legen, mit Ei bestreichen und backen.

## Froschschenkel und Speiseschnecken

erregen oft Abscheu und kommen nicht auf den Tisch der Leute, die stark an alten Eßgewohnheiten festhalten. Zur Saison werden in den Markthallen und auf den offenen Märkten Froschschenkel und Speiseschnecken angeboten. Wir erfahren auch aus den Zeitungen, daß Delikateß-Froschschenkel zu Millionen und Speiseschnecken tonnenweise in alle Teile der Welt expor-

tiert werden. Freunde dieser Leckerbissen sind besonders die Italiener, Franzosen, Belgier und Australier.
Viele Menschen hält noch immer das Vorurteil davon ab, diese famosen, panierten, eventuell in Palatschinkenmasse getauchten und in heißem Fett gebackenen Froschschenkel zu kosten. Man kann dazu eine vortreffliche Tatarensoße oder eine ähnliche Soße reichen. Speiseschnecken können auch kleingehackt, mit Sardellen oder gedünsteten Pilzen vermengt und mit vielerlei köstlichen Soßen angerichtet werden. Froschschenkel ähneln im Geschmack dem Fleisch junger, zarter Hühnchen. Speiseschnekken, die uns immer wieder mit einem neuen Geschmack überraschen, sind den Austern am ähnlichsten.
Als Escoffier, der ehemalige berühmte französische Kochkünstler, zum Küchenchef des Londoner Hotel Savoy ernannt worden war und er bei seinem Antrittsmahl sein Können zeigen mußte, tauchte erstmalig ein neues, rätselhaftes Gericht beim Galadiner der zweihundert geladenen prominenten Gäste auf. Sein roter Paprikasaft ähnelte dem ungarischen Krebs- oder Fischpörkelt. Sein Hauptbestandteil war weißes Fleisch, es war so zart wie Hühnerbrust. Die Gäste kosteten neugierig, waren begeistert, und das Diner endete mit einem großen Erfolg. Von nun an stand das Gericht mit dem geheimnisvollen Namen „La nymphe à la rose“ ständig auf der Speisekarte des weltberühmten Hotels und wurde zu einer der begehrtesten Speisen. Escoffier erwähnte oft, daß er eigentlich nie darüber befragt worden war, woraus seine prächtige Schöpfung bestehe. Seine englischen Gäste waren vollauf damit zufrieden, daß es ein leichtverdauliches Gericht mit phantastischem Geschmack war. Schließlich aber sickerte das Geheimnis durch: Eine vornehme französische Gesellschaft speiste im Hotel, und als „La nymphe à la rose“ an die Reihe kam, sagte schon nach dem ersten Bissen einer der Gäste mit strahlendem Gesicht zu seinem Nachbarn:
– „Dieses Froschfleisch ist ausgezeichnet!“
Wahrhaftig, die pikante Paprikasoße bedeckte die Froschschenkel. Diese Entdeckung verbreitete sich selbstverständlich schnell in der Londoner Gesellschaft, aber zu einem Skandal kam es nicht. Froschschenkel, die die Franzosen als Leckerbissen verehren, traute man sich bis dahin in England nicht auf den Tisch zu bringen. Nun aber hatten sie unerschütterliche Freunde in der englischen Hauptstadt gefunden. Ein Vorurteil wurde abgeschafft.
Vielleicht müßte man dieses Gericht auch bei uns unter einem fremden Namen einführen ...

## Froschschenkel

*I. Gebacken.* Die gründlich gereinigten Froschschenkel mit einem Tuch trockenreiben, salzen, in Ei und Mehl wenden und in heißem Fett oder Butter goldgelb backen. Anstelle von Ei und Mehl auch in dickem, gesalzenem Palatschinkenteig wälzen.

*II. Frikassee.* Die gründlich gereinigten Froschschenkel waschen und zusammen mit etwas Petersilie in Butter weich dünsten. Wenn der Saft verkocht ist, die Froschschenkel mit Mehl bestreuen und das Ganze einige Minuten rösten. Dann mit Fleisch- oder Knochenbrühe aufgießen und aufkochen. Man kann auch in Butter gedünstete Pilze daruntermengen.

*III. In Soße.* Die gut gewaschenen Froschschenkel trockenreiben, mit ein wenig kleingeschnittener Zwiebel in Butter dünsten, mit Fleisch- oder Knochenbrühe auffüllen und 15 Minuten kochen. Den Saft mit 2–3 Eigelb verquirlen, salzen und pfeffern und mit saurer Sahne abschmecken.

*IV. Mit Dillsoße.* Die Froschschenkel waschen, je 2 Stück über Kreuz ineinanderstecken, salzen, 30 Minuten stehenlassen. Unterdessen eine Dillsoße bereiten. Dafür kleingeschnittenes Dillkraut in etwas Butter dünsten, mit Mehl bestreuen, mit Zitronenwasser und Weißwein – zu je gleichen Teilen – auffüllen. Die Froschschenkel hineinlegen, das Ganze mit einigen Eßlöffeln saurer Sahne abschmecken und 10–12 Minuten zusammen kochen.

## Speiseschnecken

*I. Mit Sardellensoße.* Die gründlich gewaschenen Schnecken mit dem Gehäuse 15 Minuten in Salzwasser kochen, aus dem Wasser nehmen, mit einer Gabel die Schnecken herauslösen, die Haut abziehen und die Schwänze abschneiden, mit Salzwasser abspülen und mit der inzwischen zubereiteten Sardellensoße einmal aufkochen lassen.

*II. Gefüllt.* Die Schnecken in Salzwasser zusammen mit Suppengrün und Pfeffer kochen, dann aus dem Gehäuse lösen. Die Schneckengehäuse mit Salz ausreiben und ausspülen, damit sie vollkommen sauber sind. Die Schneckenschwänze abschneiden und wegwerfen, den übrigen Teil gut von der Schleimhaut säubern, kleinschneiden und in Butter dünsten. Mit feingeschnittenen Sardellen, etwas geriebener Semmel und 1–2 Eßlöffeln saurer Sahne vermengen, salzen, pfeffern und damit die Gehäuse füllen. Mit der Öffnung nach oben in eine Pfanne geben und in der Röhre backen. Mit Brauner Soße, Holländer- oder Madeirasoße servieren.

*III. Salat.* Speiseschnecken waschen, in Salzwasser kochen, aus dem Gehäuse lösen und abspülen. Ausgekühlt in eine Salatschüssel legen, mit feingeschnittenen Sardellen und Kapern bestreuen, salzen, pfeffern, mit Öl, Zitronensaft und Senf abschmecken.

*IV. Suppe.* 30 Speiseschnecken kochen, aus dem Gehäuse lösen, reinigen, kleinschneiden und in Butter etwas andünsten. In einen Topf geben, mit dem durchgeseihten Kochwasser des Suppengrüns aufgießen und ca. 1 $^1/_2$ Stunden darin kochen. In 50 g Butter geröstete geriebene Semmel dazugeben. Schließlich mit saurer Sahne und ein wenig Mehl verquirlen. Die Suppe vor dem Servieren auf 2–3 in der Suppenschüssel verquirlte Eigelb gießen. Dazu geröstete Semmelwürfel reichen.

## *Über die Schildkrötensuppe*

informierte mich zuerst ein liebenswürdiger Jugendroman, der zu den ersten Lektüren meiner Kindheit gehörte.

Das Buch berichtete so appetitanregend über das exotische Gericht, daß ich schon damals ein begeisterter Anhänger von Schildkrötensuppe wurde.

Zwar dauerte es noch lange, bis ich das Gericht in der Praxis kennenlernte, denn damals war in Ungarn selbst auf den Speisekarten der elegantesten Restaurants keine „turtle soup" zu finden. Als ich zum ersten Mal nach Wien reiste, hielt mich auch der gepfefferte Preis des berühmten Hotel Sacher nicht davon ab, die erste Schildkrötensuppe meines Lebens zu bestellen.

Sehr viel Geld, sogar eine erschreckend hohe Summe, kostete ein Teller dieser Suppe. Heute kann ich es eingestehen, daß ich deshalb meinen Wiener Aufenthalt etwas verkürzen mußte, was ich aber nie bereut habe. Dieser Teller Suppe bedeutete ein ganz großes Vergnügen für mich. Dem Romanhelden, dem Steuermann Rüstig, sagte ich meinen heißesten Dank, daß er mich damals auf diese faszinierende Spezialität aufmerksam machte.

Schildkrötensuppe ist dickflüssig wie Öl, ihre Sulzkraft wird durch das darin gekochte Kalbskopffleisch verstärkt. Gehalt, Geschmack und Aroma werden vom Rinderschwanzstück und vom Suppengrün – Zutaten, die ebenfalls hineingehören – noch erhöht und durch Madeirawein, französischen Kognak und Cayennepfeffer weiter gesteigert. Nicht nur das in Würfel geschnittene Fleisch der Schildkröte, sondern auch ihr Blut werden in der Brühe gekocht. In der dickflüssigen Suppe schwimmen kleine Fleischklößchen (aus dem Schildkrötenfleisch) und aus hartgekochtem und rohem Eigelb bereitete kleine Klößchen.

## Falsche Schildkrötensuppe

Einen gereinigten Kalbskopf brühen, das Fleisch von den Knochen lösen, in kaltem Salzwasser aufsetzen und nach dem Aufkochen 30 Minuten weiterkochen. Wieder in kaltem Wasser wässern, danach in Fleisch- oder Knochenbrühe gar kochen. Das Fleisch herausnehmen und mit einer kleinen Pogatschenform kleine Scheiben davon abtrennen. In 125 g Butter 4 Eßlöffel Mehl rösten, mit 0,25 l Rotwein und mit so viel starker Fleischbrühe aufgießen, daß die Suppe nicht zu dickflüssig wird. 1–2 Stunden kochen und danach – gründlich entfettet – durch ein Sieb geben. Mit 1/8 l Madeirawein und einer Messerspitze Cayennepfeffer würzen. Semmel-, Flesich- oder Leberklößchen in die Suppe einkochen und über die in einer Schüssel angerichteten Kalbskopfscheiben gießen.

## *Zubereitung von Seefischen*

Fische niemals lange wässern. Ausnehmen, die Därme und die Schwimmblase entfernen, schuppen und dann schnell und gründlich im mehrfach erneuerten, lauwarmen Wasser waschen. Vorsichtig den Schleim aus dem Rachen und den Kiemen entfernen. Für diese Arbeit eine kleine Bürste verwenden. Die Kiemen eventuell auch völlig ausschneiden.
Den auf diese Weise zubereiteten Fisch in Öl (oder in Butter) braten oder mit lauwarmem Salzwasser aufsetzen und dünsten. Eventuell Suppengrün, Gewürze und Milch zugeben und auf dem Herd langsam aufkochen lassen. Danach bei kleiner Hitze gar ziehen lassen. Der Fisch ist gar, wenn die Augen stark hervortreten und die Flossen sich leicht abziehen lassen. Die Brühe abseihen und den Fisch entweder mit irgendeiner Soße, Essig, Öl oder zerlassener Butter sofort servieren oder „au gratin" zubereiten.
Wer den eigenartigen, aber sehr feinen Seefischgeschmack nicht mag, der kann das erste Kochwasser abgießen und durch frisches ersetzen, salzen und weiterkochen. Die auf diese Weise zubereiteten Seefische können auf die gleiche Art wie Süßwasserfische gebraten oder gekocht werden, ohne daß ein weniger erfahrener Gast einen Unterschied entdecken wird.
Zum Braten eignen sich am besten der Schwanzteil und das Filet großer Fische. Auf dem Rost lassen sich die Mittelteile gut braten. Kleinere Fische ganz lassen oder längs halbieren. Der zusammen mit Suppengrün in Salzwasser gekochte Kopf ergibt eine ausgezeichnete Brühe, die zum Würzen von Suppen und Soßen geeignet ist.
Seefische kann man wie die Süßwasserfische in kleinen oder großen Formen in Aspik reichen und aus ihren Rogen eine Fischsuppe kochen.

### *Thunfisch*

Thunfisch ist als Filet in gefrorenem Zustand erhältlich. Einige Stunden vor der Zubereitung bei Zimmertemperatur abtauen. Danach die Filetstücke einfach voneinander trennen, waschen und auf die gewünschte Größe schneiden.

*I. Gebacken.* Den Thunfisch in fingerbreite Scheiben schneiden (pro Person 200 g), auf einem Tuch leicht trocknen, ein wenig salzen, in Mehl, aufgeschlagenem Ei und geriebener Semmel panieren und in reichlich Öl bei mittlerer Hitze goldgelb backen. Die erste Seite zugedeckt, die zweite offen backen. Dazu Bratkartoffeln und verschiedene Salate reichen. Auch kalt servieren, dann mit einer Tatarensoße begießen und mit französischem Salat anrichten.

*II. Gebraten, mit Sardellen und saurer Sahne.* 1 kg Thunfisch in handgroße Scheiben schneiden, in Mehl wenden und in wenig Öl kurz auf beiden Seiten braten. Eine feuerfeste Schüssel mit Öl ausstreichen, die gebratenen Fischstücke hineinlegen, mit reichlich 0,3 l saurer Sahne, in der 50 g Butter und 30 g Sardellenpaste verrührt wurden, begießen. Zuletzt saure Sahne darübergießen. In die gut vorgewärmte Bratröhre schieben und 20–25 Minuten braten. Reis oder Kartoffelpüree dazu reichen.

*III. Gebraten, mit saurer Sahne.* In 50 g Butter und etwas Petersilie 250 g kleingeschnittene Pilze halbgar dünsten. 1 kg Thunfischscheiben in Mehl wenden, 3–4 Minuten braten und in eine feuerfeste Schale legen. Die Pilze mit 0,3–0,4 l saurer Sahne vermischen, über die Fischscheiben gießen und noch 20 Minuten in der Röhre überbraten. Dazu Kartoffelbrei oder Strohkartoffeln reichen.

*IV. Gekocht, mit Soße.* 750 g Thunfisch 20–25 Minuten in $^1/_2$ l Wasser, in das 1 Kaffeelöffel Salz, feingeschnittene Petersilie und einige Pfefferkörner gegeben wurden, weich kochen. 0,2 l Öl, den Saft 1 Zitrone, 3–4 Eßlöffel Ketchup, 1 Eßlöffel Paprika, 2–3 zerdrückte Kapern, etwas Sardellenpaste, 100 g Tomatenmark, Salz und Pfeffer gründlich verrühren, und diese Soße über den aus dem Sud genommenen und ausgekühlten Fisch gießen. Kalt servieren. Dazu Pilzsalat mit Tomaten reichen.

*V. Mit Tatarensoße.* Den Thunfisch in leicht gesalzenem und mit Zitronensaft gesäuertem Wasser weich kochen. Auskühlen lassen und mit Tatarensoße übergießen. Den Fisch mit in Scheiben geschnittenen, hartgekochten Eiern, Tomaten und Paprikaschoten garnieren.

*VI. Mariniert.* Den in Öl konservierten Thunfisch in kleine Stücke schneiden, in eine Schüssel legen und mit folgender Soße übergießen: 1 Eigelb mit etwas Salz gut verrühren, dann nach und nach 6 Eßlöffel feines Öl, den Saft $^1/_2$ Zitrone, etwas Pfeffer und einige Tropfen Essig dazurühren und einige Stunden in den Kühlschrank stellen.

*VII. Mit Sauerkraut und Erbspüree.* Den Thunfisch reinigen, wässern, in Salzwasser einmal aufkochen und dann stehenlassen. Nach 30 Minuten das Wasser abseihen. Etwas in Butter geröstete Zwiebel über den auf einer Platte angerichteten Fisch geben und mit Sauerkraut und Erbspüree garniert servieren.

## Saurer Hering

Kopf und Schwanz des Salzherings abschneiden, den Fisch halbieren, entgräten, einige Stunden erst in kaltem Wasser, dann in Milch wässern. Dann zusammen mit einigen in Scheiben geschnittenen Zwiebeln in Essigwasser weich kochen. In eine Porzellan- oder Glasschüssel die Heringsstücke, in Scheiben geschnittene Möhren und Petersilienwurzel, 1–2 Lorbeerblätter, Pfefferkörner und die gekochten Zwiebeln legen. Den Saft einer Zitrone daraufträufeln, reichlich mit aufgekochtem und abgekühltem Weinessig sowie einigen Eßlöffeln Öl begießen und zugedeckt einige Stunden an einen kühlen Ort stellen.

## Geräucherter Hering mit Eiern

Den geräucherten Hering 2 Stunden in Wasser oder in mit Wasser verdünnter Milch wässern. Danach herausnehmen, trocknen lassen, die Haut abziehen, längs halbieren und entgräten. In heißes Fett legen, dabei auf jedem Hering ein Spiegelei braten. Vorsichtig auf einer Platte anrichten und sofort servieren.

## Heringklösse mit gelben Erbsen

3 gründlich gereinigte Salzheringe und $^1/_2$ Zwiebel kleinschneiden (eventuell durchdrehen). 50 g Butter mit 2 Eiern, 1 in Milch geweichten und passierten Semmel und etwas geriebener Semmel verrühren, mit dem kleingeschnittenen Fisch vermengen. Aus dieser Masse Klöße formen, in Ei und geriebener Semmel wälzen und in heißem Fett braten. Gelbe Erbsen sind eine ausgezeichnete, schmackhafte Beilage zu diesem Gericht.

## Kabeljau

Gefroren oder in Konserven erhältlich.

*I. Gebacken.* Ebenso wie frischen Zander oder Balatonzander bereiten.

*II. Au gratin, in der Röhre gebacken.* Den ganzen Kabeljau zusammen mit Suppengrün in Salzwasser (das auch leicht mit Essig oder Zitrone gesäuert werden kann) 10–12 Minuten gar kochen. Auf einem Sieb gründlich abtropfen lassen. Den Fisch in eine mit Butter ausgestrichene feuerfeste Schüssel legen. Aus Butter, Mehl und Salz eine Béchamelsoße bereiten und 1 Eigelb hineinrühren. Den Kabeljau mit dieser Soße übergießen und mit geriebener Semmel, geriebenem Käse und einigen Butterflöckchen bestreuen. Zuletzt noch mit 0,1–0,2 l saurer Sahne verfeinern. 10–15 Minuten vor dem Servieren in die gut vorgewärmte Bratröhre schieben.

*III. Gekocht.* Den nach Rezept II gekochten Kabeljau mit Kartoffeln und zerlassener heißer Butter servieren. Ausgekühlt mit vierlerlei kalten Soßen sowie mit französischem oder italienischem Salat anrichten.

## Scholle oder Seezunge

Gefroren oder als Konserve erhältlich. Auf die gleiche Weise wie Zander, im ganzen oder in Filets zerlegt, zubereiten.

*I. Auf Pariser Art.* Die Haut des Fisches abziehen, die Flossen abschneiden, das Innere ausnehmen, salzen. Etwas Zwiebel, in Scheiben geschnittene Petersilienwurzel, Möhren, Sellerie und einige kleingeschnittene Pilze in Butter dünsten. Den Fisch hineinlegen, mit feiner geriebener Semmel und Pfeffer bestreuen, so viel Fleisch- oder Knochenbrühe und Rotwein (zu gleichen Teilen) darübergießen, daß alles bedeckt ist und zugedeckt halbgar dünsten. Einige Eßlöffel süße oder saure Sahne und einige Butterflöckchen auf die Seezunge geben. Wenn sie vollkommen weich ist, in Scheiben schneiden und auf einer Platte in der ursprünglichen Form anrichten. Die Soße über den Fisch gießen. Mit Zitronenscheiben und Bratkartoffeln garnieren. Ist genügend Soße vorhanden, den Rest in einer Sauciere reichen.
*II. Mit Kartoffeln.* Kartoffelpüree bereiten, 1–2 Eier und etwas Mehl darunterrühren, in einer Puddingform kochen und danach auf eine Platte stürzen. Die inzwischen in Salzwasser gekochte Scholle zerlegen, auf dem Kartoffelpüree anrichten, mit Béchamelsoße übergießen, salzen, pfeffern und in der Bratröhre etwas überbacken.
*III. Gebacken.* Die Haut der Scholle abziehen, den Fisch reinigen, waschen und trocknen. Salzen, in Mehl, Ei und geriebener Semmel wälzen und in heißem Öl oder in Butter braten.

## Aal

*Auf Londoner Art.* Kopf und Schwanz entfernen. Dann den abgehäuteten, gereinigten und gewaschenen Aal in 3 l Wasser, dem man 0,1 l stärkeren oder 0,05 l schwächeren Essig, 1 glatten Eßlöffel Salz, einige Pfefferkörner, Muskatnuß und 1 kleine Zwiebel hinzugefügt hat, 15 Minuten lang kochen. Danach aus dem Sud nehmen, auf einem Sieb abtropfen lassen und zusammen mit feingewiegter Petersilie und dem Saft von 1–2 Zitronen 15 Minuten lang in Sardellenbutter bei schwacher Hitze – ohne den Siedepunkt zu erreichen – dünsten.

# *Beilagen, Sossen und Salate*

## *Garnierungen*

### *Die Kartoffel*

*I. In Salzwasser gekocht, mit Petersilie.* Pro Person 2–3 mittelgroße Kartoffeln schälen, waschen, in Würfel schneiden und in Salzwasser weich kochen. Zur Verbesserung des Geschmacks können sie in Petersilie geschwenkt werden, die in Fett geröstet wurde.

*II. Mit Zwiebeln und geröstet.* 1 kg Kartoffeln mit der Schale (Pellkartoffeln) gar kochen, schälen und in kleine Würfel schneiden, 100 g Speck kleinschneiden, das Fett auslassen (anstelle des Specks können auch 80 g Fett verwendet werden), darin 1–1 $^1/_2$ feingeschnittene Zwiebeln goldgelb rösten, Paprika darüberstreuen und die Kartoffeln auf dem Herd darin schwenken, salzen und ein paar Minuten rösten. Sie können so zu ungarischen Fleischgerichten gereicht werden.

*III. Püree.* 1 kg Salzkartoffeln gar kochen, abgießen, passieren, salzen, 50 g Butter, 0,2 l heiße Milch hineingeben und gut verrühren. Kartoffelpüree kann auch aus Pellkartoffeln bereitet werden. Zu Rinderbraten, Kalbsnierenbraten und gebackenem Kalbfleisch servieren.

*IV. Pommes frites, Strohkartoffeln.* Pro Person 250–300 g Kartoffeln schälen und nach Bedarf in dünne Scheiben, fingerdicke Stäbchen oder strohhalmdünne Streifen schneiden, in reichlichem kalten Wasser waschen, abtropfen lassen und zwischen Tüchern trocknen. In der Kasserolle so viel Fett zum Sieden bringen, daß es die hineinzugebenden Kartoffeln bedeckt. Dann die Kartoffeln bei starker Hitze unter häufigem Wenden mit einem Sieblöffel im Fett goldbraun backen, gut abtropfen lassen, auf einer vorgewärmten Platte anrichten und salzen. Zum Backen kann auch ein sogenannter Pommes-frites-Einsatz verwendet werden. Die abgetrockneten Kartoffeln hineinschütten, das Sieb in das heiße Fett legen und, wenn die Kartoffeln gebakken sind, herausheben. Die abgetropften Kartoffeln auf einer Platte anrichten.

*V. Kartoffelkroketten.* 10–12 Salzkartoffeln gar kochen, reiben oder durch die Kartoffelpresse geben. 50 g Butter oder Fett mit 2 Eiern verrühren, salzen und mit den durchgedrückten

Kartoffeln vermengen. Aus dieser Masse längliche Röllchen formen oder mit der Hand flachdrücken und mit dem Teigstecher pogatschen- oder halbmondförmige Formen ausstechen. Die Kroketten in Ei und geriebener Semmel wenden und in heißem Fett backen. Die Kartoffelmasse kann auch mit geriebenem Käse vermischt werden.

*VI. Kartoffelbratlinge.* 1 kg Salzkartoffeln kochen, durch das Sieb passieren, mit 2 Eiern, 100 g Mehl, $^1/_2$ geriebener, gerösteter Zwiebel und 2–3 gedünsteten, feingewiegten Pilzen vermengen. Aus dieser Masse Klößchen formen, in geriebener Semmel wenden und rasch in heißem Fett backen. Statt der gedämpften Pilze kann auch 100 g feingehackter Schinken hinzugefügt werden.

*VII. Mit Sahne.* 1 kg Kartoffeln mit der Schale kochen, schälen, in dünne Scheiben schneiden, in 100 g heißer Butter schwenken, salzen und feingeschnittene Petersilie dazugeben. 0,05 l heiße Sahne darübergießen und ein paar Minuten zugedeckt dünsten lassen.

## Gedünsteter Reis

250 g Reis in 1 Eßlöffel zerlassenem Fett anrösten. Nach Belieben auch $^1/_2$ kleine Zwiebel und etwas feingewiegte Petersilie dazugeben. Dann den Reis mit so viel Wasser übergießen, daß er reichlich bedeckt ist, salzen, die Zwiebel herausnehmen und den Reis in der Röhre dünsten. Ist der Reis gar, mit der Gabel ein Stückchen Butter darin verrühren.

## Gedünstetes Kraut

Für 4 Personen $^3/_4$–1 kg Weiß- oder Rotkohl oder 1 kg Sauerkraut nehmen. Das Kraut in Streifen schneiden und salzen. Etwa $^1/_4$ Stunde gesalzen stehenlassen, dann gut ausdrücken und in heißes Fett geben. Nach Geschmack mit Essig und etwas Zucker, eventuell mit einigen Kümmelkörnern abschmecken und so lange dünsten, bis das Kraut weich ist. Als Beilage zu Brathühnchen, Enten-, Gänse-, Spanferkel- und Schweinebraten reichen.

## Grüne Bohnen

1 kg geputzte unzerschnittene grüne Bohnen mit 1 Zwiebel in Salzwasser weich kochen. Das Wasser abgießen, die Bohnen in eine Schüssel geben, mit feingewiegter Petersilie bestreuen und mit 60 g zerlassener Butter begießen oder mit Butterflöckchen belegen.

## Karotten

1 kg junge, runde, kleine Karotten abschaben, waschen und in Butter oder Fett unter häufigem Wenden halbgar dünsten. Dann mit etwas Mehl bestreuen, ein wenig anrösten lassen, mit

so viel Fleisch- oder Knochenbrühe übergießen, daß sie bedeckt sind und weich kochen.

*Spinat, in Butter gedünstet* Den gewaschenen, gereinigten Spinat im eigenen Kochwasser halbgar kochen, dann in Butter oder Öl geben und darin weich dünsten. Nach Geschmack salzen und eventuell etwas pfeffern.

*Kohlrabi* Junge zarte Kohlrabi (8–10 Stück) in kleine Scheiben schneiden und mit 80 Butter und etwas Zucker – eventuell unter Zugabe von einigen Eßlöffeln Knochenbrühe – zugedeckt weich dünsten. Mit feingewiegter Petersilie bestreuen und nach Geschmack salzen.

*Blumenkohl* Den gewaschenen und geputzten, etwa 1 kg schweren Blumenkohl in Salzwasser weich kochen, abtropfen lassen, in eine Schüssel geben und kurz vor dem Auftragen mit 0,2 l saurer Sahne, die mit 50 g Butter aufgekocht wurde, übergießen.

*Sellerie* *I. Püree.* 600 g gereinigte, gewaschene Sellerieknollen in 0,5 l Fleisch- oder Knochenbrühe – in die man vorher 0,1 l Sahne oder Milch, 1 1/2 Semmel und 5 g Zucker gegeben hat – weich kochen. Die Brühe abgießen, die Sellerieknollen passieren und mit 100 g Butter gründlich verrühren. Wenn das Püree sehr dick ist, mit etwas Milch oder süßer Sahne verdünnen. Auf einer vorgewärmten Platte aufhäufen. In Dreiecke geschnittene Semmelscheiben in Butter rösten und das Püree damit rundum bestecken.

*II. Gedünstet.* 500–600 g gereinigte in Scheiben oder Streifen geschnittene Sellerieknollen im wenig Fleischbrühe weich dünsten. Sind sie fast gar, mit feingewiegtem Selleriegrün bestreuen. (Wird Fleisch- oder Kraftbrühe gekocht, diese entfetten und den Sellerie in der fettigen Flüssigkeit weich dünsten.)

*Griessklösse* Pro Person 1 1/2 Eßlöffel Grieß mit 0,05 l Milch abbrühen und etwa 1 Stunde stehenlassen. In Butter geröstete Semmelwürfel hineingeben – auf 6 Eßlöffel Grieß 2 Semmeln – salzen und so viele Eier einrühren, daß der Teig leicht zu formen ist. Klöße formen, diese wie Nudeln kochen und in mit Butter gerösteter geriebener Semmel wälzen.

## Kaiserklösse

100 g Butter schaumig rühren. Nach und nach 1 Ei, 2 gehäufte Eßlöffel gesiebte geriebene Semmel, dann wieder 1 Ei und 2 Eßlöffel geriebene Semmel und schließlich 2 in Würfel geschnittene und in Milch geweichte Semmeln untermengen. Alles gut verrühren. Klöße formen, in Salzwasser kochen und danach in heißer Butter (oder Fett) wenden.

## Eierkroketten

Aus 50 g Butter und 50 g Mehl eine Mehlschwitze bereiten, mit 0,4 l Milch aufgießen, aufkochen lassen und mit 4 Eiern sowie 1 Kaffeelöffel geriebener Semmel verrühren, salzen und pfeffern. Dann noch 4 hartgekochte, kleingeschnittene Eier dazugeben. Diese Masse in einem mit Butter ausgestrichenem Gefäß kalt stellen. Nach dem Auskühlen Röllchen formen, in Ei und geriebener Semmel wälzen und in reichlich heißem Fett goldgelb und knusprig backen.

# Tarhonya

ist biedere ungarische Teigware. Lob gebührt den tüchtigen jungen Frauen in Szeged und all den anderen, die damit beschäftigt sind, den festen Teig gut durchzukneten und dann sorgfältig durch das tausendlöchrige Sieb in größere und kleinere Kügelchen zu drücken. Sie sparen dabei nicht mit den Zutaten. 3–4 frische Eier auf ein Kilogramm Mehl verwendet, ergeben nahr- und schmackhafte, schöne gelbe Tarhonya. Man soll sie auf einer schneeweißen Tischdecke an der Sonne trocknen lassen, in ein grob gewebtes, weißes Säckchen schütten und in der Speisekammer aufhängen, damit die Tarhonya auch danach luftig aufbewahrt werden. Auf diese Weise bereitet, enthalten sie ganz die Kraft der fruchtbaren ungarischen Erde und der Sonne, aber auch den Arbeitseifer und die Erfahrungen der ungarischen Frauen.

Sie werden in 1 Eßlöffel Paprika-Speckfett und einer Messerspitze Salz geröstet, mit Wasser aufgefüllt, weich gekocht, und ein appetitliches Gericht ist fertig. Nicht zuviel Wasser dazugeben, sonst verwandelt sich Tarhonya in einen klebrigen Brei. Jedes Kügelchen muß einzeln wahrnehmbar sein, genauso wie richtig zubereiteter Reis. Vor dem Kochen nur anrösten, nicht anbrennen lassen! Nichts ist häßlicher als braun- oder schwarzgebrannte Tarhonya! Sie sollen schön rötlichgelb sein und nach dem Garwerden sofort serviert werden, nicht auf dem Herd austrocknen lassen.

Gleichzeitig mit den Tarhonya soll auch das Spanferkelpörkelt bzw. Lamm- oder Hammelpaprikasch fertig sein. Zu diesen drei Gerichten passen Tarhonya sehr gut, sie ergänzen den Geschmack am besten. Natürlich können Tarhonya auch zu anderen Pörkelt-, Paprikasch- und Tokányarten, zur gedünsteten Oberschale, zum Hasenbraten oder sonstigem saftigen Fleisch gereicht werden. Trotzdem passen sie zu den bereits erwähnten drei Fleischgerichten am besten – diese Behauptung wird jeder erfahrene Bewohner der Großen Ungarischen Tiefebene bekräftigen.

Die ungarischen Tieflandbewohner verwenden jedoch Tarhonya nicht nur als Beilage, sondern lieben sie auch als selbständiges Gericht, besonders dann, wenn obenauf einige Grieben oder ausgelassener Räucherspeck gegeben werden. Einen Teller Szegediner Tarhonya mit Speck und etwas Tomatensaft übergossen, verzehrt wohl jeder mit großem Vergnügen.

Viele Leser haben wahrscheinlich auch schon von der Tarhonyasuppe mit saurer Sahne, der in Milch gekochten Tarhonya, von Tarhonya mit grünen Erbsen und kleingeschnittenen Möhren (wer sie mag), von Kalbslunge mit Tarhonya, kleingeschnittenem Schweine- oder Hammelfleisch mit Tarhonya, sogar von Paprikakartoffeln mit Tarhonya gehört. Sicher haben viele von Ihnen diese Spezialitäten schon gekostet und konnten sich selbst davon überzeugen, daß diese bescheidene ungarische Teigware überall ihren Platz behauptet. Tarhonya wetteifern erfolgreich mit Reis und sind auch als Füllung für Kohlrouladen oder gefüllte Paprikaschoten geeignet. Tarhonya verdienen es, daß auch im Ausland erfolgreich für sie geworben wird.

Zum Schluß möchte ich noch darauf hinweisen, daß Tarhonya genauso wie Reis mit Pilzen zubereitet werden können, wobei aber noch etwas Delikateßpaprika zugefügt werden muß. Zusammen mit Paprikahuhn ergeben sie ein besonders schmackhaftes Gericht. In diesem Falle müssen die Tarhonya aber sehr kleinkörnig und die Pilze ganz frisch gepflückte, nach Waldluft duftende Steinpilze sein. Die auf diese Weise bereiteten Tarhonya werden sicherlich nicht auf der Platte liegenbleiben.

## *Tarhonya als Beilage*

Aus 500 g Tarhonya läßt sich eine sehr reichliche Garnierung zubereiten. Die Tarhonya in 1 Eßlöffel Fett unter fortwährendem Rühren rösten, mit Paprika bestreuen, dann sofort mit heißem Wasser aufgießen und weich kochen lassen, bis das Wasser verkocht ist. Wenn nötig, während des Kochens etwas warmes Wasser nachfüllen. Tarhonya als Beilage zu Ferkel- und Lammpörkelt und zu Braten mit Soßen reichen.

# Sossen

## Grundsossen

### Braune Sosse

$^1/_2$ kg in Scheiben geschnittenes Suppengrün zusammen mit Kalbsknochen und einem Stück Räucherspeck in einer Kasserolle in der heißen Röhre gut anrösten. Dann aus der Röhre nehmen, das Speckfett abgießen, heißes Wasser auffüllen und das Suppengrün mit den Knochen weiterkochen lassen. Aus dem Fett, in dem 2–3 Zuckerwürfel gebräunt wurden, und aus Mehl eine Mehlschwitze bereiten, mit der Knochenbrühe aufgießen und zu den Knochen geben. Die Soße mit Weiß- und Rotwein, 1–2 Eßlöffel Tomatenmark, 4–5 Pfefferkörnern, eventuell auch mit 150–200 g feingewiegten Pilzen würzen, salzen und mit den Knochen 2–2 $^1/_2$ Stunden lang bei kleiner Hitze kochen. Zuletzt mit dem Suppengrün durch ein Sieb passieren.

### Béchamelsosse

*I.* Die einfachste Zubereitungsart der Béchamelsoße ist, eine helle Butter-Mehlschwitze mit Milch aufzugießen. Sie kann auch als Grundsoße für verschiedene andere Soßen verwendet werden.

*II.* Sie kann aber auch so zubereitet werden: Suppengrün und Zwiebel in Butter anrösten, mit Mehl bestreuen, auch das Mehl etwas bräunen lassen und das Ganze mit heißer Milch aufgießen. Salzen, pfeffern und 15–20 Minuten kochen. Dann passieren. Die Masse kann auch mit 50–60 g geriebenem Käse vermengt werden.

Beide Arten dieser Soße eignen sich zum Übergießen der auf Au-gratin-Art (in der Röhre gebacken) zubereiteten Fische, Gemüse, Makkaroni. In diesem Fall 0,1–0,2 l saure Sahne, die vorher mit 3–4 Eigelb verrührt wurde, dazugeben.

### Weisse Grundsosse

Allerlei in Scheiben geschnittenes Suppengrün in einer gut mit Butter ausgestrichenen Kasserolle anrösten, danach herausnehmen, die Butter durchseihen und das Suppengrün in einer kräftigen Fleischbrühe weichkochen. Mit der durchpassierten Butter eine Mehlschwitze bereiten und mit der Fleischbrühe und dem Suppengrün aufgießen. Das Ganze aufkochen lassen, passieren und tüchtig umrühren, damit sich an der Oberfläche keine Haut bildet.

## *Holländische Sosse*

5 Eigelb, etwas Salz, 140 g zerbröckelte Butter und 0,1 l Milch verrühren und im Wasserbad mit einem Schaumschläger zu einer dicken Soße schlagen. Dann aus dem Wasserbad nehmen, 60 g ebenfalls zerbröckelte Butter hineinrühren und mit etwas Pfeffer und Zitronensaft nach Geschmack würzen.

## *Sosse à la Maître d'hôtel*

Pro Person 1 Eigelb, den Saft 1/2 Zitrone, 1 Eßlöffel Senf und ein nußgroßes Stück Sardellenbutter rechnen. Alle Zutaten gut verrühren, die Masse mit einer weißen Grundsoße aufgießen und auf dem Herd unter fortwährendem Rühren zu einer dicken Creme erhitzen, jedoch nicht aufkochen lassen.

## *Mayonnaise und Tatarensosse*

Die Mayonnaise ist die Grundsubstanz der meisten kalten Soßen, deren Weiterentwicklung die Tatarensoße ist. Für ihre Zubereitung können nur ganz frische Eier und sehr gutes Speiseöl verwendet werden, auch die übrigen Zutaten müssen von bester Qualität sein. Viel Zeit und Geduld ist nötig, die Mayonnaise auf traditionelle küchentechnische Weise herzustellen, weil sorgfältig darauf zu achten ist, daß aus den nach und nach miteinander verrührten Zutaten eine glatte und entsprechend dicke Masse entsteht. Dagegen kann man mit einer Rührmaschine die Mayonnaise und Tatarensoße in 3 Minuten zubereiten, wobei alle Zutaten – auch ganze Eier – auf einmal miteinander verrührt werden können.

*I. Mayonnaise.* 4–5 Eigelb etwas salzen (eventuell auch pfeffern) und 0,4–0,6 l Öl zuerst tropfenweise, dann in dünnem Strahl einfließen lassen. Ab und zu 1 Kaffeelöffel Zitronensaft (insgesamt höchstens 3) dazugeben. Auf diese Weise entsteht eine dickflüssige Mayonnaise.

*II. Mayonnaise mit Aspik.* Die unter I beschriebene Mayonnaise mit aufgelöstem Aspik vermischen und so als Überzug und Garnierung von kaltem Fisch, Fleisch und Gemüse oder kalten Eiern verwenden.

*III. Mayonnaise mit saurer oder süßer Sahne.* Wird die Mayonnaise unter Nr. I mit süßer oder saurer Sahne verrührt, erhält man eine selbständig verwendbare Soße.

*IV. Mayonnaise, über Dampf gerührt.* Eine umständlichere Art der Mayonnaisenzubereitung: In einem Gefäß 6 Eigelb mit 8 Eßlöffeln Öl, welches tropfenweise dazugegeben wird, verrühren, 1 Eßlöffel Zitronensaft oder Essig dazugeben, salzen und pfeffern und im Wasserbad zu einer cremeartigen Masse verarbeiten.

*V. Tatarensoße.* Die unter I beschriebene Mayonnaise mit 1 Eßlöffel Senf, 1 Eßlöffel süßer oder saurer Sahne, 0,1–0,2 l Weißwein, 1 Eßlöffel Essig oder Zitronensaft, 1 Eßlöffel Puderzucker und eventuell 1 Löffel Worcestersoße verrühren, salzen und pfeffern. Es ist darauf zu achten, daß alle Zutaten nacheinander dazugegeben und gut miteinander verrührt werden. Wein und Essig wird je nach der gewünschten Dickflüssigkeit der Soße hinzugefügt.

*VI. Kalte Tatarensoße mit Tomatenmark.* Zu der unter I beschriebenen Mayonnaise etwas Salz und Pfeffer, 2 Eßlöffel Senf, 2 Eßlöffel Tomatenmark sowie 2 Kaffeelöffel Zucker geben, kräftig verrühren und nach Geschmack noch etwas süßer oder saurer zubereiten.

*VII.* Die nach IV zubereitete Mayonnaise aus dem Wasserbad nehmen und so lange schlagen, bis sie etwas abgekühlt ist. Dann in kaltem Wasser vollständig auskühlen lassen. Mit Weißwein, ein wenig Essig und Zitronensaft entsprechend verdünnen und mit je 1 gehäuften Eßlöffel Senf und Puderzucker in einer Tatarensoße verwandeln. Nach Geschmack salzen und pfeffern.

*VIII. Einfache Tatarensoße.* Aus 50 g glattem Mehl, 50 g Butter und etwas Milch eine dicke Béchamelsoße kochen, abkühlen lassen. Danach unter ständigem Rühren 1 Eigelb, 1 Kaffeelöffel Senf und tropfenweise 1 Eßlöffel Öl dazugeben und das Ganze mit Zucker und Essig (oder Zitronensaft) abschmecken. Schließlich nach Geschmack mit Milch oder saurer Sahne verdünnen.

## Mayonnaise zum Fruchtsalat

Ein eigroßes Stück Butter schaumig rühren, 3 Eigelb, 0,1 l süße Sahne, 40 g Puderzucker (nach Geschmack auch mehr oder weniger) und den Saft 1 Apfelsine sowie $^1/_2$ Zitrone hineinträufeln. Es ist sehr wichtig, die Masse recht gründlich und langsam zu rühren und die Zutaten in der angegebenen Reihenfolge nach und nach hinzuzufügen.

## Spanische Sosse

Kalbfleischstücke und -knochen, Möhren- und Petersilienwurzelscheiben in kleingeschnittenem Räucherspeck ziemlich braun schmoren lassen, dann mit Mehl bestreuen und mit kräftiger Fleischbrühe aufgießen. Die Soße durch ein Sieb passieren und mit Madeirawein, Zitronensaft und Tomatenmark abschmecken.

### Buttersosse

Aus etwas Butter und Mehl eine helle Mehlschwitze bereiten, mit Milch aufgießen, salzen und pfeffern. Die Soße 8–10 Minuten kochen lassen und ein ziemlich großes Stück Butter hineinrühren.

### Apfel- oder Quittensosse

$^1/_2$ kg Äpfel oder Quitten schälen und in Stücke schneiden. In Butter weich dünsten, mit Mehl bestreuen, mit Fleisch- oder Knochenbrühe auffüllen und Zitronensaft, Salz, Zucker und saure Sahne dazugeben; dann passieren. An die Quittensoße kann auch 0,1 l Rotwein gegeben werden.

### Béarnaisesosse

0,2 l guten Weißwein mit 0,2 l feinem Wein- oder Obstessig vermischen und 1–2 Lorbeerblätter, etwas geriebene Zitronenschale, Salz, Estragon, Petersilie, $^1/_2$ in Scheiben geschnittene Zwiebel und 10 Pfefferkörner hineingeben. Zugedeckt kochen, bis die Flüssigkeit auf 0,05 l eingekocht ist. Unterdessen eine Béchamelsoße (siehe dort) bereiten und diese mit der vorher zubereiteten säuerlichen Soße vermengen. 4 Eigelb, 50 g Butter, 2–3 Eßlöffel süße Sahne oder Milch, etwas Salz und Pfeffer und den Saft von 1–2 Zitronen verrühren, die Soße dazugeben und das Ganze im Wasserbad so lange rühren, bis die gewünschte Dicke erreicht ist. Während des Rührens noch nach und nach 50 g zerlassene Butter dazugeben. Die ziemlich dicke Soße passieren und mit etwas feingewiegter Petersilie und Estragon würzen. Ist die Soße inzwischen ausgekühlt, im Wasserbad aufwärmen.

### Bordelaisesosse

Eine dunkle Butter-Mehlschwitze bereiten, mit Fleisch- oder Knochenbrühe zu einer dünnen Soße auffüllen und soweit verkochen lassen, bis nur noch die Hälfte übrigbleibt. 0,5 l Rotwein mit feingeschnittener Zwiebel, Petersilie und 8–10 Pfefferkörnern ebenfalls auf die Hälfte einkochen lassen. Dann mit der Braunen Soße auffüllen, aufkochen und passieren. Wenn nötig, noch mit etwas Rotwein verdünnen.

### Weinsosse

1 Eßlöffel geriebene Zwiebel ein paar Minuten in etwas Butter dünsten, nicht braun werden lassen. 50 g kleingeschnittene Champignons sowie 1 Eßlöffel feingewiegte Petersilie dazugeben und nochmals einige Minuten dünsten. Dann aus etwas Butter und Mehl eine dunkle Mehlschwitze bereiten und unter ständigem Rühren mit 0,1 l Tafelwein und soviel Fleisch- oder

Knochenbrühe auffüllen, daß die Soße die Konsistenz süßer Sahne erhält (dabei Klümpchenbildung vermeiden), salzen und pfeffern. Die gedünsteten Pilze, Zwiebel und Petersilie unterrühren und alles zusammen zwei Minuten kochen lassen. Zuletzt den Schaum abschöpfen.

## *Pfeffersosse*

*I.* 2 Kaffeelöffel Mehl in Fett hell rösten, mit Fleisch- oder Knochenbrühe aufgießen und langsam kochen. Unterdessen 1 kleine, in Scheiben geschnittene Zwiebel mit 1 Eßlöffel Pfefferkörner in 0,2 l Essigwasser 8–10 Minuten dünsten, danach mit der Mehlschwitze vermischen und das Ganze noch 10–12 Minuten langsam kochen. Zuletzt die Soße salzen und durch ein Sieb geben.
*II.* 1 Kaffeelöffel Kapern, 6 kleine Essiggurken, etwas Petersilie sowie $^{1}/_{2}$ kleine Zwiebel kleinschneiden und in Butter oder Fett 15 Minuten dünsten. Dann mit Pfeffersoße auffüllen und einige Minuten kochen.
*III.* $^{1}/_{2}$ Zwiebel in Butter goldgelb dünsten, 0,1 l Zitronensaft hineinträufeln und 5 Minuten kochen. Mit 0,5 l Wasser aufgießen, 1 Lorbeerblatt, etwas Petersilie, 1–2 Gewürznelken, 15–20 Pfefferkörner dazugeben und eine Weile kochen. Inzwischen eine Butter-Mehlschwitze bereiten, mit der vorher durchgeseihten Soße auffüllen und unter ständigem Rühren etwas eindicken. Schließlich noch mit 1 Prise Pfeffer verrühren.

## *Zitronensosse*

Eine hellbraune Mehlschwitze bereiten, mit Fleisch- oder Knochenbrühe aufgießen und geriebene Zitronenschale und Zitronensaft nach Geschmack dazugeben. Vor dem Anrichten mit saurer Sahne abschmecken.

## *Cumberlandsosse*

1 Apfelsine und 1 Zitrone sehr dünn schälen. Die Schalen ganz fein wiegen, dann in Wasser weich kochen und passieren. 2 Kaffeelöffel Senf in 0,1–0,2 l feinem Rotwein auf dem Herd unter fortwährendem Rühren aufkochen. Nach dem Auskühlen den Saft von 2–3 Apfelsinen, 1 Zitrone, 0,2–0,3 l verdünntes Johannisbeergelee und die gekochten Apfelsinenschalen dazugeben und alles glattrühren. Die Zutaten nach Bedarf vermehren oder verringern, damit die Soße entsprechend dick wird.

## *Hagebuttensosse*

Etwas feingeriebene Semmel in Butter anrösten, mit Weißwein oder Knochenbrühe auffüllen, aufkochen lassen und mit soviel Hagebuttenmarmelade vermengen, daß die Soße ausreichend dick wird. Sie kann nach Belieben noch gezuckert und mit etwas Zitronensaft gewürzt werden und ist besonders zu Reh-, Wildschwein- oder Hirschbraten geeignet.

### *Stachelbeersosse*

Die gereinigten Stachelbeeren in Butter und wenig Wasser weich dünsten. Saure Sahne mit Mehl – nach Belieben auch mit 1–2 Eigelb – verquirlen, mit den gedünsteten Stachelbeeren vermengen, salzen, nach Geschmack zuckern, mit Fleisch- oder Knochenbrühe auffüllen, eventuell auch mit Wasser, mit Zitronensaft oder Wein abschmecken und das Ganze noch einmal gut aufkochen lassen.

### *Sosse zu Soufflés und Puddings*

250 g Zucker mit 5–6 Eigelb und 1–2 Kaffeelöffeln Mehl schaumig schlagen. Vorsichtig, damit sich keine Klümpchen bilden, mit 1 l kochender Milch aufgießen und so lange auf dem Herd quirlen, bis die Masse einzudicken beginnt. Dann vom Feuer nehmen und das gewünschte Aroma (Rum, irgendeinen Fruchtsaft, Schokolade, Kaffee, gebrannten Zucker, Apfelsinen- oder Zitronenmus, Vanille) hineinrühren. Die Soße bis zum Servieren im Wasserbad warm halten.

### *Krauseminzesosse*

3 Eßlöffel Zucker, 5 Eßlöffel gewaschene, feingewiegte oder gemahlene Krauseminze, 4 Eßlöffel heißes Wasser, 2 Eßlöffel Öl, den Saft von 2 Zitronen und die abgeriebene Schale von 1 Apfelsine zu einer dicken Soße verrühren. Kalt servieren.

### *Kastaniensosse*

1 kg Kastanien ins kochende Wasser geben und 5–6 Minuten kochen. Dann herausnehmen und die Schale und das Häutchen abziehen. Die Kastanien in etwas Fleisch- oder Knochenbrühe weich kochen und passieren. (Eventuell 200–300 g Kastanienmasse nehmen.) 0,2 l süße Sahne oder Milch mit etwas Mehl verquirlen und in den Kastanienbrei mischen. Das Ganze mit soviel Fleisch- oder Knochenbrühe auffüllen, bis die gewünschte Dicke erreicht ist, salzen und aufkochen lassen.

### *Pilzsosse*

Feingewiegte Pilze in Butter dünsten und mit Knochen- oder Gemüsebrühe aufgießen, salzen und aufkochen lassen. 2–3 Eigelb mit 0,1–0,2 l saurer Sahne und etwas Zitronensaft verrühren und mit der Soße verquirlen. Die Soße kann auch mit etwas geröstetem Zucker gebräunt werden.

## Zwiebelsosse

1–2 Eßlöffel Mehl in 1 Eßlöffel Fett bräunen, 1 geriebene Zwiebel dazugeben und rösten. Danach mit Fleisch- oder Knochenbrühe auffüllen und mit 1–2 Eßlöffeln Essig oder mit der entsprechenden Menge Zitronensaft würzen und salzen. 5 dunkelbraun geröstete Würfelzucker ebenfalls in die Soße mengen und diese vor dem Anrichten durchpassieren.

## Dillsosse

In eine helle Mehlschwitze feingewiegtes Dillkraut einrühren, nach und nach mit Wasser oder Knochenbrühe auffüllen, salzen und kräftig aufkochen lassen. Vor dem Anrichten noch einige Eßlöffel saure Sahne an die Soße rühren. Anstelle der Mehlschwitze kann sie auch mit in saurer Sahne verquirltem Mehl eingedickt werden.

## Kapernsosse

In einer hellen Buttermehlschwitze 40–50 g zerkleinerte Kapern andünsten, mit Fleisch- oder Knochenbrühe auffüllen, einige Eßlöffel saure Sahne dazurühren und das Ganze aufkochen.

## Brotsosse

In 0,3 l Milch 1 kleine, vorher gekochte und kleingeschnittene Zwiebel, einige Pfefferkörner und 1 reichliche Messerspitze Salz und geriebene Muskatnuß geben, auf kleiner Hitze langsam kochen, bis die Milch das Aroma der Gewürze gut angenommen hat. Die Milch darf nicht aufwallen, verdunstete Milch nachfüllen. Danach die Milch seihen und kurz aufwallen lassen. Sodann soviel durchgesiebtes, sehr trockenes geriebenes Brot in die Milch rühren, bis eine genügend dicke Soße entsteht. Warm oder kalt zu Braten oder zu Fisch servieren.

## Madeirasosse

*I.* Etwas Butter zusammen mit etwas Fett erhitzen, dann sehr fein gewiegtes gebratenes oder gekochtes Fleisch, Suppengrün, einige Pfefferkörner sowie etwas Ingwer dazugeben, mit etwas Fleischbrühe auffüllen und das Ganze eine geraume Weile dünsten lassen. Dann mit Mehl bestäuben, unter fortwährendem Rühren noch 5 Minuten dünsten und mit etwas Fleischbrühe verdünnen. Nun 0,1 l Tomatensaft, 0,2 l Weißwein, ebensoviel Rotwein dazugießen, das Ganze nochmals aufkochen lassen, durch ein feines Sieb passieren, 1 Gläschen Kognak und 1 Gläschen Madeirawein dazugeben und die Soße bis zum Anrichten warm halten.

*II.* Eine Mehlschwitze bereiten und 2–3 Würfelzucker darin rösten. Mit Fleischbrühe und 20 g Aspik auffüllen und bis auf die Hälfte einkochen. Sodann 0,2 l Madeirawein hineingießen, salzen, pfeffern, aufkochen und durchseihen.

## *Sauerkirsch- oder Johannisbeersosse*

500 g entkernte Sauerkirschen oder 500 g passierte Johannisbeeren in etwas Butter oder Fett weich dünsten, danach mit 1–2 Eßlöffeln Mehl bestreuen, anrösten. Das Ganze mit etwas Fleischbrühe oder Wasser und reichlich saurer Sahne auffüllen, salzen, nach Geschmack zuckern und aufkochen lassen.

## *Senfsosse*

*I.* Aus Butter oder Fett eine weiße Soße bereiten, das Mehl also nicht anrösten, mit Fleisch- oder Knochenbrühe auffüllen und 2–3 Kaffeelöffel Senf hineinrühren. Aufkochen und vor dem Servieren mit 2–3 Eigelb sämig rühren.

*II. Kalt.* Das Eigelb von 2 hartgekochten Eiern mit 1 Kaffeelöffel feingewiegter Petersilie vermengen, noch 4 Eßlöffel Senf, 1–2 Eßlöffel Puderzucker sowie 1 Eßlöffel Öl dazugeben und das Ganze zu einer dicken glatten Soße verrühren.

## *Musselinsosse*

Kurz vor dem Servieren in 0,4 l holländische Soße 0,4 l ungezuckerte Schlagsahne rühren.

## *Apfelsinensosse*

*I.* In 50 g zerlassener Butter unter ständigem Rühren 50 g Mehl und 1 gehäuften Eßlöffel Zucker bräunen. Diese Mehlschwitze mit so viel Brauner Soße auffüllen, bis sie die richtige Dicke besitzt. Die abgeriebene Schale $^1/_2$ Apfelsine und den mit etwas Zucker vermischten Saft von 2 Früchten in die Soße träufeln und etwa 3 Minuten kochen lassen, dabei den Schaum mehrmals abschöpfen.

*II.* 5 Eigelb und 5 Eßlöffel Zucker schaumig rühren. Die Schale von 1–2 Apfelsinen hineinreiben und mit 0,35 l heißer Milch auffüllen. Auf dem Herd mit dem Schneebesen schlagen, bis die gewünschte Dicke erreicht ist.

## *Teufelssosse*

3 Eigelb mit 4 Kaffeelöffel Senf, 1 Prise Rosenpaprika, etwas Zucker, dem Saft von 2 Zitronen, 1 Messerspitze Fleischextrakt und 4 Eßlöffeln Rotwein verrühren und salzen.

## *Paprikasosse*

Einige Speckscheiben mit 1 kleingeschnittenen Zwiebel braun rösten und 1 Messerspitze Paprika darüberstreuen. 1 Kaffeelöffel Mehl mit 0,2–0,3 l saurer Sahne verrühren, und kochen, bis die gewünschte Dicke erreicht ist. Salzen, pfeffern, den Speck mit der Zwiebel dazugeben, passieren und warm servieren.

## Tomatensosse

*I.* 2 kg frische Tomaten waschen, in Stücke schneiden und weich kochen, dann passieren und mit einer hellen Mehlschwitze verrühren. Die Soße etwas verdünnen, zuckern, salzen und aufkochen lassen. Kann auch aus Tomatenmark zubereitet werden. Die Soße ist auch ohne Mehlschwitze zubereitbar. Die durchpassierten Tomaten bis auf die erforderliche Dicke einkochen und dann ein wenig salzen und zuckern.

*II. Auf amerikanische Art.* Eine Tomatensoße aus einer Butter-Mehlschwitze mit Salz, aber ohne Zucker zubereiten. Geriebene Zwiebel hellgelb dünsten, mit Weißwein auffüllen und die geseihte Soße darübergießen. Reichlich Butterflöckchen zufügen. Dabei immer auf dem Herd mit dem Schneebesen das Ganze schlagen, nur wenig kochen lassen. Mit Paprika würzen und mit feingewiegter Petersilie bestreuen.

## Pikante kalte Sosse

4 Milchheringen die Haut abziehen und ein bis zwei Tage in 8 Eßlöffeln Estragonessig, der mit 1–2 Lorbeerblättern und einigen Pfefferkörnern angereichert wurde, marinieren. Für die Zubereitung der Soße die Heringe mit der Milch zusammen mit 4 hartgekochten Eigelb und 4 Eßlöffeln Öl zu einer glatten Masse verrühren. Feingeschnittene Kapern und Oliven, 1 Messerspitze Pfeffer, 2 Eßlöffel Senf, den als Marinade verwendeten Estragonessig dazurühren und salzen. Diese Soße kann zu kaltem Fleisch und Fisch gereicht werden.

## Poivradesosse

Etwas Petersilie, Perlzwiebel, Thymian, 1–2 Lorbeerblätter, 1 kleines Glas Essig und 1 Stückchen Butter so lange kochen lassen, bis das Ganze zur Hälfte eingekocht ist. Ist es fast gar, 5–6 Eßlöffel spanische Soße und 4–5 Eßlöffel Fleischbrühe hinzufügen, das Ganze nochmals aufwallen lassen und passieren.

## Portugiesische Sosse

$^1/_2$ feingeschnittene Zwiebel mit 1 kg kleingeschnittenen, vorher gebrühten, geschälten und entkernten Tomaten und feingewiegter Petersilie in Butter dünsten, salzen, pfeffern und so lange kochen, bis alles zerkocht ist. Reichlich Butter einbröckeln. Wenn eine größere Soßenmenge benötigt wird, mit einer Butter-Mehlschwitze strecken. Es kann auch Tomatenmark verwendet werden.

## Ravigotesosse

Sellerie, Petersilienwurzel und Möhren in Butter weich dünsten, passieren, Senf, Sardellenbutter und Zitronensaft dazurühren. Salzen, pfeffern und schließlich mit Fleischbrühe verdünnen.

## Rhabarberpüree

Den Rhabarber schälen, in Stücke schneiden und in wenig Wasser weich kochen. Dann passieren, mit ein wenig Butter und Mehl, viel Zucker und dem Saft einer Zitrone einige Minuten lang dünsten. Kalt servieren.

## Remouladensosse

In die schon fertige Tatarensoße sehr fein gewiegten Schnittlauch, 4–5 Kapern, 1–2 Essiggurken, Estragon, Petersilie, Sardellenpaste und etwas Kaviar mischen.

## Käsesosse

2 Eier mit 0,3 l Milch über Dampf so lange rühren, bis die Mischung dickflüssig wird. 100 g geriebenen Käse dazugeben und weiterrühren, bis die Soße, die aber nicht aufkochen darf, heiß geworden ist. Mit einer Prise Salz und eventuell etwas Pfeffer abschmecken.

## Schnittlauchsosse

*I.* Das Eigelb 3–4 hartgekochter Eier zerdrücken und mit Salz, Pfeffer und 2–3 Eßlöffeln Öl verrühren. Nun das zerkleinerte Eiweiß und den feingewiegten Schnittlauch dazugeben und die Soße mit Zitronensaft oder Essig verdünnen.

*II.* Das Eigelb 3 hartgekochter Eier in 0,25 l Öl, das tropfenweise dazugegeben wird, sämig rühren, salzen, mit einigen Kaffeelöffeln Zitronensaft, Pfeffer, feingeschnittenem Schnittlauch, mit dem zerkleinerten Eiweiß und einigen Tropfen Gemüsewasser oder Fleischextrakt würzen.

## Sauerampfersosse

Den Sauerampfer reinigen, ist er zu säuerlich, einmal abbrühen, feinwiegen oder durchdrehen und in heißem Fett oder heißer Butter dünsten, bis er ganz zerkocht ist. Dann mit Mehl bestreuen, mit Wasser – besser mit Fleischbrühe – auffüllen und kochen, bis die Soße dickflüssig ist. Reichlich saure Sahne hinzufügen und das Ganze nohmals aufkochen lassen. Nach Geschmack salzen und mit Zucker abschmecken.

## Suprêmesosse

Eine helle Butter-Mehlschwitze bereiten, mit 0,5 l Fleischbrühe auffüllen, 250 g feingewiegte Pilze hinzufügen und alles zusammen 30–35 Minuten kochen lassen. 0,2 l Milch (oder süße Sahne) und 2 Eigelb verrühren, an die Soße geben und sofort vom Feuer nehmen. Dann passieren, salzen, nach Geschmack pfeffern und Butterstücke darin zergehen lassen.

## Sardellensosse

Aus 2 Eßlöffeln Butter und 2 Eßlöffeln Mehl eine helle Mehlschwitze bereiten, 160 g gut gewässerte und feingewiegte Sardellen (oder die entsprechende Menge Sardellenpaste) dazugeben, mit Fleisch- oder Knochenbrühe auffüllen und 30 Minuten kochen. Dann passieren, mit Zitronensaft abschmecken, salzen und pfeffern. Vor dem Servieren 1 Eigelb mit 1–2 Eßlöffeln saurer Sahne verquirlen und die Soße damit binden.

## Estragonsosse

2 Eßlöffel Puderzucker mit 1 Eßlöffel Senf verrühren und tropfenweise 0,2 l Öl dazugeben. 6 Eigelb mit 6 Eßlöffeln saurer Sahne verquirlen und unter ständigem Rühren aufkochen lassen. Diese Masse sowie gleiche Mengen von in Salzwasser gekochtem und passiertem frischem Estragon, Petersilie und Spinat und schließlich noch den geseihten Saft einer kleinen Stange gewässerten und geriebenen Meerrettichs unterrühren. Diese Soße eignet sich gut für Fleisch- und Fischgerichte.

## Saure Sahnensosse

1 Eßlöffel Mehl mit etwas Milch glatt verquirlen, 3 Eigelb dazu geben, das Ganze gut verrühren, mit 0,3 l saurer Sahne und 0,2 l Milch aufgießen und salzen. Auf dem Herd unter ständigem Rühren aufkochen und dann sofort wieder vom Herd nehmen.

## Süsse Sahnensosse

3 Eigelb, 0,1 l Milch und 100 g Butterflöckchen verquirlen, und im Wasserbad zu einer dicken Soße kochen. Salzen, pfeffern, etwas Zitronensaft hineinträufeln, dann aus dem Wasserbad nehmen, noch 40–50 g Butterflöckchen dazugeben und unmittelbar vor dem Anrichten noch 0,1 l Schlagsahne hineinrühren.

## Eiersosse

3 Eigelb und 1 Kaffeelöffel Mehl mit 0,4 l Wasser verquirlen und 30 g Butter hinzufügen. Die Soße auf dem Herd unter ständigem kräftigem Rühren erhitzen, aber dabei nicht aufwallen lassen. Dann vom Herd nehmen, weiterrühren und noch 30 g Butter dazugeben.

## Meerrettichsosse

*I.* 250 g geriebenen Meerrettich in Fleisch- oder Knochenbrühe kochen, etwas salzen und mit 1 Eigelb und 0,2 l saurer Sahne, die mit 1 Eßlöffel Mehl verrührt wurde, vermengen. Das Ganze einmal aufkochen lassen.

*II.* 6 große geschälte Äpfel reiben und mit 2 Eßlöffeln Zucker vermischen. Mit je 1 Glas Weißwein und Essigwasser auffüllen, 1 mittelgroße Stange geriebenen Meerrettich dazugeben und solange kochen, bis die Soße entsprechend dick wird. Besonders zu gesottenem Fisch zu empfehlen.

*III.* 250 g Äpfel und 250 g Meerrettich sehr fein reiben. 0,05 l verdünnten Essig und 0,05 l Öl mit Salz, Puderzucker und Worcestersoße abschmecken und über die mit dem Meerrettich vermischten Äpfel gießen.

*IV.* Unter den geriebenen Meerrettich mit Wasser verdünnten Apfelsinensaft rühren und etwas zuckern.

*V.* Den geriebenen Meerrettich etwas zuckern, salzen und mit ein wenig Zitronensaft (oder Essig) sowie der entsprechenden Menge kalter süßer Sahne so vermengen, daß die Soße dickflüssig bleibt. Kalt oder aufgewärmt servieren.

*VI. Meerrettich mit Essig.* 250 g Meerrettich reiben, brühen und in eine entfettete, mit Essig, Salz und Puderzucker abgeschmeckte Fleischbrühe geben.

## Gurkensosse

1–2 Eßlöffel Mehl mit 0,1 l saurer Sahne glattrühren, mit Fleischbrühe oder Wasser auffüllen, einige in Würfel geschnittene Essiggurken dazugeben und das Ganze aufkochen lassen. Vor dem Anrichten noch einige Eßlöffel saure Sahne hineinrühren und nach Belieben mit dem etwas verdünnten Gurkensaft abschmecken.

## Wildbretsosse

Den Wildbretsaft mit einem Teil des Suppengrüns der Beize passieren. 0,3 l saure Sahne mit einem Eßlöffel Mehl verquirlen, mit der Wildbretsoße auffüllen, den Saft 1 Zitrone hineinträufeln, Pfeffer, 10 feingewiegte Kapern, 1 Eßlöffel Senf, einige Würfel gerösteten Zucker und, wenn nötig, etwas salzen. Das Ganze aufkochen lassen und über den Braten gießen. Einen Teil der Soße gesondert servieren.

## Selleriesosse

250 g Sellerieknollen zusammen mit den Blättern kleinschneiden und in 1 Eßlöffel Fett oder Öl weich dünsten. Ein wenig Puderzucker, Salz, Pfeffer und 2 Eßlöffel Mehl darüberstreuen, mit Knochenbrühe auffüllen und so lange kochen lassen, bis die gewünschte Dicke erreicht ist. Vor dem Servieren 0,2 l saure Sahne einrühren.

## Aspiksosse

*I.* Unter eine Béchamelsoße soviel aufgelöstes farbloses Aspik rühren, bis die Soße gut gebunden ist und leicht geliert. Das ist die weiße Aspiksoße.

*II.* Braune Aspiksoße erhält man, wenn Wildfleischpüree (passiertes Wildfleisch) oder Glace (eine aus Gemüse und gerösteten Knochen zubereitete dunkle Brühe) dazugegeben wird. Sie kann auch mit Madeirawein abgeschmeckt werden.
*III.* Die weiße Aspiksoße kann mit Spinat grün, mit geröstetem Zucker gelb oder mit 1 kleinen Kermesbeere rot gefärbt und als Überzug von Sandwiches, kaltem Fisch und verschiedenen Braten verwendet werden.

## Grüne Sosse

*I.* Spinat und Petersilie einige Minuten in Wasser kräftig kochen, auf einem Sieb abtropfen lassen, etwas feingewiegten Schnittlauch dazugeben, durchdrehen und passieren. Eine Mayonnaise zubereiten, den Brei hineinrühren und die Soße mit süßer oder auch frischer saurer Sahne verdünnen. Kalt servieren.
*II.* 80–100 g Spinat, ebensoviel Petersilie und einige Blätter Estragon einige Minuten in Wasser kochen, dann passieren und mit 2 feingewiegten Essiggurken, 2 Kaffeelöffeln ebenfalls feingewiegten Kapern und 50 g Butter vermengen. Das Ganze noch einmal passieren und in die unterdessen zubereitete Béchamelsoße rühren. Warm servieren.

## Semmelsosse

*I.* In 1 Kaffeelöffel Fett 2 in kleine Würfel geschnittene Semmeln anrösten, mit 0,5 l Fleischbrühe auffüllen, pfeffern und einige Minuten kochen lassen.
*II.* Ähnlich wie unter I kann diese Soße auch aus in Milch geweichten und passierten Semmeln zubereitet werden.

# Salate

spielen beim Abend- und Mittagessen eine bedeutende Rolle. Sie gleichen den Fettgehalt bei Fleischgerichten aus, und an heißen Sommertagen bringen saure kalte Salate eine köstliche Erfrischung.
Das recht eintönig gewordene „Kasinoei“ hat auf alle Fälle das Verdienst, daß es den französischen Salat weit verbreitete. Dieser eroberte sich im Sturm die ungarische Sympathie, und gut zubereitet, verdient er auch wirklich höchstes Lob. Französischer Salat hat auch den russischen, italienischen, schwedischen und holländischen Salat bekannt und beliebt gemacht. Diese Salate bestehen nicht nur aus Gemüse, sie enthalten auch Fleisch- und Fischstückchen. Sie werden nicht nur als Beilage gereicht, sondern sind selbständige Vorspeisen, sogar kalte Eintopfgerichte.

Den Tomatensalat haben wir von den Engländern übernommen. Er konnte sich nicht sofort durchsetzen. Die Zubereitung pikanter Soßen und verschiedener Senfarten, die den Salaten die faszinierende Geschmacksverfeinerung geben, mußten wir uns erst zu eigen machen. Von den Franzosen übernahmen wir die Zubereitung von Blumenkohl-, Möhren-, grüne Bohnen-, Artischocken-, Kastanien-, Auberginensalat und erfuhren, daß außer Essig auch Zitrone verwendet werden soll. Öl soll immer von bester Qualität und sehr frisch sein.
Die Zubereitung eines Salates kann nicht von jedem durchgeführt werden. In Frankreich und England wurden die raffiniertesten Salate oft nicht von der Hausfrau, sondern vom Hausherrn zubereitet. Zahlreiche geistig schaffende Menschen Schriftsteller, Dichter und andere Künstler sind Erfinder der bekanntesten, ideenreichsten und appetitlichsten Salate. Manche namhafte Restaurants schmeicheln ihren Gästen, indem nur die Zutaten der Salate serviert werden, ihre Zusammenstellung aber wird dem Geschmack und Talent des Gastes überlassen.

## *Salate*

### *Bohnensalat*

500 g Bohnen ergeben eine große Schüssel Salat. Die Bohnen weich kochen, jedoch sollen sie dabei nicht aufplatzen, auf einem Sieb abtropfen lassen, dann in eine Schüssel füllen, mit Zwiebelscheiben oder gehackten Zwiebeln belegen und Essigwasser darübergießen. Den Salat mit einigen Eßlöffeln Speiseöl gut vermischen und salzen.

### *Kartoffelsalat*

1 kg größere Pellkartoffeln vorsichtig kochen, daß sie nicht zerfallen. Dann schälen und in Scheiben schneiden, salzen, Essigwasser darübergießen und nach Geschmack mit Öl vermischen. Auf den Salat etwas Pfeffer und Zwiebelscheiben streuen. Zwischen die Kartoffelscheiben können auch in mehreren Schichten Selleriescheiben gelegt werden.
*II.* Pellkartoffeln kochen, schälen und in Scheiben schneiden. 1 Zwiebel, 3–4 Tomaten, 1–2 Salz- oder Essiggurken und 2–3 Paprikaschoten ebenso kleinschneiden und abwechselnd mit den Kartoffelscheiben in die Salatschüssel schichten, salzen und pfeffern. Den Salat mit einem Gemisch aus Essig und Öl – dem je nach Geschmack noch einige Eßlöffel Senf beigemengt werden können – übergießen.

*III. In Mayonnaise.* Die in Salzwasser gekochten, geschälten und in Scheiben geschnittenen Kartoffeln in Mayonnaise oder Tatarensoße legen und so als Salat servieren.

## Rote Rüben

*I.* Große rote Rüben waschen, weich kochen, in noch heißem Zustand dünn schälen, in Scheiben schneiden und diese in eine großes Einweckglas legen. Aus Essig einen dem Geschmack entsprechenden säuerlichen Saft zubereiten, salzen, zuckern und über die Rübenscheiben gießen. Noch einige Meerrettichscheiben und Kümmelkörner in das Glas geben und den Rübensalat zugedeckt 1–2 Tage kalt stellen. Statt Essig kann auch mit Zitronensaft ein vorzüglicher Rübensalat zubereitet werden.
*II.* 2 kg rote Rüben schälen und fein raspeln, 150 g Meerrettich ebenfalls fein reiben und mit den roten Rüben vermengen. 0,5 l Salatsoße (Wasser, Essig oder Zitronensaft, Salz und Zucker nach Geschmack) darübergießen. In Gläser gefüllt und an einem kühlen Ort aufbewahrt, hält sich der Salat 1–2 Wochen.

## Kopfsalat

*I.* Die äußeren Salatblätter entfernen, die Köpfe vierteilen, gründlich waschen, auf einem Sieb abtropfen lassen. Eine Salatsoße aus Essig – oder Zitronensaft – und Wasser bereiten, nach Geschmack salzen und zuckern und über den Salat, der eventuell noch mit Öl begossen wurde, geben. Den Salat in dieser Soße wenden und eventuell mit in Vierteln geschnittenen hartgekochten Eiern garnieren. Im Frühjahr den Rapunzelsalat und Endiviensalat auf gleiche Weise zubereiten. Die Salatsoße soll nie zu reichlich sein.
*II. Auf Lyoner Art.* Die geputzten und in 4 Teile geschnittenen gewaschenen Salatköpfe 15 Minuten in Salzwasser legen und dann in einer Schüssel mit folgender Soße übergießen: 1 Eigelb schaumig rühren und dabei 1 Eßlöffel Senf, 2 Eßlöffel Öl und 1 Eßlöffel Essig oder Zitronensaft daruntermengen. Ist die Soße vollkommen glatt, nochmals 2 Eßlöffel Öl und 1 Eßlöffel Essig oder den Saft 1 Zitrone unterrühren. Nach Geschmack salzen.
*III. Übergossen.* 50 g in kleine Würfel geschnittenen Räucherspeck braten. 0,3 l Wasser, dem nach Geschmack Essig (oder Zitronensaft) sowie etwas Zucker beigefügt wurden, darübergießen, salzen, aufkochen lassen und dann 0,1–0,2 l saure Sahne dazugeben. Zusammen mit den Speckgrieben noch heiß auf die geviertelten 3–4 Salatköpfe gießen und bis zum Servieren zugedeckt in der Küche stehenlassen.
*IV. Übergossen mit Käse.* Pro Person 1 Salatkopf halbieren, reinigen und ein paar Minuten in Salzwasser kochen. Gründlich ab-

tropfen lassen, dann in eine Schüssel geben, mit 60–80 g geriebenem Käse überstreuen und mit 80–100 g zerlassener Butter übergießen.

## Französischer Salat

Einige größere Pellkartoffeln kochen, schälen und in kleine Würfel schneiden. Eine größere Möhre putzen, in kleine Würfel schneiden und in wenig Butter zusammen mit 500 g frischen oder eingelegten grünen Erbsen und ½ in Würfel geschnittenen Sellerie dünsten. 2–3 hartgekochte Eier, 1–2 Essiggurken und 3–4 rohe geschälte Äpfel ebenfalls in Würfel schneiden, das Ganze in der Salatschüssel gründlich vermischen, salzen und schließlich mit Mayonnaise oder Tatarensoße übergießen.

## Pilzsalat

300 g Champignons oder Steinpilze nicht zu weich kochen, gut abtropfen lassen und in Scheiben schneiden. Aus 3–4 Eßlöffeln Öl, 2 Eßlöffeln Essig oder Zitronensaft, etwas Salz und Pfeffer, einer Messerspitze Zucker und 1 Eßlöffel aufgelöstem Aspik eine dicke Soße rühren, die Pilze hineinmengen und den Salat so – oder auch zusammen mit Kartoffelsalat servieren.

## Kohlrabisalat

*I.* Junge, zarte Kohlrabi schälen, in Scheiben schneiden und in ganz wenig Butter oder Salatöl weich dünsten. Nach dem Abkühlen wie Kopfsalat anrichten oder mit einer Mayonnaise übergießen.

*II.* Der Kohlrabi kann auch als Rohkost zubereitet werden. In diesem Fall wird eine Salatsoße mit Zitrone oder Essig zu dem in Würfel geschnittenen Kohlrabi bereitet.

## Blumenkohlsalat

*I.* Etwa 200 g Blumenkohl in Salzwasser kochen, abtropfen lassen und die Röschen kleinschneiden oder durchdrehen. In eine Schüssel geben und mit 2–3 Eßlöffeln Zitronensaft oder Essig übergießen. Nach Belieben salzen und pfeffern.

*II. Mit Mayonnaise.* Blumenkohl kann auch mit einer dickflüssigen Mayonnaise zubereitet werden. Das Gemüse nach dem Kochen vollkommen abkühlen lassen, röschenweise in die Mayonnaise tunken und in einer Salatschüssel anrichten. Die übrige Soße über den Blumenkohl gießen. Zum Garnieren eignen sich Essiggurken, Kopfsalat oder Rapünzchen, in Scheiben geschnittene hartgekochte Eier und rote Rüben.

### Kohlsalat

Rohen Rot- oder Weißkohl in dünne Streifen schneiden, brühen, salzen und einige Stunden stehenlassen. Danach ausgedrückt in eine Schüssel legen, mit Essigwasser (das auch gezuckert werden kann) vermischen, mit Öl begießen und mit Kümmel würzen.

### Wirsingkohlsalat

Die Wirsingkohlköpfe der Länge nach in 4 Teile schneiden. In Salzwasser weich kochen, abgießen, mit kaltem Wasser abspülen und dann gut abtropfen lassen. In eine Salatschüssel geben und mit verdünntem Essig, der mit 1–2 Eßlöffeln Senf verquirlt wurde, übergießen, bei Bedarf salzen und pfeffern. Zuletzt noch ein paar Eßlöffel Öl über den Salat geben.

### Mit Pilzsalat gefüllte Salzgurken

Die Salzgurken dünn schälen, der Länge nach halbieren und aushöhlen. Mit Pilzsalat füllen und die Hälften wieder zusammenlegen, in eine Schüssel geben, etwas Mayonnaisensoße darübergießen und mit Ei- und Tomatenscheiben garnieren. Für den Pilzsalat können alle in Essig eingelegten Pilzsorten kleingeschnitten verwendet werden, oder die frischen Pilze putzen, einige Minuten in Salzwasser kochen, abspülen und ausgekühlt in Scheiben schneiden. Öl und Zitronensaft darüberträufeln, mit kleingeschnittener Petersilie verrühren und salzen. Eventuell auch mit Zwiebeln würzen.

### Rapünzchensalat

Die Stiele der Rapünzchen abzwicken und dann ebenso zubereiten wie Kopfsalat. Auch zum Garnieren von verschiedenen Salaten verwenden.

### Italienische Salatspezialität

4–5 größere Pellkartoffeln kochen. Jeweils separat in Salzwasser 1 kleine Sellerieknolle, 100 g Linsen und einige Gramm ganz kleine Bohnen kochen. Die Kartoffeln schälen und zusammen mit der Sellerieknolle in kleine Würfel schneiden. Die weichgekochten Linsen und Bohnen auf einem Sieb abtropfen lassen. 3–4 hartgekochte Eier, 4–5 rohe, geschälte, säuerlich schmeckende Äpfel, 3–4 kleine saure Gurken, einige Oliven und 6–7 Scheiben gesäuerte rote Rübe in kleine Würfel schneiden und ganze Kapern dazugeben. Außerdem noch kleingeschnitten 3–4 Sardinen und 1 Scheibe geräucherten Lachs.
Alle Zutaten in eine tiefe Schüssel geben. Für die Zubereitung der Salatsoße werden benötigt: 1–2 Eßlöffel gut gewürzter Saft von roten Rüben und grünen Gurken, etwas Sardinenöl, 1 Eßlöffel Senf, ½ Glas Wein und eine kleine Tube Sardellenpaste. 70–80 g Kaviar verbessern noch den Geschmack. Eventuell etwas weißes und etwas rotes Aspik zur Verfeinerung hinzufügen.

Nun alles gut verrühren, bis sich eine ausgezeichnete Soße bildet. Eventuell salzen und pfeffern, gegebenenfalls mit etwas Puderzucker abschmecken. Auch noch etwas Öl zugießen. Ist die Soße zu dick, mit Essig verdünnen. Sie muß mehrmals gekostet und mit den in Reserve gehaltenen Zutaten jeweils gut abgeschmeckt und verfeinert werden. Die Hälfte der Soße, die in ihrer Art und Dickflüssigkeit einer Tatarensoße ähnelt, mit den in der Schüssel befindlichen Zutaten gut verrühren. Die restliche Soße entweder kurz vor dem Servieren über den in der Schüssel angehäuften Salat oder über den auf Salattellern portionsgerecht verteilten Salat gießen.

*Auberginensalat* Die Auberginen (Eierfrüchte) so lange in der Backröhre braten, bis sich die Haut leicht abziehen läßt. Die Früchte kleinschneiden, mit Salz, Pfeffer, geriebener Zwiebel und viel Öl zu einer glatten Masse verrühren und abkühlen lassen. Dann mit Salz und Pfeffer bestreute Tomatenscheiben um den Salat anrichten und bis zum Servieren kühl stellen. (Dieser Salat ist in der rumänischen Küche eine der volkstümlichsten Vorspeisen, für die ursprünglich noch ein rauchiger Geschmack charakteristisch war. Er kann erreicht werden, wenn die Auberginen nicht in der Backröhre, sondern auf offener Glut gebraten werden.)

*Paprikasalat* Große, fleischige grüne Paprikaschoten (zum Garnieren auch rote) waschen, Stiel, Samen und Adern entfernen und die Schoten in Ringe schneiden. In wenig gesalzenem Essigwasser brühen. In eine Schüssel geben und je nach Geschmack mit einer beliebigen Salatsoße (Essig oder Zitrone, Salz, Zucker, Öl) übergießen. Mit Tomatenscheiben garnieren.

## *Der Tomatensalat*

verdient besondere Erwähnung. Er sollte möglichst aus frischen, an der Staude ausgereiften Tomaten mit festem Fleisch und glatter Schale bereitet werden. Besonders geeignet sind die spätreifen ovalen Lukullustomaten mit derbem Fleisch. Man kann sie erst einen Augenblick in siedendes Wasser tauchen oder rings herum mit der Messerschneide etwas klopfen, dann läßt sich die etwas bitter schmeckende Haut schnell und leicht abziehen. Mit einem scharfen Messer in dünne Scheiben schneiden (die Kerne,

soweit es geht, entfernen), die Scheiben in eine Porzellan- oder Glasschüssel legen. Mit einer Salatsoße aus Zitronensaft (eventuell verdünntem, gewürztem Wein- oder Obstessig), etwas Salz, 1 Kaffeelöffel feinem Tafelöl (kann auch wegbleiben) und etwas Zucker (kann wirklich wegbleiben!) übergießen. Die Soße soll knapp bemessen sein, da Tomaten Saft lassen; eventuell noch etwas pfeffern.
Den Tomatensalat ein- bis zwei Stunden im Kühlschrank stehenlassen, dann zur rechten Zeit und zur Freude aller gut gekühlt reichen. Es ist ein herrlicher Salat, und es wäre schade, es denen gleichzutun, die mit Zwiebeln oder Petersilie (eventuell mit beiden) den ursprünglich feinen Geschmack verderben. Richtig und angebracht ist es hingegen, den Salat mit in Ringe geschnittenen und ebenfalls in den Salatsaft getauchten fleischigen, süßlichen Paprikaschoten zu garnieren. Er wird dadurch mit zu ihm passendem Geschmack und mit besonders viel Vitamin C angereichert.
Es ist nicht überall üblich, Haut und Kerne zu entfernen.

## *Rettichsalat*

Die gewaschenen und geschälten Rettiche hobeln oder reiben, in eine Schüssel geben und mit einer gesalzenen, eventuell leicht gezuckerten Essiglösung oder mit Zitronensaft, dem auch ½ Kaffeelöffel Senf beigefügt werden kann, übergießen. Den Salat 1–2 Stunden vor dem Servieren zubereiten.

## *Möhrensalat*

100–150 g Karotten oder Möhren waschen, putzen und reiben. In eine Schüssel geben und genauso wie jeden anderen Salat – mit gesalzener Essiglösung oder Zitronensaft, dem eventuell ein wenig Senf beigefügt wurde – zubereiten. Ebenso können in Salzwasser oder in Gemüsebrühe gekochte Möhren zu Salat verarbeitet werden, doch in diesem Fall werden die Möhren nicht gerieben, sondern in Würfel oder Streifen geschnitten.

## *Spargelsalat*

*I.* Den gereinigten und gewaschenen Spargel in 2–3 cm lange Stücke schneiden, in Salzwasser weich kochen und auf einem Sieb abtropfen lassen. Danach in einer Salatschüssel mit kleingeschnittenen hartgekochten Eiern und feingeschnittenem Schnittlauch vermischen und mit Öl, Zitronensaft oder Essig, Pfeffer und Salz einen Salat auf übliche Weise zubereiten.
*II.* Den gewaschenen und geputzten Spargel durchdrehen, mit einer Senfsoße übergießen und mit Kopfsalat garniert servieren.

## Eiersalat

Hartgekochte Eier teilen, das Eigelb herausnehmen, 2 rohe Eigelb darüberschlagen und glattrühren. Mit 6 Eßlöffeln Tafelöl verrühren, Essig oder Zitronensaft nach Geschmack zugeben, salzen und pfeffern. Das feste Eiweiß in Streifen schneiden und in eine Salatschüssel schütten, die Eigelb-Öl-Mischung darübergeben und mit feingewiegter Petersilie und Schnittlauch bestreuen.

## Gurkensalat

3–4 schöne große Gurken schälen, beide Enden abschneiden, feinhobeln, mit Essigwasser, dem eventuell auch Öl beigefügt wurde, übergießen, Paprika und Pfeffer darüberstreuen und alles gut vermischen. Den Salat 3–4 Stunden stehenlassen, damit die Gurken vom Essig gründlich durchtränkt werden. Wenn der Salat ohne Pfeffer zubereitet worden ist, vor dem Anrichten noch einige Eßlöffel saure Sahne darübergießen.

## Gemischter grüner Sommersalat

In Salzwasser gekochte grüne Erbsen, grüne Bohnen, Kohlrabi, Blumenkohl und Kartoffeln – natürlich nach Bedarf kleingeschnitten – in eine Salatschüssel geben. Eine dicke Mayonnaisensoße zubereiten und über den Salat gießen. Mit Paprikaringen garnieren.

## Selleriesalat

I. *Mit Mayonnaise.* Den gekochten Sellerie in Scheiben schneiden und in einer Salatsoße beziehungsweise in Mayonnaise wenden.
II. *Mit Tomaten.* Die geschälten, rohen Sellerieknollen in Scheiben schneiden und zusammen mit dem Saft ½ Zitrone, 2 Eßlöffeln Öl, je 1 Prise Pfeffer und Salz und so viel Wasser, daß der Sellerie gerade bedeckt ist, bei schwacher Hitze zugedeckt kochen lassen, bis das Wasser verkocht ist. Darauf achten, daß das Gemüse nicht zu weich wird. Ausgekühlt mit Mayonnaisensoße verrühren und mit Kopfsalat, geschälten rohen Tomatenscheiben und Paprikaschoten garnieren.

## Bohnensalat aus grünen Bohnen

200 g gereinigte, zerkleinerte grüne Bohnen in Salzwasser kochen, auf einem Sieb abtropfen lassen, in eine Schüssel geben und mit 1–2 Eßlöffeln Essig oder Zitronensaft übergießen, eventuell ein wenig Senf dazugeben und gut verrühren. Nach Geschmack pfeffern.

## Gemüsesalat mit Aspik

Aspik zubereiten oder fertig gekauften Aspik auflösen. In ein tiefes Gefäß etwas Aspik gießen und im Kühlschrank erstarren lassen. Den erstarrten Aspik mit Scheiben von hartgekochten Eiern und sauren Gurken bzw. Essiggurken belegen. Darauf wieder eine Aspikschicht erstarren lassen. Die verschiedenen in Salzwasser weichgekochten Gemüsesorten (Blumenkohl, Zuckererbsen, grüne Bohnen, Pilze, Spargel und eventuell in kleine Würfel geschnittene Möhren) nach Salatart mit Zitronensaft oder Weinessig, Öl, Salz und Pfeffer zubereiten und auf die Aspikschicht geben. Zuletzt so viel flüssigen Aspik darübergießen, daß alles bedeckt ist, und wieder fest werden lassen. Vor dem Servieren auf eine Platte stürzen.

## Fleischsalate

Sie können aus beliebigen, natürlich frischen Koch- oder Bratfleischresten zubereitet werden. Vor allem ist das von den Knochen gelöste Fleisch, das so nicht aufgetragen werden kann, dafür verwertbar. Das Fleisch mit dem der Jahreszeit entsprechenden Gemüse vermischen, eine Tataren- oder Remouladensoße darübergießen, kleingeschnittene Kartoffeln, Äpfel und Gurken dazugeben und mit Gewürzen abschmecken. Dieses Gericht kann als Vorspeise oder zum Abendbrot serviert werden.

*I. Wiener.* Etwa 500 g gebratenes oder in Butter gedünstetes Kalbfleisch kalt in dünne Streifen oder kleine Würfel schneiden und mit Tatarensoße verrühren. Das ebenfalls in Butter gedünstete und in Würfel geschnittene Kalbshirn sowie einige gekochte, in feine Streifen geschnittene Kartoffeln oder etwas Sellerie dazugeben. Alle Zutaten bei ihrer Zubereitung entsprechend salzen. Der Salat soll pikant, süß-säuerlich schmecken. In eine Salatschüssel geben und kalt stellen. Vor dem Servieren mit gefüllten Eiern, kleingeschnittenem rotem und weißem Aspik, Mixed Pickles, Scheiben von sauren Gurken, in Salzwasser gekochten Blumenkohlröschen usw. garnieren.

*II. Kutusow-Salat.* 350 g in Würfel geschnittenes, gebratenes Kalbfleisch – ohne Knochen, Haut und Knorpel – mit folgendem vermischen: 2–3 gereinigte Milchheringe, 300 g gekochtes Ochsenmaul (Rinderkopffleisch), 3 geschälte große Äpfel, je 1 gekochte Möhre und Sellerie, 3–4 Essiggurken, einige Scheiben rote Rübe – alles in kleine Würfel geschnitten –, 50 g Kaviar, in Streifen geschnittene Pilze und etwas Worcestersoße. Dann alles salzen, pfeffern, mit Tatarensoße übergießen und mit hartgekochten Eiern, Rapunzelsalat, eventuell mit rosenförmig geschnittenen Radieschen und mit Zitronenscheiben, auf deren Mitte ein Sardellenring liegt, garnieren.

*III. Russischer Salat.* Gebratenes oder gekochtes Kalb-, Rind- oder mageres Schweinefleisch in dünne, lange Streifen schneiden und in eine Salatschüssel legen. Sardellen, in Streifen geschnittene geräucherte Rinderzunge oder Schinken, feingehackte Kapern, einige Zwiebelringe und in Würfel geschnittene Essiggurken oder saure Gurken dazumischen. Den Salat mit Senf- oder Tatarensoße übergießen, und kalt stellen (Zutaten zu 500 g Fleisch: 3–4 Sardellen, 100 g Schinken, ½ Zwiebel und 3–4 große Gurken).

## Fischsalat

*I.* Die Haut des gekochten Fisches abziehen, die Gräten herauslösen, das Fleisch kleinschneiden und in die Mitte einer Salatschüssel legen. Dann mit Tatarensoße begießen und ringsum mit kleinen Gurken, hartgekochten Eiern, in Streifen geschnittenem Kopf- oder Rapunzelsalat, eventuell mit Spargelköpfen garnieren.

*II. Hering.* 1–2 Milchheringe reinigen, in kleine Stücke schneiden und mit 1–2 rohen Äpfeln, 3–4 hartgekochten Eiern, 2–3 gekochten und geschälten Kartoffeln – alles kleingeschnitten – eventuell mit 1–2 Messerspitzen geriebener Zwiebel vermischen. Essig (oder Zitrone), Öl, Senf, etwas Salz und Pfeffer hinzufügen und einen Salat auf übliche Art zubereiten.

*III. Heringsschmaus.* Rohes Sauerkraut mit dünnen Zwiebelscheiben, Kümmel und feinem Öl vermischen, dann mehrere in zwei Finger dicke Stücke zerlegte Ostseeheringe dazugeben. Das Ganze noch mit Achtelstücken hartgekochter Eier garnieren.

*IV. Italienischer, mit Spaghetti.* 150 g in Salzwasser gekochte, in gleich lange Stücke gebrochene Spaghetti mit 200–250 g gekochtem (oder gebratenem), entgrätetem und kleingeschnittenem Fisch in einer Salatschüssel vermengen. 0,2 l süße Sahne mit 1 Eßlöffel Senf, 1 Eßlöffel Zitronensaft, 2 geschälten, geriebenen Äpfeln, etwas Salz und nach Geschmack Pfeffer verrühren, darübergießen, alles gut vermischen und zerkleinerte Kapern darüberstreuen. Zuletzt um den Salat einige ebenfalls in die Soße getauchte Rapünzchenblätter kranzförmig legen.

# *Süsse Mehlspeisen*

## *Knetteig, Nudeln, Würfel, Knödel und Klösse*



Die Zubereitung der Teigwaren wird in dem Kapitel „Vorspeisen“ unserer Rezeptesammlung, bei den salzigen Mehlspeisen ab Seite 87. angeführt.

*I. Mit Nuß oder Mohn.* Die nicht zu lockeren und nicht zu festen dünngeschnittenen Nudeln in Salzwasser kochen und in Fett schwenken, danach mit in heißem Sirup oder gezuckerter Milch gekochten geriebenen Nüssen oder gemahlenem Mohn vermischen. Einfacher ist es, die fertigen Nudeln vor dem Servieren mit einem Gemisch aus Puderzucker und geriebenen rohen Nüssen oder gemahlenem Mohn zu bestreuen.
*II. Mit saurer Sahne.* Einen üblichen Nudelteig statt Wasser mit Milch bereiten, in Streifen oder Flecken schneiden, in Salzwasser kochen und auf einem Sieb abtropfen lassen. Dann 30 g Butter mit 4 Eigelb gut verrühren, 0,2 l saure Sahne, 4 Eßlöffel Puderzucker und etwas geriebene Zitronenschale beifügen, mit den Nudeln vermischen und schließlich noch den Schnee von 4 Eiern dazugeben. Das Ganze reichlich mit saurer Sahne übergießen und in einer mit Butter ausgestrichenen feuerfesten Schüssel backen.
*III. Mit Vanille.* Nudeln in heißem Fett goldgelb rösten. Drei Viertel der Nudeln kochen und mit Milchschaumsoße mit Vanille übergießen, den restlichen Teil der Nudeln darüberlegen und mit Vanillepuderzucker bestreuen.
*IV. Mit Äpfeln.* Die gekochten Nudeln gut abtropfen lassen und die Hälfte davon in eine vorher ausgefettete feuerfeste Form schütten. Darauf eine Schicht geriebener Äpfel mit Zucker und Zimt und dann die andere Hälfte der Nudeln geben. Das Ganze zuckern, mit etwas zerlassener Butter begießen und in der Backröhre backen. Einige Eßlöffel einer beliebigen Marmelade, die mit den Äpfeln verrührt wurde, verfeinern noch den Geschmack.

*V. Gefüllt.* Den Teig in Nudeln schneiden, kochen, in heißem Fett schwenken und eine Schicht davon in eine ausgefettete feuerfeste Form geben. Mit Zimt, geriebenen Nüssen oder mit Vanillin vermischtem Zucker bestreuen und dünn mit einer beliebigen Marmelade bestreichen. Darauf folgen wieder eine Schicht Nudeln, Zucker und eine andere Sorte Marmelade. Den Abschluß bilden Nudeln, die mit Zucker bestreut und mit etwas Fett oder Butter beträufelt werden. In der Backröhre goldbraun backen.

### Heu-Stroh-Nudeln

Die Hälfte der aus fest geknetetem Teig geschnittenen Nudeln in reichlich Fett schnell braten, die andere Hälfte in gesalzener Milch (oder in mit Wasser verdünnter Milch) kochen. Die zwei Sorten abwechselnd in eine Schüssel schichten und auf jede Schicht – sowie zum Abschluß – gezuckerte Mandeln (Hasel- oder Walnüsse) streuen. Mit Weinschaumsoße servieren.

### Steirische Nudeln

500 g passierten Quark mit 150 g Mehl, 2 Eigelb, etwas saurer Sahne, 1 Eßlöffel Zucker und etwas Salz vermengen, den Teig gründlich durchkneten, dick ausrollen und in breite Nudeln schneiden. Diese kochen und auf dem Sieb abtropfen lassen. In einer feurfesten Schüssel 70 g Butter, 0,15 l saure Sahne, 1 $^1/_2$ Eßlöffel Puderzucker, etwas geriebene Zitronenschale und 3 Eigelb vermischen, dann noch 50 g Rosinen und den Schnee von 3 Eiern dazugeben. Schließlich die Nudeln vorsichtig mit dieser Masse vermengen und das Ganze in der Röhre backen.

### Geschichtete Nuss-oder Mohnwürfel

Aus 1 kg Mehl und 4 Eigelb einen Teig kneten, dünn ausrollen, in fingerbreite Nudeln schneiden und diese in Salzwasser kochen. Abtropfen lassen, in heißer, mit saurer Sahne vermengter Butter schwenken und mit einem Gemisch aus 3 Eigelb, 80 g Vanillezucker, 100 g Rosinen sowie geriebener Zitronenschale gut verrühren, etwas salzen. Zum Schluß noch den steifgeschlagenen Eischnee unterziehen. Die Hälfte der Masse in eine mit Butter ausgestrichene Pfanne, in die auch Rosinen gestreut werden, geben und etwas backen. Dann die Oberfläche mit 150 g in Sirup gekochter Mohn- oder Nußfüllung bestreichen, mit 0,2–0,3 l schwach gezuckerter Milch begießen und mit Rosinen sowie geriebener Zitronenschale bestreuen. Den Rest der Nudeln daraufschichten und das Ganze in der Backröhre 15 Minuten bakken. In Würfel geschnitten servieren.

## Dampfnudeln

*I.* Die aus einem dünn ausgerollten Knetteig geschnittenen Nudeln in 1 $^1/_2$ l gezuckerter Milch kochen, ein Stückchen Butter dazugeben, damit die Nudeln nicht zusammenkleben. Während des Kochens öfters umrühren. Dann die Nudeln mit Rosinen und Mandeln vermischen, in eine mit Butter ausgestrichene feuerfeste Form geben und mit einer aus 3 Eigelb, dem Eischnee, etwas Vanille und 3 Eßlöffeln Puderzucker bereiteten Creme übergießen. 15 Minuten in der Backröhre backen.

*II. Mit Kastanien.* Die in gezuckerter und ein wenig gesalzener Milch gekochten Nudeln auskühlen lassen und mit in kleine Würfel geschnittenen gebratenen Edelkastanien verrühren. 3 Eigelb mit 60–80 g Butter und 100 g Zucker schaumig schlagen und unter die Mischung geben. Das Ganze in einer mit Butter ausgestrichenen und mit geriebener Semmel ausgestreuten feuerfesten Form goldgelb backen.

*III. Auf bayerische Art.* $^1/_2$ kg warm gehaltenes Mehl mit 140 g Butter, 0,2 l lauwarmer süßer Sahne, 4 Eßlöffeln aufgelöster Hefe, 9 Eigelb, 1 Prise Salz und 1–2 Eßlöffeln Zucker so lange mit dem Kochlöffel rühren und schlagen, bis der Teig Blasen wirft. Auf einem mit Mehl bestreuten Nudelbrett den Teig fingerdick ausrollen und mit einer großen Pogatschenform Scheiben von 5–6 cm Durchmesser ausstechen. In eine mit Butter ausgestrichene Pfanne legen und so viel Milch darübergießen, daß sie zur Hälfte bedeckt sind. Warm stellen bis sie gut aufgegangen sind. Danach in der Backröhre bei mittlerer Hitze langsam backen. Die runden Dampfnudeln vorsichtig herausnehmen, auf einer Platte anrichten und mit Vanille-Puderzucker bestreuen. Mit einer Milchschaumsoße servieren.

## Kartoffelnudeln

*I.* 1 kg Pellkartoffeln kochen, dann schälen, zerstampfen und auf dem Nudelbrett mit so viel Mehl verkneten, bis ein weicher Teig entsteht. Eventuell 1–2 Eier dazugeben, gut durcharbeiten und kleine Laibe formen. Davon jeweils Stücke abschneiden und zu Stangen rollen. Die Stangen in gleichmäßige Stücke schneiden und diese einzeln mit der flachen Hand zu kurzen, dicken Nudeln drehen. Wenn der ganze Teig aufgebraucht ist, die Nudeln in Salzwasser kochen und in gerösteter geriebener Semmel wälzen. Dabei darauf achten, daß die Nudeln weder zu hart bleiben noch zu weich werden und zerkochen. Mit Pflaumenmus servieren.

*II. Auf Wiener Art.* Die Kartoffeln zuerst mit 1 Ei und 1 nußgroßen Stück Fett vermengen, dann mit 200–250 g Mehl zu einem Teig kneten.

*III. Mit Hefe.* 500 g Mehl in eine Schüssel geben. In die Mitte eine Vertiefung drücken und 20 g in 0,25 l lauwarmer Milch aufgelöste Hefe hineintun. An einem warmen Ort gehen lassen. Dann 70 g zerlassene Butter, 2 Eier, etwas Salz und 50 g geriebene gekochte Kartoffeln dazugeben. Mit einem Kochlöffel alles kräftig verrühren und nochmals an einem warmen Platz etwas gehen lassen. Dann aus dem Teig auf einem Brett wie gewohnt kurze, dicke Nudeln formen, in heißem Fett goldbraun backen und noch heiß in mit Butter gerösteter geriebener Semmel wenden. Sofort servieren.

## Teigtaschen

### Pflaumenmustaschen

Aus 400 g Mehl und 1–2 Eiern einen üblichen Nudelteig bereiten und sehr dünn ausrollen. Die eine Hälfte des Teiges in gleichen Abständen mit kleinen Häufchen von Pflaumenmus belegen, die zweite Hälfte des Teiges darüberschlagen. Den Teig zwischen den einzelnen Häufchen mit dem Finger festdrücken und dann mit dem Küchenrad so zerteilen, daß kleine Täschchen entstehen. Diese in heißem Salzwasser kochen und in geriebener Semmel wenden, die vorher in reichlich Fett geröstet wurde.

*II. Taschen aus Kartoffelteig.* $^3/_4$ kg Pellkartoffeln kochen, schälen, passieren und noch warm mit 30 g Fett, 250 g Mehl, 1 Prise Salz und 1 Ei verrühren. Den Teig gut durcharbeiten und zu Messerrückenstärke ausrollen. Wie andere Teigtaschen mit Pflaumenmus füllen und mit dem Küchenrad abtrennen. In Salzwasser kochen, abtropfen lassen und in gerösteter geriebener Semmel wenden.

*III. Quarktaschen.* Aus 500–600 g Mehl und 2–3 Eiern einen Teig kneten, dünn ausrollen und mit einer Quarkfüllung belegen, die aus passiertem Quark, Eigelb, steif geschlagenem Eiweiß, Zukker und saurer Sahne zubereitet wurde. Mit dem Küchenrad die Taschen abtrennen, in heißer Milch kochen und reichlich mit in Butter gerösteter geriebener Semmel bestreuen. Vor dem Servieren mit heißer saurer Sahne übergießen. Die Quarkfüllung kann auch gesalzen mit Dill zubereitet werden. In diesem Fall werden die Taschen in Salzwasser gekocht.

## Scheiterhaufen

*I.* Hörnchen vom Vortage in fingerdicke Scheiben schneiden, 3 Eigelb mit 3 Eßlöffeln Vanillezucker vermischen, mit 0,2 l Milch aufgießen, die Hörnchenscheiben hineingeben und darin eine Zeitlang stehenlassen. Die Masse in eine gefettete längliche Backform geben. Die Oberfläche mit in Rum getauchten Apfelschnitten belegen und mit Zimtzucker, Rosinen und kleingehackten Mandeln bestreuen. In der Röhre backen. Sind die Äpfel weich, den Scheiterhaufen aus der Röhre nehmen, etwas auskühlen lassen, dann mit einer Mischung aus dem Schnee einiger Eier, Zucker und Aprikosenmarmelade glatt bestreichen. Das Ganze in der Röhre so lange backen, bis der Schnee etwas angebräunt ist. Beim Anrichten mit einem Löffel kleinere Stücke von der Mehlspeise abstechen, auf der Platte zu kleinen Häufchen formen und mit Zucker bestreuen.

*II.* 5–6 Brötchen, von denen die Rinde abgerieben wurde, in längliche Scheiben schneiden. Diese einzeln kurz in Milch tauchen, in eine mit Butter ausgestrichene feuerfeste Form legen, mit Puderzucker, Rosinen sowie Mandelsplittern bestreuen und mit ein wenig zerlassener Butter übergießen. Dann folgt wieder eine Schicht der geweichten Brötchenscheiben, darauf wieder Zucker, Rosinen, Mandeln und Butter. In dieser Reihenfolge die Form bis zum Rand füllen. Zuletzt 3–4 Eier, mit 0,3–0,4 l Milch verrührt, über den Scheiterhaufen gießen und in der Röhre backen. Vor dem Servieren auf eine Platte stürzen.

## Mohnröllchen

*I.* Einen Milchbrotteig zubereiten, daraus fingerdicke Röllchen formen und in Mehl wälzen. Die Röllchen auf einem ungefetteten Backblech backen, d. h. austrocknen, bis sie schön hellbraun sind. Dann aus der Röhre nehmen und mit heißem Wasser brühen. Dabei darauf achten, daß der Teig, obwohl er weich wird, nicht zergeht. Die Röllchen mit einem Schaumlöffel herausheben und wenn das Wasser abgetropft ist, in heißes Fett legen. Zuletzt mit in Milch mit Honig gekochtem Mohn vermischen.

*II.* 10 Hörnchen vom Vortag in Scheiben schneiden, in eine Schüssel geben und mit 0,5 l heißer Milch, die mit Zucker und Vanille verrührt wurde, begießen. 150 g gemahlenen Mohn und 150 g Puderzucker vermischen und darüberstreuen. Sofort servieren.

## Pflaumenknödel

nehmen seit langer Zeit einen hervorragenden Platz in der ungarischen Küche ein. In Wien und in ganz Österreich sowie in Prag und Umgebung, wo die ausgezeichneten und vielfältig zubereiteten Knödel beheimatet sind, kommen heute keine so guten Knödel auf den Tisch, wie sie in Ungarn Ende August und im September serviert werden.

Die Zubereitung der Pflaumenknödel erfordert ganz besondere Sorgfalt, und jeder befindet sich im Irrtum, der meint, daß diese als einfache Knödel bezeichnete Mehlspeise weit davon entfernt sei, als fein bezeichnet werden zu können.

Gewiß gibt es auch Pflaumenknödel, die ihrer Form nach fast an die gewaltigen Kanonenkugeln vergangener Jahrhunderte erinnern, so daß man sich durch einen dicken klebrigen und harten Teigberg durchbeißen muß, um zur Pflaume zu gelangen und dabei natürlich den Appetit verliert.

Nicht von diesen Pflaumenknödeln soll hier die Rede sein, sondern von richtigen, guten, deren Teig dünn, fein, leicht und mürbe ist.

### Zubereitung der Pflaumenknödel

Die in Salzwasser gekochten, gepellten und zerdrückten Kartoffeln werden nach dem Erkalten zuerst mit Eiern und Fett (Gänsefett oder Butter) verrührt, gesalzen und schließlich mit so viel Mehl zusammengeknetet, daß ein zarter, jedoch nicht allzu weicher Teig entsteht. Für 1 kg Kartoffeln rechnet man 1 Ei, ein nußgroßes Stück Fett und 200–250 g Mehl. Den Teig etwa 2 mm dick ausrollen, in Quadrate schneiden und in die Mitte eines jeden Quadrates eine Pflaume legen.

Die Pflaume ist besonders wichtig. Man verwendet große, loskernige, völlig reife sogenannte Bistritzer Pflaumen.

Bekommen wir solche Pflaumen, ist es überflüssig, weitere Versüßungen und Geschmacksverbesserungen vorzunehmen. In diesem Falle erübrigt es sich, an die Stelle der Kerne Zuckerstücke und Zimt zu stecken und die fertigen Knödel mit Zucker zu bestreuen. Die Kerne können – wenn das Obst ohne Wurmschäden ist – in den Knödeln bleiben, weil sie ihre schöne runde Form sichern.

Die gleich groß geformten Knödel in Salzwasser kochen (aber nicht verkochen!), in mit Fett oder Butter gerösteten Semmelbröseln schütteln und pyramidenförmig auf eine Platte gelegt, ohne sonstige Zutaten auftischen.

## Pflaumenknödelspezialität

In einer Schüssel 4 Eier mit 8 mittelgroßen, in Salzwasser gekochten und zerstampften Kartoffeln, 1 gehäuften Eßlöffel Gänsefett oder $1\,^1/_2$ Eßlöffeln Butter, etwas Salz und ca. 170 g Mehl vermischen und den Teig mit dem Kochlöffel gut verarbeiten. Dann mit in Mehl getauchten Händen dünne Vierecke formen, auf jedes eine reife, süße Pflaume legen und Knödel formen. In Salzwasser kochen und in mit Fett gerösteter geriebener Semmel wenden.

## Aprikosenknödel

Zubereitung wie bei Pflaumenknödeln. Statt einer Pflaume eine halbe reife Aprikose in den Knödel legen. An die Stelle des entfernten Kerns ein Stückchen Zucker geben.

## Marmeladenknödel

*I. Aus Hefeteig.* Zu 2 Eiern, 50–60 g Butter, 3 Eßlöffeln Zucker, etwas Salz, 20 g in Milch aufgelöster Hefe, 1 Eßlöffel Rum und abgeriebener Zitronenschale so viel Milch und Mehl geben, daß ein gut knetbarer Teig entsteht. Gehen lassen, danach dünn (in Messerrückenstärke) ausrollen, in Vierecke schneiden, diese mit Pflaumen- eventuell Aprikosenmarmelade belegen, Knödel formen, in Salzwasser kochen und vor dem Servieren in mit Butter gerösteter geriebener Semmel wenden.

*II. Grießklöße mit Pflaumenmus.* In 0,5 l Wasser 120 g Weizengrieß zu einem dicken Brei kochen, vom Herd nehmen, 20 g Butter dazugeben und nach dem Auskühlen 1–2 steifgeschlagene Eiweiß unterrühren. Auf einem mit Wasser angefeuchteten Nudelbrett 1,5 cm dick ausrollen, Quadrate schneiden, diese mit Pflaumenmus belegen und Klöße formen. In wenig Salzwasser kochen, dabei darauf achten, daß die Klöße nicht zerkochen. Wenn sie an die Wasseroberfläche steigen, sofort herausnehmen. In gerösteter geriebener Semmel wenden und servieren.

*III. Grießklöße mit Pflaumenkonfitüre.* In 0,5 l Milch 125 g Grieß kochen. Nach dem Auskühlen mit einem nußgroßen Stück Butter, 3–4 Eiern und so viel geriebener Semmel verrühren, daß sich der Teig gut formen läßt. Zucker und eine Prise Salz dazugeben. In schwach gesalzenem Wasser kochen, in gerösteter geriebener Semmel wenden und mit Pflaumenkonfitüre servieren.

## Apfelknödel

Ca. $^1/_2$ kg kleingeschnittene Äpfel, 50 g geriebene Mandeln, die abgeriebene Schale von $^1/_2$ Zitrone, 2 Eigelb, 1 Ei, 100 g Zucker, 1 Prise Salz, 0,2 l Milch und 50 g zerlassene Butter miteinander verrühren und so viel geriebene Semmel dazugeben, daß eher ein fester als zu weicher Teig entsteht. Daraus Knödel formen und in leicht gesalzenem Zuckerwasser kochen. Die Knödel vor dem Servieren zuckern und mit dicker Weinschaumsoße übergießen.

# *Strudel und Palatschinken*

## *Die Strudelzubereitung*

ist eine der eigenartigsten „Wissenschaften" der ungarischen Küche. Es ist eine besondere Leistung, den Strudelteig so dünn wie Pergamentpapier auszuziehen. Erfahrungsgemäß wird der Teig auch manchmal unter den Händen einer tüchtigen, versierten Hausfrau löchrig wie ein Sieb, während zahlreiche Anfängerinnen gleich bei der ersten Probe erfolgreich sind. Zur Bereitung eines guten Strudelteiges – so scheint es – gehört auch Talent, und es gibt Hausfrauen, die dazu „geboren sind". Man kann nie wissen, wer eine solche verborgene Fähigkeit besitzt! Vielleicht gehören auch Sie zu den Talentierten? Hier ist alles Wissenswerte vermerkt, bitte probieren Sie es . . .

Wer aber nicht experimentieren will, verwendet die zu kaufenden fertigen Strudelteigblätter und muß nicht auf einen guten Strudel verzichten.

Wer auf diese oder jene Weise Strudel bereitet, sollte sich jedoch vor den vielartigen Fehlerquellen hüten. Eine dieser „Todsünden" ist es z. B., daß die zur Füllung verwendeten Kirschen nicht entsteint werden; gar nicht davon zu sprechen, daß mit den Kernen noch anderes in den Kirschen zurückbleibt. Es ist wirklich unangenehm, wenn der ahnungslose Konsument ständig auf harte Steine beißt. Also: weg mit den Kernen, selbst wenn dadurch die Arbeit langwieriger und außerdem anderthalbmal so viel Obst benötigt wird.

Es geschieht oft, daß nur die Hälfte des hauchdünn ausgezogenen Teiges mit Füllung belegt und die andere Hälfte fälschlicherweise leer darübergerollt wird. Das Teigstück auf diese Weise bereitet, ist gar kein Strudel mehr, eher nur ein gefülltes Rohr. Gebacken wird es hart und trocken wie ein Stück Holz. Richtiger Strudel muß blättrig und, obwohl braun und knusprig, saftig sein, auf keinen Fall aber hart. Lieber sollte man weniger Strudel bereiten, dafür aber Qualitätsware!

Erfreulicherweise wissen die meisten Hausfrauen, daß der Strudelteig mit zerlassenem Fett bespritzt und danach mit geriebener

Semmel bestreut werden muß, um die überflüssige Feuchtigkeit des Obstes aufzusaugen. Den Kirschgeschmack kann man eventuell noch mit kleingehackten Mandeln verbessern (auch eine Messerspitze Zimt kann nicht schaden), und schließlich wird der Teig reichlich belegt. Puderzucker soll erst zuletzt zum Süßen der Füllung (Obst) darübergestreut werden. Doch ist es überflüssig, sogar sehr nachteilig, wenn der Strudel zu süßlich wird. Er wird dann auf ein gefettetes Backblech gelegt, bei mäßiger Hitze schön knusprig braun gebacken und noch warm serviert.

## *Die Zubereitung des Strudelteiges*

Aus 600 g Mehl (das sowohl Grießmehl als auch glattes Mehl sein kann) 1 Ei, 1 Eßlöffel Essig, 40–50 g zerlassenem lauwarmem Fett und so viel lauwarmem Salzwasser (etwa 0,3 l), daß der Teig weder zu hart noch zu weich wird, einen Teig kneten. Den anfänglich sehr klebrigen Teig so lange bearbeiten, schlagen und kneten, bis er weder an der Hand noch am Brett haftenbleibt. Nun zwei Laibe daraus formen, mit Mehl bestreuen, auf ein Brett legen, mit einer erhitzten trockenen Kasserolle zudekken und 15 Minuten so liegenlassen. (An heißen Sommertagen ist das Abdecken überflüssig.)

Danach auf dem Tisch ein mehlbestreutes Tuch ausbreiten, einen Laib darauflegen und oben etwas fetten. Den Teig zuerst mit dem Nudelholz etwas ausrollen, dann aber vorsichtig und langsam – damit er keine Löcher bekommt – mit dem darunterliegenden Handrücken ganz dünn ausziehen. Den vom Tisch herunterhängenden dicken Rand vorsichtig abtrennen und beiseite legen. Den ausgezogenen Strudelteig etwas trocknen lassen, mit etwas zerlassenem Fett (oder Öl) besprengen. Wird als Füllung ein saftiges Obst (Äpfel oder Kirschen) verwandt, über die mit Fett beträufelten Strudelteigblätter eine dünne Schicht geriebene Semmel streuen, die die überflüssige Feuchtigkeit des Obstes aufsaugt und die Durchnässung des hauchdünnen Teiges verhindert. Die ganze Fläche mit der Füllung belegen. Den Strudel zusammenrollen, mit Ei bestreichen, auf ein gefettetes Kuchenblech geben und in der Röhre schön rotbraun backen. Mit dem zweiten Laib genauso verfahren. (Der gesamte Fettbedarf bei dieser Strudelmenge beträgt etwa 250 g.)

## *Verwendung der Strudelteigblätter*

Ein sauberes Küchentuch oder eine Serviette ins Wasser tauchen, kräftig auswringen und glattgestrichen auf einer ebenen Tischplatte oder einem Nudelbrett ausbreiten. Darauf das erste Strudelblatt legen, gleichmäßig mit zerlassenem, doch nicht

heißem Fett (Öl) besprengen, dann das zweite Strudelblatt vorsichtig daraufgeben und ebenfalls mit zerlassenem Fett (Öl) besprengen. Nun die ganze Fläche des Teiges mit der gewünschten Füllung bedecken. Wird die Füllung aus sehr feuchtem Obst zubereitet (z. B. Äpfel oder Kirschen), werden beide Strudelteigblätter nach dem Bespritzen mit Fett sowie die Oberfläche der Füllung leicht mit geriebener Semmel bestreut. Mit Hilfe des Tuches den Teig nicht zu fest zusammenrollen.
(Säuerliche Obstfüllungen können statt mit geriebener Semmel mit Kristallzucker bestreut werden.) Den zusammengerollten Strudel auf ein gefettetes Backblech legen, mit Fett bestreichen und in der vorgewärmten Backröhre bei mittlerer Hitze schön hellbraun backen.

## Süsse Strudelfüllungen

(Salzige Strudelfüllungen werden im Kapitel „Eintopfgerichte" beschrieben.)

*I. Für Kirsch- oder Apfelstrudel.* Beide Füllungen eventuell außer mit geriebener Semmel auch mit zerhackten oder geriebenen Mandeln oder Nüssen bestreuen. Bei Kirschfüllung etwas Zimt und nach Belieben Puderzucker, bei den geriebenen Äpfeln Zucker und eventuell Rosinen zugeben. Vor dem Belegen mit der Füllung – besonders bei feuchtem Obst – die ausgebreiteten Strudelteigblätter etwas trocknen lassen.
*II. Für Quarkstrudel.* Den passierten Quark mit 2–3 Eigelb, dem steifgeschlagenen Eiweiß, 1–2 Eßlöffeln saurer Sahne und etwas Salz verrühren. Nach Geschmack zuckern. Die Füllung auf den Strudelteig geben und noch 1–2 Eßlöffel saure Sahne darüberspritzen.
*III. Für Mohn- oder Nußstrudel.* Den gemahlenen Mohn oder die gemahlenen Nüsse mit etwas abgeriebener Zitronenschale in Zuckerwasser oder gezuckerter Milch kochen. Rosinen dazugeben und auf den Teig streichen.

## Kartoffelcreme

4 Eigelb, 4 Eßlöffel gekochte und zerdrückte Kartoffeln, 4 Eßlöffel Puderzucker, 2 Eßlöffel saure Sahne, 3 Eßlöffel geriebene Mandeln oder Nüsse und den Schnee von 2 Eiern eine halbe Stunde lang rühren und zu einer glatten Creme schlagen.

## Strudelspezialitäten

*I. Schokoladenstrudel.* In 0,3–0,4 l Milch 50 g geriebene Schokolade kochen. 2–3 Eßlöffel feines Mehl mit etwas Milch glattrühren und die heiße Schokolade vorsichtig dazugießen, dabei ständig rühren, damit sich keine Klümpchen bilden. Alles noch einmal aufkochen und dann auskühlen lassen. 40–50 g geschälte und gemahlene Mandeln, ebensoviel Zucker (oder je nach Geschmack mehr oder weniger Zucker), 3 Eigelb sowie den Eischnee darunterrühren und schließlich die erkaltete Schokolade dazugeben. Mit dieser Masse den Strudel füllen.

*II. In Milch gebackener Strudel mit Aprikosenmarmelade.* Auf den dünn ausgerollten Strudelteig folgende Füllung geben: 4 Eigelb mit 100 g Zucker, 150 g Aprikosenmarmelade, etwas abgeriebener Zitronenschale und dem Eischnee von 3 Eiweiß verrühren. Den Strudel wie gewohnt zusammenrollen, auf ein gefettetes Backblech legen und so viel Milch dazugießen, daß der Strudel zur Hälfte in der Milch liegt. Die Teigoberfläche mit Eigelb bestreichen und so lange in der Backröhre backen, bis die Milch verdunstet und der Strudel schön goldbraun ist.

*III. In Milch gebackener Strudel mit Nußfüllung.* 100 g Butter mit 150 g Zucker glattrühren, einzeln 4 Eigelb, 150 g gemahlene Nüsse, den Saft und die abgeriebene Schale von ½ Zitrone sowie den Eischnee hinzufügen. Diese Füllung auf den zubereiteten, ausgerollten Strudelteig oder die fertigen Strudelteigblätter geben, auf ein gefettetes Backblech legen und in der Backröhre halbfertig backen, dann mit 0,2 l heißer süßer Sahne oder Milch begießen und fertigbacken.

*IV. Auf Soproner Art, mit Mandeln.* Aus 350 g Mehl, 2 Kaffeelöffel Zucker, etwas Salz, 1 Eßlöffel Fett und etwas lauwarmem Salzwasser einen Strudelteig kneten. Den ausgezogenen Teig dünn mit Johannisbeer- oder Himbeermarmelade bestreichen und ihn mit folgender Masse füllen: 6 Eigelb mit 6 Eßlöffeln Zucker glattrühren, 150 g gemahlene Mandeln (oder Nüsse) und den Eischnee dazugeben. Reichlich mit Fett oder Butter beträufeln, zusammenrollen und auf ein größeres Kuchenblech legen, denn während des Backens geht der Strudel auseinander. Mit Weinschaumsoße servieren.

*V. Auf Tiroler Art.* Aus 250 g Mehl und Butter einen Mürbeteig bereiten. Den Schnee von 6 Eiern mit den 6 Eigelb, 200 g Zucker, 200 g geriebenen Mandeln (oder auch Nüssen), 100 g kleingeschnittenem Zitronat und 100 g Rosinen vermischen. Diese Masse auf den ½ cm dick ausgerollten Teig streichen, den Strudel zusammenrollen, mit Ei bestreichen, in der heißen Röhre backen und dann in dünne Scheiben schneiden.

*VI. Auf Kaiser Art.* Den dünn ausgezogenen Strudelteig mit folgender Mischung füllen. In 170 g schaumig gerührte Butter 8 mit 0,2 l saurer Sahne verrührte Eigelb, 2 Eßlöffel Mehl, 6 Eßlöffel Zucker, ein wenig Vanille und schließlich den Eierschnee geben. Bevor die Füllung auf den Teig gestrichen wird, ihn reichlich mit Rosinen, Zitronat und zerkleinerten Mandeln bestreuen, den zusammengerollten Strudel in einen bis zu 4 cm mit heißer Milch gefüllten Topf legen. In der heißen Röhre goldbraun backen. Mit Vanillezucker bestreuen und mit einer süßen Milchschaumsoße oder Schokoladensoße servieren.

## Palatschinkenteig (Eierkuchen)

350 g feines Mehl mit 2 Eiern oder nur mit dem Eigelb vermengen und nach und nach so viel Flüssigkeit dazugeben, daß der Teig flüssig, jedoch weder zu dick noch zu dünn wird. Als Flüssigkeit Milch (in diesem Falle werden die Eierkuchen am dicksten sein) oder zur Hälfte Milch, zur Hälfte Sodawasser oder nur Sodawasser (Selterswasser) verwenden, damit kann der dünnste Teig gebacken werden. Schließlich noch den Eierschnee und etwas Salz in den Teig rühren. Will man wenig Fett verwenden, die Pfanne dünn mit Fett ausstreichen, sonst zum Backen einer Palatschinke jeweils einen Mokkalöffel Fett oder Öl nehmen (bzw. zerlassen). Einen Milchschöpflöffel Teig in die Pfanne gießen, so daß der Pfannenboden dünn bedeckt ist, und bei starker Hitze backen. Wenn die untere Seite gebacken ist, die Palatschinke mit einem Messer schnell wenden und die andere Seite kurz backen. Auf diese Weise den gesamten Teig zu Palatschinken verarbeiten. Die Palatschinken füllen, zusammenrollen und entweder sofort servieren oder in einer mit Butter ausgestrichenen feuerfesten Schüssel – mit saurer Sahne übergossen – in der Röhre knusprig backen.

## Füllungen für süsse Palatschinken

*I. Marmelade.* Die Palatschinken mit einer beliebigen Marmelade oder Konfitüre (Aprikosen-, Erdbeer-, Orangenmarmelade usw.) füllen oder mit leicht gesüßtem Zitronensaft bepinseln.

*II. Süßer oder Dillquark.* 400 g passierten Quark mit 3 Eigelb, dem Eischnee, 100 g Puderzucker und einigen Rosinen verrühren .Bei Dillquark ganze Eier, statt Zucker Salz und nach Geschmack kleingeschnittenen Dill nehmen. Den Palatschinkenteig im letzteren Fall auch etwas kräftiger salzen. Die gefüllten Palatschinken schichtweise in einer feuerfesten Form backen. Bei Verwendung der süßen Füllung jede Schicht gut mit saurer Sahne begießen.

*III. Kakaopulver.* Die Palatschinken können auch mit einer Mischung aus Kakaopulver und Puderzucker gefüllt werden.
*IV. Nüsse oder Mohn.* 250 g Nüsse oder 200 g gemahlenen Mohn mit so viel heißer Milch oder süßer Sahne verrühren, daß nach Zugabe des Zuckers und kurzem Kochen eine breiartige Masse entsteht.
*V. Nußcreme.* 250 g gemahlene Nüsse und ebensoviel Zucker in Milch kochen, dann noch mit Rosinen, etwas Vanille, Rum oder Zitronenschale verfeinern.
*VI. Schokoladen- oder Vanillecreme.* 8 Eigelb mit 2 Kaffeelöffeln Mehl und 0,3 l Milch oder süßer Sahne verrühren. Bei Zubereitung der Schokoladencreme 50 g geriebene Schokolade hinzufügen, bei Vanillecreme nach Geschmack Vanille. Alles zu einer dicken Creme kochen, die Palatschinken damit füllen und mit dem Rest die Eierkuchen vor dem Anrichten übergießen.

## Palatschinkenspezialitäten

*I. Flambierte.* Mit Nüssen oder Nußcreme gefüllte Palatschinken übereinanderschichten, mit einer mit Rum vermischten Schokoladencreme überziehen, dann mit einem starken Kognak übergießen und beim Servieren anzünden.
*II. Geschichtet.* Die Palatschinken in eine Tortenform oder in eine feuerfeste Schüssel legen und jede Schicht mit einer anderen Füllung bestreichen (süßer Quark, Aprikosenmarmelade, Nuß- oder Schokoladencreme usw.). Obenauf eine Palatschinke legen. Das Ganze mit gezuckerter Milch oder süßer Sahne übergießen, mit Butterflöckchen belegen und in der Röhre schön braun backen.
*III. Mit Äpfeln.* Einen gewöhnlichen Palatschinkenteig zubereiten. Das Doppelte der sonst üblichen Teigmenge in das heiße Fett (Butter) geben, 8–10 in Butter gedünstete Apfelscheiben ganz leicht hineindrücken und noch 1 Eßlöffel Teig darübergeben. Die Palatschinken wie gewohnt backen. Pro Person 1–2 Palatschinken auf diese Weise zubereiten.
*IV. Gleitpalatschinken.* 50 g Butter und 5 Eigelb schaumig rühren und mit 50 g Zucker, 50 g Mehl, 0,3 l Milch und schließlich dem Schnee der 5 Eier vermischen. In eine reichlich gefettete heiße Stielpfanne eine fingerdicke Schicht gießen und so backen, daß die Oberfläche fast flüssig bleibt, dann auf eine Platte gleiten lassen und mit Vanillezucker und geriebener Zitronenschale bestreuen. Diesen Vorgang fünfmal wiederholen. Die obenauf liegende letzte Palatschinke nicht bestreuen. Die übereinanderliegenden Palatschinken in der heißen Röhre einige Minuten lang rösten. Beim Anrichten wie eine Torte aufschneiden.

*V. Auf bayrische Art.* 100 g Butter mit 8 Eigelb glattrühren. Löffelweise und abwechselnd 0,3 l Milch und 250 g Mehl dazugeben, zuletzt noch 3 Eßlöffel Vanillezucker und den Eierschnee der 8 Eier. In der mit Butter ausgestrichenen Pfanne daraus 4 Palatschinken backen, diese mit Aprikosenmarmelade bestreichen, übereinanderschichten, die oberste mit Butter bestreichen und mit Zucker bestreuen und das Ganze in der Backröhre einige Minuten backen.

*VI. Auf französische Art.* Dünne Palatschinken backen. Dann 3 Eigelb mit 3 Eßlöffeln Puderzucker, 100 g gemahlenen Mandeln, abgeriebener Zitronenschale, etwas Zitronat und dem Eierschnee der 3 Eier verrühren. Eine Palatschinke in eine mit Butter ausgestrichene Tortenform legen, mit der Füllung bestreichen, darauf wieder eine Palatschinke legen, ebenfalls bestreichen und so weiterschichten. Die letzte Palatschinke mit saurer Sahne bestreichen und das Ganze in der Backröhre goldbraun backen. Auf eine Platte stürzen und mit Zucker bestreut auftragen.

*VII. Rose.* 10–12 etwas dickere Palatschinken backen. In eine flache, feuerfeste Form 6–8 starke, weiße Zwirnsfäden über Kreuz legen, darauf eine Palatschinke geben und diese mit gemahlenen Mandeln (Haselnüssen oder Walnüssen), Rosinen und mit geriebener Zitronenschale vermischtem Puderzucker bestreuen. Darauf die zweite Palatschinke legen, die mit Aprikosen-, Erdbeer- oder eventuell Hagebuttenmarmelade bestrichen wird. Bis zur letzten Palatschinke so weiterschichten. Danach die Zwirnsfäden über den Palatschinken so fest zusammenbinden, daß eine rosenähnliche Form entsteht. Bis zu einem Drittel der Höhe zerlassene Butter in die Form gießen und das Ganze auf offener Flamme gelb backen. Vor dem Servieren die Palatschinkenrose mit Zucker bestreuen. Dazu Wein- oder Milchschaumsoße reichen.

## *Heidelbeerröllchen*

Palatschinkenteig zubereiten, dabei das Eiweiß als Eierschnee hineinrühren. (Davon wird der Teig besonders leicht.) Nicht zu dünne Palatschinken backen und mit Heidelbeerkompott bestreichen, zusammenrollen und mit einem scharfen Messer in gleich große Scheiben schneiden, diese in feingeriebener Semmel wenden und in heißer Butter schnell backen. Mit Zucker bestreut warm servieren. Für den Belag können ebenso Johannisbeeren, Preiselbeeren, Himbeeren oder Erdbeeren verwendet werden. Je nach Jahreszeit können die Palatschinken auch statt mit Kompott mit frischem Obst, das entsprechend gezuckert wird, belegt werden. Eine Ausnahme bilden die Preiselbeeren, die nur gekocht verwendet werden können.

## Obst im Schlafrock (im Eierkuchenteig)

*I. Äpfel.* Große säuerliche Äpfel schälen und in runde Scheiben schneiden. Das Kerngehäuse entfernen. Die Scheiben dann in Kirschsaft oder in Likör wenden, mit Zucker bestreuen, in einen Eierkuchenteig tauchen und schließlich in heißem Fett hellbraun backen. Warm, mit Vanillezucker bestreut, servieren.
*II. Aprikosen.* Große, reife Aprikosen oder Pfirsiche schälen, teilen und entsteinen, mit Puderzucker bestreuen und eine Weile stehenlassen. Inzwischen aus 5 Eßlöffeln Mehl, heißem Weißwein und Zucker nach Geschmack einen dünnen Palatschinkenteig bereiten. Ein nußgroßes Stück Butter zerlassen und den Schnee von 3 Eiern dazugeben. Die Aprikosenhälften einzeln auf eine Gabel stechen, in den Teig tauchen und in heißem Fett backen. Mit Puderzucker bestreut servieren.
*III. Apfelsinenscheiben.* Die geschälten Apfelsinen in Scheiben schneiden oder zerlegen, in mit Rum vermengten Sirup etwas dünsten, dann in dünnen Palatschinkenteig tauchen, in heißem Fett backen und in Vanillezucker wälzen. In der heißen Backröhre noch kurz rösten lassen. Dazu Schokoladensoße reichen.

# Pfannkuchen, Fettgebäck, Schmarren

## Faschingspfannkuchen

sollen stets goldgelb und leicht sein wie Schaum und außerdem so mürbe, daß sie im Munde zergehen. Sie sollen immer heiß serviert werden.
Die Gäste sollen bereits am Tisch sitzen, wenn wir mit dem Backen beginnen. Sobald eine kleinere Menge fertig ist, soll man sofort servieren, das Backen aber nicht einstellen. Gewiß wird bald eine neue Lieferung erwartet. Müssen die Pfannkuchen durch ein kühles Vorzimmer getragen werden, so empfiehlt es sich, sie mit einer weißen Damastserviette zu bedecken, denn dieses feine Fettgebäck ist gegen Kälte sehr empfindlich, sowohl in gebackener als auch in noch nicht gebackener Form. Sogar das Mehl soll man erwärmen, den Hefeteig vor Kälte schützen und die ausgestochenen Teigstücke ebenfalls warm halten, damit sie keine Zugluft bekommen. Schließlich muß das beste und sehr reichlich bemessene Fett, in dem die Pfannkuchen an der Oberfläche schwimmen müssen, sehr heiß zur Verwendung bereitstehen.

Die Bereitung eines guten Pfannkuchens erfordert viel Geschicklichkeit; wer sich das nicht zutraut, soll es lieber unterlassen, sonst wird es nur ein schlechter Fastnachtskräppel.
Ich muß gestehen, daß mir Pfannkuchen, nur mit der Hand abgezupft und gleich in den Mund gesteckt, am besten schmecken. Mit einer kleinen Gabel läßt sich der Pfannkuchen ganz gut zerkleinern. Man kann auch den Messerrücken verwenden, soll aber das Gebäck nicht schneiden, sondern reißen.
Die Geschichte des Faschingspfannkuchens ist außerdem recht lustig und ruft Karnevalserinnerungen wach. Der einfache Pfannkuchen, der Beignet, ist ein beliebtes Erzeugnis der Pariser Lebküchler. Besonders erfolgreich war er auf einem Pariser Ball. Die verkleidete Marie-Antoinette wurde auf ihn aufmerksam, kostete ihn und kaufte den ganzen Korb des Lebküchlers. Sie ließ sich auch das Rezept verraten, überbrachte es ihrem Konditor – und aus dem „fürstlichen“ Bissen wurde ein Festgericht des französischen Königshofes . . .

## Pfannkuchen

*I. Faschingspfannkuchen.* 500 g Strudelmehl einige Stunden an einen warmen Platz stellen, dann mit 6 Eigelb, 60 g zerlassener Butter, 50 g Puderzucker, 0,4 l Milch, 1 Eßlöffel Rum, 20 g in gezuckerter, lauwarmer Milch aufgelöster Hefe und einer Prise Salz vermischen. Den Teig mit einem Kochlöffel gründlich verrühren, dann mit einer Pfanne zugedeckt 35–40 Minuten lang stehenlassen, bis er gut aufgegangen ist. Danach auf einem mehlbestreuten Brett fingerdick ausrollen, und die Pfannkuchen mit der Form ausstechen. Mit einem Tuch zugedeckt weiter aufgehen lassen, bis sie etwa doppelt so dick sind, dann in siedendem, aber nicht rauchendem Fett zunächst zugedeckt backen, bis die eine Seite goldgelb ist. Die Pfannkuchen wenden und ohne Deckel weiterbacken bis auch die andere Seite goldgelb ist. Das Fett soll so reichlich sein, daß die Pfannkuchen darin frei schwimmen können. Nicht zu viele auf einmal ins Fett geben. Die gebackenen Pfannkuchen mit einem Schaumlöffel aus dem Fett heben, auf eine Platte legen und mit Puderzucker bestreuen. Beim Servieren etwas verdünnte und erwärmte Aprikosen-, Johannisbeer- oder Himbeermarmelade dazugeben. Darauf achten, daß der Teig während der Zubereitung und des Aufgehens keinem Luftzug ausgesetzt ist.
*II. Kartoffelpfannkuchen.* Aus 500 g geriebenen rohen Kartoffeln 250 g Mehl und 20 g in lauwarmer Milch aufgelöster Hefe einen Teig zubereiten und zugedeckt an einem warmen Ort gehen lassen. Dann 30 g Butter, 3 Eier, etwas Salz und so viel Milch

dazugeben, daß ein leichter Teig entsteht. Diesen wieder ½ Stunde ruhenlassen und danach löffelweise in reichlich heißes Fett geben und gelb backen.

*III. Späne.* Aus 300 g Mehl, 6 Eigelb, einer Prise Salz, 1 Kaffeelöffel Zucker und 1½ Eßlöffeln Rum einen festen Teig – ähnlich dem Strudelteig – rühren und dabei nach Bedarf Mehl dazugeben. Den gut gekneteten Teig 20–35 Minuten lang stehenlassen. Dann messerdünn ausrollen und mit dem Küchenrad in vier Finger breite und fünf bis sechs Finger lange Vierecke schneiden. Die Vierecke in der Mitte zweimal einschneiden und in reichlichem, heißem Fett schön gelb backen. Das Fett abtropfen lassen. Die Späne auf einer Platte warm und mit Vanillezucker bestreut servieren.

*IV. Falsche Späne.* Einen gewöhnlichen Teig ohne Eier, aber mit einer Prise Salz und etwas Zucker bereiten, messerrückendick ausrollen und mit dem Küchenrädchen zwei bis drei Finger breite und vier bis fünf Finger lange Vierecke ausschneiden. In der Mitte je zweimal einschneiden. In heißem Fett goldgelb backen und noch warm mit Vanillezucker bestreuen. Eine vorzügliche Mehlspeise, die je nach Geschmack mit oder auch ohne Marmelade angerichtet werden kann.

*V. Dalken.* Aus 250–300 g Mehl, 4 Eigelb, 20 g in lauwarmer Milch aufgelöster Hefe, 2 Eßlöffeln Zucker, etwas Salz und genügend Milch einen lockeren Teig rühren und gut bearbeiten. Wenn er glatt ist, den Schnee der 4 Eier dazugeben und weiterkneten. An einem warmen Platz aufgehen lassen, dann mit der Pfannkuchenform Scheiben ausstechen und in der Dalkenpfanne oder in einer Kasserolle in heißem Fett backen. Als Zutat kann irgendeine Marmelade serviert werden.

*VI. Dalken.* Aus 450 g Mehl, 25 g in Milch aufgelöster Hefe, 40–50 g Fett, 2 Eigelb, und 1 Ei, etwas Zucker und Salz sowie ca. 0,4 l Milch einen Teig zubereiten, gut durcharbeiten und an einem warmen Ort gehen lassen. Dalken ausstechen und wie gewohnt, in der Dalkenpfanne backen. Je 2 Dalken können mit Marmelade zusammengeklebt werden.

*VII. Mit Quark.* 50 g Butter oder Fett mit 2 Eiern und 2 Eigelb glattrühren. Dann 250 g passierten Quark, 30 g Zucker, 1 Prise Salz, 0,5 l Milch, den Eischnee von 2 Eiern und zuletzt so viel feine geriebene Semmel und Mehl dazugeben, daß ein etwas festerer Teig entsteht als der Schmarrenteig. Auf gewohnte Weise dalkenähnliche Pfannkuchen backen und jeweils mit einer beliebigen Marmelade zusammenkleben.

*VIII. Mit saurer Sahne.* 8 Eigelb mit 0,4 l saurer Sahne verquirlen und unter ständigem Rühren erwärmen. 20 g Hefe mit etwas

Milch und Mehl ansetzen, gehen lassen und danach 50 g Mehl, 1 Prise Salz, etwas Zucker und 0,2 l lauwarme Milch dazugeben. Diesen Teig mit der lauwarmen Mischung aus Eigelb und saurer Sahne durchkneten, bis er glatt ist. Den fertigen Teig gehen lassen, ausrollen und mit der Pogatschenform Plätzchen ausstechen. Diese nochmals gehen lassen und in reichlichem, heißem Fett backen.

## *Teufelspillen*

250 g Mehl, 1 Eßlöffel Zucker, 3 Eigelb, etwas Salz und 0,2 l Milch, in der 10 g Hefe aufgelöst wurden, vermengen. Den Teig in einer Schüssel mit einem Kochlöffel so lange bearbeiten, bis er Blasen bildet. Dann den Schnee der 3 Eier dazugeben und weiterhin gründlich verrühren. Eine halbe Stunde an einem warmen Platz ruhenlassen, dann auf das reichlich mit Mehl bestreute Brett legen. (Der Teig soll weich sein, damit die Mehlspeise wirklich leicht und locker wird.) Mit einer kleinen runden Form die Pillen ausstechen, dabei den Teig ständig mit Mehl bestäuben und nochmals eine halbe Stunde stehenlassen. Die kleinen Pfannkuchen in reichlichem, siedendem Fett backen und noch heiß in einer Mischung aus Puderzucker und geriebener Schokolade oder Schokoladenstreuseln wälzen. Sehr wichtig bei der Zubereitung ist, daß alles sehr schnell geht, sowohl beim Formen als auch beim Backen.

## *Gebackene „Mäuse" mit Schokoladensosse*

Faschingspfannkuchenteig bereiten, kräftig mit einem Kochlöffel verrühren und dann stehenlassen, bis er aufgeht. Den Teig auf einem mit Mehl bestreuten Brett daumendick ausrollen und nochmals aufgehen lassen. Danach mit einem Kaffee- oder Eßlöffel kleine Stücke abstechen, in heißes Fett geben und auf beiden Seiten wie Pfannkuchen backen. Das Gebäck mit Schokoladensoße anrichten oder jedes „Mäuschen" in geriebener Schokolade wälzen.

## *Crema pasticcea (Italienische Mehlspeise)*

170 g Mehl, 120 g Butter, 180 g Puderzucker, 1 Prise Zimt und 1 l Milch so lange auf dem Herd verrühren, bis sich der Teig von Löffel und Topfwand löst. Dann 2 Eigelb unterziehen, auf ein Brett oder in eine längliche Porzellanschüssel streichen und kalt stellen. Ausgekühlt mit einer Pfannkuchenform ausstechen, in Mehl, Ei und geriebener Semmel panieren und in heißem Fett oder Butter gelb backen. Vor dem Servieren noch mit Zucker und Zimt bestreuen.

## Kastanienpogatschen

Die Edelkastanien wie gewohnt kochen, Schale und Haut abziehen und in gezuckerter Milch weich kochen. Dann passieren, am Herdrand gut austrocknen lassen und mit Butter und Eigelb verrühren. Ausgekühlt in gleich große Pogatschen formen, in Ei und geriebener Semmel wälzen und in heißem Fett oder Butter backen. Dazu Milchschaumsoße reichen.

## Panierte Vanillepogatschen

Eine entsprechende Menge Mehl und Milch nach Geschmack zuckern und mit etwas Vanille zu einem dicken Brei kochen. Auskühlen lassen, auf ein mit Zucker bestreutes Brett geben, mit den Händen glätten und mit Butter bestreichen. Dann mit der Pfannkuchenform ausstechen, in Ei und geriebener Semmel wälzen und in reichlichem Fett oder Butter backen. In die Mitte jeder Pogatsche 1 eingekochte Süß- oder Sauerkirsche oder Erdbeere geben. Das Gebäck wird mit Milchschaumsoße oder einer anderen süßen Soße angerichtet.

## Reispogatschen

200 g Reis in Milch kochen, nach Geschmack zuckern, auskühlen lassen, dann 3–4 Eigelb hineinrühren und auf ein mit Mehl bestreutes Nudelbrett geben. Mittelgroße Pogatschen ausstechen, in Ei und geriebener Semmel wälzen und in heißem Fett backen. Mit einer in der Mitte aufgesetzten, entkernten Süß- oder Sauerkirsche servieren.

## „Negerkrapfen-Klösse"

750 g Mehl vorsichtig und langsam mit 0,5 l abgekochtem Vanillenwasser glattrühren und dabei noch 1 Prise Salz, 1 Eßlöffel Zucker und 50 g Butter dazugeben. Auf dem Herd so lange rühren, bis sich der Teig von Löffel und Topfwand löst. Vom Herd nehmen und weiterrühren, bis die Masse etwas auskühlt. Dann einzeln 3 Eier, 6 Eigelb und den gezuckerten Eierschnee von 3 Eiweiß unterrühren. Aus diesem Teig kleine Klöße formen und zugedeckt in heißem Fett rotbraun backen. Noch heiß in Schokoladenstreuseln oder geriebener Schokolade wälzen und mit einer Schokoladensoße auftragen.

## Reisklösse

*I. Mit Milchschaumsoße.* 250 g Reis in 1 l Milch zu dickem Brei kochen, nach Geschmack zuckern und mit geriebener Zitronen- oder Apfelsinenschale würzen. Nach dem Auskühlen auf einem gut mit Butter eingefetteten Nudelbrett kleine Klöße formen, in Ei und geriebener Semmel panieren und in heißer Butter oder Fett backen. Dazu Milchschaumsoße mit Vanille reichen.

*II. Mit Marmelade.* Ziemlich dicken Milchreis kochen, auf ein mit Zucker bestreutes Nudelbrett schütten, glattstreichen und mit der Pogatschenform ausstechen. In die Mitte jeder Scheibe ein bißchen Aprikosen-, Himbeer- oder Johannisbeermarmelade geben, Klöße formen, in Ei und geriebener Semmel wälzen und in heißem Fett rasch backen.

*III. Mit Obst.* 200 g Reis in Milch kochen, nach Geschmack zuckern, 3 Eigelb und den Eierschnee dazugeben. Mit in Mehl getauchten Händen Klöße formen, jeweils 1 Pflaume oder Aprikose hineingeben. (Je nach Jahreszeit kann auch anderes Obst verwendet werden.) Kerne bzw. Steine vorher entfernen. Die Klöße in Ei und geriebener Semmel panieren und in heißem Fett backen. Mit Zucker bestreut servieren.

## „Quarkwürste"

4 Eßlöffel frischen, trockenen Quark mit 3 Eßlöffeln guter saurer Sahne, 1 Ei, abgeriebener Zitronenschale und so viel Mehl verrühren, daß ein fester Teig entsteht. 10 g in Milch aufgelöste Hefe sowie 50 g Rosinen dazugeben und mit in Mehl getauchten Händen kleine Rollen (Kroketten) formen. Auf einem Brett aufgehen lassen, dann in heißem Fett backen und mit Zucker bestreut auftragen.

## Panierte, gebackene süsse Semmeln

*I. Mit Vanille und Marmelade.* Pro Person 1 Semmel in ca. vier Scheiben schneiden, in Vanillemilch tauchen und etwas ruhenlassen, dann in heißem Fett backen. Je 2 Scheiben mit Aprikosen- oder einer anderen Marmelade zusammenkleben und mit Zucker bestreut servieren.

*II. Mit Rotwein.* 4–5 Semmeln so in dünne Scheiben schneiden, daß je 2 Scheiben aneinanderhängen. In Butter goldgelb backen und auf eine Platte legen. 0,25 l warmen (doch nicht aufgekochten) Rotwein, in den vorher 1–2 Gewürznelken, Zimt und nach Geschmack Zucker gegeben wurden, durch ein Sieb auf die Semmelscheiben gießen. Die geweichten, mit Aprikosenmarmelade belegten Semmelscheiben in Pyramidenform in eine mit Butter ausgestrichene feuerfeste Form schichten. Aus 5 Eiweiß und 150 g Zucker einen sehr steifen Schnee schlagen, damit die Pyramide bestreichen und so lange in der Backröhre trocknen lassen, bis der Eierschnee zu bräunen beginnt.

## „Betrunkener Mönch"

Dünn geschnittene Semmelscheiben kurz in Wein tunken, je 2 mit Aprikosen-, oder Himbeermarmelade bestreichen und zusammenkleben, in Ei und geriebener Semmel panieren und in heißem Fett oder Butter rasch backen. Vor dem Servieren zuckern. Es können auch kleine Hörnchen verwendet werden, deren äußere Rinde abgerieben und vom Teig etwas herausgebröselt wird. Sonst werden sie so zubereitet wie die Semmelscheiben.

## Gebackene Creme

Aus 6 Eiern, 120 g Zucker, 30 g Mehl, etwas abgeriebener Apfelsinenschale und 1 l Milch im Wasserbad eine dicke Creme kochen. In eine mit Wasser ausgespülte (viereckige) Form gießen und nach dem Auskühlen in Würfel schneiden. Jedes Stück in Ei und geriebener Semmel wenden, in heißer Butter backen und mit Vanillezucker bestreut servieren.

## Gebackene Matzeklösse

Kleingestoßene Matze mit Eiern und Zucker vermengen. Aus dem Gemisch kleine Klöße formen und diese in heißem Gänsefett backen.

## Schmarren

*I. Grießschmarren.* 150 g Grieß mit 0,6 l süßer Sahne oder Milch übergießen. Die Masse 1 1/2 bis 2 Stunden lang ruhenlassen, dann einzeln nacheinander 5–6 Eigelb, eine Prise Salz und den Schnee der Eier hineinrühren. In einer Kasserolle 100–120 g Butter oder Fett auslassen, den Teig in das siedende Fett geben und unter ständigem Rühren backen, bis sich der Brei als Kloß von der Pfannenwand löst. Dann den Teig in einer Pfanne in die Röhre geben und goldbraun backen. Dabei öfter mit einer Gabel rühren und zerkleinern. Den fertigen Schmarren gut zuckern und mit Rosinen vermengt servieren.

*II. Kaiserschmarren.* 0,3 l Milch mit 6 Eigelb, 120 g Mehl, einer Prise Salz und dem Schnee der 6 Eier gründlich verrühren. Die Masse auf einem reichlich mit Fett ausgestrichenen Backblech backen. Den fertigen Schmarren mit der Gabel in beliebig große Stücke teilen, zuckern und mit 100 g Rosine vermischen.

*III. Kaiserschmarren-Spezialität.* 140 g Butter glattrühren, etwas Salz und die ganz klein geschnittene Schale 1/2 Zitrone dazugeben. Dann vorsichtig 6 Eigelb, 120 g Zucker, eventuell 100 g geriebene Mandeln, 150 g Mehl und 0,25 l Milch unterrühren. In einer Pfanne 50–60 g Butter zergehen lassen, den Teig dazugießen und 3/4 Stunde backen. Mit der Gabel nach Belieben zerkleinern und mit Zucker bestreut servieren.

*IV. Ischler-Schmarren.* 250 g Mehl mit 0,5 l roher Milch und 6 Eigelb glattrühren, 90 g zerlassene Butter, 100 g geriebene Mandeln und den Schnee der 6 Eiweiß dazugeben. In eine mit Butter ausgestrichene Pfanne geben und auf gewohnte Weise Schmarren backen.

*V. Reisschmarren.* Aus 200–250 g Reis einen Milchreis bereiten. Dann 4–6 Eigelb, den Schnee dieser Eier und 50 g Rosinen hineinrühren und das Ganze in heißem Fett oder heißer Butter ebenso zubereiten wie andere Arten von Schmarren.

*VI. Quarkschmarren.* 500 g passierten Quark mit 4 Eigelb und so viel saurer Sahne verrühren, daß er cremeartig wird. Dann einige Eßlöffel Mehl und den Schnee der 4 Eiweiß dazugeben. Etwas salzen und in heißem Fett wie üblich Schmarren backen. Zucker und Rosinen nach Belieben hinzufügen.

*VII. Schmarrenspezialität mit Süßkirschen.* 8 Eigelb mit 8 Eßlöffeln Zucker schaumig rühren, dann 0,35 l süße Sahne (oder rohe Milch), 0,15 l saure Sahne, 350 g Mehl und den Schnee von 8 Eiweiß sowie schließlich 500 g entkernte Süßkirschen dazugeben, in einer mit Butter ausgestrichenen Pfanne backen, mit der Gabel zerkleinern und mit Zucker bestreut servieren.

*VIII. Hörnchen- oder Semmelschmarren.* 4 Eier mit 200 g Zucker und etwas abgeriebener Zitronenschale glattrühren, 0,7 l Milch dazugießen und 6 in Scheiben geschnittene Hörnchen oder Semmeln sowie 30 g Rosinen unterrühren. 1–1 $^1/_2$ Stunden ruhenlassen. In einer Kasserolle oder einer hohen Pfanne 80 g Fett zergehen lassen, die Masse hineingeben und in der Backröhre unter mehrmaligem Wenden und Rühren gut backen. Dazu kann Pflaumenkonfitüre oder -kompott gereicht werden.

# Aufläufe, Puddings, Omelette

## Gebäck, Mehlspeisen usw.

*I. Studentenpudding.* 3 in Milch geweichte und passierte Semmeln mit 150 g Butter verrühren, dann in 0,3 l Milch kochen. Nach dem Auskühlen 8 Eigelb, den Schnee von 6 Eiweiß, 8 Eßlöffel Zucker und 50 g gemahlene Rosinen dazugeben. In einer ausgefetteten, mit Mehl bestreuten Form 1 Stunde kochen. Vor dem Servieren mit Vanillecreme übergießen.

*II. Hörnchenauflauf.* 60 g Butter mit 60 g Zucker, etwas Vanille und 4 Eigelb schaumig rühren, 5–6 abgeriebene, in Würfel geschnittene und in etwas Milch geweichte Hörnchen, 50 g feine geriebene Semmel, 40 g Rosinen und den Schnee der Eier dazugeben. In einer mit Butter ausgestrichenen Form backen und mit einer beliebigen Obstsoße servieren.

*III. Nudelauflauf.* 100 g dünn geschnittene, sehr trockene Nudeln in 0,6 l heißer Milch 30–35 Minuten bei ganz schwacher Hitze kochen. Wenn sie halb ausgekühlt sind, 60 g schaumig gerührte Butter, 2 Eigelb, 1–2 Eßlöffel Puderzucker und zuletzt den Schnee der Eier dazugeben. In einer mit Butter ausgestrichenen Form backen.

*IV. Biskuitauflauf.* 100 g fertige Konditorbiskotten oder trockenen Biskuitteig in 0,15 l süßer Sahne oder roher Milch weichen. 50 g Butter mit 4 Eigelb verrühren, mit den geweichten Biskotten vermischen, entsprechend zuckern und schließlich den Schnee der 4 Eier dazugeben. Den Auflauf in einer mit Butter ausgestrichenen Form bei schwacher Hitze backen.

## Béchamelauflauf

Aus 150 g Butter und 150 g Mehl eine helle Mehlschwitze bereiten, mit 0,75 l heißer Milch auffüllen und glattrühren. Mit 150 g Zucker, 5 Eigelb und dem Schnee der Eier gründlich verrühren. In einer mit Butter ausgestrichenen und mit Mehl bestäubten Form $^3/_4$–1 Stunde im halbgefüllten Wasserbad kochen oder in der Backröhre backen. Mit einer beliebigen Obstsoße servieren.

## Obstauflauf

Der Obstauflauf kann aus Äpfeln, Birnen, Aprikosen, Pfirsichen, Pflaumen und Renekloden bereitet werden. Ungefähr 1 kg Obst schälen, entkernen, in dünne Scheiben schneiden, mit 0,1 l Wasser und 0,1 l Weißwein übergießen, 100 g Puderzucker, 70 g Butter, die geriebene Schale 1 Zitrone dazugeben und alles zusammen weich dünsten. Danach das Ganze durch ein Sieb passieren, den dicken Brei nach Geschmack zuckern und, wenn er abgekühlt ist, vorsichtig mit dem Schnee von 8 Eiweiß vermischen, in einer feuerfesten Schüssel aufhäufen, mit Zucker bestreuen und in der Röhre schön gelb backen.

## Kalter Obstpudding

Rohes, passiertes Obst (Erdbeeren, Himbeeren, Aprikosen oder Pfirsiche) mit der gleichen Menge Puderzucker schaumig rühren. Aufgelöste Gelatine (für je 250 g Obst 4 Blatt) und den Schnee von 8 Eiweiß beimengen, den Pudding in eine mit Wasser ausgespülte Form füllen und bis zum Servieren kalt stellen. (Schlagsahne als Garnierung ist möglich, aber nicht unbedingt nötig.)

## Zitronenauflauf

Aus 80 g Mehl und 80 g Butter eine Mehlschwitze bereiten, mit 0,8 l heißer Milch auffüllen und unter ständigem Rühren einige Minuten kochen lassen. Die geriebene Schale von 1 $^1/_2$–2 Zitronen, einige Tropfen Zitronensaft und schließlich nacheinander 6 Eigelb dazumischen. Die Masse gründlich verrühren und mit dem Schnee der 6 Eiweiß sowie 3 Eßlöffeln Puderzucker vermengen. Den Auflauf in einer mit Butter ausgestrichenen und mit geriebener Semmel bestreuten Form $^3/_4$–1 Stunde lang kochen und mit Schaum- oder Obstsoße servieren.

## *Erdbeerauflauf*

500 g rohe Erdbeeren passieren, mit 150 g Puderzucker verrühren und so lange kochen, bis die Masse geliert. 7 Eiweiß zu steifem Schnee schlagen, den Saft 1 Zitrone dazugeben und mit den abgekühlten Erdbeeren 35–40 Minuten rühren. Die Masse schließlich mit etwas abgeriebener Zitronenschale abschmecken, in eine mit Butter ausgestrichene feuerfeste Form gießen, bei schwacher Hitze backen und mit Puderzucker bestreut servieren.

## *Schaumauflauf mit Obst*

5 Eiweiß zusammen mit 180 g Zucker zu festem Schnee schlagen, dabei nach und nach 100–120 g kleingeschnittene Ananas daruntermischen. Die Masse in einer feuerfesten Schüssel aufhäufen, an den Seiten mit dem Schaumschläger Rillen eindrükken, mit Puderzucker bestreuen und in der halbgeöffneten Röhre langsam backen. Ebenso mit anderem Obst zubereiten. Bei Orangenauflauf die geriebene Schale 1 Orange dazumischen und auch den ausgedrückten Saft von 1–2 Orangen hineingeben. Bei Aprikosenauflauf 100 g Aprikosenmarmelade, bei Nußauflauf 40–50 g geriebene Nüsse, etwas Vanille oder geriebene Zitronenschale und eine Prise gemahlenen Zimt verwenden. Himbeerauflauf mit Himbeermarmelade bereiten.

## *Wunderauflauf*

150 g Puderzucker, den Saft 1 Zitrone und 1 Eßlöffel Rum in 1 l Wasser aufkochen, vorsichtig 60 g Grieß hineinrühren und mit dem Schaumschläger 3–4 Minuten schlagen. Vom Herd nehmen und eine säuerliche Konfitüre dazugeben, dann weiterschlagen, bis die Masse zu Gelee geworden ist. In einer Glasschale (eventuell mit Kompott garniert) auftragen.

## *Kastanienauflauf*

250 g Edelkastanien, deren äußere Schale entfernt wurde, so lange in Wasser kochen, bis sich auch die dünne Haut abziehen läßt. Zusammen mit 1 Semmel in 0,25 l gezuckerter und mit Vanille abgeschmeckter Milch weich kochen, dann passieren und 30 g Butter, 75 g Zucker und 0,25 l süße Sahne oder Milch dazugeben. Zu einer dicken Creme kochen, in die nach dem Aus-

kühlen noch 5 Eigelb und der Eierschnee gerührt werden. In einer mit Butter ausgestrichenen Form $^{1}/_{2}$–$^{3}/_{4}$ Stunde backen. Dazu Milchschaumsoße mit Vanille oder Sauerkirschsoße reichen.

### Nudelauflauf mit Schokolade und Nüssen oder Mandeln

100 g gemahlene Nüsse oder Mandeln zusammen mit 300 g Mehl – ohne Wasser, nur mit 2–3 Eiern – zu einem festen Teig kneten. Nicht zu dünn ausrollen, in Nudeln schneiden, diese in Salzwasser kochen und in Butter schwenken. Mit Zucker und reichlich mit geriebener Schokolade bestreut in eine mit Butter ausgestrichene und mit geriebener Semmel bestreute runde feuerfeste Form geben, 2–3 gut mit Zucker verrührte Eier darübergießen und backen.

### Schokoladenauflauf

4 gehäufte Eßlöffel Mehl mit so viel Milch vermischen und dann aufkochen, daß ein dicker Brei entsteht. 140 g geriebene Schokolade, 140 g Butter und genügend Zucker hineingeben. Auf dem Herd unter ständigem Rühren kochen lassen, 6 Eigelb dazugeben, schaumig rühren und schließlich den Schnee der 6 Eiweiß daruntermischen. Den Auflauf in einer mit Butter ausgestrichenen Form bei schwacher Hitze langsam backen. Mit Zucker bestreuen und mit Schaumsoße oder Creme servieren.

### Reisauflauf

*I.* 6 Eigelb mit 6 Eßlöffeln Puderzucker, der geriebenen Schale $^{1}/_{2}$ Zitrone und einem nußgroßen Stück Butter verrühren. 150 g in Vanillemilch gekochten und ausgekühlten Reis und den Schnee der 6 Eier dazugeben. Den Auflauf in einer mit Butter ausgestrichenen und mit geriebener Semmel bestreuten Form backen.

*II. Mit Äpfeln.* 140 g Reis in 0,75 l Milch, in die ein nußgroßes Stück Butter gegeben wurde, weich kochen. Nachdem der Reis etwas ausgekühlt ist, mit 140 g Butter, 4 Eiern und dem Schnee von 2 Eiern und Zucker nach Geschmack gut verrühren, 6 mittelgroße Äpfel schälen, halbieren, das Kerngehäuse herausschneiden und mit Himbeer- oder Johannisbeermarmelade füllen. Eine feuerfeste runde Form mit Butter ausstreichen, die Hälfte der Reismasse hineingeben, darauf die gefüllten Apfelhälften schichten und mit dem restlichen Reis bedecken. $^{3}/_{4}$–1 Stunde in der Backröhre backen.

### Reispudding (auf Wiener Art)

250 g in Milch weichgekochten Reis passieren, 40 g gemahlene und mit 0,5 l Milch verrührte Mandeln, 2 Eier, 4 Eigelb, etwas Zimt, die dem Geschmack entsprechende Menge Zucker und die

abgeriebene Schale 1 Zitrone mit dem Reis verrühren und das Ganze in einer ausgefetteten Form 3/4 Stunde backen. Vor dem Servieren 0,25 l mit Vanillezucker gesüßte Schlagsahne darübergeben.

### „Kinder"-Auflauf (Kindskoch)

Aus 3 Eßlöffeln Mehl und 4 Eßlöffeln Milch einen dicken Brei kochen. Bevor er ganz auskühlt, mit 100 g Butter und 6 Eigelb schaumig schlagen. Dann reichlich zuckern und den Schnee der 6 Eiweiß mit 50 g Rosinen dazugeben. In einer mit Butter ausgestrichenen Form bei mittlerer Hitze langsam in der Backröhre backen. Mit Milchschaum- oder Obstsoße servieren.

### Weinauflauf

100 g feingeriebene Semmel in etwas Butter goldgelb rösten. Zu gleichen Teilen mit Wein und Wasser auffüllen und so lange kochen, bis ein dicker Brei entsteht. Nach dem Auskühlen 50 g ungeschälte gemahlene Mandeln oder Nüsse dazugeben. 100 g Butter schaumig rühren, nacheinander 8 Eigelb, dann 100 g Puderzucker, die oben beschriebene Masse und schließlich den Schnee von 5 Eiweiß dazurühren. In einer mit Butter ausgestrichenen Form bei schwacher Hitze langsam backen.

### „Weinpflanzli"

In 250 g schaumig gerührte Butter langsam 6 Eier, 1 Prise Salz, dem Geschmack entsprechend Zucker, die abgeriebene Schale 1 Zitrone und 125 g Mehl rühren, in eine mit Butter ausgestrichene und mit geriebener Semmel ausgestreute Form füllen und 1/2 Stunde backen. Dann in eine größere Form stürzen, 0,75 l gezuckerten Weißwein darübergießen und nochmals 3/4 Stunde in der Backröhre backen.

### Eierauflauf

200 g Butter mit 5 Eigelb schaumig rühren und mit dem mit 2–3 Eßlöffeln Zucker steif geschlagenen Eiweiß vermengen. In einer mit Butter ausgestrichenen und mit Mehl bestreuten Form 3/4 Stunde backen.

### Omelettauflauf

150 g Aprikosenmarmelade mit 6 Eßlöffeln Puderzucker schaumig rühren. Dann unter ständigem Rühren vorsichtig den ganz steifen Schnee von 6 Eiweiß dazufügen. In eine ausgefettete, mit Mehl bestäubte flache, runde Form eine fingerdicke Schicht süßen Milchreis geben. Darauf den Eischnee zu einem spitzen

Berg formen und mit Furchen verzieren. In der Backröhre schnell backen. Dieser Auflauf ist für 4–5 Personen gerechnet.

## Omelette

*I. Mit Erdbeeren.* Die Erdbeeren einige Stunden vor der Zubereitung zuckern und kühl stellen. In 6 verquirlte Eier 3 Eßlöffel süße Sahne und 1 Eßlöffel Zucker rühren. In einer kleinen Pfanne 100 g Butter zergehen lassen und die Eimasse dazugießen. Wenn der untere Teil durchgebacken ist, auf einen Teller gleiten lassen, die eine Hälfte mit den gezuckerten Erdbeeren belegen, die andere Hälfte darüberschlagen und sofort servieren.
*II. Mit Pflaumen.* 0,5 l Milch auf dem Herd mit 3 Eßlöffeln feinem Mehl zu einem Brei verrühren. Nach dem Auskühlen 1 Eigelb, den Schnee von 2 Eiern und eine Handvoll entkernte, kleingeschnittene Pflaumen dazugeben. (Im Winter kann man auch Kompott verwenden, nur muß man den Saft gut abtropfen lassen.) Die Masse in eine Pfanne mit heißem Fett schütten und auf einer Seite hellbraun backen. Auf einen Teller stürzen und mit Zimt und Zucker bestreuen.

## *Plumpudding*

Weihnachten ohne Plumpudding und Pute wäre für den Engländer unvorstellbar, das Beste würde fehlen. Plumpudding ist dort ein so volkstümlicher „nationaler" Nachtisch zum Weihnachtsfest wie in Ungarn Nuß- und Mohnbeigel. Interessant, daß das Wort „plum" vielerlei Bedeutung hat; Pflaume, Rosine, es ist sogar eine Farbangabe und bedeutet auch das Beste einer Sache. Plumpudding enthält keine Pflaumen, dafür Sultaninen (sowie Malagarosinen und Korinthen) in reichlicher Menge. Und schließlich stellen die Engländer, wenn sie Plumpudding essen, gewiß fest, daß er die Krönung aller Puddinge ist.
Dieser englische Pudding ist zwar eine ziemlich kompakte, schwere Mehlspeise, doch es lohnt sich, ihn näher kennenzulernen, denn das Zusammenwirken so vieler guter Zutaten ergibt unbedingt einen interessanten Geschmack.
Zuerst 400 g schönes weißes Rindernierenfett kleinschneiden, in eine tiefe Schüssel füllen, 150 g Mehl, 280 g feine geriebene Semmel oder Zwieback, 120 g in Würfel geschnittene geschälte Äpfel und die gleiche Menge Feigen zugeben. 4–5 Eier in 0,25 l Milch verquirlen, 0,2 l Bier, 200 g Sultaninen, die gleiche Menge Malagarosinen und 150 g Korinthen zufügen. Noch 200 g Kristallzucker, 150 g Puderzucker, 10 g gestoßenen Zimt,

etwas Muskatnußblüte, je 30 g geriebene Apfelsinen- und Zitronenschale, 30–40 g in Würfel geschnittenes Zitronat, 1 Kaffeelöffel Salz, einige gestoßene Nelken, ein Stückchen geriebene Muskatnuß sowie den Saft je 1 Zitrone und Apfelsine daruntermischen und alles zusammen gut vermengen. Schließlich 0,2 l Kognak und 0,1 l Rum zugießen, gut verrühren und das Ganze einen Tag (oder auch zwei Tage) beiseite stellen. Danach in eine mit Butter ausgestrichene, mit Mehl bestreute und mit einer gebutterten Serviette zugebundene Porzellanform – nur drei Viertel voll – füllen (oder einfach nur in eine mit Butter bestrichene Serviette füllen) und 3 $^1/_2$–4 Stunden im Dampf-oder Wasserbad kochen.

Den fertigen Pudding stürzen, mit etwas Rum begießen, anzünden und so, mit leuchtender Flamme, servieren. Eine Weinschaumsoße mit Kognak oder eine aus Sherry, Kognak, Curaçao-Likör, Apfelsinen- und Zitronenschale und Zuckersirup bereitete Soße dazu reichen.

Der aus den vielen Ingredienzen bereitete Puddingriese verspricht eine wirkungsvolle Überraschung und imponiert den Gästen, ganz gleich, wo er zum Weihnachtsfest auf dem Feiertagstisch erscheint.

# *Hausfeinbackwaren*

## *Einige Grundrezepte*

Die im Kapitel „Süße Mehlspeisen“ bisher aufgezählten Gerichte kommen zum überwiegenden Teil frisch gebacken auf den Tisch, meist als zweiter oder dritter Gang des Mittags- oder Abendessens. Der Großteil der nun folgenden Hausfeinbackwaren kann schon oft im voraus bereitet werden. Wenn wir den Vorrat gut einteilen, so bleibt davon nicht nur für den Abend, sondern noch für einen späteren Zeitpunkt etwas übrig. Diese Backwaren können sogar eine eiserne Reserve für unerwartete Gäste darstellen.

In dieser Rezeptgruppe fehlen einige Kuchen. Milchbrot und Napfkuchen werden in einem besonderen Kapitel behandelt; die meisten volkstümlichen Linzerarten sind unter dem süßen Teegebäck im Kapitel „Fünfuhrtee – Kaffee nach dem Abendessen“ zu finden. Im Kapitel „Hauskonditoreiwaren“ sind noch raffiniertere Süßigkeiten und Desserts, womit größere Mahlzeiten abgeschlossen werden, angegeben. Ebenfalls sehr abwechs-

lungsreich ist darüberhinaus das nun folgende Kapitel „Hausfeinbackwaren“ und läßt dem erfinderischen Leser weiten Spielraum zur Bereitung immer neuer Leckerbissen.
Der Feinschmecker-Autor, ein diskreter, aber unnachgiebig strenger Kritiker, nahm all die gut gelungenen neuen Kreationen auf. Er sammelte in seinem Bekanntenkreis die Rezepte der bewährtesten zu Haus hergestellten Back- und Konditoreiwaren. Sie wurden ausprobiert, verbessert und veröffentlicht. Zum Zeichen des Dankes verbergen sich hinter der scheinbar unbegründeten Bezeichnung die Namen der Erfinder, der ersten Experimentierer.

## Hefeteig

*I.* 750 g Mehl in eine tiefe Schüssel geben, in die Mitte eine Vertiefung eindrücken und 3 Eigelb hineinschlagen und etwas Salz, 0,5 l gezuckerte Milch, 80–100 g zerlassene Butter sowie 15 g in lauwarmer Milch aufgelöste Hefe dazugeben. Mit einem Kochlöffel vermischen und den Teig kneten, bis er glatt ist und sich beim Schlagen große Blasen bilden. Zugedeckt an einem warmen Platz gut aufgehen lassen. Danach kann der Teig zu Milchbrot, zu Kuchen, zu Hörnchen oder anderem Hefegebäck verwendet werden.
*II. In Wasser aufgegangen.* Aus 60 g Hefe, 0,1 l Milch, 40 g Mehl und 1 Prise Zucker einen Vorteig bereiten. Wenn er aufgegangen ist, 6 Eigelb mit 40 g Butter und 1 Eßlöffel Puderzucker schaumig rühren, 1 Prise Salz, 0,2 l lauwarme Milch, 400 g Mehl und den Vorteig dazugeben. Kräftig durchkneten, bis der Teig schön glatt wird und große Blasen schlägt. Dann in eine gründlich gefettete Serviette füllen, gut zubinden und in ein mit kaltem Wasser gefülltes Gefäß geben. Dort bleibt der Teig, bis er aufgegangen ist, beziehungsweise die gefüllte Serviette an die Oberfläche des Wassers steigt. Das kann $^1/_2$ Tag, mindestens aber 7–8 Stunden dauern. Deshalb ist es vorteilhaft, den Teig abends zuzubereiten und über Nacht gehen zu lassen. Danach kann der Teig ganz nach Belieben wie ein normaler Hefeteig für Kuchen, Hörnchen, Milchbrot usw. verwendet werden. Wichtig dabei ist, daß die Serviette gut eingefettet und verknotet wurde, damit das Wasser nicht an den Teig gelangen kann.

## Blätterteig

Aus 250 g frischer, fester Butter eine fingerdicke runde Scheibe formen und in kaltes Wasser legen. Aus 250 g glattem Mehl, 200 g Butter, 1 Ei, einer Prise Salz und ungefähr 0,15 l Wasser einen Teig rühren, gut kneten und mit einem Tuch bedeckt

$^{1}/_{4}$ Stunde lang stehenlassen. Dann ausrollen, beide Seiten mit Mehl bestäuben, die mit einem sauberen Tuch abgetrocknete Butter in die Mitte legen und den Teig von allen vier Seiten darüberschlagen, so daß die Butter völlig bedeckt ist. $^{1}/_{4}$ Stunde kalt stellen. Danach den Teig wieder ausrollen, mehrfach zusammenlegen und eine weitere $^{1}/_{4}$ Stunde kalt gestellt ruhen lassen. Diesen Vorgang dreimal wiederholen. Vor dem Backen die geformten Teigstücke mit Eigelb bestreichen, bei starker Hitze backen.

*Mürbeteig*

Aus 350 g Mehl, 200 g Butter, 2 Eigelb, 1 gehäuften Kaffeelöffel Zucker, 1 Prise Salz, einigen Tropfen Zitronensaft, etwas geriebener Zitronenschale und 0,1 l saurer Sahne einen Teig – ähnlich dem Strudelteig – bereiten. Den Teig durchkneten und nach Belieben als Kuchen oder Hörnchen verwenden. Die Teigstücke mit Eigelb bestreichen und bei schwacher Hitze backen.

*Schmerkuchen*

250 g Schmer am Abend vorher in wenig Wasser legen und am Morgen mit dem Messer zerschaben. Dann zusammen mit 125 g Mehl und etwas Salz gut durchkneten, viereckig formen und kalt stellen. Aus weiteren 125 g Mehl, 5 g Hefe, 1 Eigelb und Zitronenwasser einen strudelähnlichen Teig rühren. (Soll ein süßer Kuchen bereitet werden, dann auch 1 Eßlöffel Zucker hinzufügen.) Den Teig ausrollen, in die Mitte den Schmerteig legen, die Ränder des Hefeteiges viereckig darüberschlagen, dann das Ganze mit dem Nudelholz festdrücken. Diesen Vorgang dreimal viertelstündlich wiederholen und zwischendurch immer kalt stellen. Danach entsprechend ausrollen oder mit der Form kleine Teigstücke ausstechen und backen.

*Biskuitteig*

6 Eigelb mit 6 Eßlöffeln Zucker schaumig rühren, den Schnee der 6 Eiweiß und 4 gestrichene Eßlöffel Mehl dazugeben. Den Teig in einer gefetteten Form bei sehr schwacher Hitze backen.

*Zitronenschnitten*

Aus 250 g Zucker, 250 g Butter (oder Margarine), 500 g Mehl, 2 Eigelb, 1 Ei, 1 gestrichenen Mokkalöffel Natron sowie dem Saft und der abgeriebenen Schale 1 großen, saftigen Zitrone einen Teig bereiten, gut durchkneten und ausrollen. Den Teig für Marmeladenkuchen (mit Gitter) verwenden oder auch kleine Formen ausstechen, backen und je 2 dann mit Nußcreme aneinanderkleben.

## *Obst- und Marmeladenkuchen*

*I.* Aus 350 g Mehl, 70 g Butter, 1 Eigelb, 1 Ei, 40 g Zucker, 20 g in etwas Milch aufgelöster Hefe, 1 Prise Salz und ca. 0,25 l Milch einen Teig bereiten. Mit einem Kochlöffel gut durcharbeiten und in einer Schüssel gehen lassen. Danach auf ein gefettetes, mit Mehl bestäubtes Kuchenblech geben, flachdrücken und mit geschälten, kleingeschnittenen Pfirsichen, Renekloden, eventuell mit ungeschälten, entkernten und kleingeschnittenen Pflaumen oder geriebenen Äpfeln belegen. Zukkern und nochmals ca. 1/2 Stunde gehen lassen. Auf gewohnte Weise backen, danach mit Zucker bestreuen und in beliebig große Stücke schneiden.

*II. Aus Kartoffelteig.* 1/2 kg Kartoffeln kochen, passieren und auskühlen lassen. 3 Eigelb mit 70 g Zucker schaumig rühren, zu den Kartoffeln geben und so lange rühren, bis die weiche Masse wieder fest wird. Zuletzt den Schnee der 3 Eiweiß daruntermengen. Auf einem gefetteten, mit Mehl bestäubten Kuchenblech backen, in beliebig große Stücke schneiden und je 2 davon mit Marmelade zusammenkleben.

*III. Aus Biskuitteig mit Pfirsichen, Erdbeeren, Himbeeren usw.* Aus 350 g Mehl, 200 g Butter, 100 g Zucker, 20 g geriebenen Mandeln, 1 Eigelb, etwas gestoßenem Zimt, einer Prise Salz, einem Teelöffel Rum und 1–2 Eßlöffeln Milch einen Teig bereiten, der nach dem Kneten 1/2 Stunde lang kalt gestellt wird. Den Teig auf einem mit Butter ausgestrichenen Kuchenblech halb backen. Dann aus 6 Eiern einen üblichen Biskuitteig herstellen. Den halbgebackenen ersten Teig mit geschälten und zerkleinerten Pfirsichen belegen und mit einer Mischung aus Zucker, Mandeln und Zimt bestreuen. Den Biskuitteig darübergeben und glattstreichen und das Ganze in der Röhre fertig backen. Statt Pfirsiche auch anderes Obst (Erdbeeren, Himbeeren usw.) und im Winter auch Konfitüre verwenden.

## *Apfelkuchen*

*I.* Aus 300 g Mehl, 100 g Butter oder Fett, 1 Ei, 15 g in 0,1 l saurer Sahne verrührter Hefe, 1 Prise Salz und 1 Eßlöffel Zucker einen Teig bereiten, gut durchkneten, halbieren und ausrollen. Die eine Hälfte auf ein gefettetes Kuchenblech geben, mit Apfelmus bestreichen, die andere ausgerollte Teighälfte darüberbreiten, mit Zuckerwasser bestreichen und in der heißen Backröhre backen.

*II. Auf Budaer Art.* Einen Mürbeteig zubereiten, 1/2 cm dick ausrollen und auf das mit Butter ausgestrichene Kuchenblech legen. 1 kg geschälte Äpfel mit gutem Weingeschmack in dünne Scheiben schneiden, auf dem Teig verteilen, zuckern und den

Kuchen in der Backröhre bei schwacher Hitze nur halb backen. 150 g abgezogene, gemahlene Mandeln 1/4 Stunde mit 150 g Zucker und 6 Eigelb verrühren, dann 0,4 l süße Sahne dazugeben. Diese Masse auf den halbfertigen Apfelkuchen gießen und nun bei starker Hitze weiterbacken. Mit Zucker bestreut warm auftragen.

## *Pflaumenkuchen*

Aus 300 g Mehl, 150 g Butter, 100 g Zucker, 2 Eigelb und 1 Eßlöffel Rum einen Mürbeteig rühren. Dreiviertel davon dünn ausrollen und auf ein Kuchenblech legen, dabei die Teigränder hochdrücken. Eine entsprechende Menge Pflaumenmus mit 50 g gehackten Mandeln, der geriebenen Schale 1/2 Zitrone sowie 100–150 g Puderzucker vermischen und fingerdick auf den Teig streichen. Aus dem restlichen Teig Streifen schneiden und gitterförmig darüberlegen. In der Röhre bei starker Hitze backen.

## *Süss- oder Sauerkirschkuchen*

100 g Butter schaumig rühren, 100 g Zucker, 6 Eigelb, 70 g Mehl, 30 g geriebene Semmel, 1 Prise Natron sowie etwas Zimt dazugeben und alles glattrühren. Zuletzt den Schnee der 6 Eiweiß daruntermengen, auf das mit Butter ausgestrichene Kuchenblech geben, Süß- oder Sauerkirschen darauf verteilen und bei schwacher Hitze rotbraun backen. Vor dem Servieren mit Zucker bestreuen und in Stücke schneiden.

## *Kirschkuchen (Teig ohne Eier)*

Aus 300 g Mehl, 180 g Butter, 1 Eßlöffel Zucker, 1 Prise Salz und etwas Wasser, in welchem eine Messerspitze Natron aufgelöst wurde, einen weichen Teig kneten. Nach der Art von Blätterteig zusammenfalten und 1/2 Stunde an einem kalten Ort ruhenlassen. Dieses Verfahren 3–4mal wiederholen. Den geteilten Teig zu 2 Teigblättern ausrollen. Den einen Teil auf das gefettete, mit Mehl bestäubte Kuchenblech geben, die Füllung aus entkernten, schwarzen Süßkirschen, Zucker und Zimt darauf verteilen und mit dem anderen Teig bedecken. Mit Ei bestreichen und in der Backröhre backen. Die Kirschen müssen gut ausgedrückt werden und möglichst ohne Saft sein, da es sonst leicht zu Schliff kommen kann.

## Obstkuchen

100 g schaumig gerührte Butter mit 100 g Zucker, 2 Eigelb, dem Schnee der 2 Eiweiß und 100 g Mehl gut vermischen. Die Hälfte dieses gründlich gerührten und ausgerollten Teiges auf ein mit Butter ausgestrichenes und mit Mehl bestreutes Kuchenblech legen, mit frischem, reichlich gezuckertem Obst (Himbeeren, Johannisbeeren, Aprikosen, Pflaumen usw.) oder eingelegtem Obst, von dem der Saft sorgfältig abgegossen wurde, belegen, die andere Teighälfte darüberdecken, mit Ei bestreichen und bei schwacher Hitze backen.

## Marmeladenkuchen

Aus 250 g Butter, 350 g Mehl, 2 Eßlöffeln Zucker, 2 Eigelb, dem Saft 1 Zitrone und der Hälfte der abgeriebenen Schale einen Teig bereiten und gut durchkneten. Dann halbieren, einen Teil halbfingerdick ausrollen und mit Aprikosenmarmelade (eventuell Himbeer-, Erdbeer- oder Johannisbeermarmelade) bestreichen. Aus dem anderen Teig Streifen schneiden, damit ein Gitter auf den bestrichenen Teig legen, mit Ei bepinseln und backen.

## Apfelkuchen

Aus 400 g Mehl, 1 Ei, 120 g Fett (oder 150 g Butter), 20 g aufgelöster Hefe, 1 Eßlöffel Zucker, einer Prise Salz und der entsprechenden Menge Milch einen Teig rühren, gut kneten und aufgehen lassen. Dann in zwei Hälften teilen, ausrollen, eine Hälfte mit aus 1 kg Äpfeln bereitetem Apfelmus belegen, die andere Teighälfte darüberdecken und backen.

## Raizer-Kuchen

Aus 400 g Mehl, 3 Eigelb, 70 g Butter, 20 g Hefe, etwas Salz und 2 Eßlöffeln Zucker einen festen, biskuitähnlichen Teig rühren. Ausrollen, auf ein gefettetes Kuchenblech legen und aufgehen lassen. Danach mit Marmelade bestreichen, 120 g geriebene Nüsse darüberstreuen und den mit 300 g Zucker vermengten Schnee von 8 Eiweiß daraufgeben. Bei schwacher Hitze backen.

## Marmeladentaschen

150 g Butter, 1 Ei, 1 Eßlöffel Puderzucker, 300 g Mehl, etwas Salz und so viel saure Sahne gut vermischen, daß ein dem Strudelteig ähnlicher Teig entsteht. Dann auf einem mit Mehl bestreuten Brett dreimal dünn ausrollen. In viereckige Stücke schneiden, diese mit Aprikosenmarmelade belegen, zusammenfalten und auf einem gefetteten Kuchenblech backen.

## *Polsterzipfel*

Aus 350 g Mehl, 2 Eiern, 1 Eigelb, 2 Eßlöffeln saurer Sahne, 100 g Butter und etwas Zitronensaft oder auch Rum einen Teig rühren. Den Teig dreimal hintereinander ausrollen, zusammenlegen, ruhenlassen und wieder ausrollen – wie bei der Zubereitung des Blätterteiges. Vor jedem Zusammenfalten mit zerlassener Butter bestreichen. Zuletzt ca. 2 mm stark ausrollen, viereckige Stücke ausschneiden, diese mit Marmelade füllen und dreieckig zusammenfalten. Die Ränder fest zusammendrücken. Die Polsterzipfel in heißem Fett backen und vor dem Servieren mit Vanillezucker bestreuen.

## *Halber Blätterteig*

Aus 200 g Quark, 200 g Butter, 200 g Mehl, 3 Eigelb, 20 g zerbröckelter Hefe und 1 Prise Salz einen Teig bereiten, gut durchkneten und wie Butterblätterteig 3–4mal falten und ruhenlassen. Kleine Vierecke schneiden, mit Aprikosenmarmelade belegen, die Ränder hochschlagen und mit Eigelb bestreichen. Auf dem Kuchenblech backen. Statt Marmelade kann auch Haschee zur Füllung verwendet werden.

## *Damenkaprizen*

*I.* Aus 70 g Butter, 100 g Mehl, 15 g Zucker und etwas gestoßenem Zimt einen Teig kneten, $^1/_2$ cm dick ausrollen und auf einem ausgestrichenen Kuchenblech backen. Dann mit Aprikosen-, Himbeer- oder Erdbeermarmelade bestreichen oder mit frischen Aprikosen, Pfirsichen, Erdbeeren oder Himbeeren belegen. Aus 7 Eiweiß, 140 g Zucker und ein wenig Zitronensaft Schnee schlagen, die Marmelade oder das Obst damit bestreichen und mit zerkleinerten Mandeln bestreuen. Den Kuchen nochmals in die Röhre schieben und den Schnee bei schwacher Hitze trocknen.

*II. Aus Blätterteig.* Einen Butterblätterteig bereiten, dünn ausrollen und halbieren. Die eine Hälfte auf das ausgestrichene Kuchenblech legen und bis zu 4–5 cm Höhe mit folgender Füllung bestreichen: 200 g Puderzucker in 0,1 l Wasser flüssig kochen. 6 Eiweiß zu steifem Schnee schlagen, dann vorsichtig den Zucker hineingießen, dabei den Schnee weiterschlagen, bis er vollkommen erkaltet. Danach den Schnee auf die untere Teighälfte geben, die andere Hälfte, in der die Größe der Kuchenwürfel mit dem Messer markiert wurde, auf den Schnee legen. (Mit einem angefeuchteten Messer ist der Kuchen dann leicht aufschneidbar.) Backen.

## *Liebesbrief*

Aus 250 g Mehl, 150 g Butter, 80 g Zucker, 7 Eigelb und der entsprechenden Menge saurer oder süßer Sahne einen weder zu weichen, noch zu festen Teig kneten, eine Stunde lang kalt stellen, dann dünn ausrollen, viereckige Stücke ausschneiden und diese mit Vanillecreme, die mit in Rum geweichten geriebenen Nüssen oder Mandeln und dem Schnee einiger Eier vermischt wurde, füllen. Die Stücke wie einen Briefumschlag zusammenfalten und bei schwacher Hitze auf einem mit weißem Papier ausgelegten Kuchenblech schön gelb backen.

## *Mohn-, Nuss- oder Marmeladenhörnchen ohne Ei*

Aus 300 g feinem Mehl, 140 g reinem Fett, 0,15 l Milch, 1 Prise Salz, 1 Eßlöffel Vanillezucker, 2 Eßlöffeln Rum oder Zitronensaft und einer Messerspitze Natron einen Teig kneten. Dann ausrollen, Vierecke schneiden und diese mit in Zuckerwasser gekochtem Mohn füllen. Die Vierecke zusammenrollen, zu Hörnchen formen, mit Zuckerwasser bestreichen, mit Zucker bestreuen und auf dem gefetteten Kuchenblech backen. Für die Füllung können statt Mohn Nüsse oder Marmelade verwendet werden.

## *Nusskuchen mit Kaffee*

5 Eigelb mit 200 g Zucker schaumig rühren und 100 g gemahlene Nüsse, 40 g geriebene Schokolade, 10–15 sehr fein gemahlene Kaffeebohnen sowie den Schnee der 5 Eiweiß dazugeben. Zuletzt 50 g Mehl vorsichtig hineinrühren. Auf einem mit Butter ausgestrichenen und mit Mehl bestäubten Kuchenblech bei schwacher Hitze backen.

## *Mandelbriefe*

140 g abgezogene, gemahlene Mandeln mit 70 g Puderzucker, 2 Eigelb und 30–40 g Butter vermischen, zu einer teigartigen Masse kneten und damit den vorbereiteten, in messerrückendicke Vierecke geschnittenen Butterblätterteig füllen. Die Ecken der Vierecke zur Mitte legen, mit Ei bestreichen und bei schwacher Hitze backen. Mit Zucker bestreut warm servieren.

## *Szegediner Kuchen*

Aus 250 g Mehl, 120 g Butter, 2 Eigelb, 10 g in Milch aufgelöster Hefe, etwas Salz und so viel Milch, daß die Masse eher fest als weich wird, einen Teig bereiten, gut durchkneten, zudecken und an einem warmen Ort aufgehen lassen. 0,5 l süße Sahne mit 6 Eiern, 120 g Mehl und etwas Salz verquirlen. Den aufgegangenen, einen halben Finger dick ausgerollten Teig auf das gefettete Kuchenblech legen und gleichmäßig mit der verdickten Sahne bestreichen. Die Oberfläche eventuell mit in etwas Milch verquirltem Ei bestreichen. In der Backröhre $^3/_4$ Stunden backen, dann in viereckige Stücke schneiden und warm, mit Zucker bestreut oder mit Puderzucker gereicht, servieren.

## Quarkkuchen

*I.* Aus 300 g Mehl, 100 g Butter, 50 g Fett, 2 Eiern, 15 g in 0,1 l saurer Sahne verrührter Hefe, 1 Prise Salz und 1 Eßlöffel Zucker einen Teig bereiten, gut durchkneten, fingerdick ausgerollt auf ein Kuchenblech legen und die Ränder etwas hochdrücken. Den Belag aus 500 g passiertem Quark, 60 g Butter, 1–2 Eigelb, der entsprechenden Menge Zucker und dem Eierschnee daraufgeben. Die Oberfläche mit saurer Sahne bestreichen und bei starker Hitze in der Backröhre backen. Der Belag kann natürlich auch aus gesalzenem Quark mit Dill zubereitet werden, dafür wird statt Zucker die entsprechende Menge Salz und kleingeschnittener Dill in den Quark gerührt. Der Teig eignet sich auch für Apfel- oder Nußkuchen, dafür wird ein Teil des Teiges dünn ausgerollt und über den Belag gedeckt.

*II. Mit Dill.* Aus 300 g Mehl, 180 g Butter, etwas Salz, 2 Eigelb und saurer Sahne einen ziemlich weichen Teig kneten, fingerdick ausrollen und mit angedrückten Rändern auf ein Kuchenblech legen. Den Teig dann mit folgender Füllmasse dick bestreichen: 1 $^1/_4$ kg süßen, trockenen, passierten Quark mit 60–80 g Butter, 4 Eigelb, etwas Salz, kleingehacktem Dill und dem Schnee der 4 Eiweiß vermengen. Die Oberfläche mit saurer Sahne bestreichen und den Kuchen bei starker Hitze backen.

## Quarkkuchen

100 g Zucker, 180 g Butter, 300 g Mehl, 1–2 Eigelb und die geriebene Schale $^1/_2$ Zitrone leicht kneten. Aus der Hälfte des Teiges ein 3–4 mm dickes Viereck ausrollen, halb backen und mit folgender Füllung bestreichen: 400 g passierten Quark mit 4 Eigelb und 250 g Zucker vermischen. Aus dem restlichen Teig ebenfalls ein Viereck ausrollen, über den Quarkbelag decken, mit Ei bestreichen, mit einer Gabel mehrmals einstechen und backen.

## Quarkkuchen auf Rákóczi Art

Aus 100 g Zucker, 180 g Butter, 280 g Mehl, 1 Ei und etwas abgeriebener Zitronenschale einen Teig kneten, ausrollen, auf das gefettete Kuchenblech geben und mehrmals hineinstechen. Halbfertig backen. Den Belag aus 750 g Quark, 30 g feinem Grieß, 3 Eigelb und 300–350 g Zucker bereiten, gut verrühren und auf den halbgebackenen Teig geben. In den Schnee von

2 Eiweiß 2 Eigelb, 50 g Zucker, 40 g Mehl und 30 g heiße zerlassene Butter rühren, diese Masse noch auf den Quark streichen und den Kuchen fertigbacken. Nur nach dem vollständigen Abkühlen aufschneiden.

## *Quarktäschchen*

1 kg feines Mehl auf dem Brett anhäufen, in der Mitte eine Vertiefung machen, darin einen Vorteig aus 1/4 l lauwarmer Milch, 30 g Hefe und etwas Mehl zubereiten, diesen zudecken und aufgehen lassen. 500 g Butter zerbröckeln, mit 150–200 g der angegebenen Mehlmenge zu einer glatten Masse kneten und so lange kalt stellen, bis der Vorteig aufgegangen ist. Nun 130 g Butter, 130 g Puderzucker, 2 Eigelb, etwas Salz und geriebene Zitronenschalen zum Mehl mischen. Das Ganze schließlich mit 0,5–0,75 l lauwarmer Milch gut verrühren und so lange kneten, bis ein glatter, nicht klebriger Teig entsteht. Sorgfältig die vorher verarbeitete, kalt gestellte Buttermasse mit einem Nudelholz ausrollen, ebenso den Hefeteig, allerdings viel größer als die Butter. Die Butter in die Mitte des Teiges legen und die Teigränder darüberdecken. Den Teig auf das Dreifache der ursprünglichen Größe ausrollen und ihn so zusammenfalten, daß die beiden Ränder in der Mitte übereinandergelegt werden können. Dabei den Teig wiederholt mit Mehl bestreuen, um ein Zusammenkleben zu verhindern. Den Teig wieder für eine halbe Stunde mit einer Serviette zugedeckt ruhenlassen und den beschriebenen Vorgang wiederholen. Danach den Teig nur 1/4 Stunde ruhenlassen, 4–5 mm dick ausrollen, in viereckige Stücke schneiden, diese mit einer Quarkfüllung belegen, die vier Ecken übereinander falten und die so entstandenen Täschchen mit Eigelb bestreichen. Auf ein Kuchenblech legen, zugedeckt an einem warmen Platz aufgehen lassen und dann bei sehr starker Hitze in der Röhre backen. Die Quarkfüllung aus 500 g passiertem Quark, 3–4 Eigelb, 50 g Butter, Zucker nach Geschmack, geriebenen Zitronenschalen und 150 g Rosinen zubereiten.

## *Biskuitroulade*

Den gebackenen Biskuitteig aus der Röhre nehmen, auf eine mit grobem Zucker bestreute Serviette legen, rasch mit Marmelade oder Schokolade bestreichen und mit Hilfe der Serviette sofort zusammenrollen.

## *Buchteln*

*I.* Einen einfachen Hefeteig bereiten, aufgehen lassen, ausrollen, in viereckige Stücke schneiden, diese mit Marmelade bestreichen und zu länglichen, schmalen Rollen drehen. Diese auf das

Kuchenblech setzen, dort noch einmal aufgehen lassen, mit Ei bestreichen und in der Röhre backen.

*II. Mit Quark.* Einen Teig aus 250 g Mehl, 100 g Butter, 40 g Fett, 1 Teelöffel Zucker, einer Prise Salz, 2 Eigelb und 15 g in saurer Sahne verrührter Hefe bereiten. Dabei die Sahne so bemessen, daß der Teig weder zu weich noch zu fest wird. Den Teig einen halben Finger dick ausrollen, in Vierecke schneiden und diese mit einer Mischung aus 300 g passiertem Quark, saurer Sahne, 1 Ei, 100 g Zucker und geriebener Zitronenschale füllen. Die Stücke längs zusammenlegen, am Rand zusammendrücken und, mit Ei bestrichen, in der vorgeheizten Röhre backen.

*III. Mit Äpfeln aus Mürbeteig.* Aus 250 g Mehl, 120 g Butter, 40 g Fett, etwas Zucker, 1 Prise Salz, 2 Eigelb, 1 Eßlöffel Weißwein und saurer Sahne einen weder zu weichen noch zu festen Teig kneten, halbfingerdick ausrollen, in kleine Vierecke schneiden und diese mit Apfelmus, das mit etwas Zimt gewürzt wurde, belegen. Die Ränder zusammendrücken, die Buchteln mit Ei bestreichen, auf ein gefettetes Kuchenblech legen und backen.

## Buchteln aus Kartoffelteig

Genauso zubereiten wie Hefebuchteln, allerdings auf 1 kg Mehl noch 200–250 g gekochte und passierte Kartoffeln zum Teig mischen.

## „Béles"

*I. Mit Quark.* Einen Strudelteig bereiten, halbieren und beide Teile dünn ausziehen. Die eine Hälfte so zusammenfalten, daß sie ein reichlich gefettetes Kuchenblech belegt. Dann mit einer Mischung aus 500 g passiertem Quark, Zucker nach Geschmack, 5 Eigelb, dem Schnee der 5 Eiweiß sowie 50 g Rosinen bestreichen und die andere, ebenfalls sehr dünn ausgezogene und zusammengefaltete Teighälfte auf den Quark legen. Das Ganze mit Ei bestreichen, backen und danach in längliche Vierecke schneiden.

*II. Vargabéles.* Einen Nudelteig mit viel Eiern (auf 500 g Mehl 2–3 Eier) zubereiten. Den gut gekneteten und dünn ausgerollten Teig in fingerbreite Streifen schneiden und auf übliche Art in Salzwasser kochen. Die Nudeln dann auf einem Sieb gut abtropfen lassen und mit Butter vermengen, damit sie nicht klebrig werden. Unterdessen folgende Füllung zubereiten: 300–350 g Quark mit 2 Eigelb, dem Eierschnee, Zucker nach Geschmack, saurer Sahne, etwas geriebener Zitronenschale, Vanille sowie 100 g Rosinen vermischen. Diese Füllung in heißem Fett mit den Nudeln vermengen. Danach einen Mürbeteig bereiten und in zwei Hälften teilen. Einen Teil ausrollen, auf ein mit Butter ausgestrichenes Kuchenblech legen, die mit Quark vermischten Nudeln daraufgeben und die andere, ebenfalls ausgerollte Hälfte des Mürbeteiges darüberdecken. Das Ganze mit Eigelb bestreichen, in der Röhre backen und mit Vanillezucker bestreut servieren.

## Gitterkuchen

*I.* 250 g Butter mit 250 g Mehl gut verrühren, 250 g ungeschälte geriebene Mandeln, 250 g Zucker, den Saft und die geriebene Schale 1 Zitrone und 2 Eier dazugeben, das Ganze gründlich kneten und in zwei Hälften teilen. Die eine Hälfte halbfingerdick ausrollen und mit Aprikosen- oder Erdbeermarmelade bestreichen. Aus der anderen Hälfte dünne Stäbchen rollen und gitterförmig auf den Kuchen legen, mit Ei bestreichen und backen.
*II. „Klara"-Schnitten.* Aus 200 g Mehl, 140 g Fett, 80 g Puderzucker, etwas abgeriebener Zitronenschale, einigen Tropfen Zitronensaft, 1 Messerspitze Zimt, 1 Prise Salz und 1 Ei mit dem Messer einen Teig bereiten, $^3/_4$ davon ausrollen und mit Marmelade bestreichen. Den restlichen Teig ebenfalls ausrollen, mit dem Küchenrädchen in schmale Streifen schneiden, damit den Kuchen gitterartig belegen, das Gitter mit Zuckerwasser bestreichen und auf dem Kuchenblech schnell backen.
*III. Marmeladenkuchen.* Aus 300 g Mehl, 150 g Butter, 100 g Zucker, 2 Eigelb und 1 Eßlöffel Rum einen Mürbeteig kneten. $^3/_4$ des Teiges dünn ausrollen, auf ein Kuchenblech geben und die Ränder an allen Seiten hochdrücken. Eine entsprechende Menge Pflaumen- oder Apfelmus oder eine Marmelade mit 50 g geriebenen Mandeln, der abgeriebenen Schale von $^1/_2$ Zitrone sowie 100–150 g Puderzucker verrühren und fingerdick auf den Teig streichen. Aus dem restlichen Teig Streifen schneiden, gitterartig auf den Belag legen und den Kuchen bei starker Hitze backen.

## Maisfladen

*I.* 500 g frisches Maismehl mit 100 g Fett oder Butter, 120 g Zucker und 1 Prise Salz verrühren. Mit 0,4–0,5 l heißer Milch übergießen, damit der Teig geschmeidiger wird, und in der mit Butter ausgestrichenen Backform rotbraun backen.
*II.* 1 kg Maismehl sieben, etwas Salz, 80–100 g Zucker und 100 g festes Fett daruntermengen, in einen Topf geben und so viel lauwarme Milch dazurühren, daß ein eierkuchenartiger Teig entsteht. Noch 20 g in etwas Milch aufgelöste Hefe dazugeben

und den Teig an einem warmen Ort aufgehen lassen. Danach in eine ausgefettete Form gießen und in der Backröhre bei schwacher Hitze 1 Stunde backen, bis er schön rotbraun wird.
*III. Zalaszentgróter Spezialität.* Aus 250 g gesiebtem Weizenmehl, 20 g Hefe und 0,2 l Milch einen Vorteig bereiten. Aus 1 kg gesiebtem Maismehl, 100 g Fett oder Butter, 100 g Zucker, etwas Salz, 1 Ei und der entsprechenden Menge Milch einen biskuitähnlichen Teig bereiten. Dann den aufgegangenen Vorteig dazugeben, nochmals gut durchrühren und in eine große, mit Fett oder Butter ausgestrichene Form geben. Der Teig soll gleichmäßig und fingerdick den Boden bedecken. Kleine Häufchen von Pflaumen- oder anderer Marmelade so daraufsetzen, daß sie sich beim Zerschneiden des Kuchens in der Mitte eines jeden Stückes befinden. Den Teig aufgehen lassen und dann schön rotbraun und etwas knusprig backen. In Vierecke schneiden, mit Zucker bestreuen und bis zum Servieren warm halten.

# Milchbrote und Napfkuchen

### Nuss- und Mohnrollenspezialität auf Feinschmecker-Art

Der Teig: 300 g Butter mit 1 $1/2$ Eßlöffeln Zucker und 1 Prise Salz schaumig rühren. Dann nacheinander einzeln 7 Eigelb, 15 g in 0,3 l Milch aufgelöste Hefe und 1 kg feines Mehl dazugeben. Den Teig gründlich durchkneten und auf einem mit Mehl bestreuten Brett dreimal hintereinander ausrollen. Dazwischen je eine halbe Stunde ruhenlassen. Den Teig nach dem letzten Aufrollen in so viele Stücke aufteilen, wie Rollen gewünscht werden. Danach ganz dünn in etwa 30–33 cm lange und 24 cm breite Blätter ausrollen und mit nachstehend beschriebener Nuß- oder Mohnfüllung belegen. (Die Ränder bis auf 1–2 cm nicht füllen). Die einzelnen Stücke zu Rollen formen, mit Ei bestreichen und an mehreren Stellen einstechen. Auf das Backblech legen, nochmals 15 Minuten ruhenlassen, wieder mit Ei bestreichen und schließlich in der vorgewärmten Röhre bei mittlerer Hitze, erst bei Unter-, dann bei Oberhitze rotbraun backen.
Nußfüllung: 1 kg Zucker und 30 g zerkleinerte Kochschokolade in heißer Milch auflösen und 1 $1/4$ kg geriebene Nüsse, $1/2$ kg entkernte, kleingeschnittene Datteln, 3–4 geschälte und geriebene Äpfel, 150 g Rosinen, 150 g kleingeschnittenes Quittengelee, 4–5 Eßlöffel Aprikosenmarmelade, die abgeriebene Schale

1 mittelgroßen Zitrone und 1 Apfelsine, den Schnee von 3–4 Eiweiß und etwas Vanille dazumischen.
Mohnfüllung: aus 250 g Zucker oder ebensoviel Honig einen Sirup zubereiten und darin $^1/_4$ kg gemahlenen Mohn kochen. Etwas geriebene Zitronenschale, Vanille, 150 g Rosinen, 4–5 Eßlöffel Aprikosenmarmelade und den Schnee von 2–3 Eiweiß dazurühren.
Die angegebenen Zutaten reichen für 12–13 jeweils 35–38 cm lange Nuß- bzw. 4–5 Mohnrollen. Trotz des Einstechens kann die Kruste platzen, doch die Rollen schmecken besonders gut, die Füllung dominiert.

## Nuss- und Mohnrollen

*I.* 500 g Butter oder Margarine zerbröckeln und mit 1 kg Mehl und 1 Prise Salz vermengen. In die Mitte eine Vertiefung eindrücken, 35 g in 0,2 l saurer Sahne verrührte und etwas aufgegangene Hefe, 50 g Puderzucker sowie 5 Eigelb hineingeben und alles gut durchkneten. Aus dem Teig 10 gleich große Laibe formen, 1 $^1/_2$ Stunde ruhenlassen, dann 2–3 mm dünn ausrollen und 5 davon gleichmäßig mit Nuß-, 5 mit Mohnfüllung bestreichen. Locker zusammenrollen (oder hufeisenartig formen), auf dem Kuchenblech zweimal mit Ei bestreichen (längs und quer), an einigen Stellen einstechen und in der vorgewärmten Backröhre bei gleichmäßiger Hitze schön hellbraun backen.
Nußfüllung: In einen aus $^1/_2$ kg Zucker und 0,1 l Wasser gekochten Sirup je 300 g gemahlene Nüsse und Mandeln rühren, dann vom Herd nehmen und noch 2–3 geriebene Äpfel, 50–100 g Aprikosenmarmelade, 150 g Rosinen, Vanillezucker und kleingeschnittenes Quittengelee dazugeben.
Mohnfüllung: In einen aus 600 g Zucker und 0,1 l Wasser gekochten Sirup 600 g gemahlenen Mohn rühren und dann wie bei der Nußfüllung die entsprechende Menge geriebener Äpfel, Aprikosenmarmelade usw. dazugeben.
*II.* Aus 750 g Mehl, 350 g Butter, 30 g Zucker, 1 Messerspitze Salz, 6 Eigelb und 15 g in 0,15 l Milch aufgelöster Hefe einen Teig bereiten, gut durchkneten und einige Stunden an einem kalten Ort ruhenlassen. Dann den Teig für die gewünschte Anzahl Rollen (oder Hufeisen) aufteilen. Jeden Teil dünn ausrollen, mit Nuß- oder Mohnfüllung bestreichen, zusammenrollen, mit Ei bepinseln und in der vorgewärmten Backröhre bei mittlerer Hitze backen.
Nußfüllung: In 80 g Honig 120–130 g Zucker auflösen und darin 250 g gemahlene Nüsse kochen, vom Herd nehmen und 50 g kleingeschnittene Rosinen, $^1/_2$ Schnapsglas Rum, nach Geschmack Zimt und abgeriebene Zitronenschale dazurühren.

Mohnfüllung: In 80 g Honig 125 g Zucker und 250 g gemahlenen Mohn kochen. Dieser Masse kann auch etwas Rum und abgeriebene Zitronenschale beigefügt werden.

*III.* Aus 500 g Mehl, 200 g Butter, 50 g Fett, 3 Eigelb, 1 Eßlöffel Puderzucker, 1 Prise Salz, 20 g in Milch aufgelöster Hefe und der entsprechenden Menge Milch einen Teig bereiten, an einem warmen Platz aufgehen lassen, dann für die gewünschte Anzahl Rollen oder Hufeisen aufteilen, Laibe formen und diese zugedeckt 1/2 Stunde ruhenlassen. Danach den Teig ganz dünn ausrollen, mit der Nuß- bzw. der Mohnfüllung belegen und zusammenrollen. Die Rollen eine Stunde aufgehen lassen, dann mit Ei bestreichen und bei schwacher Hitze backen. Die Nußfüllung aus geriebenen, in gezuckerter Milch gekochten Nüssen, geriebener Zitronenschale und etwas Vanille bereiten. Reichlich Rosinen und bei Bedarf noch Zucker dazugeben. Die Mohnfüllung ebenso zubereiten.

*IV. Einfacher, doch sehr wohlschmeckend.* Aus 400 g Mehl, 150 g Butter oder 120–130 g Fett, 10 g in Milch aufgelöster Hefe, 1 Prise Salz und 0,1 l saurer Sahne einen Teig kneten, in zwei Laibe teilen und diese 15 Minuten ruhenlassen. Danach dünn ausrollen und mit nachstehend beschriebenen Füllungen eine Rolle mit Nüssen, die andere mit Mohn belegen.

*1. Nussfüllung:* Einen aus 150 g Zucker und 2–3 Eßlöffeln Milch gekochten Sirup mit 200 g geriebenen Nüssen, 80 g ebenfalls zerkleinerten Rosinen, etwas geriebener Zitronenschale und einigen Eßlöffeln Aprikosenmarmelade oder Apfelmus oder aber 1–2 geriebenen Äpfeln vermischen.

*2. Mohnfüllung:* Aus 150 g Zucker und 0,1–0,2 l Milch einen Sirup zubereiten und darin 200 g gemahlenen Mohn kochen. Die Masse vom Herd nehmen und mit 80–100 g Rosinen, der geriebenen Schale 1/2 Zitrone, einigen Eßlöffeln Apfelmus oder 1–2 geschälten, geriebenen Äpfeln vermischen.

Die gefüllten, zusammengerollten oder hufeisenartig geformten Gebäckstücke 10 Minuten lang ruhenlassen, dann mit Eigelb bestreichen, an mehreren Stellen einstechen, auf dem Kuchenblech nochmals 10 Minuten lang stehenlassen, schließlich wieder mit Ei bestreichen und in der vorgewärmten Röhre nicht bei sehr starker Hitze backen.

## *Pressburger Nusshörnchen*

Aus 500 g Mehl, 250 g Butter, 50 g Puderzucker, 2 Eiern, 3 Eigelb, 30 g in etwas kalter Milch verrührter Hefe und 1 Prise Salz einen weder zu harten noch zu weichen Teig bereiten und gut durchkneten. Dann in die gewünschte Anzahl von Teilen und diese Teile zu kleinen Laiben formen. Nach einigen Minuten dünn ausrollen und mit folgender Füllung belegen: Aus 250 g Zucker und 0,3–0,4 l Wasser einen Sirup kochen, nach dem Auskühlen 300 g gemahlene Nüsse, 200 g feine geriebene Semmel, die abgeriebene Schale von 1/2 Zitrone, 80 g Rosinen und etwas Zimt darunterrühren. Den gefüllten Teig zusammenrollen und zu Hörnchen formen, auf ein gefettetes Kuchenblech legen und mit Ei bestreichen. An einen kühlen Ort stellen und nach 1/2–1 Stunde wieder mit Ei bestreichen. Nochmals 1/2 Stunde ruhenlassen und dann bei schwacher Hitze backen.

## *Osterkuchen und Osterbrot*

*I. Görzer Keller.* Aus 50 g Hefe mit 100 g Mehl, 5 Würfelzucker sowie etwas lauwarmer Milch einen Vorteig bereiten und 2 Stunden aufgehen lassen. 60 g Puderzucker mit 5 Eigelb schaumig rühren, 200 g Mehl, nach Geschmack abgeriebene Zitronenschale und 1–2 Eßlöffel Rum darunterrühren und schließlich den Vorteig dazugeben. Den Teig gut durchkneten und an einem warmen Ort 3 Stunden gehen lassen. Nochmals 5 Eigelb mit 100 g Butter und 50 g Zucker schaumig rühren, mit 400 g Mehl und dem aufgegangenen Teig zusammen gut durcharbeiten, dabei noch 1 Prise Salz und – wenn notwendig – ein wenig lauwarme Milch dazugeben. Den möglichst festen Teig wieder 3 Stunden gehen lassen, dann auf ein mit Mehl bestreutes Nudelbrett legen und runde Laibe formen. Die Laibe auf weiße Kartonscheiben legen, so auf das Kuchenblech geben, mit Butter bestreichen und nochmals 1 Stunde gehen lassen. Zwischendurch zweimal mit Ei bestreichen. Schließlich mit einem scharfen Messer kräftig in je eine Seite hineinschneiden und bei mittlerer Hitze rotbraun backen.

*II. Osterbrot.* In die Mitte von 2 1/2 kg vorgewärmtem Mehl eine kleine Vertiefung drücken und in diese 80 g in Milch aufgelöste Hefe geben. Etwas Mehl dazurühren und an einem warmen Ort aufgehen lassen. Danach 6 Eier, die mit 0,75 l abgekochter, lauwarmer Milch verquirlt wurden, 1 Prise Salz, 250 g Zucker, 350 g Butter, 125 g abgezogene, gemahlene Mandeln, die abgeriebene Schale 1 Zitrone, 200 g Rosinen und 200 g Korinthen in den Teig geben. Alles gut mit der Hand durchkneten und mit dem Kochlöffel so lange schlagen, bis der Teig Blasen wirft. Nochmals aufgehen lassen und zwei längliche Laibe formen, die auf einem mit Mehl bestreuten Kuchenblech erneut aufgehen müssen. Mit Ei bestreichen und bei starker Hitze in der Backröhre backen.

## Milchbrote

*I. Geflochten und locker.* 500 g vorgewärmtes Mehl mit 20 g in lauwarmer Milch aufgelöster Hefe, 1 Messerspitze Salz, 1 Ei, 1 Eigelb und mit 4–5 Würfelzuckern gesüßter lauwarmer Milch zu einem lockeren Teig rühren. Den Teig mit der Hand so lange kneten, bis er Blasen wirft. Dann nach und nach 50 g zerlassene, lauwarme Butter dazugeben und mit dem Teig verrühren, der nicht lockerer als Brotteig sein darf. Den Teig mit etwas Mehl bestreuen und an einem warmen Platz langsam aufgehen lassen, damit die Oberfläche nicht rissig wird. Dann auf ein mehlbestreutes Brett geben und zu einem Zopf flechten, dabei die einzelnen Flechten (3–5) fortwährend schraubenartig drehen. Das Milchbrot auf dem Kuchenblech weiter aufgehen lassen, mit Ei bestreichen und bei schwacher Hitze schön braun backen. Darauf achten, daß es in der Küche während der Zubereitung warm ist.

*II. Mit Zimt und Schokolade.* Den nach Rezept I zubereiteten Milchbrotteig in drei Stücke teilen. Einen Teil mit 1–2 Eßlöffeln Zimt (mit Zucker vermengt) verkneten. Beim Flechten soll dieser Teil immer in der Mitte sein. Das Milchbrot mit Ei bestreichen und backen. Genauso auch das Schokoladenmilchbrot zubereiten, nur statt der Mischung aus Zucker und Zimt geriebene Schokolade oder Schokoladenpulver verwenden.

*III. Mit Marmelade.* Aus 180 g Butter, 300 g Mehl, 1 Prise Salz, 1 Kaffeelöffel Zucker, 10 g in 0,1 l saurer Sahne aufgelöster Hefe, 2 Eigelb und 1 Eßlöffel Rum einen Teig kneten. Bei Bedarf noch saure Sahne dazugeben. Der Teig soll die Festigkeit von Strudelteig besitzen. Kräftig durcharbeiten und dreimal hintereinander ausrollen und nach Art des Blätterteiges zusammenfalten. Schließlich 0,5 cm dick ausrollen und mit entsprechend dick gekochter Marmelade, in die kleingeschnittenes Quittengelee und abgezogene, gemahlene Mandeln gerührt wurden, bestreichen. Gut eignet sich dafür Aprikosenmarmelade, doch kann jede beliebige Sorte verwendet werden. Den Teig zusammenrollen und zu Hörnchen geformt backen.

*IV. Auf russische Art.* 1 kg vorgewärmtes Mehl mit 0,5 l Milch und 50 g Hefe verrühren. Nachdem der Teig an einem warmen Ort gut aufgegangen ist, 2 Eier, 3 Eigelb, 200 g zerlassene Butter, 100 g Rosinen, 100 g Zucker, 1 Eßlöffel Rum, 50 g Mandeln und 1 Prise Salz dazugeben. Gut durcharbeiten und

$1\,{}^{1}/_{2}$–2 Stunden gehen lassen, dann einen Zopf flechten, mit Ei bestreichen, mit Zucker und Mandeln bestreuen und schön hellbraun backen.

## Prügelkrapfen

6 Eigelb mit 100–120 g Butter schaumig rühren, etwas Salz, 2 Eßlöffel Zucker und 40–50 g in 0,5 l Milch aufgelöste Hefe dazugeben und das Ganze mit 1 kg Mehl verrühren, gründlich kneten und an einem warmen Platz zugedeckt gehen lassen. Ausrollen und in 2–3 Finger breite bandförmige Streifen schneiden. Besser ist es, den Teig nach der gewünschten Anzahl von Prügelkrapfen in Stücke teilen und nach dem Aufgehen zu 2–3 Finger breiten bandförmigen Streifen ausrollen, die um eine mit Butter bestrichene Holzform gewunden, mit den Fingern flachgedrückt, mit zerlassener Butter bestrichen und mit gezukkerten, gehackten Mandeln bestreut werden. Schließlich über Holzglut (oder im Grill) schön braun backen. In der Röhre gebacken, den Krapfen, wenn er halbfertig ist, wieder mit zerlassener Butter bestreichen und erst dann gezuckerte Mandeln darüberstreuen.

## Savarin (französisches Milchbrot)

Aus 125 g gesiebtem Mehl, 15 g Hefe und etwas Milch einen Vorteig bereiten und aufgehen lassen. Dann mit 375 g Mehl verrühren. 0,1 l warme Milch und 2 Eier dazurühren und den Teig so lange kneten, bis er ganz glatt ist. Während des Knetens noch 1 Ei, 320 g Butter, 10 g Salz und 15 g Puderzucker dazugeben. Weiterkneten und nacheinander noch 3 Eier und schließlich 60 g Orangeat mit dem Teig verarbeiten. Mit Butter ausgefettete kleine Backformen mit 50 g abgezogenen, kleingeschnittenen Mandeln oder Nüssen ausstreuen, den Teig hineingeben, an einem warmen Ort gehen lassen und dann in der Backröhre bei starker Hitze backen. Das Gebäck aus den Formen nehmen und 20 Minuten stehenlassen, dann mit Zuckersirup, der mit Anis abgeschmeckt wurde, begießen.

## Stollen (auf sächsische Art)

Aus 500 g Mehl, 20 g Hefe, 3 Eigelb, 70 g Zucker, Zimt nach Geschmack, geriebener Zitronenschale, Muskatnuß, 1 Prise Salz und 0,6 l saurer oder süßer Sahne mit dem Kochlöffel einen Teig bereiten. Während des Rührens langsam 210 g zerlassene Butter dazugeben. Schließlich noch 150 g Rosinen und 50 g abgezogene, gemahlene Mandeln untermengen, alles gut durcharbeiten und zugedeckt an einem warmen Ort aufgehen lassen. Dann den Teig auf ein mit Mehl bestreutes Nudelbrett legen, zu einem Stollen formen, auf ein gefettetes, mit Mehl bestreutes Kuchenblech geben und mit dem Stiel des Kochlöffels etwas seitlich eine lange, breite Vertiefung in den Stollen drücken, die schmale Längsseite nach oben schlagen. Zugedeckt nochmals gehen lassen, danach mit Butter bestreichen und $^1/_2$ Stunde bei schwacher Hitze in der Backröhre backen. Nach dem Herausnehmen sofort wieder mit Butter bestreichen.

## *Goldkrapfen*

*I.* 5 Eigelb schaumig rühren und mit 100 g Butter und 1 Eßlöffel Puderzucker vermischen. 25 g in Milch aufgelöste Hefe, 700 g Mehl, etwas Salz und so viel lauwarme Milch dazugeben, daß der Teig eher weich als hart wird. Den Teig gut kneten und zugedeckt an einem warmen Platz aufgehen lassen. Dann auf das mit Mehl bestreute Brett legen und mit der Form kleine Pfannkuchen ausstechen. Die kleinen Krapfen reihenweise in eine mit Butter ausgestrichene und mit Puderzucker bestreute Napfkuchenform setzen. Jede Reihe reichlich mit zerlassener Butter bestreichen und mit Puderzucker und grob zerkleinerten Mandeln und Rosinen bestreuen. Die Oberfläche jeder Reihe noch mit je einem Eßlöffel Aprikosenmarmelade bestreichen. Die Form nur halb füllen, zudecken und den Teig aufgehen lassen, bis er die Form füllt. Die Goldkrapfen in der heißen Röhre eine Stunde lang backen und mit Milch- oder Weinschaumsoße servieren.

*II.* Aus dem Teig größere Krapfen stechen und in die Mitte eines jeden Aprikosenmarmelade geben. Dann in die Form legen und reichlich mit Zucker und Mandeln bestreuen. In diesem Fall ohne Schaumsoße servieren.

## *Wespennest*

*I.* Aus 500 g Mehl, 7 Eigelb, etwas Salz, 30 g in etwas Milch aufgelöster Hefe, 30 g Puderzucker und etwa 0,25 l Milch einen strudelähnlichen Teig rühren, gründlich kneten und an einem warmen Platz ruhenlassen. Dünn ausrollen, mit einer Mischung aus 200 g schaumig gerührter Butter, 200 g Puderzucker und 200 g geriebenen Mandeln oder Nüssen belegen und dann zusammenrollen. Zwei Finger breite Stücke abschneiden und auf einem mit Mehl bestreuten Kuchenblech so lange ruhenlassen, bis der Teig gut aufgegangen ist. Dann das Kuchenblech in die heiße Röhre geben und das Gebäck bei starker, gleichmäßiger Hitze backen. Ist es halbfertig, mit 0,2 l gezuckerter süßer Sahne und Rum oder mit roher, gesüßter Milch begießen und fertig backen.

*II. Nußschnecken.* Aus 500 g Mehl, 3 Eigelb, etwas Salz, 20 g in etwas lauwarmer Milch aufgelöster Hefe, 1 Eßlöffel Puderzucker

*Prügelkrapfen*

*Obstplatte*

*Pflaumenknödel*

*Faschingspfannkuchen*

*Nuss- und Mohnrolle*

*Doboschtorte*

*Quarkbéles*

*Kaiserstrudel*

*Kastanientorte*

*Sandwichtorte*

*Quarktorte*

*Gefüllte Äpfel*

*Krapfen mit Schokoladensosse*

*Späne*

und etwa 0,35 l lauwarmer Milch einen strudelähnlichen Teig bereiten, gründlich mit der Hand kneten und für $^3/_4$–1 Stunde an einen warmen Platz stellen. Dann den Teig dünn ausrollen, mit einer Füllung – bestehend aus 100 g Butter, 200 g Puderzucker und 200 g geriebenen Mandeln oder Nüssen – bestreichen und strudelartig zusammenrollen. Zwei Finger breite Scheiben abschneiden, flach auf das mit Butter ausgestrichene und mit Mehl bestreute Kuchenblech legen und aufgehen lassen. Danach in der heißen Röhre bei gleichmäßiger, starker Hitze backen. Wenn die Nußschnecken halb gebacken sind, mit 0,2 l gezuckerter, roher Milch begießen, dann weiterbacken.

## *Napfkuchen (Gugelhupf)*

*I.* 200 g Butter schaumig rühren, dann einzeln nacheinander 5 Eier dazugeben und nach jedem Ei je 1 gestrichenen Eßlöffel Mehl. Die Masse gut verrühren und zusammen mit 0,2 l Milch, 280 g Mehl, 50 g in Milch aufgelöster Hefe, 50 g Rosinen, etwas Salz, 1–2 Eßlöffeln Zucker und der geriebenen Schale $^1/_2$ Zitrone zu Teig verarbeiten. In eine mit Butter ausgestrichene und mit Mehl bestreute Form gießen, wobei der Teig nur ein Drittel der Form ausfüllen darf. Aufgehen lassen, bis die Form zu dreiviertel gefüllt ist (ungefähr eine Stunde) und den Napfkuchen bei mittlerer Hitze $^3/_4$ Stunden lang backen. Nach dem Backen sofort aus der Form auf eine Platte stürzen.

*II. Mit Schokolade.* Den Teig auf dem Brett fingerdick ausrollen und zu einem Viereck formen, mit 30 g geriebener Schokolade bestreuen, zusammenrollen und beide Enden zusammendrücken, damit die Schokolade nicht herausfällt. Zum Kranz geformt in eine mit Butter ausgestrichene und mit Mehl bestreute Form legen und aufgehen lassen. Danach mehrmals in die Oberfläche stechen, damit diese weder blasig wird noch sich loslöst. Den Napfkuchen in der warmen Röhre etwa $^3/_4$ Stunden lang backen und dann sofort aus der Form auf eine Platte stürzen.

*III. Auf Budaer Art.* 80 g Butter mit 30 g Zucker schaumig rühren, nacheinander 3 Eigelb dazugeben und die Masse mit etwas Salz, 10 g in wenig Milch aufgelöster Hefe, 300 g Mehl, einigen Rosinen und ungefähr 0,2 l Milch vermengen. Alles gut verrühren und in eine Backform geben, die aber nur bis zur Hälfte gefüllt sein darf. Den Teig aufgehen lassen und auf gewohnte Weise backen.

*IV. Biskuitnapfkuchen.* 4 Eier, 4 Eigelb und 120 g Zucker auf dem Herd so lange mit dem Schneebesen schlagen, bis die Masse warm ist. Dann vom Herd nehmen und bis zum Erkalten weiterschlagen. Vorsichtig 120 g Mehl und 60–80 g zerlassene Butter dazumischen, den Teig in die ausgestrichene und mit Mehl bestreute Form füllen und bei schwacher Hitze eine $^3/_4$ Stunde backen. Nach dem Auskühlen eventuell mit Schokoladenguß bestreichen.

*V. Auf französische Art.* Aus $^1/_2$ kg vorgewärmtem, feinem Mehl, 125 g zerkrümelter Butter, 2 Eiern, 6 Eigelb, 1 Kaffeelöffel Salz, 2 Eßlöffeln Zucker, der abgeriebenen Schale 1 Apfelsine und 0,2 l Sahne, in die 25 g Hefe gerührt wurden, einen Teig kneten und so lange durcharbeiten, bis er Blasen wirft. Während des Knetens noch 150 g Rosinen und 6 Eßlöffel Wein hineingeben. Eine mit Butter ausgestrichene und mit Mehl bestreute Form halbvoll mit dem Teig füllen und an einem warmen Ort gehen lassen. Dann 1 Stunde bei gleichmäßiger Hitze backen.

*VI. Auf Leipziger Art.* 280 g Butter 1 Stunde schlagen. Dann nacheinander 8 Eier, 70 g Puderzucker, 1 Prise geriebene Muskatnuß, einige Eßlöffel süße Sahne, in welcher 15 g Hefe aufgelöst wurden, 1 Messerspitze Salz, 350 g Mehl, 50 g geriebene Mandeln und schließlich den steifgeschlagenen Schnee von 5 Eiern hinzufügen. Eine mit Butter ausgestrichene und mit Mehl bestreute Napfkuchenform bis zur Hälfte mit dem Teig füllen und an einem warmen Ort gehen lassen, langsam backen und dann sofort auf ein Brett stürzen.

## Torten

Das Wort Torte kommt aus dem Lateinischen und hieß einst soviel wie Pogatschen, Milchbrot. Diese Bedeutung hat sich längst gewandelt, und heute versteht man runde, flache Backware darunter, die aus den verschiedensten und besten Zutaten bereitet wird. Phantasievolle Variationen füllen die Zwischenschichten der Torte. Die Oberfläche ist oft mit einer glänzenden Glasur überzogen oder mit Schlagsahne, Creme, Kakaopulver oder Früchten garniert.

Die Grillage, die Torte aus gerösteten Mandeln, war früher unerläßlicher Schmuck eines Schlemmerfestmahls. Für Hochzeitstorten bauten die Meister der Konditorkunst gewagte Türme aus gebogenen Lagen von klebrigem Zuckerwerk. Die Seite des mehrstöckigen Turmes schmückte ein mächtiges Herz aus feuerrotem Zuckerguß, versehen mit dem Datum des bedeutungsvollen Tages. Auf dem obersten Stockwerk standen zwei sich küssende Gipsfiguren, die das gefeierte Brautpaar symbolisierten. Zu Weihnachten wurde ein süßer Teig aus Mandeln und Zitronen in eine mit Öl ausgestrichene Napfkuchenform gefüllt und kam auf den Feiertagstisch. Der Hausherr hatte die schwierige Aufgabe, dieses Meisterwerk an der Festtafel anzuschneiden. Die Etagentorten sind aus der Mode gekommen. Obwohl sie eine angenehme Biedermeier-Stimmung hervorriefen, ist ihr Verlust nicht zu bedauern. (Auf Konditoreiausstellungen sind sie noch manchmal zu sehen, und einige Spezialitäten werden wir im folgenden auch beschreiben.) Dagegen ist es unbegründet, die traditionelle, ansprechende Rundform unter dem Vorwand des besseren Aufschneidens in eine rechteckige Form zu vertauschen, denn auch Rundtorten können gut in gewünschte breite oder schmale Stücke aufgeschnitten werden.

Verschiedenartige fertige Tortenböden sind den in der Zuckerbäckerkunst nicht bewanderten Hausfrauen eine wertvolle Hilfe. Sie müssen nur mit entsprechender Creme, Glasur usw. bedeckt werden. Oft wird dabei die Backröhre gar nicht benötigt, besonders, wenn einfache, kalt bereitete Tortencreme verwendet wird.

Doch sollten alle jungen Leute einmal versuchen, eine Torte zu backen. Besondere Geschicklichkeit ist dazu erforderlich. Torten dürfen nicht bei zu starker Backhitze gebacken werden, die Oberfläche wird leicht krustig, und das Innere bleibt teigig. Die Backröhre muß immer vorgewärmt werden! Gebacken wird nur bei schwacher Hitze, aber lange genug, da sonst die Torte zusammenfällt. Durch die verschiedenen Einstellungen der Ober- und Unterhitze in einem Gas- oder Elektroherd wird ein gleichmäßiges Durchbacken erreicht. Um festzustellen, ob der Teig gut durchgebacken ist, mit einer Strick- oder Spicknadel hineinstechen. Klebt beim Herausziehen noch Teig daran, dann muß noch weitergebacken werden. Wenn die Oberfläche bereits die gewünschte Farbe bekommen hat, muß die Torte jetzt mit gefettetem Papier abgedeckt werden, um ein zu starkes Bräunen zu verhindern.

Kommt eine Torte aus dem Backherd, am besten gleich auf ein Sieb stürzen. Solange sie auskühlt, in der warmen Küche aufbewahren, nicht gleich einem großen Temperaturunterschied aussetzen. Wird die Torte mit einer Schokoladenglasur (aus einem Stückchen Butter mit Kakao) überzogen, dann einige Minuten zum Trocknen in die lauwarme, offene Backröhre zurückschieben. Dadurch wird die Oberfläche spiegelglatt und glänzend.

Von Tag zu Tag wächst die Zahl der Tortenspezialitäten. Ungarische Meister haben auch auf diesem Gebiet Hervorragendes

geleistet. Um nur ein Beispiel anzuführen, sei József C. Dobos erwähnt, dessen delikate Kreation, die Doboschtorte, in ganz Europa bekannt ist.
Das Angebot der Torten ist reichhaltig, die Einteilung der Rezepte keine einfache Aufgabe. Soweit es die Verständlichkeit nicht beeinträchtigte, waren wir bemüht, die traditionelle Tortenbezeichnung zu wahren, aber auch auf die charakteristischen Ingredienzen hinzuweisen. Die Auswahl beginnt mit einfachen Rezepten. Der Ungeübte soll jedoch auch davon sorgfältig auswählen, um den gewünschten Erfolg zu erreichen. Die Bereitung von Tortenspezialitäten erfordert eine wahre Backvirtuosität, aber das Lesen des einen oder anderen Rezeptes kann auch eine unterhaltsame Lektüre sein.

## Torten

### Tortenböden zum Füllen

*I. Biskuittorte.* 6 Eigelb mit 140 g Zucker schaumig rühren, dann den Schnee der 6 Eiweiß und unter ständigem Rühren 80 g Mehl und etwas geriebene Zitronenschale dazugeben. Den Teig in der mit Butter ausgestrichenen und mit Mehl bestreuten Tortenform bei sehr schwacher Hitze in zwei Teilen hellgelb backen, auskühlen lassen, dann mit beliebiger Marmelade oder einer Creme füllen und außen entweder mit Schokoladenglasur oder mit Schlagsahne überziehen. Nach Geschmack Kakao- oder Kaffeepulver, eventuell gemahlene Wal- oder Haselnüsse bzw. Mandeln in den Biskuitteig geben.
*II. Bosnische Torte.* 11 Eiweiß schaumig rühren, 250 g Puderzucker, 250 g gemahlene Mandeln (eventuell Haselnüsse), 50 g weiche, in Würfel geschnittene Schokolade und eventuell 50 bis 100 g Zitronat unterrühren. In einer mit Butter ausgestrichenen und mit Mehl bestreuten Form bei schwacher Hitze 1 Stunde backen. Auch ohne Füllung, mit Schokoladenglasur überzogen, sehr schmackhaft.
*III. Englische Torte.* 280 g Butter mit der gleichen Menge Puderzucker schaumig rühren, nach und nach 14 Eigelb, 70 g Rosinen, 70 g Korinthen, den Schnee von 12 Eiweiß und schließlich 350 g Mehl dazugeben, bei schwacher Hitze backen. Auch ohne Füllung und Glasur sehr schmackhaft.
*IV. Sandtorte.* 250 g Butter schaumig rühren, 12 Eigelb, die geriebene Schale $^1/_2$ Zitrone, je 250 g Puderzucker und Mehl und zuletzt den steifen Schnee von 12 Eiweiß zugeben. Gut verrühren, in eine mit Butter ausgestrichene und mit Mehl

bestreute Form gießen, mit abgezogenen, in Stifte geschnittenen Mandeln bestreuen und bei schwacher Hitze backen. Auch ohne Füllung und Glasur sehr schmackhaft.

*V. Bohnentorte.* 200 g Zucker mit 3 Eigelb schaumig rühren, mit 250 g gekochten und durch ein Sieb gedrückten Bohnen, 2 Eßlöffeln geriebener Semmel, 50 g gemahlenen Nüssen, 1 Messerspitze Natron und schließlich mit dem Schnee der 3 Eiweiß vermischen. Den Teig in einer reichlich mit Fett bestrichenen Tortenform backen und mit beliebiger Marmelade füllen.

## Mit Obst, Marmelade usw. gefüllte Tortenböden

*I. Deák-Torte.* 150 g Butter mit 200 g Zucker schaumig rühren, 150 g abgezogene und gemahlene Mandeln, 6–7 Eßlöffel Milch, den mit etwas Vanille gewürzten Schnee von 9 Eiweiß und 160 g Mehl dazumischen, den Teig in zwei Teilen backen und beide Teile mit einer beliebigen Marmelade – Himbeeren, Erdbeeren, Sauerkirschen – bestreichen. Die Torte mit Schokoladenglasur überziehen.

*II. Fritzi Torte.* 7 Eigelb mit 250 g Zucker schaumig rühren, 350 g abgezogene, geröstete und gemahlene Mandeln sowie den steifen Schnee der Eier darunterziehen. Zwei Böden backen. Nach dem Auskühlen mit Erdbeergelee oder Erdbeerkonfitüre, die mit Schlagsahne verrührt ist, füllen. Auch die Außenseite der Torte mit dieser Masse bestreichen. Mit in Zucker eingekochten Erdbeeren garnieren.

*III. Haustorte.* 2 Eigelb mit 180 g Zucker schaumig rühren, 50 g geriebene Schokolade (oder Kakao), 50 g Butter, etwas starken Mokka, 150 g Mehl und zuletzt den steifen Eierschnee dazugeben. In einer mit Butter ausgestrichenen, kleineren Tortenform backen, waagerecht halbieren und mit Marmelade füllen.

*IV. Brottorte.* 5 Eier und 5 Eigelb schaumig rühren und dann nacheinander 250 g Puderzucker, 60 g geriebene Schokolade, 60 g geröstetes, geriebenes und durchgesiebtes Weißbrot oder Semmel, 5 g Zimt, 5 g Gewürznelken, die geriebene Schale $^1/_2$ Zitrone und schließlich 250 g gemahlene Mandeln dazumischen. Die Torte in einer gefetteten Form bei schwacher Hitze backen, waagerecht durchschneiden, mit Marmelade füllen und mit Schokoladenglasur überziehen.

*V. Linzer Torte.* 8 Eigelb mit je 250 g Butter und Puderzucker schaumig rühren. 250 g abgezogene, gemahlene Mandeln, 250 g Mehl und den steifen Eierschnee darunterrühren. In einer mit Butter ausgestrichenen Form backen. Nach dem Auskühlen waagerecht halbieren, den unteren Teil mit Johannisbeer- oder Himbeermarmelade bestreichen. Den oberen Tortenteil darauflegen, das Ganze mit Schokoladenglasur überziehen und mit weißen, ganzen Mandeln garnieren.

*VI. Margaretentorte.* In den steifen Schnee von 7 Eiweiß, 250 g gemahlene Haselnüsse, 350 g Zucker und 2 Eßlöffel Mehl verrühren. Aus dieser Masse 2 Tortenböden und 12 kleine Baisers backen. Die beiden Böden waagerecht halbieren, jede Schicht der zusammengesetzten Torte dünn mit Aprikosenmarmelade (eventuell mit Himbeer- oder Erdbeermarmelade) bestreichen. Zuletzt mit Zitronenglasur überziehen und mit einem Kranz von Baisers garnieren.

*VII. Biskuittorte mit Nüssen.* Aus 6 Eiern einen üblichen Biskuitteig bereiten und backen. 6 Eigelb, je 6 Eßlöffel Zucker und gemahlene Nüsse, eine Prise Natron, die geriebene Schale 1/2 Zitrone und den Schnee der 6 Eier eine halbe Stunde lang rühren und die Masse anschließend in einer mit Butter ausgestrichenen und mit Mehl bestreuten Form backen. Beide Böden mit Himbeermarmelade bestreichen, aufeinanderlegen und mit einer Schokoladenglasur überziehen.

## Obsttorten

*I. Apfeltorte.* 6 Eier mit 250 g Zucker gut schaumig rühren. 250 g Mehl, die geriebene Schale 1/2 Zitrone und 120 g zerlassene Butter dazugeben. In eine mit Butter ausgestrichene Form füllen, darauf 750 g geschälte, geriebene Äpfel legen, die reichlich gezuckert und mit 1–2 Eßlöffeln Rum bespritzt sind. Bei mittlerer Hitze backen.

*II. Kirschtorte.* Aus 200 g Mehl, 140 g Butter, 70 g Puderzucker, etwas Zitronensaft, ein wenig geriebener Zitronenschale, 1 Prise Salz und Natron einen Mürbeteig bereiten. In die mit Butter ausgestrichene und mit Mehl bestreute Form füllen, einen kleinen Rand drücken und reichlich mit entkernten Süßkirschen belegen, deren Saft gut abgetropft ist. In der Backröhre backen, noch heiß zuckern.

*III. Kirschtorte.* 6 Eigelb und 6 Eßlöffel Zucker mit dem Saft 1 Zitrone glattrühren. Den Eierschnee, 100 g gemahlene Mandeln und ein wenig feingeriebene Semmel dazugeben. In der gefetteten Tortenform reichlich mit Süßkirschen bedecken, danach backen. Dem Schnee von 3 Eiweiß 100 g Zucker unterrühren und auf die fertige Torte streichen. Gemahlene Mandeln mit Zucker vermischen und darüberstreuen, in der Backröhre trocknen lassen.

*IV. Johannisbeertorte.* Aus 200 g Zucker und sehr wenig Wasser einen Sirup kochen, 200 g abgezogene, gemahlene Mandeln und den Saft 1/2 Zitrone dazugeben. Nach dem Auskühlen den

Schnee von $^3/_4$ Eiern unterziehen. Diesen Brei in eine runde, feuerfeste Form mit niedrigem Rand füllen, mit ausgekühltem Kompott aus 1 kg Johannisbeeren und beliebiger Menge Zukker bedecken. (Es können auch entstielte, gewaschene, einige Stunden eingezuckerte frische Johannisbeeren verwendet werden.) 5–10 Minuten in die Backröhre geben, dann bis zum Servieren kalt stellen.

## *Torte auf Alvé Art*

4 Eiweiß steifschlagen, dabei nach und nach 80 g Honig und 200 g Vanillezucker zugeben. Im Wasserbad so lange rühren, bis die Masse eindickt. Schnell 240 g größere Nußstücke hinzufügen und mit dieser Mischung zwei große, runde oder viereckige Oblaten füllen. Vor dem Servieren 2–3 Tage an einem trockenen, kühlen Ort aufbewahren.

## *Kartoffeltorte*

3 Eigelb, 180 g Zucker und 250 g gekochte, noch warm passierte Kartoffeln miteinander vermengen. Nach dem Auskühlen 50 g gemahlene Nüsse und den Eierschnee dazugeben. In gefetteter und mit Mehl bestreuter Form backen. Nach dem Auskühlen waagerecht halbieren und mit folgender Masse füllen: 250 g gekochte Kartoffeln warm passieren, ein nußgroßes Stück Butter, Zucker nach Geschmack und zuletzt 50 g gemahlene Nüsse daruntermischen. Die Masse reicht auch aus, um die Oberfläche der Torte zu bestreichen. Den Teig und die Füllung mit etwas Rum abschmecken.

## *Schokoladentorte*

*I.* 6 Eigelb und 6 Eßlöffel Zucker 15–20 Minuten rühren. Dann noch 50 g geriebene Schokolade, den Schnee der 6 Eiweiß und 3 Eßlöffel Mehl hinzufügen, gut verrühren und den Teig in einer mit Butter ausgestrichenen Form backen. Waagerecht durchschneiden und mit einer Marmelade oder Mokka- bzw. Schokoladencreme füllen. Die Torte oben und an den Seiten ebenfalls mit Creme überziehen und mit Schokoladestreuseln bestreuen. Der Teig dieser einfachen Schokoladentorte eignet sich gut für die Zubereitung von Petits fours oder anderem Gebäck (z. B. von Rigó Jancsi).

*II. Juristentorte.* 8 Eigelb und 3 Eier schaumig rühren. Je 300 g Puderzucker und abgezogene, gemahlene Mandeln dazugeben und zu Schaum schlagen. Zuletzt den steifen Schnee von 4 Eiweiß darunterziehen und bei schwacher Hitze zwei Tortenböden backen. Mit Schokoladencreme füllen und mit Schokoladenglasur überziehen.

*III. Mit Erdbeer- oder Himbeercreme und Schlagsahne.* 120 g Mehl mit der gleichen Menge Puderzucker, 7 Eigelb und dem Schnee von 3 Eiweiß vermengen. Gut verrühren – mindestens eine halbe Stunde –, dann 70 g geriebene Schokolade und etwas geriebene Zitronenschale dazugeben. Den Teig in zwei Teilen backen, die Torte mit Erdbeer- oder Himbeercreme füllen, mit gezuckerter Schlagsahne, eventuell mit Schokoladen- oder weißem Zuckerguß überziehen und mit kandierten Früchten garnieren.

*IV. Mandeltorte.* 6 Eigelb mit 150 g Zucker schaumig rühren. 150 g Butter, 70 g geriebene Schokolade, 150 g mit der Schale gemahlene Mandeln, 20–30 g feingeriebene Semmel und den Eierschnee dazugeben. In gefetteter, mit Mehl bestreuter Form backen. Danach dünn mit Aprikosenmarmelade bestreichen und mit Schlagsahne überziehen.

## Nusstorte

(Olympia) 7 Eigelb mit 7 Eßlöffeln Zucker, 50 g geriebener Schokolade, 1 Eßlöffel Mehl und dem Eierschnee vermengen. Vier Tortenböden backen, die Torte mit Nußcreme füllen, mit Schokoladenglasur überziehen und mit abgezogenen ganzen Mandeln garnieren.

## Irenentorte

8 Eigelb mit 140 g Zucker verrühren, 140 g abgezogene, gemahlene Mandeln, den Eierschnee und 50 g Mehl hinzufügen. In mit Butter ausgestrichener und mit Mehl bestreuter Form drei Tortenböden backen. Nach dem Auskühlen mit folgender Masse füllen: 120 g Zucker mit 120 g Butter, 1 Ei und 4 Eßlöffeln starkem Mokka gut verrühren. Auch die Außenseiten der Torte mit dieser Masse bestreichen und mit länglich geschnittenen Mandeln dicht bestreuen.

## Kakaotorte mit Kaffeecreme

250 g Zucker mit 8 Eigelb schaumig rühren. 120 g verrührte Butter, 200 g Feinmehl, 100 g Kakaopulver und den steifen Eierschnee dazugeben. Zwei Tortenböden backen, nach dem Auskühlen mit folgender Kaffeecreme füllen: 3 Eigelb mit 150 g Puderzucker und 4 Eßlöffeln starkem Mokka im Wasserbad unter ständigem Rühren zu einer dicken Masse kochen. Bis zum Auskühlen weiterrühren, dann zu 200 g schaumig gerührter Butter geben. Die fertige Torte mit Kaffeeglasur überziehen.

## Mokkatorte

*I.* 300 g Zucker, 6 Eigelb, den Schnee der 6 Eiweiß sowie 150 g Mehl verrühren und den Teig in 3–4 Teilen backen. Es ist ratsam, die Tortenmasse am Vortag zu backen und am nächsten Tag das Füllen mit folgender Creme vorzunehmen: 240 g Puderzucker mit 3 Eigelb schaumig rühren, 0,25 l starken Bohnenkaffee dazugießen und bei schwacher Hitze so lange rühren, bis die Masse zähe wird. Vom Herd nehmen und kräftig weiterrühren. In die lauwarme Creme dann 200 g schaumig gerührte Butter mischen. Die Torte auch außen mit dieser Creme überziehen und mit zerkleinerten Oblaten bestreuen.

*II. Mikadotorte.* Je 150 g gemahlene Nüsse und Mandeln mit 250 g Zucker und 7 Eigelb glattrühren. 70 g geriebene Schokolade und den steifen Schnee von 7 Eiweiß hinzufügen. Zwei Böden bei schwacher Hitze backen. Die Torte mit Mokkacreme füllen, auch oben damit bestreichen und dicht mit kleingebrochenen Oblaten bestreuen.

## Stephanientorte

*I.* Den Schnee von 8 Eiweiß mit 150 g Zucker, 200 g gemahlenen Mandeln (eventuell Nüssen) und 1 Eßlöffel feiner geriebener Semmel gut verrühren und den Teig in 3 Teilen backen. 8 Eigelb mit 120 g Zucker schaumig rühren, mit 1 Messerspitze Mehl und 0,4 l heißer Milch vermischen und im Wasserbad unter ständigem Rühren zu einer dicken Creme kochen. Auskühlen lassen, noch 150 g schaumig gerührte Butter und 50 g geriebene Schokolade dazugeben und die Tortenböden sowie die Oberfläche der Torte damit bestreichen.

*II.* Dünne Biskuitböden backen (5–6 Stück), zur Füllung folgende Creme bereiten: 0,5 l süße Sahne mit 500 g Zucker aufkochen, ein Stück Vanilleschote und 100 g zerkleinerte Blockschokolade dazugeben und bei schwacher Hitze so lange rühren, bis die Schokolade zerläuft. Vollständig erkalten lassen und glattrührend 200 g Butter hinzufügen.

## Sümeger Torte

250 g Haselnüsse und 250 g Zucker mit dem Schnee von 6 Eiweiß vermengen und zwei Böden backen. Nach dem Auskühlen mit folgender Masse füllen: 8 Eigelb mit 250 g Puderzucker und 70 g geriebener Schokolade so lange im Wasserbad rühren, bis die Masse eindickt. Ist sie etwas ausgekühlt, 100 bis 150 g schaumig gerührte Butter darunterziehen. Nach vollständigem Auskühlen die Torte mit dieser Masse füllen und auch außen damit bestreichen. Mit ganzen Haselnüssen garnieren und einige Stunden kalt stellen.

## *Tortenspezialitäten*

*Datteltorte* 150 g Zucker mit 6 Eigelb 30 Minuten lang rühren. 150 g abgezogene, gemahlene Mandeln und 150 g länglich geschnittene Datteln und den Eierschnee dazugeben. In gefetteter und mit Mehl bestreuter Form zwei Böden backen. Nach dem Auskühlen mit einer Masse aus gemahlenen Mandeln, geriebener Schokolade und etwas Milch füllen. Die Torte mit weißer Zuckerglasur überziehen, und als Garnierung auf die noch weiche Glasur halbierte Datteln kranzförmig anordnen.

## *Die Doboschtorte*

verdankt ihren Namen József Dobos, dem ausgezeichneten ungarischen Kochkünstler und Delikateßhändler.

Er war ein vielseitiger Mensch, und führte auch eine gewandte Feder. Er schrieb ein Kochbuch, gab ein Buch „Geheimnis für Frauen“ heraus und veröffentlichte gastronomische Plaudereien, in denen er über interessante historische Mittag- und Abendessen, über deren Teilnehmer, die Speisenfolge und über die Rezepte der aufgetragenen Gerichte berichtete. Sein Name aber wird vor allem in der nach ihm benannten Doboschtorte weiterleben, in dieser durch alle Generationen hindurch gleichermaßen beliebten Konditoreiware.

Das äußere Bild der Doboschtorte, die glänzende, durchsichtige, gebräunte Zuckerglasur, ist ebenso anziehend wie ihr Inhalt. Die vielen dünnen Tortenblätter und die Außenseite der Torte rundum werden mit einer dicken, sehr schmackhaften Butter-Schokoladencreme bestrichen. 1885 wurde dieses „Phantasiegebilde“, das aus feinen Biskuitschichten, Eiern, Butter, Kakaomasse und einer knusprigen, braunen Zuckerdeckschicht besteht und alle ähnlichen „Zeitgenossen“ überlebte, erstmalig bekannt. Die Doboschtorte eroberte gleichermaßen die Anhänger der damaligen Chantilly-, Ananas-, Augusten- und Paganinitorte, die Fans der Mohn- und Prophetentorte sowie die der Wiener Schnecke. Mindestens 30 verschiedene Neuheiten gerieten nach ihrem ersten Auftauchen wieder in Vergessenheit, die Doboschtorte jedoch bewies sich als unbesiegbar, sie erlebt sogar in der Gegenwart eine neue Glanzzeit! Sie ist in vielen Ländern Europas anzutreffen.

## Doboschtorte

Aus 6 Eigelb, 120 g Zucker, dem Schnee von 6 Eiweiß und 120 g Mehl einen Biskuitteig rühren und 5–7 gleich große Tortenböden backen. Nach dem Auskühlen mit folgender Creme füllen: 200 g Puderzucker, 6 Eier, etwas Vanille und 120 g geriebene Schokolade im Wasserbad zu einem dicken Brei rühren, etwas auskühlen lassen und 200 g glattgerührte Butter dazugeben. Mit dieser Creme auch die Seitenfläche der Torte bestreichen und die Oberfläche mit einer gebräunten Zuckerglasur überziehen. Die Torte läßt sich am besten aufschneiden, wenn der obere Tortenboden von den übrigen getrennt mit der Zukkerglasur überzogen und diese mit einem sehr scharfen, feuchten und angewärmten Messer sofort in Stücke geteilt wird. Das Deckblatt in diesem Zustand auf die Torte legen.

## Französische Torte

*I. Mit Marmelade und Weincreme.* Aus 120 g Mehl, 70 g Butter, 1 Eigelb, etwas Zucker, 1 Prise Salz und 1 Kaffeelöffel Rum einen Mürbeteig kneten und in einer mit Butter ausgestrichenen Form drei sehr dünne Böden backen. Einen Tortenboden mit Sauerkirsch- oder Erdbeermarmelade (eventuell Johannisbeermarmelade) bestreichen, den zweiten Boden darauflegen und mit Weincreme bestreichen, schließlich den dritten Tortenboden daraufdecken. Die Torte mit Zitronen- oder Apfelsinenglasur überziehen und mit kandiertem Obst garnieren. Weincreme auf folgende Weise bereiten: 130 g Zucker mit 1 Eßlöffel Mehl und 6 Eigelb verrühren, mit 0,5 l heißem Weißwein und dem Saft 1 Zitrone auffüllen. Die geriebene Zitronenschale hinzufügen, auf dem Herd so lange rühren, bis die Masse eingedickt ist. Vom Herd nehmen und bis zum Auskühlen der Masse weiterschlagen.

*II. Mit Obst.* Die gefettete Tortenform mit einem Buttermürbeteig belegen (aus 200 g Butter, 350 g Mehl, 2 Eigelb, 1 Prise Salz, 1 Eßlöffel Zucker und der entsprechenden Menge saurer Sahne). Auf den ca. 2–3 mm dick ausgerollten Teig 2–3 Reihen entkernte spanische Sauerkirschen legen und mit 0,2 l süßer Sahne, in der 70 g Zucker und 4 Eigelb verrührt wurden, übergießen. Darauf nochmal Buttermürbeteig geben, mit Ei bestreichen und das Ganze bei schwacher Hitze backen. Auch anderes Obst verwenden: Erdbeeren, Johannisbeeren, Aprikosen u. a.

## Kastanientorte

*I.* 14 schöne, große, gebratene Edelkastanien schälen und durchdrehen. 210 g Butter mit 210 g Zucker schaumig rühren und zusammen mit 140 g gemahlenen Mandeln, 3 Eiern, 5 Eigelb,

50 g kleingeschnittenem Zitronat und der geriebenen Schale $^1/_2$ Zitrone in den Kastanienbrei mischen. Die Torte in einer gefetteten Form backen. Nach dem Auskühlen mit weißer Zukkerglasur überziehen und mit kandierten Früchten verzieren. *II. Mit Schokolade.* 8 Eigelb mit 300 g Zucker glattrühren und 300 g durch ein Sieb gedrückte, in gezuckerter Milch gekochte Kastanien, 100 g geriebene Schokolade, 50 g gemahlene Mandeln, 50 g feine geriebene Semmel sowie den Schnee von 8 Eiweiß dazumischen. Den Teig bei schwacher Hitze backen und nach dem Auskühlen in zwei Tortenböden schneiden. Den oberen mit Schokoladenguß überziehen und mit Kugeln aus gezuckertem oder mit Schokolade überzogenem Kastanienpüree verzieren. Den unteren mit 0,3 l steifgeschlagener und gezuckerter Schlagsahne bestreichen, dann mit dem oberen Tortenboden bedecken und bis zum Servieren kalt stellen.

## Kokosnusstorte

6 Eigelb, 2 Eier und 300 g Puderzucker schaumig rühren. 250 g Kokosraspeln, die geriebene Schale 1 Zitrone und zuletzt den Eierschnee hinzufügen. Zwei Böden backen, nach dem Auskühlen dünn mit Johannisbeer- oder Himbeermarmelade füllen und mit einer Schokoladenglasur überziehen.

## Kongotorte

9 Eiweiß zu festem Schnee schlagen, 250 g Puderzucker, 50 g Mehl und 50 g gemahlene Nüsse hineingeben. Den Teig in einer mit Butter ausgestrichenen und mit Mehl bestreuten Form backen. Nach dem Auskühlen in drei Tortenböden schneiden und mit folgender Creme füllen: Aus 9 Eigelb, 7 Eßlöffeln Puderzucker und 2 Milchschöpflöffeln Mokka im Wasserbad eine dicke Creme bereiten, 250–300 g Butter hineinrühren. Auch die Oberfläche und die Seiten der Torte mit dieser Creme bestreichen und die Oberfläche mit Schokoladenstreuseln bestreuen.

## Mandeltorte

*I. Grillagetorte.* 250 g abgezogene Mandeln gründlich trocknen. (Diese Vorbereitung ist für das Gelingen der Grillage von großer Wichtigkeit.) 250 g Puderzucker ohne Wasser in einer Kasserolle auf dem Herd unter ständigem Rühren auflösen. Die teils würfelförmig, teils länglich zerschnittenen Mandeln, etwas geriebene Zitronenschale und den Saft 1 Zitrone dazumischen und alles so lange rühren, bis die Mandeln gelb werden. Nun die Grillagemasse auf eine mit Butter bestrichene Marmor- oder

Porzellanplatte geben und mit der ebenfalls eingefetteten Nudelrolle zu einer runden Platte ausrollen. Die Grillage dann ganz dünn in eine mit feinstem Öl ausgestrichene Napfkuchenform (mit Hilfe einer halbierten Zitrone) hineindrücken. Sobald sie völlig ausgetrocknet ist, aus der Form stürzen.

*II. Mit Honig.* 120 g Honig und 100 g Puderzucker mit 7 Eigelb 15 Minuten lang rühren. 120 g feines Mehl, 140 g abgezogene, gemahlene Mandeln, 60 g Schokolade, die geriebene Schale und den ausgepreßten Saft 1 Zitrone sowie eine reichliche Messerspitze Natron zufügen und zuletzt den Eierschnee darunterziehen. Bei schwacher Hitze backen, in drei Böden schneiden, mit Aprikosen-, Erdbeer- oder Himbeermarmelade füllen und mit Zitronen- oder Apfelsinenglasur überziehen.

## Haselnusstorte

*I.* Unter den sehr steif geschlagenen Schnee von 9 Eiweiß 300 g geröstete, gemahlene Haselnüsse und 300 g Puderzucker mischen. Zwei Böden backen, mit folgender Creme füllen: 9 Eigelb mit 120–150 g Puderzucker schaumig rühren, unter ständigem Rühren auf dem Herd aufkochen lassen. 60 g Schokolade in wenig Wasser auflösen und noch lauwarm zur Creme geben. Das Ganze mit 100 g schaumig gerührter Butter vermengen. Die Torte mit dieser Masse füllen und überziehen und mit 150 g gerösteten, gehackten Haselnüssen bestreuen. Die Torte einen Tag vorher zubereiten und an einem kalten Ort aufbewahren.

*II. Á la Garibaldi.* 250 g Haselnüsse mahlen, mit 250 g Zucker vermischen und den Schnee von 7 Eiweiß darunterziehen. In gefetteter Form zwei Böden backen. 7 Eigelb mit 7 Eßlöffeln Zucker, 2–3 Kaffeelöffeln starkem Mokka und 50 g geriebener Schokolade im Wasserbad zu einer dicken Masse kochen. Ist diese halb ausgekühlt, 100 g glattgerührte Butter dazugeben. Die Torte mit dieser Creme füllen und überziehen. Mit kleingehackten Haselnüssen oder Schokoladenstreuseln bestreuen.

## Apfelsinentorte

*I.* 8 Eigelb mit 8 Eßlöffeln Puderzucker schaumig rühren. 150 g abgezogene, gemahlene Mandeln, die geriebene Schale von 2 Apfelsinen und 2 Eßlöffel feines Mehl, das im Saft von 2 Apfelsinen geweicht wurde, hinzugeben, zuletzt den steifen Eierschnee unterziehen. Bei gleichmäßiger Hitze backen und mit folgender Masse füllen: Den Saft von 2 Apfelsinen und die geriebene Schale 1 Apfelsine mit 15 Würfelzucker so lange kochen, bis die Masse eindickt. Vom Herd nehmen und – wenn die Masse etwas ausgekühlt ist – 100 g Butter hineinrühren. Die Torte außen mit Schlagsahne bestreichen.

*II. Extra Apfelsinencremetorte-Spezialität.* 8 Eiweiß zu steifem Schnee schlagen, 150 g Puderzucker und 12 Eigelb dazurühren, nach und nach 150 g Mehl und 80 g heiße Butter zugeben. In eine gefettete und mit Mehl bestreute Form füllen und bei schwacher Hitze backen. Während des Backens die Herdtür nicht öffnen. Ist ein Lüftungsventil vorhanden, dann offenlassen, weil sonst diese große Masse – falls nicht achtgegeben wird – leicht zusammenfällt. (Ist kein Ventil vorhanden, die Herdtür einen Spalt offenlassen).

Nach dem Backen die Torte auf ein Gitter stürzen, auskühlen lassen und danach mit einem langen, dünnen Messer oben angefangen in waagerechte Scheiben (1 cm dick) schneiden. Die unterste, größte Scheibe auf ein glattes Brett oder gleich auf den Tortenteller legen und mit folgender Creme füllen: 10 Eigelb, 160 g Puderzucker, die über Zucker geriebene Schale 1 Apfelsine und 60 g Mehl gut verarbeiten. Langsam 1 l heiße Milch zugießen, das Ganze in einem Messingkessel über kleiner Flamme so lange mit dem Schneebesen schlagen, bis es fast kocht, d. h. eine cremeartige Konsistenz bekommt. Mit dieser Creme alle Tortenböden bestreichen. Mit einem Viertel der Creme die Torte von außen bestreichen (auch die Seitenflächen), oben mit Apfelsinenscheiben garnieren. Die einzelnen Tortenböden können auch vor dem Bestreichen mit der Creme mit Aprikosenmarmelade bestrichen werden, in die etwas geriebene Apfelsinenschale gegeben wurde.

## Russische Cremetorte

Aus 40 g Mehl, 60 g Zucker, 4 Eigelb und dem Schnee der 4 Eiweiß fünf dünne Tortenböden backen. 8 Eigelb, 120 g Zucker und 0,2 l süße Sahne (eventuell frische fetthaltige rohe Milch) im Wasserbad und unter ständigem Rühren zu einer dikken Creme kochen. Bis zum Auskühlen weiterrühren. Aus 0,4 l Sahne einen steifen Schaum schlagen, 120 g Vanillezucker, 60 g Rosinen – die einige Stunden vorher mit Rum bespritzt wurden – und 10–15 g aufgelöste Gelatine dazugeben, mit der Eiercreme vermischen. Eine Lage dieser Creme in die Tortenform füllen, einen Tortenboden darauflegen, dann wieder eine Schicht Creme und so fort. Das Ganze in den Kühlschrank stellen, vor dem Servieren auf eine Platte stürzen.

## Pischingertorte

5–6 große Oblaten mit folgender kalter Füllung bestreichen: 75 g zerlassene Butter mit 100 g geschmolzener Schokolade und 150 g abgezogenen, gerösteten und gehackten Mandeln oder

Haselnüssen vermischen. Die bestrichenen Oblaten übereinanderlegen und zwischen 2 Brettern mit einem schweren Gegenstand zusammenpressen. Einige Stunden lang so stehenlassen, danach die Oberfläche mit Schokoladenglasur überziehen und mit gehackten und gerösteten Mandeln oder Pistazien bestreuen.

## Punschtorte

Aus 6–8 Eiern einen Biskuitteig rühren und 4 Tortenböden backen. Die Creme folgendermaßen herstellen: 6–8 Eigelb mit 250 g Vanillezucker schaumig rühren, 0,2 l süße Sahne dazugeben und unter ständigem Rühren zum Kochen bringen. Vom Herd nehmen, 8–10 Blätter aufgelöste Gelatine in die Masse seihen und bis zum Erkalten weiter rühren. Sodann mit 0,5 l steifgeschlagener Sahne und je 100 g zerschnittener und am Vortag in ein wenig Rum geweichten Rosinen und Zitronat vermischen. Noch 1 Kaffeelöffel Rum in die Creme träufeln und danach die Tortenböden mit der Füllung bestreichen. Die Oberfläche und die Seiten mit einer rosafarbenen Punschtortenglasur überziehen, und die Torte bis zum Verbrauch im Kühlschrank halten.

## Sachertorte

125 g Butter mit 125 g Puderzucker schaumig rühren. Löffelweise 125 g geriebene Schokolade und einzeln nacheinander 6 Eigelb hineinrühren und alles gut vermengen. Danach den Schnee von 7 Eiweiß daruntermischen und zuletzt 135 g feines Mehl. In der ausgestrichenen Tortenform bei schwacher Hitze backen, auf ein Gitter stürzen und bis zum nächsten Tag stehenlassen. Dann die Oberfläche zunächst mit Aprikosenmarmelade und danach mit Schokoladenglasur überziehen.

## Sévignétorte

200 g abgezogene, gemahlene Mandeln mit 200 g Zucker und 6 Eigelb gründlich verrühren, den Saft $^1/_2$ Zitrone dazugießen und den Schnee der 6 Eiweiß darunterziehen. Den Teig in 3 Teilen backen. Die einzelnen Tortenböden mit folgender Masse füllen: 8 Eßlöffel Zucker mit 8 Eigelb verrühren, diese Masse mit 0,4 l süßer Sahne übergießen, 30 g Gelatine dazugeben und unter ständigem Rühren zu einer dicken Creme kochen. Die Creme nach dem Auskühlen mit kleingehackten kandierten Melonenschalen, Kirschen, Aprikosen, Birnen, Pflaumen, Zitronat usw. und schließlich mit 0,4 l geschlagener Sahne vermischen. Die Torte damit füllen. Auch die Oberfläche und die Seiten mit dieser Creme bestreichen und mit kandierten Früchten verzieren. Die Torte dann für einige Stunden kalt stellen.

**„Spanischer-Wind"-Torte** 12 Eiweiß mit 60 g Zucker zu einem steifen Schnee schlagen. Den Zucker erst langsam zugeben, wenn der Schnee etwas fest wird. Auf einem Papierbogen zwei gleich große Kreise zeichnen. Das Papier auf ein Backblech legen und die zwei Kreisflächen dick mit Eischnee bestreichen. An den Rand des einen Kreises mit der Spritztüte rundum kleine Kegelförmchen setzen. In lauwarmer Röhre vorsichtig und bei ganz schwacher Hitze mehr austrocknen als backen. Nach dem völligen Auskühlen den mit Kegelförmchen umkränzten Tortenboden vom Papier abziehen und mit gesüßter Schlagsahne füllen. (Im Winter mit Kastanienpüree, im Sommer Erdbeeren oder Himbeeren in die Schlagsahne geben.) Den anderen Tortenboden darauflegen und mit Schlagsahne garniert servieren.

**Quarktorte** *(Auf Grazer Art.)* 140 g Puderzucker mit 6 Eigelb schaumig rühren, 140 g weiche Butter, 140 g Quark, 140 g abgezogene, gemahlene Mandeln und zuletzt den Schnee der Eier darunterziehen. Das Ganze in eine gefettete, mit Mehl bestreute Tortenform füllen. Bei schwacher Hitze backen.

## Tortencremes und -glasuren

**Einfache Tortencreme, kalt bereitet** 150 g Butter mit 220 g Puderzucker schaumig rühren (ca. 25 Minuten). Ein Ei und 1 Eigelb hinzugeben, die Creme rühren, bis sie glatt und glänzend ist und die Puderzuckerkörnchen ganz verschwinden. Mit folgenden Zutaten abschmecken und verfeinern: 60 g geriebene Schokolade oder 50 g Kakaopulver; der Saft $^1/_2$–1 Zitrone, in diesem Falle soll ein Teil des Zuckers (50 g) aus Würfelzucker bestehen und diesen an der Zitronenschale abreiben; 150 g gemahlene Nüsse mit 0,1 l süßer Sahne abgebrüht und ausgekühlt; den Puderzucker mit 10 g feingemahlenem Kaffee vermischen und in die fertige Buttercreme 2 Eßlöffel starken Mokka geben; 150 g gemahlene und mit 0,1 l süßer Sahne abgebrühte Mandeln oder Haselnüsse sowie einige Tropfen Rum.

**Tortencremes** I. *Schokoladencreme.* 3 Eier zusammen mit 150 g Zucker im Wasserbad unter ständigem Rühren zu einer dicken Masse kochen, halb auskühlen lassen und dann 100 g Butter und 40 g geriebene Schokolade dazumischen.

*II. Schokoladencreme.* 60 g Schokolade, 3 Eigelb, 60 g Zucker und 0,15 l süße Sahne bei schwacher Hitze unter ständigem Rühren erhitzen, dann vom Herd nehmen und bis zum völligen Auskühlen weiterrühren. Die Creme als Tortenfüllung und als Überzug für Torten und warm für Puddings verwenden.
*III. Schokoladencreme.* Aus 4 Eigelb und 150 g Zucker im Wasserbad eine dickflüssige Creme kochen. 60 g geriebene, schaumig gerührte Schokolade mit 100 g Butter verrühren und mit der halb ausgekühlten Creme vermischen.
*IV. Haselnuß.* 130 g gemahlene Haselnüsse (Walnüsse oder Mandeln) mit 0,15 l Milch abbrühen. 130 g Butter mit der gleichen Menge Vanillezucker vermengen und mit den ausgekühlten Haselnüssen zu einer schönen weißen Masse verrühren. Die Haselnüsse vor dem Mahlen in der Röhre etwas erwärmen und die Haut mit einem sauberen Tuch gut abreiben.
*V. Vanillecreme.* 5 Eigelb mit 150 g Zucker glattrühren. 1 Eßlöffel feines Mehl und nach Geschmack Vanille dazugeben und mit 0,2 l Milch auffüllen. Über einem zur Hälfte mit kochendem Wasser gefüllten Topf erhitzen und so lange rühren, bis die Masse genügend eingedickt ist.
*VI. Vanillecreme.* 0,35 l süße Sahne mit $^1/_2$ Stange Vanille aufkochen. Vom Herd nehmen und so lange rühren, bis die Masse ausgekühlt ist, dann die Vanille herausnehmen. 70 g Zucker mit 5 Eigelb und 1 Kaffeelöffel feinem Mehl vermengen. Unter ständigem Rühren die mit Vanille abgeschmeckte süße Sahne hineingießen, aufkochen lassen und dann gleich vom Herd nehmen.
*VII. Mokkacreme.* 3 Eigelb mit 150 g Puderzucker und 4 Eßlöffeln gutem Bohnenkaffee im Wasserbad zu einer dicken Masse kochen, weiterrühren bis sie halb ausgekühlt ist und dann 200 g schaumiggerührte Butter daruntermischen.
*VIII. Nougatcreme.* 140 g zerlassene Butter mit 80 g geschmolzener Schokolade und einer Handvoll gerösteten, abgezogenen und gehackten Mandeln (oder auch mit Haselnüssen oder Walnüssen) vermischen. Die Creme erst völlig auskühlen lassen, dann auf die Oblaten oder auf die Tortenböden streichen.
*IX. Pischingercreme.* 175 g zerlassene Butter mit 100 g geschmolzener Schokolade und 150 g abgezogenen, gerösteten und zerkleinerten Mandeln (oder auch Haselnüssen) vermischen.
*X. Erdbeer- oder Himbeercreme.* 6 Eigelb, 6 ganze Eier, 250 g Zucker, 0,5 l Milch, $^1/_2$ Stange Vanille, 1 Eßlöffel Mehl, 1 Gläschen Orangenlikör und 250–300 g Erdbeer- oder Himbeermarmelade mit dem Schneebesen auf dem Herd zu einer dicken Creme schlagen (ohne die Masse aufkochen zu lassen). Danach vom Herd nehmen, die Vanille entfernen und bis zum

Auskühlen weiterschlagen. Die Creme mit Kermesbeerensaft rosa färben und schließlich 0,1 l steifgeschlagene Sahne daruntermischen.

## Tortenglasuren

I. *Weiße und bunte Grundglasur aus Zucker.* 250 g Zucker mit 0,2 l Wasser aufkochen und einige Tropfen Zitronensaft dazugeben. Den sich bildenden Schaum abschöpfen und die Masse so lange kochen, bis der Zucker, in kaltes Wasser geträufelt, nicht mehr zerläuft. Dann vom Herd nehmen, die Oberfläche mit kaltem Wasser bespritzen, das Ganze auskühlen lassen und danach die Masse mit einem Holzstäbchen oder Kochlöffel so lange rühren, bis sie weiß ist. Vor dem Gebrauch etwas erwärmen, nach Belieben abschmecken und mit Speisefarben (z. B. auch Spinatsaft, Safran) färben. Sollte sie zu dick geraten, mit etwas Wasser oder Eiweiß verdünnen.

II. *Weiße Zuckerglasur.* 280 g Puderzucker mit 2 Eiweiß und dem Saft 1 Zitrone schaumig und dickflüssig rühren. Die Glasur gleichmäßig auf die Torte streichen. Einige Minuten in die lauwarme Backröhre schieben, damit das Ganze fest wird. Die Glasur auch bunt färben.

III. *Braune oder gelbe Zuckerglasur.* 280 g Puderzucker mit 2 Eiweiß und 4–5 Tropfen Zitronensaft kräftig verrühren. Diese Masse mit geriebener Schokolade braun oder mit Safransaft gelb färben.

IV. *Gebräunte Zuckerglasur.* 200 g Puderzucker unter ständigem Rühren hell bräunen. Die kleinen Körnchen zwischendurch mehrmals glattrühren, dazu den Zucker vom Herd nehmen. Ist er bräunlich und transparent geworden, den Zucker über die Torte gießen, ein Messer in heiße Butter tauchen und damit die Glasur schnell glattstreichen.

V. *Schokoladenglasur.* Am einfachsten aus handelsfertiger Tunkmasse bereiten, diese nur auflösen und über die Torte gießen. Mit einem nassen Messer glattstreichen. Damit die Glasur Glanz bekommt, während des Auflösens ein Stück Kakaobutter hinzufügen.

VI. *Schokoladenglasur.* 200 g geriebene Schokolade und 150 g Puderzucker zusammen mit 0,2 l Wasser unter ständigem Rühren zu einer dicken Masse kochen, so daß ein Tropfen, den man auf einen Teller fallen läßt, nicht mehr verläuft. Ein kleines Stückchen Butter daruntermischen, die Glasur auf die Oberfläche der Torte gießen und mit einem angefeuchteten Messer glätten.

*VII. Glänzende Schokoladenglasur.* 250 g Schokolade, 250 g Zucker und 1 Glas (0,25 l) Wasser dickflüssig kochen. Dann vom Herd nehmen, die Masse mit der Rückseite des Kochlöffels an der Gefäßwand zerdrücken, lauwarm über die Torte gießen und mit dem Messer glattstreichen – entsprechend der gewünschten Stärke. Kleines Gebäck mit einer Gabel in die Glasur tauchen, auf ein Brett legen und in der lauwarmen Röhre mit etwas geöffneter Tür trocknen lassen.

*VIII. Kaffeeglasur.* 250 g Würfelzucker in 0,2 l Wasser dickflüssig kochen. Das Gefäß in kaltes Wasser stellen und den Zucker mit einigen Tropfen kaltem Wasser bespritzen. Nach völligem Auskühlen mit einem Kochlöffel zu einer weißen, mürben Masse rühren, mit starkem Bohnenkaffee aufgießen und dick einkochen lassen. Vom Herd nehmen, in die Masse ein kleines Stückchen Kakaobutter rühren und, wenn diese völlig aufgelöst ist, die Glasur über die Torte gießen und mit einem angefeuchteten breiten Messer glätten.

*IX. Zitronen- oder Apfelsinenglasur.* Den Saft von 1 Zitrone oder 2 Apfelsinen in so viel Puderzucker geben, daß ein dickflüssiger Brei entsteht. Ist die Masse während des Glattrührens noch zu dick, mit einigen Tropfen Wasser verdünnen; ist sie zu dünnflüssig, dann etwas Puderzucker hinzufügen.

*X. Rosafarbene Punschtortenglasur.* 250 g Zucker mit 0,2 l Wasser aufkochen und einige Tropfen Zitrone hineingeben. Den Schaum abschöpfen. Dann so lange kochen, bis der Zucker, in kaltes Wasser getropft, nicht mehr zerfließt. Vom Herd nehmen, die Oberfläche mit etwas kaltem Wasser bespritzen und auskühlen lassen. Mit einem Kochlöffel so lange rühren, bis ein weißer, mürber Brei entsteht. Apfelsinensaft und Rum zugießen und verrühren, den Brei erwärmen und mit Speisefarbe rosa färben. Lauwarm über die Torte gießen und mit einem in warmes Wasser getauchten Messer glätten. In lauwarmer Backröhre, bei etwas geöffneter Tür, trocknen lassen.

## Wie bekommt die Glasur Glanz?

Das mit Zuckerglasur überzogene Gebäck (Torten, Petits fours usw.) erhält einen dauerhaften Glanz, wenn es in die lauwarme Röhre (bei etwas geöffneter Tür) gestellt und dort 5–6 Minuten lang getrocknet wird. Der Erfolg dieser Behandlung kann festgestellt werden, indem man mit dem Finger leicht über das Gebäck streicht. Ist die Oberfläche nicht mehr klebrig, sondern spiegelglatt, kann das Gebäck herausgenommen werden. Der Glanz wird jedoch auch durch feuchte Luft oder Küchendampf verdorben. Das Gebäck ist deshalb nach der Behandlung in der

Röhre sofort an einen kühlen und trockenen Platz zu stellen. Das mit Schokoladentunkmasse überzogene Gebäck ist sofort kalt zu stellen, da die Masse fest wird und den Glanz beibehält.

*Zubereitung von Tortenbeschriftungen*

Die Masse für Tortenbeschriftung ist am einfachsten aus einer Mischung von Eiweiß und Puderzucker herzustellen. Den Zucker mit dem Eiweiß zu einer breiigen Masse verrühren, dann einige Tropfen Essigsäure dazugeben und alles weiterrühren, bis eine zähe Masse entsteht. Die gewünschte Aufschrift oder Verzierung mit Hilfe eines Spritzbeutels auf die Torte auftragen. Zu Beschriftungen eignen sich auch Schokoladenglasur oder andere dicke und zähflüssige Zuckerglasuren.

## Konditoreiwaren

*Ischler*

Aus 140 g fester Butter, 140 g Mehl, 70 g Zucker und 70 g ungeschälten gemahlenen Mandeln einen Teig kneten, $^1/_2$ cm dick ausrollen, die Ischler mit einer Pfannkuchenform ausstechen und bei schwacher Hitze backen. Nach dem Auskühlen jeweils zwei Stück mit Himbeer- oder Johannisbeermarmelade zusammenkleben und mit Schokoladenglasur überziehen.

*Mandel- oder Haselnusshörnchen*

250 g Mandeln oder Haselnüsse mahlen und mit 500 g Puderzucker, der geriebenen Schale $^1/_2$ Zitrone und mit Eiweiß zu einem weichen, doch nicht flüssigen Teig sehr gründlich verrühren. 250 g geschälte Mandeln in dünne Scheiben oder größere Stückchen schneiden, trocknen lassen und in einer 1 cm dicken Schicht aufs Brett legen. Mit dem Löffel vom zubereiteten Teig Stücke abstechen, in den geschnittenen Mandeln wälzen und mit leichtem Druck zu breiten und flachen Hörnchen formen. Diese auf ein mit Butter bestrichenes und mit Mehl bestreutes Kuchenblech legen und in der Röhre bei schwacher Hitze $^1/_4$ Stunde lang backen. Danach in die Mitte eines jeden Stückes mit dem Stiel des Kochlöffels eine kleine Vertiefung eindrücken und mit Aprikosenmarmelade füllen. Das fertige Gebäck in noch warmem Zustand mit folgender Glasur bestreichen: einige Stück Würfelzucker in etwas Wasser dickflüssig kochen. Sollte sie zu dick geraten, mit Wasser verdünnen. Ist sie aber zu dünn, dann das Kochen fortsetzen. Möglichst mit einer Feder oder einem Pinsel bestreichen.

## *Rehrücken (mit Schokolade)*

10 Eigelb mit 200 g Puderzucker schaumig rühren, nach und nach 200 g ungeschälte geriebene Mandeln, ca. 40 g feingeriebene Semmel, die geriebene Schale ½ Zitrone, etwas gestoßenen Zimt sowie den Schnee von 8 Eiweiß hinzufügen und diese Masse ¾ Stunden lang in einer länglichen, gefetteten Form bei schwacher Hitze backen. Nach dem Auskühlen mit Schokoladenguß überziehen und längliche, dünne Mandelstückchen hineinstecken. Das Gebäck mit gezuckerter Schlagsahne auftragen.

## *Gefüllte Oblaten (Waffeln)*

*I.* 100 g geröstete, gemahlene Haselnüsse und 100 g gebräunten Zucker miteinander vermischen. Zusammen erneut mahlen. 100 g Butter und 100 g Zucker mit 2 Eigelb im Wasserbad zu einer dicken Masse kochen. Das Ganze zu den Nüssen mischen und zwischen zwei große Waffeln streichen.

*II.* 220 g gemahlene Haselnüsse, 300 g Zucker, 6 steifgeschlagene Eiweiß sowie etwas Zitronenschale und Vanille unter ständigem Rühren aufkochen lassen, eine Messerspitze Zimt dazurühren. 3–4 Waffeln damit bestreichen und aufeinander legen, dann 10 Minuten trocknen lassen. In 2–3 cm breite Streifen schneiden, auf einem mit Mehl bestreuten Kuchenblech bei schwacher Hitze mehr trocknen als backen.

## *Budapester Schnitten*

180 g Mehl, 150 g Butter, 60 g Zucker, 150 g nicht enthäutete, gemahlene Mandeln sowie je eine Messerspitze Zimt und Natron zu einem Teig kneten. Etwa 2–3 mm dick ausrollen und mit einer runden oder ovalen Ausstechform, in zwei verschiedenen Größen, Teig abzupfen. Diese gezupften Plätzchen auf einem leicht gefetteten und mit Mehl bestreuten Kuchenblech backen. Die Ränder der größeren Formen oben mit einer grünen, die kleineren ganz mit einer rosafarbenen oder weißen Zuckerglasur bestreichen. Je eine kleinere und größere Form mit Erdbeer- oder Himbeermarmelade zusammenkleben. In die Mitte der oberen – kleineren – Form eine Kompottkirsche legen.

## *„Wiener Schnitten“ aus Linzer Teig*

*I.* 250 g Margarine, 400 g Mehl, 150 g Zucker, 1 Eigelb, geriebene Zitronenschale, Zimt, eine Handvoll gemahlene Nüsse und sehr wenig saure Sahne durchkneten. Den Teig halbieren und jeweils für sich backen. Den einen Boden nach dem Backen, noch warm, in beliebig große Vierecke schneiden. Den anderen, auf dem Kuchenblech verbliebenen Boden nach dem Auskühlen mit Nußcreme bestreichen, die Vierecke darauflegen und dementsprechend das Gebäck aufschneiden. Nußcreme: 100 g gemahlene Nüsse mit reichlich 0,05 l Milch brühen. 100 g Butter mit 100 g Puderzucker schaumig rühren. Wenn die Nußmilch ausgekühlt ist, beide Massen gut vermischen. Ein Schuß Rum verfeinert noch den Geschmack.

*II.* Aus 50 g feingeriebenen, durchgesiebten Mandeln, 50 g Zukker, 100 g Mehl, 100 g Butter, etwas geriebener Zitronenschale und ein wenig Zimt einen Teig kneten, zu einem Viereck ausrollen, auf ein Backblech legen und bei schwacher Hitze backen. Den Teig noch warm halbieren. Einen Teil in beliebig große Vierecke schneiden und den anderen mit folgender Füllung belegen: 80 g gemahlene Nüsse mit 80 g Zucker, etwas Vanille, 1 Kaffeelöffel Rum und süßer Sahne zu einer gut streichbaren Masse vermischen. Die Vierecke genau nebeneinander auf den bestrichenen Teig legen und nun entsprechend den Spalten auch das untere Teigblatt in Vierecke schneiden. Die Schnitten mit Vanillezucker bestreuen.

## Eisenbahnschnitten

140 g Puderzucker mit einem Ei und 5 Eigelb schaumig rühren. Löffelweise 140 g ungeschälte, gemahlene Mandeln, eine Handvoll in Rum geweichte geriebene Semmel und zuletzt den Schnee der 5 Eiweiß dazugeben. Alles gut vermischen, auf ein gefettetes, mit Mehl bestreutes Backblech geben (der gebackene Teig soll 2 cm hoch sein) und etwa 15–20 Minuten goldbraun backen. Nach dem Auskühlen trapezförmig schneiden und jedes Stück waagerecht halbieren, so daß jeweils zwei 1 cm hohe Gebäckstücke entstehen. Das untere Bodenstück dick mit steifgeschlagener, gesüßter Schlagsahne bestreichen, den oberen, aufgesetzten Teil mit Schokoladenglasur überziehen. Den Teig auch auf einem größeren Backblech backen, so daß er nur 1 cm hoch ist, dann selbstverständlich je 2 Schnitten übereinanderlegen.

## Haselnussschnitten

*I. Auf Pécser Art.* 150 g geröstete, feingemahlene Haselnüsse locker mit dem Schnee von 5 Eiweiß und 150 g Puderzucker verrühren. Auf einem gefetteten, mit Mehl bestreuten Kuchenblech vorsichtig, nur bei schwacher Hitze, goldgelb backen. Noch warm vierteln. Die vier Teile mit folgender Creme bestreichen und dann übereinanderlegen: 3 Eigelb, 150 g Puderzucker, 0,1 l starken Mokka und etwas Vanille im Wasserbad zu einer dicken Creme kochen. Nach dem Auskühlen 100 g schaumig gerührte Butter hinzufügen. Es empfiehlt sich, den Teig einen Tag vor dem Füllen zu backen.

*II. Mit Erdbeeren.* 170 g geröstete, gemahlene Haselnüsse, 8 Eigelb, 170 g Zucker, etwas Zitronensaft und geriebene Zitronenschale, 140 g feingeriebene Semmel – eventuell Mehl – und 55 g zerlassene Butter zu einem Teig kneten. Zwei Böden backen, mit Erdbeer-, Himbeer- oder Johannisbeermarmelade füllen und mit weißer Zitronenglasur überziehen.

## Mokkaschnitte

In den steifgeschlagenen Schnee von 7 Eiern 125 g Zucker, 7 Eigelb und 125 g Mehl unterrühren. Gut vermischen und ca. 1 cm dick auf ein gefettetes, mit Mehl bestreutes Backblech geben und bei schwacher Hitze backen. Nach dem Auskühlen mit folgender Mokkacreme füllen: 3 Eigelb, 450 g Puderzucker und 4 Eßlöffel Mokka kochen, dabei ständig rühren. Ist die Masse lauwarm ausgekühlt, 200 g schaumig gerührte Butter zufügen. Das gefüllte Gebäck mit einer Kaffeeglasur überziehen. Die Creme auch ohne Butter bereiten, und zwar: 0,15 l Mokka mit 150 g Puderzucker zu einer dicken Masse kochen. In den steifen Schnee von 3 Eiweiß 2 Eigelb unterziehen. Dann diese Mischung nach und nach, unter ständigem Rühren, in den kochenden Mokkasirup geben und zusammen dick kochen. Bis zum Erkalten rühren.

## Himmlisches Gericht

Aus 6 Eiern einen Biskuitteig bereiten. Nach dem Auskühlen in Würfel schneiden, diese reichlich mit einem Gemisch aus Milch und Rum begießen und in der Mitte einer mit Butter ausgestrichenen, feuerfesten Schüssel aufhäufeln. Aus 5 Eigelb, 0,15 l süßer Sahne oder Milch, 80 g geriebener Schokolade und 5 Eßlöffeln Puderzucker auf dem Herd oder über Dampf eine dicke Creme kochen und über die Biskuitwürfel gießen. Den festen Schnee der 5 Eiweiß nach Geschmack mit Zucker süßen, 1–2 Eßlöffel Aprikosenmarmelade daruntermischen und diese Masse über den Biskuithügel gießen. Das Ganze so lange backen, bis der Schnee eine bräunliche Farbe annimmt.

## Schaumbecher

Dem Gewicht von 6 Eiern entsprechend Zucker und Mehl sowie 6 Eier miteinander vermengen. Gut durchkneten und auf einem gefetteten Backblech in kleinen Abständen mit einem Kaffeelöffel kleine Teighäufchen setzen. Nach dem Backen noch warm zu Bechern formen und auf ein Gitter legen. Vor dem Servieren mit gesüßter Schlagsahne füllen.

**Kastanienrolle** Aus 1 kg Kastanien und 250 g Zucker ein Püree bereiten und mit 250 g schaumig gerührter Butter sowie 2–3 Eßlöffeln Sauerkirsch- oder Kirschlikör (eventuell Orangenlikör) vermischen. Diese Masse auf eine mit Zucker bestreute Serviette stürzen und darin zu einer Rolle formen. Nach dem Auskühlen mit Schokoladenglasur überziehen, kalt stellen und vor dem Servieren in dünne Scheiben schneiden.

**Kastanienpyramide** 1 kg in Milch gekochtes, gezuckertes und passiertes Kastanienpüree mit Vanillezucker und Rum, eventuell mit Orangenlikör, abschmecken. Von dieser Masse eine Schicht auf eine Glasplatte legen, dünn mit Erdbeer-, Himbeer- oder Sauerkirschmarmelade bestreichen, dann erneut Kastanienpüree schichten. Auf eine Lage gemahlener Nüsse oder Mandeln als letztes eine Mischung aus Quittengelee und Kastanienpüree geben. Das Ganze wird pyramidenförmig, nach oben schmaler werdend geschichtet und mit gesüßter Schlagsahne überzogen.

**Kastanienrolle** 8 Eigelb mit 150 g Zucker und 150 g Mehl vermischen und schließlich den Schnee der 8 Eiweiß darunterziehen. Den Teig fingerdick auf ein reichlich mit Butter ausgestrichenes Backblech gießen und backen. Den gebackenen Teig dann auf eine mit viel Zucker bestreute Serviette stürzen, mit Kastanienpüree bestreichen und mit Hilfe der Serviette zu einer Rolle formen. Die Oberfläche kann mit Schokoladenglasur überzogen werden.

**Geschichtete Leckerbissen** *I. Hexencreme.* Aus 1 kg Kastanien auf übliche Weise ein Püree bereiten. 1 kg gebratene Äpfel passieren, nach dem Auskühlen 1 Eiweiß dazugeben und 30 Minuten mit dem Schneebesen schlagen, danach 5 Eßlöffel Puderzucker daruntermischen. Schichtweise auf eine Glasplatte geben: eine Lage Kastanienmasse, eine Lage Apfelschnee usw. Das Ganze mit gesüßter Schlagsahne überziehen. Dazu Löffelbiskuit reichen.

*II. Erdbeer–Mandel-Plätzchen.* Eine feuerfeste Schale mit in Wein getauchten Mandelplätzchen (eventuell aus Haselnüssen) oder Löffelbiskuit auslegen, 2–3 cm dick mit Erdbeeren bedecken, gut zuckern und mehrere Stunden an einen kühlen Ort stellen. 3 Eigelb mit 100 g Zucker und 30 g Mehl verrühren, unter ständigem Rühren langsam mit 0,5 l heißer Milch auffüllen. 100 g abgezogene, gemahlene Mandeln darunterrühren und auf dem Herd, unter ständigem Rühren, chaudeauartig eindicken. Auf die Erdbeeren gießen und gleichmäßig verteilen. Den steifen Schnee der 3 Eiweiß (eventuell auch mehr) darüberstreichen und in die lauwarme Backröhre schieben, damit der Schaum etwas fest wird. Verfärben darf er sich nicht! Bevor man die Schale in die Backröhre schiebt, mit etwas Puderzucker bestreuen.

*III. Schlagsahnenpastete.* In 250 g Mehl 200 g dünne Butterscheiben geben, mit der Hand gut zusammendrücken und zerbröckeln. In den zerbröckelten Teig 2 Eßlöffel Zucker, 1 Ei, 1 Eigelb, 1 Prise Salz und ½ Eßlöffel süße oder saure Sahne geben. Zuerst mit dem Messer, später mit der Hand gut durcharbeiten und einen glatten Teig kneten. 2–3 mm dick ausrollen (nur mit ganz wenig Mehl bestreuen) und doppelt einschlagen, so daß ein dreischichtiger Teig entsteht. Mit einem Tuch bedecken, 30 Minuten ruhenlassen. Danach erneut ausrollen und zusammenschlagen, 15 Minuten ruhenlassen, dann dünn ausrollen. Die Tortenform mit etwa zwei Drittel des Teiges auslegen, einen Rand drücken und mit folgender Creme füllen: 140 g Butter sehr schaumig schlagen, einzeln 8 Eigelb und löffelweise 140 g Zucker sowie 80 g feine geriebene Semmel zugeben. Die geriebene Schale ½ Zitrone, 0,2 l süße Sahne (oder frische saure Sahne) und den steifen Schnee von 4 Eiern daruntermischen. Aus einem Teil des verbliebenen Teiges eine Oberschicht bereiten, mit den Fingern die Ränder der beiden Böden zusammendrücken. Aus dem restlichen Teig Sternchenformen zupfen und damit die Pastete garnieren, mit Eiweiß bestreichen und bei schwacher Hitze 45 bis 60 Minuten backen.

## Spanischer Äpfelkuchen

Eine gefettete Tortenform mit einem Buttermürbeteig auslegen. 750–1000 g schmackhafte Äpfel schälen und in dünne Scheiben schneiden. Gut zuckern, mit Zimt bestreuen und 100 g kleingeschnittene oder durchgedrehte Rosinen dazugeben. Eine Schicht Äpfel auf den Tortenboden legen, zuckern, einige Butterflöckchen darübergeben, dann folgt wieder eine Lage Äpfel, Zucker, Butter, bis die Form gefüllt ist. Das Ganze mit Mürbeteig bedecken. Die Ränder der beiden Teighälften gut zusammendrücken und bei schwacher Hitze goldgelb backen.

## Biskuitscheiterhaufen mit Creme

*I.* Aus je 150 g Butter, abgezogenen, gerösteten Mandeln und Zucker sowie aus 3 Eigelb kalt eine Creme rühren.Größere Löffelbiskuits mit Milch, der ein Schuß Rum beigemengt wurde, bespritzen. In eine tiefe Glasschüssel zuerst Creme füllen. Biskuits daraufschichten, erneut Creme geben und so weiter in Scheiterhaufenform schichten, bis die Masse aufgebraucht ist. 6–8 Stunden im Kühlschrank aufbewahren, vor dem Servieren reichlich mit gesüßter Schlagsahne überziehen.

II. *Ilonacreme.* Aus 4 Eigelb, je 150 g Zucker und Butter und 80 g abgezogenen, gemahlenen Mandeln kalt eine Creme rühren. 14–16 große Löffelbiskuits in süßen, sehr starken Mokka tauchen. Diese in eine Glasschüssel schichten, darauf eine Lage Creme geben, erneut Biskuit, so lange die Masse reicht. Das Ganze mit Schlagsahne überziehen.

### Cremes für Gebäck

I. *Schokoladencreme.* 100–150 g Schokolade in wenig Wasser auflösen, nach dem Auskühlen 0,3 l geschlagene süße Sahne darunterrühren. Vorsichtig, damit der Schaum erhalten bleibt! Die Schlagsahne nach Geschmack zuckern.

II. *Vanillecreme für Windbeutel.* 5 Eigelb mit 150 g Zucker glattrühren, dann 1 Eßlöffel feines Mehl und nach Geschmack die Vanille dazugeben. Die Masse mit 0,2 l Milch verdünnen und über Dampf unter ständigem Rühren zu einer dicken Creme kochen.

III. *Vanillecreme.* 0,35 l süße Sahne mit einer halben Stange Vanille aufkochen. Vom Herd nehmen und so lange rühren, bis die Sahne ausgekühlt ist, danach die Vanille entfernen. 70 g Zukker, 5 Eigelb und einen Kaffeelöffel feines Mehl miteinander verquirlen. Während des Quirlens die Vanillesahne zugießen, auf den Herd stellen und bis zum Aufwallen weiterrühren. Dann vom Herd nehmen.

# Feinbäckereispezialitäten

## In den Konditoreien

gehören Cremeschnitten, Schokoladenkartöffelchen, und Mohrenköpfe keinesfalls zu den Spezialitäten. Ihre Zubereitung ist leider zu Hause ziemlich kompliziert, so daß sich nur sehr wenige Frauen daranwagen. Der Vollständigkeit halber wollen wir jedoch auch diese Konditoreiwaren erwähnen und hoffen, daß es doch einige mutige Kochkünstler gibt, die deren Zubereitung ausprobieren. Vielleicht gelingt es zu Hause sogar besser.

Es gibt auch Neugierige, die genau wissen möchten, was eigentlich diese Leckerbissen, mit denen sie seit ihrer Kindheit in Freundschaft verbunden sind und die auch heute noch überall gängig sind, enthalten. Diese außerordentlich feinen und wohlschmeckenden Bissen haben oft sehr interessante Histörchen, wie z. B. die des „Rigó Jancsi". Er erinnert an die Entführungsromanze der französischen Gräfin Chimay durch den berühmten ungarischen Zigeunerprimas gegen Ende des vorigen Jahrhunderts. Beim Forschen nach den Größen der Mohrenköpfe wurden auch solche mit einem Durchmesser von 25 cm gefunden. Die Palme errang jedoch jener zwei Meter hohe (und vorschriftsmäßig mit Schlagsahne gefüllte) Mohrenkopf, der beim Aufmarsch der Wiener Konditoren im Juni 1929 auf einem von zwei Pferden gezogenen Wagen in der österreichischen Hauptstadt gezeigt wurde . . .

*Cremeschnitten.* Einen Butterblätterteig auf folgende Art zubereiten: Zunächst von dem 500 g trockenen, durchgesiebten Mehl einen kleinen Teil wegnehmen und mit 500 g vorher durchgekneteter Butter vermischen. Auch von der Butter vorher ein Stückchen wegnehmen. Aus diesem Stück Butter, dem übrigen Mehl, etwas Salz und kaltem Wasser einen butterweichen Teig rühren und zusammen mit dem Butterblätterteig vorerst an einem kalten Ort zugedeckt stehenlassen. (Auch die Zubereitung des Teiges muß in einem kühlen Raum erfolgen.) Dann den Teig auf einem mit Mehl bestreuten Brett in Viereckform ausrollen, den Butterblätterteig in die Mitte legen, den Teig von allen vier Seiten darüberfalten und quadratförmig ausrollen. Einfach zusammenfalten und wieder ausrollen. Dann zweifach zusammenfalten und 20 Minuten zugedeckt an einem kalten Ort stehenlassen. Dieses Verfahren noch zweimal nach jeweils 20 Minuten wiederholen. Dabei beachten, daß der Butterblätterteig mit der Nudelrolle behandelt und so wenig wie möglich mit der Hand berührt wird. Das Brett nur sehr sparsam mit Mehl bestreuen, überflüssiges Mehl abfegen. Den Teig halbieren und zu gleich großen, 2–3 cm dicken Platten ausgerollt auf ein Blech legen, mit der Gabel etwas einstechen und in der heißen Röhre schön hellgelb backen. Nach dem Auskühlen das eine Teigstück mit kalter Vanillecreme bestreichen, die Oberfläche glätten und das zweite, in gleich große Quadrate geschnittene Teigblatt darüberlegen. Das Ganze mit Vanillezucker bestreuen. Die Creme folgendermaßen zubereiten: 6 Eigelb mit 100 g Vanillezucker und 50 g Mehl vermischen, mit 0,4 l Milch verdünnen und bei schwacher Hitze so lange rühren, bis die Masse cremeartig wird. Dann den mit 40–50 g Zucker gesüßten Schnee der 6 Eiweiß unter die heiße Creme mengen.

## Kartöffelchen mit Vanillecreme

70 g Zucker mit 4 Eigelb schaumig rühren, 1 Kaffeelöffel Rum und den Schnee von 3 Eiweiß daruntermischen. 100 g Mehl dazugeben und den Teig gut glattrühren. Mit dem Eßlöffel kleine Häufchen auf das mit weißem Papier ausgelegte Kuchenblech setzen und bei schwacher Hitze backen. Nach dem Auskühlen den Kartöffelchen von unten ein Loch eindrücken und mit Vanillekrem füllen. Je zwei Kartöffelchen zusammensetzen, dann in eine Glasur aus 250 g abgezogenen, gemahlenen Mandeln, 250 g Puderzucker und 1 Eiweiß tauchen und anschließend in Kakaopulver wälzen. Mit einem scharfen Messer stellenweise einritzen, damit die Kartöffelchen wie Pellkartoffeln mit aufgeplatzter Schale aussehen. Anstelle von Vanillecreme auch mit Schokoladencreme füllen.

## Mohrenköpfe

4 gestrichene Eßlöffel Puderzucker mit 5 Eigelb 15 Minuten lang schaumig rühren. Vorsichtig den steifgeschlagenen Schnee der 5 Eiweiß darunterziehen und 5 gestrichene Eßlöffel feines, gesiebtes Mehl ganz leicht darunterrühren. Die Masse muß locker bleiben und darf nicht zerlaufen. Mit der Spritztüte Häufchen von 5–6 cm Durchmesser auf das mit weißem Papier ausgelegte Kuchenblech drücken. Bei schwacher Hitze backen. Während des Backens die Herdtür einen kleinen Spalt offenlassen, damit der Dampf entweichen kann. Die gebackenen Mohrenköpfe etwas auskühlen lassen, mit dem Messer aushöhlen, das Äußere mit Schokoladenguß überziehen und kühl stellen. Vor dem Servieren mit gesüßter Schlagsahne füllen und je zwei aufeinandersetzen.

## „Rigó Jancsi"

6 Eigelb 15–20 Minuten lang mit 6 Eßlöffeln Puderzucker verrühren. 40 g geriebene Schokolade, den steifen Schnee der 6 Eiweiß und zuletzt 3 Eßlöffel Mehl daruntermischen. Den Teig gut vermengen, 1 cm dick ausrollen und auf zwei (15×20 cm) gefetteten Kuchenblechen backen. Nach dem Auskühlen den einen Boden mit folgender Creme füllen: In 0,4 l steifgeschlagene Schlagsahne vorsichtig die Mischung aus 80 g Puderzucker und 40 g Kakaopulver unterziehen, mit etwas Vanille abschmecken. Die Creme 4–5 cm dick auftragen. Den zweiten Boden mit Schokoladenglasur überziehen und nach dem Trocknen in 15–20 gleich große Stücke schneiden. Diese Stücke genau nebeneinander auf den mit Creme bestrichenen Boden setzen und das Gebäck mit einem warmen, angefeuchteten Messer den Spalten entsprechend aufschneiden.

## „Schinken“ aus Nüssen, Mandeln und Schokolade

50 g gemahlene Nüsse und 400 g Zucker mit etwas Wasser erwärmen und so viel Kermesbeere hinzugeben, daß die Masse fleischfarben wird. Auf einer Platte zu einem Schinken formen, das wird das „Fleisch“. 250 g abgezogene, gemahlene Mandeln mit 200 g Zucker vermengen, erwärmen und so viel Zitronensaft dazugeben, daß die Masse zusammenhält, das wird der „Speck“. Das Ganze mit Schokoladenglasur überziehen, das ist die „Haut“. Die zum „Schinken“ zusammengesetzte Delikatesse in den Kühlschrank stellen und an der Tafel aufschneiden.

## Windbeutel

0,25 l Milch oder Wasser mit 70 g Butter und 1 Prise Salz so lange auf dem Herd rühren, bis die Masse aufkocht. Danach sofort 140 g feines Mehl darin glattrühren. Vom Herd nehmen und so lange weiterrühren, bis die Masse ausgekühlt ist. Einzeln 6 Eigelb dazuschlagen und jedesmal glattrühren. Auf ein gefettetes und mit Mehl bestreutes Kuchenblech gleich große Teighäufchen setzen, mit Ei bestreichen und in der heißen Röhre – damit sie aufgehen – 5 Minuten backen. Nach 5 Minuten die Hitze verringern und schön goldgelb backen. Sind die Windbeutel fertig, noch 5 Minuten bei geöffneter Tür in der Backröhre stehenlassen. Nach dem Auskühlen den unteren Teil etwas aushöhlen und mit kalter Vanillecreme füllen. Je zwei Windbeutel aufeinander setzen und die Spitze in Karamelzucker tauchen. Diesen wie folgt bereiten: 300 g Zucker, 0,25 l Wasser und den Saft ½ Zitrone so lange kochen, bis sich große Blasen bilden.

## Erdbeer- und Kaffeekrapfen

Die Krapfen nach dem Mohrenkopf-Rezept bereiten. Anstelle von Schlagsahne mit Erdbeer- bzw. Kaffeecreme füllen. Erdbeercreme: 5 Eier mit 5 gehäuften Eßlöffeln Puderzucker und einigen Eßlöffeln passierten Erdbeeren oder daraus gekochte Marmelade vermengen. Anstelle von Erdbeercreme auch frisches, passiertes Obst oder mit Erdbeermarmelade abgeschmeckte, gezuckerte Schlagsahne verwenden. Kaffeecreme: Einige Eßlöffel Mokka zu den mit Zucker verrührten Eiern geben. Über Dampf so lange rühren, bis die gewünschte Konsistenz erreicht ist. Die gefüllten Krapfen mit rosafarbener Zucker- bzw. Kaffeeglasur überziehen und kühl stellen.

## Schaumrollen

*I. „Meringue“, mit Schlagsahne gefüllter, gebackener Schaum.* 6 Eiweiß zu sehr steifem Schnee schlagen, 300 g feinen Puderzucker locker hineinmengen, den Spritzbeutel damit füllen. Ein glattes

Holzbrett, das in die Backröhre paßt, mit Wasser anfeuchten und einen Bogen weißes Papier darauflegen. Aus dem Spritzbeutel Halbkugeln in kleiner Entfernung voneinander spritzen und in lauwarmer Backröhre bei halbgeöffneter Tür so lange stehenlassen, bis sich außen eine Kruste bildet. Die Kugeln mit einem feuchten Messer einzeln vom Papier abheben. Noch vor dem Auskühlen mit einem Kaffeelöffel die weiche Innenmasse herausnehmen. Die Halbkugeln mit der Öffnung nach oben auf ein Kuchenblech geben, in die Röhre zurückschieben, völlig austrocknen lassen, dann mit Schlagsahne füllen und je zwei Halbkugeln aufeinander setzen.

*II. Mit Haselnüssen und Schokolade.* 150 g gemahlene Haselnüsse mit ½ Eiweiß gut vermengen. 180 g Zucker, die geriebene Schale ½ Zitrone, 30 g Mehl und 1 Eiweiß hinzufügen. Gut vermischen, mit einem Eßlöffel auf ein gefettetes, mit Mehl bestreutes Kuchenblech flache, ovale Formen in beliebiger Größe setzen und backen. Noch warm einzeln auf den Stiel eines Kochlöffels (oder auf ähnliche lange, runde Holzstäbchen) drehen. Herunternehmen, mit Schokoladenglasur überziehen und mit gezuckerter Schlagsahne füllen. Anstelle von Haselnüssen auch abgezogene Mandeln verwenden.

## Cremerolle

*Mit Schokolade, auf französische Art.* 4 Eigelb mit 60 g Zucker verrühren. 80 g geriebene Schokolade in etwas warmem Wasser auflösen, zum Eigelb mischen und den steifen Schnee der 4 Eiweiß sowie 20 g Mehl dazugeben. Auf ein gefettetes, mit weißem Papier ausgelegtes Kuchenblech schütten. Vorsichtig und bei schwacher Hitze backen. Nach dem Auskühlen mit Schlagsahne bestreichen, auf eine Serviette legen, zusammenrollen und mit Schokoladenglasur überziehen.

## Schokoladenstäbchen

100 g Butter in 0,15 l Wasser geben und auf den Herd setzen. Sobald die Masse zu kochen beginnt, 240 g Mehl hinzufügen. Vom Herd nehmen, in ein anderes Gefäß füllen, nacheinander 4 Eier zugeben und gut vermischen. Mit dem Spritzbeutel fingerdicke, ca. 10 cm lange Stäbchen auf ein nur wenig gefettetes und mit Mehl bestreutes Backblech drücken. In der vorgewärmten Backröhre backen. Sind die einzelnen Stäbchen gut durchgebacken, den oberen Teil mit Schokoladenglasur überziehen. An einem kühlen Ort trocknen lassen. Danach die Stäbchen längs aufschneiden und mit der fertigen Schokoladencreme füllen.

## Baumstamm

6 Eigelb mit 150 g Zucker schaumig rühren, dann 100 g geriebene Schokolade, 75 g Mehl und den Schnee der 6 Eiweiß hinzufügen. Die Masse in einer schmalen, länglichen Backform bakken. Aus 6 Eiern einen Biskuitteig bereiten und in zwei mit dem Schokoladenteig gleich lange Blättern backen. Dabei jeweils weißes Papier unterlegen. Nach dem Backen stürzen und auskühlen lassen. Den Schokoladenteig dünn mit Aprikosenmarmelade bestreichen, darauf aus Kastanienpüree eine Pyramide schichten und die beiden Seiten gleichzeitig mit den ebenfalls dünn mit Marmelade bestrichenen zwei Biskuitblättern bekleben. Außen mit Schokoladenguß überziehen und kalt stellen. Danach mit einem angefeuchteten scharfen Messer aufschneiden.

## Kremsli

Pro Person 1 Eigelb mit einer Prise Salz und etwas Zucker verrühren. Gemahlenen Zimt nach Geschmack, etwas Zitronensaft, 1 Eßlöffel ausgelassenes Gänsefett und so viel gemahlene Matze (ungesäuertes Passahbrot) zugeben, daß ein dünnflüssiger Teig entsteht. Eine Stunde ruhenlassen, dann den steifgeschlagenen Schnee unterziehen. In einer kleinen Kasserolle reichlich Fett auslassen, mit einem Eßlöffel vom Teig zupfen und im Fett backen. Anschließend mit Zimtzucker bestreuen und heiß servieren.

## Fladen

Aus 500 g Mehl, 200 g Gänsefett, 3 Eigelb und 100 g Zucker einen Teig kneten. In fünf gleich große Teile aufteilen und dünn ausrollen. Den ersten Teil auf ein gefettetes Backblech legen, mit Nußfüllung bestreichen, den zweiten Teil darüberlegen, mit Mohnfüllung bestreichen. Darüber den dritten Teil legen, mit Pflaumenmus bestreichen, darauf das vierte Teigstück geben, mit in Wein gedünsteten Äpfeln belegen. Das Ganze mit dem letzten, fünften Teigstück bedecken und anschließend backen.

# *Fünfuhrtee – Kaffee nach dem Abendessen*

## *Geselliges Beisammensein*

ist in unserer Zeit das Kaffeetrinken am Nachmittag oder nach dem Abendessen. Die Leckereien und Getränke entsprechen dabei der Gelegenheit und Jahreszeit. Ohne besonderen oder gar feierlichen Anlaß treffen sich an Wochentagen, vor allem aber an Samstagabenden oder Sonntagnachmittagen, Bekannte, gute Freunde und Verwandte bei etwas Salzgebäck oder Süßigkeiten zu einer kleinen Erfrischung oder um vor dem rauhen Wetter ins gemütliche Zimmer zu flüchten.
Niemand erwartet dabei eine großzügige Bewirtung, doch besondere Leckerbissen erfreuen jeden Gast. Trotzdem sollte vielerlei süßes und salziges Teegebäck – für unverhoffte Fälle – aufbewahrt werden. Auch einfaches Hausgebäck, Sandwiches, saisonbedingte Erfrischungsgetränke sowie Milch- und Schlagsahnenerzeugnisse sind für derartige Gelegenheiten gedacht. Die folgenden Rezepte dafür reichen von den einfachsten und billigsten bis zu den anspruchsvollsten Gerichten.

## *Tee, Kaffee, Kakao*

### *Tee und Kaffee*

sind gleicherweise alte, volkstümliche Getränke. Ihre erfrischende, belebende Wirkung und ihr Wohlgeschmack wurden schon von den Naturvölkern entdeckt. Die authentische Geschichte des Teestrauches besitzt eine lange Vergangenheit; aber auch Volksmärchen führen zurück auf diese Urgeschichten. Eines schildert z. B. wie ein büßender Mönch schwor, über eine längere Zeit Tag und Nacht, ohne Unterbrechung, zu beten. Nach einigen Tagen übermannte ihn jedoch beinahe der Schlaf. Zornig darüber schnitt der heilige Klosterbruder seine beiden

Augenlider ab und warf sie weg. Aber siehe da: aus den auf der Erde liegenden Augenlidern entwickelte sich eine Pflanze, deren Blätter die Fähigkeit besitzen, den Schlaf zu vertreiben. Nach einer anderen, chinesischen Legende wurde der Tee vor Jahrtausenden zufällig von Kaiser Sen Nung entdeckt, der durch seine Heilmethoden berühmt wurde und als erster aus Gesundheitsgründen abgekochtes Wasser trank. Im Jahre 2737 v. u. Z. geschah es, daß – als er sich das zum Frühstück erforderliche Wasser abkochte – plötzlich ein aufkommender Wirbelwind eigenartige Blätter in den Topf warf. Der Kaiser atmete mit Genuß den ausströmenden, feinen Duft ein. Von dieser Zeit an gab er immer zum Frühstück in das kochende Wasser ein paar von diesen Blättern hinein. Soviel ist gewiß, daß der Tee nach den Chinesen etwa um 810 v. u. Z. auch bei den Japanern schon bekannt war. Nach Venedig kam die Nachricht von dem duftenden Getränk jedoch erst um 1550; von dort trugen holländische Kaufleute die Botschaft weiter. Um diese Zeit verbreitete sich der Tee auf dem Landwege in ganz Europa; russische Kaufleute nahmen ihn mit nach Moskau.

Als der Tee 1650 erstmalig in seiner späteren Hochburg, in England, eingeführt wurde, hielt man ihn für eine Gemüseart. Die Blätter wurden in Wasser gekocht und mit Butter angerichtet, das Kochwasser aber goß man weg! Das Teegemüse hatte keinen großen Erfolg, und die Hausfrauen warfen es schließlich in den Abfall. Nachdem man die richtige Zubereitung des Tees kennengelernt hatte, machte er in der ganzen Welt eine unglaubliche Karriere.

Im Kaffeeverbrauch steht Ungarn auf einem der vorderen Plätze in der Weltrangliste und nähert sich Italien, das in Europa die führende Rolle einnimmt. Laut Statistik hat jede vierte ungarische Familie eine, wenn nicht sogar mehrere Espressomaschinen. Kaffeekochen ist fast schon zur Wissenschaft geworden, oft werden Rezepte ausgetauscht. Es gibt Leute, die auf eine dem Kaffee beigefügte Prise Salz schwören. Einige Milligramm Natriumchlorid sollen – diesem Rezept zufolge – dem Koffein zu größerer Wirksamkeit verhelfen. Andere wiederum lieben den Kaffee nicht so stark, dafür aber mit dem ihm eigenen Aroma. Nach Meinung der Fachleute, die die Espressomaschinen konstruieren ist der Kaffee dann am besten, wenn er bei der Zubereitung so wenig wie möglich unmittelbaren Dampf bekommt. Bei einer längeren Auslaugzeit wird die unangenehm bitter schmeckende Gerbsäure freigesetzt.

Der „ungarische" Espresso-Kaffee ist für diejenigen, die ihn nicht regelmäßig trinken, stark, „wirft fast zu Boden". In unserer näheren Umgebung gibt es vielleicht nur in Italien und in Wien einen ähnlich starken Espresso-Kaffee.

## Zubereitung des Tees

Man soll möglichst Tee erster Qualität verwenden. Das Gefäß, in dem er zubereitet wird, soll nur diesem Zwecke dienen. Die Teeblätter müssen in einem gut schließenden Behälter, getrennt von allen anderen Gewürzen, an einem trockenen Ort aufbewahrt werden.
Befinden sich in dem fertigen Tee noch Teeblätter, den Tee durch ein Sieb geben. Zum Tee werden Zucker, Zitrone, eventuell Rum, Milch und sogar Sahne serviert. Es bleibt dem Geschmack der Gäste überlassen, was sie zu ihrem Tee nehmen wollen. Echte Teeliebhaber trinken den Tee kaum gezuckert.

*I.* Die Teekanne zum Vorwärmen mit heißem Wasser ausspülen und pro Tasse ca. 2 g (1 gehäuften Teelöffel) Tee hineingeben und kochendes Wasser daraufgießen (den Tee in einem Tee-Ei oder in einem Beutelchen in die Kanne hängen). Die Kanne zudecken und den Tee ca. 4–5 Minuten ziehen lassen, danach das Tee-Ei herausnehmen.
*II.* In das sprudelndheiße Teewasser den Tee geben, das Gefäß zudecken und vom Herd nehmen. Nach ein paar Sekunden mit dem Teelöffel umrühren, und sobald das Getränk die entsprechende goldgelbe Farbe hat, in die Tassen gießen.
*III.* Die Teeblätter in ein Teesieb geben, dieses über die Tassen halten und das kochende Wasser langsam über das Sieb in die Tassen füllen, dabei mit dem Teelöffel die Blätter im Sieb etwas verrühren.
*IV.* Den Tee in einem Teebeutelchen oder einem Tee-Ei in die Teetasse hängen und kochendes Wasser daraufgießen. Das Beutelchen so lange in der Tasse lassen, bis die gewünschte Farbe erreicht ist.

## Mokka

Den Kaffee erst unmittelbar vor dem Gebrauch mahlen. In den Espressos werden für den kleinen Mokka 3 g und für den Doppelten 6 g Kaffee genommen. Den Kaffee immer erst unmittelbar vor dem Verbrauch zubereiten und frisch und heiß servieren.

## Türkischer Kaffee

Den Kaffee ganz fein mahlen (möglichst in einer Mokkamühle) und in ein mit Stiel versehenes Kupfergefäß füllen. Pro Person 1 gehäuften Kaffeelöffel Kaffee, 10 bis 15 g Puderzucker und ungefähr 0,1 l Wasser rechnen. Das Gefäß auf den Herd stellen und den Kaffee dreimal aufkochen lassen. Wenn er überlaufen will, schnell vom Herd nehmen und setzen lassen. Erst dann wieder auf den Herd stellen und erneut aufkochen. Im Kochgefäß servieren und ungeseiht in Mokkatäßchen füllen. Türkischer Kaffee darf nicht umgerührt werden.

## Milchkaffee

I. *Aus Kaffeebohnen.* Schwarzen Bohnenkaffee bereiten und – je nachdem, ob man starken oder schwachen, helleren oder dunkleren Kaffee wünscht – Milch zugießen. Wer auf Farbe Wert legt und nicht auf reinem Bohnenkaffee besteht, kann auch ein wenig Zichorie oder Ersatzkaffee verwenden.

II. *Mit Zichorie.* Für ½ l Wasser – je nachdem, ob man hellen oder dunklen Kaffee wünscht – 30 bis 50 g Bohnenkaffee mahlen. Diesen mit 2 Stück zerbröckelter Zichorie und der Hälfte des Wassers zugedeckt aufsetzen, drei- bis viermal aufkochen und nach jedem Aufkochen vom restlichen Wasser etwas dazugießen. Dann den Kaffee vom Herd nehmen, beiseite stellen und warten, bis er sich gesetzt hat. Dieser Vorgang wird beschleunigt, wenn man in den fertigen Kaffee ein halbes Glas kaltes Wasser gießt. Den Kaffee vor dem Servieren seihen. Beim Kochen verdunsten ungefähr 20% des Wassers, aus ½ l Wasser erhält man also 0,4 l Kaffee. Übrigbleibenden Kaffee in einer gut verschließbaren Flasche kalt aufbewahren. Nach Geschmack Milch dazugeben.

## Kakao

Zur Zubereitung des Kakaos werden nur solche Gefäße verwendet, in denen sonst Milch abgekocht wird oder andere Milchspeisen bereitet werden. Töpfe, in denen sonst fettige Gerichte und Zwiebel gedünstet werden, sollten dafür nicht genommen werden.

Zur Zubereitung von 1 l Kakao 5–6 gehäufte Kaffeelöffel Kakao von guter Qualität mit – je nach Geschmack – etwa ebensoviel Puderzucker oder feinem Kristallzucker in einem Töpfchen oder gleich im Kochtopf verrühren. Zuerst wenig, dann nach und nach immer mehr Milch (insgesamt 1 l) dazugeben, zu einem glatten Brei verrühren, dabei Klümpchenbildung vermeiden. Den Brei mit dem Rest des 1 l Milch auffüllen und aufkochen. Bei gewissen Diätvorschriften wird der Kakao ohne Zucker und statt mit Milch mit Wasser nach der beschriebenen Weise zubereitet. Zum Glattrühren des Kakaopulvers kann auch starker Bohnenkaffee genommen werden.

# *Süsses Teegebäck*

## Teehörnchen

*I. Vanillehörnchen.* Aus 150 g Mehl, 100 g Butter, 50 g abgezogenen und gemahlenen Mandeln, 100 g Vanillezucker und 2 Eigelb einen Teig kneten, daraus kleine Hörnchen formen, die in der lauwarmen Röhre mehr getrocknet als gebacken werden. Die fertigen Hörnchen mehrmals in Vanillezucker wälzen oder in der Mitte anfassen und beide Enden in Schokoladenmasse tunken. Auf einem kalten Platz trocknen lassen.

*II. Vanillehörnchen mit Schokoladenenden.* Aus 60 g Butter, 120 g Vanillezucker, 180 g Mehl, 1 Eigelb und etwas geriebener Zitronenschale ganz leicht und nur kurz einen Teig kneten, eine Rolle formen, dünne Scheiben schneiden und diese auf dem mit Mehl bestreuten Brett zu Hörnchen formen. Bei mittlerer Hitze in der Röhre backen, auskühlen lassen, dann in der Mitte anfassen und beide Enden gleichzeitig in den Schokoladenguß tauchen. Das Gebäck auf Papier legen und kalt stellen, bis die Schokolade fest ist.

*III. Mandelhörnchen mit Vanillezucker.* Aus 125 g Mehl, 105 g Butter, 55 g abgezogenen gemahlenen Mandeln und 35 g Zucker einen Teig bereiten, längliche Stäbchen ausrollen, diese in gleich große Stücke schneiden und zu Hörnchen formen, mit Ei bestreichen und gelb backen. Noch warm in Vanillezucker wälzen.

*IV. Nußhörnchen ohne Eier.* 280 g Butter, 140 g feinen Zucker und 140 g gemahlene Nüsse vermischen, 350 g Mehl dazugeben, den Teig gründlich kneten und, zu Hörnchen geformt, bei schwacher Hitze backen. Die Hörnchen noch warm in Puder- oder Vanillezucker wälzen.

## Zuckerkringel

Den Schnee von 3 Eiweiß mit 250 g Zucker, 2 Messerspitzen Zimt, 1 Eßlöffel Honig und 250 g Mehl zu einem glatten Teig kneten, 3 mm dick ausrollen, Ringe ausstechen und diese auf einem mit Butter ausgestrichenem Kuchenblech bei starker Hitze backen. Die fertigen Kringel noch heiß mit Zuckersirup bestreichen.

## Teebrezeln

*I. Vanillebrezeln.* Aus 250 g Mehl, 160 g Butter, 1 Eiweiß, 80 g Zucker und ein wenig Vanille einen Teig rühren, gut kneten, ausrollen, in kleinere Stücke schneiden, daraus Brezeln formen, diese auf einem gefetteten Kuchenblech backen, auskühlen lassen und schließlich mit weißer Vanillezuckerglasur überziehen.

*II. Nußbrezeln.* Aus 200 g Mehl, 100 g gemahlenen Haselnüssen, 90 g Zucker und 1 Eigelb (eventuell 1 Kaffeelöffel Rum) einen Teig kneten und daraus Brezeln formen. Auf dem mit Butter bestrichenen und mit Mehl bestreuten Kuchenblech bei schwacher Hitze backen.

*III. Geschlagene Brezeln auf Rábaközer Art.* Aus 250 g schwach zerlassener Butter, 0,2 l süßer Sahne, 0,2 l (ca. 1 Tasse) Eigelb und der entsprechenden Menge Mehl einen Teig von der Konsistenz eines Strudelteiges kneten. Etwas Salz und Zucker dazugeben, zu einer glatten Masse verarbeiten und mit dem Nudelholz oder einem Kochlöffel eine Zeitlang schlagen. Dann aus dem Teig Brezeln formen, in Wasser kochen und danach mit Butter bestreichen und in der Backröhre oder im Backofen backen. Beim Backen im Backofen werden die Brezeln auf einen Stab gezogen, ein Ende wird im Backofen befestigt, das andere in der Hand gehalten, der Stab wird gedreht, bis die Brezeln schön gebacken sind und Risse bekommen. In der Backröhre dauert das Backen viel länger, und die Brezeln werden auch nicht so schön.

## Makronen

*I. Honig.* Aus 300 g Mehl, 140 g Zucker, der geriebenen Schale 1 Zitrone, Zimt und Gewürznelken nach Geschmack, 1 Messerspitze Natron und so viel Honig, daß der Teig weder zu fest noch zu locker wird, einen Teig bereiten. ½ cm dünn ausrollen und mit der Form ausstechen. Die Makronen auf einem gefetteten Kuchenblech backen, auskühlen lassen und schließlich mit weißer Zuckerglasur überziehen oder übergießen.

*II. Honig-Nuß.* 300 g Mehl mit 100 g Butter und 140 g Honig vermengen. Dann 1 Ei und 2 Eigelb, 80 g gemahlene Walnüsse, den Saft und die abgeriebene Schale 1 Zitrone, 1 Eßlöffel Rum, und 1 Messerspitze Natron dazugeben. Alles gut durchkneten, ausrollen und mit der Form ausstechen. Hellgelb backen. Nach dem Auskühlen eventuell mit Schokoladenglasur überziehen und auf jede Makrone ½ Walnuß setzen.

*III. Haselnuß-, Walnuß- oder Mandel.* 4 Eiweiß mit 140 g gemahlenen Haselnüssen, Walnüssen oder Mandeln und 280 g Zucker warm verrühren. Auskühlen lassen, dann die Masse mit dem Schnee von 2 Eiweiß vermischen, mit einem Löffel kleine Stückchen abstechen, auf das Kuchenblech legen und schließlich backen.

*IV. Aprikosen-Mandel.* 140 g abgezogene, gemahlene Mandeln mit 210 g Puderzucker und 2–3 Eßlöffeln Aprikosenmarmelade verrühren und auf einem mit Zucker bestreuten Nudelbrett gut durchkneten. Sollte die Masse auseinanderfallen, noch etwas

Aprikosenmarmelade hinzufügen. Auf einem eingefetteten Kuchenblech die Häufchen bei schwacher Hitze austrocknen lassen. Aus dieser Masse können auch Ringe, Brezeln, Hörnchen usw. geformt werden.

*V. Orangen-Mandel.* 250 g Zucker eine halbe Stunde mit 4 Eiern schaumig rühren. Wenn die Masse biskuitartig ist, 60 g zerkleinerte Mandeln, die feingeschnittene Schale 1 Apfelsine (oder 60 g ebenfalls feingeschnittenes Orangeat) und so viel Mehl hinzugeben, daß die Masse die Konsistenz von Nockerlteig erhält. Davon kleine Häufchen auf ein gefettetes Kuchenblech setzen, mit Puderzucker bestreuen und bei schwacher Hitze backen.

*VI. Walnuß.* 250 g Puderzucker mit 1 Ei, 1 Eiweiß und 250 g gemahlenen Walnüssen gut vermengen und zu Nüssen formen. Diese Nußformen auf ein gefettetes Kuchenblech legen und dort mit der Hand einzeln flachdrücken. Bei schwacher Hitze backen.

## Schaumbaiser

*I.* Den festen Schnee von 4 Eiweiß vorsichtig mit 300 g feinem Puderzucker vermischen und mit etwas Vanille würzen. Aus der Masse auf dem gut gefetteten und mit Mehl bestreuten Kuchenblech kleine Häufchen formen und in der lauwarmen Röhre einige Stunden lang austrocknen lassen.

*II. Mit Nuß.* 2 Eiweiß mit 280 g Zucker und dem Saft ½ Apfelsine oder 1 Zitrone so dick verrühren, daß die Masse – mit dem Kaffeelöffel in kleinen Häufchen aufs Kuchenblech gelegt – nicht mehr zerrinnt. Dazu muß man mit der Hand mindestens eine halbe Stunde rühren. Anschließend 80–100 g geviertelte Nüsse dazugeben. Die Häufchen in der vorgewärmten Röhre bei schwacher Hitze austrocknen lassen.

*III. Mit Kaffee.* 3 Eiweiß mit 220 g Puderzucker, 3 Kaffeelöffeln gutem Bohnenkaffee über Dampf und unter kräftigem Rühren zu einem zähen Brei kochen. Daraus kleine Häufchen formen, auf das gefettete Kuchenblech setzen und bei schwacher Hitze in der Röhre eher trocknen als backen.

*IV. Struwwelpeter.* 4 Eiweiß mit 320 g Zucker unter fortwährendem Rühren dickkochen und den Saft ½ Zitrone dazugeben. Die fertige Masse mit einer Handvoll zerkleinerten Nüsse vermischen. Mit einem Spritzbeutel kleine Häufchen auf das mit Oblaten ausgelegte oder mit etwas Butter ausgestrichene Kuchenblech drücken und bei schwacher Hitze backen.

*V. Olga.* Den Schnee von 2 Eiweiß eine halbe Stunde lang mit 280 g Zucker verrühren, dann mit 10 g geriebener Schokolade und 280 g gemahlenen Haselnüssen vermischen, aus der Masse kleine Baisers formen und bei schwacher Hitze backen.

## Verschiedene Makronen

*I. Mohn.* Aus 180 g schaumig geschlagener Butter, 60 g Zucker und 240 g Mehl einen Teig kneten. (Wenn die Masse schwer zusammenhält, etwas Rum oder den Saft ½ Zitrone dazugeben.) Dünn ausrollen und mit der Form ausstechen. Die kleinen Scheiben mit einer Masse aus in etwas gezuckerter Milch gekochtem Mohn, der mit 1 Ei und Rosinen verrührt wurde, bestreichen, je 2 zusammenlegen, die Oberfläche mit Eigelb bestreichen und in die Mitte je 1 Haselnuß oder 1 Rosine setzen. Bei schwacher Hitze langsam backen.

*II. Auf Husarenart.* 175 g Mehl mit 140 g Butter, 100 g Zucker, der abgeriebenen Schale einer halben Zitrone und 2 Eigelb gut vermengen, daraus Kugeln formen, in Eiweiß tauchen und in feingewiegten Mandeln wälzen. Auf ein Kuchenblech legen, in die Mitte jeder Kugel mit dem Finger eine Vertiefung drücken und dahinein nach dem Backen eine Messerspitze Aprikosenmarmelade geben.

*III. Doppelmakronen.* 5 Eier mit 250 g Puderzucker mit dem Schaumschläger so lange über Dampf schlagen, bis die Masse cremeartig wird. Aus dem Dampf nehmen und bis zum Auskühlen weiterrühren. 170 g feines Mehl und eine Prise Vanille dazumischen. Mit einem Kaffeelöffel kleine Häufchen auf ein in das Kuchenblech gelegtes Stück weißes Papier legen, mit Puderzucker bestreuen und bei schwacher Hitze in der Röhre backen. Noch warm vom Papier lösen und je 2 Stück mit Marmelade zusammenkleben.

## Gebäck „nach Belieben“

Aus 100 g festem Gänsefett, 140 g Mehl, 80 g Puderzucker, 80 g trockenen, gemahlenen Mandeln, 2 passierten Eigelb von hartgekochten Eiern und etwas Weißwein einen leichten Teig kneten und an einem kühlen Ort eine gute halbe Stunde ruhenlassen. Dann beliebig dick ausrollen und mit verschiedenen Formen – Ringe, Sterne, Halbmonde usw. – ausstechen. Die Oberfläche mit Eigelb bestreichen, mit Zucker bestreuen und backen.

## Linzer Gebäck

*I.* 250 g Butter mit 125 g Puderzucker schaumig rühren. 1 Ei und das passierte Gelb von 3 hartgekochten Eiern, ferner die geriebene Schale ½ Zitrone, 1 Prise zerkleinerte Gewürznelken und Zimt, 70 g gemahlene Mandeln und 250 g Mehl dazumischen. Den Teig gründlich kneten und zu verschiedenen kleinen Gebäckstücken geformt backen.

*II. Billiges Linzer Gebäck.* Aus 500 g Mehl, 250 g Zucker, 3 Eigelb, 1 Eiweiß, 100 g Fett, der geriebenen Schale 1 Zitrone, 2 Eßlöffeln saurer Sahne und einer Messerspitze Natron einen

Teig kneten, in zwei Hälften teilen und ausrollen. Eine Hälfte auf ein gefettetes Kuchenblech legen, mit Marmelade bestreichen und mit 2–3 Eßlöffeln geriebenen Wal- oder Haselnüssen bestreuen. Die andere Teighälfte darüberdecken und – mit Eiweiß bestreichen und mit Zucker und Walnüssen bestreut – backen.

*III. Linzer Nußgebäck.* Den aus 400 g feinem Mehl, 250 g Butter, 150 g Zucker und 5 Eigelb bereiteten Teig gut kneten, 1 cm dick ausrollen und auf dem gefetteten Kuchenblech halb backen. Unterdessen 250 g Zucker, 5 Eiweiß, 200 g geriebene Walnüsse (auch Mandeln oder Haselnüsse) und 80 g geriebene Schokolade über dem Feuer so lange verrühren, bis ein dicker Brei entsteht. Diesen auf den halbgebackenen und ausgekühlten Teig streichen und bei schwacher Hitze weiterbacken, bis die Oberfläche austrocknet. Nach dem Auskühlen eventuell mit Zuckerglasur überziehen und in beliebig große Stücke schneiden.

## Linzer Kränzchen

Den aus 250 g Mehl, 250 g Butter, 250 g Zucker, 250 g gebrühten, gemahlenen Mandeln und 5–6 Eigelb bereiteten Teig gut kneten und ½ cm dick ausrollen. Dann Kränzchen ausstechen, mit Ei bestreichen, mit abgezogenen und gehackten Mandeln bestreuen und backen. Die Kränzchen können auch so zubereitet werden, daß immer 2 fertiggebackene Kränzchen mit Aprikosenmarmelade zusammengeklebt werden.

## Teegebäck mit Obst und Marmelade

*I. Jelängerjelieber.* 60 g Butter und ebensoviel zerlassene Butter mit 120 g Puderzucker verrühren, dann mit 3 Eigelb und 370 b Mehl gründlich vermischen, den Teig auf ein Nudelbrett geben und zu kleinen Kugeln geformt, auf ein mit wenig Butter gestrichenes Kuchenblech legen. In die Mitte der Kugeln eine kleine Vertiefung drücken und diese mit Sauerkirsch- oder Aprikosenmarmelade füllen. Die Kugeln mit dem Finger flach drücken, mit Zuckerwasser bestreichen und langsam backen. Das Gebäck kann längere Zeit aufbewahrt werden.

*II. Nonplusultra, ein haltbares und ergiebiges Teegebäck.* Aus 280 g Mehl, 3 Eßlöffeln Vanillezucker, 280 g Butter und 3 Eigelb einen Teig kneten, dünn ausrollen und mit einer kleinen runden Form Plätzchen ausstechen. 3 Eiweiß (oder auch mehr) mit 280 g Zucker zu einer sehr dicken Masse verrühren, diese auf die Plätzchen streichen und in der Röhre hellgelb backen. Nach dem Auskühlen je zwei Plätzchen mit Aprikosenmarmelade zusammenkleben.

*III. Gebäck à la Szabadka.* 250 g Butter schaumig rühren. 250 g Zucker, 250 g Mehl, 250 g gemahlene Walnüsse (oder Mandeln bzw. Haselnüsse), den Saft und die abgeriebene Schale von 2 Zitronen sowie etwas Vanille dazumengen, auf dem Kuchenblech breit drücken und backen. Nach dem Auskühlen dünn mit Erdbeer-oder Johannisbeermarmelade bestreichen, mit Schokoladenguß überziehen und aufschneiden.

*IV. Bärentatzen.* Aus 200 g Mehl, 60 g Zucker, 60 g abgezogenen, gemahlenen Mandeln, 1 Ei und 180 g Butter einen Teig kneten, ½ cm dick ausrollen und auf einem Kuchenblech backen. Danach ganz dünn mit Erdbeer-, Himbeer- oder Johannisbeermarmelade bestreichen. Dann 6 Eiweiß mit 220 g zerkleinerten Walnüssen, 250 g Zucker und 50 g geriebener Schokolade im Wasserbad so lange kochen, bis die Masse dickflüssig ist und auf den Kuchen gestrichen werden kann. In der lauwarmen Backröhre trocknen und dann in Würfel schneiden.

*V. Bunte Knöpfe.* Aus 150 g Mehl, 40 g Puderzucker, 100 g Butter, 2 Eigelb, 1 Prise Salz und etwas Vanille einen Teig gut durchkneten und kleine Kugeln formen. Auf ein mit Butter ausgestrichenes und mit Mehl bestreutes Kuchenblech legen und in d e Mitte jeder Kugel mit dem Finger oder dem Kochlöffelstiel ein Loch drücken. Nach dem Backen die noch warmen Kügelchen mit Zucker bestreuen und in jedes Loch Aprikosen-, eventuell Himbeer- oder Johannisbeermarmelade füllen.

*VI. „Stern"-Gebäck mit Sauerkirschen.* In den steifgeschlagenen Schnee von 2 Eiweiß langsam 200 g Puderzucker hineinrühren. 200 g abgezogene, gemahlene Mandeln und Saft sowie die abgeriebene Schale ½ Zitrone dazugeben. Alles 15 Minuten kräftig rühren. Oblaten in Sternform schneiden, den Teig messerrükkendick daraufstreichen und in die Mitte eines jeden Sterns 1 eingelegte Sauerkirsche geben. Bei ganz schwacher Hitze backen.

*VII. Valentino-Stangen.* Aus 550 g Mehl, 50 g Zucker, 4 Eigelb und 350 g Butter einen Teig bereiten, gut durchkneten und ausrollen. 4 Eiweiß mit 350 g Zucker zu einem sehr steifen Schnee schlagen, auf den Teig streichen und auf einem gefetteten Kuchenblech langsam backen. Nach dem Auskühlen in schmale Streifen schneiden und je 2 mit Erdbeermarmelade zusammenkleben.

## *Teegebäck mit Haselnüssen und Mandeln*

*I.* 160 g Puderzucker und 4 Eigelb 15 Minuten lang verrühren und dann mit 160 g gemahlenen Haselnüssen, ungefähr 30 g feiner, durchgesiebter geriebener Semmel, 1 Messerspitze Natron und dem Schnee von 4 Eiweiß vermischen. Den Teig auf dem gefetteten Kuchenblech bei schwacher Hitze eine halbe

Stunde lang backen. Nach dem Auskühlen mit weißem Zuckerguß bestreichen und in beliebig große Stücke schneiden.

*II. Mandel–Halbmonde.* 150 g Butter mit 150 g Puderzucker verrühren, dann 150 g abgezogene und gemahlene Mandeln, 1 Prise Zimt und 300 g Mehl hinzufügen, den Teig gut kneten, 3 mm dünn ausrollen, mit einer halbmondförmigen Form ausstechen und schließlich auf einem mit Butter bestrichenen Kuchenblech backen. Die Halbmonde nach dem Auskühlen mit Zitronenglasur überziehen.

*III. Mandelstangen.* 150 g Butter, 150 g Zucker, 150 g Mehl und 150 g abgezogene, gemahlene Mandeln so lange auf dem Nudelbrett kneten, bis sich der Teig gut ausrollen läßt. Dann $^1/_2$ cm dick ausrollen, in lange, schmale Streifen schneiden, backen und mit Vanillezucker bestreuen.

*IV. Mandelschnitten.* 6 Eigelb mit 500 g Zucker schaumig rühren, 300 g abgezogene und gemahlene Mandeln und den Schnee von 6 Eiweiß dazumischen und die Masse auf einem gefetteten Kuchenblech goldgelb backen. Nach dem Auskühlen mit Schokoladen- oder Zitronenglasur überziehen und in beliebig große Stücke schneiden.

*V. Mandellaibchen mit Schokolade.* Den steifen Schnee von 6 Eiweiß mit 250 g gemahlenen Mandeln, 120 g geriebener Schokolade, 120 g Zucker, etwas Zimt, der abgeriebenen Schale $^1/_2$ Zitrone und $^1/_2$ Orange gut verrühren. Von dieser Masse kleine Laibchen formen und auf das mit Seidenpapier belegte Kuchenblech geben. Bei schwacher Hitze backen.

## Mit Mandeln zubereitetes „berühmtes" Teegebäck

*I. Gleichgewichtschnitten.* 200 g Butter mit 200 g Zucker und 4 Eigelb schaumig rühren, den Schnee von 4 Eiweiß und 200 g feines Mehl dazumischen, den Teig auf das gefettete Kuchenblech geben (ungefähr kleinfingerdick) und die Oberfläche mit einer Mischung aus Puderzucker und grob gehackten, abgezogenen Mandeln bestreuen. Das fertige Gebäck in beliebig große Stücke schneiden.

*II. Weiße Sterne.* Den Schnee von 4 Eiweiß, 300 g gemahlene Mandeln, 300 g Puderzucker, 20 g Zimt und die abgeriebene Schale $^1/_2$ Zitrone gut vermengen und auf einem gezuckerten Nudelbrett mit dem gezuckerten Nudelholz 1 cm dick ausrollen. Mit einer Form Sterne ausstechen und auf dem mit Butter bestrichenen Kuchenblech bei schwacher Hitze backen. Aus Eiweiß, Zucker und Zitronensaft eine weiße Glasur rühren und damit das ausgekühlte Gebäck bestreichen. In der lauwarmen Backröhre trocknen.

*III. „Hausfreund" mit Mandeln.* 2 Eier mit 140 g Zucker schaumig rühren, mit 140 g abgezogenen und gehackten Mandeln, geriebener Zitronenschale und 140 g Mehl vermischen, den Teig gründlich verrühren, ganz dünn ausrollen, auf ein mit Butter bestrichenes Kuchenblech geben, bei schwacher Hitze backen und noch warm in fingerlange Stangen schneiden.
*IV. Moskauer Gebäck, Mandelplätzchen, unten mit Schokolade überzogen.* 100 g abgezogene und länglich geschnittene Mandeln, 150 g Zucker, 100 g Mehl, 40 g feingehackte kandierte Apfelsinenschalen und 0,1 l süße Sahne vermischen und auf dem Herd unter ständigem Rühren aufkochen lassen. Von dieser Masse mit einem Kaffeelöffel kleine Häufchen abstechen und auf ein bestrichenes Kuchenblech setzen, und zwar so weit voneinander entfernt, daß sie mit einem in Rum getauchten Kaffeelöffel flachgedrückt werden können. Dann backen und noch heiß mit einem Messer vom Kuchenblech lösen. Die untere Fläche der Plätzchen mit Schokoladenglasur überziehen.

## Olympiahörnchen

450 g Zucker mit 250 g gemahlenen Haselnüssen, 50 g Mehl, 3 Eiern, 80 g Kakao, etwas abgeriebener Zitronenschale, Zimt und wenig Nelken gut verrühren. Wird die Masse zu fest, noch etwas Eiweiß dazugeben. Mit 1 Kaffeelöffel kleine Klößchen abstechen, diese in zerkleinerten Walnüssen wälzen, zu Hörnchen formen und auf dem gefetteten Kuchenblech bei schwacher Hitze backen.

## Verschiedene Schnitten

*I. Billiges Gebäck.* 250 g Puderzucker mit 1 Ei, 60 g Butter und 50 g geriebener Schokolade verrühren, $^1/_2$ Päckchen Backpulver, 0,25 l Milch und schließlich 250 g Mehl dazugeben, den Teig gründlich rühren und in einer ausgestrichenen länglichen Form langsam backen. Nach dem Auskühlen aufschneiden.
*II. Proviantgebäck.* 6 Eier mit 250 g nicht abgezogenen, gemahlenen Mandeln und 200 g Zucker schaumig rühren, dann die abgeriebene Schale $^1/_2$ Zitrone und 40 g Mehl dazugeben. Auf dem mit Butter ausgestrichenen, mit Mehl bestreuten länglichen Kuchenblech langsam backen. Warm in dünne Streifen schneiden.
*III. Teegebäck auf Budaer Art, sehr haltbar.* 2 Eier mit 120 g Zukker, 100 g ungeschälten Rosinen, 120 g Mehl, ein wenig Zimt und geriebener Zitronenschale verrühren. Die Masse mit einem breiten und befeuchteten Messer zwei Finger dick auf das mit Butter ausgestrichene und mit Mehl bestreute Kuchenblech streichen und bei schwacher Hitze backen. Ausgekühlt in Stangen schneiden.

*IV. Domino-Schnitten.* Aus 150 g Butter, 250 g Mehl, 100 g Zucker, 40 g geriebener Schokolade und 2 Eigelb einen Teig kneten und $^1/_2$ cm dick ausrollen. Auf dem mit Butter ausgestrichenen Blech backen. Mit weißer Zuckerglasur überziehen und aus mit Wasser verdünnter geriebener Schokolade Punkte nach dem Muster der Dominosteine daraufsetzen. Danach aufschneiden.

*V. Ila-Schnitten.* In den Schnee von 8 Eiweiß langsam die 8 Eigelb hineinrühren. Dann 250 g Zucker, 200 g gemahlene Walnüsse (Mandeln oder Haselnüsse), 20 g geriebene Schokolade, 50 g Rosinen, 30 g Butter und 30 g feine geriebene Semmel dazugeben. Alles gut verrühren und auf dem mit Butter ausgestrichenen Blech backen. Vor dem Servieren in Quadrate schneiden.

*VI. Bohème-Schnitten.* Aus 7 Eiweiß und 140 g Zucker einen festen Schnee schlagen und mit 70 g gemahlenen Haselnüssen, 70 g geriebener Schokolade, 1 Prise Zimt und der geriebenen Schale $^1/_4$ Zitrone vermischen. Die Masse in zwei Blechformen auf weißem Papier backen. Danach das Papier abziehen und die Kuchen quer halbieren, so daß vier Teigblätter entstehen. Drei davon mit verschiedenen Füllmassen bestreichen – Schokoladencreme, Nußcreme und Mokkacreme und mit dem letzten Teigblatt abdecken. Die Füllungen wie folgt bereiten: Eigelb, Zukker, ein wenig Milch, Schokolade bzw. Nüsse bzw. Bohnenkaffee vermischen, im Wasserbad kochen und schließlich mit etwas Butter verrühren. Den Teig kalt stellen, bis die Creme fest ist, dann in längliche Stücke schneiden, dünn mit Himbeermarmelade bestreichen und mit Schokoladenglasur überziehen.

## Abendgebäck

*I.* 3 Eigelb mit 280 g Zucker, dem etwas Vanille beigegeben wurde, sowie nach Bedarf mit 2–4 Eßlöffeln Wasser $^1/_2$–$^3/_4$ Stunde schlagen. Dann 280 g Mehl leicht darunterrühren, bis die Masse glatt ist. Wenn der Teig krümelt, noch 1 Ei dazugeben. (Dann genügen jedoch 2 Eßlöffel Wasser.) Auf einem Nudelbrett ausrollen, mit einer runden, großen Form (Durchmesser: 10 cm) Scheiben ausstechen und auf das eingefettete und mit Mehl bestreute Kuchenblech legen. Wenn sich eine papierdünne Haut gebildet hat, in die Mitte jeder Scheibe ein kleines Quadrat aus festem Quittengelee setzen und in der Backrühre backen. Es wird zwar von der alten Sitte abgewichen (von der das Gebäck auch seinen Namen hat), daß der am Vorabend zubereitete Teig erst am folgenden Morgen gebacken wird; doch auf diese Weise wird das Gebäck nicht so hart.

*II.* 4 Eier und 280 g Zucker eine halbe Stunde verrühren, dann langsam 270 g Mehl dazugeben. Von diesem Teig mit 1 Eßlöffel runde, flache Häufchen formen und auf das eingefettete und mit Mehl bestreute Kuchenblech in genügend Abstand voneinander legen, damit sie nicht zusammenlaufen. Jeweils in die Mitte ein Stückchen Quittengelee oder eine Rosine setzen. An einem warmen Ort so lange (ungefähr 2–3 Stunden) ruhenlassen, bis sich auf der Oberfläche eine Haut bildet. Dann backen.

# *Delikatessen*

## Teebrote

*I. Zuckerbrot.* 200 g Puderzucker, 200 g Mehl, 200 g grob zerkleinerte, abgezogene Mandeln, 120 g geriebene Schokolade, 3–4 Eigelb und die abgeriebene Schale $^1/_2$ Zitrone miteinander verrühren. Gut kneten, bis der Teig etwas fester ist als Strudelteig. Daraus 3–4 Finger starke Stangen formen, auf dem nur sparsam eingefetteten und mit wenig Mehl bestreuten Kuchenblech backen und nach dem Auskühlen in fingerdicke Scheiben schneiden.

*II. Mandelbrot.* Aus 150 g grob zerkleinerten, nicht abgezogenen Mandeln, 150 g Mehl, 250 g Zucker, der abgeriebenen Schale $^1/_2$ Zitrone, etwas Zimt, ein paar Gewürznelken, 50 g geriebener Schokolade sowie 3 Eiern einen Teig kneten. Auf den eingefetteten und mit Mehl bestreuten Kuchenblech bei schwacher Hitze langsam backen. Noch warm auf einem mit Zucker bestreuten Brett in Scheiben schneiden.

*III. Nußbrot.* 6 Eiweiß zu Schnee schlagen, die 6 Eigelb sowie 250 g Puderzucker dazugeben und eine halbe Stunde rühren. Unter weiterem Rühren 250 g und eine Handvoll ganze Walnüsse daruntermengen. In einer ausgefetteten Kastenform bei Mittelhitze backen.

*IV. Weißes Gebäck: Silberbrot.* 210 g mit Vanille und Zitrone gewürzten Puderzucker mit dem Schnee von 7 Eiweiß, 140 g Mehl und 50 g zerlassener lauwarmer Butter leicht verrühren. In einer Kastenform bei schwacher Hitze backen. Dann stürzen und ausgekühlt mit Zitronenglasur überziehen. In dünne Scheiben schneiden. Zum Kaffee oder Tee servieren.

## Eierbrot – Obstbrot

*I. Eierbrot.* Den Schnee von 6 Eiweiß mit 6 Eigelb und 500 g Puderzucker vermischen und mit der Hand eine halbe Stunde rühren. Während des Rührens nach und nach 250 g Mehl, $^1/_2$

Handvoll halbierte Nüsse, ebensoviel abgezogene und gleichfalls halbierte Mandeln und ein wenig kleingeschnittene Schokolade dazugeben. Den Teig in einer Kastenform bei Mittelhitze backen. Nach dem Auskühlen aufschneiden.

*II. Obstbrot.* 100 g gemahlene Walnüsse, 100 g gemahlene Mandeln, 100 g gemahlene Haselnüsse, 100 g Datteln, 100 g Malagarosinen, 100 g Feigen, 100 g Orangeat und 100 g Backpflaumen, alles entsprechend zerkleinert, gut miteinander verrühren. 7 Eigelb mit 350 g Puderzucker schaumig schlagen, 4 Kaffeelöffel Rum aufgießen und zu dem Obstgemisch geben. Zuletzt 400 g feines Mehl dazurühren und aus dem Teig einen länglichen Laib formen. Auf dem mit Butter ausgestrichenen und mit Mehl bestreuten Kuchenblech 1 Stunde bei schwacher Hitze backen.

*III. Studentenbrot.* Aus 200 g Mehl, 120 g Butter, 1 Eigelb, 1 Kaffeelöffel Zucker, 1 Prise Salz und so viel Milch oder Sahne, daß die Masse breiig wird, einen Teig kneten, dünn ausrollen und mit folgender Füllung belegen: 100 g gekochte Backpflaumen, 100 g gekochte Dörrbirnen, 100 g abgezogenen Mandeln, 50 g Haselnüsse, 50 g Sultaninen, 50 g Korinthen, 100 g Walnüsse und 100 g Quittengelee gut zerkleinern. Das alles mit 100 g Honig, 100 g Zucker, 50 g Mehl, 1 Messerspitze Zimt, ein paar Gewürznelken und einigen Eßlöffeln Rum gut verrühren. Den gefüllten Teig nach Art des Strudels zusammenrollen, mit Eiweiß bestreichen, mit grob zerkleinerten Mandeln bestreuen und backen. In $^1/_2$ cm dicke Scheiben schneiden.

*IV. Pflaumenbrot, serbisches Obstbrot.* 1 kg gewaschene, entkernte und kleingeschnittene Backpflaumen mit 100 g Zucker und wenig Wasser $^1/_4$ Stunde lang kochen, dann 2 Handvoll grobgehackte Nüsse, ein wenig Zimt, Vanille, ein Ei und so viel Mehl daruntermischen, daß die Masse dick wird. Auf einem mit Butter bestrichenen Kuchenblech backen.

*V. Rosinenbrot – Plum cake.* 150 g Butter mit 4 Eigelb und 200 g Zucker schaumig rühren. 3–4 Eßlöffel Milch aufgießen und langsam 500 g Mehl, 100 g Sultaninen, 100 g Korinthen, die abgeriebene Schale $^1/_2$ Zitrone, 1 Messerspitze Natron, 1 Prise Salz und den Schnee von 4 Eiweiß dazurühren. In einer mit Butter ausgestrichenen Kastenform 1 $^1/_2$ Stunde bei mittlerer Hitze backen. In Scheiben schneiden.

*VI. Orangenbrot.* Aus 300 g Zucker, 2 Eiern, 2 Eigelb, 40 g geriebenem Zitronat, 50 g feingewiegter Orangenschale und 350 g feinem Mehl einen Teig kneten. Daraus fingerdicke Stangen formen und mit dem Messerrücken einige Male hineinschneiden. Auf dem eingefetteten und mit Mehl bestreuten Kuchenblech bei ziemlich starker Hitze backen.

*VII. Russisches Orangenbrot.* Aus 500 g feinem Mehl, 500 g Puderzucker und 9 Eiern einen Teig kneten, 100 g geriebene kandierte Orangenschalen, die geriebene Schale 1 Zitrone, 10 g Zimt und 10 g Gewürznelken dazugeben, die Masse fingerdick auf viereckige Oblatenstücke streichen, mit länglich geschnittenen Mandeln bestreuen und langsam backen. Nach Geschmack dann noch mit Zitronenglasur bestreichen.

*VIII. Zitronenbrot.* 250 g Zucker mit 2 Eiern eine halbe Stunde gut rühren. Nachdem sich die Masse verdickt hat, die geriebene Schale 1 Zitrone und 250 g Mehl dazugeben. Auf einem mit Mehl bestäubten Nudelbrett gut durchkneten, messerrückendick ausrollen und verschiedene Formen ausstechen, 2–3 Stunden ruhenlassen und dann auf einem gefetteten Blech backen.

## Walnuss- und Haselnusskleingebäck

*I. Walnußkugeln.* Aus 150 g gemahlenen Walnüssen, 150 g Zukker, 1 Eiweiß, Zitronensaft und Rum einen Teig kneten. Daraus kleine Kugeln formen mit je einer kleinen Vertiefung in der Mitte. In der lauwarmen Backröhre eher trocknen als backen. Mit Schokoladenglasur überziehen und in die kleine Vertiefung etwas Johannisbeer- oder Himbeermarmelade geben.

*II. Walnußstangen: Klaviertasten.* 200 g gemahlene Walnüsse mit 200 g Zucker, dem etwas Vanille beigemengt wurde, sowie 1 Eiweiß gut verrühren. Aus dem Teig Stangen formen und auf ein dünn mit Butter ausgestrichenes Kuchenblech legen. Eigelb mit Vanillezucker schaumig schlagen und die Stangen damit bestreichen. In der Backröhre trocknen und danach einen Teil des Gebäcks mit weißer Zuckerglasur, den anderen Teil mit Schokoladenglasur überziehen.

*III. Haselnuß- oder Walnußstangen.* In den Schnee von 3 Eiweiß 210 g Zucker, 280 g gemahlene Haselnüsse (bzw. Walnüsse) und etwas abgeriebene Zitronenschale rühren. Auf einem gezukkerten Nudelbrett gut druchkneten, dann $^1/_2$ cm dick ausrollen. 2 Eiweiß mit 140 g Zucker und etwas Zitronensaft schaumig schlagen, auf den Teig streichen und mit einem feuchten Messer nach Belieben Stangen schneiden. Diese zunächst etwa eine halbe Stunde auf dem Brett, dann auf dem gefetteten Blech in der lauwarmen Backröhre völlig trocknen lassen.

*IV. Zahnstocher.* 250 g Butter mit 180 g Zucker verrühren. 370 g Mehl und 2 Eier dazugeben, auch 1 Prise Zimt oder die abgeriebene Schale $^1/_2$ Zitrone. Gut durchkneten und aus dem Teig kleine Stangen in der Form von Zahnstochern formen. Auf das gefettete Kuchenblech legen, mit Eigelb bestreichen und hellgelb backen.

## Schokoladen-kleingebäck

*I.* Den aus 350 g Mehl, 1 Ei, 200 g Butter, 100 g Zucker und 70 g geriebener Schokolade gerührten Teig gut kneten, dünn ausrollen, mit verschiedenen Formen ausstechen und auf dem mit Seidenpapier ausgelegten Backblech bei schwacher Hitze backen.

*II. Schokoladenschnitten.* Aus 100 g Butter, 150 g Mehl, 2 Eigelb, etwas Salz, 1 Eßlöffel Zucker und den Saft 1 Zitrone einen Teig kneten. Dünn ausrollen, auf ein gefettetes Blech geben und bei schwacher Hitze halbfertig backen. Währenddessen 200 g Zukker, 4 Eiweiß, 150 g gemahlene Mandeln (Walnüsse oder Haselnüsse) und 70 g Schokolade so lange auf dem Herd rühren, bis die Masse dickflüssig ist. Auf den halbgebackenen und ausgekühlten Teig streichen und bei schwacher Hitze weiterbacken, bis die Oberfläche trocken ist.

## Kastanien-kleingebäck

*I. Kastanienwurst.* 1 kg gekochte Kastanien (oder fertig gekaufte Kastanienmasse) passieren, mit 250–300 g Zucker sowie etwas Vanille verrühren und in $^1/_2$ l Milch breiig kochen. Bei Bedarf noch Zucker zugeben. Nach dem Auskühlen aus der Masse Würstchen formen und in geriebener Schokolade oder in Vanillezucker wälzen. Auf einer Platte anrichten und mit Schlagsahne verziert servieren.

*II. Kastanienteufelspillen mit Schokolade.* 250 g Zucker mit wenig Milch aufkochen. Nach dem Auskühlen 250 g gekochte und durch das Sieb gedrückte Kastanien (oder fertig gekaufte Kastanienmasse) und 50 g geriebene Mandeln (bzw. Haselnüsse oder Walnüsse) dazumischen, aus der Masse beliebig große Kugeln formen, in geriebener Schokolade oder Schokoladenstreuseln wälzen und trocknen lassen.

## Anisbrot

250 g Zucker mit 4 Eigelb schaumig rühren, 5 g Anis, die geriebene Schale $^1/_2$ Zitrone, 250 g Mehl und den Schnee von 4 Eiweiß dazumischen. Den Teig in einer mit Butter ausgestrichenen und mit Mehl bestreuten länglichen Form backen, noch warm aufschneiden, in die Röhre zurücklegen und schön gelb rösten.

## Leckerbissen aus Walnüssen, Haselnüssen und Mandeln

*I. Geröstete und kandierte Walnüsse, Haselnüsse oder Mandeln.* Aus Zucker, der im Gewicht der Menge der Nüsse oder Mandeln entspricht, und sehr wenig Wasser einen dickflüssigen Sirup kochen. Vom Herd nehmen, die Nüsse (oder Mandeln) hineinrühren und mit etwas Orangensaft oder abgeriebener Orangenschale würzen. Auf den Herd zurückstellen und unter ständigem Rühren so lange kochen lassen, bis es anfängt zu knallen. Vom Herd nehmen und weiterrühren, bis die Masse trocken wird, dann wieder auf dem Herd – jetzt bei schwacher Hitze – so lange weiterrühren und den Topf schütteln, bis der Zucker wieder schmilzt. Dann erneut vom Herd nehmen und mit einem Tuch zugedeckt 1–2 Stunden stehenlassen, bis alles hart geworden ist.

*II. Schokoladenhaselnüsse.* Die Schokoladenmasse im Wasserbad schmelzen lassen und dann so lange rühren, bis die Masse ausgekühlt ist. Danach wieder etwas schmelzen lassen, so daß die Schokolade dickflüssig ist. Wieder etwas erkalten lassen, die Haselnüsse einzeln in die dickflüssige Masse streuen und ganz hineindrücken. Nach einer kurzen Zeit die Nüsse einzeln herausnehmen und nebeneinander auf Papier legen. Diese Leckerbissen können nur an einem kühlen Ort zubereitet werden und müssen, bis sie hart geworden sind, an einem kalten Ort aufbewahrt werden. (Die Schokoladenmasse kann öfter aufgewärmt und verwendet werden.)

*III. Kakaomandeln.* Die abgezogenen, ausgewählt guten Mandeln noch feucht in Zucker wälzen und dann in der warmen Backröhre hellbraun rösten. Nach dem Auskühlen einzeln in Schokoladenguß tauchen und in mit etwas Zucker verrührtem Kakaopulver wälzen.

*IV. Salzmandeln.* Die gebrühten, abgezogenen Mandeln auf das Kuchenblech legen, etwas Zuckerwasser darübertröpfeln und reichlich mit Salz bestreuen. Dann in der Backröhre nach Belieben heller oder dunkler – das dauert nur Minuten – rösten. Für 1 kg Mandeln wird eine gute Handvoll Salz benötigt.

## Anisschnitten

125 g Zucker mit dem Schnee von 2 Eiweiß und 2 Eßlöffeln Mehl vermengen, auf rundlich geschnittene Oblaten streichen, mit Anis bestreuen und bei schwacher Hitze backen.

## Schokoladenleckerbissen

*I.* Aus 280 g Zucker und 5 Eßlöffeln Wasser einen dicken Sirup kochen und mit 280 g geriebener Schokolade, 140 g abgezogenen, gemahlenen Mandeln sowie 140 g abgezogenen, länglich geschnittenen Mandeln verrühren. Diese Masse in eine mit Butter ausgestrichene viereckige Form gießen. Am nächsten Tag die Form in heißes Wasser tauchen und stürzen. In Würfel oder Stangen schneiden und eventuell in Silberpapier einwickeln.

*II. Schokoladennußrolle.* 70 g Schokolade in etwas Wasser schmelzen lassen. Dann 2 Eier, 250 g Puderzucker, 250 g gemahlene Walnüsse und schließlich 100 g abgezogene, kleingehackte Mandeln dazugeben. Alles gut verrühren und auf ein reichlich mit Zucker bestreutes Nudelbrett geben. Aus der Masse eine Rolle formen, mit Puderzucker bestreuen, in einen Bogen weißes Papier einwickeln und einige Tage an einem trockenen Ort aufbewahren.

*III. Schokoladen-„Wurst“.* 250 g geriebene Schokolade mit 250 g gemahlenen Walnüssen, 2 Eiern, 150 g Zucker, 1–2 Eßlöffeln Rum und 50 g abgezogenen, kleingehackten Mandeln gut verrühren. Auf ein mit Zucker bestreutes Nudelbrett geben und aus der Masse eine Wurst formen. 2–3 Tage an einem luftigen Ort trocknen lassen und danach in dünne Scheiben schneiden.

*IV. Schokoladenbombe mit Kognakfrüchten.* 100 g gemahlene Wal- oder Haselnüsse, den Schnee von 1 Eiweiß, 100 g Puderzucker, 2 Kaffeelöffel Schokolade und den Saft $^1/_2$ Zitrone miteinander verrühren. Die Masse aufteilen, mit nasser Hand flachdrücken und in jedes ein in Kognak getauchtes kandiertes Obststück oder 1 Kognakkirsche geben. Dann zu kleinen Klößen formen und die Oberfläche mit Zuckerwasser oder Marmelade bestreichen. Danach in Schokoladenstreuseln wälzen und kalt stellen.

## Festkugeln

*I. Schokoladenkugeln.* 120 g geriebene Schokolade, 100 g Puderzucker, 100 g geröstete, gemahlene Mandeln, 1 Eßlöffel starken Mokka und ein nußgroßes Stück Butter gut miteinander verrühren. Aus der Masse kleine Kugeln formen und diese in Puderzucker wälzen. Einen Tag vor dem Verbrauch zubereiten.

*II. Kastanienkugeln.* 600 g Kastanien auf gewohnte Weise putzen, kochen und passieren. 300 g Zucker in Wasser flüssig kochen. Dann das Kastanienpüree dazugeben und aus der Masse kleine Kugeln formen. Diese in Zucker wälzen, trocknen lassen und schließlich mit Schokoladenglasur überziehen. Diese Kugeln können auch aus fertig erhältlicher Kastanienmasse zubereitet werden.

*III. Schokoladennußpillen.* 150 g gemahlene Walnüsse mit 3–4 Eßlöffeln Honig und der abgeriebenen Schale 1 Apfelsine so lange kochen, bis eine Masse entsteht, aus der sich gut Kugeln formen lassen. Die Kugeln in Schokoladenstreuseln wälzen.

*IV. „Leberklöße“ aus Mandeln.* Aus 200 g Zucker und wenig Wasser einen dicken Sirup kochen, 200 g abgezogene, gemahlene Mandeln hineinrühren, Kugeln formen, in geriebener Schokolade wälzen und an einem kühlen, luftigen Ort trocknen lassen.

*V. Satanspillen.* Aus 250 g mit etwas Orangenschale vermischtem Zucker und wenig Wasser einen Sirup kochen. So viele abgezogene, geröstete und gemahlene Mandeln dazugeben, daß ein dicker Brei entsteht. Verschiedene kleingeschnittene kandierte Früchte (Orangenschale, Melonenschale, Kirschen, Pflaumen, Pfirsiche, Quittengelee usw.) unter den Brei rühren, kleine Kugeln formen und diese in Schokoladenstreuseln wälzen. (Statt der kandierten Früchte kann auch 250 g Kastanienmasse verwendet werden.)

## Marzipan

600 g süße Mandeln abziehen, völlig austrocknen lassen, dann mahlen und mit 600 g Zucker zu einem Teig kneten. Eine Nacht lang ruhenlassen. Am nächsten Tag aus der Masse beliebige Formen bilden und an einem warmen Ort trocknen.

## Grillage

500 g Puderzucker hellgelb rösten, 400–500 g geriebene Nüsse oder Mandeln dazumengen, die Masse einige Minuten lang rühren, dann auf eine mit Butter oder Öl bestrichene Marmorplatte (auch Porzellan- oder emaillierte Eisenplatte) geben und ganz dünn ausrollen. Noch warm in längliche Stücke schneiden und über dem Nudelholz bogenartig formen oder auch nur in viereckige Stücke zerlegen. Die Masse, die sehr schnell kalt und hart wird, mehrmals in die warme Röhre zurückgeben. Nach Belieben mit Schokolade überziehen.

## Cremespezialitäten

*I. Schokoladencreme = Chocolat à la crème.* 120 g Schokolade, 50 g Butter, 0,3 l Sahne, 400 g Zucker mit Vanille und 300 g Traubenzucker unter ständigem Rühren so lange kochen, bis die entsprechende Konsistenz erreicht ist. (Die Masse ist gut, wenn ein Tropfen davon in kaltem Wasser sofort zu einer Perle wird.) In eine mit Butter ausgestrichene und mit Pergamentpapier ausgelegte Form gießen und nach dem Erkalten zusammen mit dem Papier herausnehmen. In Würfel schneiden, vom Pergamentpapier lösen und zuerst in Fettpapier, dann in buntes Papier einwickeln.

*II. Nußcreme – Noisette à la crème.* Diese Creme wird auf ähnliche Weise zubereitet. Anstelle der Schokolade werden 150 g geröstete, gemahlene, in 0,1–0,2 l Milch etwas gekochte, passierte Haselnüsse verwendet.

*III. Kaffeecreme – Café à la créme.* 120 g Butter, 250 g Zucker, 200 g Traubenzucker, 0,25 l süße Sahne und 0,1 l sehr starken, etwas mit Vanille abgeschmeckten Mokka so lange auf dem

Herd mit dem Schaumschläger rühren, bis die Masse dickflüssig wird und geliert. In eine mit Butter ausgestrichene Form gießen. (Der Menge der Zutaten entspricht eine Form von ca. 20×30 cm.) An einen kalten Ort stellen. Wenn die Masse erstarrt und schnittfest ist, auf ein Brett stürzen, in Würfel schneiden und diese in Fettpapier einwickeln.

## Speisen aus Milch und süsser Sahne, Cremes und Chaudeaus

I. *Eimilch.* In einem Wasserglas 2 Eigelb schaumig rühren, nach Geschmack 20–30 g Zucker dazugeben und schließlich löffelweise, natürlich unter weiterem kräftigem Rühren, 0,2 l heiße Milch oder Sahne. Diese Erfrischung kann warm oder kalt serviert werden, in letzterem Falle sollte sie im Kühlschrank oder an einem sehr kalten Ort aufbewahrt werden. Mit etwas Kognak oder Rum, ein wenig Orangenlikör oder geschmolzenem, geröstetem Zucker kann die Eimilch verfeinert und variiert werden.

II. *Schokoladencreme.* 5 Eigelb mit 150 g Puderzucker verrühren. 120 g Schokolade in 0,2 l Sahne kochen, dann vom Herd nehmen und bis zum Erkalten rühren. Die beiden Massen zusammengeben, verrühren und den Schnee von 8 Eiweiß unterziehen. In einer Glasschüssel oder in Gläsern in den Kühlschrank stellen. Mit Schlagsahne verzieren.

III. *Kaffeecreme.* 6 Eigelb, 0,2 l frisch gekochten, sehr starken Mokka und 200 g Puderzucker auf dem Herd so lange ständig rühren, bis eine dickflüssige Masse entsteht. Aufkochen vermeiden. Nach dem Auskühlen den Schnee der 6 Eiweiß und 0,2 l steif geschlagene Sahne unterziehen. Kalt stellen und in Gläsern servieren. Mit Schlagsahne verzieren.

IV. *Teecreme.* 30 g Tee, ein Stückchen Zimt und die Schale $^1/_2$ Zitrone mit 0,5 l Wasser brühen. Nach 10 Minuten den Tee seihen und mit 0,75 l Sahne und 100 g Zucker aufkochen. 10 Eigelb schaumig rühren, die heiße Mischung aus Tee und Sahne darübergießen, alles gut vermengen und unter ständigem Rühren dick kochen (nicht aufkochen!). Vom Herd nehmen und weiterrühren, bis die Creme lauwarm ist. Dann in Gläser füllen und kalt stellen. Mit Schlagsahne servieren.

## Vanillecremes

I. *Vanillecreme zu Obstspeisen.* 6 Eigelb und 3 Eier mit 200 g Zucker und 1 Eßlöffel feinem Mehl schaumig rühren, mit 0,5 l Milch auffüllen, $^1/_2$ Stange Vanille hineingeben und auf dem Herd oder im Wasserbad so lange rühren, bis die Masse dick zu werden beginnt. Rasch vom Herd nehmen, die Vanille herausnehmen, die Masse in eine Porzellanschüssel gießen und bis zum Auskühlen weiterrühren. Dann 0,15 l Schlagsahne daruntermischen, die Creme in Gläser füllen und kalt stellen. Mit gezuckerter Schlagsahne servieren. So wie Vanillecreme können auch Obstcremes zubereitet werden, indem man der obenbeschriebenen Eiercreme die entsprechende Menge passiertes frisches Obst oder Konservenobst beimengt (500 bis 750 g).

*II. Herzogincreme.* Auf 150 g frisch gerösteten, gemahlenen, feinen Kaffee und 150 g Zucker 0,5 l heiße Milch gießen und eine halbe Stunde kalt stellen. 7 Eigelb glattrühren, mit der durch ein Sieb gegebenen Kaffeemilch aufgießen, etwas Vanille hinzufügen und auf dem Herd so lange schlagen, bis sich am Topfrand die ersten Blasen bilden. Rühren, bis die Masse lauwarm ist, dann 0,5 l steife Schlagsahne und 10 g aufgelöste Gelatine unterziehen. In eine Form oder Gläser füllen und ein paar Stunden in den Kühlschrank stellen.

*III. Kakaocreme auf transdanubische Art.* 0,75 l Milch mit etwas Vanille und 120 g Zucker aufkochen. 100 g Kakao mit 60 g Mehl vermengen und mit etwas Milch glattrühren. Die heiße Milch darübergießen und das Ganze auf dem Herd rühren, bis die Masse die Konsistenz einer Creme erhält. Noch lauwarm in Gläser füllen und ein paar Stunden in den Kühlschrank oder an einen kalten Ort stellen. Vor dem Servieren auf jede Portion 1 Eßlöffel gesüßte Schlagsahne geben.

*IV. Punschcreme.* Aus 0,4 l Milch, 8 Eigelb, 8 Eßlöffeln Zucker und $^1/_2$ Stange Vanille auf dem Herd eine dicke Creme rühren, dann vom Herd nehmen und bis zum Auskühlen weiterrühren. Die Vanille herausnehmen und die Masse nach Geschmack mit Rum sowie dem Schnee von 4 Eiweiß vermengen. In Gläser füllen und kalt stellen.

## Obstreis

*I.* 250 g Reis in 1 l Milch weich kochen, in eine Porzellanschüssel füllen und nach Geschmack zuckern. Nach dem Auskühlen 0,1 l steif geschlagene Sahne darunterrühren. Die Hälfte der Masse in eine mit Wasser ausgespülte Form geben, mit kandierten Früchten (Sauerkirschen, Süßkirschen, Aprikosen, Pfirsichen usw.) belegen und darüber den übrigen Reis geben. Das Ganze kalt stellen, beim Servieren auf eine Platte stürzen und mit 0,4 l Schlagsahne garnieren. Während des Kochens kann ein Stückchen Vanille oder etwas Rum zugegeben werden.

*II. Apfelreis.* Den Reis auf gewohnte Weise in Milch kochen. Während des Kochens geschälte, zerkleinerte Äpfel, Zucker, abgeriebene Zitronenschale und eine Prise Zimt dazugeben.

*III. Reis auf russische Art mit Zitrone.* 250 g Reis in Wasser zur Hälfte gar kochen, dann abgießen und mit kaltem Wasser abspülen. In 0,5 l gutem Weißwein, der mit 370 g Zucker, dem Saft und der abgeriebenen Schale $^1/_2$ Zitrone vermischt wurde, weich kochen, 0,1 l Rum dazugeben. In eine mit Rum ausgespülte Form eine zweifingerdicke Schicht Reis legen, darauf dünne, geschälte, entkernte und stark gezuckerte Zitronenscheiben geben, dann wieder Reis, darauf Zitronenscheiben und so weiter schichten, bis die Form gefüllt ist. 24 Stunden in den Kühlschrank oder an einen sehr kalten Ort stellen und vor dem Servieren mit kandiertem oder eingekochtem Obst garnieren.

*IV. Reis à la royal.* 100 g Reis in wenig gezuckerter Milch weich kochen, trotzdem soll er körnig bleiben. Aus 4 Eigelb, 100 g Zucker und etwas abgeriebener Zitronenschale eine Creme bereiten, den Schnee von 1 Eiweiß dazugeben und mit dem Reis verrühren. Kleingeschnittene kandierte oder in Zucker eingelegte Früchte daruntermengen, das Ganze in Gläser füllen und mit gezuckerter und mit Himbeersirup verfeinerter Schlagsahne verzieren. Vor dem Servieren kalt stellen.

*V. Auf türkische Art, in Milch gekocht.* 200 g Reis in Vanillemilch weich kochen, darauf achten, daß die Körner nicht zerkochen. Nach Geschmack zuckern und auskühlen lassen. Dann 100 g in gezuckertem Wein gekochte Rosinen, 100 g kleingeschnittenes Zitronat sowie 0,2–0,3 l Schlagsahne untermengen und das Ganze in eine feuerfeste Form häufen. In den Schnee von 4 Eiweiß 200 g Puderzucker rühren, den Reis damit bedecken und bei schwacher Hitze in der Backröhre trocknen. Mit kandierten Früchten garniert, servieren.

*VI. Kalter Reis mit Wein und Aprikosen.* 250 g in reichlich Wasser weichgekochten – aber nicht zerkochten – Reis auf einem Sieb abtropfen lassen. 125 g Zucker mit 0,3 l Wein und dem Saft 1 Zitrone auf den Herd stellen, den Reis dazugeben und unter ständigem Rühren so lange kochen, bis die Flüssigkeit verkocht ist. In einem anderen Gefäß erkalten lassen. Dann 250 g reife Aprikosen, die geschält, entsteint, geteilt und gezuckert wurden, sowie 10 g Gelatine unterrühren. In eine mit Wasser ausgespülte Form geben und kalt stellen. Mit Schlagsahne servieren.

*VII. Gebackener Reis mit Aprikosen.* 350 g Reis in 1,25 l Milch mit 120 g Zucker und 50 g Butter weich kochen. Vom Herd nehmen und 3 Eier hineinrühren. In eine runde, mit Butter ausgestrichene und mit geriebener Semmel bestreute Form erst eine Schicht Reis, darauf eine Schicht geschälte, entsteinte und reichlich mit Puderzucker bestreute Aprikosen geben; darauf folgen wieder eine Lage Reis und eine Lage Aprikosen. Die letzte Schicht soll Reis sein. In der Backröhre backen.

*VIII. Creme „Imperial“.* 150 g Reis dreimal mit jeweils frischem Wasser abbrühen. Danach in wenig, leicht gesalzenem Wasser weich kochen (doch nicht zerkochen) und auf einem Sieb gut abtropfen lassen. 6 Eigelb mit 150 g Zucker schaumig rühren und den Saft von 2 und die abgeriebene Schale $^{1}/_{2}$ Zitrone dazugeben. Im Wasserbad eine dicke Creme kochen, auskühlen lassen, den Schnee von 3 Eiweiß unterziehen und mit dem Reis verrühren. Das Ganze in eine Schüssel füllen. Vor dem Servieren stürzen und nach Geschmack mit Fruchtgelee oder verschiedenen kandierten Früchten garnieren.

## Milchgriess

*I. Mit Sauerkirschen.* Aus 5 Eßlöffeln Grieß, 5 Eßlöffeln Puderzucker und 1 l Milch einen einfachen Milchgrieß kochen. Dann 250 g entkernte Sauerkirschen unterrühren, das Ganze in eine Glasschüssel füllen und an einem kalten Ort fest werden lassen. Mit Schlagsahne oder Vanillemilchschaumsoße servieren.

*II. Mit Süßkirschen.* 180 g Grieß 6 Minuten in 0,75 l Milch, in die vorher etwas Zucker und die abgeriebene Schale $^{1}/_{2}$ Zitrone gegeben wurde, kochen. Den steifen Schnee von 6 Eiweiß in den Grieß rühren und dann sofort vom Herd nehmen. In eine reichlich ausgefettete Form ein Viertel des Grießes, darauf eine Reihe gekochte Kirschen geben, dann folgt wieder Grieß und so weiterschichten, bis Grieß und Kirschen aufgebraucht sind. Kalt stellen und mit einer beliebigen Obstsoße oder süßer Schlagsahne servieren.

## Kastanienpüree

Die Kastanien einige Minuten in stark wallendem Wasser kochen, dann herausnehmen und abtropfen lassen. Die äußere harte Schale und die innere weiche Haut abziehen. Die so geputzten Kastanien in gezuckerter und mit etwas Vanille abgeschmeckter Milch weich kochen (auf 1 kg Kastanien 250 g Zucker rechnen), dann passieren – wenn nötig, etwas nachzuckern – und mit einigen Eßlöffeln Sahne und etwas Rum glattrühren. Soll das Püree ein selbständiges Gericht sein, dann durch eine Kartoffelpresse drücken, mit gezuckerter Schlagsahne reichlich verzieren und bis zum Servieren kalt stellen. Kastanienpüree kann auch als Fülle in Torten und Kuchen oder als Zutat in Cremes verwendet werden.

**Kastaniencreme** 6 Eigelb mit 100 g Kastanienpüree (oder fertiger Kastanienmasse) vermengen, mit 0,75 l Milch verdünnen und auf dem Herd (oder im Wasserbad) unter fortwährendem Rühren zu einer dicken Creme kochen. Nach dem Auskühlen den Schnee von 6 Eiweiß daruntermischen, das Ganze in Gläser oder eine Form füllen und bis zum Servieren kalt stellen.

**Vogelmilch** *I.* Aus 6 bis 7 Eiweiß festen Schnee schlagen. Dann im offenen Topf 1 l Milch kochen und stark aufwallen lassen. Jetzt behutsam mit einem Eßlöffel kleine Flocken von dem Schnee in die kochende Milch geben. Wenn die Flocken anschwellen und an die Oberfläche kommen, vorsichtig herausnehmen und in eine Schüssel legen. Auf diese Weise den ganzen Schnee verarbeiten. Nun die Eigelb mit ebensoviel Eßlöffeln Zucker verrühren. Diese Masse auf den Herd setzen und unter ständigem, kräftigem Rühren die heiße Milch langsam zugießen. Wenn die Masse dick zu werden beginnt, vom Herd nehmen und weiterrühren, bis sie nur noch lauwarm ist. Dann über die eventuell vorher mit abgezogenen und länglich geschnittenen Mandeln bestreuten Flocken gießen. Wer Vanillegeschmack liebt, kann ein Stück davon in die Milch geben, während die Flocken kochen.

*II. Mit Wein.* 5 Eiweiß zu steifem Schnee schlagen und 70 g Zucker sowie die abgeriebene Schale 1 Zitrone unterrühren. 1 l gezuckerten Weißwein aufkochen. Mit dem Kaffeelöffel Flocken vom Eischnee abstechen und in den kochenden Wein geben, diese Flocken dann auf einem Sieb abtropfen lassen und in eine tiefe Schüssel legen. Aus dem Wein und 5 Eigelb einen dicken Chaudeau kochen, auskühlen lassen, über die Eiweißflocken gießen und das Ganze mit Puderzucker bestreuen.

**Mandelmilch** 150 g gemahlene Mandeln und 100 g Zucker in 1 l Milch aufkochen, erkalten lassen, durch ein Sieb gießen und kalt stellen.

**Chaudeaus** *I. Milch-, Kaffee- oder Orangenchaudeau.* In einem Topf 4–5 Eigelb und 4–5 Eßlöffel Puderzucker verrühren, unter ständigem Rühren langsam 0,5 l kochende Milch (eventuell 0,1 l starken Mokka oder die Schale von 3–4 Orangen sowie den Saft einer Orange) dazugießen. Unter weiterem starkem Rühren so lange auf dem Herd lassen, bis die entsprechende Dickflüssigkeit erreicht ist. Kurz vor dem Aufkochen vom Herd nehmen und weiterrühren, bis der Chaudeau ausgekühlt ist.

*II. Schokoladenchaudeau.* Zu den Zutaten des Milchchaudeaus, nachdem die Eigelb mit dem Zucker verrührt wurden, 150–200 g geriebene Schokolade geben und danach mit 0,5 l kochender Milch aufgießen.

*III. Wein- und Zitronenchaudeau.* Einen Chaudeau wie unter I zubereiten, doch anstelle von 0,5 l Milch 0,5 l aufgekochten Wein, dem Vanille, Zimt und Gewürznelken zugesetzt wurden, verwenden. Zuletzt können noch der Saft und die abgeriebene Schale einer Zitrone dazugegeben werden.

*IV. Russischer Chaudeau.* Für den russischen Chaudeau wird ein Milchchaudeau zubereitet, doch statt der Milch möglichst Sahne verwenden. 0,1 l Rum dazugießen und warm servieren.

## Salzburger Nockerln

*I.* Unter ständigem Rühren 50 g Butter, 0,5 l Milch und 100 g Mehl aufkochen. Vom Herd nehmen, nach und nach 8 Eier hineinrühren, desgleichen 1 Eßlöffel Vanillezucker sowie 1 Prise Salz. Von dieser Masse mit einem Eßlöffel Nockerln abstechen, in 1,5 l Milch kochen und danach auf einem Sieb abtropfen lassen. Aus 100 g Butter, 7 Eigelb, 70 g Zucker und dem Schnee der Eiweiß eine Creme bereiten. Den Boden einer feuerfesten Form mit einer Schicht dieser Creme auslegen, darauf die Nokkerln schütten und die restliche Creme darüberziehen. $^1/_2$ Stunde bei schwacher Hitze backen.

*II.* Aus 60 g Mehl und 20 g Butter eine helle Mehlschwitze bereiten, mit 0,2 l Milch auffüllen und kochen, bis die Masse nicht mehr am Löffel haftenbleibt. Dann vom Herd nehmen und nach und nach 4 Eigelb dazugeben sowie 2 Eßlöffel Zucker, etwas Vanille, etwas Salz und schließlich den Schnee der 4 Eiweiß. Aus dieser Mischung kleine Nockerln formen und in 1 l kochende Milch werfen. (Es dürfen nicht mehr als 6 Nockerln auf einmal gekocht werden. Die Milch soll dabei nur langsam kochen.) Die Nockerln mit dem Schaumlöffel wenden. Sind sie fertig, folgende Creme bereiten: 60 g Butter mit 4 Eigelb schaumig rühren und mit 4 Eßlöffeln Zucker vermischen. Diese Masse mit 1 Kaffeelöffel Mehl und dem Schnee der 4 Eiweiß vermengen. Ein Viertel der Creme in eine mit Butter ausgestrichene feuerfeste Schüssel füllen, die Nockerln daraufgeben und mit der restlichen Creme überziehen. Das Ganze dann etwa $^3/_4$ Stunden lang in der Röhre bei schwacher Hitze backen.

# *Obst*

## Obstcremes

*I. Obst oder Marmelade mit Schlagsahne.* In 250 g verdünnte Marmelade oder in geschältes, passiertes Obst 10 g aufgelöste Gelatine und den Saft 1/2 Zitrone rühren. 0,5 l steif geschlagene Schlagsahne darunterziehen, wenn nötig, noch zuckern. In eine Form gießen, auf Eis oder in den Kühlschrank stellen. Vor dem Servieren auf eine Platte stürzen. (Konservenananas nicht passieren, nur kleinschneiden.)

*II. „Egerer Schneewittchen", gemischte Obstcreme.* In 1 Liter schaumig geschlagene Schlagsahne 30 g aufgelöste Gelatine, 5 Eßlöffel Puderzucker (je nach Geschmack auch mehr), etwas geriebene Zitronenschale und je nach der Jahreszeit saisonbedingtes, frisches Obst geben. (Süß- oder Sauerkirschen, Himbeeren, Erdbeeren, Johannisbeeren u. a.) Im Winter durch Kompott oder Tiefkühlware ersetzen. In eine mit Wasser ausgespülte Form gießen, völlig luftdicht verschließen und wenigstens einen halben Tag auf Eis oder in den Kühlschrank stellen.

*III. Obstsaftcreme.* In 1 Liter Milch 80 g Mehl glattrühren und dick kochen. Nach und nach 0,5 l eines beliebigen Obstsaftes, 10 g aufgelöste Gelatine und 300–400 g Puderzucker (von der Süße des Obstsaftes abhängig) zugeben. In einer mit Wasser ausgespülten Form einige Stunden auf Eis oder in den Kühlschrank stellen. Vor dem Servieren stürzen und mit Schlagsahne oder Milchchaudeau garnieren.

*IV. Apfelcreme auf Somogyer Art.* 1 kg Äpfel in wenig Wasser kochen, noch warm passieren und mit 300 g Zucker verrühren. Aus 5 Eiweiß einen festen Schnee schlagen, das Apfelpüree hineingeben und weiterschlagen, bis die Masse die entsprechende Dicke und Festigkeit erreicht hat. Diese Creme in eine Glasschüssel häufen, mit abgezogenen, länglich geschnittenen Mandeln verzieren (ca. 50 bis 60 g) und zusammen mit gesüßter Schlagsahne servieren.

*V. Apfelcreme auf Kaschauer Art.* 1,5 kg geschälte, in Stücke geschnittene Äpfel in wenig Wasser zu Brei kochen, die geriebene Schale 1/2 Zitrone und 300 g Zucker hinzufügen. Noch warm passieren. Nach dem Auskühlen 0,3 l steif geschlagene, gesüßte Schlagsahne unterrühren, in eine Glasschüssel geben und mit gezuckerter Apfelsinenschale garnieren. Auf Eis oder in den Kühlschrank stellen.

*VI. Erdbeeren mit Schlagsahne.* 35 schöne, große Ananaserdbeeren waschen, entstielen, trocknen und einzeln in Vanillezucker wälzen. 0,4–0,5 l Schlagsahne nicht sehr steif schlagen, 250 g passierte Erdbeeren und einige Eßlöffel Zucker hinzufügen. Die gezuckerten Erdbeeren vorsichtig darunterrühren. In einer Glasschüssel einige Stunden auf Eis oder in den Kühlschrank stellen.

*VII. Erdbeercreme.* 500 g frisch gepflückte Erdbeeren passieren, 180 g Zucker und den Saft 1 Zitrone zufügen. In möglichst wenig Wasser 10 g Gelatine auflösen, mit 0,1 l kalter Milch verrühren und anschließend an das Erdbeerpüree geben. 0,5 l steif geschlagene Schlagsahne darunterziehen, in Kelchgläser füllen und einige Stunden auf Eis oder in den Kühlschrank stellen. Auf die Erdbeercreme etwas Schlagsahne und eine Erdbeere als Garnierung geben.

*VIII. Himbeercreme.* 300 g Himbeeren mit der gleichen Menge Zucker vermengen, den Schnee von 2 Eiweiß dazugeben und so lange rühren, bis sich die Masse gleichmäßig verteilt. Auf Eis oder in den Kühlschrank stellen und gut gekühlt servieren.

*IX. Himbeerpüree.* Die gereinigten Himbeeren mit einem Holzlöffel zerdrücken, mit einigen Eßlöffeln süßer Sahne, nach Geschmack Zucker, 1–2 Eßlöffeln Zitronensaft (auf 500 g Obst) und 2 Eßlöffeln gemahlenen Nüssen vermengen. In eine Schüssel geben und mit ganzen, gezuckerten Himbeeren garniert auftragen.

*X. Johannisbeer- und Heidelbeercreme.* In Zucker gekochte Johannisbeeren oder Heidelbeergelee (gezuckerte, saftfreie Heidelbeeren) vorsichtig unter die nach Geschmack gesüßte Schlagsahne ziehen, die eventuell mit einigen Tropfen Kermesbeere appetitlich gefärbt wurde. In einer Glasschüssel kegelförmig anordnen, an die Seiten einige Löffelbiskuits stecken und mit Schlagsahne (pro Person 0,13–0,15 l) garnieren.

## Obstcreme mit Eiern

*I. Erdbeer- oder Himbeercreme.* 6 Eigelb mit 6 Eßlöffeln Zucker schaumig rühren, 0,5 l rohe Milch dazugießen und auf dem Herd langsam unter fortwährendem Rühren dick kochen. Dann 5 bis 10 g in kaltem Wasser aufgelöste Gelatine dazugeben. Erdbeer- oder Himbeergelee mit etwas Zuckerwasser verdünnen und dieses Püree in die Creme rühren. Die Masse in eine Form füllen und für einige Stunden kalt stellen. Werden frische Erdbeeren verwendet, diese passiert verarbeiten.

*II. Johannisbeer, Himbeercreme.* Je zur Hälfte frischen Johannisbeer- und Himbeersaft (jeweils etwa 0,25 l) oder aufgelöstes Gelee mit 12 Eigelb verrühren und 300 g Zucker hinzufügen (wird Gelee verwendet, natürlich weniger zugeben). Auf dem Herd so lange rühren, bis die Masse dick wird. Bis zum Erkalten weiterschlagen. Nach dem Auskühlen den steif geschlagenen Schnee von 8 Eiweiß darunterrühren. In einer Glasschüssel oder in Gläsern in den Kühlschrank oder auf Eis stellen. Vor dem Servieren mit Schlagsahne garnieren und Löffelbiskuits dazu reichen.

*III. Rohe Eiercreme.* 3 Eigelb mit 100 g Zucker, 3 Kaffeelöffeln Zitronensaft und der geriebenen Schale $^1/_2$ Zitrone zu einer dicken Masse schlagen und mit dem Schnee der 3 Eiweiß und 4 Eßlöffeln passiertem, süßem Quark vermengen. (Für eine besonders gute Creme noch 0,2 l Schlagsahne beimischen.) Gläser mit gezuckertem frischem oder eingelegtem Obst auslegen, mit Creme vollfüllen und einige Stunden kalt stellen. Wenn eingelegtes Obst verwendet wird, den Saft natürlich gut abtropfen lassen.

## Alkoholische Obstcreme

*I. Erdbeer-Erfrischungsgetränk in Gläsern.* 1 kg Erdbeeren passieren, je nach Geschmack zuckern, mit etwas Zitronensaft, Weißwein und 1–2 Gläschen Apfelsinenlikör oder anderem guten, aromatischen Likör würzen. Kelchgläser mit gereinigten, gezukkerten Erdbeeren drei Viertel voll füllen und mit dem vorbereiteten Erdbeersaft übergießen. Auf die Erdbeeren steifgeschlagene, gesüßte Schlagsahne häufen, die Spitze mit einer großen Erdbeere garnieren.

*II. Kastaniencreme in Gläsern.* In 0,7 l sehr steif geschlagener Sahne 3 Eßlöffel Puderzucker unterziehen. Aus 250 g Edelkastanien und 80 g Zucker ein Kastanienpüree bereiten. Kleinwürflig geschnittenes kandiertes Obst, 3 Eßlöffel Maraschino (oder anderen Likör) und 3–4 Blatt in wenig Wasser aufgelöste Gelatine dazugeben. In Gläser füllen und 4–5 Stunden kalt stellen. Vor dem Servieren mit gezuckerter Schlagsahne garnieren.

*III. Pfirsich- oder Aprikosencreme.* 5 reife, entkernte, geschälte Pfirsiche passieren und mit 250 g Vanillezucker und 10 g aufgelöster Gelatine vermischen und ins Eis gestellt zu einer dicken Creme rühren. Danach 0,75 l steif geschlagene Sahne, mit Kognak bespritzte, geschälte und kleingeschnittene Pfirsiche und 50 g abgezogene und langgeschnittene Mandeln dazugeben. Die Creme in eine mit Wasser ausgespülte Form füllen, für drei Stunden kalt stellen, aus der Form stürzen und mit gezuckerter Schlagsahne und in Zucker gewälzten halben Pfirsichen (die ebenfalls im Kühlschrank aufbewahrt wurden) verzieren.

*IV. Oberoncreme.* 0,75 l steif geschlagene süße Sahne mit 200 g Puderzucker, der geriebenen Schale $^1/_2$ Zitrone, 150 g geschältem und kleingeschnittenem Obst und zuletzt mit $^1/_2$ Gläschen

Maraschino oder anderem feinen Likör vermengen. So lange mit dem Schneebesen schlagen, bis sich die Masse verdickt, in Gläser füllen und bis zum Servieren kalt stellen.

*V. Englische Creme.* 10 Eigelb mit 200 g Puderzucker schaumig schlagen. Mit 1 Gläschen sehr feinem Rum oder Kognak, 0,05 l gutem Weißwein und 0,2 l Himbeer- oder Zitronensaft (eventuell mit einer Mischung aus beiden Säften) begießen. Auf dem Herd unter ständigem Rühren zu einer dicken Creme kochen. Nach dem Auskühlen 10 g aufgelöste Gelatine, beliebig viele gesüßte große Himbeeren oder Sauerkirschen und zuletzt den steifen Schnee von 10 Eiern oder 0,7 l steife Schlagsahne hinzufügen. In die Parfaitform gießen und einige Stunden im Kühlschrank stehenlassen.

*VI. Französische Creme auf Chantilly Art.* Aus 4 Eigelb 0,2 l gezuckerter Milch und 2 Eßlöffeln Kirschlikör im Wasserbad eine dicke Creme kochen, dann kalt stellen. 0,5 l Sahne steifschlagen, den sehr steifen Schnee von 5 Eiern, 3 Eßlöffel Puderzucker und etwas Vanille unterziehen, mit der ausgekühlten Creme vermengen und zuletzt schöne große, in Kognak getauchte Ananaserdbeeren (Konserven oder Frischobst) dazugeben. In luftdicht verschlossener Form 2 Stunden in den Kühlschrank stellen.

*VII. Apfelcreme mit Rum.* 400 g gebratene, passierte Äpfel mit 6 Eigelb und 400 g dickflüssigem Zucker verrühren, bis die Masse entsprechend dick ist. Dann 6 Eßlöffel Rum (eventuell feinen Orangenlikör) und den Schnee der 6 Eiweiß daruntermischen, in eine Glasschüssel häufen und bis zum Servieren kalt stellen.

*VIII. Tuttifrutti.* Den Boden einer tiefen Glasschüssel mit verschiedenen Obstsorten auslegen. (Das Obst wird selbstverständlich geschält, entkernt oder auch zerschnitten.) Darauf eine Lage in feinen Süßwein oder Likör getauchte, kleine Mandelbaisers geben. 150 g Zucker und $^1/_2$ Stange Vanille im 0,5 l Milch aufkochen und die kochende Milch vorsichtig über 4 verrührte Eigelb gießen. Die Mischung wieder auf den Herd stellen und unter fortwährendem Rühren bis zum Siedepunkt erhitzen. Dann 4 bis 5 Blatt in etwas lauwarmem Wasser aufgelöste Gelatine daruntermischen und noch warm über das Obst gießen. Die Oberfläche glätten, auskühlen lassen und dann für einige Stunden in den Kühlschrank stellen. Bevor das Obst mit den Baisers belegt wird, kann es nach Geschmack gezuckert werden.

*IX. Aprikosen mit Erdbeer-, Johannisbeer- oder Himbeerbrei.* Die geschälten, halbierten und entkernten Aprikosen in kochenden Sirup tauchen. Die Kasserolle vom Herd nehmen, die Aprikosen mit dem Sirup in eine Schüssel gießen und mit Erdbeerpüree bedecken (gleiche Menge rohe Erdbeeren wie das ursprüngliche Aprikosengewicht, passiert und nach Geschmack gezuckert). Mit Zitronensaft und Likör abschmecken und 2 Stunden vor dem Servieren in den Kühlschrank stellen. Anstelle von Erdbeeren auch mit Johannis- oder Himbeeren bereiten und statt Aprikosen auch Pfirsiche nehmen.

## Gebackenes Obst

I. *Äpfel in Biskuit.* 6 große vom Kerngehäuse befreite Äpfel in eine mit Butter ausgestrichene und mit geriebener Semmel bestreute feuerfeste Schüssel legen. Die Äpfel nach Geschmack mit Marmelade füllen. Aus 6 Eiern, 6 Eßlöffeln Zucker und 4 Eßlöffeln Mehl einen Biskuitteig rühren, auf die Äpfel geben und in der Backröhre backen.

II. *Gebackene Sauerkirschen mit Eierschaum auf holländische Art.* 1 kg entkernte Sauerkirschen mit 250 g Zucker, etwas Zimt und geriebener Zitronenschale in 0,4–0,5 l Weißwein weich dünsten. Das gedünstete Obst in einer runden, flachen Schale anhäufen, mit dem steif geschlagenen Schnee von 5–6 Eiern, der mit Vanille abgeschmeckt wurde, überziehen und bei sehr schwacher Hitze in der Backröhre 15–20 Minuten backen. Warm servieren.

III. *Äpfel in saurer Sahne.* Die geschälten, geviertelten Äpfel in Zuckerwasser etwas ankochen, dabei darauf achten, daß sie unversehrt und fest bleiben. Abtropfen und auskühlen lassen und danach auf folgende Weise in eine feuerfeste Form geben: Eine Schicht Äpfel, eine Schicht Puderzucker, darüber geröstete geriebene Semmel streuen und reichlich saure Sahne spritzen. So weiterschichten, solange die Äpfel reichen. 15–20 Minuten in der Röhre backen.

IV. *Apfelpüree im Schlafrock.* Aus 8–10 großen Äpfeln ein nach Geschmack gesüßtes, marmeladenähnliches Püree bereiten. Aus 3–4 Eiweiß, 3–4 Eßlöffeln Zucker und dem Saft $^1/_2$ Zitrone einen steifen Schaum schlagen und fingerdick auf das völlig ausgekühlte, auf einer Platte angehäufte Apfelpüree streichen. Mit Zucker und abgezogenen, in Stifte geschnittenen Mandeln bestreuen und bei schwacher Hitze in der Backröhre goldgelb backen.

## Gefülltes Obst

*I. Äpfel.* Die Äpfel schälen, am Blütenansatz eine Vertiefung einschneiden und jeweils $^1/_2$ in Zitronenwasser getauchtes Stück Würfelzucker und ein Stückchen Butter hineinlegen. Die Äpfel auf ein mit Butter bestrichenes Kuchenblech stellen und bei schwacher Hitze fast gar backen, etwa $^1/_2$ Stunde lang. Dann in jede obere Vertiefung einen Eßlöffel Aprikosenmarmelade füllen und die Äpfel noch weitere 10 Minuten backen.

*II. Äpfel mit Creme.* Aus 0,5 l Schlagsahne (eventuell pasteurisierter Milch), 6 Eigelb, 1 Kaffeelöffel Mehl und 100 g Zucker im Wasserbad auf übliche Weise eine Creme kochen. 12 Äpfel schälen, das Kerngehäuse herausschneiden und das Äußere mit Zitronensaft einreiben. Die Äpfel in wenig Wasser weich dünsten, darauf achten, daß sie nicht zerkochen. Den Saft völlig abtropfen lassen, die Äpfel mit Johannisbeer- oder Aprikosenmarmelade füllen, auf einer Platte anrichten, mit der fertigen Creme übergießen und bis zum Servieren in den Kühlschrank stellen.

*III. Zuckermelone.* Den oberen Teil einer 1,5–2 kg schweren Zuckermelone abschneiden. Mit einem Löffel das Kerngehäuse und teilweise das Fruchtfleisch herausschneiden, damit eine große Öffnung entsteht. Diese mit geschälten, geviertelten und entkernten Pfirsichen ausfüllen. Die Pfirsiche einige Stunden vorher einzuckern, mit feinem Rum oder Apfelsinenlikör bespritzen und dann den Saft auf einem Sieb gut abtropfen lassen. Die in die Zuckermelone geschichteten Pfirsiche völlig mit Apfelgelee bedecken. Den abgeschnittenen Teil wieder auf die Melone legen, das Ganze für einige Stunden in den Kühlschrank stellen und durchfrieren lassen. Vor dem Servieren den unteren Teil abschneiden, damit die Melone aufgestellt werden kann, und in Scheiben teilen. Als Füllung, je nach Geschmack und Jahreszeit, auch anderes Obst und das herausgeschnittene Fruchtfleisch verwenden.

## Zuckermelone mit Obstsalat gefüllt

Dieses Gericht läßt sich aus jedem Obst bereiten, aus Aprikosen oder Pfirsichen, Birnen, Äpfeln, Renekloden oder aus einer Mischung derselben. Das gewaschene, geschälte, entsprechend zerkleinerte Obst in eine Schüssel legen und einzuckern (die Zuckermenge entspricht der Hälfte des Obstgewichtes) und so lange kalt stellen, bis sich viel Saft gebildet hat. Den oberen Teil der Zuckermelone abschneiden, das Kerngehäuse entfernen, das Melonenfruchtfleisch in Stücke schneiden und mit dem eingezuckerten Obst vermengen. Den Saft 1 Zitrone dazugeben und diese Mischung in die ausgekühlte Melone gießen. Mit 2 Gläschen Orangenlikör abschmecken. Die Frucht mit dem abgeschnittenen Teil wieder bedecken und für einige Stunden in den Kühlschrank stellen.

## Obstgelee zum Sofortgebrauch

*I. Äpfel.* 6–8 säuerliche Äpfel braten und passieren und mit soviel Zucker, der dem Gewicht der passierten Äpfel entspricht, sowie 2 Eiweiß und dem Saft von 1–2 Zitronen vermengen. Das Ganze ca. 30–45 Minuten rühren, dann auf eine Platte legen und für 1–2 Stunden in den Kühlschrank stellen.

*II.* In Stücke geschnittene säuerliche Äpfel in ein wenig Wasser weich kochen und durch ein Leinentuch drücken. Die gleiche Menge Zucker mit sehr wenig Wasser und Zitronensaft – pro 1 kg Zucker 1 Zitrone – dazugeben und so lange kochen, bis die Masse zu gelieren beginnt.

*III. Johannisbeeren.* 2 kg rote Johannisbeeren waschen, abstielen und 1 Stunde im eigenen Saft kochen. Dann passieren, 300 g Zucker dazugeben und so lange kochen, bis die Masse eindickt. In Förmchen oder Gläser gießen, kalt stellen und mit Schlagsahne garniert servieren.

*IV. Weingelee mit Obst.* Die geriebene Schale von 4 Zitronen mit 380 g Zucker vermischen. So lange kochen, bis der Sirup in großen, breiten Tropfen vom Löffel fällt, dann mit dem Saft der 4 Zitronen, 0,75 l leichtem, feinem Weißwein, 0,05 l Orangenlikör und 20 g Gelatine vermengen. Die Flüssigkeit filtern, bis sie völlig klar ist. Von allen saisonbedingten Obstsorten jeweils 1 bis 2 Stück – je nach ihrer Art – schälen, entkernen oder in Stücke schneiden. Das Weingelee daumendick in eine Form für Halbgefrorenes gießen, erstarren lassen, dann eine Schicht von dem gemischten Obst darauflegen, dann wieder Gelee und so weiter, bis die Form gefüllt ist. Kalt stellen und vor dem Servieren stürzen. Im Winter auch in Zucker eingelegtes Obst (den Zuckersaft vorsichtig abtropfen lassen) oder kandierte Früchte verwenden. Gut geeignet sind auch in Scheiben geschnittene gezuckerte Kastanien, kandierte Orangenschalen, in Zucker eingelegte grüne Nüsse usw. Nach Belieben die letzte Schicht Gelee mit länglich geschnittenen Pistazien bestreuen.

## Frisches Obst mit Milch oder Quark

*I. Mit Milch.* In 1 l Milch 250 g Himbeeren, Johannisbeeren, Brombeeren, entkernte Süß- oder Sauerkirschen geben. Mit 4 Eßlöffeln Puderzucker oder Honig süßen und mit dem Schaumschläger so lange rühren, bis die Milch vom Obst gefärbt wird. Eventuell noch einige abgezogene, kleingeschnittene Mandeln dazugeben. Einige Stunden kalt stellen.

*II. Mit Sauermilch.* 500 g saisonbedingtes Obst in 1 l Sauermilch geben. Das Obst vorher entkernen, schälen und zerkleinern. Zuletzt das Ganze in den Kühlschrank stellen.
*III. Brombeeren mit Quark.* 500 g frischen süßen Quark und 0,25 l Schlagsahne 15–20 Minuten kräftig rühren, zuckern und auf die in einer Glasschüssel angerichteten auserlesenen Brombeeren geben. Mit gemahlenen Haselnüssen bestreuen.

## Obstsalate

*I. Aus gemischtem, frischem Obst und Kompott.* Verschiedenes Obst, roh und gedünstet, in eine Schüssel füllen, z. B. geschälte und geviertelte Äpfel, Birnen, Pfirsiche, dann gedünstete Äpfel, Birnen, Quitten, Pflaumen-, Renekloden-, Süß- und Sauerkirsch-, Aprikosen- und Pfirsichkompott. 1–2 Scheiben gezuckerte Melonenschale sowie Johannisbeeren, Brombeeren, Himbeeren (wenn möglich auch roh verwenden) und eventuell einige rohe, gezuckerte Apfelsinenscheiben dazugeben. Aus den verschiedenen Säften eine Mischung bereiten, eventuell mit etwas feinem Likör – z. B. Apfelsinenlikör – abschmecken und über das Obst in der Schüssel gießen. Mit halbierten schönen, großen Nüssen und abgezogenen ganzen Mandeln garnieren.
*II. Gemischter Fruchtsalat.* 150 g passierte Johannisbeeren mit 4–5 Eßlöffeln Honig vermischen. 500 g geschälte, ausgekernte, in Stücke geschnittene Aprikosen mit 250 g Erdbeeren und der gleichen Menge Himbeeren vermengen, in eine Schüssel füllen und mit der Johannisbeermasse übergießen. Nach Geschmack zuckern und vor dem Servieren kalt stellen. Der Salat kann natürlich auch aus Pfirsichen zubereitet und die Beeren je nach Geschmack und Jahreszeit durch anderes Obst ersetzt werden.
*III. Aus Aprikosen und Melone.* 1 kg Aprikosen schälen und entkernen. Davon 500 g in mitteldicke Scheiben schneiden; die andere Hälfte passieren und mit 100 g Zucker, 0,2 l süßem Weißwein sowie 1–2 Gläschen Pfirsichgeist und Kognak vermengen. Einen Teil der Aprikosenscheiben in eine Schüssel geben, zuckern und mit einer Schicht reifer, geschälter, würflig geschnittener Zuckermelone bedecken, abermals zuckern, dann wieder Aprikosenscheiben schichten usw. Zuletzt mit der aus dem passierten Saft bereiteten Aprikosensoße begießen und für einige Stunden in den Kühlschrank stellen.
*IV. Aus Birnen.* Das Obst schälen, Kerngehäuse entfernen und längs in nicht zu dünne Scheiben schneiden. Die Scheiben in eine mit etwas Zitronensaft ausgegossene Salat- oder Glasschüssel geben.

*V. Aus Pfirsichen oder Aprikosen.* Große, reife Pfirsiche oder Aprikosen schälen, halbieren, entkernen und die Hälften einzeln in Zucker wälzen. In eine Glasschüssel geben, den Saft von 1–2 Zitronen darübergeben und mit 0,1–0,2 l gutem Weißwein begießen.

*VI. Melone mit Mayonnaise.* 1 kg nicht zu reife Zuckermelone in Stücke schneiden, etwas salzen und pfeffern, auf eine Platte legen und einige Löffel mit saurer Sahne verdünnte Mayonnaise darübergießen. Für 4–5 Stunden in den Kühlschrank stellen.

*VII. Aus Kastanien.* 500 g geschälte, gekochte Edelkastanien zerkleinern, mit geriebener Apfelsinenschale abschmecken und in eine Salatschüssel geben. Vorher in der Schüssel eine Schicht Rapünzchen oder Kopfsalat anrichten. Das Ganze mit Mayonnaise begießen, in der 0,1–0,2 l steif geschlagene süße Sahne verrührt wurde.

## Frische Kompotte

*I. Rohes Kompott.* Kann aus jeder Art Obst zubereitet werden. Die gereinigten Früchte mehrere Stunden vor dem Servieren mit Honig oder Zucker (der zu diesem Zweck in ein paar Tropfen heißem Wasser aufgelöst wurde) übergießen. (Auf 1 kg Obst 6 Eßlöffel Honig oder die entsprechende Menge Zucker rechnen.) Vorsichtig vermengen, kalt stellen, möglichst in den Kühlschrank. Wird mehr Saft gewünscht, dann noch einige Eßlöffel süße Sahne oder frische Milch daraufgießen.

*II. Frisch gekocht.* Das gründlich gewaschene, je nach seiner Art entkernte bzw. entstielte und in Stücke geschnittene Obst mit so viel Wasser aufsetzen, daß es bedeckt ist, weich kochen, nach Geschmack zuckern und auskühlen lassen. Aufbewahren im Kühlschrank erhöht die erfrischende Wirkung. Vor dem Servieren etwas Zitronensaft in das Kompott träufeln.

*III. Aus Mandeln und Sauerkirschen.* 1 kg Sauerkirschen waschen und entkernen. An die Stelle der Kerne geschälte halbierte Mandeln stecken. Das Obst in eine Schüssel legen, mit 1 Gläschen Apfelsinenlikör verfeinern, darüber einen aus 0,4 l Wasser und 800 g Zucker gekochten Sirup gießen und den Saft 1 Zitrone dazugeben. Für einige Stunden in den Kühlschrank stellen.

*IV. Aus Kastanien, auch zu Wildbret und Geflügel.* 18 bis 20 gebratene und geschälte Kastanien in einem aus 0,2 l Wasser und 200 g Zucker bereiteten Sirup 6–7 Minuten lang kochen, dann vom Herd nehmen, mit dem Saft 1/2 Zitrone und einigen Eßlöffeln süßen Rotwein übergießen, schließlich mit etwas Puderzucker süßen und für einige Stunden kalt stellen.

## Bananen

*I. Auflauf.* Für jede Person 1 Banane schälen und mit entsprechender Menge Zucker zu einer Creme verrühren. Nach und nach Eigelb (pro Person 1 1/2 Ei) und etwas feines Mehl dazugeben, danach den Eierschnee darunterziehen und bei gleichmäßiger Hitze backen. Mit gesüßter Schlagsahne garniert servieren.
*II. Püree.* Zwei recht reife Bananen schälen, mit der Gabel zerdrücken, mit 1–2 Eßlöffeln Zitronensaft, 3 Eßlöffeln gemahlenen Mandeln (Wal- oder Haselnüssen) und 4–5 Eßlöffeln Schlagsahne vermengen.
*III. Gebraten.* Eine reife Banane schälen und länglich halbieren, in etwas Weißwein aufkochen, abtropfen lassen, in Mehl wälzen und rasch in Butter braten. Mit Vanillezucker servieren.
*IV. In Ei.* Reife (aber nicht überreife!) Bananen in Scheiben schneiden und mit einem Gläschen Rum oder Kognak begießen. 3 Eiweiß zu Schnee schlagen, nach Geschmack zuckern und eventuell etwas Vanille zugeben, mit den Bananenscheiben vermengen und das Ganze in eine feuerfeste, gefettete Schüssel schichten. Mit Zucker bestreuen und in der Backröhre so lange backen, bis der Eischnee fest und goldbraun wird.
*V. Auf „Hausmacherart“.* Die geschälten, halbierten Bananen in einen dickflüssigeren als sonst üblichen Eierkuchenteig tauchen, in heißer Butter oder Fett backen, mit Vanillezucker bestreuen.

## Zitronen

*I. Konfitüre.* 10 Zitronen in kaltem Wasser aufsetzen und 2 Stunden kochen lassen. Während dieser Zeit das Wasser 3–4mal abgießen und durch frisches, kochendes ersetzen Die Zitronen danach trockenreiben, in dünne Scheiben schneiden und die Kerne entfernen. Auf 500 g Zitronen 1 kg Zucker und 0,5 l vom letzten Kochwasser nehmen, den Zucker im Wasser auflösen, die Zitronen dazugeben und unter ständigem kräftigem Rühren 35 Minuten kochen. Ausgekühlt in Gläser füllen und mit in Rum geweichtem Papier zubinden.
*II. Suppe.* Den Saft von 2 Zitronen und ein Stück Zimt in 1 l Wasser aufkochen. 3 Eigelb in 50 g Zucker verquirlen, in die kochende Suppe gießen, unter ständigem Rühren bis zum Aufkochen erhitzen, in eine Schüssel füllen und aus dem steif geschlagenen Eiweiß mit einem Eßlöffel Flocken hineinzupfen. Etwas zuckern und sofort servieren.

*III. Kalte Suppe.* Die Schale von 3 Zitronen auf 50 g Würfelzucker reiben, den Saft auf den Zucker pressen. 8 Eigelb mit 0,35 l Wein und 0,2 l Wasser verrühren. Alles vermengen, nach Geschmack zuckern und auf dem Herd unter ständigem Rühren eine cremeartige Suppe kochen. Kalt servieren.

*IV. Gelee.* Die Schale von 4 Zitronen auf 450 g Würfelzucker reiben und den gesiebten Saft von 10 Zitronen mit 0,75 l Wasser darübergießen. Wenn alles eine flüssige Masse ist, 10 g aufgelöste Gelatine dazugeben. Das Ganze durch eine Serviette seihen, in eine Schüssel füllen und für einige Stunden in den Kühlschrank stellen.

*V. Creme.* 4 Eigelb mit 150 g Zucker schaumig rühren und mit 5 Eßlöffeln Zitronensaft, der geriebenen Schale $^1/_2$ Zitrone sowie 12 g in etwas Wasser aufgelöster Gelatine vermengen. Zuletzt den Schnee der 4 Eiweiß darunterziehen, das Ganze gut verrühren, in eine Glasschüssel – oder in Gläser – füllen und für einige Stunden kalt stellen.

*VI. Auflauf.* Aus 80 g Butter und 80 g Mehl eine Mehlschwitze bereiten, mit 0,8 l kochender Milch auffüllen. Ständig rühren und einige Minuten aufkochen lassen, danach vom Herd nehmen. Die Schale von 1–2 Zitronen hineinreiben, einige Tropfen Zitronensaft und nacheinander 6 Eigelb dazugeben. Alles gut vermischen, danach 3 Eßlöffel Zucker und den geschlagenen Schnee von 6 Eiweiß daruntermengen. In einer gefetteten, mit geriebener Semmel ausgestreuten Form 45–60 Minuten im Wasserbad kochen. Mit Chaudeau oder Obstsoße servieren.

## Datteln

*I. Baisers.* 250 g abgezogene, kleingehackte Mandeln, 250 g kleingeschnittene Datteln, 250 g Puderzucker und 5 Eiweiß im Wasserbad so lange kochen, bis die Masse dick ist. Auf Oblaten gleichmäßig aufhäufen und bei schwacher Hitze in der Backröhre trocknen lassen.

*II. Im Schlafrock.* Die Datteln längs öffnen, entkernen und anstelle des Kernes Marmelade (Aprikosen-, Erdbeer- oder Himbeer-) geben. Danach die Datteln in verschiedenfarbige Zuckerglasur tauchen und in der Backröhre bei schwacher Hitze trocknen. (Auch einfarbige Zucker- oder Schokoladenglasur verwenden.)

*III. Pudding.* 4 in Stücke geschnittene Semmeln in 0,35 l Milch kochen, gut verrühren und passieren. Nach dem Auskühlen 125 g schaumig gerührte Butter, 150 g Zucker, 50 g abgezogene und in Stifte geschnittene Mandeln, einzeln 8 Eigelb, den Schnee von 6 Eiweiß und 150 g länglich geschnittene Datteln dazugeben, alles gut vermischen und in einer gefetteten, ausgestreuten Form 1 Stunde im Wasserbad kochen.

*IV. Gefüllt.* 120 g geriebene Schokolade in 4 Eßlöffeln Milch auflösen. Mit 40 g Puderzucker und 60 g Butter bei schwacher Hitze unter ständigem Rühren dickflüssig kochen. Während des Kochens einige Tropfen Rum dazugeben. Aus der lauwarmen Masse kleine Stäbchen formen und anstelle des Kernes in die Datteln geben. Danach die Datteln in weiße oder rosagefärbte Zuckerglasur tauchen und in lauwarmer Backröhre trocknen lassen.

## *Dattelschnitte*

250 g abgezogene, kleingeschnittene Mandeln, 250 g kleingeschnittene Datteln, 250 g Puderzucker und 5 Eiweiß im Wasserbad zu einer dickflüssigen Masse kochen, zwischen 2 Oblaten streichen und kalt stellen.

## *Gebratene Äpfel mit Datteln gefüllt*

*I.* 12 Äpfel schälen, das Kerngehäuse entfernen, an ihre Stelle die Mischung aus 5 Eßlöffeln Zucker und 150 g Datteln (oder 50 g abgezogene, gemahlene Mandeln) füllen, mit Zitronensaft begießen und in einer gefetteten Form 30 Minuten backen. Vor dem Servieren jeden Apfel mit einem kleinen Würfelchen Quittengelee oder kandiertem Obst garnieren und mit Puderzucker bestreuen.

*II. Mit Chaudeau.* Das Kerngehäuse dünngeschälter Äpfel entfernen. An ihre Stelle je eine entkernte Dattel stecken. Auf die Datteln je einen Kaffeelöffel in Milch gekochte, gesüßte Nußfüllung geben. In einer mit Butter ausgestrichenen Form backen und mit Milch oder Chaudeau servieren.

## *Feigen*

*I. Kompott.* 300 g gepreßte Feigen und die geriebene Schale $^1/_2$ Zitrone 1 $^1/_2$ Stunden lang in einem aus 100 g Zucker und 0,75 l Wasser bestehenden Sirup bei kleiner Hitze weich dünsten. Dann 0,2 l Weißwein und den Saft $^1/_2$ Zitrone dazugießen, 10 bis 12 abgezogene, halbierte Mandeln in den Saft geben und das Kompott für einige Stunden kalt stellen.

*II. Püree.* Die mit heißem Wasser gewaschenen Kranz- oder Faßfeigen mahlen und einige Stunden in Apfelsinensaft legen. Gut abgetrocknete Äpfel (auf 10 Feigen 4 Äpfel rechnen) mit der Schale reiben, mit den geweichten Feigen, 7–8 gemahlenen Haselnüssen und 3 Eßlöffeln Weizenflocken vermengen.

*III. Gefüllt.* 500 g gepreßte Feigen waschen, einzeln aufschneiden und mit abgezogenen, grob geschnittenen, in wenig Milch gekochten Mandeln füllen. In 0,15 l Zitronenwasser und dem

Saft 1 Apfelsine 80 g Zucker auflösen und die gefüllten Feigen darin dünsten. Sowohl warm als auch kalt servieren.

## Kokosflocken

*I.* 4 Eiweiß, 300 g gesiebten Puderzucker und 1 Kaffeelöffel Zitronensaft zu einem steifen Schaum schlagen. 300 g geriebene Kokosnuß darunterrühren. Auf ein mit Butter bestrichenes und mit Mehl bestreutes Kuchenblech mit einem Kaffeelöffel kleine Häufchen setzen und in der Backröhre bei schwacher Hitze trocknen lassen.

*II.* 450 g Honig so lange kochen, bis er sich in schweren, großen Tropfen vom Kochlöffel löst. Auskühlen lassen, mit 250 g Mehl, 250 g geriebener Kokosnuß, 3 Eigelb, etwas Zimt und einer Messerspitze Natron vermischen und einen glatten Teig kneten. Auf ein mit Butter ausgestrichenes und mit Mehl bestreutes Kuchenblech runde Flocken setzen, mit Eigelb bestreichen und schön goldgelb backen.

## Apfelsinen

*I. Konfitüre.* 4 Apfelsinen und 1 Zitrone ungeschält längs halbieren, dann in dünne Scheiben schneiden. Um jeden Tropfen Saft aufzufangen, auf einem Brett über einer Schüssel schneiden. Die Kerne entfernen. In dreimal soviel Wasser wie das Gewicht des zerschnittenen Obstes (auf 500 g 1,5 l Wasser) 24 Stunden weichen. Das Ganze – mit dem Wasser – aufkochen und 20 Minuten heftig kochen, danach wieder 24 Stunden stehenlassen. Den Saft von 2 Zitronen dazugeben, erneut abwiegen und mit der gleichen Menge Zucker 30 Minuten kräftig kochen. In Gläser füllen, zubinden und auskühlen lassen. Die Konfitüre ist zuerst sehr dünnflüssig, sie erstarrt jedoch nach dem Auskühlen geleeartig. Es ist empfehlenswert, nur die vorgeschriebene Menge auf einmal zu verarbeiten. (4–5 Gläser zu 500 g werden damit gefüllt.) Bei einer größeren Menge müssen die beiden Kochzeiten um je 8–10 Minuten verlängert werden.

*II. Gebackene Creme.* Aus 6 Eigelb und 0,75 l Milch, vermischt mit einer Prise Vanillin, etwas Salz sowie 3 Eßlöffeln Puderzucker im Wasserbad eine Creme kochen. Aus dem Eiweiß der 6 Eier einen sehr steifen Schnee schlagen, dabei 1 Kaffeelöffel Zitronensaft zugießen. Aus 200 g Zucker und 0,1 l Wasser einen dickflüssigen Sirup kochen und noch kochendheiß unter ständigem Rühren mit dem Eierschnee vermengen. Die Masse in eine Form geben und in der Backröhre austrocknen lassen. 2–3 geschälte, in Scheiben geschnittene Apfelsinen in eine Glasschüssel legen, mit der Creme übergießen und mit dem gebackenen steifen Schnee garnieren. Für einige Stunden in den Kühlschrank stellen.

*III. Kalte Creme.* 6 Eigelb mit 6 Eßlöffeln Zucker schaumig rühren. 5–10 g Gelatine in 0,2 l Wasser auflösen. 3 Eßlöffel Zucker und die abgeriebene Schale 1 Apfelsine und 1 Zitrone dazugeben, aufkochen lassen, seihen und unter ständigem Rühren zu den Eiern gießen. Den Saft von 2–4 Apfelsinen und 2 Zitronen darunterrühren und mit dem Schaumschläger auf dem Herd so lange schlagen, bis sich die Masse zu einer Creme verdickt. Mit 0,5 l steifer, süßer Schlagsahne vermengen, in eine Glasschüssel oder in Gläser füllen, mit gezuckerter Apfelsine und anderem Obst garnieren und für 1–2 Stunden kalt stellen.

*IV. Weincreme.* In 0,4 l sehr gutem Weißwein die Schalen von 4 Apfelsinen weich kochen, dann passieren. 12 Eigelb mit 250 g Puderzucker schaumig rühren, mit dem Apfelsinenschalenwein und dem Saft der 4 Früchte auffüllen und bei schwacher Hitze oder im Wasserbad zu einer dicken Creme rühren. Ausgekühlt in eine Form oder in Gläser füllen, in den Kühlschrank stellen und mit Schlagsahne garniert servieren.

*V. Auflauf.* 12 Würfelzucker an der Schale 1 Apfelsine abreiben. Den Saft von $^1/_2$–1 Apfelsine dazugeben, 4 Eigelb darüberschlagen und 30 Minuten rühren. 1 $^1/_2$ in Milch geweichte und passierte Semmeln und den steifen Schnee der 4 Eier leicht darunterziehen und in einer mit Butter ausgestrichenen Form 45 Minuten im Wasserbad kochen. In eine Schüssel stürzen und mit Aprikosensoße übergossen servieren.

*VI. Pudding.* 3 Apfelsinen in dreimal gewechseltem Wasser weich kochen und zusammen mit 2 in Milch geweichten Semmeln passieren. 250 g Butter mit 6 Eigelb und 6 Eßlöffeln Zucker schaumig rühren. 60 g abgezogene und gemahlene Mandeln und 60 g feingeschnittenes, kandiertes Obst (Melonen, Birnen, oder Zitronat) dazugeben. Diese Masse mit den passierten Apfelsinen und Semmeln und mit dem Eierschnee vermengen. In einer mit Butter ausgestrichenen und mit geriebener Semmel bestreuten Form 1–1 $^1/_4$ Stunden im Wasserbad kochen, mit Chaudeau übergießen und servieren.

*VII. Pudding, kalt angerichtet.* 150 g sehr dünn geschälte Apfelsinenschale in 2,5 l Wasser 15 Minuten kochen lassen und seihen. 100 g Kartoffelmehl in wenig Wasser glattrühren und mit 250 g Zucker, einer Prise Zimt und 0,15 l Rotwein in den gesiebten Apfelsinensaft mengen. Einige Minuten aufkochen lassen. Dann in eine mit kaltem Wasser ausgespülte Form gießen und kalt stellen. Ausgekühlt auf eine Platte stürzen, mit gesüßter Schlagsahne garnieren und servieren.

## *Apfelsinenschale*

*I. Kandiert.* Die dicke Apfelsinenschale unmittelbar vor der Zubereitung zerkleinern oder mit einer Ausstechform abstechen und in Wasser weich kochen. Die gleiche Menge Zucker wie Apfelsinenschale in der doppelten Menge Wasser auflösen, die abgetropften Apfelsinenschalenstücke hineinlegen, aufkochen lassen, die Apfelsinenschale herausnehmen, auf ein Sieb legen und bis zum nächsten Tag ruhenlassen. Diesen Vorgang in derselben Zuckerlösung fünf Tage hintereinander wiederholen. Danach einen Zuckersirup aus der gleichen Menge Zucker, aber nur mit halb soviel Wasser bereiten, die abgetropften Apfelsinenschalenstücke hineinlegen und unter ständigem Rühren ganz dickflüssig kochen. Die kandierte Apfelsinenschale herausnehmen. Die konzentrierte Zuckerlösung mit einem Stäbchen so lange rühren, bis ein weißer Brei entsteht. Die Apfelsinenschale darin wälzen und auf einem Sieb trocknen lassen.
*II. Mit Schokolade.* Länglich geschnittene, kandierte Apfelsinenschale auf eine kleine zweizackige Gabel spießen und in eine Schokoladenglasur tauchen. Bogenförmig auf einem mit weissem Papier bedeckten Nudelholz anbringen und für 30 Minuten in den Kühlschrank stellen.

## *Mandarinencreme*

3 Mandarinen dünn schälen, die Schale in 1 l süße Sahne legen und ca. 15 Minuten zugedeckt stehenlassen. Die Sahne abgießen und steif schlagen. Mit 150 g Puderzucker (je nach Geschmack auch mehr) abschmecken, auf einer Platte anhäufen und mit Rum bespritzen Mandarinenscheiben garnieren.

## *Salate aus Südfrüchten*

*I. Aus Bananen.* 6 Bananen und 2 Apfelsinen (geschält und entkernt) in Scheiben geschnitten in eine Glasschüssel legen. Den Saft von 2 Apfelsinen und 1 Zitrone auspressen, nach Geschmack zuckern, aufkochen lassen und kochend über das Obst gießen. Mit etwas Kognak oder feinem Apfelsinenlikör abschmecken.
*II. Aus Apfelsinen.* 6 Orangen sorgfältig schälen, die Kerne entfernen, die Früchte in Scheiben zerlegen, stark zuckern (selbstverständlich mit Puderzucker), in eine Glasschüssel füllen, mit 2 Gläschen Apfelsinenlikör und 0,1 l Rotwein übergießen und für einige Stunden kalt stellen.
*III. Aus Apfelsinen, Datteln und Wein.* Datteln, Feigen, geschälte Apfelsinen und Äpfel in gleich große Stücke schneiden und in eine Glasschüssel legen. Einige Eßlöffel süße Sahne mit süßem Wein und 1 Gläschen Apfelsinenlikör vermischen und über das Obst gießen. Für 3–4 Stunden in den Kühlschrank stellen.

*IV. Gemischter Salat.* ½ Ananas schälen und in dünne Scheiben schneiden, in eine Glasschüssel legen und reichlich zuckern (bei Konservananas weniger Zucker verwenden). Auf die Ananasscheiben geviertelte Walnüsse oder abgezogene Mandeln, eventuell Haselnüsse streuen. Darauf 8–10 große, in dicke Scheiben geschnittene und am Vorabend in Milch geweichte Feigen geben, die mit kräftigem Rotwein und etwas Kognak bespritzt wurden. Nun folgen 2–3 reichlich gezuckerte, in Scheiben geschnittene Apfelsinen. Über jede Obstschicht länglich geschnittene abgezogene Mandeln streuen. Je eine Schicht Bananen und Äpfel verfeinert den Salat. Das Ganze mit dem Saft 1 Zitrone und einem halben Glas Weißwein, soll es besonders gut werden, noch mit Kognak und feinem Likör übergießen. Für einige Stunden in den Kühlschrank stellen, vor dem Servieren mit Schlagsahne garnieren (die aber auch wegbleiben kann).
*V. Macédoine.* Dünngeschnittene und gezuckerte Ananasscheiben 2 Stunden in Kirschschnaps weichen, danach in eine Schüssel legen. Apfelsinenscheiben, Bananenscheiben, Weintrauben, Erdbeeren, Himbeeren, eventuell Aprikosen- oder Pfirsichstückchen dazugeben. Aus dem Kirschschnaps, Apfelsinensaft, Maraschino und Nußlikör unter Zugabe von Zucker einen Sirup kochen, über das gezuckerte Obst gießen und für 2 Stunden in den Kühlschrank stellen.

# *Salz-, Käse- und Teegebäck*

## *Grieben*

sind der würzende „Star“ der salzigen Hauspogatschen. Immer wieder sind wir entzückt, wenn uns beim Nachhausekommen aus der Küche ein zarter Duft entgegenströmt.
Frisch gebratene Grieben – aus in Würfel geschnittenem Schweinespeck, der möglichst abgesengt sein soll, oder von einer fetten Gans (so abhäuten, daß an der Haut und am Speck etwas Brustfleisch haftenbleibt) – gehören unbedingt zu den kulinarischen Genüssen.
Bleiben wir zuerst bei den Schweinegrieben. In das wenige Wasser, das auf den kleingeschnittenen Speck gegossen wird, gibt man auch einen Eßlöffel Milch. Dadurch wird der Geschmack noch verfeinert (die Grieben schmecken nach Haselnüssen und sie werden appetitlich goldgelb.) Es sei ferner erwähnt, daß wir die Grieben, wenn sie bereits schön braun und knusprig sind, mit einem Schaumlöffel aus dem heißen Fett nehmen und ein-

fach mit einem anderen kleineren Löffel – nicht in der Kartoffelpresse – das überflüssige Fett ausdrücken. Etwas Fett soll noch in den Grieben bleiben.
Die Grieben werden nämlich durch das Pressen verdorben, ausgetrocknet und flach gedrückt, sie schmecken dann wie Hobelspäne. Für Pogatschen aus Mürbe- oder Blätterteig oder zum Überstreuen der túrós csusza und Nockerln mit Schafkäse werden aber schmackhafte, saftige Grieben benötigt. Auch bei Kopfsalat, der mit heißem Essigwasser überbrüht wurde, sowie bei Rührei und Maisbrei geben salzige, fetthaltige Grieben den herzhaften Geschmack.
Mehr ist über Schweinegrieben nicht zu sagen, dagegen verdienen es die edlen Gänsegrieben, daß wir ihren Unterschied, der auch in ihrer Zubereitung liegt, deutlich hervorheben. Hier muß das Wasser in der Kasserolle die in Würfel geschnittene Speckstücke bedecken. Zugedeckt werden sie zunächst bei mittlerer Hitze gebraten bzw. gekocht. Wenn das Wasser verdampft ist, werden die Grieben bei stärkerer Hitze (die Gasflamme größer einstellen) rasch goldgelb gebraten. Die Kasserolle dann schnell auf den Herdrand ziehen, einige Tropfen kaltes Wasser über die Grieben spritzen und erneut zudecken. Nach einigen Minuten die Grieben herausnehmen und etwas salzen. Kalt als auch warm gereicht sind sie so mürbe, daß sie fast im Munde zergehen. Der verehrte Leser kann sich keine größere Gaumenfreude wünschen, als daß mürbe Gänsegrieben so oft wie möglich zu Gänserisotto und Bratkartoffeln gereicht oder in Pogatschen verarbeitet auf den Tisch kommen.

## Griebenpogatschen

*I. Aus Blätterteig.* 300 g kleingehackte oder gemahlene Grieben mit 120 g Mehl zu einem Teig kneten. Aus 180 g Mehl, 2 Eigelb, Salz, 1 Eßlöffel Rum und saurer Sahne einen zweiten Teig von mittlerer Festigkeit bereiten, gut kneten und ausrollen. Dann den Griebenteig in die Mitte geben, das Ganze wie einen Butterblätterteig zusammenlegen und wieder ausrollen. Das Zusammenfalten und Ausrollen dreimal hintereinander wiederholen, dazwischen den Teig jeweils einige Minuten lang ruhenlassen. Die Oberfläche des Teiges mit einem Messer gitterförmig einritzen, mit einer Form die Pogatschen ausstechen, ihre Oberfläche vorsichtig mit Eigelb bestreichen und rotbraun backen.
*II. Aus Mürbeteig.* Aus 300 g Mehl, 80 g kleingehackten Grieben, 100 g Schweinefett, 2 Eigelb, 15 g in saurer Sahne aufgelöster Hefe, einem gestrichenen Kaffeelöffel Salz und Pfeffer einen Teig bereiten. Soviel saure Sahne nehmen, daß der Teig etwas weicher

als Strudelteig ist. Gründlich kneten, dabei mehrmals kräftig auf das Nudelbrett schlagen. Dreimal etwa zwei Finger dick ausrollen. Die Oberfläche der ausgestochenen Pogatschen gitterförmig einritzen. Die Teigstücke 1–1½ Stunden lang ruhenlassen, dann mit Ei bestreichen und in recht warmer Röhre backen.
*III. Aus Gänsegrieben.* Aus 500 g Mehl, 120 g Gänsefett, 230 g kleingeschnittenen Grieben, 3 Eigelb, Salz, einer Prise Pfeffer, 1 Eßlöffel Rum oder Wein (darin 15 g Hefe zerbröckeln) einen Teig kneten. Dreimal nacheinander ausrollen. Danach etwa 2 cm dick ausrollen, in die Oberfläche mit einem Messer ein Gitter einritzen, mit einer runden Pogatschenform ausstechen und auf dem Kuchenblech 1½ Stunden ruhenlassen. Vor dem Backen mit Eigelb bestreichen.

## *Butterteig-pogatschen*

*I.* Aus 300 g Mehl, 120 g Butter, 60 g Fett, 2 Eigelb, etwas Rum, Salz und saurer Sahne, in der 10 g Hefe aufgelöst wurden, einen strudelähnlichen Teig bereiten, kräftig kneten, dreimal ausrollen, mit einer runden Pogatschenform ausstechen, auf ein Kuchenblech legen und 1½–2 Stunden lang stehenlassen. Die Teigstücke vor dem Backen mit Ei bestreichen und nach Geschmack mit Kümmel bestreuen. Bei starker Hitze backen.
*II. Aus Butterblätterteig.* Gleiche Mengen Mehl und Butter bereitstellen. (Das Mehl soll völlig trocken und fein durchgesiebt, die Butter fest sein.) Von beiden je 30–40 g wegnehmen. Die restliche Butter mit der kleinen Menge Mehl zu einem Teig kneten, dagegen das restliche Mehl mit den 30–40 g Butter, etwas Salz und kaltem Wasser zu einem butterweichen Teig verarbeiten. Diesen gut durchkneten und dann beide zugedeckt an einem kühlen Platz 15 Minuten lang liegenlassen. (Auch die Zubereitung des Teiges soll an einem kühlen Ort erfolgen.) Danach den Teig auf einem mehlbestreuten Brett zu einem länglichen Viereck ausrollen, den Butterteig in die Mitte legen und von allen vier Seiten mit dem anderen Teig bedecken. Das Ganze dann wieder – diesmal zu einem breiten Viereck – ausrollen, einfach zusammenfalten, ausrollen, dann zweifach zusammenfalten, kalt stellen und 20 Minuten lang zugedeckt ruhenlassen. Diesen Vorgang noch zwei- oder dreimal wiederholen, dazwischen jeweils 20 Minuten ruhenlassen. Darauf achten, daß der Teig so wenig wie möglich mit der Hand berührt wird, alle Arbeitsgänge möglichst mit der Nudelrolle ausführen. Mehl nur sparsam dazustreuen, überflüssiges Mehl vom Teig abfegen. Nach der letzten Ruhepause den Teig ½ cm dünn ausrollen, mit der Form Pogatschen ausstechen, auf ein Kuchenblech legen, die Oberfläche mit Eigelb bestreichen und in der Röhre backen.

*III. Mit Kartoffeln.* 240 g Butter mit 400 g Mehl vermischen und dann mit 240 g gekochten und durch ein Sieb gedrückten Kartoffeln, 3 Eigelb, der entsprechenden Menge Salz und 1 Eßlöffe saurer Sahne gründlich zu einem Teig kneten. Dreimal ausrollen, wieder zusammenlegen und ½ Stunde lang kalt gestellt ruhenlassen. Schließlich wieder fingerdick ausrollen, mit einer kleinen Form Pogatschen ausstechen und nochmals ½ Stunde lang stehenlassen. Die Pogatschen mit Eigelb bestreichen und bei schwacher Hitze backen. Noch warm servieren.
*IV. Salzpogatschen.* Aus 380–400 g Mehl, 300 g Butter, 2 Eigelb, ca. 5 g Salz, etwas süßer Sahne oder frischer Milch einen strudelartigen Teig kneten. An einem kühlen Ort 35–40 Minuten ruhenlassen. Danach 1,5–2 cm dick ausrollen, die Oberfläche mit einem Messer einritzen und mit einer kleineren Pogatschenform ausstechen. Mit Eigelb bestreichen, mit Salz, eventuell mit Kümmel bestreuen, auf ein Kuchenblech geben und backen. (Den Teig auch zu anderen Formen oder Hörnchen verarbeiten.)

## Pogatschen

*I. Aus Schmer.* 250 g gereinigtes Schmer (Schweinefett) wässern, mit dem Messer zerschaben, durch ein Sieb drücken. Aus 250 g Mehl ca. 30–40 g Schmer (von den 250 g), 2 Eiern, entsprechender Menge Salz und einigen Eßlöffeln Weißwein einen Teig bereiten und kräftig durchkneten. Schlägt der Teig Blasen, 30 Minuten an einem kühlen Ort ruhenlassen. Dann ausrollen, das Schmer daraufstreichen, wie beim Butterblätterteig zusammenfalten und erneut 30 Minuten ruhenlassen. Diesen Vorgang noch zweimal wiederholen (insgesamt also dreimal ausrollen). Zuletzt etwa 1 cm dick ausrollen und mit der Pogatschenform ausstechen. Mit Eigelb bestreichen und bei starker Hitze backen.
*II. Aus Fett.* Aus 300 g Mehl, 300 g Fett, 1–2 Eßlöffeln Rum und 1 Kaffeelöffel Salz einen Teig kneten. Weitere 300 g Mehl mit 4 Eigelb, dem Saft ½ Zitrone, etwas Salz und so viel saurer Sahne vermengen, daß ein strudelähnlicher Teig entsteht. Die zwei verschiedenen Teige gesondert, aber gleich groß ausrollen, aufeinanderlegen, wie Butterblätterteig zusammenfalten und erneut ausrollen. Diesen Vorgang 3–4mal wiederholen. Schließlich den Teig ca. 2 cm dick ausrollen, mit einer runden Form ausstechen, mit Eigelb bestreichen und goldgelb backen.
*III. Aus Kartoffeln.* Jeweils die gleiche Menge gekochte, passierte Kartoffeln, Mehl und Butter mit der entsprechenden Menge Salz gut kneten. Den Teig dreimal ausrollen, danach immer 15 Minuten ruhenlassen. Schließlich ca. 1 cm dick ausrollen, die Oberfläche einritzen, mit einer kleinen Form Pogat-

schen ausstechen, mit Eigelb bestreichen, mit Kümmel bestreuen und backen.

*IV. Kartoffel-Quark-Pogatschen.* Gelbe Kartoffeln braten und davon so viel passieren, daß 150 g Masse entsteht. Aus den Kartoffeln, 150 g trockenem passiertem Quark, 300 g Mehl, 300 g Butter und der entsprechenden Menge Salz einen Teig kneten. Dünn ausrollen, mit dem Messer die Oberfläche einritzen und möglichst einen ganzen Tag in den Kühlschrank stellen. Mit der Pogatschen- oder einer anderen Form ausstechen, mit Eigelb bestreichen, eventuell mit Kümmel bestreuen und bei mittlerer Hitze backen, warm servieren.

*V. Aus Quark.* Aus 250 g Mehl, 250 g passiertem Kuh- oder Schafsquark, 250 g Butter, der entsprechenden Menge Salz und 10 g in wenig Milch aufgelöster Hefe einen Teig bereiten. Gut durchkneten, dreimal ausrollen, dazwischen jeweils 30 Minuten ruhenlassen. Schließlich 1 cm dick ausrollen, mit der Form Pogatschen ausstechen, auf dem Kuchenblech 30 Minuten ruhenlassen, dann backen. Möglichst warm servieren. (Kann auch ohne Hefe bereitet werden.)

*VI. Salzige, braune.* Aus 20 g ohne Zucker aufgegangener Hefe, 400 g braunen Brotmehl, 1 Eigelb und Salz einen strudelähnlichen Teig bereiten. Gut durchkneten und daumendick ausrollen. 150 g Schweinefett und 50 g Butter mit 50 g braunem Brotmehl vermengen, den ausgerollten Strudelteig damit bestreichen, wie einen Butterblätterteig zusammenfalten. Mehrmals ausrollen und zusammenfalten, dazwischen immer ruhenlassen und vor jedem Zusammenfalten mit zerlassenem Schweinefett bestreichen. Schließlich kleinere oder größere Pogatschen ausstechen. Auf dem Kuchenblech 30 Minuten ruhenlassen, mit etwas Kaffee bestreichen und in der Röhre backen.

*VII. Einfache.* 30 g Hefe in wenig lauwarmem Zuckerwasser aufgehen lassen. 1 kg Mehl mit ½ Tasse Speiseöl vermischen, salzen und mit der aufgegangenen Hefe zu einem festeren Teig verarbeiten. Den Teig eine Stunde lang weiter aufgehen lassen, dann ausrollen, mittelgroße Pogatschen ausstechen, diese auf ein Kuchenblech legen, mit Zuckerwasser bestreichen und bräunlich backen.

## Wundergebäck

Auf 240 g Grießmehl 180 g Butterflöckchen streuen, mit dem Nudelholz leicht zusammendrücken. 0,2 l saure Sahne und eine Prise Salz dazugeben, den Teig mit dem Nudelholz zusammenkneten, – nicht mit der Hand berühren –, ca. 3 mm dick ausrollen und viereckige Stücke in Handtellergröße schneiden. Diese Stücke aufeinanderlegen, kurz ruhenlassen und erneut ausrollen (so dick wie vorher). Diesen Vorgang noch zweimal – also insgesamt dreimal – wiederholen. Nach dem letzten Ausrollen und Übereinanderlegen mit Butterpapier und einem sauberen Tuch bedecken und über Nacht an einem kühlen Ort ruhenlassen. Anderntags ca. 2 mm dick ausrollen, mit verschiedenen Ausstechformen Kümmelstangen und Hörnchen bereiten, letztere mit Schinken, Hackfleisch, Marmelade u.a. füllen. Sollen Pogatschen gebacken werden, den Teig 0,5 cm dick ausrollen. Die Gebäckstücke mit Eigelb bestreichen und in vorgewärmter Backröhre bei starker Hitze backen.

## Gefüllte Pogatschen

*I. Mit Käse.* Aus 200 g Mehl, 200 g Butter, 100 g geriebenem Parmesan- und 100 g geriebenem Emmentaler Käse, etwas Salz, 1 Messerspitze Natron und 3 Eigelb einen Teig bereiten, gut durchkneten, dick ausrollen, mit einer kleinen Form Pogatschen ausstechen, auf das Backblech legen (die Hälfte der Pogatschen mit Ei bestreichen) und backen. Danach die unbestrichenen Pogatschen mit weichem Käse (oder mit Sardellenbutter) bestreichen und die mit Ei bestrichenen Pogatschen darauflegen. (Diesen Teig auch für andere Formen oder Hörnchen verwenden.)

*II. Mit Schinken.* Aus 220 g Mehl, 150 g Butter, 2 Eigelb, 1–2 Eßlöffeln saurer Sahne, etwas Salz und Wein mit dem Messer einen eher weichen als harten Teig bereiten, ca. 2 mm dick ausrollen. Die Hälfte des ausgerollten Teiges nach Art der gefüllten Teigtaschen mit einer Füllmasse aus 300 g kleingeschnittenem Schinken (oder Räucherfleisch), 30 g geriebenem Käse und etwas saurer Sahne belegen. Die andere Teighälfte darüberdecken. Wo sich die Hügelchen der Füllung zeigen, mit der Pogatschenform ausstechen, mit Eigelb bestreichen und rotbraun backen.

*III. Mit Quark.* Aus 120 g passiertem, trockenem Quark, 120 g Mehl, 120 g Butter, 1 Eigelb und Salz einen Teig bereiten. Gut durchkneten, fingerdick ausrollen, Pogatschen ausstechen, mit Eigelb bestreichen und goldgelb backen. Nach dem Auskühlen halbieren, mit Butter bestreichen und mit Gänseleber oder Schinken belegen.

## Salz- und Käsegebäck

*I. Salzkeks.* Aus 250 g Margarine, 350 g Mehl, 2 Eigelb und etwas Wasser einen Teig kneten, ca. 2 mm dick ausrollen, mit Salzwasser bepinseln und mit dem Küchenrad in schöne Formen schneiden. Auf ein feuchtes Backblech geben, mit Kümmel bestreuen und backen.

*II. Italienisches Salzgebäck.* Aus 100 g Butter, 130 g Mehl, 1 Eigelb, etwas Salz und Wasser einen Teig kneten, ca. 2 mm dick ausrollen. Mit verschiedenen Formen ausstechen, auf ein feuchtes Kuchenblech legen, in die Oberfläche mit der Gabel einstechen, mit Salzwasser bepinseln, in die Mitte ein paar Kümmelkörner streuen und backen.

*III. Käsegebäck.* Aus 100 g Butter, 100 g geriebenem Emmentaler Käse, 120 g Mehl, 1 Ei, Salz und etwas Paprika einen Teig kneten. Dünn ausrollen, mit der Keksform ausstechen, mit Kümmel oder Paprika bestreuen und goldgelb backen.

## Hauchdünne Käsekeks mit Kümmel

Aus 1 kg Mehl, 0,5 l Milch, 2 Eigelb, 5 g Salz, 100 g Butter und einem Teil von 1,1 l Wasser einen weichen Teig bereiten und sehr gründlich und lange rühren. Das restliche Wasser währenddessen langsam daruntermischen. Die Masse dann noch weitere 10 Minuten lang rühren und schließlich durch ein Sieb geben. Den Teig halbieren. In die eine Hälfte beliebig viel gewaschene und getrocknete Kümmelkörner, in die andere 50 g geriebenen Käse mischen. Zum Backen eiserne Oblatenformen verwenden. Den inneren, gemusterten Teil mit Speck bestreichen. Die Oblatenformen dann ohne Füllung erhitzen und mit 1 Kaffeelöffel Teig füllen. Die geschlossene Form wieder erhützen wobei der untere Teil des Teiges in einigen Sekunden gebacken ist. Danach die Form umdrehen, damit auch die andere Seite gebacken wird. Das papierdünne Gebäck herausnehmen. Das Verfahren wiederholen, bis der Teig aufgebraucht ist. (Elektrische Backgeräte backen beide Seiten zu gleicher Zeit.)

## Stangen

*I. Mit Käse und Paprika.* Einen Butterblätterteig bereiten, doch statt vier – sechsmal hintereinander ca. 6–7 mm dick ausrollen. In den Kühlschrank stellen und nach dem Festwerden mit Ei bepinseln. Eine Teighälfte mit geriebenem Parmesankäse, die andere mit Paprika, dem etwas geriebener Parmesan beigemischt wurde, bestreichen. In 10 cm lange und 2 cm breite Stangen schneiden und backen.

*II. Salzstangen.* Aus 300 g Mehl, 200 g Butter, 3 Eigelb, Salz und 10 g Hefe, die mit 2–3 Eßlöffeln frischer saurer oder süßer Sahne verrührt wurde, einen Teig bereiten, gründlich kneten und 1 cm breite, ½ cm dicke und 9–10 cm lange Stangen formen. Die Stangen mit Ei bestreichen, mit Salz und eventuell mit Kümmelkörnern bestreuen und dann backen.

*III. Mit Quark.* Aus jeweils gleicher Menge Mehl, Schafsquark und Margarine (ohne Ei) einen Teig bereiten, ca. 8 mm dick ausrollen, mit einer Gewürzmischung bestreichen, mit Kümmel bestreuen und bei starker Hitze backen. Gewürzmischung: 1 Eigelb mit 1 Mokkalöffel Salz und der gleichen Menge Paprika sowie etwas Pfeffer vermischen.

## Brezeln

*I. Salzbrezeln.* Aus Mehl, Salz, Wasser und Hefe (auf 1 kg Mehl 25 g) einen festen Teig kneten. Soviel Stücke (Laibe) abstechen, wie Brezeln gebacken werden sollen. Sind die Teigstücke aufgegangen, Brezeln formen und in siedendem Salzwasser wie Teigwaren kochen. Aus dem kochenden sofort in kaltes Wasser werfen, mit einem Tuch trockenreiben, mit feuchtem Salz bestreuen und in der Backröhre backen.

*II. Debrecener mit Butter, Salz und Kümmel.* Einen Butterblätterteig bereiten. Nach viermaligem Falten 4–5 mm dick ausrollen. In 20–25 cm lange und 1,5 cm breite Streifen schneiden und daraus kleine Brezeln formen. Die Oberfläche mit Eigelb bestreichen, auf ein Backblech legen und bei starker Hitze backen. Vor dem Backen mit grobkörnigem Salz und Kümmel bestreuen.

## Pfefferkränzchen

500 g Mehl mit 150–200 g Gänsefett vermischen, 2 Eier, 1 Gläschen Rum und so viel Wein dazugeben, daß ein brotartiger Teig entsteht. Mit etwas Salz und 1 Kaffeelöffel sehr fein gemahlenen Pfeffer würzen, gut durchkneten und 1½–2 Stunden ruhenlassen. Den Teig in drei gleich große Stücke teilen, einen Zopf flechten und zum Kranz formen, auf das Kuchenblech geben, mit Gänsefett bestreichen und goldgelb backen.

## Schinkenpfannkuchen

50 g Butter, 0,15 l saure Sahne, 20 g geriebenen Käse und 3 Eigelb gut verrühren und schließlich mit dem Schnee der 3 Eiweiß und 180 g kleingehacktem oder durchgedrehtem Schinken vermischen. Die Masse auf ein mit Mehl bestreutes Kuchenblech geben, in der Röhre einige Minuten lang backen, herausnehmen und die Oberfläche mit saurer Sahne bestreichen. Dann wieder in die Röhre zurückschieben, rotbraun backen, mit der Form Krapfen ausstechen und noch warm servieren.

## *Toleranz*

Warum Quark mit saurer Sahne „Toleranz“ bezeichnet wird, konnte ich bisher nicht aufklären. Tatsache ist, daß er mancherorts so genannt wird und zu Wildbret serviert eine besondere Delikatesse ist. Er wird sogar gezuckert, während er in Ungarn eher mit etwas Salz und Paprika gewürzt wird.
Als selbständiges Gericht kann er zum Gabelfrühstück oder nach dem Abendessen anstelle von Käse gereicht werden. Am besten schmeckt der Quark wohl ganz frisch, gerade aus dem Tüll- oder Leinensäckchen genommen und mit etwas saurer Sahne glattgerührt. Weder der Quark noch die Sahne dürfen sauer oder bitter sein, dann hat er auch ungezuckert einen etwas süßlichen Geschmack, und ist frisch gereicht, eine herrliche Erfrischung. Es ist nicht abzustreiten, daß Salz und auch etwas Szegediner Delikateßpaprika tatsächlich geeignete Gewürze sind. Einst schmeckte mir zum Vesperbrot Quark mit hineingeschnittenen Paprikaschoten und Zwiebeln recht gut. Selbstverständlich mußte man dann oft einen Schluck aus der Maßflasche nehmen. Doch ich war immer gegen die Verwendung von Knoblauch, seinen penetranten Geruch konnte ich nie ertragen.
Meine Mutter vermengte den Quark mit Salz, Paprika und etwas Kümmel, und es wurde immer ein stattlicher Napf voll, der auch zwei Wochen lang frisch blieb, wenn wir ihn nicht schon vorher verspeisten. Und er konnte mit vielen, teuren, seltsam benannten Käsesorten wetteifern. Anderswo wurden schöne Kugeln aus der Masse geformt und geräuchert.
Tatsächlich kommt die „Toleranz“ in Ungarn in vielerlei Formen vor.

## *Sandwiches*

sind leckere Bissen. Zu ihrer Zubereitung können vielerlei Zutaten verwendet werden, so daß sie unbegrenzte Möglichkeiten bieten, Geschmack, Erfindungsgabe und Phantasie hinsichtlich ihres inneren Gehaltes als auch ihrer äußeren Gestaltung unter Beweis zu stellen. Schon ihre Form kann sehr abwechslungsreich sein. Sie können aus zwei aufeinander gelegten Brot- oder Semmelscheiben bestehen, zwischen denen sich die Füllung oder der Belag befindet. Das sind die „echten“ Sandwiches.
Moderner und ansprechender sind Sandwiches, die nur aus einer Scheibe bestehen und reichlich belegt sind. Das Brot (Semmel)

kann frisch oder geröstet als Toast verwendet werden; es kann rund, oval, halbmondförmig, drei-, vier- oder rechteckig, sogar kugelförmig geschnitten sein. Aus Sandwiches läßt sich auch eine Sandwichtorte bereiten.

Die Grundlage der Füllung ist eine auf die Schnitte gestrichene dünne Butter-, Sardellenbutter-, Streichkäse- oder Schafsquarkschicht. Darauf kommt der Belag, der – um nur einen kurzen Überblick zu geben – aus folgenden Delikatessen zusammengestellt werden kann: In Scheiben geschnittene oder zerkleinerte hartgekochte Eier, Eigelb und Eiweiß, Aspik, gekochter Schinken (eventuell durchgedreht als Püree), geräucherte und gekochte Rinderzunge, Salami, Jagdwurst, Preßkopf, Mortadella, Gänseleberscheiben (mit sauren Gurken, eventuell mit Papikasalat garnieren), Gänseleberpüree oder -pastete, Hasenpastete, verschiedene Käsesorte (in Scheiben oder aufgestrichen), kalter Hasen-, Reh- oder Hirschbraten, Geflügelbrust (wie Hühner-, Fasan-, Putenbrust u.a., Gänsebrust auch geräuchert) in Scheiben geschnitten oder als Hackfleisch, Rinderfilet, Roastbeef, Kalbs- oder Schweinskeule, Fleischpüree, Sardinen, Sardellen (Paste), Hering, kalter Zander mit Mayonnaise, geräucherter Lachs, Seekrebse, Kaviar, Kapern, Pilze, französischer Salat, rohe Tomaten- und Gurkenscheiben, Tomatenpüree mit rotem Paprika und grüne Erbsen in Mayonnaise.

Diese Reihe könnte noch beliebig fortgesetzt werden, aber sie zeigt schon jetzt die Vielfalt der Variations- und Kombinationsmöglichkeiten bei der Zubereitung von Sandwiches.

## Selbstgebackene Hörnchen

*I. Sandwichbrot.* 50 g Hefe und 50 g Zucker in ½ Liter Milch geben und an einen warmen Platz stellen. Ist die Hefe gut aufgegangen, 500 g Mehl und 10 g Salz dazugeben und mit der Hand gut verkneten. Den Hefeteig auf ein mit Mehl bestreutes Nudelbrett stürzen, daraus 6 gleichgroße Laibe formen. Diese Laibe in ca. 1 cm dicke runde Teigblätter ausrollen, in 8 Teile schneiden und aus den so entstandenen Dreiecken Hörnchen formen. Die Hörnchen auf ein Kuchenblech legen und zweimal hintereinander mit Eigelb bestreichen. Dann sofort goldbraun backen. Statt Hörnchen können auch Minisemmeln oder Stangen aus dem Hefeteig geformt werden. Die frisch gebackenen Hörnchen können so gereicht werden, doch schmecken sie aufgeschnitten und mit einer Sandwichfüllung belegt zum Tee besonders gut. Das Gebäck ist sehr schnell zubereitet und deshalb für unerwartete Gäste geeignet.

*II.* Aus 180 g Mehl, 20 g Hefe, etwas Zucker und 0,2 l Milch einen Sauerteig bereiten. Ist er aufgegangen, mit 180 g Mehl, einem nußgroßen Stück Butter und einer Prise Salz zu einem strudelähnlichen Teig verarbeiten. Daraus 3 Laibe formen, ruhen und weiter aufgehen lassen. Dann runde Teigblätter ausrollen, jeweils in 8 gleich große Teile schneiden (wie eine Torte) und aus diesen Dreiecken von außen nach innen kleine Hörnchen drehen. Erneut aufgehen lassen, mit Eigelb bestreichen und in vorgewärmter Backröhre bei starker Hitze backen.

## *Sandwichaufstrich aus Butter*

Als Grundlage für kalte Sandwiches auf 100 g Butter folgende Zutaten rechnen: 20 g Delikateßpaprika oder 30 g Sardellenpaste oder 1 Bündchen Schnittlauch oder 1 Kaffeelöffel Senf, 1 Prise Salz und etwas Zitronensaft oder 50 g geriebenen Meerrettich.

## *„Original" garnierter Liptover Käse*

Was gehört eigentlich in die Mischung aus Schafsquark, Butter und Gewürzen, die unter dem Namen „garnierter Liptover" auf die Semmel gestrichen wird?

Vor allem soll der Schafsquark frisch und zart, die Butter von guter Qualität sein und alles, was den Schafsquark tatsächlich zum „garnierten Liptover" macht, bereitstehen. Zwiebeln sollen nicht verwendet werden, nur eine Prise Paprika und einige Kümmelkörner. Übermäßig viel Senf läßt den „garnierten Liptover" sauer werden, also auch damit sparen! Dagegen schadet ihm etwas leicht bitteres Bier nicht. Auch eine fette, gut gereinigte Sardine kann man dazugeben und etwas Öl zugießen. Sehr geeignet sind 1–2 feingewiegte Sardellenringe und einige Kapern. Das Ganze wird mit der Gabel glatt verrührt. Ist zufällig noch etwas kalte, gebratene Gänseleber oder Kaviar vorhanden, so kann man auch davon etwas dazufügen.

Stehen diese Delikatessen nicht alle zur Verfügung, so kann auch aus Schafsquark, Butter, etwas Paprikapulver, eventuell Senf und Sardellenpaste der original „garnierte Liptover Käse" bereitet werden. Diese Mischung kann anstelle von Butter als Grundlage des Sandwich-Belags verwendet und ohne weiteres mit den anderen Zutaten vermengt werden.

### Polnische Eier auf Sandwiches

3 hartgekochte Eier durch eine Kartoffelpresse geben, mit 100 g Butter, Senf, Sardellenpaste oder geriebener Zwiebel (eventuell Schnittlauch) verrühren, bis eine Creme entsteht. Nach Geschmack salzen und die Sandwiches damit bestreichen.

### „Mini" Sandwiches

Gekaufte Hörnchen wie Weißbrot in Scheiben schneiden, eventuell mit einer mittelgroßen Pogatschenform das Brotinnere ausstechen. Die Hörnchen- oder Brotscheiben nach Geschmack mit Sandwichaufstrich aus Butter bestreichen. Als Belag z. B. Kaviar Anchovis, Tomaten, Paprikaschoten, kleine Fleisch- oder Schinkenstückchen, Käse, Gurken usw. verwenden. Auf einer Platte anrichten und mit kleinen bunten Sandwichgabeln (oder Zahnstochern) aufspießen.

### Gemüsesandwiches

*I.* Für diesen Zweck eignen sich Radieschen, Möhren, Sellerie, Meerrettich, Dill usw. Das Gemüse feinreiben oder durchdrehen und nach Belieben mit Butter oder saurer Sahne vermischen. Auch gekochtes Eigelb und geriebener Käse oder Streichkäse können als Beigabe verwendet werden. (Persönlicher Geschmack und Findigkeit kommen hier weitgehend zur Geltung.) Diese Mischung auf Weiß- oder Roggenbrotscheiben streichen. Tomatenmark mit Butter vermischt ist als Brotaufstrich besonders gut geeignet. Darauf dann nach Belieben Käse, Quark, Radieschen usw. legen.

*II.* Geriebene Zwiebel, feingewiegte Petersilie, Schnittlauch, Dill und 1 Prise Majoran glatt mit Butter verrühren. Mit dieser Masse die Brot- oder Semmelscheiben bestreichen, etwas salzen und auf jede Scheibe Brot 2 Scheiben geschälte Radieschen legen.

*III. Mit Salat.* Mayonnaise mit feingehackten Salz- oder Essiggurken, ganz fein geschnittenem Kopfsalat, Salz, Pfeffer und Senf vermischen und auf mit Butter bestrichene – nach Belieben auch geröstete – Semmel- oder Weißbrotscheiben streichen.

*IV. Mit Tomatenmark.* Tomatenmark mit etwas geriebener Zwiebel 10 Minuten lang dünsten, bis ein dicker Brei entsteht. Diesen auf Butterbrötchen oder Brotscheiben streichen. Die Brötchen oder Brotscheiben auf einer Platte anrichten, auf jedes Stück eine Eischeibe legen und das Ganze mit kleingehacktem Schnittlauch bestreuen.

## *Käsesandwiches mit saurer Sahne*

160 g geriebenen Käse mit 0,1 l frischer saurer Sahne und 0,1 l Milch vermischen. Diese Masse salzen und auf die mit Butter bestrichenen Weißbrot- oder Brötchenscheiben streichen.

## *Quarksandwiches*

Den durch ein Sieb gedrückten Quark mit etwas saurer Sahne, Kümmel nach Geschmack und einer Prise Paprika vermischen. Die bereits mit Butter vorgestrichenen Weißbrotscheiben damit bestreichen.

## *Fleischsandwiches*

*I.* Reste von Kalbs-, Schweine-, Rinder-, Wildschwein- oder Hirschbraten in dünne Scheiben schneiden. Die Weißbrotscheiben mit einer Mischung aus Butter und etwas Senf bestreichen. Darauf die Fleischscheiben legen und die Oberfläche wieder dünn mit Senfbutter bestreichen. Statt Senf kann auch Sardellenbutter verwendet werden.

*II.* Dünngeschnittene, mit Butter bestrichene und etwas gesalzene Semmel- oder Weißbrotscheiben mit kleingeschnittenen Hühner- oder Perlhuhnbrust belegen. Auf das Fleisch kleingeschnittene rote Rüben kranzförmig anordnen. Die Mitte des Kranzes mit kleingeschnittenen Kapern ausfüllen.

*III. Mit Haschee.* Schinken und geräucherte Rinderzunge, beides kleingehackt, vermischen und die Butterbrotscheiben damit bestreuen. Das Hackfleisch mit dem flachen Messer fest auf die Brotscheiben drücken. Das Ganze eventuell mit einer Scheibe Ei oder einer Gurkenscheibe belegen.

## *Schinken- oder Eierstangen*

Aus dem Inneren des Roggenbrotes 5–6 cm lange und 1 cm breite Stücke schneiden, diese auf beiden Seiten mit Butter bestreichen, salzen und schließlich in kleingehacktem oder durchgedrehtem Schinken wälzen. Diese Stangen können auch mit kleingehackten hartgekochten Eiern zubereitet werden.

## *Warme Käsesandwiches*

*I.* Dazu eignet sich jeder gute, fetthaltige Käse. In 1 cm dicke Scheiben schneiden und zwischen zwei mit Butter bestrichene Roggenbrotscheiben legen. In einer feuerfesten Schale in der Backröhre rösten. Mit einer Serviette zugedeckt warm servieren.

*II.* 100 g Butter und 100 g geriebenen Käse gut verrühren. Die Masse salzen und mit Paprika sowie einigen kleingehackten Kapern vermischen. Dünne Weißbrotscheiben mit dieser Mischung bestreichen, in der Röhre rösten und noch warm servieren.

*III. Toast mit Käse.* Dünne Weißbrotscheiben rösten, dünn mit Butter bestreichen, mit Emmentaler Käsescheiben (3 mm dick) belegen, mit Paprika bestreuen und in der heißen Röhre schnell backen.
*IV. Geröstete Semmelscheiben mit Käse und Schinken.* Semmelscheiben in zerlassene Butter tauchen. Die Oberfläche mit geriebenem Käse und kleingeschnittenem Schinken bestreuen. Je zwei Scheiben übereinanderlegen, auf einem mit Butter ausgestrichenen Backblech in heißer Backröhre braun rösten.
*V. Käseschnitten.* 100 g geriebenen Käse mit 2 Eigelb, 150 g feingeriebener Semmel, etwas Salz und Paprika verrühren. Mit dieser Masse die in Butter gerösteten dünnen Semmel- oder Weißbrotschnitten bestreichen, in eine Pfanne legen und zugedeckt in die Bratröhre schieben. Wenn diese dann sehr heiß ist, den Deckel abnehmen und die Schnitten schön goldbraun backen. Heiß servieren.

## Käseplätzchen

Aus 400 g Mehl, 200 g geriebenem Käse, 200 g Butter, 4 Eigelb und 1 Prise Salz einen Teig bereiten. Etwa ½ cm dick ausrollen, mit einer größeren Pogatschenform ausstechen, mit Eigelb bestreichen und auf jedes Plätzchen ein viereckiges Stück Chesterkäse (oder ähnlichen Käse) legen. In der gut vorgeheizten Backröhre backen.

## Sandwichcreme-Spezialitäten

*I. Fleischpüree.* 300 g von den Sehnen befreites gebratenes Kalbfleisch zusammen mit 150 g Räucherspeck durchdrehen, die Fleischmasse dann mit 150 g Béchamelsoße oder ebensoviel in Milch geweichten und passierten Brötchen, 1 Ei, 1 Eigelb, Salz und je nach Geschmack mit anderen Gewürzen vermischen. Wird die Masse aus Rindfleisch hergestellt, dann 1–2 Sardellen und auch etwas geriebene Zwiebel dazugeben. Fleischpüree kann auch aus Geflügel und Wild hergestellt und der Geschmack durch die Zugabe von gedünsteten und durchgedrehten Pilzen, Estragonessig, Weißwein und saurer Sahne verfeinert werden.
*II. Fleisch- und Fischschaum, Mousse.* Eine entsprechende Form oder Kasserolle dick mit aufgelöstem Aspik ausstreichen und in den Kühlschrank stellen. Gedünstete Pilze, in Scheiben geschnittene Essiggurken und 300 g gebratenes, durchgedrehtes Fleisch mit 60 g Béchamelsoße vermengen und passieren. Dann 60 g glattgerührte Butter, 0,05 l Rotwein-Kognak-Mischung, etwas Pfeffer, einige Eßlöffel aufgelöstes Aspik und 0,2 l schaumig geschlagene Sahne daruntermischen. Das Ganze in die Kasserolle

geben und in den Kühlschrank stellen. Im Fischschaum gekochten oder gebratenen Fisch verwenden; anstelle der Kognak-Wein-Mischung den Saft 1 Zitrone in die Masse geben.

## Sandwich-Spezialitäten

I. *Schachbrett-Sandwich.* In Würfel geschnittene, geröstete Weißbrotscheiben mit Sardellenbutter bestreichen. Die Hälfte davon mit hartgekochtem, kleingeschnittenem Eigelb, die andere Hälfte mit dem Eiweiß bestreuen, schachbrettförmig die gelb- und weißbelegten Sandwiches auf einer Platte anordnen.

II. *Mit Sardinencreme.* 100 g gerührte Butter mit 8–10 Stück gereinigten und feingehackten Sardinen, 1 Kaffeelöffel Senf, 3–4 feingehackten Kapern, 1–2 Kaffeelöffeln Tomatenmark, etwas Zitronensaft und Paprika vermischen, die Masse durch ein Sieb drücken und auf die Weißbrotscheiben streichen.

III. *Mit Lachs.* Die länglichen, dünnen Weißbrotscheiben beiderseitig etwas anrösten. Eine Seite mit etwas Butter bestreichen und eine Scheibe geräucherten Lachs darauflegen.

IV. *Mit englischer Butter.* Kleingeschnittenes frisches oder getrocknetes Dillkraut, Kerbelkraut und Estragon mit 150 g Butter vermischen, Salz und einige Tropfen Zitronensaft dazugeben und bis zur Zubereitung in den Kühlschrank stellen. Dann die schmalen Weißbrotscheiben damit bestreichen. Je zwei aufeinanderlegen.

V. *Auf Mikado Art.* 1–2 Weißbrote aushöhlen und mit folgender Masse füllen: 280 g Butter mit 150 g durchgedrehtem Schinken, 150 g durchgedrehter Zunge, 150 g Schafsquark, 150 g durchgedrehter Salami, 20 g Kaviar, 30 g Sardellen, 60 g kleingeschnittenem Emmentaler Käse und 3 kleingeschnittenen hartgekochten Eiern vermengen und das herausgeschnittene und zerkleinerte Brotinnere dazugeben. Ist das Weißbrot sehr lang, dann in mehreren Stücken füllen. 1–2 Stunden in den Kühlschrank stellen und unmittelbar vor dem Servieren aufschneiden.

VI. *Rosafarbene Käsecremescheiben.* Aus 3 Eßlöffeln Mehl und der gleichen Menge Butter eine Mehlschwitze bereiten, mit 0,3 l süßer Sahne (oder frischer roher Milch) aufgießen und aufkochen, 1 Kaffeelöffel Senf, je 1 Prise Salz und Paprika und 3–4 Tomaten – in Stücke geschnitten – passieren. Davon 0,1–0,15 l zur Mehlschwitze geben, ebenfalls 5 verquirlte Eier und 50 g geriebenen Käse dazumengen. Auf dem Herd zu einem dicken Brei kochen, auskühlen lassen und geröstete Semmel- oder Brotscheiben damit bestreichen.

### Sandwichtorte

Von einem runden Roggen- oder Weizenbrotlaib die Kruste abschneiden, die Oberfläche abflachen und aus dem Inneren 4–5 tortenähnliche Scheiben schneiden. Butter, kleingehackten Schinken, gehackte hartgekochte Eier und Käse vermischen, die Brotplatten damit bestreichen und übereinanderlegen. Die Oberfläche und die Seiten ganz dünn mit Streichkäse oder Käsecreme bestreichen und mit kleingehackten Schinken bestreuen. Die Oberfläche noch mit kleinen Sardinen, Gurkenscheiben, hartgekochten Eiern, Räucherzunge und Lachsscheiben verzieren. Die Sandwichtorte auf einer Tortenplatte auftragen und tortenartig aufschneiden. Diese Torte kann auch aus einem länglichen Brotlaib zubereitet werden. Die Füllung zwischen den einzelnen Scheiben kann auch verschiedenartig sein. So kann man zum Beispiel abwechselnd verwenden: Eine Reihe Butter-, Schinken- und Eimischung, die nächste Reihe ein Gemisch von Schafsquark, Butter, Sardinen und Kapern, die dritte Reihe Käsecreme usw.

### Schinkenhörnchen

Aus 300 g Mehl, 180 g Butter, 1 Kaffeelöffel Salz, 2 Eigelb und 5 g in saurer Sahne aufgelöster Hefe einem weichen Teig bereiten, gut kneten, ausrollen, in Vierecke schneiden, jedes mit einer Mischung aus gehacktem Schinken und saurer Sahne füllen, hörnchenartig zusammenrollen, mit Eigelb bestreichen und auf dem gefetteten Backblech schön gelb backen.

### Toast

Von 500 g Mehl ein Viertel wegnehmen, mit 30 g Hefe einen Sauerteig bereiten und aufgehen lassen, dann 2–3 Eigelb, 10–20 g Zucker, 60 g Butter, etwas Salz und das übrige Mehl dazugeben. Soviel Milch zugießen, daß der Teig etwas fester als Strudelteig wird. 30 Minuten zugedeckt an einem warmen Ort ruhenlassen. Zwei längliche Laibe daraus formen und erneut ruhenlassen. Wenn sie gut aufgegangen sind, in der Röhre backen. Am folgenden Tag in dünne Scheiben schneiden, in heißer Butter rösten, salzen und heiß servieren.

### Welsh Rabbit

Von den Semmeln die Rinde entfernen, danach in Scheiben schneiden und in Butter rösten. Geriebenen Käse (möglichst Chesterkäse) mit Bier vermengen, pfeffern und zu einer dicken Masse kochen. Diese auf die Semmelscheiben streichen und mit zerlassener Butter übergießen. In der heißen Röhre 8–10 Minuten backen und warm servieren.

*Muffin*

Aus 250 g Mehl, 20 g aufgelöster Hefe und Milch einen Teig bereiten und aufgehen lassen. Dann fingerdick ausrollen und mit einer großen runden Form Scheiben ausstechen. Diese nochmals aufgehen lassen und auf einem mit Butter ausgestrichenen Backblech oder in einer Stielpfanne auf der Herdplatte auf beiden Seiten backen. Wohlgemerkt, nicht in der Röhre! Die fertiggebackenen, noch heißen Muffins auf einer Seite etwas einschneiden und in diesen Einschnitt ein kleines Stück gesalzene Butter stecken. Das Gebäck, das besonders gut zum Frühstückstee paßt, heiß servieren.

*Tomaten-Eier-Brotscheiben*

In 1 Eßlöffel zerlassener Butter 4 mittelgroße, in Scheiben geschnittene (möglichst geschälte) Tomaten braten. 4 verquirlte Eier darübergießen, etwas salzen. Das Ganze backen, ohne zu rühren. Vom Herd nehmen, mit einem Messer oder Kochlöffel zerbröckeln und auf die inzwischen gerösteten Brotscheiben streichen.

## *Über Käse*

legte die einstige Ärzteschule in Salerno (Italien), die im 11. Jahrhundert den Landesfürsten hygienische Ratschläge gab, folgendes fest:
Non Argus: largus, non Matusalem: Maddalena.
Non Petrus: Lazarus, caseus ille bonus.
Das heißt: ein guter Käse hat keine hundert Augen wie Argus bzw. ist nicht so löchrig, dafür aber fett und nicht so alt wie Methusalem, vergießt aber Tränen wie Maria Magdalena (er läuft). Schließlich ist er nicht so felsenhart wie der Apostel Petrus aber wie der von den Toten auferstandene Lazarus, der nach den Worten der biblischen Martha schon einen „Geruch“ hatte. Diese 900 jährige Regel ist zwar nicht vollkommen und erfaßt nicht alle Bereiche, aber sie hat noch heute Gültigkeit und kann im allgemeinen als wahr bezeichnet werden. Es gibt Käse, der „felsenhart“ ist, der Parmesan, und trotzdem gehört er zu den Qualitätserzeugnissen (allerdings gerieben und auf heißen Gerichten geschmolzen). Ebenfalls ziemlich hart ist der König unter den englischen Käsesorten, der beißende Chester, der gereift und gewürzt wird, indem Löcher hineingebohrt und diese mit Rotwein gefüllt werden. Die sogenannten Hartkäse sind aber in der Minderheit, und außer den erwähnten und höchstens noch dem berühmten Schweizer Emmentaler sowie dem trockenen ungarischen Hammelkäse sind sie nur als halbhart zu

bezeichnen. Halbharte Käsearten sind der Trappistenkäse, der Gruyèrekäse, der mit Speisefarbe außen rotgefärbte, kugelförmige, holländische Edamer Käse, der französische Roquefort, der mit Weißwein begossen und von künstlich gezüchteten Schimmeladern überzogen wird. Zu erwähnen ist noch der ungarische óvárer Käse und der geräucherte Pareniza, der Bandkäse. Dieser wird so zusammengedreht wieder ehemals verwendete Wachsstock.

Eine der berühmten Spezialitäten der Italiener ist der Gorgonzola-Käse, den wir in zwei verschiedenen Arten kennen. Die eine Sorte ist grün und wetteifert mit dem Roquefort, die andere ist gelb, eine Verwandte des Trappistenkäses. Aber sein charakteristischer bitterer Geschmack macht ihn zu einer besonderen Spezialität.

Die dominierende Rolle nehmen zweifellos die Weichkäse ein. Die bekanntesten sind die französischen, der großartige Fromage de Brie sowie der Camembert (die Erfinderin war eine einfache Bauersfrau, ihre Landsleute setzten ihr ein Denkmal) und der Romadour. Diese drei Sorten haben überall Schule gemacht, wie das das Beispiel des Hagenbergers, Limburgers, Dőrypusztaers und Pálpusztaers beweist. Von anderem Charakter sind der berühmte Stracchino der Italiener, der schweizerische und französische Imperial und der ungarische Cremekäse. Wieder andersartig ist der „Olmützer", der, weil er so billig ist, oft verschmäht wird. In gut ausgereiftem Zustand und mit Kümmelkörnern, Paprika sowie etwas Bier verknetet, ist er keinesfalls zu verachten. Er ist auch unter dem Namen Pogatschenkäse oder mehr noch als Harzerkäse bekannt. Er hat bestimmt kein einziges Loch, dagegen ist er fettreich, nicht zu alt, nicht hart und reift schnell. Er hat deshalb einen penetranten Geruch, die Ärzte der Salernoer Schule hätten sich keinen besseren wünschen können.

## Süsse Sandwiches

*I. Erdbeerschnitten.* Jeweils die gleiche Menge Erdbeermarmelade, kleingeschnittene Aprikosen (frisch oder in Konserven) und Datteln vermischen. Mit Butter bestrichene Weißbrotscheiben damit belegen.

*II. Himbeerschnitte.* Weißbrotscheiben mit Himbeerkonfitüre bestreichen und mit Schlagsahne überziehen. Je zwei aufeinanderlegen.

*III. Aprikosen-Sandwiches.* Aus geschälten Aprikosen mit entsprechender Menge Zucker frisches Kompott bereiten. Einen Teil der Kerne aufschlagen und mit abgezogenen Mandeln im

Kompott verkochen. Weißbrotscheiben in Butter rösten und mit dem Aprikosenkompott bestreichen. Auf einer Glasplatte anrichten und mit dem Obstsirup begießen.
*IV. Apfelsinenschnitten.* Apfelsinenkonfitüre mit gemahlenen Nüssen oder Mandeln und durchgedrehten Rosinen vermischen. Mit Butter bestrichene Weißbrotschnitten damit belegen und je zwei zusammenkleben.

# *Speiseeis, Halbgefrorenes, Eisspezialitäten*

## *Die Speiseeisbereitung*

Die gründlich glattgerührte Masse für Eis oder Halbgefrorenes auf alle Fälle in gut verschließbare Formen gießen, damit sich kein fremder Geschmack mit ihr vermischen kann. Ohne Kühlschrank und drehbare Eismaschine die Formen mit der Öffnung nach unten stellen, 3 bis 4 Stunden in eine vorher kleingehackte und stark gesalzene Eismasse völlig eingraben. Danach immer nur eine Form auf einmal herausnehmen, den unteren Teil einige Sekunden in warmes Wasser tauchen, dann sofort öffnen, an der Seite mit einer Gabel die Masse lockern, das Eis herausheben und auf eine Platte stürzen.
Genau auf die Zusammenstellung der Zutaten achten und gut verkochen! Eis aus Eiern soll eine cremeartige Konsistenz haben. Wird zuviel Zucker verwendet friert das Eis viel langsamer, während das weniger Zucker enthaltene „Granitto" (mageres Eis) schneller bereitet werden kann und auch nicht ganz fest sein muß.
Die zubereitete und ausgekühlte Masse aus Milch oder süßer Sahne nicht stehenlassen, sondern sofort gefrieren lassen. Eisvergiftungen können deshalb entstehen, weil sich auf dem lauwarmen Nährboden alle Krankheitserreger schnell vermehren – während das sofortige Gefrieren diesen gefährlichen Prozeß verhindert.

### *Fruchteis*

*I. Erdbeeren, Himbeeren, Sauerkirschen, Johannisbeeren.* 750 g Erdbeeren, Himbeeren oder 500 g Johannisbeeren putzen und durchrühren oder 500 g Sauerkirschen entkernen und passieren, die Kerne zerstoßen und zu den Kirschen mengen. 300 g Zucker mit 0,75 l Milch einige Minuten lang kochen lassen, vom Herd nehmen und die Masse bis zum völligen Auskühlen weiterrühren, dann seihen, mit dem passierten Obst vermischen. Statt Milch kann auch Wasser genommen werden. In diesem Fall den Sirup 10 bis 12 Minuten kochen lassen, mit dem Obst vermengen und den Saft 1 Zitrone dazugießen. Ist kein frisches Obst im Angebot, kann Speiseeis auch aus Fruchtsaft, Gelee oder Konfitüre zubereitet werden. Bei Verwendung von Obstsaft einfach den Sirup statt aus Milch oder Wasser aus Fruchtsaft kochen, die Menge des Zuckers hängt von der Süße des Fruchtsaftes ab. Von Gelee oder Konfitüre für dieselbe Eismenge etwa 500 g nehmen, ebenfalls passieren und wie frisches Obst weiter behandeln, doch auch hier auf die Menge des Zuckers achten. Die Farbe des Erdbeereises kann mit 0,1 l schwarzem Kirschsaft intensiver gemacht werden.

*II. Aprikosen, Pfirsiche, Zuckermelonen.* 1 kg reife, süße Aprikosen passieren. 3 Eigelb mit 350 g Zucker vermengen, 0,75 l Sahne oder Milch zugießen und unter ständigem kräftigem Rühren bis zum Siedepunkt erhitzen. Dann vom Herd nehmen und bis zum Auskühlen weiterrühren. Die kalte Masse über die Aprikosen gießen und vermengen. Auf gleiche Weise auch Pfirsich- und Meloneneis zubereiten. Dabei ein Stück Vanille, die später wieder herausgenommen wird, in die Sahne oder Milch geben. Beim Verrühren eventuell den Saft 1 Zitrone daruntermengen.

*III. Zitrone.* Einen aus 0,75 l Wasser und 300 g Zucker bereiteten Sirup ungefähr 10 Minuten lang kochen lassen, damit er die nötige Dicke erhält. Nach völligem Auskühlen den ausgepreßten und durchgeseihten Saft von 5 Zitronen dazurühren. Das Eis wird schneeweiß und besonders schmackhaft, wenn der Masse der Schnee von 1 bis 2 Eiweiß untergezogen wird.

*IV. Zitrone mit Likör.* Das halbfertige Zitroneneis mit 0,1–0,15 l Orangen- Kirsch-, Aprikosen- oder Sauerkirschlikör abschmecken.

*V. Tuttifrutti.* In fertiges Zitroneneis kleingehacktes eingewecktes Obst oder in Zucker eingelegte Früchte, wie Aprikosen oder Pfirsiche, Birnen, Kirschen, Renekloden usw., mischen.

## *Vanille-, Punsch-, Schokoladen-, Mandel-, Wal- oder Haselnusseis*

200–250 g Zucker mit 6 Eigelb schaumig rühren, dann 0,75 l Sahne oder Milch (eventuell 0,55 l Milch und 0,2 l Sahne) und $^1/_2$–1 Stange Vanille in Stücke gebrochen oder 250 g geriebene Schokolade oder 220 g abgezogene und gemahlene Mandeln, Wal- oder Haselnüsse, die vorher auch geröstet werden können, dazugeben. Diese Mischung auf dem Herd so lange kräftig rühren oder mit dem Schneebesen schlagen, bis sich Blasen bilden. Dann sofort vom Herd nehmen, bis zum Auskühlen weiterrühren und die Vanillenstücke herausnehmen bzw. passieren. Für Punscheis dem gefrorenen Vanilleeis nach und nach etwas guten Rum beigeben und nochmals gefrieren lassen.

## Kaffee-Eis

*I. Weiß.* 100 g Kaffeebohnen rösten und mahlen, zusammen mit ebensoviel Puderzucker in eine Porzellanschüssel füllen, mit 1 l kochender Milch oder Sahne übergießen, gut zudecken und warten, bis die Mischung völlig ausgekühlt ist. 6 Eigelb mit 200 g Puderzucker verrühren, die durch ein feines Sieb geseihte Kaffeemilch oder -sahne darübergießen und die Masse auf dem Herd so lange rühren, bis sie dick wird. Dann sofort vom Herd nehmen, bis zum Auskühlen weiterrühren und gefrieren lassen.
*II. Eiskaffee.* 250 g Zucker mit 4 Eigelb verrühren, mit 0,75 l sehr starkem, hellem Milchkaffee (in dem kein Kaffee-Ersatz sein darf) übergießen und auf dem Herd bis zum Aufkochen rühren. Dann sofort vom Herd nehmen, völlig auskühlen lassen und in den Kühlschrank stellen. In Kelchgläsern mit gesüßter Schlagsahne servieren.

## Karameleis

*I.* 280 g Zucker goldgelb rösten. 6 glattgerührte Eigelb mit 0,75 l süßer Sahne oder roher Milch auffüllen. Den ausgekühlten Karamelzucker daruntermengen und unter ständigem Rühren bis zum Aufkochen erhitzen. Vom Herd nehmen und weiterrühren, bis die Masse vollständig erkaltet ist, danach gefrieren lassen.
*II.* 4 Eigelb mit 120 g Vanillezucker glattrühren, mit 0,75 l frischer, ungekochter Milch übergießen und unter fortwährendem Rühren aufkochen lassen. 120 g Zucker goldgelb rösten und langsam in die ausgekühlte Milch geben, danach gefrieren lassen.

## Eisspezialitäten

*I. Aus Himbeeren mit Wein.* 1 kg Himbeeren passieren. Mit dem dickflüssigen, ausgekühlten Sirup aus 500 g Zucker und 0,25 l Wasser vermischen, 0,25 l guten Weißwein dazugeben.
*II. Aus Zuckermelonen, auf englische Art.* Eine sehr reife, süße, geschälte Zuckermelone passieren. 250 g Zucker in 0,5 l Wasser aufkochen, 3 gehäufte Eßlöffel passierte Apfelsinenkonfitüre und den Saft von 2 Zitronen hinzufügen und alles miteinander vermischen.
*III. Aus Tee mit Zitrone und Rum.* 0,75 l dunklen, starken Tee zusammen mit 300 g Zucker 10 Minuten lang kochen, kalt werden lassen, den Saft von 5 Zitronen und 2 Eßlöffel Rum dazumengen, durchseihen und gefrieren lassen.

*IV. Italienische Schokoladeneis-Spezialität: Spongada di Roma.* Aus 200 g Zucker und 0,5 l Wasser einen Sirup kochen, darin auf dem Herd 250 g Schokolade auflösen. Nach dem völligen Auskühlen der Flüssigkeit den steifen Schnee von 6 Eiweiß unterziehen. Ist die Masse halb gefroren, 50 g Mandeln oder Pistazien hinzufügen. Mit Schlagsahne garniert servieren.

*V. Aus Mandeln und Aprikosen.* Aus 0,8 l Wasser und 300 g Zukker einen Sirup kochen, 120 g nicht abgezogene, gemahlene Mandeln dazugeben. Vom Herd nehmen und sofort passieren. Den ausgekühlten Sirup mit 1 kg gewaschenen, getrockneten, entkernten und passierten Aprikosen sowie dem steifen Schnee von 3 Eiweiß vermengen und gefrieren lassen.

*VI. Aus Mandeln, Aprikosen und kleingeschnittenem Obst.* 6 Eier mit 300 g Zucker schaumig rühren, 180 g abgezogene, gemahlene Mandeln hinzufügen, mit 1 l süßer Sahne oder Milch auffüllen. Aufsetzen, kräftig rühren, bis die Masse Blasen schlägt, dann vom Herd nehmen und bis zum Erkalten weiterrühren. Ausgekühlt über die Masse von 1 kg passierten süße Aprikosen oder Pfirsichen gießen und mit kleingeschnittenen frischen oder gekochten Obststücken – Aprikosen oder Pfirsiche – vermengen.

*VII. Granitto mit Ananas (mageres Eis).* 250 g Zucker in 0,75 l Wasser 15 Minuten lang kochen. Nach dem Auskühlen den Saft von 4 Apfelsinen und 1 Zitrone hinzupressen. 0,1–0,15 l Obstgelee (Sauerkirschen, Johannisbeeren oder Brombeeren), den Saft einer Ananaskonserve, 2–3 Gläschen Apfelsinenlikör und die Hälfte der gemahlenen, passierten Ananas daruntermischen. Das Ganze nochmals passieren und halb gefrieren lassen. Vor dem Einfüllen in Gläser die andere Hälfte Ananas – kleingeschnitten – dazumengen. Mit gezuckerter Schlagsahne servieren.

*VIII. Gefrorene Mandelmilch mit Likör.* 1 l Mandelmilch bereiten. 1 Gläschen Apfelsinenlikör oder anderen guten Likör dazugeben und halb gefrieren lassen. Vor dem Servieren in Gläser füllen und mit einem Strohhalm servieren.

## Gebackenes Eis

Eine beliebige Eismasse bereiten. Ist sie gut gefroren, in Formen füllen und bis zum Servieren in den Kühlschrank stellen. Einige Minuten vor dem Auftragen auf eine Platte stürzen und rasch mit dem gezuckerten, sehr steif geschlagenen Schnee aus 5–6 Eiweiß überziehen. Die Platte mit den Eiswürfeln auf ein Backblech stellen und für einige Minuten in die heiße Backröhre schieben, während dieser Zeit wird der Schaum goldgelb. Das „gebackene Eis“ sofort servieren. Eventuell einen in Rum getauchten Würfelzucker daraufsetzen und anzünden.

## Halbgefrorenes Obst

*I.* 0,75 l schaumig geschlagene Schlagsahne mit 250–300 g Puderzucker vermischen. 750 g passiertes Obst oder die gleiche Menge Obstgelee bzw. Konfitüre als Geschmackszutaten dazugeben.
*II.* 5 Eigelb mit 0,5 l Milch und 200 g Puderzucker auf dem Herd oder über Dampf zu einer Creme kochen (wie bei Speiseeisbereitung). Nach dem Auskühlen das gewünschte Obst hinzufügen und das Ganze unter die steife Schlagsahne ziehen (0,75 l ist ausreichend). Diese Zubereitungsart ist bei nicht sehr fetthaltiger Sahne geeignet.

## Sonstiges Halbgefrorenes

I. *Aus Schokolade.* 250 g geriebene Schokolade und 400 g Puderzucker mit einigen Eßlöffeln süßer Sahne aufkochen und auflösen. Nach dem Erkalten 0,75 l steife Schlagsahne unterziehen. In eine Form füllen und in den Kühlschrank stellen. Das fertige Halbgefrorene etwas aushöhlen und mit gesüßter Schlagsahne füllen, die mit kleingeschnittenen, kandierten Früchten vermischt wurde. Die Füllung mit Halbgefrorenem bedecken, die Form sorgfältig schließen und erneut 2–3 Stunden in den Kühlschrank stellen.
II. *Aus Vanille und Tuttifrutti.* 5 Eigelb mit 200 g Puderzucker schaumig schlagen. Mit 0,5 l Milch auffüllen und eine halbe Stange Vanille hinzugeben. So lange auf dem Herd schlagen, bis die Masse gut dick ist. Die Vanille entfernen, die Masse passieren und erkalten lassen. Diese Creme mit 0,5 l steif geschlagener Schlagsahne vermengen. Statt Vanille auch Apfelsinenschalen in die Creme geben und mitkochen lassen, danach 2–3 Eßlöffel Rum und kleingeschnittenes, gemischtes Obst dazugeben (Quittengelee, Erdbeerkompott, Zuckermelone, Nüsse u. a.), und fertig ist das Tuttifrutti-Halbgefrorene.
III. *Aus Mandeln oder Haselnüssen.* 6 Eigelb mit 200 g Puderzucker verrühren, mit 0,25 l Milch auffüllen und auf dem Herd oder über Dampf zu einer dicken Masse kochen. Vom Herd nehmen und bis zum Erkalten weiterrühren. Dann 200 g geröstete, gemahlene oder zerstoßene Mandeln oder Haselnüsse beimengen. Diese Masse passieren und mit 0,5–0,75 l Schlagsahne vermischen.
IV. *Aus Walnüssen.* 6 Eigelb mit 250 g Puderzucker schaumig rühren, mit 0,5 l Milch auffüllen und 200 g gemahlene Nüsse daruntermischen. Auf dem Herd so lange rühren, bis die Masse dick ist, dann passieren und nach dem vollständigen Erkalten mit 0,6 l steif geschlagener Schlagsahne vermengen.
V. *Aus Kaffee.* 100 g grüne Kaffeebohnen rösten, mahlen, mit der gleichen Menge Puderzucker in eine Porzellanschüssel geben und mit 1 l kochender süßer Sahne oder Milch übergießen. Gut

zugedeckt bis zum Erkalten stehenlassen. 6 Eigelb mit 200 g Puderzucker verrühren, den Milchkaffee filtern, dazugießen und das Ganze auf dem Herd zu einer dicken Creme rühren. (Die Creme darf nicht aufkochen!) Vom Herd nehmen und bis zum Auskühlen weiterrühren. Nach dem vollständigen Erkalten 0,5 l etwas gezuckerte, sehr steif geschlagene Schlagsahne darunterziehen.

*VI. Englische Spezialität.* 10 Eigelb mit 200 g Puderzucker schaumig rühren. Mit 1 Gläschen (0,03 l) sehr feinem Rum oder Kognak, 0,05 l Weißwein und 0,2 l Himbeer- oder Zitronensaft (eventuell mit einer Mischung beider Säfte) auffüllen. Auf dem Herd so lange rühren, bis eine dicke Creme entsteht. Nach dem Erkalten 10 g aufgelöste Gelatine und, je nach Geschmack, gezuckerte schöne, große Himbeeren oder Sauerkirschen daruntermischen. Den Schnee von 10 Eiweiß oder 0,7 l steifgeschlagener Schlagsahne unterziehen.

*VII. Cassata, italienische Spezialität aus Speiseeis und Halbgefrorenem.* Eine kegelförmige 1 Liter-Form fingerdick mit Vanilleeis ausstreichen. 0,25 l geschlagene Sahne nach Belieben zuckern und 50–60 g kandiertes, kleingeschnittenes Obst, einige grob gemahlene Haselnüsse sowie 2 Kaffeelöffel Rum dazumengen. Diese Masse bis zwei Finger breit unter den Rand in die Form füllen und den noch freien Platz mit Schokoladen- oder Kaffee-Eis (oder einer Mischung beider) ausfüllen. Auf eine Platte stürzen, mit Löffelbiskuit garnieren und servieren.

*VIII. Kastanieneis oder -halbgefrorenes mit Johannis- oder Himbeeren.* 6 Eigelb mit 250 g Puderzucker schaumig rühren, mit 0,75 l Milch auffüllen und 250 g gekochte, passierte Kastanienmasse sowie etwas Vanille hinzumengen. Bei Halbgefrorenem noch 0,5 l steife Sahne zugeben. Auf dem Herd zu einer dicken Creme rühren (nicht kochen lassen), vom Herd nehmen und bis zum Erkalten weiterrühren. Danach 100 g Johannis- oder Himbeergelee, eventuell Marmelade dazugeben.

## Getränkespezialitäten mit Speiseeis

*I. Italienisches Erfrischungsgetränk aus Zitrone.* In ein Kelchglas 0,05 l gezuckerten Zitronensaft gießen, darauf 1 Eßlöffel Mandel- oder Haselnußeis und 1 Eßlöffel Schlagsahne geben. Mit gekühltem, kohlensäurehaltigem Mineralwasser auffüllen.

*II. Vanilleeis mit Kastanienpüree.* Gut gezuckertes Kastanienpüree in eine Glasschale füllen. Mit kleingeschnittener kandierter Apfelsinenschale (eventuell auch andere kandierte Früchte verwenden) und grob gemahlenen gerösteten Mandeln bestreuen. Vanille-Eis daraufgeben und so servieren.

*III. Aus Aprikosen oder Pfirsichen.* In ein Kelchglas einen Eßlöffel geschälte, kleingeschnittene Aprikosen oder Pfirsiche geben. Vom abgetropften Fruchtsaft ebenfalls 1 Eßlöffel hinzugeben und mit der gleichen Menge Puderzucker bestreuen. Danach 1 Eßlöffel Haselnuß-, Walnuß- oder Mandeleis und 1 Eßlöffel Schlagsahne dazugeben und mit gekühltem, kohlensäurehaltigem Mineral- oder Sodawasser auffüllen.
*IV. Aus Süß- oder Sauerkirschen.* Einige entkernte Süß- oder Sauerkirschen in ein Kelchglas legen, mit einigen Tropfen Apfelsinen- oder Sauerkirschlikör begießen und mit etwas Puderzukker bestreuen. Danach 1–2 Eßlöffel Mandel- oder Haselnußeis dazugeben und mit gekühltem, kohlensäurehaltigem Mineralwasser auffüllen.
*V. Aus Himbeeren.* In ein Kelchglas 2 Eßlöffel frische, gewaschene und gezuckerte Himbeeren legen, die gleiche Menge Himbeereis und Schlagsahne darübergeben. Das Glas mit gekühltem, kohlensäurehaltigem Mineralwasser auffüllen.
*VI. Pêche Melba.* Gläser mit Vanilleeis ca. halbvoll füllen. Darauf je 1 mit Erdbeer- oder Himbeergelee überzogenen, in Zucker gedünsteten oder eingelegten Pfirsich geben, mit abgezogenen, länglich geschnittenen Mandeln bestreuen, mit gezuckerter Schlagsahne verzieren und diese mit Himbeersaft bespritzen.
*VII. Coupe Marguerite.* In ein Kelchglas eine Schicht Mandeleis füllen, darüber Johannisbeergelee legen, darauf eine Waffel und erneut eine Schicht Mandeleis und Johannisbeergelee geben. Das Ganze mit gezuckerter Schlagsahne garnieren. Auch mit Vanilleeis und Brombeergelee oder mit Zitroneneis und Quittengelee bereiten.
*VIII. Coupe Jacques.* Entkernte Süßkirschen, Johannisbeeren, Himbeeren, Erdbeeren, geschälte und in Würfeln geschnittene Aprikosen, Pfirsiche, Zuckermelone und Birnen schichtweise in eine Porzellanschüssel geben. Jede einzelne Schicht mit Puderzucker bestreuen und mit feinem Kognak oder Maraschino bespritzen. Das Ganze für 3–4 Stunden kühl stellen. Diese Fruchtmischung vor dem Servieren in Kelchgläser füllen, darauf eine Schicht Speiseeis und erneut eine Fruchtschicht geben. Mit einer anderen Eissorte abschließen und mit gesüßter Schlagsahne garnieren. (Geeignete Eissorten sind: Apfelsinen-, Zitronen- und Vanilleeis.)
*IX. Ice-Cream-Soda.* In ein hohes Glas einen Eßlöffel Himbeereis und etwas weniger Zitronen- oder Vanilleeis geben, einen Kaffeelöffel Kognak und einen gestrichenen Eßlöffel Schlagsahne darübergießen, so daß das Glas etwa halbvoll ist. Nun das Ganze leicht verrühren und so viel Mineralwasser hineinspritzen, daß

sich im Glas Schaum bildet (ähnlich einem frisch gefüllten Bierglas). Andere Mischungen – z. B. aus Kaffee-Eis und Schokoladeneis mit Vanillelikör, Schlagsahne und Mineralwasser – auf gleiche Weise zubereiten.

# *Getränke*

## *Genuss mit Mass und Beachtung der Regel*

Beim Essen und Trinken das richtige Maß zu bewahren, ist oft die Voraussetzung einer ungetrübten Freude. Was trinkt man wozu? Die Folge der verschiedenen alkoholischen Getränke – wie Bier, Wein, Likör und der hochprozentigen Obstschnäpse – wird nicht nur durch althergebrachte Traditionen oder Anstandsregeln bestimmt. Vor allem ist die richtige Reihenfolge ausschlaggebend, und wenn diese Ordnung umgestoßen wird, können die Getränke nach dem Genuß leicht miteinander in Fehde geraten. Es muß also nicht immer die Menge des Alkohols sein, die den unbesorgten Verbraucher symbolisch „auf die Erde streckt".

Trinken will gelernt sein. Es reicht nicht zu wissen: Wein auf Bier ist ratsam, in umgekehrter Reihenfolge aber nicht. Gefährlich ist es auch, „trockene" und süße Weine – nicht zu sprechen von den schlechten, verpanschten und verfälschten Weinen – sowie klare konzentrierte Schnäpse und Liköre durcheinanderzubringen.

Um in den ganzen, vollen Genuß zu gelangen, dürfen wir nicht nur an die notwendige „Fundierung" denken – d. h., daß Getränkekonsum immer mit Speiseverzehr verbunden sein soll –, sondern müssen auch zu den einzelnen Gängen die entsprechenden Getränke auswählen. Der „Feinschmecker" möchte dafür folgende Ratschläge geben:

Vor dem Essen ist den Gästen ein Aperitif zu servieren: ein Glas Cocktail, Whisky mit oder ohne Mineralwasser oder ein Wermutwein. Es kann auch Tokajer Szamorodner – und zwar der „trokkene", nicht von der süßen Sorte – sein. (Dazu auch kleine Salzpogatschen reichen.)

Unmittelbar vor dem Auftragen des Essens kann man ein Glas Bier anbieten, zur Suppe leichten Weißwein, zu Pasteten Rotwein; zu Braten gehört weißer Bratenwein, zu Geflügel oder

Mehlspeisen Sekt (auch Bowle) servieren, zum Dessert gibt man Delikateßwein (Tokajer Ausbruch), und zum Mokka werden Kognak (oder sonstiger Branntwein) oder Likör gereicht.
Der „Feinschmecker“ wird keinem empfehlen, dies alles auf einem Ritt durchzuprobieren. Immer aber ist es wichtig, auf die richtige Temperatur der Getränke zu achten: Cocktail, Wermutwein, Whisky, Bier, Weißwein, Sekt und Bowle sollen eisgekühlt sein, Rotwein etwas abgestanden während Braten- und Delikateßweine höchstens „kellerkalt“ auf den Tisch gelangen sollen. Prosit, auf Ihr Wohl!

## *Erfreulich*

ist die zunehmende Beliebtheit der verschiedenen Fruchtsäfte und Erfrischungsgetränke. Sie sind als Weiterentwicklung der Traditionen ungarischer Kochkunst zu betrachten und stützen sich auf den Anklang, den das so schmackhafte ungarische Obst erzielt. Die sich in der Ernährung zeigende Einseitigkeit, die den schweren, gewürzten Gerichten und Mehlspeisen den Vorrang gibt, wird damit aufgelockert und günstig beeinflußt.
Fruchtsäfte wirken anregender und erfrischender als jedes alkoholische Getränk, nicht nur im Sommer, auch im Winter. Man spricht viel von ihrem Vitamingehalt, aber sie sind auch sehr reich an Mineralstoffen, die dem Organismus, der Blutzirkulation, dem Herzen und dem Nervensystem nützlich sind. Doch die Aufzählung all dieser Vorteile gehört bereits in den Themenkreis der medizinischen Literatur ... Die Mineralstoffe sind nicht nur in frischen Früchten vorhanden, sie bleiben auch in Obstextrakten und Säften, die starken Konservierungsverfahren unterworfen wurden, fast vollständig erhalten.
Zu Recht ist man auf den eigenen, schön gepflegten Garten und das eigene Obst stolz, das viel besser schmeckt als das gekaufte. Die Gäste werden sicher den köstlichen Geschmack der eigenen erfrischenden Getränke rühmen. Obstsäfte sichern das ganze Jahr hindurch eine reibungslose Versorgung der Familie und der Gäste.
Auch das Mixgerät braut aus frischen Früchten, Konserven oder Kompotten ausgezeichnete Getränke. Die sich rasch drehenden scharfen Messer des Mixbechers zerkleinern das frische oder eingelegte Obst blitzschnell zu Brei, und unter Zugabe von anderen Zutaten entsteht innerhalb von Sekunden eine schmackhafte Flüssigkeit.
Die Zutaten einiger Mixgetränke mögen denen, die starr an

alten Sitten festhalten und Neuerungen fürchten, seltsam erscheinen. Es sind Milch und Obst, eventuell Sauermilch, Tomaten und vieles andere. Die Ansicht ist überholt, daß man auf Obst weder Milch noch Wasser trinken darf. Überall wird Himbeersaft mit Mineralwasser getrunken, und in der ganzen Welt werden täglich viele tausend Liter Milch mit Obst vermischt, verzehrt.

Man kann Mixgetränke nach eigener Zusammenstellung aus verschiedenen frischen oder Konservenfrüchten, Fruchtsäften und Fruchtgelees mit Milch oder aus Tomaten unter Zugabe von Gewürzen, z. B. Pfeffer, zubereiten. Auch Eigelb oder süße Sahne, Sauermilch oder saure Sahne können beigegeben werden. Honig kann Zucker ersetzen. Mineral- oder Selterswasser eignen sich ebenfalls zum Verdünnen. Alle Zutaten sollte man vor dem Gebrauch kühlen und das zubereitete Getränk sofort, eventuell auch mit Eiswürfeln, servieren.

Diese Getränke sind auch ohne Mixgerät herzustellen, wenn man weiches Obst durch ein nicht zu engmaschiges Haarsieb passiert. (Beim Gebrauch eines Metallsiebes gehen mehr Vitamine verloren.) Geriebene weiche Äpfel ergeben einen Brei, der die Grundlage für ein Erfrischungsgetränk darstellt. Aus geriebenen harten Äpfeln kann man den Saft auspressen. Den auf die eine oder andere Art gewonnenen Saft gut mit Milch vermischen. Verwendet man Eigelb, dieses mit Zucker und ein wenig Milch schaumig rühren, dann Milch und schließlich den Fruchtsaft und Zucker dazugeben. Das Getränk im Mixgerät gründlich verrühren und beim Auftragen eventuell mit steif geschlagener Sahne garnieren.

## Obstmixgetränke

I. *Sauerkirschgetränk.* 0,05 l Obstsaft, 0,1 l Milch, 2 Eßlöffel Puderzucker, gemahlenen Zimt mixen und Schlagsahne darübergeben.

II. *Kohlensäurehaltiges Himbeergetränk.* Je 0,05 l Milch, Sodawasser (Mineralwasser) und Himbeersaft mit 2 Eßlöffeln Puderzucker mixen.

III. *Erdbeergetränk.* Je 0,1 l Erdbeersaft und Milch, 1 Eigelb, 1 Eßlöffel Puderzucker und 1 Eßlöffel Honig in den Mixer geben.

IV. *Apfelgetränk.* 0,05 l Apfelsaft oder Apfelbrei, 0,05 l Zitronensaft, 0,1 l Milch und 1 gehäuften Eßlöffel Puderzucker miteinander mixen.

*Kalter „schäumender" Tee mit Zitrone*

Dieses erfrischende (und billige) Getränk aus kaltem Tee unter Zugabe von etwas Rum vor allem im Sommer bereiten. Es wird besonders delikat, wenn wir in den starken, mit Zitrone, Rum und Zucker abgeschmeckten Tee – nach dem Auskühlen – ein Drittel frisches kohlensäurehaltiges Mineralwasser geben. In eine gut verschließbare Flasche füllen und in den Kühlschrank stellen. Ein sehr wohlschmeckendes Getränk, das – etwas übertrieben – wie eine aus Sekt bereitete Bowle schmeckt.

## *Maibowle*

Einen angenehmen Anblick bietet im Mai (auch in späteren Monaten) das zweihenklige, mit einem Deckel versehene, tiefe, silberne Bowlengefäß mit dem großen Schöpflöffel darin. Die Form dieser Bowlenschale gefiel mir schon damals so gut, als ich sie erstmals in der Kampfrichterloge während eines alten Pester Turfs sah. Sie wartete auf den Sieger des „Damenpreises", der diese mit einem Relief verzierte Goldschmiedearbeit erhalten sollte.

Eine Bowlenschale sah ich auch in Buda wieder, in einer kleinen Kneipe. Der Wirt war der kurzhalsige, rotgesichtige Vater Gürsch. Hier war die Bowlenschale jedoch nur aus Porzellan, wahrscheinlich war sie von der Herstellerfabrik sogar als Suppenschüssel bestimmt gewesen. Die Maibowle aber, die Vater Gürsch darin braute und der er verschiedene Ingredienzen zusetzte, konnte sich erfolgreich mit den Bowlen in teuersten Restaurants messen.

Ich muß gestehen, daß ich den Alten oft beobachtete, wenn er die Bowle bereitete. Seine Fachkenntnis stand bestimmt nicht hinter der des einäugigen Tom oder des Konditors von Sacher zurück. Es war eine Lust, zuzusehen, wie er die prächtigen glänzenden Erdbeeren in die tiefe Schale legte, den gestoßenen Zukker darüberstreute, danach zwei Gläschen Courvoisier-Kognak und noch zwei Gläschen Orangenlikör (Cointreau) oder Maraschino (Luxardo) dazugoß. Dann folgte ein halber Liter rubinartig glänzender Rotwein vom Sasberg und ein halber Liter Weißwein vom Gellértberg. Darauf kamen eine Prise vom würzig riechenden, weißblühenden Waldmeister (Asperula odorata) und, nur dann, das ermunternde, zündende Fabrikat einer alten, früher bekannten englischen Sektsorte hinzu.

Jetzt wurde die Schale schnell zugedeckt und in kleingehacktes Eis gestellt. Eine Stunde lang durfte sie niemand anrühren, auch dann nicht, wenn die Stunde des Geschäftsschlusses bedrohlich nahe war. Vater Gürsch war ein ausgezeichneter Kenner und ein biederer Mann. Solange braucht die Bowle, sagte er, um richtig durchzuziehen. Nach Verlauf einer Stunde setzte er die Bowlenschale andächtig auf den Tisch, und die Stammgäste tranken ergriffen mit ihm das erste Glas. Von ihm lernte ich auch, daß man nicht zuviel Zucker zufügen darf, sonst wird sie eine Fruchtsuppe. Auch beim Alkoholverbrauch ist Maßhalten geboten, denn schließlich ist eine Maibowle kein Punsch.

Vater Gürsch ist genauso in Vergessenheit geraten wie seine alte Kneipe. Aber ich empfehle Ihnen von Herzen die Einhaltung des Rezeptes, wenn es Sie nach einer guten Maibowle gelüstet. Rotwein vom Sasberg wird ebensowenig zu erhalten sein wie Weißwein vom Gellértberg, an ihrer Stelle ist z. B. Erlauer oder Szekszárder Stierblut und Somlauer Muskateller oder Badacsonyer Riesling erhältlich.

In den Mainächten werden die Bowlengläser zum Klingen gebracht, das erste gegen den Durst, das zweite für den Genuß, das dritte für den Rausch, das vierte ...

## Bowlen

*I. Erdbeer.* In eine Bowlenschüssel 1 kg ausgewählte frische oder Konservenananaserdbeeren oder Waldbeeren geben und mit 250–300 g Zucker bestreuen. Eine halbe Stunde stehenlassen, dann mit 2 Gläschen gutem Kognak, ebensoviel Curaçao, Maraschino oder anderem feinen Likör begießen. Noch 0,5 l guten Rotwein und 0,5 l Weißwein hinzufügen, die Schüssel in den Kühlschrank stellen. Danach eine Flasche Sekt dazugießen und die fertige Bowle noch weitere 10 Minuten zugedeckt kalt stellen. Beim Servieren in jedes Glas auch etwas Obst geben. Der Saft von 1 bis 2 Apfelsinen macht die Bowle schmackhafter.

*II. Pfirsich.* 1 kg saftige frische oder Konservenpfirsiche schälen, in Stücke schneiden, in eine mit Deckel versehene zweihenklige Schüssel legen, mit ungefähr 250–300 g Puderzucker bestreuen und mit 1 l gutem Riesling und 0,5 l Rotwein übergießen. Dann 2 Gläschen feinen Kognak, ebensoviel Cointreau, eventuell Maraschino hinzufügen. Die Schüssel sofort zudecken und für 1 bis 1 1/2 Stunden in den Kühlschrank stellen. Schließlich noch eine Flasche Sekt zugießen. Die Bowle durch ein Teesieb in die Kelchgläser füllen und in jedes Glas 1 bis 2 Pfirsichstückchen geben.

*III. Ananas.* Eine schöne reife Ananas schälen, in Scheiben schneiden, diese in eine Bowlenschüssel legen, mit 250 g Puderzucker bestreuen und 25 Minuten lang stehenlassen. Dann etwas Zitronen- und Orangenschale, 2 l guten Weißwein, 2 bis 3 Gläschen Kognak und ebensoviel Curaçao hinzufügen. Zugedeckt für 1 bis 2 Stunden in den Kühlschrank stellen. 10 Minuten vor dem Servieren noch eine Flasche Sekt dazugießen. Bei der Verwendung von Konservenananas die Bowle mit weniger Zucker ansetzen.
*IV. Apfelsinen.* 5 bis 6 geschälte, in Scheiben zerlegte Apfelsinen (nach Möglichkeit auch einige Blutorangen verwenden) und 1 in Scheiben geschnittene Zitrone in die Bowlenschüssel legen und mit ungefähr 250 bis 300 g Zucker bestreuen. Nach einer halben Stunde 1 l guten Weißwein und 0,5 l guten Rotwein, 2 Gläschen feinen Kognak und ebensoviel Curaçao darübergießen. Kurz vor dem Servieren noch eine Flasche eisgekühlten Sekt hinzufügen. Die Bowle bis zum Auftragen in den Kühlschrank stellen, durch ein Sieb seihen und in Gläser füllen.

## Sorbet

*I.* Der passierte und zusammen mit etwas Wasser durchgeseihte Saft gemischten, frischen Obstes mit gutem Weißwein, etwas Zitronensaft und eventuell Zucker vermengen. Das Sorbet, das auch aus eingelegtem Obstsaft zubereitet werden kann, bis zum Servieren in den Kühlschrank stellen.
*II. Aus Bananen.* 3 bis 4 reife Bananen schälen, in Scheiben schneiden und mit 1 l heißem Sirup übergießen (für 1 l Wasser 500 g Zucker). Den Saft von 1 Apfelsine und 2 Zitronen hinzufügen, das Ganze durch ein Sieb passieren und halb gefrieren lassen. Schließlich 2 Gläschen Kognak dazugießen und in Gläsern servieren.

## Punsche

*I. Mit Sekt.* 1,5 kg Zucker mit 0,5 l Wasser aufkochen, 0,5 l Kognak oder Arrak, eine Flasche Sekt und den Saft von 5 Zitronen dazugießen, das Ganze aufkochen und vor dem Servieren durch eine Serviette seihen.
*II. Mit Wein.* 250 g Würfelzucker an der Schale 1 Zitrone reiben, den Saft von 3 Zitronen darüberträufeln und mit $^3/_4$ l heißem Wasser abbrühen. Zudecken. Hat sich der Zucker vollkommen aufgelöst, 0,7 l kochenden Weißwein und 0,2 l Arrak dazugießen. Das Ganze nochmals aufkochen.
*III. Mit Eiern.* 1 l Tee zusammen mit 1 Stange Vanille und 1 kleingeschnittenen dünnen Zitronenschale kochen, durchseihen und 35 bis 40 Minuten lang zugedeckt stehenlassen. Dann 8

Eigelb und 200 g Zucker schaumig rühren, mit dem Tee vermischen und unter ständigem Rühren auf dem Herd oder im Wasserbad zu einer Creme kochen. Vom Herd nehmen, kurz weiterrühren, Rum oder irgendeinen feinen Likör hinzufügen (pro Person 1 bis 2 Likörglas), in Gläser füllen und warm servieren.

*IV. Mit Orangen.* Die kleingeschnittene, dünne Schale von 2 Orangen mit Arrak (Kognak, eventuell feinem Rum) übergießen, so daß sie bedeckt ist und zugedeckt stehenlassen. Dann aus 750 g Zucker und 0,25 l Wasser einen Sirup kochen, den Saft von 8 Zitronen und 5 Orangen dazugeben und noch 0,5 l Rum sowie den Arrak, der über die Orangenschalen gegossen wurde (natürlich geseiht), dazuschütten. Mit 1,5 l frisch gebrühtem Tee aufgießen und in Gläsern servieren.

*V. Auf englische Art.* 0,5 l Kognak, 0,25 l Rum, 0,25 l Curaçao, 1 l heißen Tee, 1 Weinglas Arrak, 250 g Würfelzucker, von dem die Hälfte an Orangenschalen gerieben worden ist, den Saft von 2 Zitronen, jeweils 1 in Scheiben geschnittene Zitrone und Apfelsine sowie den Schnee von 3 Eiweiß gut vermengen, aufkochen und in einer Bowlenschüssel servieren.

*VI. Auf englische Art, gebräunt.* 500 g Zucker in einer Kasserolle bräunen. Die geriebene Schale von 3 Zitronen, 0,5–0,75 l guten Rum und 1 l feinen Rotwein dazugeben. Das Ganze auf dem Herd so lange rühren, bis der Zucker aufgelöst ist und der Punsch fast kocht. Nun 1 l heißes Wasser und den Saft von 3 Zitronen dazugießen. Der Punsch ist sowohl kalt als auch heiß ein ausgezeichnetes Getränk.

## Kalter Punsch

500 g groben Zucker mit dem Saft von 4 Zitronen und mit 0,5 l Rum oder Arrak übergießen. Wenn der Zucker aufgelöst ist, 2 l heißen Tee dazugießen, gut vermengen, in den Kühlschrank stellen und kalt servieren.

## Grog

In ein Weinglas 2 Gläschen guten Rum und 1 Gläschen Vanillelikör gießen, nach Geschmack zuckern, mit heißem Wasser auffüllen, das Ganze umrühren, eine Scheibe Zitrone dazugeben, einige Tropfen Rum darübergießen und den Alkohol anzünden, Das flammende Getränk servieren.

In den Rezepten kommt das Wort „dash“ vor, es bedeutet eigentlich Schlag oder Stoß. Hier nennt es die kleinste Flüssigkeitsmenge, die aus einer mit einem kleinen Metallrohr versehenen Mixflasche gespritzt wird (ca. 1 Kaffeelöffel voll). Im nachstehenden Text wird das deutsche Wort Spritzer dafür verwendet.

*I. Brandy-Cocktail.* 3 bis 4 Eiswürfel zusammen mit $^1/_2$ Eßlöffel Zuckersirup, 2 Spritzern Orangenbitter, 1 Spritzer Kräuterlikör, $^3/_4$ Cocktailglas feinem Kognak, einer Kirsche und dem Saft $^1/_4$ Zitrone mixen.

*II. Schokoladen-Cocktail.* Im Mixgerät 3 bis 4 Eiswürfel zusammen mit 1 Gläschen gelber Chartreuse, $^1/_2$ Gläschen Schokoladenlikör, 1 Cocktailglas Portwein und 1 Kaffeelöffel geriebener Schokolade mixen.

*III. Derby-Cocktail.* Je 2 Spritzer Orangenbitter und Maraschino, 1 Kaffeelöffel zerstoßene Eiswürfel und je $^1/_2$ Glas Wermut und Whisky mixen. Beim Ausgießen des Cocktails in jedes Glas eine Rumkirsche und den Saft $^1/_4$ Zitrone geben.

*IV. Egg-nogg, kalt.* 1 Eßlöffel Puderzucker, 1 Kaffeelöffel zerstoßene Eiswürfel, 1 Eigelb, 1 Gläschen Kognak und 1 Gläschen feinen Rum mit kalter Milch aufgießen, mixen und in Gläser seihen.

*V. Egg-nogg, heiß.* Wie das vorherige Rezept, doch ohne Eis bereiten und anstelle kalter, mit sehr heißer Milch mixen. In einer Schüssel mit dem Schaumschläger verrühren.

*VI. Kasino-Cocktail.* 1 Kaffeelöffel zerstoßene Eiswürfel, je 1 Spritzer Kräuterlikör, Orangebitter, Maraschino und Curaçao, 1 Gläschen Benediktiner (Kräuterlikör) und 1 Glas Wermut mixen. In Weingläser eine Kognakkirsche legen und das Mixgetränk geseiht darübergeben. Die Gläser mit Sekt auffüllen.

*VII. Kaffee-Cocktail.* Ein Glas zu einem Drittel mit Eiswürfeln füllen. Darauf 1 Eßlöffel Puderzucker, 1 Eigelb, 1 Gläschen Süßwein, 1 Likörgläschen Kognak und ebensoviel Kaffeelikör geben. Mit etwas Zimt bestreut servieren.

*VIII. Ostindischer Cocktail.* 3 bis 4 Eiswürfel, 1 Kaffeelöffel Curaçao, $^1/_2$ Kaffeelöffel Ananassirup, 2 Spritzer Kräuterlikör und $^3/_4$ Cocktailglas Kognak gründlich mixen und in ein Cocktailglas auf eine Kognakkirsche seihen, zuletzt den Saft $^1/_4$ Zitrone dazugeben.

*IX. Kognak-Cocktail.* 1 kleinen Löffel Eiswürfel, 1 Teelöffel Zucker, 1 Spritzer Orangenbitter, 2 Spritzer Kräuterlikör und 1 Cocktailglas Kognak mixen. Vor dem Ausgießen in jedes Glas eine gezuckerte Erdbeere legen und wenig Zitronensaft darüberpressen.

*X. Manhattan-Cocktail.* 3 bis 4 Eiswürfel, 2 Spritzer Angostura-Bitter, $^1/_2$ Cocktailglas Wermut und $^1/_2$ Cocktailglas guten Whisky mit einem Barlöffel verrühren. Bevor der Cocktail in Gläser gefüllt wird, in jedes Glas eine Rumkirsche und den Saft $^1/_4$ Zitrone geben.

*XI. Martini-Cocktail.* In ein Schwenkglas 3 bis 4 Eiswürfel, 2 Spritzer Orangenbitter, $^1/_2$ Cocktailglas weißen Wermut und $^1/_2$ Cocktailglas Gin geben. Mit einem Barlöffel verrühren. Bevor der Cocktail in Gläser gefüllt wird, in jedes Glas eine Rumkirsche und den Saft $^1/_4$ Zitrone geben.

*XII. Sekt-Cocktail.* 1 Eßlöffel Eiswürfel, 1 Kaffeelöffel Zucker, 1 Kaffeelöffel Curaçao, 2 Orangenscheiben, 1 Stückchen Zitronenschale (evtl. 2 bis 3 Erdbeeren) und $^3/_4$ Glas Sekt mixen.

*XIII. Pousse l'amour.* $^1/_4$ Glas Maraschino, 1 frisches kaltes Eigelb, $^1/_4$ Glas grünen oder roten Vanillecremelikör und $^1/_4$ Glas sehr feinen Kognak sehr vorsichtig verrühren, damit das Ei nicht gerinnt.

*XIV. Sherry Cobbler.* $^1/_2$ Eßlöffel Zucker in sehr wenig Wasser auflösen, ein halbes Glas Eiswürfel dazugeben, das Glas mit Sherry auffüllen und gut mixen, mit Apfelsinenscheiben, Süß- und Sauerkirschen garnieren. Mit Strohhalm servieren.

*XV. Schiffscocktail.* Den Mixbecher bis zur Hälfte mit Eiswürfeln füllen, 1 frisches Ei, 1 Eßlöffel Zucker und 1 Likörgläschen Kognak darübergeben, in Flipgläser füllen und mit eisgekühltem Sekt aufgießen.

*XVI. Sahne-Cocktail mit Honig.* $^1/_4$ Glas Eiswürfel, 2 Eßlöffel Honig, 2 Gläschen Kognak und 4 Eßlöffel süße Sahne miteinander mixen.

*XVII. Whisky-Cocktail.* 3–4 Eiswürfel, $^1/_2$ Kaffeelöffel Zuckersirup, 3 Spritzer Kräuterlikör und $^3/_4$ Cocktailglas Whisky mixen.

## *Flips*

*I. Cherry Brandy.* Das Glas bis zur Hälfte mit Eiswürfeln füllen, 1 frisches Ei, $^1/_2$ Eßlöffel Zucker und ein Weinglas Cherry Brandy, d. h. Kirschschnaps darübergeben, mixen.

*II. Schokoladenflip.* $^1/_2$ Glas sehr kleine Eisstückchen, 1 Ei, 1 Gläschen Schokoladenlikör und 1 mittelgroßes Weinglas kalte, gekochte Schokolade gründlich zusammenschütteln.

*III. Portoflip.* $^1/_2$ Glas Eiswürfel, 1 Ei, $^1/_2$ Eßlöffel Zucker, 1 Glas Portwein oder süßen Tokajer Szamorodner mixen, in Flipgläser seihen und mit geriebener Muskatnuß bestreuen.

### Frappé

*I. Absinth-Frappé.* $^1/_2$ Glas Eiswürfel, 1 Gläschen Absinth und 3 Spritzer Anislikör gründlich schütteln, in hohe Gläser füllen und mit Mineralwasser aufgießen.

*II. Kaffee-Frappé.* Das Glas bis zur Hälfte mit kleinen Eiswürfeln füllen, 1 Eßlöffel Zucker und 1 Likörgläschen Kognak dazugeben und das Glas schließlich mit starkem schwarzem Kaffee auffüllen. Mit einem Barlöffel verrühren und mit einem Strohhalm servieren. Das Getränk kann auch ohne Kognak bereitet werden.

### Aprikosenlikör mit Schlagsahne

Kleinere Weingläser zu $^2/_3$ mit steif geschlagener, schwach gezuckerter Sahne füllen und mit Aprikosenlikör auffüllen.

### Sahnenschnaps

Ein großes Likörglas mit Aprikosen- oder Pflaumenschnaps dreiviertel voll füllen und mit ungeschlagener süßer Sahne ergänzen.

### Erfrischungsgetränke

*I.* 0,3 l Gläser zu einem Viertel mit zerstoßenen Eiswürfeln füllen, 1 Likörglas Chartreuse darübergießen und die Gläser mit frischer, gekühlter Milch auffüllen.

*II. In Milch gekochter, kalter Tee.* In 1 l gekochte heiße Sahne oder Milch 3–4 volle Kaffeelöffel guten Tee geben, aufkochen und 6–7 Minuten zugedeckt ziehen lassen. Durchseihen, nach Belieben zuckern und bis zum Verbrauch in den Kühlschrank stellen.

# *III. Einkochen, Konservieren im Haushalt*

# *Vorsorge für den Winter*

Anfang November hatte Mutter Speisekammer und Keller für die Wintermonate bereits gefüllt. Wir bereiteten uns in dem dreistöckigen Haus in der Pester Innenstadt, wo wir wohnten, genauso auf den Winter vor, wie das auf dem Lande üblich war. Meine Mutter stammte aus dem Komitat Somogy, mein Vater aus dem Komitat Zala, und auch in der großen Stadt wollten sie ihre ländlichen Gewohnheiten nicht aufgeben. Und damit handelten sie richtig. Ich kann ihnen für ihre Voraussicht heute nur Lob spenden, denn sie kam in erster Linie uns Kindern zugute und war eine reichhaltige Quelle gastronomischer Freuden.

Zu unserer Wohnung gehörte ein geräumiger, trockener, im Winter nicht zu kalter und im Sommer angenehm kühler Keller. Eigentlich verfügten wir über zwei Kellerräume. In dem einen hielten wir das Brennmaterial, neben der Wand sorgfältig aufgestapelte, trockene Buchenholzscheite und in der Ecke den riesigen Berg schwarzglänzender Steinkohle. Im anderen Kellerraum nahm die Sauerkrauttonne den Ehrenplatz ein. Das Kraut wurde im Oktober gehobelt und eingestampft und nahm während der Wintermonate den angenehm säuerlichen Geschmack an. Den Fußboden bedeckte eine dicke, trockene Sandschicht, in der die verschiedenen Gemüsearten – wie Kohlköpfe, Möhren, Pastinaken, Paprikaschoten und einige Zentner erstklassiger gelber Kartoffeln – überwinterten. Der geräumige, helle, luftige und gegen Frost geschützte Dachboden diente gleichfalls als Vorratskammer. In Kisten, Säcken und auf Dörrgittern lagerten Nüsse, Bohnen, gedörrte Pflaumen, und auf langen Brettern lagen in Reih und Glied Äpfel und riesige Birnen.

Die Birnen wuchsen in Marcali in Großmutters Garten, und unsere dortige Verwandtschaft besorgte uns auch zu billigen Preisen die erstklassigen Nüsse, Bohnen und gedörrten Pflaumen. Wir erhielten immer zweierlei Nußsorten, große, dünnschalige, zur Verzierung der Obstschüsseln und zur Freude unserer Gäste, und kleinere, besonders schmackhafte, die für die Nußkuchen zu Weihnachten, Ostern und sogar zu Pfingsten bestimmt waren. Auch der Bohnenvorrat bestand aus drei verschiedenen Sorten: braune Bohnen für die Bohnensuppe, große weiße Bohnen für den Bohnensalat und schließlich kleine runde weiße Bohnen, die schnell gar wurden, eine weiche Schale hatten und ein sehr schmackhaftes Bohnengemüse ergaben. Es wäre ein Frevel gewesen, diese Bohnen durch ein Sieb zu passieren. Auch unter den gedörrten Pflaumen konnten wir wählen. Die eine Pflaumensorte war nicht entkernt, sie wurde selbstverständlich nur gedünstet und mit Gewürzen angerichtet genossen. Die andere wurde uns bereits ohne Kerne zugeschickt, doch den Platz des Kerns nahm eine halbe Nuß ein. Diese in einem leuchtenden Dunkelblau glänzenden Pflaumen waren fleischiger und hatten einen größeren Feuchtigkeitsgehalt als die anderen. Sie lagerten nicht auf dem Dachboden, sondern hatten ihren Platz in der Speisekammer neben der Vielzahl der mit Kompotten, Marmeladen und Tomatensaft gefüllten Gläser. Auch von dem so verlockenden Wabenhonig und dem Schleuderhonig konnte man dort naschen – natürlich nur so lange, wie der Vorrat reichte. Der Honig kam von der Verwandtschaft in Zala, aus Keszthely, in zugelöteten Blecheimern. Ebenfalls in der Speisekammer standen ein Tönnchen mit reinem, weißem Schweinefett und eine kleinere Kanne, in der die vorsorgliche Hausfrau in den Herbstmonaten feines, gelbes Gänsefett sammelte.

Ferner ist noch zu erwähnen, daß von den zahlreichen Schlachtfesten, die im ausgedehnten Verwandtenkreis stattfanden, auch uns öfters Blut-, Leber- und Dauerwürste oder ein Jungfernbraten im Netz zugeschickt wurden. Wir selbst mästeten die Weihnachtspute – sie wurde auch mit Nüssen gestopft –, und das Spanferkel für den Silvesterabend traf immer pünktlich vom Lande ein. Mutter beizte und räucherte jeden Winter sechs bis sieben Schinken, und hin und wieder wurden uns ein Fäßchen Balatoner Wein und einige Flaschen Sliwowitz zugestellt. Man kann sich also vorstellen, daß wir die Wintermonate in unserer Pester Wohnung schon recht gut überstanden.

# *Konservieren früher und heute*

Die Nahrungsmittelspeicherung war von jeher eine erstrangige Sorge des Menschen und ist älter als die Nahrungsmittelproduktion, als Ackerbau und Viehzucht. Bereits unter den Funden aus der Steinzeit befindet sich Tongeschirr, das der Aufbewahrung von Lebensmitteln diente. Aus der Anfangszeit des Ackerbaus stammen die in die Erde eingegrabenen Kornspeicher und Getreidekästen, die ein Beweis der vieltausendjährigen Geschichte der dauerhaften Lagerung sind. Seit vielen Jahrhunderten kennt man den Brauch, Gemüse und Kartoffeln in Gruben, Kellern, in Prismen geschichtet, aufzubewahren. Isolierschichten schützen gegen Frost, und Kanäle sichern die Durchlüftung.

Jeder weiß, daß die im Freien lagernden, den Unbilden der Witterung, der Wärme und Feuchtigkeit ausgesetzten Lebensmittel schnell verderben. Durch Luft, Sonnenlicht und hohe Temperatur „reifen" sie bis zur Ungenießbarkeit weiter. Die Fäulnis wird aber vor allem durch Hefe- und Schimmelpilze, Bakterien und Mikroben verursacht, die in einer Unzahl im Boden, im Wasser und in der Luft vorhanden sind. Für den normalen Lebensablauf zwar unentbehrlich, sind aber einige von ihnen auch gefährliche Krankheitserreger.

Die meisten Lebensmittel bieten den Mikroben einen ausgezeichneten Nährboden. In einem einzigen Gramm eines frischen, nicht haltbar gemachten Lebensmittels können viele Millionen Mikroben leben. Unter günstigen Bedingungen vermehren sie sich rasch, die Nahrungsmittel gehen in Fäulnis über.

Dabei sind diese Mikroben außerordentlich verschieden. Sehr abweichend voneinander ist ihr Bedürfnis an Wasser und Wärme (ihre Trocken-, Wärme- und Kälterexistenz) und zu ihren Lebensfunktionen ist ein günstiges Medium (basisch, neutral oder sauer) nötig. Beim Konservieren werden diese Eigenschaften der Mikroben gegen sie und zum Wohl des Menschen ausgenutzt. Sämtliche industriellen oder häuslichen Konservierungsmethoden verfolgen das gleiche Ziel: Die Wirksamkeit der Fäulniserreger zu verhindern und den Einfluß der erwähnten Faktoren – wie Luft, Licht und Temperatur – auszuschließen.

Eine der ältesten Methoden des Haltbarmachens ist die Wasserentziehung oder die Senkung des Wassergehaltes, denn die Mikroben können nur bei einem bestimmten Feuchtigkeitsgrad Schaden anrichten. Das Trocknen und Dörren basiert auf diesen Beobachtungen. In den ungarischen Dörfern des Mittelalters wurden in der Nähe der Häuser große Backöfen in die Erde eingebaut, in denen Strohgarben oder Unkraut verbrannt wurde. Der Backofen hielt längere Zeit eine gleichmäßige Wärme, die dem Rösten von Getreidekörnern und dem Dörren von Obst diente.

Man weiß auch seit langem, daß Nahrungsmittel an einem kühlen Ort langsamer verderben. Deshalb ist ein kühler Raum zum Speichern der Lebensmittel und auch zur Lagerung konservierter Nahrungsmittel eine wichtige Voraussetzung. Bei einer Temperatur in der Nähe des Gefrierpunktes (1–4 °C) ist die Tätigkeit der Mikroben minimal, unter dem Gefrierpunkt (–1 bis –3 °C) sind die meisten gelähmt, und selbst die widerstandsfähigsten unter ihnen können bei einer Temperatur von –8 bis –10 °C keinerlei Schaden anrichten. Bei Tiefkühlung und beim Gebrauch eines Kühlschrankes darf man nicht vergessen, daß die Mikroben nicht vernichtet wurden, sondern daß sie in einer wärmeren Temperatur sofort aufleben und daß dann oft eine rapide Vermehrung einsetzt.

Ein jahrhundertealter Brauch ist es, frisch zubereitetes Fleisch mit heißem Fett zu übergießen. Es hält sich dann eine Zeitlang an einem kühlen Ort. Durch das Braten und das heiße Fett werden die Fäulniserreger vernichtet, die erstarrte Fettschicht verhindert ihr Eindringen in das Fleisch. Nach einem ähnlichen Prinzip werden Fische in Öl konserviert. Auch in Gläsern werden Nahrungsmittel dadurch, daß man sie mit Öl übergießt, haltbar gemacht.

Die einfachste Methode des traditionellen häuslichen Einkochens oder der fabrikmäßigen Konservierung in Büchsen oder Gläsern ist die Wärmebehandlung. Diese Methode findet heute allgemein Anwendung, ist aber relativ neu. Sie wurde vor ungefähr 200 Jahren zum ersten Mal bewußt angewandt. Zuerst war es der englische Wissenschaftler Needham, der 1745 die Erfahrung machte, daß ein in einem geschlossenen Topf gekochtes Fleischgericht einige Wochen lang vor dem Verderben geschützt war. Der italienische Wissenschaftler Lazzaro Spallanzani beobachtete 1765, daß die gekochten und verschlossen gehaltenen Nahrungsmittel im allgemeinen nicht verderben. In luftdicht abgeschlossenen Flaschen kochte er verschiedene Speisen und stellte dabei die „Vernichtung“ der Mikroben fest. Sie waren erst wieder in den Speisen vorhanden, nachdem die Flaschen geöffnet worden waren, die Mikroben aus der Luft in die Flaschen gelangen und sich dort vermehren konnten.

Zu Beginn des vorigen Jahrhunderts, im Jahre 1810, erschien das Buch des französischen Kochs Nicolas Appert, in dem die auch heute gebräuchliche Lebensmittelkonservierung durch Wärmebehandlung beschrieben wurde. Die französische Regierung honorierte diese Arbeit mit 12 000 Goldfranken. Das Produkt, das Appert haltbar machen wollte, füllte er in ein Glas, das er mit einem Korken luftdicht verschloß. Im Wasserbad kochte er es dann längere Zeit bei einer Temperatur von 95 bis 100 °C und kühlte es dann ab. Auch der russische Wissenschaftler Wasili Nazarowitsch Karasin stellte Konserven im Wärmeverfahren her. Er gab sie 1806 einem Schiffskapitän auf eine Weltreise mit. Die Konserven überstanden die drei Jahre dauernde Fahrt, ohne zu verderben. 1852 sterilisierte der Sohn des Nicolas Appert Lebensmittel in einem Vorgänger des heutigen Schnellkochtopfes.

Zum Konservieren und besonderem Würzen der haltbar zu machenden Lebensmittel gibt es altbekannte chemische Verfahren, wie Salzen, Beizen, Räuchern und Zuckern. Das Salzen fördert den Wasserentzug, ein Prozeß, den das Beizen noch steigert. Das Wesentliche des Räucherns ist die Vernichtung der Mikroben durch Qualm. Die Traditionen des Schlachtfestes, das häusliche Beizen und Räuchern sind auch sehr alt. Im Kochbuch des Apicius, das im 1. Jahrhundert u. Z. in Rom entstand, findet man eine eingehende Beschreibung zur Herstellung von Blut-, Leber- und Dauerwürsten. Im Ungarn des Mittelalters wurden Räucheröfen für Fleisch und Fische gebaut.

Auch das Haltbarmachen durch Zucker ist seit alther bekannt. Der römische Wissenschaftler Varo legte 116 v. u. Z. Granatäpfel, grüne Nüsse, Birnen und Feigen in dickem Most ein. Im Mittelalter wurde Obst in Honig eingelegt. Seit der fabrikmäßigen Herstellung von Rüben- bzw. Rohrzucker, d. h. seit Beginn des 19. Jh. ging man allgemein zur Konservierung mit Hilfe von Zucker über.

Das Schwefeln ist gleichfalls als chemische Konservierung zu betrachten. Als häusliche Anwendung ist jedoch davon abzuraten, da es den Geschmack und das Aroma der Lebensmittel zersetzt. Zum Einkochen kann jedoch Natriumbenzoat, eine vollkommen unschädliche Chemikalie, verwendet werden.

Das Säuern ist ebenfalls ein Mittel zum Haltbarmachen gewisser Lebensmittel. In dem zuckerarmen Saft der in Salzwasser eingelegten Gemüse, wie Kraut oder Gurken, vermehren sich zwar die Mikroben, in erster Linie aber die Milchsäure bildenden Bakterien. Der Zucker wird in Milchsäure umgewandelt und darin erlahmen die Fäulniserreger. Das gleiche Ergebnis erzielt

man mit Essig. Je nachdem, wie sauer oder alkalisch das zu bewahrende Produkt ist, bzw. wie empfindlich Fäulniserreger gegen Essig oder andere Säuren sind, kann Säuern als Konservierungsmethode angewandt werden.
Sämtliche häuslichen Konservierungsverfahren sind also uralte Methoden in moderner Form.

# *Die Grundregeln des häuslichen Konservierens und Einkochens*

Die Küche muß blitzblank sein. Die Gläser wurden bereits nach dem Entleeren gewaschen. Bevor wir sie in Gebrauch nehmen, nochmals in warmem Wasser mit einem Abwaschmittel gut auswaschen und hinterher mehrmals kalt spülen. Danach die Gläser mit der Öffnung nach unten stellen.
Alles Nötige muß in entsprechender Reihenfolge bei der Hand sein, was ein ruhiges Arbeiten gewährleistet.

## *Auswahl und Vorbereitung des Einkochgutes*

*Arbeitsplatz, Geschirr und Arbeitsgeräte*

Es ist besonders darauf zu achten, daß das zum Einkochen verwendete Obst möglichst frisch gepflückt, vollkommen einwandfrei, fest und nicht ganz reif ist.
Das Vorbereiten beginnt mit dem Reinigen, Schälen, Zerkleinern, Durchpassieren usw. nach der Angabe der Rezepte.
Die zum Einkochen bestimmten Früchte werden nach dem Schälen sofort einzeln ins Wasser gelegt, z. B. Pfirsiche, Pflaumen, Quitten oder Äpfel. In diesem ersten Wasser vorher pro Liter 6–7 g Zitronensäure in Kristallen (oder 0,5–1 g reinen, weißen Alaun) auflösen. Das Obst bleibt bis zur weiteren Verarbeitung im Wasser. Der Säuregehalt verhindert, daß es eine braune Farbe annimmt.
Zum Passieren nimmt man den entsprechenden Einsatz im Fleischwolf, für Beerenobst braucht man eventuell ein Sieb. Das Haarsieb eignet sich besser als das Metallsieb, vor allem beim Durchdrücken säuerlicher Beeren.
Besser als ein Sieb oder ein Tuch eignen sich zur Saftgewinnung die entsprechenden Küchengeräte, z. B. das sogenannte „Quodlibet". Zum feinen Filtrieren benutzt man Filterpapier, so zur Herstellung gegorener Getränke. Das Filterpapier kann durch sehr feines, dichtgewebtes Leinen ersetzt werden.

Das in Zucker oder Saft eingelegte Obst soll vor dem Einwecken einen Tag lang gezuckert in einem fehlerlosen Gefäß aus glasiertem Ton, Porzellan oder Glas an einem kühlen Ort stehen, damit der Zucker das Obst gut durchdringt.

## *Zucker- oder Honigsirup*

Zum Süßen oder zur Sirupbereitung soll man möglichst feinraffinierten Kristallzucker benutzen. Noch besser ist Puderzukker. Auf jeden Fall ist die Verwendung von Honig zu empfehlen, wenn sich die Möglichkeit bietet. Honig ist sehr nahrhaft, reich an gesundheitsfördernden Mineralstoffen und belastet den Organismus weniger als Zucker.

Vor der Sirupzubereitung muß der Honig gereinigt werden. In 2 kg Honig 0,1 l Milch, in die der Schnee 1 Eies eingerührt wurde, geben, den Honig aufkochen und den Schaum ständig abschöpfen. 1 kg gereinigten Honig im allgemeinen mit 1 l Wasser verdünnen, stark aufkochen und wie den Zuckersirup verwenden. In einem dickflüssigen Honigsirup eingelegtes Obst braucht nicht eingeweckt werden. Dabei statt 1 l nur 0,7 l Wasser auf 1 kg Honig nehmen. Die Gläser mit dem mit dickem Sirup übergossenen Obst sofort zubinden und im sogenannten trocknen Dunst 24 Stunden stehenlassen.

In jedem Rezept ist die Dicke des Sirups angegeben. Die genaue Befolgung ist empfehlenswert, denn ist der Sirup zu dünn, sind Haltbarkeit des Obstes und Erhaltung des Aromas nicht gesichert. Ist der Sirup zu dick, steigt das Obst leicht an die Oberfläche und bekommt eine unschöne braune Farbe.

## *Das Kochen und Einfüllen*

Werden vorher gezuckerte Marmeladen und Konfitüren eingelegt, beträgt ihre Kochzeit, vom Aufkochen gerechnet, im allgemeinen 15–20 Minuten, bis sie entsprechend dickgekocht sind. Obst- und Quittengelee müssen so lange gekocht werden, bis ein Tropfen davon auf dem Teller sofort erstarrt.

Jede Marmelade oder Konfitüre wird heiß in die warmen Gläser gefüllt. Sobald sich an der Oberfläche eine feste Schicht bildet, kann das Glas zugebunden werden. Nicht nur die Erfahrung der Haushalte, auch die Meinung der Fachleute unterstreicht diese

Gepflogenheit. Die Haut der Marmelade trocknet infolge der starken Verdunstung etwas ein und bildet keinen Nährboden für gärungs- oder fäulniserregende Mikroben. Stellt man die noch nicht geschlossenen Gläser für 1–2 Stunden in die offene warme Backröhre, wird die Bildung der Schutzschicht beschleunigt.

Eine ähnliche Funktion wie diese Schutzschicht übernimmt das in mehreren Rezepten erwähnte, in Rum getauchte Cellophanpapier (Einmach-Zellglas), das noch vor dem Zubinden auf das Einmachgut gelegt wird.

Der Sirup muß beim Einfüllen in die Einkochgläser über alle Früchte laufen und die vorhandenen Lücken vollkommen ausfüllen.

## *Einwecken und „trockner Dunst"*

Beim traditionellen, arbeitsaufwendigen Einkochen wird der Boden des Topfes mit Tüchern oder Zeitungspapier ausgelegt, auch die Gläser in Tücher oder Papier gewickelt und ebenfalls die im Topf vorhandenen Lücken damit ausgefüllt. Die Gläser müssen bis zu $^3/_4$ im Wasser stehen. Ragen sie nicht über den Topfrand hinaus, werden sie mit einem Deckel, anderenfalls mit einem tiefen, passenden Küchengeschirr, z. B. einer Abwaschschüssel, zugedeckt. Die Einkochzeit beträgt bei Kompotten 8–10, bei Marmeladen oder Konfitüren, wenn überhaupt notwendig, 10–12 Minuten. Abweichende Zeiten oder ein zweites erforderliches Einwecken sind in den Rezepten angegeben.

Bequemer und schneller als das traditionelle Einkochen ist der sogenannte trockne Dunst. Diese Methode ist fast immer anwendbar. Sicherheitshalber werden etwas mehr Zucker und Konservierungsmittel beigegeben. Die vorgewärmten Gläser in diesem Fall mit dem heißen Material füllen (Konfitüren, Marmeladen oder Kompotte), zubinden und in Zeitungspapier wikkeln. Sie werden für 24 Stunden, bis zum Erkalten, in eine mit einer Decke oder viel Zeitungspapier ausgelegte Kiste oder in einen Korb gestellt und mit Kissen bedeckt. Diese Methode ist vor allem bei Schutzschichten bildenden Marmeladen sicher.

## *Konservierungsmittel*

In zahlreichen Staaten ist die Anwendung von Salizyl in den Konservenfabriken gesetzlich verboten. In großen Mengen angewandt ist es gesundheitsschädlich. Latente Magen- oder Darmgeschwüre können akut werden oder Verdauungsstörungen und Magenschmerzen auftreten. Auch beim häuslichen Einkochen ist es ratsamer, Natriumbenzoat zu verwenden, und zwar auf 1 kg Obst 1,5 g. Es wird in Wasser aufgelöst und dem entsprechend gekochten oder rohen Obst oder Gemüse beigemengt. Natriumbenzoat ersetzt Salizyl oder andere Konservierungsmittel voll und ganz.

Man kann aber auch auf die Verwendung von Chemikalien ganz verzichten, wenn das Einlegen in Alkohol oder in dickflüssigem Sirup erfolgt oder Gemüse gesäuert wird. In den Rezepten ist absoluter 96 %iger Alkohol vorgesehen. Zum Säuern eignet sich der schmackhaftere, feinere Wein- oder Obstessig besser als die gewöhnliche Essigessenz. (Wein- oder Obstessig werden separat angeführt, denn ihr Säuregrad ist sehr unterschiedlich.)

## *Lagerung der häuslich zubereiteten Konserven*

Die häuslich zubereiteten Konserven müssen in einem trocknen, kühlen, luftigen Raum gehalten werden. Eine warme Speisekammer ohne Luftzug kann auch die sorgfältigste Arbeit zunichte machen.

Das Aufbewahren von Gemüsen ohne Konservierung wird separat behandelt.

## *Sinken des Saftstandes, Bräunen und Verderben des Einkochgutes*

Nach einiger Zeit kann sich der Saft in den Gläsern stark verflüchtigen, ein Teil des Obstes ist unbedeckt, wird runzlig, braun und schließlich schwarz. Die Ursachen dafür sind im allgemeinen ein zu langes Einwecken, ein nicht luftdichter Verschluß der Gläser oder eine zu warme Lagerung. Sinkt der Stand des Obstsaftes, kann nur bei hartem Obst Abhilfe geschaffen werden, und zwar so, daß die Gläser geöffnet, Sirup nachgefüllt und das Kompott nochmals eingeweckt wird. Weiche Obstsorten überstehen ein zweites Einkochen nicht.

Ist der Saft zu dick, steigt das Obst an die Oberfläche und wird braun. Um dem vorzubeugen, ist ein nochmaliges Einwecken notwendig. Es ist genügend aber nicht zu dicker Sirup zu verwenden, das Einkochen darf nicht zu lange dauern und bei einem nicht zu hohen Wärmegrad erfolgen. Die Gläser sind luftdicht zu verschließen.

Auch die in Rum oder Kognak eingelegten Früchte, z. B. Erdbeeren, steigen oft deshalb an die Oberfläche, weil sie einen zu hohen Zuckergehalt haben. In diesem Fall ist das Glas zu öffnen und Rum oder Kognak nachzufüllen.

Das Absinken des Standes bei Konfitüren aus Früchten mit hohem Wassergehalt, z. B. Erdbeeren, ist natürlich, wenn das Kochen nur kurze Zeit dauerte, also dabei nur ein kleiner Teil des Wassers verdunstete. Das Eintrocknen kann noch durch einen nicht luftdichten Verschluß und eine ungünstige Lagerung beschleunigt werden. Die weniger widerstandsfähigen Früchte können auch durch das einfache Lagern zusammenfallen.

Die gesäuert eingelegten Gemüse, wie Paprikaschoten, müssen, nachdem sie in Gläser gefüllt wurden, mit einem Holzgitter oder zumindest zwei kreuzweise gelegten Holzstäben niedergedrückt werden, damit die Essiglösung sie vollkommen bedeckt. Sollte der Essigstand bis zum nächsten Tage gesunken sein, dann von der Lösung nachfüllen, dasselbe eventuell nochmals am dritten Tage wiederholen. Die unbedeckten Paprikaschoten werden sonst braun.

Sollte sich der Saft der eingelegten Gurken nach einigen Tagen trüben, darf das nicht beunruhigen, denn er klärt sich allmählich wieder. Sollte dieser Zustand jedoch zu lange dauern, dann

stimmt etwas nicht. In diesem Falle den Saft abgießen, die Gurken waschen, trocknen, frische Gewürze in das Glas tun, eine neue Essiglösung zubereiten, das Glas luftdicht verschließen und kurze Zeit einwecken. Dieses zweite Einkochen ist nur bei vollkommen einwandfreien, harten Gurken möglich.
Sollte Kompott, Marmelade bzw. Konfitüre trotz aller Sorgfalt schimmeln, den Schimmel vorsichtig abschöpfen, dann auf das Kompott frischen Sirup gießen und die Marmelade oder Konfitüre wieder aufkochen. In jedes Glas etwas Natriumbenzoat tun.

## *Eingekochtes Obst ohne Zucker*

Zum Kompott vollkommen tadellose, frisch gepflückte, nicht ganz reife, sorgfältig gewaschene, wenn notwendig geschälte, halbierte oder kleingeschnittene und entkernte Früchte verwenden. Die Früchte in zweimal ausgekochte Weckgläser geben und mit längere Zeit gekochtem, lauwarmem Wasser übergießen. Die Gläser sofort luftdicht verschließen. Das Einwecken muß doppelt so lange dauern wie das der mit Zucker eingelegten Früchte und ist am nächsten Tage zu wiederholen. Der Saft muß die Früchte vollkommen bedecken.
Auch zur Zubereitung von Marmeladen nimmt man frisches, einwandfreies Obst. Ohne Wasser und Zucker – wenn notwendig, zerstückelt oder zerstampft – so lange kochen, bis es entsprechend dickflüssig ist, in die Gläser füllen und zwei Tage nacheinander 25–35 Minuten einwecken.
Fruchtsäfte ohne Zucker sollen im sogenannten trocknen Dunst konserviert werden. Das Obst waschen, passieren und in einer Kasserolle kochen. Sobald es kräftig kocht, in die auf einen Stein oder auf ein Metalltablett gestellten angewärmten Gläser gießen, wobei jedes gefüllte Glas sofort luftdicht zu verschließen ist, während der übrige Obstsaft weiterkocht. Ist die ganze Menge in Gläser gefüllt, werden diese bis zum vollständigen Abkühlen in den trocknen Dunst gestellt. Das dauert 2–3 Tage. Mit kaltem Mineralwasser vermischt, ist der Fruchtsaft ein besonders schmackhaftes, erfrischendes Getränk.
Obst kann auch mit ein wenig Rum ohne Zucker eingelegt werden. Gründlich gereinigte Gläser werden mit fehlerfreiem, frisch gepflücktem, hartem Obst dicht gefüllt, auf jedes Glas

2–3 Kaffeelöffel starken Rum gießen und sofort schließen. 20–25 Minuten einwecken und bis zum Abkühlen im Einwecktopf lassen. Das Obst ist nach Bedarf vor dem Einlegen zu schälen, halbieren und zu entkernen.
Die ohne Zucker oder mit etwas Rum eingelegten Kompotte, Marmeladen oder Konfitüren sind ebenfalls kühl und trocken zu lagern. Sie können vor Gebrauch gesüßt werden, eventuell mit aufgelöstem Sacharin.

# *Das Dörren*

Die einheimischen Traditionen für das Dörren von Nahrungsmitteln sind ebenfalls altbekannt. Die Viehzucht treibenden Vorfahren der Ungarn hatten zwar keinen Mangel an Fleisch, doch nach den Aufzeichnungen des italienischen Chronisten Villani aus dem 14. Jh. hielten sie auch immer auf Vorräte und sorgten für die Konservierung des Fleisches. Das in großen Kesseln gekochte, stark gesalzene Rindfleisch wurde von den Knochen gelöst, zerschnitten und an der Sonne oder im Backofen getrocknet. Es wurde schließlich zu Pulver zerstampft und in Leinensäckchen gefüllt, die den in den Krieg ziehenden Soldaten mitgegeben wurden. War kein frisches Fleisch vorhanden, wurde 1–2 Handvoll von dem Fleischpulver ins kochende Wasser gegeben, was eine nahrhafte Suppe ergab.

Dagegen gehört die Aussage, die Ungarn haben zur Zeit der Landnahme und auf ihren Beutezügen das Fleisch unter dem Sattel weichgeritten, ins Reich der Legende. Unter die größtenteils aus Holz gefertigten Sättel wurde in der Tat rohes Fleisch gelegt, doch diente es der Heilung der wundgeriebenen Pferderücken und wurde nie verzehrt.

Eine alte Methode der Fleischkonservierung wurde noch im Kreise der Hirten der Kiskunság und der Hortobágy angewandt. Das geschlachtete, abgehäutete Tier wurde auf ein Gestell gehängt, das Fleisch auf einer Strohmatte oder auf einer Plane in nußgroße Stücke geschnitten und zusammen mit spitzen Paprikaschoten, Salz und Paprikapulver im Kochkessel geschichtet. Magerem Fleisch wurde eventuell ein Rinder- oder Hammeltalg zugegeben. Es wurde reichlich Wasser zugegossen und das Fleisch bei mäßigem Feuer gekocht, bis der Saft eingekocht war. Dabei wurde nicht umgerührt, sondern nur geschüttelt. War das Fleisch gar, wurde es auf ein Sieb oder auf den Hirtenpelz gelegt und 5–6 Tage getrocknet. Dann wurden die Knochen weggeworfen und das steinhart getrocknete Fleisch in Säckchen gefüllt.

Heute dörrt man nur noch Obst, Gemüse und Pilze, besonders eignen sich Äpfel, Birnen, Aprikosen und Pflaumen. Auch diese Methode ist uralt, sie ist bereits in Dokumenten aus dem 16. Jh. zu finden.

## *Grundrezept zum Dörren von Obst*

Das Obst (Süß- oder Sauerkirschen, Aprikosen, Pfirsiche, Pflaumen, Birnen, Äpfel) gut säubern, das kleine Obst ungeteilt, das größere in Scheiben geschnitten oder nur halbiert (z. B. Aprikosen) auf ein Dörrgitter legen. Das ist ein aus Draht oder Weidenruten bestehendes und in einem rechteckigen Holzrahmen befestigtes Geflecht. Darauf trocknet das Obst an der Sonne, schneller geht es aber in Backöfen oder der noch warmen Backröhre nach dem Kochen und Backen. Dieses Verfahren so lange wiederholen, bis das Obst den größten Teil des Feuchtigkeitsgehaltes verloren hat. Das an der Sonne trocknende Obst mit einem feinmaschigen Tüll vor Insekten schützen.

### *Getrocknete Pilze*

Pilze vor dem Trocknen weder waschen – nur wenn sie sehr sandig sind – noch abbrühen. Nur reinigen und zerschneiden. Dann auf ein Brett legen, an der Sonne oder über dem lauen Herd trocknen, dabei mehrmals wenden. Die getrockneten Pilze in Weckgläser geben, luftdicht verschließen und einwekken, oder in einem Leinensäckchen an einem luftigen, kühlen Ort aufbewahren.

### *Getrockneter Dill*

Den Dill auf einem Sieb an der Sonne trocknen. Täglich wenden, bis er vollständig eingetrocknet ist. Dann in ein Glas füllen und luftdicht verschließen.

# Der Essig

ist ein wichtiger Bestandteil des häuslichen Konservierens, seine Bedeutung ist jedoch damit bei weitem nicht erschöpft. Er verleiht den für den Winter eingelegten Nahrungsmitteln eine besondere Würze, ein herzhaftes Aroma.
Es ist also nicht nebensächlich, was für Essig zum Einlegen verwendet wird, außerdem bedeutet das Wort „Essig" nicht für jedermann das Gleiche.
Der im Handel erhältliche Essig ist eine Essenz, also ein Essigkonzentrat, und auch die schwächeren Sorten sind doppelt so stark wie der Essig im Hausgebrauch, der einen 4–6% igen, eventuell 7%igen Essigsäuregehalt vorsieht. Die Fabrikprodukte, die Essenzen, haben einen Essigsäuregehalt von 10% oder gar von 20%.
Wenn man mit Essig säuert, ist also in erster Linie auf diese Unterschiede zu achten.
Der Feinschmecker kann, wenn er die Möglichkeit dazu hat, schmackhaften Wein- oder Obstessig zu Hause selbst herstellen und dabei auf in Vergessenheit geratene Aromen, wie Sauerdorn-, Honig- oder Estragonessig, zurückgreifen.

## Weinessig

Das leichteste Verfahren ist wohl, säuerlichen oder in Gärung befindlichen Wein in einem Gurkenglas mit einer großen Öffnung in einem warmen Raum, z. B. in der Küche, zu halten, bis der Wein zu Essig wird. Die Öffnung des Glases mit einem dichtgewebten Tüll zubinden. Zur Beschleunigung des Gärungsprozesses kann dem im Glas befindlichen Wein $^1/_4$ l fertiger Weinessig beigegeben werden.

## Sauerdornessig

1,5 kg Sauerdorn zerstampfen und in ein großes Gurkenglas geben. Mit soviel heißer Zuckerlösung begießen, daß eine breiige Flüssigkeit entsteht. Die Zuckerlösung besteht aus 1 kg Zucker auf 5,5 l Wasser. Das Glas mit Tüll zubinden und 10–12 Tage bei einer gleichmäßigen Temperatur von 24–25 °C halten. Danach die Flüssigkeit durch ein Filterpapier gießen und mit 1–2 l feinem Weinessig vermischen.

## Obstessig

Obstabfälle wie Schalen und Kerngehäuse oder gesundes Fallobst sammeln, durchdrehen, in große Gurkengläser füllen und mit einer heißen Zuckerlösung, 500 g Zucker auf 4,5 l Wasser, übergießen, dabei entsteht eine breiige Flüssigkeit. Die Gläser mit Tüll zubinden und 10–12 Tage bei einer Temperatur von 20–25 °C halten. Danach durch ein Filterpapier gießen.

## *Honigessig*

In einem Gurkenglas 1 kg Honig mit 4 l Wasser vermengen, 1 Semmel oder die entsprechende Menge Weißbrot, eventuell ein apfelgroßes Stück Sauerteig, hineinlegen und an einem warmen Ort gären lassen (4–5 Wochen). Während dieser Zeit nur mit einem dünnen, dichtgewebten Tüll bedecken. Ist der Honig gegoren, zubinden und nach der vollständigen Klärung durch ein Filterpapier gießen und in Flaschen abfüllen. (Die Semmel oder das Brot vorher in Weinessig weichen.)

## *Estragonessig*

Auf 1 kg frisch gepflückten, feingeschnittenen Estragon 6 l starken, klaren Weinessig gießen. Das Glas luftdicht verschließen und 2 Wochen an der Sonne oder an einem warmen Ort halten. Dann den Essig abgießen, den Estragon gut darin ausdrücken, durch Filterpapier, eventuell durch ein Leinentuch, gießen, in Flaschen abfüllen und gut verkorken.

# *Das Obsteinkochen*

Die verschiedenen Methoden und individuellen Rezepte erfreuen sich auch in kleineren Haushalten größter Beliebtheit. Früher waren es vor allem Quitten, aus denen Marmeladen und Kompotte eingekocht wurden. Das Quittengelee, die Zierde der winterlichen Obstschüssel, hält noch die Erinnerung daran wach. Süß- und Sauerkirschen, Aprikosen, Pfirsiche, Erdbeeren, Himbeeren, Birnen und Pflaumen sind heute noch sehr gefragt, dagegen geraten Melonen, Weintrauben und Kornelkirschen mehr und mehr in Vergessenheit, und mit unreifem Obst, wie grünen Mandeln und Nüssen, wird nur wenig experimentiert. Die früher als Seltenheit geltende gezuckerte Apfelsinenschale wurde eine alltägliche Delikatesse, doch Marmeladen aus Holunder, Schlehe und Rosen gelten weiterhin als Kuriosum.

Lange Zeit spielte die Marmelade nur für die Ernährung der Kinder eine Rolle als Aufstrich zum Butterbrot. Heute ist sie zusammen mit den verschiedenen Gelees und Säften aus der täglichen Kost nicht mehr wegzudenken. Die so bescheidene Hagebutte nimmt neben dem Wildbraten einen anerkannten Platz ein. Die Farbenpracht einer mit verschiedenen Kompotten gefüllten Schüssel erweckt an trüben Wintertagen die Erinnerung an den Sommer.

Für die Zubereitung der Kompotte, Konfitüren, Marmeladen und Gelees gibt es unzählige Rezepte. Die zuerst beschriebenen Grundregeln sind für die Auswahl und Vorbereitung des Obstes, für die Methode und die Dauer des Einweckens, für den Gebrauch von Konservierungsmitteln und für die Lagerung allgemein gültig.

Um einen besseren Überblick zu gewährleisten und auch den weniger erfahrenen Lesern Hilfe zu geben, folgen hier drei Grundrezepte. Sie beschreiben in großen Zügen jeweils den Arbeitsablauf beim Einkochen von Kompotten, bei der Zubereitung von Konfitüren und Marmeladen und schließlich den der Herstellung von steifen schnittfesten Fruchtgelees.

## *Das Einkochen von Kompotten*

*I.* Die gewaschenen, geschälten und entkernten Früchte auf ein Sieb legen, das Wasser abtropfen lassen und in einer Schüssel mit kaltem Sirup übergießen. Auf 1 kg Obst im allgemeinen einen Sirup aus ungefähr 500 g Zucker zubereiten. Die Zuckermenge hängt auch vom Zuckergehalt des Obstes und vom eigenen Geschmack ab und ändert sich obendrein, wenn ungeschälte Früchte verwendet werden. In diesem Fall braucht man mehr Zucker. Das Obst in die Gläser füllen, eventuell ein wenig Natriumbenzoat daraufgeben, luftdicht verschließen und einwecken.
*II.* Auf das vorbereitete Obst einen aus 600 g Zucker zubereiteten Sirup gießen, das Obst darin auf den Herd stellen und vom Aufkochen gerechnet ungefähr 5 Minuten kochen. (Leicht verderbliches Obst länger kochen.) Heiß in die vorgewärmten Gläser füllen, eventuell ein wenig Natriumbenzoat daraufgeben, luftdicht verschließen und in den trocknen Dunst stellen.
*III.* Das zum Einkochen vorbereitete Obst in Sirup kochen, heiß in die vorgewärmten Gläser füllen und einwecken. In diesem Falle genügt auch weniger Zucker, und bei sauberer, sorgfältiger Arbeit und luftdichtem Verschluß der Gläser kann das Natriumbenzoat wegfallen.

## *Zubereitung von Konfitüren, Marmeladen und Fruchtgelees*

Das vorbereitete Obst – wer die Schale nicht mag, kann es schälen – auf einem Sieb abtropfen lassen. Für die Zubereitung von Konfitüren das Obst im ganzen lassen, nach Bedarf entsteinen und je nach der Größe teilen. Zur Zubereitung von Marmeladen das Obst passieren, das Beerenobst durch ein Sieb drücken, größeres Obst durchdrehen. Die in den Rezepten vorgesehene Zuckermenge dazugeben und das Obst in einem fehlerlosen

Gefäß an einem kühlen Ort zugedeckt einen Tag stehenlassen. (Das vorherige Zuckern verkürzt die Kochzeit und fördert die Haltbarkeit.)

Das so vorbereitete Obst am nächsten Tag in einem einwandfreien Topf kochen, was bei Konfitüren und Marmeladen im allgemeinen 20–25 Minuten dauert. Die Kochzeit hängt aber vom Saftgehalt des Obstes ab. Heiß in die vorgewärmten Gläser füllen. Sollen sie eingeweckt werden, ein wenig Natriumbenzoat daraufgeben und sofort zubinden. Sie können aber auch in den trocknen Dunst gestellt werden. Beide Verfahren sind überflüssig, wenn auf die in die vorgewärmten Gläser gefüllte heiße Konfitüre oder Marmelade ein wenig Natriumbenzoat gegeben wird. Die Gläser mit einem sauberen Papier bedecken und stehenlassen, bis sich eine Haut bildet. Dann zubinden und nach dem Abkühlen die Gläser in die Speisekammer stellen. Zur Erhöhung der Haltbarkeit ist in einigen Rezepten vorgesehen, auf die Marmelade bzw. Konfitüre vor dem Zubinden ein in Rum getauchtes Cellophanpapier Einmach-Zellglas zu legen.

Ohne vorheriges Zuckern ist die Kochzeit länger, es muß nach einer gewählten Methode eingeweckt werden, und auch die Beigabe von Natriumbenzoat ist notwendig.

Steife, schnittfeste Fruchtgelees müssen so lange gekocht werden, bis ein Tropfen des Produktes, auf den Teller getröpfelt, nicht zerfließt, sondern sofort erstarrt.

## *Steife, schnittfeste Fruchtkonfitüre*

Ihre Zubereitung ähnelt der von Obstgelee. Das Obst kochen, bis der Saft verkocht und die Früchte weich sind. Saftige Obstsorten kochen im eignen Saft, trockene, harte Früchte unter Zugabe von etwas Wasser. Dann passieren. Auf 1 kg Obst rechnet man 850–950 g Zucker. Mit wenig Wasser einen ganz dickflüssigen Sirup kochen, unter ständigem Rühren das Obst beigeben und so lange kochen, bis ein wenig auf einen Teller getröpfelte Flüssigkeit nicht mehr verläuft, sondern sofort erstarrt. Dann in eine mit Wasser ausgespülte, möglichst viereckige Porzellan- oder Blechform füllen. An einem trocknen Ort hält sich dieses Produkt lange Zeit, kann aber schon am nächsten oder übernächsten Tage aus der Form genommen und verbraucht werden.

## *Grundrezepte für gemischtes Kompott und Marmelade*

*I.* Das gewaschene, geschälte und entsteinte Obst in große Gläser füllen. Aus der gleichen Menge Zucker und Wasser – auf 1 l Wasser 1 kg Zucker – einen Sirup kochen und pro Liter eventuell 3 Eßlöffel Rum zugeben. Heiß auf das Obst gießen, pro kg 1,5 g Natriumbenzoat dazugeben, luftdicht verschließen und an einen kühlen Ort stellen.

*II.* Das gewaschene, geschälte und nach Bedarf entsteinte Obst mit der gleichen Menge Kristallzucker in entsprechend große Gläser schichten. Auf jede Schicht Obst und Zucker eine Prise Natriumbenzoat geben, jedoch auf 1 kg Obst gerechnet, nicht mehr als 1,5 g. Die oberste Schicht soll Zucker sein. Mit Cellophanpapier Einmach-Zellglas zubinden und in einen kühlen, trocknen Raum stellen. Fällt das Obst zusammen und sinkt der Saftstand, soviel Obst und Zucker nachfüllen, bis das Glas voll ist.

## *Grundrezept für kandierte Früchte*

Vollkommen einwandfreie, reife, aber nicht überreife Früchte verwenden. Die größeren Obstsorten entsteinen und schälen. In ein feuerfestes Gefäß legen und mit einem heißen Sirup übergießen. (Auf 1 kg Zucker 0,5 l Wasser.) Danach zudecken und 24 Stunden stehenlassen. Am nächsten Tag den Saft durchseihen und noch etwas dick kochen. Wieder heiß auf das Obst gießen und wieder zugedeckt 24 Stunden stehenlassen. Dieses Verfahren wiederholen, bis der Saft vollständig verkocht ist. Das dauert etwa 8–10 Tage. Dann das Obst in der heißen Sonne vollständig trocknen, in Gläser füllen, zubinden und in einen luftigen Raum stellen.

# Früchte in Alkohol

## Gemischtes Kompott in Wein eingekocht

In ein großes Gurkenglas die gewaschenen Früchte legen. Es eignen sich Birnen, Pfirsiche, Aprikosen, Pflaumen, Süß- und Sauerkirschen, Erdbeeren und Brombeeren. Die Birnen, Pfirsiche und Aprikosen schälen, Kirschen und Pflaumen entsteinen. Feinen Kristallzucker daraufschütten – auf 2 kg Obst rechnet man 500 g – und mit 0,5 l gutem Weißwein aufgießen. Darauf Natriumbenzoat streuen und zwar auf 1 kg Obst 1,5 g; luftdicht verschließen und an einem kühlen Ort lagern.

## Kirschen in Maraschino und Kognak

Ausgewählte Kirschen ohne Stiel mit einem kalten, dünnen Sirup übergießen, erwärmen, aber nicht kochen. Bis zum nächsten Tage stehenlassen, den Saft durchseihen, aufkochen, den Schaum abschöpfen und heiß über die Kirschen gießen. 2 Tage stehenlassen, den Sirup jetzt dick aufkochen und wieder heiß über die Kirschen gießen. Am nächsten Tag Sirup und Kirschen zusammen aufkochen, nur einmal aufwallen lassen und sofort vom Herd nehmen. Ist das Obst halb abgekühlt, in Gläser füllen, die Gläser zur Hälfte mit einer Mischung aus Maraschino und Kognak füllen und schließlich mit dem nochmals aufgekochten Sirup ganz auffüllen, zubinden und in einen kühlen Raum stellen.

## Sauer- oder Süsskirschen in Rum

Die gewaschenen Früchte, deren Stiele kurz abgeschnitten wurden, $^3/_4$ voll in Gläser füllen. Auf 1 kg Obst aus 0,5 l Wasser und 600 g Zucker einen Sirup kochen, abschäumen, erkalten lassen und 0,25 l Rum hineingeben. Mit diesem Saft die Kirschen in den Gläsern übergießen, zugedeckt 2 Wochen an die Sonne stellen, dann zubinden und an einem kühlen, luftigen Ort lagern.

## Obst in Alkohol

Auf 1 kg Obst rechnet man 400–500 g Zucker. Die Früchte schälen, entsteinen, zerschneiden oder teilen (Pfirsiche, Birnen) oder andere im ganzen lassen (Süß- und Sauerkirschen, Erdbeeren, Himbeeren usw.), jedoch den Kirschen drei Viertel der Stiele abschneiden. In Gläser füllen. Den Zucker in 0,2 l Wasser bis zur Dickflüssigkeit kochen. Nach dem Auskühlen 0,25 l 96%igen Alkohol dazugeben und über das Obst gießen. Die

Gläser luftdicht verschließen und an einem kühlen, luftigen Ort abstellen.

*Obstsalatkonserve in Alkohol*

In ein großes Gurkenglas (5–6 l) 1 l feinen Traubenbranntwein und die gleiche Menge erstklassigen Rum gießen. Danach der Reihe nach folgende Früchte hineingeben: Apfelsinen-, Bananen-, Ananasscheiben, Pflaumen, Johannisbeeren, Erdbeeren, Weintrauben, Aprikosen, Pfirsiche, Birnen, Melonen und Feigen je nachdem natürlich geschält, entsteint oder zerschnitten. Auf 1 kg Obst rechnet man 750 g Zucker, der zusammen mit dem Obst im Glas geschichtet wird. Branntwein und Rum kann – nach Geschmack auch noch Likör – dazugegeben werden. (Holländisches Rezept.)

## *Obst in Essig*

Große, vollkommen einwandfreie, frisch gereifte Sauerkirschen entsteinen und mit schwachem Weinessig oder mit stark verdünnter Essigessenz übergießen. Die Kirschen nach 4–5 Stunden auf ein Sieb legen, den Essig abtropfen lassen und danach schichtweise mit je einer Schicht Puderzucker in die Gläser füllen. Mit einem in Rum geweichten weißen Papier zudecken, die Gläser gut zubinden und in einem kühlen, luftigen, trockenen Raum lagern.

Fehlerfreie, reife, längliche Pflaumen mit einer Nadel anstechen und in Gläser mit weiter Öffnung füllen. Aus 0,8 l Wein- oder Obstessig oder entsprechend verdünnter Essigessenz, 750 g Zucker, 20 g ungestoßenem Zimt und 3–4 Gewürznelken einen Sirup kochen, nur einmal aufkochen lassen. Nach dem Auskühlen durch ein Sieb über die Pflaumen gießen. Die Gewürze herausnehmen und trocknen. Die Gläser zubinden und 10 Tage lang an einem kühlen Ort halten. Am 11. Tag den Sirup abgießen, die getrockneten Gewürze hineinlegen und ihn dickflüssig aufkochen. Im dickflüssigen Sirup die Pflaumen 1–2 Minuten kochen. Das Obst aus dem Sirup nehmen, zurück in die Gläser füllen und den lauwarmen Sirup durchgeseiht darübergießen. Die Gläser am nächsten Tage verschließen. Für die angegebene Menge Sirup braucht man ca. 1,5 kg Pflaumen.

### *Pflaumen in Essig und Senf*

3 kg Pflaumen mit einem Tuch abreiben und die Stiele kurz schneiden. In 1,8 l Wein- oder Obstessig oder in einer entsprechenden Essigessenzlösung 500 g Zucker aufkochen. Den Schaum abschöpfen, 5 g Zimtstange und 5 g Gewürznelke hineingeben. Die Pflaumen langsam, nur einige auf einmal, dazutun. Einige Sekunden in der Lösung lassen, bis die Haut platzt und auf einem Sieblöffel herausnehmen. Zunächst auf eine Platte legen, danach in Gläser füllen. 50–60 g Senfkörner in einem der Glasöffnung entsprechenden Leinensäckchen auf die Pflaumen legen. Den Essig einkochen, heiß über die Pflaumen gießen. Ist er abgekühlt, das Glas zubinden. 4–6 Tage später den Essig nochmals aufkochen, aber jetzt kalt über die Pflaumen gießen.

# *Gemüse für den Winter*

Das Säuern, Salzen und Fermentieren des Gemüses gehört zu den Grundkenntnissen der Kochkunst. Kraut, Gurken, aber auch Obst werden in Ungarn seit langem gesäuert. Bereits zu Zeiten König Sigismunds wurde auf dem Markt in Buda das gesalzene, gehobelte Kraut feilgeboten, in Bottichen gestampft und mit Meerrettich, Quitten, Wacholderbeeren und eventuell mit Kümmel gewürzt. Manchmal wurden auch Weinreben und Nüsse dazugegeben.

In Siebenbürgen wurden vor vierhundert Jahren Weintrauben in Fässer gefüllt und reichlich mit Salzwasser übergossen. In diesem Saft hielten sie sich bis Ostern. Vor dem Genuß mußte allerdings das Salz sorgfältig abgewaschen werden.

In den ungarischen Dörfern wurde vor Jahrhunderten viel wild- und halbwildwachsendes Gemüse, wie Sauerampfer, Brennesseln, Rüben, Gurken und Kraut, gesäuert. Die Säuerung der Möhren und weißen Rüben gehörte ebenso wie die Krautfermentierung noch vor kurzem zu den Aufgaben der „autarken" Haushalte. Heute werden Gurken und Tomaten vor allem mit Brot, Sauerteig und natürlich mit Essig gesäuert. Es ist auch weiterhin üblich, Tomatensaft für den Winter zu konservieren.

In diesen Themenkreis fällt die Konservierung der verschiedenen Salate, die als Garnierung zu Braten aufgetischt werden, wie auch die häusliche Haltbarmachung individueller Gewürzmischungen und Speisegewürze. Dieses Buch enthält einige Rezepte, die sicherlich dem nicht Bewanderten auf diesem Gebiet Überraschungen bereiten.

# *Krautstampfen in der Innenstadt*

Zu meinen Kindheitserinnerungen gehört die Ankunft der Kohldampfer. Sie kamen Anfang Oktober und legten am Pester Ufer der Donau an. Die schwere Ladung bestand aus runden, flachen, harten, grünweißlichen Kohlköpfen. Aus den Matrosenkneipen an der Donau kamen die Lastenträger, die die Ladungen löschten. Im Nu erhob sich ein Kohlgebirge am Rande des Flusses. Bald erschienen auch stämmige Burschen aus der Krain oder aus Tirol – mit Kniehosen und ihren mit Gamsbart oder Hahnenfedern geschmückten Hüten – zu ihrem alljährlichen Gastspiel in Pest. Riesige Hobel, die wie Harfen aussahen, hingen ihnen über die Schulter. Es waren ihre Arbeitsgeräte, mit denen sie die unzähligen Krautköpfe zerschnitten. Das Kraut kam dann in Fässer und wurde von den Bürgern Pests und Budas in den Wintermonaten als Zukost zum Fleisch verspeist.

Wenn diese Männer also angekommen waren, konnte der Verkauf beginnen. In großen Körben und auf Schubkarren wurden die Kohlköpfe in die verschiedensten Teile der Stadt transportiert. Dann erschien der Mann aus der Krain auch bei uns zu Hause und hobelte die sorgfältig gereinigten Kohlköpfe in nicht zu dünne Streifen.

In der Küche stand bereits das blitzblank ausgescheuerte Faß mit dem Schraubendeckel bereit, und auch die nötigen Zutaten waren bei der Hand: ein Teller mit feingeschnittenen, herbschmeckenden, aber wohlriechenden Quitten, auf einem anderen feingeschnittener Meerrettich, auf einem dritten feingemahlenes Salz, auf einem vierten Cayennepfefferkörner und Kümmel und auf einem fünften Pfefferkraut und Dill. Eine Vielfalt von Gewürzen sollte diesem so beliebten Wintergemüse den herzhaften Geschmack geben.

Nach dem Hobeln folgte das Stampfen, denn nach einem uralten ungarischen Brauch muß Kraut gestampft werden wie die Weintrauben bei der Weinlese.

Der Unterschied bestand nur darin, daß das Krautstampfen eine sehr viel umständlichere Arbeit war, eine Aufgabe, die wirklich verstanden sein mußte.

Man begann am Tonnenrand, stampfte im Kreis und bewegte sich langsam auf die Mitte der Tonne zu. Nicht der kleinste

Fleck durfte ausgelassen werden. Das Stampfen war nicht mehr die Arbeit des Mannes aus der Krain, sondern die des Familienoberhauptes. Auch bei uns machte es mein Vater so lange, bis er es satt hatte und mir diese ehrenvolle Aufgabe übertrug.
Ich war damals zwölf Jahre alt, verfügte aber nach Ansicht der Familie bereits über das nötige Gewicht. Da ich jedes Jahr mit größter Aufmerksamkeit den Ablauf dieses feierlichen Aktes verfolgt hatte, konnten in bezug auf meine theoretischen Kenntnisse keinerlei Zweifel bestehen.
Zuerst wurde ich natürlich in die Badewanne gesteckt. Mutter überwachte den Gebrauch der Bürste und der Nagelschere.
Ich erhielt neue, schneeweiße Unterwäsche und, so angetan, durfte ich dann ins Faß steigen. Den Boden bedeckten bereits 1 Handvoll Meerrettich, 1 Handvoll Quittenscheiben und 2 Häufchen gehobeltes Kraut, der Inhalt zweier großer Schüsseln. Ich breitete es gleichmäßig auf dem Faßboden aus und begann mit dem methodischen Stampfen, vom Faßrand ausgehend der Mitte zu. Meine Mutter schüttete zwischendurch noch 1 Handvoll Salz, ein wenig Kümmel und einige Cayennepfefferkörner in das Faß. Das Stampfen und das Salz regte die Saftbildung des Krautes an, und damit war die Vorbereitung der ersten Schicht beendet.
Darauf wurden weitere 2–3 Schüsseln Kraut, neue Portionen Salz, Quitten, Meerrettich, Kümmel, Dill und Pfefferkraut hineingegeben, und das Stampfen wurde fortgesetzt. Wieder setzte die Saftbildung ein, neue Lagen Kraut und Gewürze kamen dazu, bis das Kraut aufgebraucht war.
Hin und wieder legte Mutter einen ganzen Kohlkopf ins Faß, dessen Blätter später als Hülle für die Krautfüllung dienen würden. Das Faß war voll, der salzige Saft bedeckte das Kraut, ich stieg heraus. Das Kraut wurde mit einem weißen Leinentuch bedeckt, und wir schraubten den zweiteiligen Deckel auf das Faß.
Mein Debüt im Krautstampfen hatte allgemein Zustimmung gefunden. Die Gelenke schmerzten zwar, und meine Füße brannten vom Salz, aber das gespendete Lob und vor allem das feine Abendbrot trösteten mich: es gab Schweinekarbonaden mit gedünstetem Kraut und danach gezupften Nudelteig mit Quark und Grieben (Túrós csusza). Das waren damals meine Leibgerichte, ich verachte sie auch heute nicht.
Nachdem die Fermentierung des Krautes begonnen hatte, wurde das Faß vorsichtig in den Keller gebracht und auf Kanterhölzer gestellt, damit es nicht direkt mit dem Boden in Berührung kam. Wir aßen den Winter über vorzügliches gefülltes und geschichtetes Kraut, und der Saft war ein sehr schmackhaftes Getränk, der

nach schweren, winterlichen Mittag- oder Abendessen jede Magenverstimmung verhütete.

## *Perlzwiebeln in Essig*

Die gewaschenen Zwiebeln stark salzen, im Salz gut verrühren und stehenlassen, bis sich die äußere Schale leicht entfernen läßt. Das dauert ungefähr 12 Stunden. Nun mit einem reinen Leinentuch die kleinen Zwiebeln einzeln abreiben und dabei die äußere Schale lösen. Die Zwiebeln in ein Glas-, Porzellan- oder Steingutgeschirr legen, mit kochendem Essig übergießen und 2–3 Tage darin stehenlassen, natürlich zugedeckt. Danach die Zwiebeln auf ein Sieb legen, den Essig gut abtropfen lassen, die Zwiebeln in ein Glas schichten – und zwar mit weißem und schwarzem Pfeffer, in Streifen geschnittenem Meerrettich, ein wenig Muskatnuß, viel Estragon – und jede Schicht mit frischem, kochendem Essig übergießen, der die Zwiebeln vollkommen bedeckt. Danach das Glas luftdicht verschließen und an einen kühlen Ort stellen.

## *Blumenkohl für den Winter*

Blätter und Strunk des Blumenkohlkopfes abschneiden, ihn in Röschen zerlegen, diese mehrmals waschen, 30 Minuten in Salzwasser weichen und danach in frischem Salzwasser 10 Minuten kochen. In ein Glas füllen, mit kochendem, leicht salzigem Zitronenwasser übergießen und das Glas luftdicht verschließen. Es wird 60–75 Minuten eingeweckt. Das Einwecken am nächsten Tage 15 Minuten lang wiederholen.

## *Tomatensaft, roh*

Die gut ausgereiften, gewaschenen Tomaten passieren und in luftdicht verschließbare, starkwandige Gläser füllen. Die Gläser 45 Minuten lang einwecken, zugedeckt im warmen Wasser stehenlassen und erst nach dem vollständigen Erkalten des Wassers herausnehmen. Sie können nach dem Einwecken auch in den trocknen Dunst gegeben werden, wo sie 24 Stunden stehen. Im trocknen Dunst mit warmen Decken und Kissen bedecken.

## *Letscho für den Winter*

Einwandfreie reife und ganze Tomaten brühen, die Haut abziehen, in Stücke schneiden und zusammen mit in dünne Streifen geschnittenen Paprikaschoten in wenig heißem Fett dünsten, bis die Tomaten fast verkocht sind. Zwischendurch salzen. Dann die Masse in Gläser füllen, obenauf eine fingerdicke Schicht Gänsefett gießen, das Glas sorgfältig zubinden und 25–30 Minuten einwecken. Vor dem Verbrauch das Ganze zusammen mit einigen rohen Zwiebelscheiben eine kurze Zeit lang dünsten.

### *Paprikaschoten in Essig*

Fehlerlose, frisch gepflückte, fleischige, grüne, rote und gelbe Paprikaschoten gründlich waschen und mit den Spitzen nach unten in mehrmals ausgekochte Gläser schichten. Zwischen die Schichten Dill geben. Unterhalb der Glasöffnung mit einem Holzgitterchen oder zumindest mit zwei gekreuzten Holzstäbchen die Paprikaschoten herunterdrücken, damit sie nicht aus der Essiglösung herausstehen können. Die pro Liter 30–40 g Salz, Cayennepfeffer und 10 g Zucker enthaltende 6–7%ige Essiglösung gut aufkochen und heiß über die Paprikaschoten gießen, so daß sie vollkommen bedeckt sind. Sollte der Stand bis zum nächsten Tage absinken, mit Essiglösung auffüllen, eventuell das Nachfüllen auch am dritten Tage noch wiederholen. Herausstehende Paprikaschoten werden häßlich braun. Luftdicht zugebunden in einem kühlen, trocknen, luftigen Raum lagern.

### *Paprikaschoten zum Füllen*

Schöne, ausgewählt harte Paprikaschoten lauwarm waschen, gründlich trocknen und dann Strünke, Samen und Adern sorgfältig entfernen. Der Höhe des Glases entsprechend 5, 6 oder 7 Schoten ineinanderstecken und aufgestellt in das Glas mit breiter Öffnung geben. Eine schwache Salzlösung, 15–20 g Salz auf 1 l Wasser brieten, kochen, auskühlen lassen und über die Paprikaschoten gießen. Die Oberfläche mit Natriumbenzoat bestreuen. Das Glas luftdicht verschließen und an einem kühlen, luftigen Ort aufbewahren. Vor Gebrauch die Schoten gründlich waschen.

### *Rhabarber für den Winter*

Den gewaschenen, geschälten Rhabarber in 2–3 cm lange und halbfingerdicke Stücke schneiden. Diese in gründlich gesäuberte Flaschen füllen, mit abgekochtem, erkaltetem Wasser begießen, das den Rhabarber vollständig bedeckt. Die Flaschen mit sterilisierten Korken verschließen, und die Flaschenöffnung, wenn möglich, in heißen Teer tauchen. Die Flaschen in einem trockenen, luftigen Keller lagern. Der eingelegte Rhabarber wird wie der frische verwendet.

### *Sauerampfer für den Winter*

Frisch gepflückten, gewaschenen Sauerampfer zugedeckt im eigenen Saft weich dünsten, passieren, in kleine Gläser füllen, zweimal zubinden und einwecken.

## Spargel für den Winter

Frisch gestochenen, geschälten Spargel mit den Köpfen nach oben in einen mit einem Leinentuch ausgelegten Topf stellen, so daß die Köpfe aus dem Wasser herausstehen. Zugedeckt kochen, bis sich die Spargelstangen biegen, aber nicht brechen lassen. Vorsichtig herausheben, auf ein Sieb legen, mit kaltem Wasser besprengen und auf diese Weise abkühlen. In Gläser füllen, mit schwach gesalzenem, gekochtem und abgekühltem Wasser übergießen, vollkommen luftdicht verschließen und 60 Minuten einwecken. Danach an einem kühlen Ort abstellen und 4 Tage später nochmals 20–25 Minuten einwecken.

## Spinat für den Winter

Den gut abgespülten und geputzten Spinat 10 Minuten lang in einem unbedeckten Topf in Salzwasser kochen. Dann aus dem Wasser nehmen und durchdrehen oder passieren. In heißem Fett dünsten und mit dem Kochwasser oder einer starken Fleischbrühe aufgießen und aufkochen. Den Spinat heiß in die Gläser füllen und 60–90 Minuten einwecken.

## Kürbis in Salz

Den gehobelten Kürbis salzen, 90 Minuten lang schwitzenlassen, ausdrücken und ins Glas füllen. Dabei wie folgt vorgehen: Auf den Boden des Glases Salz legen, das Glas bis zur Hälfte mit Kürbis füllen, darüber wieder eine Schicht Salz geben, darauf Kürbis und zum Schluß wieder Salz. Das Glas luftdicht zugebunden an einem kühlen Ort aufbewahren. Den Kürbis natürlich vor dem Zubereiten mehrmals in reichlich Wasser waschen.

## Grüne Bohnen in Salz

Von frisch gepflückten, zarten Bohnen die Spitzen und die Fäden abziehen. Zusammen mit 150–200 g Salz je kg Bohnen in Gläser schichten. Die Gläser bis einen Fingerbreit unterhalb der Öffnung füllen, mit klarem gekochtem und erkaltetem Wasser auffüllen. Luftdicht verschlossen, kühl und luftig lagern.

## Vitamine für den Winter (Gemüsemischung)

1 kg Petersilienwurzel, 250 g Sellerie, ebensoviel Blumenkohl und Wirsingkohl, 5 grüne und 5 rote Paprikaschoten, 250 g Möhren, 250 g Kohlrabi, eine Handvoll Petersilie und ebensoviel Sellerieblätter putzen und durch den Wolf drehen. Die Masse mit 500 g Salz vermischen, fest in Gläser stopfen und diese gut verschließen. Auf 4 l ungesalzene Suppe 1 Eßlöffel voll von der vitaminreichen Gemüsemischung geben. Auch zu Pörkelt oder sonstigem Schmorfleisch verwendbar, dann jedoch höchstens

1 Kaffeelöffel voll nehmen. Je nach Bedarf kann die Mischung auch jeweils aus der Hälfte oder einem Viertel der angegebenen Mengen bereitet werden.

### *Tschalamade für den Winter*

2,5 kg in dünne Streifen geschnittenen Kohl, 1,5 kg in Ringe geschnittene grüne und rote Paprikaschoten und 750 g gleichfalls in Ringe geschnittene Zwiebeln in je einem Gefäß einsalzen und ca. 3 Stunden stehenlassen. (Wer Zwiebeln nicht mag, kann auch nur 200–250 g nehmen.) Inzwischen eine ca. 5–6%ige Essiglösung in ungefähr 2–2,5 l Wasser zubereiten. Der Lösung 200 g Zucker beigeben, aufkochen und auskühlen lassen. Das eingesalzene Gemüse, Kohl, Paprikaschoten und Zwiebeln leicht ausdrücken, in eine große Schüssel legen, mit der Essiglösung übergießen und gut in die Flüssigkeit hineindrücken. Das Gemüse möglichst dicht in Gläser füllen, den in der Schüssel verbliebenen Saft darübergießen und luftdicht verschlossen an einem kühlen, trocknen Ort lagern.

### *Kopfsalat für den Winter*

Frische, sorgfältig gereinigte Salatköpfe aus dem Wasser nehmen, ausdrücken, in Gläser füllen. In ein Glas so viele Salatköpfe geben, wie für eine Mahlzeit vorgesehen sind. Mit leicht gesalzenem Essigwasser, dem auch ein wenig Natriumbenzoat beigegeben werden kann, übergießen. Es muß den Salat bedecken. Die Gläser gut zubinden und so lange einwecken, bis das Wasser in den Gläsern zu kochen beginnt.

### *Eingelegte Pilze für Salate*

Gereinigte, aber ganze Pilze in Salzwasser 10 Minuten kochen. Dann auf einem Sieb abtropfen lassen und nochmals mit heißem Wasser übergießen. Etwas verdünnten Wein- oder Obstessig oder die entsprechende Essigessenzlösung, nach Geschmack gesalzen, aufkochen. Die Pilze in Gläser mit großer Öffnung geben, dabei jede Schicht Pilze mit einigen Pfefferkörnern, Kümmel, Dill und 1–2 dünnen Streifen Meerrettich würzen. Ist das Glas gefüllt, das erkaltete Essigwasser über die Pilze gießen und obendrauf noch 1–2 Lorbeerblätter legen. Luftdicht verschließen. Nach drei Tagen den Saft abseihen, aufkochen und wieder in abgekühltem Zustand über die Pilze gießen. Nach weiteren 3 Tagen dieses Verfahren wiederholen. Die verkochte Essiglösung immer nachfüllen, damit sie die Pilze vollständig bedeckt. Nun die Gläser endgültig zubinden und 10–12 Minuten einwecken. Einige Wochen lang die Gläser beobachten. Sollte der Saft schleimig werden und die Pilze Kahm ansetzen, den Saft abgießen, neuen zubereiten und das Verfahren wiederholen.

*Mixed Pickles* Kleine, gesunde grüne Melonen, unreife grüne Tomaten, große grüne und rote Paprikaschoten, Karotten, Sellerie, Petersilienwurzel, grüne Bohnen und Pilze in Scheiben schneiden, alles vermischen und in einer großen Schüssel in Schichten einsalzen. So lange stehenlassen, bis der ausgeschiedene Saft das Gemüse bedeckt (ungefähr 10 bis 12 Stunden). Dann gut ausdrücken, in eine andere Schüssel legen und mit kochendem Essigwasser – 50% Wasser, 50% Essig – übergießen. Zugedeckt einen Tag stehenlassen. Die Mischung am nächsten Tag wieder ausdrücken und in entsprechend große Gläser füllen, in die vorher Sauerkirschblätter, Pfeffer, Ingwer und Lorbeerblätter gelegt wurden. Die Mixed Pickles in drei Schichten in die Gläser füllen, die jeweils mit einigen Pfefferkörnern, 1 bis 2 Lorbeerblättern und 1 bis 2 Meerrettichscheiben belegt werden. Obendrauf kommen wieder Sauerkirsch- und Lorbeerblätter und Pfefferkörner. Das Ganze mit heißem Essigwasser, mit etwas Zucker vermischt, übergießen. Das Glas verschließen und für einige Tage an einen sonnigen Platz, nachher kalt stellen. Beim Verbrauch jeweils wieder sorgfältig verschließen.

## *Salzgurken*

erfreuen sich im Sommer sowohl im Familienkreis als auch in den Restaurants größter Beliebtheit. Vor allem eisgekühlt, geschält und mit Eiswürfeln aufgetragen, sind sie als Beilage zu Braten, Geflügel und Fleischspeisen im allgemeinen eine wahre Delikatesse.

Während sich als Essiggurken die dünnen, kleineren Gurken eignen, sind für Salzgurken die größeren, dicken vorzuziehen. Sie dürfen natürlich nicht zu groß geraten sein.

Bei uns zu Hause wurden Salzgurken in einem glasierten Tontopf gesäuert. Sie wurden in lauwarmes Salzwasser gelegt und reichlich mit Dill und einem Eßlöffel Weinessig gewürzt. Auf die Gurken wurde ein Stück Brot gelegt und der Topf zugedeckt. Bei schönem Wetter stand er draußen an der Sonne, an trüben Tagen am Rande des Herdes. Das Fermentieren dauerte nur einige Tage, dann wurde der Topf hinunter in den Keller getragen, denn er mußte an einem kühlen Ort stehen. Freilich hielt er sich auch dort nicht lange: so schnell wie die Salzgurken fertig waren, wurden sie auch verzehrt. Den Saft, sorgfältig durchgeseiht, verwendeten wir zum Auffüllen des Kürbisgemüses.

# Speisewürzen und Sossen für den Winter

## Eierfrüchte und Paprikaschoten auf serbische Art

3 große Eierfrüchte und insgesamt 20 fleischige Paprikaschoten, grüne und rote, in der Backröhre dörren. Es ist ratsam, vorher die Strünke und Adern der Paprikaschoten zu entfernen. Nach dem Dörren den Paprikaschoten und Eierfrüchten vorsichtig die Haut abziehen, die Paprikaschoten durchdrehen, die Eierfrüchte mit der Gabel zerdrücken. 1 kleingeschnittene Zwiebel in ein wenig Öl anrösten, das Durchgedrehte hineinschütten, 3 Würfelzucker, einige Eßlöffel Essig (oder verdünnte Essenz), ein wenig feingeschnittenen Knoblauch und nach Belieben Salz dazugeben. (Die Serben würzen Ajwar stark mit Knoblauch, doch das kann wegbleiben.) Dann unter ständigem Rühren dünsten, bis sich die Masse vom Rande der Kasserolle löst und bis zwei Fingerbreit unter den oberen Rand in die Gläser füllen. Den freien Raum bis zur Öffnung mit feinem Speiseöl füllen. Kühl lagern. Wenn etwas verbraucht wurde, den im Glas verbliebenen Ajwar mit Öl auffüllen. Ajwar ist eine ausgezeichnete Beilage zu Fleischgerichten, eignet sich aber auch zum Würzen und Garnieren von Salaten. Man kann dann noch nach Belieben Senf und Sardellen beigeben.

## Paprikabrei roh

Aus gut gewaschenen, roten, ausgereiften fleischigen Paprikaschoten die Strünke und Kerne entfernen, durchdrehen und je kg Paprikabrei 250 g Salz dazugeben. Das Ganze gut verrühren, in Gläser füllen und luftdicht verschließen. Auch größere Gläser können verwendet werden, denn nach dem Öffnen verdirbt der Brei nicht. Bei Gebrauch ist darauf zu achten, daß die Speisen damit nicht versalzen werden. Im übrigen ist der Brei genausogut verwendbar wie frische Paprikaschoten.

# *IV. Die vier Jahreszeiten*

# *Traditionelle Gerichte für traditionelle Festtage*

Den Rhythmus des Alltags begleiten die sich ständig verändernden Farben der vier Jahreszeiten. Ob die Tage länger oder kürzer werden, ob alles zu grünen und zu blühen beginnt oder die Natur sich verfärbt oder mit Schnee bedeckt ist: jedes Jahr kehren sie wieder, die schönen Feiertage mit ihrer charakteristischen Stimmung. Sie entreißen uns dem alltäglichen Ablauf, und noch lange danach erinnern wir uns gern an die Festtagsfreuden der roten Kalendertage.

Die Vorliebe für gutes Essen dürfte wohl ebenso alt sein wie die Menschheit selbst. Ohne Übertreibung kann man wohl sagen, daß in erster Linie die Gaumenfreuden dieser Festtage eine bedeutende Rolle in unserem Leben spielen. Wichtig ist dabei nicht nur die reichhaltige Speisefolge, denn „mit einem großen Löffel" kann man schließlich auch andermal essen. Es sind die für den jeweiligen Anlaß nach alter Tradition bereiteten typischen Speisen, die eine Feiertagsstimmung aufkommen lassen. Schon die Vorbereitungen, der Einkauf der feinen Leckerbissen und dann die den Gaumen reizenden Küchendüfte verzaubern unsere Umwelt in eine Atmosphäre kindlicher Freude.

Nach uralter Tradition der ungarischen Küche wird am Silvesterabend Hase, Fisch, eventuell Reh oder Geflügel gegessen. Dieser Brauch beruht auf der Vorstellung, daß der wegschwimmende Fisch, der flink davonlaufende Hase oder das Reh sowie das fortfliegende Geflügel auch die Mühen und Sorgen des alten Jahres mitnehmen. Zum Neujahrstag gehört ein Ferkelbraten auf den Tisch. Das Ferkel buddelt mit seiner Schnauze das Glück für das neue Jahr heraus. Weder am Neujahrstag noch zum Fasching darf der Faschingskrapfen auf der Speisekarte fehlen. „Unausbleiblich" sind am Aschermittwoch saure Eier und Herings-Sauerkraut-Salat, am Gründonnerstag gibt es frischen Spinat mit panierten Semmelscheiben und am Karfreitag Weinsuppe, gefüllte Eier und Fisch. Am Ostersamstagabend besteht die Mahlzeit aus gekochtem Schinken und eventuell

Nuß- oder Mohnrollen, am Ostersonntag dagegen aus Lamm und am Ostermontag aus gebratenem Hühnchen. Der 1. Mai wird mit Spargeln (eventuell mit Krebssuppe) gefeiert, zu Pfingsten gibt es die ersten „diesjährigen" Gänse mit Gurkensalat und Kirschstrudel. Am Martinstag (11. November) muß schon deshalb Gans gegessen werden, da man mit ihrer Hilfe – so sagt der Volksmund – den Verlauf des kommenden Winters voraussagen kann. Der Weihnachtsabend taugt nichts ohne Weinsuppe, Fischpaprikasch und Mohnnudeln, und am ersten Weihnachtsfeiertag gibt es den traditionellen Putenbraten sowie Nuß- und Mohnrollen. Es „schickt sich", daß die Nuß- und Mohnrollen bis Silvester oder bis zum Dreikönigsfest (6. Januar) ausreichen. Die letzten Bissen werden von der Familie gemeinsam mit den vom Weihnachtsbaum abgeräumten Süßigkeiten verzehrt.

# Silvesterpunsch „Krambambuli“ und Neujahrsschweinchen

## Krambambuli

Es gehört zu den angenehmen und interessanten Dingen des Lebens, in der Silvesternacht in die blaue Flamme des Krambambuli zu schauen. Die Düfte des brennenden Rums, des schmelzenden Zuckers und der vielen Gewürze erfüllen den Raum. Beim Jahreswechsel finden die Getränke regen Zuspruch, die Tischgesellschaft ist in heiterer Stimmung und sucht die geheimnisvolle Zukunft aus der flimmernden Flamme vorauszuahnen.
Vielleicht gibt es Leute, die sagen, daß die heutigen modernen Getränke den Punschen der Neujahrsnacht ihren Zauber genommen haben. So sehr wir auch die Großzügigkeit der verschiedensten Zusammenstellungen bei der Bereitung von Cocktails schätzen, zu Silvester sind Punsche, in erster Linie der gebrannte Krambambuli, stilgerecht.
Vor Mitternacht wird eine große, bauchige, feuerfeste Schüssel in die Mitte des Tisches gestellt, den Schüsselboden bedecken kleingeschnittene Früchte wie Feigen, entkernte Datteln, Rosinen, kandierte Apfelsinenschalen, eventuell in Stücke gebrochenes Johannisbrot, mit Nüssen gefüllte Backpflaumen und – als Ausgleich für fehlende Zutaten – anderes heimisches kandiertes Obst. Über die Schüssel ein Gitter legen, dieses mit Würfelzucker (eventuell an der Apfelsinenschale abreiben) füllen und mit einem halben Liter feinen Rum bespritzen, ein Teil davon kann hausgebrannter Pflaumenschnaps oder Hefebranntwein sein. Mit einem Fidibus anzünden – wobei es empfehlenswert ist, die Lampen auszulöschen – und geduldig warten, bis der flammende Alkohol verbrannt ist und der geschmolzene Zucker in die Schüssel tropft. Ist dies geschehen, 2 Liter aufgekochten, mit Zimt, Zitronenschale und Nelken gewürzten Weißwein,

1 Liter kochenden Tee und den Saft von je 2 Zitronen und Apfelsinen oder anderem Obst hinzufügen. Einige Minuten stehenlassen, doch darf der Krambambuli nicht auskühlen. Gut umrühren, und abschmecken, ob nicht doch noch eine Geschmacksrichtung fehlt. Danach das dampfende Getränk in Punschgläser seihen und in jedes Glas ein bis zwei Stück des gewünschten Obstes legen.

## *Neujahrsferkelbraten*

Unser Neujahrsferkel kam noch vor fünfzig, sechzig Jahren unmittelbar vom Lande in unsere Budapester Wohnung.
Das Ferkel war nicht groß, es wog eben nur soviel, wie es sich für einen Schweinesproß im Säuglingsalter schickt. Wir wollten ein echtes Spanferkel und keinen Läufer, den man auf dem Lande oft noch Ferkel nennt, der dagegen in Budapest „Jungschwein" heißt. Auf den Speisekarten der Restaurants steht noch häufig die Bezeichnung „in der Schwarte" dabei. Das Fleisch solcher Läufer oder Jungschweine in der Schwarte ist schon zäher wie das des Spanferkels. Vom Lande erhielten wir also noch ein dünnknochiges Milchschweinchen, und entsprechend vorbereitet, ergab es ein weiches, fettfreies, aber trotzdem saftiges leichteres Fleischgericht mit ausgezeichnetem Geschmack. Man kann sich vorstellen, mit welcher Spannung die ganze Familie während den letzten Tagen des Jahres den Paketzusteller erwartete, und wie wir Kinder mit riesigem Begrüßungsgeschrei den Empfang der Kiste quittierten, in der das säuberlich gereinigte weiße Ferkelchen ruhte.
Aber wir waren auch nicht besorgt oder enttäuscht, wenn die Sendung ausnahmsweise einmal ausblieb oder sich verspätete. Das geschah, wenn wir „grüne" Weihnachten hatten und sich das außergewöhnlich laue Schlickerwetter auch in der folgenden Woche nicht besserte, so daß man befürchten mußte, daß das aufgegebene frische Fleisch während des Transportes verdarb. Es kam aber auch vor, daß plötzlich auftretende Schneestürme den Verkehr behinderten.
In dieser aussichtslosen Lage lief unsere vorsorgliche Mutter am Silvesternachmittag auf den von lärmenden Menschen überfüllten Markt, um dort im Neujahrstrubel ein hübsches kleines Ferkel auszuwählen. Nach dem unerläßlichen Feilschen wurde es endlich erstande.
Das einmal jämmerlich schreiende, einmal zufrieden grunzende

Tierchen mit seinem Ringelschwänzchen war für uns Kinder natürlich eine ganz besondere Sensation. Bis zum Abend hatten wir uns jedoch damit abgefunden, daß wir uns von ihm trennen müssen. Als wir es anderentags wiedersahen, waren alle Vorbereitungen getroffen, damit es rechtzeitig in die Backröhre komme.

Unsere Mutter, ehemalige Bäuerin, ließ die Fachkenntnis auch in der Großstadt nicht im Stich. Wir konnten sicher sein, daß das Alter unseres Ferkels auf keinen Fall die festgesetzte Grenze überschritt. Sein prächtiges Fleisch war saftig und nicht fett. Bis zum vollkommenen Genuß mußte es jedoch noch auch meisterhaft gebraten werden. Unsere Mutter bereitete den Festtagsbraten auf folgende Weise vor:

Sie rieb das geschlachtete, innen und außen gereinigte und gewaschene Ferkel trocken, salzte es ein und ließ es eine gute halbe Stunde stehen. Danach wurde es erneut trockengerieben, in die Bauchhöhle etwas Majoran und einige Kümmelkörner und zum Aufsaugen der Feuchtigkeit eine Semmel gelegt. In das geöffnete Maul steckte sie einen Apfel. Das ganze Ferkel wurde dünn mit aus Speck ausgelassenem Schweinefett bestrichen, die vier Beine nach vier Seiten gezogen und in der Backröhre des Herdes gebraten.

Ein Ferkel darf nicht rasch, sondern nur bei schwacher Hitze gebraten werden. Alle Viertelstunden mit einer in feines Öl getauchten Streichfeder (oder Pinsel) bestreichen oder mit Räucherspeckschwarte einreiben. Ist das Ferkel schon schön braun, nochmals bestreichen und weitere 10 Minuten braten lassen. Danach schnell aus der Röhre nehmen und zum Transchieren auf ein Brett legen. Sofort den Kopf abschlagen, damit der im Inneren angesammelte Dampf abziehen kann und die glänzende, knusprige Haut nicht erweicht. Auf einer Platte das Ferkel in seiner ursprünglichen Form zusammensetzen. Am Kopf eine längliche Öffnung schlitzen, um besser an das Hirn heranzukommen. Mit Salz und Pfeffer auf Brot gestrichen ist es ein besonders feiner Leckerbissen.

Als Beilage zum Ferkelbraten reichte Mutter Rotkraut in wenig Fett gedünstet, etwas gezuckert, mit Essig und einigen Kümmelkörnern gewürzt. Auch kleine würzige Essiggurken kamen dazu auf den Tisch.

Was geschah – könnte jemand fragen –, wenn das Ferkel verspätet mit der Neujahrspost im Strom der Gratulationen ankam? Auch für diesen Fall hatte meine Mutter ein Rezept parat. Der Ankömmling wurde dann ohne Aufschub in eine schwach gesalzene, mäßig gewürzte Schinkenbeize gelegt, oft gedreht und

nach 8–10 Tagen zum Fleischer gebracht, der es in dünnem Rauch schön goldgelb räucherte. Behutsam gekocht kam das Ferkel dann als Räucherschweinchen auf unseren Tisch. Entweder wurde es mit geriebenem Meerrettich in Essig warm gereicht, oder „gefroren" nur mit Meerrettich – ohne Essig – und mit gelbem Aspik garniert kalt serviert. Auch auf diese Weise zubereitet schmeckte es wundervoll. Sein schwach rosafarbenes Fleisch war ein besonderer Leckerbissen.
Wer sich am Neujahrsmittag für einen Spanferkelbraten noch nicht kräftig genug fühlt, der kann dem Glückssymbol – das Ferkel buddelt mit seiner Schnauze das Glück für das neue Jahr heraus – in Form von verlockendem Spanferkelpörkelt begegnen. Auch dieses Ferkel darf nur ein Milchschwein sein. Dünnknochig, mit weichem Fleisch, frei von jedem überflüssigen Fett, damit das Pörkelt für unseren übernächtigten Magen nicht zu schwer ist. Der würzige Saft aus dem nicht brennend scharfen, aber feuerrotem Edelsüßpaprika soll ausreichend, jedoch nicht überreichlich sein. Etwas kleingeschnittene, geröstete Zwiebel unterstreicht noch den Pörkeltgeschmack. Der Geschmack und die Sulzkraft sollen nicht aus der Zwiebel, sondern aus dem Ferkelfleisch, dem Fett, der Schwarte und den Knochen stammen.
Unentbehrlich zu Spanferkelpörkelt sind etwas angeröstete, in Wasser weichgekochte, gut körnige Tarhonya.

# *Schlachtfestzeit*

Unter der Schneedecke schlummert die Herbstaussaat, die Landschaft scheint menschenleer, die Natur hält ihren Winterschlaf. Aber schauen wir nur genauer hin: Im Morgengrauen werden offene Feuer angefacht, Rauchsäulen kräuseln zum Himmel empor... Nur die Natur schläft, für die Menschen ist mit den harten Winterwochen eine sehr wichtige, abwechslungsreiche und – im strengsten Sinne des Wortes – recht vergnügliche Zeit gekommen: das Schlachtfest.

Wie erkläre ich Ihnen, lieber Leser, was früher ein Schlachtfest bedeutete?

In den dämmernden, frostigen Morgenstunden blitzte auf den Höfen hier und dort das Schlachtmesser und danach war das traurige Gegrunze und das verzweifelte Pfeifen des Mastschweins zu hören. Einige Minuten später lodert schon die Strohflamme hoch auf, um die lockigen Borsten des geschlachteten Tieres abzusengen, um auch dadurch den Speck und das Fleisch schmackhafter zu machen.

All dies ist zweifellos ein etwas exotisches Zeremoniell, und es erinnert an Heidenopferung und Scheiterhaufen, obzwar hier nur eine Schweineschlachtung stattfindet... Das „Opfer"-Tier wird seit dem Frühjahr gemästet, und jetzt, nachdem es das erforderliche Gewicht erreicht hat, wird es zum Mittelpunkt des Festmahles.

Die ganze Familie – sogar die Nachbarn – helfen bei der Zubereitung des Tieres mit, und am Abend beginnt der Schmaus unter Teilnahme der ganzen Verwandtschaft und des Freundeskreises. Wer durch unaufschiebbare Hindernisse davon abgehalten wird, der bekommt per Post eine sorgfältig eingepackte Kostprobe zugeschickt. Zur Zeit der Schlachtfeste arbeitet die Post mit besonderer Sorgfalt. Ohne zu öffnen, erkennen geübte Zusteller am Duft der Pakete ihren Inhalt, könnten eine genaue Bestandsaufnahme machen und nachsinnen über die Zubereitung der von ihnen überbrachten köstlichen Bissen.

Wir wollen jedoch die Leckerbissen des Schlachtfestes nicht aus dem Postpaket kennenlernen, sondern nehmen unseren Weg zu einem der „Opferfeuer". Die legendäre ungarische Gastfreundschaft zeigt sich hier auf beste Weise.

Seit dem Morgengrauen „brennt" das Haus vor Arbeitseifer. Ist das Strohfeuer erloschen, schneidet der Hausherr mit einem Taschenmesser die gerösteten Ohrenspitzen des abgesengten

Schweines ab: mit etwas Salz und Paprika sind sie eine willkommene Frühstückszulage, fast ein Leckerbissen. Über die in den Schnee geworfenen Abfälle des Schlachttiers fällt eine Schar Raben her. In Riesenkesseln wird Fett und Schmalzspeck ausgelassen – in Kübel gefüllt reicht es bis zum nächsten Schlachtfest! – dort wird das Karbonadenstück herausgelöst, der Schinken und das Schulterblatt abgeschnitten und die Beiz- und Kochbrühe zubereitet. In der Küche und im Vorhof mischt die Hausfrau nach strengbehüteten Rezepten die Gewürze und schmeckt damit die verschiedensten Leber-, Blut-, Brat-, Hauswurst und Preßwürste ab.

Das zweigriffige, halbmondförmige Beil zerkleinert geschwind das Fleisch. Der Fleischwolf ist beiseite gestellt worden, da er aus dem schmackhaften kleingeschnittenen Fleisch nur einen geschmacklosen Brei, eine Schmiere bereitet. In den gründlich gereinigten Dickdarm wird die Wurst gefüllt: Blut- und Leberwurst mit Hirse oder Buchweizen; in den Dünndarm kommt das zerkleinerte Fleisch, Speck, Würze und für die Bratwurst Pfeffer. In den Magen gelangen Schwarte, Kopffleisch und Zungenstückchen, Blut und außer Majoran noch eine Reihe anderer Gewürze, die zusammen einen schmackhaften Preßkopf ergeben. Außer den Familienmitgliedern nehmen gute Freunde und Nachbarn an der Arbeit teil, jeder hat seine Aufgabe – im ganzen Dorf ist bekannt, wer für welchen Vorgang der beste Fachmann ist. Jemand wird z. B. nur mit dem Zwiebelschneiden beauftragt, das Zusammenstellen der Gewürze zählt schon als Vertrauensstellung... Die eifrige Arbeit wird nur durch die kurzen Frühstücks- und Mittagspausen unterbrochen. Von den Knochen gelöstes knorpliges Fleisch, das für Bratenfleisch nicht geeignet ist (der „Abfall"), wird in eine Pfanne geworfen, einige Leberstückchen werden dazugegeben, das Ganze im eigenen Fett knusprig gebraten und, wenn es fertig ist, mit etwas Paprika, Pfeffer und Salz gewürzt. In einem anderen Topf wird in Ringe geschnittene Zwiebel in Essigwasser gekocht und auf die gebratene Fleisch-Lebermischung gegossen: ein fürstliches Gabelfrühstück ist entstanden.

... Die Luft ist während des ganzen Tages von schwerem Fettgeruch geschwängert; am Abend, vor dem Festmahl, dominieren die gaumenkitzelnden Düfte, um die Gästeschar gebührend zu empfangen.

Bis jetzt waren wir nur Zeugen des regen Lebens und Treibens im Hause, aber abends schwenken Schlitten und Autos in den Hof. Während der Schlachtfestzeit fährt sogar mitunter ein Sonderbus in das eine oder andere größere Gehöft. Selbst der

Tourismus hat bereits die Erlebnisse eines Schlachtfestes entdeckt ... Außer heimischen Besuchern erscheinen auch Ausländer in großer Zahl. Draußen knirscht der Schnee, doch drinnen, um den Kamin, der freundliche Wärme ausstrahlt, sitzt die Gesellschaft bei herzerquickendem Aprikosen- und Pflaumenschnaps, und die Zeit vergeht wie im Fluge ... Dann endlich ist es soweit! Die Speisezimmertür wird geöffnet, und ein hervorragender Duft steigt uns in die Nasen. In tiefen Tellern wird die dampfende, wie Gold glänzenden Suppe aus Schweinenacken aufgetragen.

Nur der Teilnehmer eines ungarischen Schlachtfestes weiß, daß aus dem Schweinenacken eine besonders hervorragende Suppe bereitet wird. Schneckennudeln oder Leberklößchen werden eingekocht. Bereits der erste Gang ruft die Gourmets an den Tisch; die analysierende Würdigung und Beurteilung der einzelnen Gänge gehört zu den beliebtesten Unterhaltungen. Das ist besonders auf einem Schlachtfest ein unerschöpfliches Thema!

Der ungarische Schriftsteller Gyula Krudy (1878–1933) würdigte in dichterischen Worten die leckeren Bissen und äußerte sich zu dieser Frage wie folgt:

– Es ist leichter, auf einer Theaterpremiere eine Meinung über ein neues Stück zu bilden als über die Zulänglichkeit der Gewürze bei der Schweineverarbeitung! Schade, daß nicht jeden Tag ein Schlachtfest stattfindet, auf dem die Männer den Frauen zeigen können, daß sie diese Sache, diese einzige Sache, aus zufälliger Begünstigung viel besser verstehen als die Frauen. Wie eine zünftige Schweinenackensuppe bereitet werden muß, kann eine Frau niemals erlernen ...

Die Kenner der Traditionen wissen, daß nach dieser Suppe ein Fleischgericht mit Meerrettich folgen muß: die in der Suppe weichgekochten Fleischsorten – Nacken, Kopf, Haxen, Knie, knochige, sehnige knorplige Stücke und die Speckhaut – in einer Essig-Meerrettichsoße. Eine verlockende Schleckerei, worauf der „große Schlager", das Schlachtfestkraut, folgt. In der großen Schüssel ist das Kraut kaum zu sehen, es wird von der reichlich mitgekochten Füllung – von Ohren, Schwanz, Rippen- und Bauchfleisch – überdeckt. Aber das Kraut wird nicht allein gereicht; auf einem anderen Teller leuchten frischgebratene Karbonadenscheiben – d. h. Koteletts –, auf dem dritten Teller wird, umgeben von den unausbleiblichen sauren Beilagen, Wurst gereicht.

Doch nicht allein der vielfältige Duft, noch der schwere Wein, der zu den einzelnen Gängen des Schlachtfestes nicht fehlen darf, sollen uns betören. Kosten wir nur die in Reih und Glied angerichteten verschiedenen Hauswürste, vielleicht gelingt es uns, die ängstlich behütete Rezeptur in Erfahrung zu bringen. Können wir uns noch auf unseren Geschmackssinn verlassen, dann nehmen wir bei den dicken, in Därme gefüllten Würsten mit der schwärzlich-roten Füllung noch das frischgebratene Schweineblut wahr, das mit ein wenig Milch und Wurzelwerk-Fleischbrühe etwas gemildert wurde, ferner das Schweinefleisch, den Speck, Zwiebel, Pfeffer und Majoran. In der anderen, ähnlich dicken grauen Wurst haben sich der Geschmack von Schweineleber, Doppelkinnspeck und Kammstück, mit Salz und Pfeffer gewürzt zu einer besonders aromatischen Einheit verbunden. Die Füllung der dünnen Würste besteht „nur" aus Schweinefleisch, ihr Geschmack ändert sich aber in raffinierter Weise: die eine wird nur mit Zitronensaft, die andere mit weit und lange erkennbarem Knoblauch (eventuell Knoblauchsaft), Paprika und Majoran gewürzt. Über das jeweilige Mischungsverhältnis der Gewürze, Qualität und Sorte von Paprika (vom milden bis zum schärfsten, dem sogenannten „Kirschpaprika"), können wir nur Vermutungen anstellen, es bleibt letztlich das Geheimnis der Gastgeber. Bescheiden und nett anzusehen ist noch eine vierte Platte. Uneingeweihte nehmen sie vielleicht gar nicht wahr. Sie ist viel kleiner als die übrigen Platten, zieht aber sogleich die Aufmerksamkeit der Fachleute auf sich. Ihre Augen blitzen auf, wir erblicken den Favoriten des Tages, den „im Netz gebratenen Jungfernbraten", mit geviertelten Zitronen, Kartoffelscheiben und kleinen Gurken garniert. Er gehört zu den seltenen Lebensgenüssen, die uns vor allem und vollkommensten ein Schlachtfest-Abendessen bietet.

Das sogenannte Netz, in dichterischer Form manchmal „Schleier" genannt, wird vom Bauchfett getrennt und das magere Schweinefilet in diese Haut gehüllt. Auf dem Herd entsteht in dem feuchten, vorzüglich schmeckenden Netz ein Spitzenklassegericht, außen knusprig braun, innen schneeweiß und mit einigen Tropfen der garnierenden, geviertelten Zitrone beträufelt, verlockt es immer wieder zum Anbeißen. Wer einmal Gast bei einem unverfälschten ungarischen Schlachtfest sein darf, tut gut daran, Appetit und Platz im Magen zu berechnen, einzuteilen und für den Jungfernbraten im Netz aufzusparen.

Das Schlachtfest Abendessen ist damit selbstverständlich noch längst nicht zu Ende, es gibt vor allem noch Túrós csusza mit siedenden, zischenden Grieben und saurer Sahne. Damit das Schlachtfest gänzlich zum Fest des Überflusses wird, folgen „nur" noch Kapaunbraten mit Salat und mit in gewürztem Rotwein gebeizte Pflaumen, die anstelle des Kernes Mandeln enthalten. Dann gibt es noch Apfelstrudel, eventuell „Hobelspäne“, 3–4 verschiedene Torten, etwa 10 verschiedene Sorten Kleingebäck, und schon sind wir beim erfrischenden Obst und Kaffee, der die erlahmten Hirne erneut zu lustigen Gesprächen ermuntert. Eigentlich ist damit das Schlemmermahl beendet, aber nach Hause gehen darf man auf keinen Fall; denn inzwischen ertönt Zigeunermusik, hier und dort erklingt Gesang, und wer nach dem reichhaltigen Festmahl dazu imstande ist, dreht sich munter im Tanz. Es ist empfehlenswert zu bleiben, die Gastgeber schenken vortreffliche Weine ein, und es herrscht beste Stimmung. Die Wintersonne steigt bereits am Horizont auf – in der Ferne blitzt irgendwo das Schlachtmesser auf, und man hört das Grunzen eines Mastschweins – wenn die lustige Gesellschaft aufbricht . . .

# *Frühlingserwachen*

## *Heringsschmaus*

Auf Fastnacht folgt der Aschermittwoch, und nach getreuer Einhaltung der Traditionen wird er mit sauren Eiern und „Heringsschmaus“ – Sauerkraut mit Hering – begangen. Einst wurde dieses Gericht an die Stammgäste der Budaer und Pester Kneipen als Gratisessen verteilt, wenn sie gekommen waren, um ihre in Unruhe gebrachten Magen nach den Faschingsstürmen mit erfrischendem Bier wieder zu beruhigen.

Ohne Zweifel war Sauerkraut mit Heringen zur Wiederherstellung des verkaterten Magens eine hervorragende Erfindung, das Übel dabei war nur, daß auf den Genuß des rohen Sauerkrautes und des gesalzenen-gebeizten Fisches das schäumende Bier ausgezeichnet und mit ganz besonderer Kraft durch die durstigen Kehlen rann und der Großteil der Freigäste erneut in „rosiger“ Stimmung ins Bett wankte.

Sauerkraut mit Heringen ist selbstverständlich nicht nur an Restaurants gebunden, sondern steht auch auf dem Familientisch. Man verwende möglichst selbstgesäuertes Kraut und zwei Finger breit geschnittene Heringe. Seit man feinere Beizmethoden erfand, gewann der Heringsschmaus an Niveau. In bestimmten Zeiten verdrängte der Ostseesalzhering den Salzfaßfisch. Auch die Zeit des Leinsamenöls ist vorbei, mit dem das Heringskraut bereitet wurde. Oliven- und Sonnenblumenöl mit ihrem reinen Geschmack triumphierten über die übrigen Ölsorten. Geblieben sind jedoch die in dünne Ringe geschnittenen Zwiebeln, Kümmel und das geviertelte oder geachtelte hartgekochte Ei, alles gut zum Hering passende Zutaten.

## *Frühlingsschafkäse, Radieschen und Zwiebeln*

Eine ureigene Stimmung verbreitet das Erwarten des Frühlings. Ermüdet und blaß nach dem rauhen Winter halten wir in nebligen Morgenstunden Ausschau nach dem Lenz. Wir wissen zwar, daß der Frühling kalendermäßig nur am 21. März beginnt, aber wenn in den Auslagen der Delikateßgeschäfte zum ersten Mal

der frische, zarte Schafkäse und beim Fleischer auf dem Eisenhaken das erste weiße Sauglamm zu sehen sind, wissen wir, daß der Frühling naht.
Auch sonstige Frühlingsboten vermelden die Ankunft des Frühjahrs und danach des Sommers. In der Auslage tauchen neben dem Schafkäse die roten Köpfe der Radieschen und die weißen Kuppen der grünstieligen jungen Zwiebeln auf.
Das Erscheinen der Radieschen wird infolge ihrer allgemeinen Beliebtheit und der angenehmen Milde – so nehme ich an – einheitlich begrüßt, während um die Zwiebeln gemischte Gefühle aufkommen. Ihr Geschmack ist auch nicht gerade als „Duft" zu bezeichnen. Keinesfalls wäre ich begeistert, wenn die reizende Dame, mit der ich abends tanzen gehe, zuvor Zwiebeln zum Abendbrot verzehrt hätte.
Ist der Schafkäse tatsächlich frisch und frühlingsgemäß, und stammt er von einem zuverlässigen Hersteller, dann ist er fett, fast butterartig. An der aromatischen Zusammensetzung fehlt nichts, und seine Milde zeugt für beste Qualität.

## *Ostergedeck*

In den Straßen, an den Ständen der Blumenverkäufer erscheinen die Weidenkätzchen, die blähenden Zweige der Weiden- und Pappelähren. Die Woche vor Ostern vergeht im Zeichen der Weidenkätzchen – und der Vorbereitung der Feiertagsspeisen.
An erster Stelle der traditionellen Gerichte ist das Menü des Gründonnerstags zu erwähnen. Nicht umsonst heißt er „grüner" Donnerstag, denn das erste Frühlingsgemüse, der Primeurspinat, kommt auf den Tisch. Er wird mit Milch bereitet und mit Semmeln im Schlafrock gereicht.
Nach ungarischem Brauch gibt es kein Osterfest ohne Schinken. Dabei ist unter Schinken nicht eine Menge von 100–200 g zu verstehen, die man aufgeschnitten von Zeit zu Zeit im Delikateßgeschäft kauft. Zu Ostern bedeutet „Schinken" ein gutes Stück Schweinskeule, die entsprechend gewürzt, fein gebeizt (aber nicht versalzen!) und schwach geräuchert ist. Sie wird schon einige Zeit vor dem Fest eingekauft und mit großer Sorgfalt zum Feiertagsgericht vorbereitet. Der Schinken wird in der Speisekammer abgehängt, und erst am Ostersamstagmorgen wird er weichgekocht. Im extragroßen Kochtopf, der nach strenger Küchenordnung nur zum Schinkenkochen verwendet werden darf, kocht man auch mehrere Eier mit. Sie saugen den Ge-

schmack des Räucherschinkens in sich auf. Zugedeckt wird der Schinken so lange langsam und leise wallend gekocht, bis sich der herausstehende Knochen drehen und die Haut mit einer Gabel leicht einstechen läßt. Der Topf wird vom Herd genommen, der Schinken aber erst nach dem Auskühlen aus dem Saft genommen. (Diese Vorschrift ist besonders wichtig, sie beeinflußt günstig den Geschmack des Schinkens!)
Soll der Schinken warm serviert werden, so muß der Kochvorgang kurz vor der Mahlzeit beendet werden. In diesem Fall wird der Schinken gleich aus dem Kochwasser genommen, mit Erbsen-, Linsen- oder Kartoffelpüree gereicht – eventuell mit Sauerampfer oder Spinat – und schnell serviert. Ist der Schinken einmal ausgekühlt, dann wäre es eine Sünde, ihn erneut aufzuwärmen. Aufgewärmter Schinken ist schlechter als ein zweitrangiges Gericht.
Es ist kein Zufall, daß wir uns so detailliert mit der Wissenschaft – oder Kunst – des Schinkenkochens beschäftigen. Es ist eine Bewährungsprobe der hauslichen Kochkunst: Der gekochte Osterschinken wird gut ausgekühlt, wenn möglich gefroren und eventuell mit weißem flüssigem Aspik überzogen, es erstarrt schnell und glänzt wie Kristall. Die geviertelten, mit dem Schinken gekochten Eier werden als Plattengarnierung verwendet, dazu kommt eine gute Portion geriebener milder Meerrettich, und gut geeignet sind auch gelbe und rote Aspikscheiben. Die auf ihre Kreation stolzen Gastgeber schneidet den Gästen appetitliche, dicke Scheiben davon ab.
Am gleichen Abend wird noch ein zweiter Prüfstein der Kochkunst begutachtet: die Nuß- und Mohnrolle. Oft wird dieses Gebäck auch halbmondförmig gebacken und deshalb „Hufeisen“ genannt. Der größte Wettbewerb für die Zubereitung dieser Spezialität findet zwischen Weihnachten und dem Dreikönigsfest unter den Hausfrauen statt. Doch die Mohn- und Nußrolle darf auch auf dem Ostertisch nicht fehlen, sie ist das traditionelle Gebäck des Ostersonntags und -montags.
„Sensation“ des Ostersonntags ist das Osterlamm. Der leicht gelierende Kopf ergibt eine köstliche Suppe, danach folgt das mit Estragon pikant gewürzte Lammfrikassee; die Siebenbürger Lammplatte, Lammpörkelt und Lammfleisch mit saurer Sahne und Paprika sind beliebte ungarische Spezialitäten. Goldgelb gebratene Keulen und knusprig gebratener Rücken, mit Räucherspeck gespickt, finden vielleicht den größten Anklang. Gleicherweise delikat sind gefüllte Keulen sowie auf dem Rost gebratenes Rippenstück. Gegen Ende des Winters, zum Frühlingsanfang, gibt es kaum einen feineren Braten als ein Sauglamm.

Zum Osterlamm gehört auch feines Gemüse, in Butter gedünstete frische grüne Erbsen, der in Öl-Essigsaft angemachte grüne Kopf- oder Vogelsalat oder in der Backröhre geröstete Kartoffeln. Lammbraten kann durch verschiedene Feiertagsgänge eingeleitet und beendet werden. Stilgemäß ist eine Fleischsuppe mit Leberknödeln und Pilzscheiben, weiterhin wird als Vorspeise gefülltes Kraut mit Dill auf Siebenbürger Art gereicht. Es kann auch vom Vorabend übriggebliebener, kalter Schinken in Aspik gereicht werden. Als Nachspeise soll, auch wenn Torte serviert wird, Mohn- und Nußrolle nicht fehlen.

Das traditionelle Essen am Ostermontag ist die Premiere des „diesjährigen" Brathühnchens. An diesem Tag verblassen jedoch schon die Tischbräuche neben dem Volksbrauch des Begießens mit Osterwasser: Schönheit, Jugendlichkeit und Heiratschancen der Mädchen werden dadurch gesichert.

Nach dem Begießen folgt die gehörige Dankesbezeigung in Form schön rotgefärbter oder mit verschiedenen Mustern verzierter Eier, mit Likör oder Wein – wie es der Hausbrauch ist.

## *Primeurwaren erscheinen*

In Mitteleuropa kommt es oft vor, daß sich der Frühling nur zaghaft einstellt. Die Hartnäckigkeit des Winters und die Unschlüssigkeit des Frühlings finden auch auf dem Tisch ihren Niederschlag.

Der wirkliche Frühling kommt jedoch immer, spätestens am 1. Mai. Mit ihm sind dann plötzlich auch die im Freien und im Frühbeet gereiften, abwechslungsreichen und leichten Erzeugnisse, da, die als Primeurs bezeichnet werden.

Als erstes sei unter seinem wissenschaftlichen lateinischen Namen der Cucurbita pepo erwähnt, der gemeine Kürbis. Die ersten Exemplare werden kaum größer als zwei kräftige Männerfäuste. Sie sind zartgrün, fast weiß.

Ist der Frühling einmal angebrochen, dann erscheinen immer neue Waren auf dem Markt. Da finden wir z. B. den jungen Kohlrabi, süß wie Zucker, zart und noch nicht holzig. Kohlrabi mit einer Masse aus Fleisch, meistens Schinken, Pilzen, Speck und Ei gefüllt, ist ein wohlschmeckendes Gericht.

Dann folgen grüne Erbsen und frisches Wirsingkohl, die verschiedenen Pilzsorten tauchen auf, und plötzlich erscheinen bergeweise die vielerlei Gemüsearten.

Oft finden wir zu dieser Jahreszeit auf den Speisekarten die Sauerampfersoße mit den dazugehörenden Stampfkartoffeln. Köstliches Maigeschenk ist der zu den Liliengewächsen gehörende Spargel.
Aber nicht nur pflanzliche Nahrung nimmt der Mensch zur Frühlingszeit zu sich, sondern auch Fleisch. Eine der ersten Freuden ist die „diesjährige" Gans mit Gurkensalat; und feines, zartes Kürbisgemüse mit Dill und saurer Milch ist als Beilage zur gebratenen Gans nicht zu verachten. Eine Delikatesse ist auch die dickliche, nicht harte, geschälte und eisgekühlte Salzgurke.

# *Hundstage*
## *Ball und Kirmes am Annentag*

Nach alter Tradition kulminiert der Sommer am Annennamenstag, am 26. Juli, überall im Erholungs- und Ferienland, in erster Linie jedoch am Ufer des Balatons. Der erste „Annenball“ wurde vor mehr als 100 Jahren, um 1860, zum erstenmal in Balatonfüred abgehalten. Diese Gewohnheit hat sich um den ganzen Balaton verbreitet. So wie die Franzosen im Sommer ans Meer fahren, suchen die Ungarn den Balaton auf, um Ruhe und Unterhaltung zu finden. Zum Festtag wirkt die an Farben und Sehenswürdigkeiten reiche Gegend wie ein einziger großer Ballsaal. Kurz sind die Nächte zu dieser Zeit, aber es gibt wohl kaum ein schöneres, romantischeres Erlebnis, als den erwachenden Morgen mit seinen Strahlen über den noch träumenden See entlangstreichen zu sehen. Sommerbälle und Kirmesfeste werden besonders in Transdanubien abgehalten. Zwar interessieren sich auch die Freunde der Gastronomie für Balltöchter, aber im eigentlichen Sinn gehört die Kirmes zu dem Gebiet, das den Bereich der Feinschmecker darstellt.

Am Sonntag nach Sommermitte werden an vielen Plätzen Lebkuchenzelte aufgeschlagen. Haselnuß-Baisers, verschiedenfarbige und -gestaltete Marmeladen-, Schokoladen- und Mandellebkuchen, Obstbrot und was es sonst noch gibt, sind nicht zu verachtende Bissen. Vor allem Kinder, aber auch junge Burschen mit ihrer Herzallerliebsten kommen gern hierher. Eisgekühltes Honigwasser ist ein geeignetes Getränk zur Kirmes. Es wird aus gekochtem Honig bereitet, mit Wasser verdünnt und mit Muskatnuß und Koriander gewürzt.

Amon, der Lebkuchenbäcker aus Marcali, hat schon vor langer Zeit Kirmeseis bereitet, als diese Leckerei in der Provinz noch eine große Seltenheit war: rotes aus Himbeeren, weißes aus Zitronen, gelbes aus Aprikosen und vor allem cremefarbenes aus Vanille, das damals als das vornehmste galt. Das Mittagessen der Annen-Kirmes zieht sich bis in die Nacht hinein, und die Anwärter der Kochkunst haben hier gewiß viel lernen können.

Mittagsmenü auf der Annen-Kirmes in einem Dorfe in Transdanubien:

Hühnersuppe mit Fadennudeln; Gänserisotto, mit Gänseleberscheiben, gebratenem Gänseblut und mit Gänsegrieben garniert; Gedünstete Oberschale mit grünen Bohnen; Paprikahuhn mit Nockerln und Pilzreis; Faschingskrapfen; Gänse- und Entenbra-

ten mit Salzgurken und gedünstetem Kraut; Dill-Quark-, Kraut- und Apfelstrudel; Haselnußcremetorte; Aprikoseneis; Gemischtes Kleingebäck; Obst; Käse; Kaffee.
... Möchten Sie etwas Natron? Wenn jemand einen etwas schwachen Magen hat, werden die Verdauungssäfte schon beim Lesen dieser Menükarte rebellisch, und Sodbrennen ist die unumgängliche Folge. So ein Menü ist also nur mit Vorbehalt zu empfehlen.

## *Leichte Sommergerichte*

Während der Hundstage bereiten wir möglichst kalte oder wenigstens kühle und leichte Speisen. Auch der größte Suppenfreund wählt an heißen Sommertagen lieber Stachelbeer-, Kirsch- oder eine ähnliche kalte Obstsuppe. Schwere, fettige Gerichte müssen an diesen Tagen zurückstehen. Im Winter verlangen wir sie als Brennstoff, im Sommer aber, da schon die Sonne genügend brennt, protestiert unser Körper dagegen. Während des Sommers (aber auch im Winter) können Vorspeisen sehr variabel gestaltet werden. Je eine Scheibe kaltes Kalbs- oder Hühnerfleisch verträgt man auch in der größten Hitze, aber nur mit gekühlten, geschälten Salzgurken oder irgendeinem Salat.
Eine große Rolle spielt die Mayonnaise bzw. die daraus weiterentwickelte Tatarensoße sowie sonstige kalte Soßen. Wird warmes Fleisch gereicht, so achten wir darauf, daß wenigstens die Soße kalt ist. Zu gekochtem Rindfleisch z. B. schmeckt Meerrettich in Essig oder Schnittlauchsoße sehr pikant.
Große Möglichkeit zum Wählen bietet die Salatpalette. Auf keinen Fall beschränken wir uns auf einfachen Kopf-, Kartoffel- Sellerie-, Paprika-, Kohl- und Gurkensalat, sondern bereiten Salate aus Tomaten, Pilzen, Spargeln, Blumenkohl und grünen Bohnen und haben dabei immer vor Augen, den besten Essig (eventuell Zitrone) und das beste Öl dazu zu verwenden.
Butter und Käse (nicht der starke, reife, sondern der milde, cremeartige) passen gut dazu; ferner Gebäck und Kompotte, die kalt gereicht werden. Himbeersirup mit Mineralwasser vermischt sowie Obstsäfte sind wahre Erfrischungen, vom Eis und raffinierten Halbgefrorenen ganz zu schweigen!
Wer kein Eis mag, tut gut daran, eisgekühlten Tee mit Zitrone zu trinken. Auch dieses Getränk kann zur Delikatesse werden, besonders dann, wenn der etwas stärker Tee zu einem Drittel mit prickelndem Mineralwasser vermischt wird.

# Herbstlichter

## Weinlese und Weinschenken in Buda

Eine uralte Beschäftigung der Bewohner von Buda war der Weinbau. Seit der kühne, kluge, aber auf unglückliche Weise ums Leben gekommene römische Kaiser Probus – der in Syrmium, dem heutigen Mitrovica geboren wurde – im 3. Jahrhundert italienische Weinreben nach Pannonien verpflanzte, waren das heutige Buda und seine Umgebung immer eine berühmte Weingegend. Von den Herrschern des Arpadenhauses, besonders aus der Zeit Endre II., sind auch diesbezügliche Schriftstücke erhalten geblieben. Von König Matthias wird berichtet, daß er den Budaer Weinbau durch neue Sorten erweiterte und daß er der Schirmherr der Berggemeinde Sasad war, die den König mit guten Weinen versorgte. Auch von den Türken wissen wir, daß sie nichts gegen die vortreffliche Weine einzuwenden hatten. Sie kehrten sogar, dem Verbot des Propheten trotzend, manchmal in die Weinschenken ein, um etwas guten Rotwein und weiches ungarisches Brot zu kosten.

Die eigentliche Blüte erreichte der Weinbau zur Zeit von Maria Theresia, und die damals angesiedelte schwäbische Bevölkerung erhöhte den Bacchuskult. So war Buda zu Anfang des 19. Jahrhunderts von einem mehr als 6 Millionen Quadratklafter großen Weingebiet umgeben, das jährlich durchschnittlich 230 000–240 000 Eimer Wein, zum Großteil Rotwein, einbrachte. Dazu kam die weitere Umgebung; von Nagytétény bis Szentendre konnte man durch eine einzige Weinlandschaft wandern. Der Sashegy (Adlerberg) und der Sasadi-hegy (Burgerberg) waren die berühmtesten Weinberge dieser Gegend. Zeitgenössische Schriftsteller bezeichneten sie als „die wahren Genüsse des Dionysos".

Das Viertel der begüterten Bürger wurde meistens von den in Rácváros und Óbuda wohnenden Winzern kultiviert, die selbst über einen eigenen kleinen Weingarten verfügten und zu deren Aufsicht der Stadtrat die Bergmeister einsetzte. Diese Weinbauern, die kaum schreiben und lesen konnten, waren auf ihrem Arbeitsgebiet erstklassige Fachleute. Sie wußten genau, wo und welche Weinsorten kultiviert werden mußten und wie man den Wein behandelt, um den alten guten Ruf zu bewahren. Die Budaer Weine waren auch im Ausland bekannt, wohin eine beträchtliche Menge gelangte, obwohl Erzeuger und Pester

Nachbarn gleichermaßen fleißig konsumierten. Kein Wunder, daß man den Wein sorgsam vor Verfälschungen schützte. An der Stadtgrenze wachten dafür eingesetzte Flurschützer darüber, daß kein fremder Wein unter dem Budaer Verkaufsschild eingeschmuggelt wurde.

Wie Grinzing und Nußdorf bekannte Außenbezirke von Wien sind, so entwickelte sich das ausgedehnte Netz der Weinschenken in Buda, Tabán, Krisztina, in der Viziváros (Wasserstadt), in Újlak und Óbuda. Die Verordnung war hier die gleiche wie in Wien: Jeder Weinbauer konnte seinen eigenen Wein – ohne Schankbewilligung – ausschenken, und da fast ein jeder Selbsterzeuger war, besonders in Tabán und Óbuda, war fast jedes Haus zugleich eine Schankstube. Selbstverständlich kein dekoratives Restaurant, sondern oft erwarteten die Gäste im Hof nur ein bis zwei runde grüne Tische ohne Tischdecke. Bei Regen oder im Winter wurden die Tische einfach in das größere Zimmer geschafft, welches oft gleichzeitig als Schankstube und als Wohnzimmer diente. Etwas Eßbares mußte der Gast meistens selbst mitbringen; der Wirt schenkte nur Wein aus, eventuell Sodawasser, wenn jemand um jeden Preis den guten Budaer Wein verderben wollte.

Ein Großteil der Schenken war nicht das ganze Jahr über geöffnet, sondern nur dann, wenn sich der Most wenigstens soweit abgeklärt hatte, daß ein trüber, sektähnlicher, berauschender „Heuriger" daraus geworden war. Dann steckte über dem einen oder anderen Hauseingang ein Wacholderstrauß, der an einer Stange befestigt war, oder Hobelspäne. Das war das Zeichen für den Beginn des Ausschanks, der so lange dauerte, wie der Vorrat reichte. Verräuchert und eng waren diese Weinschenken, aber draußen im Hof erweckte der Frühling den Roßkastanien-, Maulbeer- oder Essigbaum, und die Oleanderblüten leuchteten. Wilder Wein rankte an der bemoosten Brandmauer, und der Wein, der im dickwandigen Sechs-Kreuzer-Glas duftete, war echter Wein aus der Gegend des Adlerberges. So wie in Grinzing wurde auch in Buda auf der Harmonika gespielt; viele Lieder erklangen auf der Gitarre und Zither, und die Schrammelmusiker spielten die neuesten Wiener „Gstanzln".

Immer mehr und mehr Pester pilgerten auf das rechte Donauufer, und das Lager der „Weinkenner" wuchs schnell an. Die Männer wollten aber auch ihre Frauen nicht vernachlässigen; die Budaer Weinschenken kamen in Mode, besonders dann, wenn man zum Wein knusprig gebratene Gänse, gebackene Hühnchen und ähnliche Leckerbissen bekommen konnte. Die Geschäftstüchtigen begannen, ihre Schenken zu kultivieren;

eine weiße Tischdecke schmückte den Tisch, elegante, gummibereifte Fiaker, später Autos, drängten sich in dem engen Gassen, und in den blühenden Gärten trugen befrackte Kellner die Bowlenschüsseln auf.
Die Zigeuner musizierten, später zogen auch Jazzkapellen in die romantischen Höfe der alten Häuser ein. Doch in den Jahren dieses heiteren Lebens vernichtete die Reblaus die Weingärten Budas. An ihre Stelle wurden Villen und Mietshäuser gebaut – vom ursprünglichen Tabán besteht kaum noch etwas...

## *Weinlese, „Wurst", Edelkastanien und Obst*

Im Jahresrhythmus folgt nun das schöne Herbstfest, die Weinlese. Das Rezept vom Hammelgulasch wird an anderer Stelle des Buches erwähnt, ebenfalls die gegenwärtige Renaissance des Hammelfleisches. Zum Winzerfest, zum frischen Most, gehört allerdings ein besonderes Rezept, das der Most-„Wurst".
Dieses besondere Gericht wird folgendermaßen bereitet: Ein kg sehr feines Mehl (Nullermehl) wird mit so viel süßem, gegorenem Most vermischt, daß ein dünner Palatschinkenteig entsteht. In 2 l Most 250 g Zucker auflösen, etwas gestoßenen Zimt und Nelken zufügen und schließlich 120 g ganz fein gestoßene Stärke dazugeben. Auf den Herd stellen und während des Kochens langsam den dünnen Teig hineingeben. Unter ständigem Rühren dickflüssig kochen. Auf einen dünnen Bindfaden halbe oder geviertelte Nüsse auffädeln. Diesen Bindfaden in den warmen Brei tauchen und schnell an die Sonne hängen. Im Nu geliert darauf der Brei und kühlt schnell aus. Danach erneut hineintauchen, trocknen und auskühlen lassen und diesen Vorgang so lange fortsetzen, bis eine wurstähnliche Stange entstanden ist. Dann an einem warmen Platz aufhängen, bis sie trocken und hart ist. (Anstelle von Mehl auch groben Grieß in den Most mischen.)
Sehr fein schmecken Maronen zu spritzigem Most, besonders als der Wein noch in den Tabáner Höfen gepreßt wurde und die Gäste ihr Glas unter die Weinpresse halten konnten. Dieser Most war süß wie Honig, begann aber schon nach einigen Tagen zu gären.
Damals war für sechs Kreuzer eine große Tüte herrlicher, gebratener Maronen zu erstehen. Die Leute setzten sich an die

ungedeckten grünen Tische irgendeiner Weinschenke, wo in Halbliterflaschen der gräulich-bräunliche Most zu haben war. Es war noch ein mildes, schwaches Getränk, das aber schon Zeichen seiner späteren Stärke erkennen ließ. Es löste die Zungen, und während aus der knusprigen Schale die appetitlich goldgelb gebratenen, schmackhaften Eßkastanien gelöst wurden, befreundeten sich die Budaer Einheimischen mit den Pester Ankömmlingen. Doch nicht nur zum Most schmeckten die Maronen ausgezeichnet, sie gehörten genauso zum etwas bitteren Wermut, der am köstlichsten gegenüber dem Rác-Heilbad bereitet wurde. Hier hatten die Maronen nicht mehr allein die Aufgabe, „Durst zu erwecken", sie wurden dabei vom Strudel unterstützt. Das waren hohe, tortenähnliche, dampfende, gepfefferte Fleischstrudel, die der Wirt, ein Serbe, auf einem Holzteller anbot und aufschnitt.

Damals waren die Frauen empfindlicher als heute. Sie mieden den Tabaksqualm und kannten im allgemeinen auch nicht den Genuß, den die Maronen in den Tabáner und Krisztinaer Kneipen verursachten. Die Frauen verkehrten eher im Café Ruszwurm, das auch heute noch im Burgviertel existiert, verzehrten Kastanienpüree mit Schlagsahne, glasierte Maronen und Torten.

Heute wird Tabaksqualm schon nicht mehr von den Damen gescheut, auch sie besuchen die kleinen Weinschenken. Diese wurden aber seit dieser Zeit stark modernisiert, sie werden heute als Restaurants geführt, und die Maronenkultur erscheint in anderer Form. Es gibt hier Kastanienpüree mit Schlagsahne, und anstelle der einfachen gebratenen Speisekastanien kommen heute Kastanientorten, Kastanien-Halbgefrorenes und Kastanien-Eis aus der Konditorei. In einigen dieser Kleingaststätten wird Kastaniengemüse, -salat und -pudding serviert; und mit Nüssen gemästete Puten werden mit Kastanien gefüllt. Allerdings verschwand auch der unverfälschte spritzige Most samt Strudel und Tabán.

Ansprechende Weintrauben, lachende Äpfel und samtige Pfirsiche – diese Dreiheit erscheint in den Septembertagen als wahre Augen- und Gaumenfreude, und mit ihnen noch viele andere Früchte in farbenprächtiger Vielfalt.

Doch an der Spitze allen Obstes stehen die Weintrauben, Sorten wie der berühmte „Chasselas", der duftende Muskateller, der wohlriechende „Passatutti", der gelbe Traminer, der Furmint und – die Spezialitäten der Budaer Berglandschaft – der honigsüße Weißwein sowie der rote Dinka, der blauschwarze Oporto und der Kadarka. Aus diesen Trauben wurde einst der unvergeßliche Rotwein vom Sasberg gekeltert.

In meiner Kindheit, als noch Weinstöcke die westlichen und südlichen Hänge der Budaer Berge bedeckten, waren in Pest die Trauben im September so billig, daß wir in unserer Wohnung in der Innenstadt ein richtiges Winzerfest veranstalteten. Meine Mutter preßte den Weinsaft zuerst nur auf einem Sieb, später schon in einer ergiebigeren kleinen Handpresse aus. Mit unseren großen und kleinen Gästen tranken wir lustig den süßen-duftenden Saft in seiner unverfälschten Reinheit. Die eigene Kelterei erbrachte sogar Most für Wermut, und ich tauschte ihn heute für keinen „Cinzano“ der Welt ein, wenn ich nur einige Flaschen davon hätte. Die kleine Weinpresse existiert noch irgendwo, sie wurde aber seit vielen, vielen Jahren nicht benutzt.
Im September reift auch die süße, erfrischend schmeckende, längliche Pflaume. Sie ist außen dunkelblau und innen gelb, es ist die altbekannte Bistritzer Art. Früher begannen zu dieser Zeit in den Kneipen der Wiener und Prager Außenbezirke die Vorbereitungen (Aufstellung der Wettbewerbsbedingungen und Preisausschreibung) für die Pflaumenknödel-Eßwettbewerbe, die dann im Mittelpunkt eines sehr großen Interesses verliefen. Anfang September wurden bei uns die Bistritzer Pflaumen vor allem für den Winter konserviert. Sie ergaben – in reichlich gewürzten Rotwein eingelegt – eine feine Beilage zum Weihnachts-Putenbraten und für andere Gerichte. Auch in Gewürz-Essig (in erster Linie Wein- und Obstessig) eingelegt, waren die Pflaumen sehr pikant, und auch davon wurden einige Vorratsgläser bereitet. Unvergeßlich sind mir auch die auf einer entsprechenden Konstruktion getrockneten, mit Nußstücken gefüllten, herrlichen, fleischigen Backpflaumen geblieben.
Schwalben und Störche bereiten sich für ihre Winterreise vor. Das bedeutet, daß der Herbst naht und das Welken beginnt, was sich jedoch zum großen Teil noch nicht auf die Obstsorten bezieht.
In vollkommenem Wohlgeschmack erscheint noch die Melone. Die kleine, aber nicht wertlose Togo, die grünfleischige Turkestan, die gelbe Kantalupe und die Ananasmelone, aber auch die würdigen, großbauchigen Wassermelonen sind an wärmeren frühen Herbsttagen sehr schmackhaft.

# *Tannenbäume gehen auf die Reise ...*

Wann beginnt eigentlich der Winter? Darüber befragen wir nicht den Kalender, sondern die Kinder, sie wissen es am besten. Völlig einig sind sie sich über den Wintersanfang. Das ist der erste Schneefall, das sind die Tage, an denen der rote Rucksack des Weihnachtsmanns in den Auslagen der Geschäfte auftaucht und sich die Tannenbäume aus den Bergen auf den Weg in die Städte machen, um unser Heim und unsere Herzen zu Weihnachten mit warmem Licht zu füllen.

## *Erwartungsvolle Tage*

Die gastronomischen Festtagsfreuden werfen ihre Schatten schon mehrere Tage voraus. In meiner Kindheit hielt ich mich an solchen erwartungsvollen Tagen vor Weihnachten besonders gern in der Küche auf. Dorther kamen vielversprechende Geräusche, sogar Lärm, und immer stärker werdende verlockende Düfte drangen in die Zimmer.

Unter dem Befehl meiner Mutter wurde der Mörser schnell gehandhabt und verursachte ein lustiges Klingen. Die flitterähnlichen Stücke des felsenfesten Zuckerhutberges, aus der Schale befreite Mandeln und die gelben Nüsse wurden zerkleinert, zerstampf. Wild tanzte, klirrte und rasselte der drahtköpfige Schneeschläger, wie ein Clown mit Narrenkappe, an der Kupferkesselwand, um durch den Druck seiner Schläge aus dem Eiweiß einen sich immer höher erhebenden, immer steiferen Schnee zu bereiten.

Eine leicht prasselnde Stimme gab die weiße Porzellanschüssel von sich, wenn sie der Kochlöffel rundherum streifte und mit ausdauernder Geduld den Teig für das Bischofsbrot rührte. Die in Stücke geschnittene Schokolade, das feine Zitronat, die runden Haselnüsse, die glänzenden Rosinen und das durchsichtige, rötliche Quittengelee standen bereit, um im richtigen Augenblick in entsprechender Menge in den Teig zu gelangen.

Hörte man genauer hin, so konnte man auch das leise Geräusch vom Reibeisen vernehmen, wenn die hellgelbe Zitrone und die dunklere Apfelsine gerieben wurden. Ihre Schale bereicherte die

Anzahl der Gewürze und verbesserte weiterhin den Geschmack des Festtagsgebäckes. Ein leises Klicken verursachten die abwechselnd verwendeten Ausstechformen auf dem Holz des Nudelbrettes, wenn man aus der ausgerollten Linzerteigmasse Sterne, Tulpen und zierliche kleine Stiefel ausstach. Daneben schnitt das spitze, scharfe, große Messer schnell die Mandeln, damit die kleinen Figuren auf dem Backblech bestreut werden konnten. Um auch ein Lebenszeichen zu geben, ächzte von Zeit zu Zeit die Mohnmühle (wie ein ungeschmierter Karren – wie meine Mutter sagte), während sie langsam das graublaue Pulver für die Mohnrolle aus dem Trichter strömen ließ. Aufmerksam mußte man es kosten, ob es nicht bitter sei. Auch die Nüsse wurden geprüft, damit keine ranzige dazwischen kam.
Auf dem Herd kochte der Honig und verbreitete schwere Düfte; große Blasen schlug der sprudelnd kochende Zuckersirup. Knisternd und prasselnd bräunte, röstete der Mandelzucker unter Zugabe von etwas Zitronensaft und -schale für die Grillage.
Der Weihnachts-Wels mit seinem herabhängenden Bart tummelte sich in einem großen Kübel und peitschte mit dem Schwanz das Wasser auf. Dagegen lag die großbrüstige Pute ruhig in der kalten Speisekammer, Sie hatte ihren bunten Federschmuck eingebüßt, und der Kopf war vom rauhen, giftroten Hals abgetrennt worden.
Auf ohrenbetäubendes Klingeln hin wurde die Tür geöffnet. Das Aneinanderschlagen der schlanken Weinflaschen erzählte uns, daß mein Vater aus dem Keller den goldglänzenden Badacsonyer Blaustengler, den rubinroten, glänzenden Ajnácskőer und den ausgezeichneten Schaárer Wein brachte.
Hunderterlei Stimmen erzeugten somit eine wahrlich polyphone, nahezu betäubende Musik. Doch die richtige Freudenstimmung stammte vom Duftstrom, der uns umgab und überflutete. Ich berauschte mich am Duft von Honig, Zucker, Vanille, Zimt, Anis, Muskatnuß, Pfeffer, Ingwer, Nelken; an frisch gebackenem Rosinennapfkuchen, lockerem Zopfmilchbrot, Haselnußplätzchen, Mohn- und Nußhufeisen und sonstigen Gebäck.
Süße, brennende und scharfe, beruhigende und aufregende Düfte vermischten sich oder umkreisten mich auch einzeln. Sie ergriffen meine Nase, den Mund, und mir war, als gelangten sie durch alle Poren meiner Haut. Kein Wunder, wenn ich dann von zauberhaften Bildern träumte, vom sehnsüchtig erwarteten märchenhaften Eldorado.

## *Die Weihnachtspute*

Weihnachten, das behagliche, fröhliche Fest, sorgt mit einer ganzen Reihe von Spezialitäten für die Anhänger der berühmten ungarischen Küche.

Schon das Vorgericht verdient Beachtung, die herrliche, kräftige, goldfarbene Putenkleinsuppe, die das Festessen einleitet. An Ingredienzen enthält sie außer dünnen Leber- und Pilzscheiben noch die selteneren „Gänsehals"- oder „Schnecken"-Teigwaren. Sie werden aus einem dünn ausgewalzten Teig würfelförmig geschnitten. Die Würfel müssen dann auf ein Stäbchen gedreht und auf einem dicht eingekerbten kleinen Brett entlanggewalzt werden. Die Kerben vertiefen sich im Teig, und wenn die Teigwaren vom Stäbchen abgezogen werden, sehen die kleinen Röhrchen tatsächlich wie ein Gänsehals aus. Sie müssen einige Tage trocknen und werden dann in der Suppe gekocht.

Die Krönung der Festgerichte stellt zweifellos der Putenbraten dar. Der auffallend große Brustteil wird in Scheiben geschnitten und füllt eine ganze Platte. Es ist ein Vergnügen, sie anzuschauen und ein noch größeres, in das mürbe, saftige Fleisch hineinzubeißen. Gewürzte Pflaumen, in Rotwein eingelegt und mit Mandeln gespickt, sind dazu eine ausgezeichnete Beilage.

Die Pute ist in der Biologie als das größte Geflügelexemplar aufgeführt. Es scheint nicht ausgeschlossen, daß gerade diese Eigenschaft die Pute in den Mittelpunkt der Weihnachtsfestgerichte der Engländer erhebt. Bekannt ist, daß die Engländer besonders viel Fleisch essen, und zum Weihnachtsfest sind die Portionen noch reichlicher als sonst. Die Biologie erwähnt ferner, daß das Putenfleisch von gutem Geschmack, die Brust besonders ausgebildet und aus diesem Grunde ausgezeichnet zum Mästen geeignet ist.

Letztere Eigenschaft bewog wahrscheinlich unsere Ahnen, uns das Geflügel mit dem verzierenden Federschmuck als Attraktion des weihnachtlichen Mittagsschmauses zu hinterlassen. Wie bekannt, bevorzugen die Ungarn beim Geflügel das Brustfleisch und die übrigen Teile der Pute bleiben im Geschmack weit dahinter zurück. Einem Vergleich mit dem „weißen Fleisch" hält höchstens noch eine gut saftige, gebratene Hühnerkeule stand auch die „diesjährige" Gänsekeule ist nicht zu verschmähen. Dagegen sind die Hinterkeulen der Pute so muskulös, ihre Sehnen verknöchert, daß es große Mühe bereitet, auch nur wenig Fleisch abzuschneiden. Diese Mühe lohnt sich aber nicht, dieses Muskelfleisch ist trocken und geschmacklos.

Die Brust dagegen ist ein fürstlicher Bissen, ein würdiges Weihnachtsgericht und paßt zur Stimmung, mit der sich die Menschen an das Festtagsmahl setzen.
Der prächtige Braten wird gekostet und begutachtet: „Sein Geschmack ist wie der von Nüssen". Tatsächlich wurde die Pute mit Nüssen gemästet. In meiner Kindheit war ich oft Zeuge, wie meine Mutter, die immer selbst Anfang Dezember die Pute auswählte und mästete, sie täglich nicht nur mit Maiskörnern, sondern auch mit fünf bis sechs Nüssen stopfte. Die Nüsse wurden im Mörser aufgeschlagen, damit die Schale aufplatzte, und mit der Schale wurden sie dem sich gar nicht sträubenden Federvieh durch die sich weitende Kehle in den anschwellenden Vormagen gestopft. Zuerst war ich erstaunt und glaubte, daß das arme Tier diese etwas seltsame Fütterung nicht überlebt. Meine Mutter lächelte nur, und ich sah, nun beruhigt, daß die Pute diese Prozedur täglich ohne Schwierigkeiten überstand.
Man sagt, daß ihr Magen kräftig genug ist, die Nußschale zu verdauen. Wahrscheinlich ist es so. Auf alle Fälle war der Braten so vortrefflich, daß mir im folgenden Jahr keine Bedenken mehr kamen. Unsere Weihnachtspute wurde immer zusätzlich mit Nüssen gemästet. Andere Leute mischten Koriander, Aniskörner und Thymian unter die Maiskörner und wollten dadurch dem Putenfleisch einen besonders würzigen Geschmack geben. Auch ich habe schon davon gegessen, fand aber das Fleisch übertrieben aromatisch.

# *Nuss- und Mohnrollen*

Zu den Weihnachtshauptgerichten gehört neben der Pute der reichlich gefüllte, glänzende, marmorne Nuß- und Mohnstollen, der in Ungarn Beigel oder Beigli genannt wird.
Er wird aus Mürbe- oder einfachem aufgegangenem Hefeteig bereitet. Ob die Füllung reichlich oder spärlich ist, er ist immer der Stolz der Hausfrau, auch dann, wenn er nicht selbst gebacken wurde, sondern aus der Konditorei stammt.
Ein ungeschriebener, stiller Wettkampf entbrennt unter den Hausfrauen um die Nußrolle (die Mohnrolle ist zweitrangig). Erscheint ein Gast, eingeladen oder überraschend, zum Frühstück, Mittagessen, Fünfuhrtee oder zum Abendbrot, ist er hungrig oder satt, er entrinnt seinem Schicksal nicht! Der Beigel muß gekostet und begutachtet werden: das Urteil darf natürlich nur das beste sein. Es darf auf keinen Fall unter der Bezeichnung „phänomenal" bleiben, dies würde dem „taktlosen" Gast ewigen Zorn und ein steifes „Sie" einbringen.
Wer Glück hat, kann vom Weihnachtsabend bis zum Neujahrstag (so lange dauert der Wettstreit um das Feiertagsgebäck) ein dutzendmal den Richter im Beigelkampf spielen. Ist er klug genug, dann wird ein „Unentschieden" deklariert, bei dem es keine Verlierer, nur Gewinner gibt.
Im Grunde genommen ist dieser Brauch sehr lobenswert. Wenn ich gefragt würde, möchte ich im Verlaufe des Jahres mehrere verpflichtende Vorkämpfe einführen, damit nur die Entscheidungsrunde auf Weihnachten fällt.
Nach den bestehenden Traditionen ist dieser Wettkampf etwas ermüdend, und am Ende ist man geneigt, des ansonsten ausgezeichneten Gebäcks auf ewig überdrüssig zu werden. Besonders dann, wenn hier und dort ranzige Nüsse oder bitterer Mohn in die Füllung gelangten.
Einst schmeckte mir das Nuß-Hufeisen Ende April viel besser als zu Weihnachten. Als ich regelmäßig um diese Zeit nach Preßburg (Bratislava) zum Pferderennen fuhr, habe ich niemals die Gelegenheit versäumt, ein großes Paket Nußgebäck mit nach Hause zu bringen. Mit den charakteristisch geformten Preßburger Hufeisen hatte ich in meinem Bekanntenkreis immer großen Erfolg. Mit echten Preßburger Hufeisen kann ich Ihnen, verehrter Leser, liebe Hausfrau, leider nicht dienen. Trotzdem stehe ich nicht mit leeren Händen vor Ihnen. In meinem vorliegenden Buch finden Sie besondere Rezepte für weihnachtliche Nuß- und Mohnrollen.

# *Rezepte*